Bettina Thorn

Internationaler Kulturgüterschutz nach der UNIDROIT-Konvention

Schriften zum Kulturgüterschutz
Cultural Property Studies

Schriften zum Kulturgüterschutz
Cultural Property Studies

Herausgegeben von
Edited by

Bettina Thorn

Internationaler Kulturgüterschutz nach der UNIDROIT-Konvention

De Gruyter Recht · Berlin

Dr. *Bettina Thorn*,
Rechtsreferendarin in Lübeck

Die Veröffentlichung dieser Arbeit wurde maßgeblich von der Dr.-Carl-Böse-Stiftung Lübeck unterstützt.

♾ Gedruckt auf säurefreiem Papier,
das die US-ANSI-Norm über Haltbarkeit erfüllt.

„Titelbild unter Verwendung einer Zeichnung der Verfasserin: Kopf eines Pferdes von Selene, Detail des östlichen Giebels des Parthenons, *Elgin Marbles*, British Museum, London".

ISBN 3-89949-253-6

Bibliografische Information Der Deutschen Bibliothek

Die Deutsche Bibliothek verzeichnet diese Publikation in der Deutschen Nationalbibliografie; detaillierte bibliografische Daten sind im Internet über <http.//dnb.ddb.de> abrufbar.

Printed in Germany
Einbandgestaltung: +malsy kommunikation und gestaltung, Bremen
Datenkonvertierung: Werksatz Schmidt & Schulz GmbH, Gräfenhainichen
Druck und Bindung: Hubert & Co., Göttingen

Meinen Eltern

Vorwort

Die vorliegende Arbeit wurde von der Juristischen Fakultät der Georg-August-Universität Göttingen im Wintersemester 2004/2005 als Dissertation angenommen.

Zunächst gilt mein Dank meinem geschätzten Doktorvater Herrn Prof. Dr. Abbo Junker. Von ihm erhielt ich die Anregung, dieses Thema zu bearbeiten. Er hat mich durch die großzügige Überlassung von Materialien und durch seine fachliche Betreuung ungemein unterstützt. Herzlich danken möchte ich zudem Herrn Prof. Dr. Peter-Tobias Stoll für die wertvollen Anregungen und die zügige Erstellung des Zweitgutachtens.

Ein aufrichtiger Dank gebührt auch Frau Marina Schneider von UNIDROIT für Ihre freundlichen und schnellen Auskünfte sowie das großzügige Zusenden von Dokumenten. Sehr hilfreich waren auch die Auskünfte von Herrn Andrea F. G. Raschèr vom schweizerischen Bundesamt für Kultur, von Frau Heidi Gliese vom Presse- und Informationsamt der Bundesregierung, von Tong-Hi Choi sowie Annegret Petschat-Martens von der Deutschen UNESCO-Kommission. Auch Ihnen einen herzlichen Dank dafür, dass Sie mir wichtige Materialien übersendet haben.

Sehr bedanken möchte ich mich auch bei der Dr.-Carl-Böse-Stiftung der Hansestadt Lübeck, die die Veröffentlichung dieser Arbeit durch die großzügige Gewährung eines Druckkostenzuschusses gefördert hat.

Der größte Dank gebührt jedoch meinen lieben Eltern Herrn Klaus und Frau Dr. Arnhild Thorn, die mich in jeder erdenklichen Weise unterstützt haben. Ihnen ist diese Arbeit gewidmet.

Ein herzlicher Dank gilt auch meiner Großmutter Frau Dr. Ursula Müller-Goeze, deren Übersetzungen aus dem Französischen mir eine große Hilfe waren. Danken möchte ich auch denen, die mein Manuskript Korrektur gelesen haben, zuvorderst wiederum meinem lieben Vater, weiterhin Herrn Björn Schwarz und Frau Daniela Markert. Ein ganz besonderer Dank gebührt Herrn Fabian L. Christoph, er hat einen unschätzbaren Anteil am Gelingen dieser Arbeit.

Lübeck, im Mai 2005 *Bettina Thorn*

Inhaltsverzeichnis

Abkürzungsverzeichnis XV

§ 1 Einleitung 1

I. Ziel der Arbeit 2

II. Die gegebene rechtliche und tatsächliche Situation 5

1. Problemstellung 6

a. Fall: Attorney General of New Zealand v. Ortiz 7

b. Fall: Kingdom of Spain v. Christie Manson & Woods, Ltd. 9

c. Nigeria-Fall des BGH 11

2. Lösungsansätze 12

III. Definition des Begriffes „Kulturgut“ 17

§ 2 Rechtlicher Rahmen 21

I. Schutz von Kulturgütern im Krieg als erste und besondere Entwicklungslinie des Kulturgüterschutzes 21

1. Beuterecht im Krieg 22

2. Wandel der Anschauungen 25

3. Die Haager Landkriegsordnungen von 1899 und 1907 29

4. Der Washingtoner Vertrag vom 15.4.1935 33

5. Die UNESCO-Konvention vom 14.5.1954 34

II. Nationale, europäische und internationale Ansätze zu einem allgemeinen Kulturgüterschutz 37

1. Denkmalschutzgesetze 38

2. Zuordnungsgedanken 42

3. Kulturgüterschutz in Europa 45

a. Aktivitäten des Europarats 45

b. Regelungen der Europäischen Union 47

aa. Die Verordnung (EWG) Nr. 3911/92 48

bb. Die Richtlinie 93/7/EWG 50

4. Universelle Abkommen 54

III. Kulturgüterschutz durch die UNESCO 55

1. Das Übereinkommen über Maßnahmen zum Verbot und zur Verhütung der unzulässigen Einfuhr, Ausfuhr und Übereignung von Kulturgut vom 14.11.1970 57

a. Entstehungsgeschichte und Zweck des Abkommens 58

b. Schutzgüter 60

c. Effizienz und Bedeutung der UNESCO-Konvention von 1970 . . 62

aa. Anwendungsbereich der Konvention 62

bb. Maßgebliche Regelungen 63

cc. Kritik 65

2. Das UNESCO-Übereinkommen zum Schutz des Kultur- und Naturerbes der Welt von 1972 68

a. Entstehungsgeschichte und Zweck des Abkommens 69

b. Schutzgüter 70

c. Effizienz und Bedeutung der Welterbekonvention 72
3. Auswirkungen der UNESCO-Konventionen auf den internationalen Schutz von Kulturgütern 74
IV. Zusammenfassende Bewertung 76

§ 3 Analyse der UNIDROIT-Konvention 79

I. Die Notwendigkeit einer internationalen Regelung 81
1. Mängel der bisherigen Regelungen 81
2. Internationales Privatrecht 82
3. Die Notwendigkeit einheitlicher privatrechtlicher Regelungen 84
II. Entstehung der Konvention 86
1. Das Internationale Institut für die Vereinheitlichung des Privatrechts 87
2. Die Entwicklung der Konvention durch UNIDROIT 88
III. Allgemeine Grundzüge der UNIDROIT-Konvention 92
1. Anwendungsbereich der UNIDROIT-Konvention 92
a. Räumlicher Anwendungsbereich 93
b. Persönlicher Anwendungsbereich 95
c. Zeitlicher Anwendungsbereich 96
2. Rechtsnatur der UNIDROIT-Konvention 97
a. Meinungsstand zur Frage der unmittelbaren Anwendbarkeit der UNIDROIT-Konvention 97
b. Allgemeine Regeln über die unmittelbare Anwendbarkeit völkerrechtlicher Verträge 99
c. Anwendung dieser Regeln auf die UNIDROIT-Konvention . . . 101
d. Situation in Deutschland 102
3. Tragende Grundsätze der UNIDROIT-Konvention 104
a. Grundsatz der generellen bzw. qualifizierten Restitution von Kulturgut 104
b. Grundsatz der indirekten bona fide Prüfung als Voraussetzung für den Grundsatz des Lösungsrechts 105
c. Grundsatz der Umkehr der Beweislast 106
d. Grundsatz der indirekten kulturpolitischen Eingriffsnorm 107
e. Grundsatz des favor legis nationalis und des favor legis rei sitae für dringliche Maßnahmen 108
IV. Präambel 109
V. Die Kulturgüter und ihre Definition 111
VI. Die Rückgabe der gestohlenen Güter 115
1. Die Kompromisslösung der Art. 3 und 4 UNIDROIT-Konvention . 117
2. Fall: Winkworth v. Christie's 121
3. Zusammenfassung und Kritik 123
4. Prozessrechtliche Überlegungen 124
VII. Die archäologischen Funde 125
1. Besondere Gefährdungen archäologischer Kulturgüter 126
a. „Huaqueros" und „Tombaroli" 127
b. Zerstörung des Fundzusammenhanges 128
c. Fehlende Inventarisierungsmöglichkeit 130
2. Die Regelungen der UNIDROIT-Konvention 130
3. Der Interessenkonflikt zwischen Archäologie und Kunsthandel . . . 131

4. Wertung der Lösungsmöglichkeiten durch die UNIDROIT-Konvention . . . 135

VIII. Die Rückführung der rechtswidrig ausgeführten Güter . . . 137
1. Beschränkung des Anwendungsbereichs . . . 139
a. Voraussetzungen der Anordnung der Rückführung gemäß Art. 5 Abs. 3 UNIDROIT-Konvention . . . 140
b. Ausschluss der Anordnung der Rückführung gemäß Art. 7 UNIDROIT-Konvention . . . 141
c. Fall: Jeanneret v. Vichey . . . 142
d. Zusammenfassung . . . 144
2. Öffentlich-rechtlicher Charakter des Rückgabeanspruchs . . . 146
3. Vergleich des III. Kapitels der UNIDROIT-Konvention mit der Richtlinie 937/EWG . . . 147
4. Ergebnis . . . 149

IX. Der Ausgleichsanspruch des Besitzers . . . 149
1. Höhe der Entschädigung . . . 151
2. Voraussetzungen . . . 152
3. Besondere Ansprüche an die Feststellung des guten Glaubens . . . 154
4. Zusammenfassung . . . 156

X. Die Verjährungsfristen . . . 158
1. Die Regelungen der Konvention . . . 158
2. Internationaler Vergleich der Verjährungsfristen . . . 160
3. Zusammenfassung . . . 163

XI. Allgemeine Bestimmungen der UNIDROIT-Konvention . . . 164
1. Die Gerichtstandsregelung . . . 164
a. Das Problem des „forum shopping" . . . 166
b. Wertung . . . 167
2. Die Möglichkeit der Übertragung an ein Schiedsgericht . . . 169
3. Der „favor legis rei sitae" für dringliche Maßnahmen . . . 170
4. Der „favor legis nationalis" . . . 171
5. Rückwirkung der Konvention . . . 174

XII. Schlussbestimmungen der UNIDROIT-Konvention . . . 177

XIII. Kritik . . . 180
1. Definition der Schutzobjekte der Konvention . . . 181
2. Die Verjährungsfristen . . . 184
3. Die Durchbrechung des Territorialitätsgrundsatzes . . . 185
4. Die Umkehr der Beweislast . . . 186
5. Die Gerichtstandsregelung . . . 189
6. Zusammenfassung . . . 190

XIV. Eigene Stellungnahme . . . 194

§ 4 Vergleich der Gesetzgebung einzelner europäischer Länder mit den Gedanken der UNIDROIT-Konvention . . . 196

I. Der Kulturgüterschutz in Großbritannien . . . 197

II. Der Kulturgüterschutz in der Schweiz . . . 199
1. Die bisherige Rechtslage . . . 200

2. Das neue Kulturgütertransfergesetz 202
3. Ausblick 204

III. Der Kulturgüterschutz in Österreich 208
1. Allgemeines Zivilrecht 208
2. Sonderregeln für Kulturgüter 210
3. Haltung zur UNIDROIT-Konvention 211

IV. Der Kulturgüterschutz in Italien 212
1. Definition von Kulturgut 213
2. Instrumente des Kulturgüterschutzes 214
3. Gutgläubiger Erwerb vom Nichtberechtigten 215
4. Ratifikation der UNIDROIT-Konvention und Umsetzung 216

V. Der Kulturgüterschutz in Spanien und Portugal 220

VI. Der Kulturgüterschutz in Frankreich 222

VII. Der Kulturgüterschutz in der Bundesrepublik Deutschland 224
1. Die Regelungen des BGB 225
a. Gutgläubiger Erwerb 225
b. Ansprüche auf Herausgabe abhanden gekommener Kunstgegenstände 226
c. Verjährung 227
aa. Die Auswirkungen der Schuldrechtsreform 228
bb. Hemmung der Verjährung 229
cc. Auswirkung auf das Eigentum 231
dd. Einwand des Rechtsmissbrauchs 232
d. Ersitzung 234
2. Fall: Kunstsammlungen zu Weimar v. Elicofon 235
a. Sachverhalt 236
b. Die Parteifähigkeit der Klägerin 239
c. Das Eigentum an den Gemälden 240
d. Das anwendbare Recht 242
e. Ergebnis 246
3. Gesetz zum Schutz deutschen Kulturgutes gegen Abwanderung . . 247
a. Regelungen 247
b. Das Gesamtverzeichnis national wertvollen Kulturguts 251
4. Kulturgüterrückgabegesetz 253
5. Kollisionsrecht 257
a. Grundsatz 257
b. Fall: Autocephalous Greek-Orthodox Church of Cyprus v. Goldberg & Feldman Fine Arts Inc. 260
c. Kollisionsrechtliche Sonderanknüpfung 262
aa. Verfahrensrechtliche Überlegungen 262
bb. Anknüpfung an die lex originis 264
cc. Kritik und weitere Lösungsvorschläge 266
(1) Selbständige Anknüpfung der Vorfrage des Abhandenkommens 267

(2) Eigenständige Anknüpfung an das Recht des Ortes des Abhandenkommens . . . 268
d. Berücksichtigung der Besonderheiten von Kulturgütern auf sachrechtlicher Ebene . . . 270
e. Schaffung von internationalem Einheitsrecht . . . 270
f. Ergebnis . . . 272

VIII. Zusammenfassung . . . 273

IX. Umsetzung der Gedanken der UNIDROIT-Konvention in freiwilligen Maßregelungen wie Verhaltenskodizes . . . 274
1. Die ICOM Ethischen Richtlinien für Museen . . . 274
a. Umgang mit Antiken unbekannter Herkunft . . . 278
b. Lösungsvorschläge . . . 280
2. Verhaltenskodizes anderer Verbände . . . 283
3. Zusammenfassung . . . 286

§ 5 Zusammenfassung und Ergebnis . . . 287

I. Vorschläge zur Ergänzung der UNIDROIT-Konvention . . . 288

II. Abschlussbemerkung . . . 292

Literaturverzeichnis . . . 293

Anhang . . . 325

I. Völkerrechtliche Verträge . . . 326
1. UNIDROIT-Konvention über gestohlene oder rechtswidrig ausgeführte Kulturgüter vom 24. 6. 1995 . . . 326
2. Übereinkommen über Maßnahmen zum Verbot und zur Verhütung der unzulässigen Einfuhr, Ausfuhr und Übereignung von Kulturgut vom 14. 11. 1970 (UNESCO-Konvention von 1970) . . . 339

II. EG-Vorschriften . . . 349
1. Verordnung (EWG) Nr. 3911/92 des Rates vom 9. 12. 1992 über die Ausfuhr von Kulturgütern . . . 349
2. Richtlinie 93/7/EWG des Rates über die Rückgabe von unrechtmäßig aus dem Hoheitsgebiet eines Mitgliedstaates verbrachten Kulturgütern vom 15. 3. 1993 . . . 358

III. Deutsche Vorschriften . . . 372
1. Gesetz zum Schutz deutschen Kulturgutes gegen Abwanderung vom 6. 8. 1955 . . . 372
2. Kulturgüterrückgabegesetz – Gesetz zur Umsetzung der Richtlinie 93/7/EWG des Rates über die Rückgabe von unrechtmäßig aus dem Hoheitsgebiet eines Mitgliedstaates verbrachten Kulturgütern und zur Änderung des Gesetzes zum Schutz deutschen Kulturgutes gegen Abwanderung . . . 379

IV. Verhaltenskodizes . . . 386
1. ICOM Ethische Richtlinien für Museen . . . 386
2. Berliner Erklärung über Leihgaben und Neuerwerbungen von archäologischen Objekten durch Museen . . . 407

3. Verhaltenskodex für den internationalen Handel mit Kunstwerken des Bundesverbandes des Deutschen Kunst- und Antiquitätenhandels (BDKA) 409
4. Verhaltensgrundsätze des Bundesverbandes Deutscher Kunstversteigerer e. V. (BDK) 411

Stichwortverzeichnis 413

Abkürzungsverzeichnis

a. F.	alte Fassung
a.a.O.	am angegebenen Ort
A. 2nd	Atlantic Reporter (Second Series)
ABGB	Allgemeines Bürgerliches Gesetzbuch (Österreich)
ABl.	Amtsblatt der Europäischen Gemeinschaften (seit 2003: Abl. EU)
Abs.	Absatz
AJIL	American Journal of International Law
AJP	Aktuelle Juristische Praxis
All. E. R.	All England Law Reports
ALR	(Preußisches) Allgemeines Landrecht
Anh.	Anhang
Anm.	Anmerkung
Ann.	Annuaire
Art.	Artikel
AS	Amtliche Sammlung der Bundesgesetze und Verordnungen
AT	Allgemeiner Teil
BAG	Bundesarbeitsgericht
BBl.	Bundesblätter
Bd.	Band
BDK	Bundesverband Deutscher Kunstversteigerer
BDKA	Bundesverband des Deutschen Kunst- und Antiquitätenhandels
Begr.	Begründer
Beschl.	Beschluss
BGB	Bürgerliches Gesetzbuch
BGBl.	Bundesgesetzblatt
BGH	Bundesgerichtshof
BGHZ	Entscheidungen des Bundesgerichthofs in Zivilsachen
BOE	Boletín Oficial del Estado
BR-Drucks.	Bundesrats-Drucksache
BT-Drucks.	Bundestags-Drucksache
Bull. EG	Bulletin der Europäischen Gemeinschaften
BVerfG	Bundesverfassungsgericht
BVerfGE	Entscheidungen des Bundesverfassungsgerichts
BVerwG	Bundesverwaltungsgericht
BVerwGE	Entscheidungen des Bundesverwaltungsgerichts
bzw.	beziehungsweise
C. A.	Court of Appeal
C. c.	Código civil / Codice civile / Code civil
C. com.	Código del comercio (Spanien)
C. D.	Central District Court
Cal. L. R.	California Law Review

Cap.	Capitel
Ch. D.	Law Reports Chancery Division
Cir.	Circuit
CITES	Washingtoner Artenschutzabkommen
Colum. J. Transnat. L.	Columbia Journal of Transnational Law
d. h.	das heißt
D.P.Leg.	Dalloz, Recueil pérodique et critique, 4e partie, Législation
DDR	Deutsche Demokratische Republik
ders.	derselbe
Dig.	Digesten des Justinian
Diss.	Dissertation
Doc.	Document
Dr.	Doktor
DStR	Deutsches Steuerrecht, Wochenschrift für Steuerrecht, Wirtschaftsrecht und Betriebswirtschaft
E. D. N. Y.	Eastern District of New York
ebd.	ebenda
ECU	European Currency Unit
Ed.	Edited
EG	Europäische Gemeinschaft
EGBGB	Einführungsgesetz zum Bürgerlichen Gesetzbuch
EGV	Vertrag zur Gründung der Europäischen Gemeinschaft
Einl.	Einleitung
Em. Int. L. R.	Emory International Law Review
EMRK	Europäische Menschenrechtskonvention
etc.	et ceterum
EuGH	Gerichtshof der Europäischen Gemeinschaften
EuGRZ	Europäische Grundrechte-Zeitschrift
EuGVVO	Europäische Gerichtsstands- und Vollstreckungsverordnung Nr. 44/2001
EuR	Europarecht (Zeitschrift)
EuZW	Europäische Zeitschrift für Wirtschaftsrecht
EWG	Europäische Wirtschaftsgemeinschaft
F. 2nd	Federal Reporter (Second Series)
F. Supp.	Federal Supplement
FAZ	Frankfurter Allgemeine Zeitung
ff.	folgende
FN	Fußnote
Fordham Int'L.J.	Fordham International Law Journal
FS	Festschrift
GBG	Allgemeines Grundbuchsgesetz
GBl.	Gesetzblatt
GewO	Gewerbeordnung
GYIL	German Yearbook of International Law
H.L.	House of Lords
Habil.	Habilitationsschrift

Harv. Int. L. J.	Harvard International Law Journal
HB	Handelsblatt
HGB	Handelsgesetzbuch
Hk	Handkommentar
HLKO	Haager Landkriegsordnung
Hrsg.	Herausgeber
HUK	Haftpflichts-Unterstützungs-Kasse kraftfahrender Beamter Deutschlands
I.J.C.P.	International Journal of Cultural Property
i.S.d.	im Sinne des
i.V.m.	in Verbindung mit
IADAA	International Association of Dealers in Ancient Art
ICC	International Chamber of Commerce
ICOM	International Council of Museums (Internationaler Museumsrat)
ICOMOS	International Council on Monuments and Sites (Internationaler Rat für Denkmalpflege)
IFAR	International Foundation for Art Research
IKGS	Internationaler Kulturgüterschutz
ILM	International Law Materials
Int.	International
Int. Comp. .L.Q.	International and Comparative Law Quarterly
IPR	Internationales Privatrecht
IPRax	Praxis des Internationalen Privat- und Verfahrensrechts
IPRspr.	Die deutsche Rechtsprechung auf dem Gebiet des internationalen Privatrechts
IUCN	Internationale Union zur Erhaltung der Natur und der natürlichen Hilfsquellen
JA	Juristische Arbeitsblätter
J.D.I.	Journal du Droit International
J.O.	Journal officiel de la république français – lois et décrets
JBl.	Juristische Blätter
Jura	Juristische Ausbildung
JuS	Juristische Schulung
JZ	Juristen Zeitung
KGTG	Kulturgütertransfergesetz
KSZE	Konferenz über Sicherheit und Zusammenarbeit in Europa
KultSchG	Gesetz zum Schutz deutschen Kulturguts gegen Abwanderung ins Ausland
KultSchGÄndG	Kulturgutschutzgesetzänderungsgesetz
KUR	Kunstrecht und Urheberrecht (Zeitschrift)
KZW	Kunstsammlungen zu Weimar
L.	Legge (italienisch: Gesetz)
L. & Pol. in Int'l Bus.	Law & Policy in International Business
L.P.H.E.	Ley del Patrimonio histórico Español
L.Q.Rev.	The Law Quarterly Review

LG	Landgericht
lit.	litera (Buchstabe)
LKA	Evangelisch-Lutherisches Landeskirchenamt
Ltd.	Limited
LVwVfG	Landesverwaltungsverfahrensgesetz
Lw	Landwirtschaft
m. E.	meines Erachtens
m.w.N.	mit weiteren Nachweisen
MDR	Monatsschrift für Deutsches Recht
MK	Münchener Kommentar zum Bürgerlichen Gesetzbuch
n. Chr.	nach Christi Geburt
N. F.	Neue Folge
n. F.	neue Fassung
N. J.	New Jersey
N.Y.S. 2nd	New York Supplement (Second Series)
NJ	Neue Justiz (Zeitschrift DDR)
NJW	Neue Juristische Wochenschrift
NJW-RR	NJW-Rechtsprechungs-Report
No.	number, numéro, numero
Nr.	Nummer
NVwZ	Neue Zeitschrift für Verwaltungsrecht
OLG	Oberlandesgericht
ÖS	Österreichische Schilling
OSZE	Organisation für Sicherheit und Zusammenarbeit in Europa
OVG	Oberverwaltungsgericht
Q.B.	Law Reports of the Queen's Bench Division
RabelsZ	Zeitschrift für ausländisches und internationales Privatrecht, gegründet von Ernst Rabel
Rec. Dall.	Recueil Dalloz
Rev. dr. unif.	Revue du droit uniforme
RGBl.	Reichsgesetzblatt
RIW	Recht der Internationalen Wirtschaft
RN.	Randnummer
Rs.	Rechtssache
S.	Seite
s.	siehe
S. D. Ind.	Southern District of Indiana
SachenR	Sachenrecht
SAGW	Schweizerische Akademie der Geistes- und Sozialwissenschaften
SchlT	Schlusstitel des Schweizerischen Zivilgesetzbuchs
SJZ	Schweizerische Juristen-Zeitung
Slg.	Sammlung der Rechtssprechung des Gerichtshofs der EG

sog.	so genannt
StVG	Straßenverkehrsgesetz
Supp.	Supplement
SZ	Süddeutsche Zeitung
SZIER	Schweizerische Zeitschrift für internationales und europäisches Recht
T.L.R.	The Times Law Reports
TEFAF	European Fine Arts Foundation
Tex. Int. L. J.	Texas International Law Journal
u. a.	unter anderem
U.S.C. (A.)	United States Code (Annotaded)
UNESCO	United Nations Organization for Educational and Scientific Cooperation
UNIDROIT	Institut for the Unification of Private Law
Unif. L. Rev.	Uniform Law Review
UNTS	United Nations Treaty Series
UrhG	Urheberrechtsgesetz
Urt.	Urteil
USA	United States of America
usw.	und so weiter
v.	versus (gegen); vom
v. Chr.	vor Christi Geburt
V.-C.	Vice-Chancelor
vergl.	vergleiche
VersR	Versicherungsrecht, Juristische Rundschau für die Individualversicherung
VfGH	Verfassungsgerichtshof
VG	Verwaltungsgericht
VGH	Verwaltungsgerichtshof
VO	Verordnung
Vol.	Volume
Vorb.	Vorbemerkung
VSAK	Verband Schweizerischer Antiquare und Kunsthändler
VVG	Versicherungsvertragsgesetz
VwSlg.	Erkenntnisse und Beschlüsse des Verwaltungsgerichtshofes
W.L.R.	Weekly Law Reports
WHC	World Heritage Committee
WIPO	World Intellectual Property Organization
WM	Wertpapier Mitteilungen
WRV	Weimarer Reichsverfassung
z. B.	zum Beispiel
ZaöRV	Zeitschrift für ausländisches öffentliches Recht und Völkerrecht
ZfRV	Zeitschrift für Rechtsvergleichung
ZGB	Schweizerisches Zivilgesetzbuch
Ziff.	Ziffer

zit.	zitiert
ZPO	Zivilprozeßordnung
ZR	Zivilrecht
ZVglRWiss	Zeitschrift für vergleichende Rechtswissenschaft

§ 1 Einleitung

„Alte Kunstwerke gehören als solche der gesamten gebildeten Menschheit an und der Besitz derselben ist mit der Pflicht verbunden, Sorge für ihre Erhaltung zu tragen. Wer diese Pflicht vernachlässigt, wer mittelbar oder unmittelbar zum Schaden oder zum Ruin derselben beiträgt, ladet den Vorwurf der Barbarei auf sich und die Verachtung aller gebildeten Menschen jetziger und zukünftiger Zeiten wird seine Strafe sein.“[1] *Propyläen, 1799, Johann Wolfgang von Goethe (Hrsg.)*

"It is art that makes life, makes interest, makes importance for our consideration and application of these things, and I know of no substitute whatever for the force and beauty of its process."[2] *Henry James*

„Indem die Urheber solcher Untaten [gemeint ist beispielsweise das Attentat gegen das Kunstzentrum Florenz][3] *die internationale Öffentlichkeit mit offener Zerstörungsabsicht schockieren, liefern sie die eklatanteste Bestätigung dafür, dass die Kulturgüter weit mehr sind als genießbare und austauschbare Ware, dass sie vielmehr unersetzliche und verwundbare Träger von Erinnerung sind, für die wir alle, wo wir auch stehen, im gleichen Maß Verantwortung tragen.“*[4]
Cornelia Isler-Kerenyi

Kunstwerke sind nicht nur Gegenstände der ästhetischen Wertschätzung, sondern zugleich eine handelbare und wirtschaftlichen Marktmechanismen unterworfene Ware. Ihre Besonderheit liegt jedoch darin, dass sie einmalig und daher unersetzlich sind[5]: Nur das Original und keine noch so kunstvoll gefertigte Kopie kann das Genie des Schöpfers widerspiegeln[6]. Kunstgegenstände können deswe-

---

1 *von Goethe* (Hrsg.), Propyläen, Zweiten Bandes Erstes Stück, S. IV. „Ueber Restauration von Kunstwerken“, 119, 120. In der Originalausgabe von 1799 findet sich kein Hinweis auf den Autor dieses Artikels; nach *Genius-Devime*, Kulturerbe, S. 14, 15 stammt er nicht, wie oft angenommen von *Johann Wolfgang von Goethe* selbst, sondern von *Johann Friedrich Meyer* und ist Ausdruck der kunstgeschichtlichen Anschauungen des ausgehenden 18. Jahrhunderts.

2 *Henry James* in einem Brief an *H. G. Wells* v. 10.7.1915, abgedruckt in *James*, Letters, II, S. 508.

3 Anmerkung der Verfasserin.

4 Einführung von *Isler-Kerenyi* (Mitglied der Sektion Kultur der Nationalen Schweizerischen UNESCO-Kommission), Informationstag, S. 9.

5 *Müller-Katzenburg*, NJW 1999, 2551, 2558.

6 Dazu *Merryman*, Cal. L. R. 77 (1989), 339, 346: „There is truth in objects. [...] Truth, certainity, and accuracy are closely related and may express a fundamental need. When we stand before the authentic Domesday Book in the Public Record Office in London or the manuscript of Justinian's Digest in the Gregorian Library in Florence, we feel a sense of satisfaction. When we discover that the original of the Digest manuscript is kept elsewhere for protection and we have actually been looking at a reproduction, we feel cheated, no matter how

gen als „Waren besonderer Art" angesehen werden, wobei sie sich jedoch kraft ihres Wesens der Einordnung unter rechtliche Begriffe zu entziehen scheinen. Vor allem von Seiten der Künstler und Kunsthistoriker wurde daher sogar argumentiert, dass sich ein Kunstwerk *per se* jeder juristischen Einordnung entziehe[7].

I. Ziel der Arbeit

Gerade auf Grund ihrer Einmaligkeit bedürfen Kunstwerke eines besonderen Schutzes, der nicht allein mit tatsächlichen und finanziellen Mitteln durchgesetzt werden kann.

Der internationale Kulturgüterschutz[8] hat hauptsächlich zwei schwerwiegende Probleme zu lösen: zum einen muss der illegale Handel mit Kulturgütern, der alarmierende Ausmaße erreicht hat[9], eingeschränkt werden, und daneben stellt sich das Problem der illegalen Ausfuhr von Kulturgütern und der damit verbundenen Abwanderung des nationalen Kulturbesitzes. Die kulturellen Güter sind dabei insbesondere durch die Taten bedroht, die dem illegalen Handel, Export und Import vorangehen, wie den Diebstahl von Kunstwerken aus privaten

---

accurate the reproduction might be. [...] The magic that only the authentic object can work is dissipated. There seems to be something paradoxical about a reproduction of a genuine, unique artifact, whether it is a painting, a manuscript, or a funerary figure. The truth, the certainity, the authenticity, seem to inhere the original. "Copies are always second best..."".

7 Daher sei es dem Juristen verwehrt, überhaupt einen Kunstgegenstand juristischen Kriterien zu unterwerfen, *Goepfert*, Kunsthandel, S. 1 m.w.N. Dagegen spricht *Reichelt*, Vorwort, Neues Recht, von der Einheit von Recht und Kunst.

8 Vergl. dazu *Prott/O'Keefe*, Movement, S. 926: „The word "protection" is used consistently in national and international legislation. "Potection of cultural property" is used elliptically to cover three different situations: protection of property rights in cultural objects; protection by a nation of the possibility of enjoying its own culture (e. g. by conservation measures and scientific knowlegde), and protecting against the arbitrary abstraction of cultural goods from the community which created them." Nach *Roellecke*, Mußgnug/Roellecke, S. 49 ist Kultur „die Möglichkeit, alle Ergebnisse menschlicher Tätigkeit mit allen anderen zu vergleichen. [...] Ist das richtig, dann hat Kulturgüterschutz den gleichen Sinn wie Artenschutz: Erhaltung der Vielfalt, damit Evolution und Anpassung möglich bleiben.".

9 Auch wenn die Schätzungen über den weltweiten jährlichen Umsatz im illegalen Kulturgütertransfer differieren, ist von einem Mindestumsatz in Milliardenhöhe auszugehen. Der illegale Kunsthandel soll in der Liste der illegalen Märkte gleich hinter dem Drogen- und illegalen Waffenhandel rangieren, vergl. dazu *Spaun*, Herausgabeanspruch, S. 25f.; *Raschèr*, Kulturgütertransfer, S. 8; *Müller-Katzenburg*, Internationale Standards, S. 56f. Teilweise wird sogar angenommen, dass er den zweiten Platz nach dem Drogenhandel in der Statistik des kriminellen Handels einnimmt und täglich etwa 500 kulturelle Objekte verschwinden, *Kinderman*, 7, 2 Em. Int. L. R. (1993), 457, 458 m.w.N. Einen eindrucksvollen Blick in den „sonst abgedunkelten Keller des internationalen Kunsthandels" erlaubte der spektakuläre Rückkauf des Quedlinburger Domschatzes im Jahr 1990, s. *Heydenreuter*, Kunstraub, S. 205ff.

Sammlungen oder Museen[10] oder die Plünderung archäologischer Stätten durch Raubgräber[11]. Ein weiterer wichtiger Aspekt ist der Erhalt des kulturellen Erbes, ein Thema welches allgemein große Emotionen verursacht. Ein Beispiel hierfür ist die Reaktion der Weltöffentlichkeit auf die religiös motivierte Zerstörung der Buddha-Statuen im Bamiyan-Tal durch die Taliban im März 2001[12]. Man konnte fast den Eindruck gewinnen, dass dieser barbarische Akt mehr Entsetzen hervorrief als die jahrelang in Afghanistan verübten Menschenrechtsverletzungen[13]. Ähnlich groß war das Entsetzen, das die Plünderung des Nationalmuseums in Bagdad im April 2003 nach der Eroberung der Stadt durch die amerikanischen Truppen hervorrief[14]. Diese Beispiele zeigen in welchem Ausmaß weltweit ein Bewusstsein der gemeinsamen Verantwortung für das kulturelle Erbe entstanden ist[15].

Diese Entwicklung ist sehr begrüßenswert und war nicht unbedingt vorhersehbar. So wurde noch 1991 in dem Wirtschaftmagazin „Capital" in einem Dossier zum Thema „Kunst mit Gewinn" der Kunstmarkt als interessantes Feld der Kapitalanlage angepriesen und hier insbesondere auf präkolumbianische Ob-

---

[10] Mit dem Diebstahl ist oft eine Gefährdung der Substanz des Kulturgutes selbst verbunden, sowohl durch die Zerstörung oder Beschädigung des Objektes während des Diebstahls oder nach der Entwendung durch den Dieb oder Dritte in Unkenntnis seines wahren Wertes oder Bedeutungsgehaltes, *Spaun*, Herausgabeanspruch, S. 26.

[11] In diesem Zusammenhang ist insbesondere der Schaden zu beachten, der durch die Entfernung des Objektes aus seinem Kontext entsteht, s. dazu unten § 3 VII. 1. b. Zu diesen Gefahren tritt die Gefährdung von Kulturgütern im Rahmen kriegerischer Auseinandersetzungen oder politischer Unruhen.

[12] Daraufhin wurden die Kulturlandschaft und die archäologischen Stätten des Bamiyan-Tals in die Liste des UNESCO-Weltkulturerbes aufgenommen, s. www.unesco.de.

[13] Vergl. *Roth*, Museumskunde, Band 67, 1/2002, 5.

[14] Vergl. *Bartetzko*, „Wo sind die Männer aus Amerika? Wer Krieg führt, verliert Kultur: Die Heimsuchung des Nationalmuseums in Bagdad", FAZ v. 14.4.2003, 37. Während in der Stadt Bagdad nach der Eroberung Chaos herrschte, wurden nicht nur Geschäfte, Wohnhäuser und sogar Krankenhäuser geplündert, sondern auch vor Bagdads Nationalmuseum nicht halt gemacht, vergl. FAZ v. 16.4.2003, 40. Die Plünderer hatten es nach Aussagen der Zeitung *al Hayat* gerade auf Stücke von den berühmten Fundstätten wie Ur, Uruk (Warka), Niniveh und Babylon abgesehen, s. dazu *Lerch*, „Als sich die Panzer zurückzogen. Im Schatten der Eroberer Beute machen: Waren die Plünderungen im irakischen Nationalmuseum geplant?", FAZ v. 16.4.2003, 41. Glücklicherweise waren viele bedeutende Kunstgegenstände vor Beginn des Krieges ausgelagert worden, so konnte aus dem Keller der Nationalbank der „Schatz des Nimrod" von Fachleuten des „National Geographic" und amerikanischen Soldaten geborgen werden. Ebenso tauchte auch die berühmte „Vase von Warka" und ein fünftausend Jahre altes Alabasterrelief aus Uruk wieder auf, s. „DER SPIEGEL", Heft 25/2003 v. 16.6.2003, 159.

[15] Vergl. beispielsweise *Roth*, Museumskunde, Band 67, 1/2002, 5; *Dolzer*, Dolzer/Jayme/Mußgnug, Frieden, S. 159; *Fechner*, Bewahren als Problem, S. 119; *Szemethy*, Bewahren als Problem, S. 147; *Coggins*, I.J.C.P., Vol. 7, No. 2, 1998, 434.

jekte verwiesen, die heute gemäß den Kodizes der Berufspflichten[16] von keinem verantwortungsbewussten Museum und keiner privaten Galerie mehr angekauft werden sollen. In der „Erklärung von Bern zu Maßnahmen gegen den zerstörerischen Umgang mit Kulturgut" von 1993 wird zudem auf den „Auktionsweltrekord" einer bekannten Zürcher Galerie verwiesen, wo für Hunderttausende von Franken Stücke einer einzigartigen Sammlung alter *Ngor-Mandala-Thangkas* versteigert wurden und man kein Wort darüber verlor, dass diese „lohnenden Investitionsobjekte"[17] für viele Tibeter auch heute noch eine besondere religiöse Bedeutung haben, von ihrer künstlerischen und kulturhistorischen Bedeutung her zum Wertvollsten des Kulturerbes von Tibet gehören und eine Sammlung darstellen, wie sie die tibetische Gesellschaft selbst nicht mehr besitzt[18]. In solchen Beispielen kommt ein Kulturverständnis zum Ausdruck, das sich an rein materiellen Werten orientiert[19].

Eine veränderte Sichtweise und die Anerkennung der Bedeutung, welche Kulturgüter für die nationale Identität haben[20], hat nunmehr zu einer Vielzahl gesetzlicher Regelungen geführt[21]. Diese Entwicklung hatte im nationalen Bereich ihren Anfang bereits im Altertum[22] und hat auf internationaler Ebene im Jahr 1995 einen Abschluss mit der Verabschiedung der UNIDROIT-Konvention über gestohlene oder rechtswidrig ausgeführte Kulturgüter vom 24. 6. 1995[23] gefunden. Diese stellt die letzte Antwort der internationalen Gemeinschaft auf die

---

16 S. unten § 4 IX.

17 So das Wirtschaftsmagazin „Cash" vor der Versteigerung, zitiert nach *Müller*, Informationstag, S. 83f.

18 *Müller*, Informationstag, S. 83, 84.

19 Zum Ganzen *Müller*, Informationstag, S. 83, 84; *Homberger*, UNIDROIT, S. 25; dagegen *Goepfert*, Kunsthandel, S. 18ff., wonach die Aussicht auf Wertsteigerung nicht den ideellen Aspekt verdrängt hat.

20 Vergl. beispielsweise *Gerstenblith,* I.J.C.P., Vol. 6, No. 2, 1997, 195; *Bernecker*, Museumskunde, Band 67, 1/2002, 19; *Shyllon*, Unif. L. Rev./Rev. dr. unif. 2000, 219, 240; *Isler-Kerenyi,* Informationstag, S. 9; *Merryman*, Cal. L. R. 77 (1989), 339, 349.

21 *Winter*, FS de Waart, 1998, S. 358; Vergl. auch *Fechner*, I.J.C.P., Vol. 7, No. 2, 1998, 376, 390: „An inevitable requirement for the succes of cultural property law, however, is the political will to protect cultural objects because of their inherent value and for individual cultures and humanity as a whole.".

22 „Das Verschleppen oder Beseitigen von Bauteilen und Bauschmuck von historischen Gebäuden, insbesondere wenn sie für die Stadt von Wichtigkeit sind, wird mit Geldstrafe von 6 Pfund Gold bestraft. Eine ähnliche Strafe soll auch die Stände der Städte erwarten, wenn sie nicht den Schmuck der Heimat gemäß Autorität dieses Dekretes verteidigen." Eine auf Bauwerke bezogene Strafdrohung des Kaisers *Theodorus* v. 1. 1. des Jahres 398 n. Chr.; entnommen *Raber*, Kulturelles Erbe, S. 9–10 m.w.N.; mehr zur historischen Entwicklung des rechtlichen Kulturgüterschutzes unter § 2.

23 Im folgenden UNIDROIT-Konvention genannt. Der Text der UNIDROIT-Konvention findet sich als Anhang I. 1. am Ende dieser Arbeit.

Frage nach der Lösung des Problems des illegalen Handels mit Kulturgütern dar[24]. Das Ziel dieser Arbeit ist es, die Möglichkeiten des rechtlichen Schutzes von Kulturgut vor diesen Gefahren mit Hilfe der Regelungen dieser Konvention aufzuzeigen. Bevor der normative Inhalt der Konvention analysiert wird, soll zunächst ihr faktischer und juristischer Kontext erläutert werden.

II. Die gegebene rechtliche und tatsächliche Situation

Bei den Regelungen zum Schutz von Kulturgut handelt es sich nicht ausschließlich um solche des Privatrechts, sondern es sind ebenso Fragen des Völkerrechts, des internationalen öffentlichen Rechts und des Strafrechts betroffen[25]. Das moderne universelle Völkerrecht hebt die Bedeutung der Kultur unter anderem dadurch hervor, dass gemäß Art. 1 Abs. 1 des Internationalen Paktes über bürgerliche und politische Rechte vom 19.12.1966[26] und dem gleichlautenden Art. 1 Abs. 1 des Internationalen Paktes über wirtschaftliche, soziale und kulturelle Rechte vom 19.12.1966[27] alle Völker kraft ihres Rechts auf Selbstbestimmung frei über ihre „kulturelle Entwicklung“ („cultural development“; „développement culturel“; „desarrollo cultural“) entscheiden[28]. Mit diesem völkerrechtlichen Grundsatz, nach dem jeder Staat über sein Kulturgut in souveräner Eigenverantwortlichkeit zu bestimmen hat, setzte die Entwicklung des internationalen Kulturgüterschutzes in Friedenszeiten erst sehr viel später ein als auf dem Gebiet des Kriegsvölkerrechts. Hier war schon recht früh erkannt worden, dass es auch Aufgabe der internationalen Staatengemeinschaft sein muss, Kulturgut vor den Gefahren der Zerstörung und Plünderung im Krieg zu bewahren[29].

Das Bewusstsein, dass Kulturgüter auch in Friedenszeiten schwerwiegenden Gefährdungen ausgesetzt sind, sei es durch Umwelteinflüsse, Diebstahl oder Raubgräberei, wuchs erst im 20. Jahrhundert, und es setzte sich schließlich die Auffassung durch, dass die Erhaltung des kulturellen Erbes auch in Friedenszeiten eine

---

[24] *Goldrich*, 23 Fordham Int'L.J. (2000), 118, 139f.

[25] Vergl. *Stoll*, Staudinger BGB, Int. SachenR, RN. 109; so gehören die Schutzgesetze für Kulturgüter zumeist dem öffentlichen Recht an und werden durch strafrechtliche Sanktionen ergänzt, *Jayme*, ZVglRWiss 95 (1996), 158, 159.

[26] Art. 1 Abs. 1 des Internationalen Paktes über bürgerliche und politische Rechte: „Alle Völker haben das Recht auf Selbstbestimmung. Kraft dieses Rechts entscheiden sie frei über ihren politischen Status und gestalten in Freiheit ihre wirtschaftliche, soziale und kulturelle Entwicklung.“, BGBl. 1973 II, 1534.

[27] BGBl. 1973 II, 1570.

[28] Vergl. *Streinz*, Museumsgut, S. 19.

[29] S. dazu § 2 I. 2. und 3.

gemeinsame Verpflichtung der Staaten ist[30]. So wurde auf dem Krakauer Symposium über das kulturelle Erbe vom 6. 6. 1991 durch die Teilnehmerstaaten der Konferenz über Sicherheit und Zusammenarbeit in Europa (KSZE)[31].

> „ihre tief empfundene Überzeugung [...], dass das kulturelle Erbe eines jeden von ihnen einen unverzichtbaren Teil der Kultur, ihres kollektiven Gedächtnisses und ihrer gemeinsamen Geschichte darstellt, den es zukünftigen Generationen weiterzugeben gilt"

zum Ausdruck gebracht[32].

I. Problemstellung

> *„Kunstwerke sind empfindliche Symbole nationaler Identität; und sie sind trotz ihrer ästhetischen Aussage doch Sachen."*[33] *Stefan Schlosshauer-Selbach*

Obwohl in fast allen Ländern mit bedeutendem Kunstbesitz Rechtsvorschriften zum Schutz, zur Pflege und zur Erhaltung des nationalen Kulturguts existieren[34], waren sie bisher auf internationaler Ebene kein wirksames Mittel die unkontrollierte Veräußerung und die Ausfuhr bedeutender Kulturgüter zu verhindern, da diese in ihrer Wirksamkeit auf das Hoheitsgebiet des jeweiligen gesetzgebenden Staates begrenzt waren[35]. Dies hatte zur Folge, dass Verstöße gegen ausländische

---

30 Zum Ganzen *Hipp*, Kulturgüterschutz, S. 137. Zur Entwicklung des Kulturgüterschutzes im Kriegsvölkerrechts s. unten § 2 I., zur Ausdehnung des Kulturgüterschutzes auf Friedenszeiten s. unten § 2 II.

31 Seit 1. 1. 1995 Organisation für Sicherheit und Zusammenarbeit in Europa (OSZE).

32 Bulletin des Presse- und Informationsamtes der Bundesregierung Nr. 71, 1991, 573.

33 *Schlosshauer-Selbach*, NJW 2001, 588 fasst so die in „Nationales Kunstwerk und internationales Privatrecht" von *Erik Jayme* dargestellte Problematik zusammen.

34 So schützen die verschiedenen Länder ihre nationalen Kulturgüter auf drei unterschiedliche Arten: 1. Archäologische Bodenschätze werden zu Staatseigentum erklärt (vergl. beispielsweise das in Ägypten seit 1983 geltende Gesetz, wonach alle Altertümer Eigentum des Staates sind und der private Handel mit ihnen untersagt ist, s. *Willeitner*, „Der Fluch des Pharao. Bitterer Nachgeschmack: die Machenschaften des New Yorker Antikenhändlers Frederik Schultz", FAZ v. 10. 8. 2002, 41, 42); 2. wertvolle Kulturgüter erhalten als Teil des *domaine public, demanio pubblico, dominio público* die Qualität von *res extra commercium* oder 3. es ist verboten, gewisse Kulturgüter ohne staatliche Genehmigung auszuführen. Ein solches Exportverbot kann unterschiedlich ausgestaltet sein und entweder zu einem entschädigungspflichtigen enteignungsgleichen Eingriff oder zu einem zeitlich limitierten Vorkaufsrecht des Staats führen, vergl. *Siehr*, AJP 1999, 962f.

35 *Wiederkehr Schuler*, Kunstmarkt, S. 21; *Kinderman*, 7, 2 Em. Int. L. R. (1993), 457, 462; *Merryman*, I.J.C.P., Vol. 3, No. 1, 1994, 61f.; *Weber*, Unveräußerliches Kulturgut, S. 1; *Shyllon*, Unif. L. Rev./Rev. dr. unif. 2000, 219, 221; *Schneider*, Unif. L. Rev./Rev. dr. unif. 2001, 476, 524. „Der durch das nationale Recht gewährte Schutz kann nicht auf die Rechtsphäre anderer Länder ausgedehnt werden.", so der BGH in einer – mit dem Gebiet der Berücksichtigung von Exportvorschriften vergleichbaren – Entscheidung zur Versagung des Folgerechts gemäß § 26 UrhG im Fall einer Weiterveräußerung im Ausland, Urt. des BGH v. 16. 6.

Exportbestimmungen von inländischen Gerichten grundsätzlich unbeachtet blieben[36]. Entsprechendes galt auch für auf administrative Verbote gestützte strafrechtliche Sanktionen[37]. Staaten konnten somit vor ausländischen Gerichten nicht mit Erfolg auf die Rückgabe von Gütern klagen, welche unter Verletzung ihrer Exportgesetze ausgeführt wurden. Eine Ausnahme galt nur dann, wenn der Staat noch in seinem Hoheitsgebiet einen Titel an dem betreffenden Gut erworben hatte. In diesem Fall wurde jedoch der fremde Staat als Eigentümer des Gutes und nicht als fremder Souverän geschützt[38].

a. Fall: Attorney General of New Zealand v. Ortiz[39]

Die Bedeutung der Nichtanerkennung ausländischer Exportvorschriften für die Belange des Kulturgüterschutzes verdeutlicht der berühmte Fall *Attorney General of New Zealand v. Ortiz*. Das *House of Lords* lehnte es ab, neuseeländisches Recht über die Ausfuhr von Kulturgütern in England durchzusetzen[40]. In diesem Fall hatte Neuseeland auf Feststellung geklagt, dass eine wertvolle Maori-Schnitzerei, die von dem Schweizer Kunsthändler *Ortiz* bei Sotheby's in London im Jahr 1978 zur Versteigerung angeboten wurde, dem neuseeländischen Staat

---

1994, I ZR 24/92, IPRax 1995, 246, 247; vergl. auch *Ulmer*, Immaterialgüterrechte, S. 10f. Dazu auch *Siehr*, Aufbruch nach Europa, S. 815: „Jeder Staat schützt nur seine Kulturgüter und heißt fremde im Inland willkommen. Als Begründung muss das Axiom herhalten: Man setze im Inland nicht ausländisches öffentliches Recht durch, sei nicht Büttel fremder Hoheitsträger.". Vergl. zum Territorialitätsprinzip: Urt. des BGH v. 17.12.1959, VII ZR 198/58, BGHZ 31, 367, 371; Urt. des BGH v. 16.4.1975, I ZR 40/73, BGHZ 64, 183, 189; Urt. des BGH v. 8.4.1976, II ZR 68/75 in VersR 1976, 678; *Junker*, IPR, RN. 87; *Hefermehl*, Soergel, BGB, 2, § 134 RN. 9; *Walter*, Rückführung, S. 30; *Winter*, FS de Waart, 1998, 355; *Schlochauer*, Extraterritoriale Wirkung, S. 55ff.; *Hailbronner*, JZ 2002, 957, 958; *Kegel/Schurig*, IPR, § 23 I 1., S. 1092f. m.w.N.; *Basedow*, 27 GYIL (1984), 109, 115; kritisch dazu *Siehr*, AJP 1999, 962, 965; *Prott/O'Keefe*, Movement, S. 652ff.

[36] Ein Beispiel für diese Folgen ist der Fall *King of Italy v. Cosimo de Medici Tornaquinci, Marquis Avenardo de Medici Tornaquinci and Christie Manson & Woods* (14 Rivista di diritto internazionale 1921/22, 194) aus dem Jahr 1918. In diesem Fall wurde einer Klage Italiens auf Erlass einer einstweiligen Verfügung zur Verhinderung der Versteigerung illegal exportierter *Medici*-Archive hinsichtlich der Dokumente, an denen Italien einen Verstoß gegen seine Exportbestimmungen zum Schutz von Antiquitäten und Kunstgegenständen geltend machen konnte, von dem englischen Gericht nicht stattgegeben. 34 T.L.R. (1918), 623–624: „Article 9 prohibited their exportation, but it was manifest, that this only applied so long as they remained in Italy.".

[37] Vergl. *Hailbronner*, JZ 2002, 957, 958.

[38] *Basedow*, 27 GYIL (1984), 109, 116.

[39] *Attorney General of New Zealand v. Ortiz*, 2 W.L.R. (1982), 10 (Q.B.); 1984, 1 A.C. 1 (C. A., H.L.), 3 W.L.R. (1982), 570; 1982, 3 All. E. R., 432, C. A.; 1984, A.C. 1, 2 W.L.R. (1982), 809, 2 All. E. R. (1983), 93, H.L.(E.).

[40] *Siehr*, Neues Recht, S. 30; *Hanisch*, FS Müller-Freienfels, 1986, S. 204; *Basedow*, 27 GYIL (1984), 109, 115; dazu auch *Nott*, 33 Int. Comp. L.Q. (1984), 203, 204.

gehöre und deshalb die Versteigerung zu untersagen sei[41]. Neuseeland berief sich zur Begründung seiner Eigentumsrechte an der Maori-Tür auf Sec. 12 (2) des *Historic Articles Act* von 1962, welcher besagt, dass

> „an historic article knowingly exported or attempted to be exported in breach of this Act shall be forfeited to Her Majesty“[42].

Nachdem die Vorinstanz den Verfall der illegal exportierten Maori-Schnitzerei an den Staat bejaht hatte, lehnten der *High Court* und das *House of Lords* den automatischen Eigentumserwerb durch den Staat kraft Gesetzes ab und vertraten die Ansicht, ausländisches öffentliches Recht zum Verfall der Schmuggelware sei im Inland nicht anzuwenden, sofern sich die Ware bei Verfall bereits außerhalb der Grenzen des Herkunftsstaates befunden habe[43]. So verlor der Generalanwalt von Neuseeland den Prozess auf Rückgabe der illegal exportierten Maori-Schnitzereien, auch wenn die Sympathien auf seiner Seite waren[44].

Gegen die Auffassung, dass nur die tatsächlich vollzogenen ausländischen Enteignungen anerkennungsfähig seien bzw. eine Klage abzuweisen sei, die der Realisierung eines in dem ausländischen Enteignungsstaat nicht vollzogenen Eingriffaktes dient, lässt sich vorbringen, dass eine kulturgutschützende Beschlagnahme oder Einziehung beweglicher Sachen nicht einer sonstigen Beschlagnahme gleichgestellt werden sollte, da den kulturgutschützenden Gesetzen

---

41 Bei der streitbefangenen Schnitzerei handelte es sich um eine reich verzierte, fünfteilige Holztür, die von größter Bedeutung für das Studium der Kunst und Zivilisation der neuseeländischen Ureinwohner, dem Volk der Maori, sowie der polynesischen Bildhauerkunst ist. *Ortiz* hatte diese 1973 in dem Wissen, dass dieses Kunstwerk ohne die erforderliche Genehmigung aus Neuseeland importiert worden war, von einem Kunsthändler in New York gekauft. *Ortiz* schickte seine Kunstsammlung zu Sotheby's, um sie versteigern zu lassen. Sotheby's zeigte ein farbiges Bild der Maori-Tür in seinem Katalog und setzte die Versteigerung für den 29. 6. 1978 an. Dies erregte die Aufmerksamkeit des Generalanwaltes von Neuseeland, der am 26. 6. 1978 erklärte, das Eigentum der Tür sei der Krone verfallen, vergl. die Ausführungen von *Lord Denning*, 3 W.L.R. (1982), 575, 576. Zum ganzen: *Müller-Katzenburg,* Internationale Standards, S. 80.

42 Sec. 12 (2) des *Historic Articles Act*, abgedruckt bei *Attorney General of New Zealand v. Ortiz*, 3 W.L.R. (1982), 578, 579.

43 Vergl. *Siehr,* Neues Recht, S. 30. Da es sich bei der Beschlagnahme der Schmuggelware um eine hoheitliche Tätigkeit des Staates handele, könne die Beschlagnahme nach den Grundsätzen des internationalen Rechts nur innerhalb des neuseeländischen Hoheitsgebietes vollzogen werden, nicht jedoch, wenn der Gegenstand bereits ins Ausland exportiert worden sei, vergl. zum ganzen: *Müller-Katzenburg,* Internationale Standards, S. 81 m.w.N.; so auch *Bleckmann*, 34 ZaöRV (1974), 112, 132, wonach die Staaten verpflichtet seien, fremde Hoheitsakte grundsätzlich zu achten.

44 So versichte *Lord Brightman:* „I have every sympathy with the appellant's claim. If the statement of claim is correct, New Zealand has been deprived of an article of value to its artistic heritage in consequence of an unlawful act committed by second respondent. I do not, however, see any way in which, upon a proper construction of the Act of 1962 and in the events which her happened, the Crown is able to claim ownership thereof. I would dismiss the appeal.“, *Attorney General of New Zealand v. Ortiz*, 2 W.L.R. (1983), 809, 818f.

international Respekt und erleichterte Anerkennung nicht zuletzt auch deshalb gebührt, weil sich heute fast alle Staaten solcher Gesetze zur Erhaltung ihrer Kulturgüter bedienen[45].

b. Fall: Kingdom of Spain v. Christie Manson & Woods, Ltd.[46]

Als das spanische Königreich im Jahr 1986 auf die Herausgabe des mit gefälschten Exportpapieren ausgeführten Gemäldes von *Francisco de Goya y Lucientes* „La Marquesa de Santa Cruz“[47] klagen wollte, hatte der Fall *Attorney General of New Zealand v. Ortiz* bereits deutlich gemacht, dass es keinen Erfolg verspräche, sich vor ausländischen Gerichten auf die Verletzung von nationalen Exportbestimmungen[48] zu berufen[49]. Nachdem die Versteigerung des Gemäldes auf der „Important Old Master Pictures“-Auktion von Christie's in London verhindert worden war – Christie's hatten auf Einspruch des spanischen Staates das Meisterwerk von der Auktion zurückgezogen – mussten die Rechtsanwälte des spanischen Staates eine andere Möglichkeit finden. So klagten sie auf Feststellung, dass drei Dokumente des Spanischen Ministeriums, welche den Export des Gemäldes autorisieren sollten, gefälscht seien und der Export entgegen eines spanischen Ausfuhrverbotes und somit illegal erfolgt sei. Die Richter bejahten das Feststellungsinteresse und machten somit das Gemälde im seriösen Kunsthandel auf Grund seines Kodex' der Berufspflichten[50] nahezu unverkäuflich.

Diese Entscheidung fiel dem Gericht im Fall *Kingdom of Spain v. Christie, Manson & Woods, Ltd.* nicht leicht, da Spanien keinen Eigentumstitel an dem Gemälde geltend machte und lediglich auf die Feststellung des illegalen Exportes

---

[45] *Stoll*, Dolzer/Jayme/Mußgnug, S. 65.

[46] *Kingdom of Spain v. Christie, Manson & Woods, Ltd.*, 1 W.L.R. (1986), 1120 (Ch. D.).

[47] Bereits zu Beginn des letzten Jahrhunderts hatten sich amerikanische Sammler für das Gemälde in spanischem Privatbesitz interessiert. Als die Eheleute *Havemeyer*, die später ihre Sammlung dem New Yorker Metropolitan Museum of Art schenkten, an den *Herzog von Alba* heran traten, um die „Marquesa“ im Jahr 1909 zu kaufen, erwiderte dieser „Ah, Madame, I would let you have it, if I could, but what can I do? I cannot sell my grandmother, can I?“. Erst 1983 schien das Gemälde für die Eigentümerin keine solche Bedeutung mehr zu haben und *Señora Valdes* verkaufte die „Marquesa“ für 200.000,– U.S. $ an spanische Kunstschieber. Diese fälschten drei Exportdokumente und brachten das Gemälde über die Schweiz und das Getty Museum in Malibu nach London, nachdem das Getty Museum den Ankauf abgelehnt hatte, als es erfahren hatte, dass das Gemälde illegal aus Spanien exportiert worden war, vergl. zum Ganzen: *Siehr*, Neues Recht, S. 29f. m.w.N.; *Weidner*, Res extra commercium, S. 74 FN 203.

[48] Verletzt wurde hier das spanische Dekret 1641/1959 v. 23.9.1959 „sobre exportación de objetos de valor e interés arqueológico o artistico y de imitaciones o copias“, das vom Gesetz 16/1985 v. 25.6.1985 „del Patrimonio Histórico Español“, Boletín oficial del Estado no. 155 v. 29.6.1985, abgelöst wurde. Vergl. *Siehr*, Neues Recht, S. 30.

[49] *Siehr*, FS Müller-Freienfels, 1996, S. 65; *ders.*, Neues Recht, S. 30.

[50] S. dazu unten § 4 IX.

klagte. *Sir Nicolas Browne-Wilkinson V.-C.* musste lange nach einer Anspruchsgrundlage suchen und nahm schließlich zum einen auf die Grundsätze des *Dealers Code of Practice*[51] und zum anderen auf einen Fall aus dem 19. Jahrhundert Bezug[52]. In diesem Präjudiz wurde entschieden, dass ein ausländischer Staat vor englischen Gerichten klagen kann, wenn er auf diese Weise einen geldwerten Schaden von sich und seinen Einwohnern abwenden kann. Dies wurde schließlich im Hinblick auf das *Goya*-Gemälde bejaht, da

> "the use of forged documents of the Government of Spain could debase the credibility of genuine export documents issued by that government"[53],

und dies könnte einen Schaden für das spanische Königreich und seinen Kunstbesitz verursachen. Da der gute Glaube der Kläger außer Frage stand und die Beklagten keinen Missbrauch des Gerichts geltend machen konnten, wurde der Klage schließlich stattgegeben, wobei *Sir Nicolas Browne-Wilkinson V.-C* „in fairness to the defendants" feststellte, dass:

> "the action does not in any way impugn the title of O.A.I.[54] to sell the picture. The title to the picture, of any buyer will not be affected by anything which eventually happens in this action. The action only relates to the question whether the picture was or was not lawfully exported from Spain."[55].

Richter *Browne-Wilkinson V.-C.* bezog sich in seinen Erwägungen auch auf die UNESCO-Konvention über gestohlene oder illegal exportierte Kulturgüter von 1970, die zwar für die Klage keine Anwendung finde, doch eindeutig den illegalen Import und Export verurteile[56]. So flossen die Grundsätze dieser Konvention in die Überlegungen des Gerichts mit ein. Nachdem das Gericht dem Feststellungsantrag stattgegeben hatte, erwarb das spanische Königreich das Meisterwerk *Goyas* für 6 Millionen Dollar zurück und überführte es in den Prado, wo die *Marquesa* heute neben den beiden *Majas* zu bewundern ist[57].

---

[51] In Auszügen abgedruckt in: *Kingdom of Spain v. Christie, Manson & Woods, Ltd.*, 1 W.L.R. (1986), 1120, 1124f.

[52] *Emperor of Austria v. Day and Kossuth* (1861) 3 De. G.F. & J. 217.

[53] *Kingdom of Spain v. Christie, Manson & Woods, Ltd.*, 1 W.L.R. (1986), 1120, 1129, 1131.

[54] Die nach dem Recht von Liberia errichtete *Overseas Art Investments Ltd. (OAI)* mit Sitz auf den Virgin Island war die Auftraggeberin der Versteigerung und neben dem Auktionshaus Christie's Klagegegnerin des spanischen Königreichs.

[55] *Kingdom of Spain v. Christie, Manson & Woods, Ltd.*, 1 W.L.R. (1986), 1120, 1133.

[56] Die Konvention war in diesem Fall nicht anwendbar, da sie in England nicht in Kraft war und in Spanien erst Wirkung ab dem 10. 4. 1987 entfaltete. Außerdem regelt sie nur die Rückgabe von Kulturgütern, die aus Museen oder von öffentlichen Plätzen gestohlen wurden und nicht wie im konkreten Fall aus Privatbesitz stammen. Richter *Browne-Wilkinson* stellt jedoch fest: „The general tenor however of the Convention is clear: is it against illicit import and export.", *Kingdom of Spain v. Christie, Manson & Woods, Ltd.*, 1 W.L.R. (1986), 1120, 1123, 1124.

[57] *Siehr,* Neues Recht, S. 31.

c. Nigeria-Fall des BGH[58]

Mit diesem Fall zu vergleichen[59] ist der so genannte „Nigeria-Fall“, den der deutsche Bundesgerichtshof am 22. 6. 1972 entschied. Der Kläger machte aus abgetretenem Recht der Versicherungsnehmerin einen Anspruch auf Entschädigung wegen des angeblichen Verlustes von sechs afrikanischen Bronzefiguren geltend. Der BGH verneinte jedoch ein versicherbares Interesse des See-Güterversicherungsvertrages, da dieser die Ausfuhr von Kulturgut entgegen den Exportverboten zum Schutz des nationalen Erbes des Ursprungsstaates zum Gegenstand hatte. Das nigerianische Ausfuhrverbot wurde im Rahmen des § 138 BGB mittelbar beachtet. In der Urteilsbegründung wird ausgeführt:

> „Hier handelt es sich nicht um ein Ausfuhrverbot, durch das mittelbar deutsche Interessen geschützt werden und das schon deshalb zur Anwendung des § 138 BGB führen könnte (BGH, Urt. v. 21.12.1960, VIII ZR 1/60, BGHZ 34, 169, 177), sondern um ein Verbot, das die Erhaltung des künstlerischen Erbes im Ursprungsland und, wie das Berufungsgericht darlegt, den Schutz des Landes vor einer Ausplünderung durch ausländische Kunstliebhaber [...] bezweckt. Die Umgehung eines solchen Schutzgesetzes muss, da sie dem nach heutiger Auffassung allgemein zu achtenden Interesse aller Völker an der Erhaltung von Kulturwerten an Ort und Stelle zuwiderhandelt, als verwerflich betrachtet werden.“[60]

Der hier angelegte völkerrechtliche Maßstab entspricht Gedankengängen, die auch in der sonstigen Rechtsprechung des BGH[61] auftauchen und die Aufgeschlossenheit des Gerichts gegenüber anderen Rechtsordnungen dokumentieren[62]. Von besonderer Wichtigkeit ist hier, dass der BGH nicht nur die Verletzung grundlegender völkerrechtlicher Normen, sondern die Verletzung jeder völkerrechtlichen Norm, ja sogar die Verletzung völkerrechtlich nicht geschützter Kollektivinteressen mit innerstaatlichen Sanktionen ahndete[63]. Diese Ent-

---

[58] BGH, Urt. v. 22. 6. 1972, II ZR 113/70, BGHZ 59, 82.

[59] Dieser Fall ist mit dem Fall *Kingdom of Spain v. Christie, Manson & Woods, Ltd* insofern zu vergleichen, als auch dort eine ausländische Norm des öffentlichen Rechts beachtet und ihr im Inland indirekt Geltung verschafft wurde, so *Siehr,* FS Lorenz, 1991, S. 538. Er stellt ein Gegenbeispiel zum Fall *Attorney General of New Zealand v. Ortiz* dar – in welchem das neuseeländische Exportverbot nicht berücksichtigt wurde – und zur allgemeinen Praxis der Rechtsprechung, ausländisches öffentliches Recht außerhalb des Hoheitsgebietes des betreffenden Staates nicht zu beachten (vergl. beispielsweise die Rechtsprechung des BGH: Urt. des BGH v. 17.12.1959, VII ZR 198/58, BGHZ 31, 367, 371; Urt. des BGH v. 16.4.1975, I ZR 40/73, BGHZ 64, 183, 189).

[60] BGH, Urt. v. 22. 6. 1972, II ZR 113/70, BGHZ 59, 85.

[61] Vergl. BGH, Urt. v. 30. 6. 1961, I ZR 39/60, BGHZ 35, 329, 337. Hier spricht der BGH in völlig anderem Zusammenhang (im Rahmen des § 1 UWG) von der Maßgeblichkeit des Standards, der „nach der gemeinsamen Ansicht der durch gleiche sittliche Anschauungen verbundenen Kulturstaaten“ besteht.

[62] *Mann,* NJW 1972, 2179.

[63] *Bleckmann,* 34 ZaöRV (1974), 112, 113.

scheidung ist unter dem Gesichtspunkt des Kulturgüterschutzes sehr begrüßenswert, stellt jedoch bisher einen Ausnahmefall dar.

2. Lösungsansätze

Aus diesem Grund gibt es seit einiger Zeit Bestrebungen, durch Zusammenarbeit der Staaten auf internationaler Ebene den Kulturgüterschutz zu stärken[64]. Der Grundsatz der Nichtanwendbarkeit ausländischen Rechts wird nun zumindest in der Europäischen Union durch die Transformation der Richtlinie 93/7/EWG[65] über die Rückgabe von unrechtmäßig aus einem Hoheitsgebiet verbrachten Kulturgütern durchbrochen[66]. Als letzter Mitgliedstaat hat auch Deutschland – gegen den erbitterten Widerstand des Kunsthandels[67] – diese Richtlinie durch das Kulturgüterrückgabegesetz vom 15. 10. 1998[68] in sein nationales Recht umgesetzt[69].

Es sind wohl wenige Themen, die im Lauf der letzten Jahre der Gegenstand einer internationalen Harmonisierung waren, auf Grund der widerstreitenden rechtlichen, politischen, ökonomischen und auch moralischen Interessen schwieriger zu regeln als das der Rückgabe der gestohlenen oder illegal ausgeführten Kulturgüter[70]. Begründet sind diese Schwierigkeiten hauptsächlich in dem Konflikt zwischen dem Interesse des internationalen Kunstmarktes an Liberalisierung, welches eine Beseitigung der Handelshemmnisse des freien Warenverkehrs erfordert und dem Interesse der Völker an Identitätsfindung mit Hilfe ihres kulturellen Erbes[71], was zwangsläufig zum Verbot der Ausfuhr nationalen Kulturgutes

---

64 Beispielsweise wurden bereits in den Jahren 1933, 1936 und 1939 innerhalb des Völkerbundes Entwürfe einer Konvention ausgearbeitet, deren Ziel die Rückführung gestohlener und unerlaubt ins Ausland veräußerter künstlerischer, historischer oder wissenschaftlicher Objekte war, die jedoch nie verabschiedet wurde, *Engstler,* Völkerrecht, S. 49ff.

65 Anhang II. 1.

66 S. § 2 II. 3. b. bb. Vergl. dazu auch *Siehr*, Bewahren als Problem, S. 108; *Winter*, FS de Waart, 1998, 355.

67 Wobei jedoch den Interessen des Kunsthandels bei der Umsetzung in erheblichem Maße Rechnung getragen wurde, s. unten § 4 VII. 4.

68 Anhang III. 2.

69 Zu beachten ist, dass die Richtlinie 93/7/EWG nur den Handel zwischen den Mitgliedstaaten der EWG betrifft; auch die EWG-Verordnung Nr. 3911/92 v. 9. 12. 1992 (Anhang II. 2.) sagt nichts über den Import von Kulturgütern aus Drittländern aus, *Siehr,* ZVglRWiss 95 (1996), 158, 170, 174f. Zur deutschen Renitenz gegen das Kulturgutrecht der EG s. *Mußgnug*, EuR 35 (2000), 564ff., dieser kritisiert zudem die Mängel der deutschen Regelung. So wurde auch nach Ansicht von *Fechner*, Bewahren als Problem, S. 119 mit dem Kulturgutsicherungsgesetz die Chance, auf nationaler Ebene ein funktionierendes Kulturgutschutzsystem zu etablieren, vertan.

70 *Lalive*, SZIER 1997, 13, 14; *Rodinò*, Neues Recht, S. 6.

71 Gerade Kultur und somit auch Kulturgüter sind als einheitsstiftend und somit wesentlich für die Identität der jeweiligen Einheit, sei es eine Volksgruppe, ein Volk oder ein Staat, anzusehen, *Streinz*, Museumsgut, S. 19.

bzw. zur Forderung auf Rückführung der Kulturgüter in das Ursprungsland führt[72].

Viel diskutierte Beispiele für Kulturschätze, die auf halbwegs legalem Weg ihr Ursprungsland verlassen haben und nunmehr der Gegenstand von Klagen auf Rückführung sind, stellen u. a. die weltberühmte Büste der *Nofretete* im ägyptischen Museum zu Berlin[73] oder auch die „Elgin Marbles" dar. Auf den zuletzt genannten Fall geht der immer wieder in der Literatur zum Kulturgüterverkehr auftauchende Ausdruck „Elginismus" zurück, der sogar in den *Grand Larousse de la langue francaise* Eingang gefunden hat[74]. Dieser definiert den Begriff folgendermaßen:

> „*elginisme*, n. m. (du n. de Thomas Bruce, comte d'*Elgin* (1766-1841), diplomate angl. qui constitua, par des moyens parfois douteux, d'importantes collections d'objets d'art étrangers; [...]). Forme de vandalisme consistant à arracher les œuvres d'art de leur pays d'origine pour en constituer des collections privées ou publiques.[75]"

---

[72] *Reichelt*, Neues Recht, S. 55; *Seidl-Hohenveldern*, FS Schindler, 1989, S. 137. Nach *Sitter-Liver*, Informationstag, S. 34 „ist es ethisch nicht vertretbar, Kulturzeugen den an ihnen unmittelbar interessierten Gemeinschaften vorzuenthalten; ja es besteht *prima facie* die Pflicht, diesen zurückzuerstatten, was zu ihrem Patrimonium gehört.".

[73] Diese wurde im Rahmen der Grabung von 1911–1913 des Deutschen Archäologischen Instituts in Amarna gefunden und bei der Fundteilung zwischen den Ausgräbern und dem ägyptischen Antikendienst den Ausgräbern zugesprochen. Allerdings ist bereits seit 1835 die Ausfuhr von archäologischen Funden aus Ägypten verboten. Die Teilungsregelung wurde als praktikabler Kompromiss angesehen, da das genannte Verbot weder von europäischen noch von ägyptischen Personen oder Institutionen beachtet wurde. Seit 1924/25 versucht nun der ägyptische Antikendienst die Büste durch einen Tausch gegen andere wertvolle Stücke zurückzuerlangen. Da die Legalität des Teilungsvorganges nicht bestritten wird, wurde nicht wie in vielen anderen Fällen die Rückgabe gefordert. Die deutsche Museumsleitung war 1929 zum Tausch bereit, und 1933 beschloss *Hermann Göring* als preußischer Ministerpräsident, die Büste zurückzugeben, um außenpolitisches Ansehen zu erlangen. Jedoch entschied *Hitler*, die Büste solle als „einmaliges Meisterwerk" in Berlin bleiben und zum Prestige der zukünftigen „Welthauptstadt" beitragen. Inzwischen stellt sich die Frage, ob es noch gerechtfertigt ist, die Büste der *Nofretete* in Deutschland zu behalten, wenn es in Ägypten gut ausgestattete Museen gibt und das Argument, nur in Europa könnte sie vor Verkauf und Zerstörung bewahrt werden, nicht mehr überzeugend ist, vergl. „Ein Weib von großer Schönheit oder: Will Nofretete nach Hause", Projekt Museumsethik, Museumskunde Band 67, 2/2002, 9; *Walter,* Rückführung, S. 1. Wie emotionsgeladen die Frage danach, wem Nofretete nun gehöre, diskutiert wurde, zeigt der Vortrag *Mußgnugs* vor der Berliner Juristischen Gesellschaft am 1. 12. 1976 zum deutsch-deutschen Streit um den ehemals preußischen Kulturbesitz, vergl. *Mußgnug,* Nofretete, S. 7ff.

[74] Dazu *Müller-Katzenburg*, Internationale Standards, S. 36; *Williams*, Property, S. 9; *Reichelt,* Wiener Symposium, S. 34; *Chamberlin*, Loot, S. 13ff., wonach eine gewisse Ironie darin liegt, dass die Franzosen diese Wortschöpfung nach dem Namen *Lord Elgins* kreierten, da er „was not only one of their victims, but they also made a spirited attempt to relieve him of his prize". Außerdem stellt sich die Frage, wie die Unternehmungen *Napoleon Bonapartes* zu bezeichnen sind, welche dem Ziel dienten, alle bedeutenden Kunstwerke der Welt in Paris zu vereinigen. Vergl. dazu *Chamberlin*, a.a.O., S. 123ff.

[75] *Grand Larousse*, II, S. 1528.

Dieser Wortschöpfung liegen die Unternehmungen des britischen Diplomaten *Lord Elgin*[76] zugrunde, der in den Jahren 1801 bis 1804 zahlreiche Figuren des Parthenon Tempels in Athen abbauen und nach London bringen ließ. Im Jahr 1816 kaufte der britische Staat die Sammlung durch einen *Act of Parliament* und stellt sie seither im British Museum aus[77]. Obwohl die Aktivitäten *Elgins* größtenteils durch einen „firman" der türkischen Besatzer[78] erlaubt waren, wurde der Transport der griechischen Antiken nach England vielfach missbilligt[79] und nicht nur von griechischer Seite wurden Forderungen nach Rückführung der *Elgin Marbles* erhoben[80].

Die Argumente Griechenlands sind teilweise sehr emotional[81] oder stützen sich auf das Argument, dass die Besetzung Griechenlandes durch die Türken nicht

---

[76] Der aus Schottland stammende *Thomas Bruce*, war der siebte *Earl of Elgin* und elfte *Earl of Kincardine*. Er wurde 1799 von der englischen Krone nach Konstantinopel als Botschafter an den Hof *Sultan Selims III.* gesandt, *Hugger,* JuS 1992, 997; *Frank*, FS Müller-Freienfels, 1996, S. 3.

[77] *Frank*, FS Müller-Freienfels, 1996, S. 1ff.; *Williams*, Property, S. 9ff.; *Hugger,* JuS 1992, 997ff.; *St. Clair*, Elgin Marbles, S. 245ff.

[78] Dieses Schreiben (*firman*) wurde von *Abdullah Kaimancan* ausgestellt, dem Beamten, der während der Abwesenheit des Großwesirs, des höchten Beamten im türkischen Staat, dessen Dienstgeschäfte leitete. Sehr detailliert zum Erwerb der *Marbles* durch *Lord Elgin*: *Frank*, FS Müller-Freienfels, 1996, S. 3ff.; *Hugger,* JuS 1992, 997, 998; *Walter*, Rückführung, S. 138ff.

[79] So soll *Lord Byron,* der englische Dichter, Anfang des 19. Jahrhunderts, derart entrüstet sowohl über das Verhalten *Elgins* als auch den Ankauf der Sammlung durch das englische Parlament gewesen sein, dass er eigenhändig in den Felsen der Akropolis die Worte geritzt haben soll: „Quod non fecerunt Gothi fecerunt Scoti", *Chamberlin,* Loot, S. 27; auch *Quatremère de Quincy,* der sich stets für die Erhaltung der Kunstwerke an ihrem Herkunftsort einsetzte, kritisierte die Ausstellung der *Elgin Marbles* in British Museum anstelle innerhalb ihres historischen Zusammenhanges in Griechenland, *de Quincy,* Lettres, z.B. 156–160. Zur Kritik *Byrons* und anderer Dichter, *St. Clair*, Elgin Marbles, S. 180ff.

[80] Diese Forderung wurde vom griechischen Botschafter am 13.10.1983 bei der britischen Regierung offiziell erhoben und am 20.9.1984 im Wege eines bei der UNESCO von deren *Intergovernmental Comittee for Promoting the Return of Cultural Property* eingerichteten Formularverfahrens wiederholt, jedoch vom Vereinigten Königreich jeweils abgewiesen, vergl. *Hugger,* JuS 1992, 997. Es wurde sogar behauptet, England weigere sich, die UNESCO-Konvention über Maßnahmen zum Verbot und zur Verhütung der unzulässigen Einfuhr, Ausfuhr und Übereignung von Kulturgut v. 14.11.1970 zu ratifizieren, um die „Elgin Marbles" nicht zurückgeben zu müssen, *Leyten,* I.J.C.P., Vol. 7, No. 1, 1998, 261, 264. Eine solche Argumentation ist jedoch abwegig, da der Fall der *Marbles* nicht unter den Anwendungsbereich der UNESCO-Konvention von 1970 fällt, da diese keine Rückwirkung entfaltet, s. unten § 2 III. c. aa.

[81] Vergl. die Erklärung der damaliegen Kulturministerin *Melina Mercouris* vom Februar 1983 im britischen Fernsehen: „The Parthenon Marbles are our pride. They are our ancestry. They are our cultural heritage. They are our soul", vergl. dazu auch *Merryman*, Cal. L. R. 77 (1989), 339, 349ff. Dieser geht davon aus, dass „A Greek politican who could procure the return of the Elgin Marbles to Greece would be an immediate and enduring national hero." Nach *Roellecke*, Mußgnug/Roellecke, S. 46 hat sich Griechenland jedoch mit der Rückfor-

die widerrechtliche Aneignung des kulturellen Erbes seitens der Besetzer rechtfertige und deshalb die Erlaubnis, die *Lord Elgin* von den türkischen Machthabern gewährt wurde, keinen rechtsgültigen, legalen Anspruch auf die Parthenon-Skulpturen begründen könne[82]. So steht der Begriff „Elginismus" in Anlehnung an diesen Fall für eine außerhalb eines bewaffneten Konflikts organisierte Kulturgüterverlagerung zum Zwecke der kulturellen Bereicherung der westlichen Welt, wobei darunter vor allem die Expeditionsfunde der Völkerkundler, Archäologen und Antikensammler des 19. und frühen 20. Jahrhunderts gefasst werden können[83].

Nicht zu unterschätzen ist auch die politische Dimension des Internationalen Kulturgüterschutzes. Hier ist zum Beispiel die Restitutionspolitik zu nennen. Dies wird zum einen bei der in den letzten Jahren sehr aktuellen Frage der Rück-

---

derung der *Marbles* politisch keinen Gefallen getan, da zum einen auf eigene Rechte an diesen Kulturgütern gepocht und in anderen Fällen unter Berufung auf das gemeinsame Erbe der Menschheit finanzielle Hilfe der Staatengemeinschaft für die Erhaltung oder Wiederherstellung ihrer kulturellen Güter gefordert werde.

82 Auf dieses Argument stützte sich die offizielle Rückforderung Griechenlands v. 13.10.1983. Wohingegen der Direktor des Britischen Museums argumentiert u. a., das Verbringen der Kunstwerke nach England sei rechtmäßig erfolgt und das Unternehmen *Elgins* durch eine Erlaubnis der türkischen Herrscher gedeckt gewesen. Auch wären die Kunstwerke heute zerstört, hätte *Lord Elgin* sie nicht zu Beginn des 19. Jahrhunderts in Sicherheit nach England gebracht, weiterhin könnten die Griechen auch heute nicht für eine sachgerechte Unterbringung sorgen. *Walter*, Rückführung, S. 143 FN 19, 20, 21; S. 145. Hauptargument der Briten ist aber folgender Satz: „[…]; and that when they wish to take away any pieces of stone with old inscriptions or figueres thereon, that no apposition be made thereto." (*House of Commons,* Elgin Marbles, S. XXV) aus der Übersetzung ins Englische des *Fermaùn, official letter from the Caimacan Pasha (who filled the office of Grand Vizier at the Porte, during that minister's absence in Egypt) addressed to the Cadi, or Chief Judge, and to the Vavoide, or Governor of Athens, in 1801*, abgedruckt im Appendix No. 10 zum *Report from the select committee of the house of commons on the Earl of Elgin's Collection of sculptured marbles*, S. XXIV–XXVI; die offizielle Übersetzung ins italienische, welche einem Vertreter Lord Elgins in Konstantinopel übergeben wurde, ist abgedruckt bei *St. Clair*, Elgin Marbles, S. 338f. Am 17.2.1996 gab *Lord Inglewood* folgendes statement als Sprecher der Regierung und des *House of Lords* zu Fragen nach den *Marbles* ab: „[The] Parthenon sculptures […] were legally exported from their country of origin […]. The title of the British Museum to the Marbles is unimpeachable.", abgedruckt bei *St. Clair*, Elgin Marbles, S. 341. Dabei darf nicht vergessen werden, dass die Verbringung der *Marbles* nach England auch positive Folgen hatte. So wurden die vortrefflichen Skulpturen dadurch einem breiten Publikum zugänglich gemacht, trugen zu einem bedeutenden Aufschwung des ästhetischen Bewusstseins in England und ganz Europa bei und waren Vorbild und Inspiration für viele europäische Künstler, *Engstler,* Völkerrecht, S. 16.

83 So *Müller-Katzenburg,* Internationale Standards, S. 36 mit Hinweisen auf *Heinrich Schliemann* und den „Schatz des Priamos", *Carl Humann* und den Pergamon-Altar, *Ludwig Borchardt* und die Nofretete-Büste (s. oben), *Jacques de Morgan* und den Kodex Hammurabi, *Austen Henry Layard* und die Palastanlagen von Ninive und Nimrud, *Paul Pelliot* und dessen China-Expeditionen und *Jean-Francois Champollion* und den Obelisken auf der Pariser *Place de la Concorde.*

gabe der so genannten Beutekunst zwischen Deutschland und Russland[84] deutlich, zum anderen auch in dem Konflikt zwischen den „Kunstimport-“ und „Kunstexportländern“, wobei es zumeist um die Rückführung von Kulturgütern geht, die während der Zeit kolonialer Unterdrückung aus ihren Ursprungsländern geraubt wurden[85]. So lagert heute ein großer Teil der Kulturgüter der ehemaligen Kolonialstaaten in europäischen und nordamerikanischen Privatsammlungen, allein die britischen Museen beherbergen zehnmal so viel Kunstwerke aus Afrika wie alle afrikanischen Museen zusammen[86]. Eines der seltenen Beispiele für eine freiwillige Rückgabe eines solchen Gegenstandes ist die Einlösung eines nahezu 60 Jahre alten Versprechens der italienischen Regierung, indem diese im November 2003 den *Aksum-Obelisken* an Äthiopien zurückschickte, von wo er 1937 durch *Mussolinis* Truppen geraubt worden war, um neben den zahlreichen antiken Siegessäulen in Rom die Überlegenheit dieser faschistischen Bewegung auch gegenüber Afrika zu symbolisieren[87].

In diesem Konflikt zwischen dem Interesse der Ursprungstaaten an dem Erhalt bzw. der Rückgabe ihres kulturellen Erbes und dem Interesse der Staaten mit bedeutendem Kunstmarkt an einem möglichst unbeschränkten Handel versucht

---

[84] Vergl. beispielsweise *Hartwig*, EuGRZ 1998, 369 ff.; *Schoen*, NJW 2001, 537 ff.; *von Schorlemer*, 41 GYIL (1998), 317 ff.; *Ritter*, Kulturerbe als Beute, S. 23 ff.; *Burchandi*, Deutsch-russischer Streit, S. 9 ff.; sehr ausführlich *Stumpf*, Kulturgüterschutz, insbesondere S. 72 ff. Auch der Handel mit der so genannten „Beutekunst“ ist in den letzten Jahren verstärkt zu beobachten. Ein Grund für den Handel gerade mit diesen Objekten liegt unter anderem darin, dass sich die Beteiligten auf Grund scheinbar abgelaufener Verjährungsfirsten juristisch sicher fühlen, *Franz*, KUR 1999, 345. S. auch *Lehnart*, „Ein Papagei! Ach, wenn er doch uns wieder gehörte! Preußische Kulturbesitzvermehrung: eine Kunstraubgeschichte mit glücklichem Ausgang“, FAZ v. 10. 2. 2004, 40: „Die seit Jahr und Tag anhaltende Zerreißprobe zwischen Russen und Deutschen um die Rückführung der Baldin-Sammlung nach Bremen, immer wieder neu entfacht von voreiligen Zusagen des russischen Kulturministers *Michail Schwydkoi* und der sturen Obstruktionstaktik der Duma, zeigt deutlich, dass die Debatte um Raub- oder Beutekunst auch fast sechzig Jahre nach dem Ende des zweiten Weltkrieges noch ein enormes Erregungspotential enthält.“; s. dazu auch „Die deutsche Beutekunstpolitik ist gescheitert. Ein Gespräch mit den Leitern der Museen in Berlin, Dresden und Potsdam über gefährdete Kultur und das Schweigen des Kanzlers“, FAZ v. 27. 4. 2005, 41.

[85] Vergl. dazu *Walter*, Rückführung, S. 93 ff.; *Lalive, SZIER* 1997, 13, 20.

[86] *Prott*, Wiener Symposium, S. 158; *Müller*, Informationstag, S. 85; *Shyllon*, Unif. L. Rev./Rev. dr. unif. 2000, 219, 233 f. Beispielsweise mussten sich die Besucher bei der Eröffnung des Museums von Benin-City mit Fotos und ein paar Kopien begnügen, um einen Eindruck von den herrlichen Kunstwerken zu gewinnen, die ihre Vorfahren geschaffen haben. Die Briten hatten die Originale, unter anderem die weltbekannten Bronzegüsse des Benin-Reichs, 1897 bei einer Strafexpedition abtransportiert und in London verkauft. Vergl. auch *Chamberlin*, Loot, S. 191 ff. „City of Blood“.

[87] Vergl. *Badde*, „Abschied von einer Trophäe. Späte Wiedergutmachung: Italien gibt den Aksum-Obelisken an Äthiopien zurück“ in „DIE WELT“ v. 11. 11. 2003, 27. Italien hatte sich bereits 1947 verpflichtet, den Obelisken zurück nach Afrika zu führen, über 50 Jahre geschah jedoch nichts.

nunmehr die UNIDROIT-Konvention in fünf Kapiteln und 21 Artikeln neue Lösungsansätze zu schaffen, indem sie ein internationales Einheitsrecht zum Kulturgüterschutz schafft, das in seinem Anwendungsbereich weit über den der Europäischen Union hinausgeht. Ob dieser Versuch erfolgversprechend ist, wird im Hauptteil dieser Arbeit untersucht.

III. Definition des Begriffes „Kulturgut"

> *"[...] the morality of art consists in the perfect use of an imperfect medium. [...] All art is at once surface and symbol."*[88] *Oscar Wilde*

Der Begriff „Kulturgut" stellt im Verhältnis zum Begriff „Kunstwerk" den Oberbegriff dar[89]. Mit dem Attribut „Kunstwerk" wird eine gesellschaftlich etablierte Wertschätzung individueller Gestaltungskraft assoziiert[90], während Kulturgüter all jene beweglichen und unbeweglichen Gegenstände sind, in denen sich kulturelle Strömungen in ihrer zeitlichen und geografischen Besonderheit manifestiert haben. Kulturgüter sind sowohl geschichtliches Vermächtnis als auch soziales Identifikationsmuster[91]. So kann man Kulturgüter verstehen als:

> „alle individuellen schöpferischen Gestaltungen des Menschen sowie alle historisch bedeutsamen Objekte von Menschenhand"[92],

---

[88] *Wilde*, The picture of Dorian Gray, The preface, S. 3f. Hier findet sich auch die Aussage: „All art is quite useless.".

[89] Vergl. dazu *Spinellis*, Vertrags- und Sachenrecht, S. 534.

[90] Definition von „Kunstwerk": „Vom Menschen geschaffener, zweckfreier Gegenstand, in dem sich die Daseinserfahrung des Menschen und der geschichtliche Stand seines Bewusstseins spiegeln", so *Walter*, Rückführung, S. 13 FN 56. Zur Unterscheidung von „Kunstwerk" und „Kulturgut" vergl. auch *Mußgnug*, Kunstwerk, S. 15. Vergl. zur Definition von „Kunst" und „Recht" *Goepfert*, Kunsthandel, S. 16ff., 19: „So stellt sich das Kunstgut einmal als ein auf den individuellen Fähigkeiten eines einzelnen beruhendes Geistesprodukt dar, bei dem – vor allem bei Bildern – die geistige Leistung die körperliche Arbeit weit überwiegt.".

[91] *Wyss*, Dimension der Völkerrechtsordnung, S. 11. Darunter können auch Gegenstände fallen, die nicht von Menschenhand geschaffen wurden, wie der Schädel eines Neandertalers, der von der Evolution des Menschen Zeugnis ablegt. Auch die Individualität des Gegenstandes ist nicht zwingende Voraussetzung, um unter den Begriff des Kulturgutes subsumiert werden zu können. Autos oder andere industriell gefertigte Gegenstände können ein Kulturgut sein und werden beispielsweise im Deutschen Museum in München ausgestellt, *Walter*, Rückführung, S. 14. So auch *Merryman*, Cal. L. R. 77 (1989), 339, 347: „But in the short time since the Industrial Revolution began, machine-made objects and the artifacts of mass merchandising have also become cultural objects. Obvious examples of such treasured objects are stamps and coins, but what of vintage automobiles, the contents of railroad museums and of museums of science and industry? [...] Although there are other explanations, at the center is the desire to remember, and to be remembered. We instinctly act to preserve, to forestall 'the eternal silence created by the destruction of culture.'".

[92] „Kulturgüter sind lebendige Denkmäler der Geschichte des Gebietes, das sie als sichtbaren

„sinnlich, gefühlsmäßig oder geistig wahrnehmbarer Ausdruck gesellschaftlich bedingter Prozesse, die wir Kultur nennen“[93],

“objects that embody the culture – principally archaeological, ethnographical and historical objects, works of art, and architecture”[94],

„bewegliches und unbewegliches Gut, das in der Gegenwart und für die Zukunft des jeweiligen Kulturkreises oder auch darüber hinaus von besonderer Bedeutung ist“[95].

Diese unterschiedlichen Ansätze zeigen, dass es mit einigen Schwierigkeiten verbunden ist, eine allgemein gültige Definition des Begriffes „Kulturgut“ zu finden. Nahezu in jedem Land gibt es eine nationale Definition dieses Begriffes[96], dabei können die Definitionen nicht nur nach Rechtsordnungen, sondern auch nach Rechtszweigen differieren, so kann es beispielsweise einen strafrechtlichen Begriff des Kulturguts geben, der sich von dem des Zivilrechts unterscheidet.

Ausdruck seiner Kultur hervorgebracht hat, Zeugnisse vergangener Menschen oder Ereignisse im Organismus dieses Territoriums.“, *Engstler*, Völkerrecht, S. 13, 15f.

93 *Sitter-Liver*, Informationstag, S. 15. Wobei Kultur im weiteren Sinne der „Inbegriff von individuellen und kollektiven Vorstellungen, Verhaltensweisen und materiellen Produkten ist, mit denen Menschen ihre Mit- und Umwelt beschreiben, analysieren und deuten, um sich in ihr zurechtzufinden und sie nach Einsicht und Gutdünken zu gestalten. Kultur ist dabei immer auch zeitlich geprägt. In ihr bilden Menschen ihre Persönlichkeit und gewinnen Eigenständigkeit, welche Reflexion, Distanzierung, Zielsetzung und schließlich Verantwortung möglich macht. So werden Menschen erst in ihrer kulturellen Tätigkeit zu dem, was sie sein könnten, was ihre Einmaligkeit und Würde ausmacht: sittliche Personen in gemeinschaftlicher Existenz.“ Nach *Sitter-Liver* ist Kultur der Weg, auf dem die Idee der Menschenwürde geschichtliche Gestalt annimmt. Vergl. dazu auch *Wyss*, Dimension der Völkerrechtsordnung, S. 19.

94 Diese Kategorie kann dabei auf nahezu jeden Gegenstand erweitert werden, der von Menschen gemacht oder verändert wurde, *Merryman*, Cal. L. R. 77 (1989), 339, 341. Nach *Merryman* sind natürliche Objekte aus dem Begriff der kulturellen Objekte auszunehmen, da die kulturellen Objekte dem Studium der Menschheit und unserer selbst dienen, wobei die Umwelt ein anderer Teil der Wirklichkeit ist und sich außerhalb unseres Einflussbereichs befindet. Die natürlichen Gegenstände bleiben besser von Menschenhand unberührt und außerhalb von Museen und privaten Sammlungen, *Merryman*, a.a.O., 342.

95 Dazu zählt die Deutsche Gesellschaft für Kulturgutschutz Bau-, Kunst- oder geschichtliche Denkmäler, archäologische Stätten, Naturreservate sowie Gebäude, die der Erhaltung und Ausstellung von Kulturgut dienen. Zu den beweglichen Kulturgütern werden Kunstwerke, Manuskripte, Bücher und ähnliche Gegenstände von künstlerischem, historischen, archäologischen oder religiösem Interesse, Sammlungen vorgenannter Kulturgüter, industrielles und handwerkliches Kulturgut und Dokumentationen von Kulturgütern gerechnet. Diese Definition ist jedoch fließend, *Brugmann*, Mußgnug/Roellecke, S. VI. f.

96 Vergl. beispielsweise § 1 des österreichischen Denkmalschutzgesetzes von 1923 in der Fassung von 1978. Dieser definiert Denkmale als „von Menschenhand geschaffene unbewegliche und bewegliche Gegenstände von geschichtlicher, künstlerischer oder sonstiger kultureller Bedeutung, wenn ihre Erhaltung dieser Bedeutung wegen im öffentlichen Interesse gelegen ist.“.

Wenn man die Gesetzgebung vieler Länder vergleicht, zeigt sich, dass die Aufzählungen der Objekte, welche unter den Begriff des Kulturguts fallen, weitgehend übereinstimmen, dass es dabei aber auch Unterschiede gibt, in denen sich historische Besonderheiten, Traditionen der nationalen Kultur, selbst natürliche und geographische Bedingungen, der Entwicklungsstand der Zivilisation, die Rolle der Kultur im betreffenden Land etc. widerspiegeln[97]. Auch in jedem internationalen Dokument – sei es eine Konvention oder Empfehlung – wird eine eigene Definition gebraucht, die unter Beachtung der Ziele der betreffenden Übereinkunft formuliert wurde[98].

Übereinstimmend bezeichnen die Haager Konvention von 1954[99] und das UNESCO-Übereinkommen von 1970[100] nationale Kulturgüter als Gegenstände von großer Bedeutung für das kulturelle Erbe der Völker[101]. Fraglich ist jedoch, wann ein Gegenstand eine solche Bedeutung hat. Ganz auf eine allgemeine Definition verzichtet dagegen die *International Foundation for Art Resaerch* (IFAR)[102]

---

[97] Ohne Zweifel hat stets auch der Zeitfaktor eine große Bedeutung, so gehen bestimmte Objekte mit einem gewissen Alter automatisch in die Kategorie des Kulturguts über, *Boguslavsky*, Dolzer/Jayme/Mußgnug, S. 8.

[98] *Boguslavsky*, Dolzer/Jayme/Mußgnug, S. 5; *Reichelt*, Europa-Institut, S. 12.

[99] BGBl. 1967 II, 1235ff.

[100] Anhang I. 2.

[101] Jeweils Art. 1 der Übereinkommen; laut Artikel 1 der Haager Konvention von 1954 gilt als Kulturgut unabhängig von seiner Herkunft und seinem Besitzer:
„a) bewegliches und unbewegliches Kulturgut, das eine große Bedeutung für das Kulturerbe jeden Volkes hat, solche wie Denkmäler der Architektur, Kunst oder Geschichte, religiöse bzw. weltliche und archäologische Standorte, Ensembles, die als solche von historischem bzw. künstlerischem Interesse sind, Kunstwerke, Manuskripte, Bücher, weitere Gegenstände künstlerischer, historischer bzw. archäologischer Bedeutung sowie wissenschaftliche Sammlungen oder bedeutungsvolle Sammlungen von Büchern, Archivmaterialien bzw. Reproduktionen oben genannter Werte;
b) Bauwerke, in denen bewegliches Kulturgut aufbewahrt bzw. ausgestellt wird (Museen, große Bibliotheken, Aufbewahrungsräume für Archive);
c) so genannte „Kulturgut-Ballungszentren"."
Dies stellt die erste internationale Definition des Begriffes „Kulturgut" dar, mit der er in die internationale Terminologie eingeführt wurde. Zur Definition des Schutzbereiches der UNESCO-Konvention von 1970 s. unten § 2 III. 1. b.

[102] Von den großen Auktionshäusern und Museen in New York 1968 ursprünglich als Pilotprojekt gegründet, soll die IFAR seit 1970 als allgemeine Informationsstelle für den Kunsthandel dienen. Nachdem zunächst die Überprüfung der Echtheit von Kunstgegenständen im Vordergrund stand, dehnte die IFAR ab der Mitte der siebziger Jahre ihre Tätigkeit auf die Probleme des Handels mit gestohlener Kunst aus. Zu diesem Zweck veröffentlicht die Stiftung eine eigene Zeitschrift, die bisher zehnmal im Jahr erscheint und unter anderem über gestohlene Kunstgegenstände informiert. Ebenfalls von der IFAR wird das *Art Loss Register* unterhalten, das 1991 auf Initiative britischer Auktionshäuser, Versicherungen und Kunsthändler entstand. Dort können alle abhanden gekommenen Kunstgegenstände mit einem Mindestwert von 500,– U.S. $ gemeldet werden, dazu *Köhling*, Eigentumserwerb, S. 1 FN 7

und ordnet abhanden gekommene Kunstgegenstände in sechs Kategorien ein: Zum einen gibt es die „fine arts", zu denen Gemälde, Photographien, Zeichnungen, Drucke und Skulpturen gerechnet werden, zum anderen wird zwischen dekorativer Kunst, Antiquitäten, völkerkundlichen Objekten, orientalischer und islamischer Kunst und „Verschiedenem", – d. h. Sammelobjekten wie Bücher, Münzen, Medaillen und Waffen – unterschieden, wobei alle Kategorien einen gewissen schöpferischen Wert voraussetzen[103].

Da im Mittelpunkt dieser Arbeit die UNIDROIT-Konvention steht, soll deren Definition des Begriffes „Kulturgut" vorliegend maßgeblich sein. Diese Konvention schützt gemäß Art. 2 alle Güter, die aus religiösen oder weltlichen Gründen für Archäologie, Vorgeschichte, Geschichte, Literatur, Kunst oder Wissenschaft bedeutungsvoll sind und unter eine der im Anhang der UNIDROIT-Konvention aufgeführten Kategorien fallen.

---

m.w.N. Adressen: The Art Loss Register, 13 Grosvenor Place, London SW IX 7 HH und The Art Loss Register, 46 East 70th Street, New York, NY 10021.

[103] Vergl. *Köhling*, Eigentumserwerb, S. 1 f.

§ 2 Rechtlicher Rahmen

„Alles, was der Kultur, den Künsten und den Wissenschaften zugehört, steht über den Rechten des Krieges und des Sieges; alles, was der Unterrichtung der Völker am Ort oder im allgemeinen dient, ist ein heiliger Gegenstand." [1]

Antonio Canova

I. Schutz von Kulturgütern im Krieg als erste und besondere Entwicklungslinie des Kulturgüterschutzes

Während zum Schutz von Kulturgütern vor Diebstahl und illegaler Verbringung in Friedenszeiten erst im letzten Jahrhundert völkerrechtliche Normen geschaffen wurden, gibt es eine über mehrere Jahrhunderte zurückreichende Praxis des Kulturgüterschutzes im Falle kriegerischer Auseinandersetzungen[2]. So stellen die Regeln über den Schutz von Kulturgütern bei bewaffneten Konflikten seit jeher ein wesentliches Element des humanitären Kriegsvölkerrechts dar, ihre normativen Wurzeln reichen weiter zurück als die Ächtung des Angriffskrieges und das moderne Gewaltverbot[3].

Obwohl insbesondere in Deutschland bekannt ist, wie gefährdet Kulturgüter besonders in den letzten Kriegswirren sind[4], reagierte die deutsche Öffentlichkeit

---

1 Eine Erklärung *Antonio Canovas*, als er im Oktober 1815 als Diplomat des Papstes in Paris die Rückführung der von Napoleon in Italien geraubten Kunstwerke forderte. Diese Forderung steht am Beginn der modernen Entwicklung des Gedankens des Kulturgüterschutzes. Eine solche Bemerkung greift auch *Quatremère de Quincy* in seinen Briefen „Ueber den nachtheiligen Einfluß der Versetzung der Monumente aus Italien auf Künste und Wissenschaften" auf (*Qunicy*, Einfluß, S. 20), in denen er den Kunstraub mit einem Rückfall in die Sklaverei vergleicht und demgegenüber „la vraie théorie des droits sacrés de l'humanité" propagiert, welche das Recht des Eroberers aus dem Bereich des öffentlichen Rechts verdrängt habe, *Jayme*, Neues Recht, S. 12 m.w.N.

2 Vergl. *Seidl-Hohenveldern*, FS Trinkner, 1995, S. 54; *Goldrich*, 23 Fordham Int'L.J. (2000), 118, 123; *Stumpf*, Kulturgüterschutz, S. 39ff., 70; so auch *Brugmann*, Mußgnug/Roellecke, S. V: „Kulturgutschutz ist, wie man weiß, ein im militärischen Bereich beheimateter Begriff, [...]".

3 Vergl. zum Ganzen *Herdegen*, Dolzer/Jayme/Mußgnug, S. 161ff. m.w.N.

4 So wurden nach Beendigung des zweiten Weltkrieges zahlreiche Kunstschätze durch die Alliierten teilweise systematisch verschleppt, vergl. z.B. *Witte*, „Kunstwerke als Vorgriff auf Reparationen", FAZ v. 17.3.1995, 12; *Goldmann*, I.J.C.P, Vol. 7, No. 2, 1998, 308ff., beispielsweise wurden nach 1945 Kulturgüter in einer historisch kaum erfassbaren Dimension nach Russland verlagert, *Fiedler*, „Die letzten Kriegsgefangenen. Die New Yorker Debatte über Kulturschätze, die im Weltkrieg verschwanden und geraubt wurden und wieder aufgetaucht sind", FAZ v. 27.1.1995, 37; *Müller-Katzenburg*, Internationale Standards, S. 48;

im April 2003 – genau wie alle Welt – ungläubig auf die Nachricht, dass nach der Eroberung der irakischen Hauptstadt Bagdad wiederum Kunstgegenstände das Opfer von Plünderungen und Zerstörungen wurden. So löst es auch heute noch Entsetzten aus, wenn Stätten, die eine Schatzkammer des Weltkulturerbes[5] waren, Marodeuren preisgegeben werden, obwohl Kunstraub im Krieg bereits seit Jahrtausenden praktiziert wird.

1. Beuterecht im Krieg

Le Droit des Gens de la loi naturelle appliqués à la conduite et aux affaires des nations et de souverains; Buch III: Der Krieg, Kapitel IX: Das für das feindliche Eigentum geltende Kriegsrecht, § 168: Sachen, die geschont werden müssen:

Aus welchem Grunde auch immer man Maßnahmen der Zerstörung durchführt, zu schonen sind jedenfalls die Gebäude, die der Menschheit zur Ehre gereichen und zur Vergrößerung der Macht des Feindes nicht beitragen. Hierzu gehören Gotteshäuser, Grabstätten, öffentliche Gebäude und alle wegen ihrer Schönheit ehrwürdigen Werke. Was gewinnt man, wenn man sie zerstört? Man erreicht nur, dass man sich alle zum Feind macht, wenn man die Menschheit der zu ihrer Erbauung dienenden Dinge, der Kunstdenkmäler, der Meisterwerke der Schönheit beraubt, wie dies Belisar dem Gotenkönig Totila vorhielt. Noch heute verabscheuen wir diese

---

Siehr, I.J.C.P., Vol. 6, No. 1, 1997, 134. Zu erinnern ist hier an die so genannte Baldin-Sammlung, welche bedeutende *Dürer*-Zeichnungen der Bremer Kunsthalle enthält und deren Rückgabe für das Jahr 2003 geplant war, wobei sich allerdings der Termin immer wieder verschob, vergl. beispielsweise *Beaucamp*, „Spätheimkehrer Dürer. Aus Russland: Die 362 Bremer Meisterzeichnungen", FAZ v. 13. 3. 2003, 33, FAZ v. 12. 3. 2003, 33; FAZ v. 13. 3. 2003, 31; *Lehnart*, „Ein Papagei! Ach, wenn er doch uns wieder gehörte! Preußische Kulturbesitzvermehrung: Eine Kunstraubgeschichte mit glücklichem Ausgang", FAZ v. 10. 2. 2004, 40. *Viktor Baldin*, ein Ingenieur der russischen Armee, hatte 362 Zeichnungen und Aquarelle aus den Kellern von Schloss Karnzow – nördlich von Berlin – kurz nach dem Ende des zweiten Weltkrieges entfernt, s. dazu *von Schorlemer*, 41 GYIL (1998), 317. Ein weiteres Beispiel ist auch das sagenumwobene Bernsteinzimmer, das die deutsche Wehrmacht 1943 von Petersburg nach Königsberg verschleppt hatte, von wo es 1945 verschwand. Die Duma erklärte 1998 die Ausbeute staatlicher Trophäenkommissionen als Kompensation für deutsche Untaten als rechtmäßig, diesen Parlamentsbeschluss bestätigte 1999 das Verfassungsgericht, vergl. *Hartwig*, EuGRZ 1998, 369ff.

5 Im Bagdader Nationalmuseum waren so bedeutende Stücke wie die „Dame von Warka", die vermutlich im dritten vorchristlichen Jahrtausend entstanden ist, ausgestellt. Das Museum dokumentierte auf eindrucksvolle Weise die fünftausend Jahre alte Geschichte der Hochkulturen im Irak, in ihren antiken und islamischen Epochen. Zum Weltkulturerbe zählt beispielsweise auch die im Staatsgebiet des Irak liegende Wüstenstadt Hatra, deren Überreste von der Mischung orientalischer, griechischer und römischer Elemente zeugen, vergl. *Lerch*, „Als sich die Panzer zurückzogen. Im Schatten der Eroberer Beute machen: Waren die Plünderungen im irakischen Nationalmuseum geplant?", FAZ v. 16. 4. 2003, 41; *Siebler*, „Gut 100 000 Kulturstätten. Die Kunstschätze im Irak", FAZ v. 21. 3. 2003, 37, *ders.*, „Wo ist die Dame aus Uruk? Sorge um das historische Erbe des Iraks nach der Plünderung" FAZ v. 14. 4. 2003, 37.

Barbaren, die soviel Wunderwerke vernichteten, als sie das Römische Reich überfielen.[6]
Emer de Vattel

Seit der Antike war das Plündern und Beutemachen ein viel geübter und allgemein tolerierter Kriegsbrauch, der sich u. a. darin äußerte, dass der Sieger die Kunstschätze des Besiegten entweder zerstörte oder aber als Kriegsbeute in seine Heimat brachte[7]. Bis zum Ende des 17. Jahrhunderts war das Beuterecht als Erwerbsgrund für das Eigentum an Kulturgütern durchweg anerkannt[8], wobei das feindliche Eigentum als nicht existent fingiert wurde und die Güter der rechtlosen Besiegten als *res nullius*, also als herrenlose Gegenstände angesehen wurden, an denen ein Aneignungsrecht bestand, welches mit der Besitzergreifung ausgeübt wurde und somit zu einem unanfechtbaren Eigentum des Siegers führte[9].

Der staatliche Kunstraub in der Antike war vornehmlich religiös motiviert, die beschlagnahmten Kulturgüter waren größtenteils Götterbilder oder andere religiöse Symbole, die in dem Glauben, den besiegten Feind dadurch seines göttlichen Schutzes zu berauben, vom Ursprungsterritorium entfernt wurden[10]. Als der Gedanke der Trophäe, der das Kunstwerk als Symbol des Sieges verstand, neben der Erkenntnis des wirtschaftlichen Wertes der Kunstschätze entscheidend wurde, folgten auf den Diebstahl und die Zerstörung der Kultobjekte auch der

---

6 *de Vattel*, Droit des gens, S. 453f.

7 *Byrne-Sutton*, Trafic, S. 10; *Haase*, Kunstraub, S. 253; *Müller-Katzenburg*, Internationale Standards, S. 30 mit Verweisen auf die Plünderung Jerusalems durch die Babylonier 587 v. Chr. unter *Nebukadnezar II.*, die Plünderung Athens durch die Perser 480 v. Chr. unter *Xerxes*, Thebens durch die Griechen 335 v. Chr. unter *Alexander dem Großen*, Roms durch die Westgoten 410 n. Chr. unter *Alarich*, Konstantinopels durch die Kreuzfahrer 1204 und Prags durch die Schweden am Ende des 30jährigen Krieges. Am 29. 5. 1453, als die Truppen von *Sultan Mehmed Fatih* Konstantinopel einnahmen, hatten sie vorher einen Vortrupp durch die Kerkoporta in die Stadt eindringen lassen, um umfangreiche Plünderungen vorzunehmen, *Lerch*, „Als sich die Panzer zurückzogen. Im Schatten der Eroberer Beute machen: Waren die Plünderungen im irakischen Nationalmuseum geplant?", FAZ v. 16. 4. 2003, 41.

8 *Rudolf*, FS Doehring, 1989, S. 855; *Ritter*, Kulturerbe als Beute, S. 9; *Genius-Devime*, Kulturerbe, S. 91; *Bila*, Kulturgüterschutz, S. 8; *Hipp*, Kulturgüterschutz, S. 105.

9 *Fiedler*, FS Doehring, 1989, S. 211; *Rudolf*, FS Doehring, 1989, S. 856; *Engstler*, Völkerrecht, S. 79.

10 *Schmeinck*, Aspekte, S. 31; *Wahl*, FS Müller-Freienfels, 1996, S. 120; *Engstler*, Völkerrecht, S. 78. Jedoch ist dies kein Phänomen, das sich ausschließlich auf die Antike beschränkt. Auch als die Armee *Saddam Husseins* im Jahr 1991 Kuwait erobert hatte, wurden hemmungslos Kunstschätze geraubt. Auch in Kabul wurden durch die Taliban als Ausdruck des heiligen Zorns gegen die Andersgläubigen jahrtausendealte Artefakte zerstört. In beiden Fällen war jedoch nicht nur die reine Zerstörungswut die treibende Kraft, der vorgeblich heilige Zorn wider die Kunst Andersgläubiger und den „Götzendienst" vergangener und benachbarter Kulturen hinderte nicht, dass mit besonders wertvollen Stücken respektive Beutegut ein schwunghafter Handel getrieben wurde, *Bartetzko*, „Wo sind die Männer aus Amerika? Wer Krieg führt, verliert Kultur: Die Heimsuchung des Nationalmuseums in Bagdad", in: FAZ v. 14. 4. 2003, 37.

systematische Raub von Kunstwerken[11]. Die Zurschaustellung der Kunstwerke auf öffentlichen Plätzen perpetuierte den Triumph und die Erinnerung an den Sieg[12]. Auch war der Raub von Kulturgütern als Kriegstaktik sehr beliebt, da er den Unterlegenen seiner kulturellen Identität beraubte[13]. Oft wurde jedoch mehr zerstört als geraubt[14].

Auch die Kolonialherren nutzen ihre Vormachtstellung, um kulturelle Objekte aus den eingenommen Gebieten zu rauben. Bisher noch nicht bekannte Ausmaße erreichten die Zerstörung und Verschleppung von Kulturgut durch die Handlungen der französischen Truppen unter *Napoleon Bonaparte*[15]. Die Besetzung der italienischen Städte war mit der Konfiskation von Kunstwerken, Manuskripten, Büchern und naturhistorischen Sammlungen aus den Gemäldegalerien, Bibliotheken, Archiven und Universitäten verbunden[16]. *Napoleon* unterzog hiermit die seit der Antike geübte Praxis des Kunstraubes einer umfassenden Modernisierung, indem er ihr beispielsweise durch die Aufnahme der Konfiska-

---

11 *Wahl*, FS Müller-Freienfels, 1996, S. 120. So heißt es auch in dem Roman „Utz“ von *Bruce Chatwin*: „He detested violence, yet welcomed the cataclysms that flung fresh works of art onto the market. ‘Wars, progroms and revolutions’ he used to say, ‘offer excellent opportunities for the collector.’“, *Chatwin*, Utz, S. 21.

12 *Engstler*, Völkerrecht, S. 78–83; Dieses Verhalten der Sieger erfuhr jedoch bereits in der Antike – wenn auch nur vereinzelt – Kritik. So verurteilte zum Beispiel *Cicero* aus moralischer Sicht die Verbringung und Zerstörung von fremden Kulturgütern. Er war der Verteidiger in einer Klage der Sizilianer gegen die systematische Plünderung ihres Landes in den Jahren 73–71 v. Chr. durch *Verres*, den Statthalter der Provinz Sizilien, und auf Rückerstattung ihres Eigentums durch den römischen Staat (*Cicero*, Sämtliche Reden, III, 1. Buch, RN. 46–61, *ders.*, Sämtliche Reden, 4. Buch, RN. 1–151). *Verres* wurde zu einer Geldstrafe verurteilt und ging ins Exil, die Kunstschätze wurden jedoch nie zurückgeführt, *Engstler*, Völkerrecht, S. 82f.; vergl. auch *Toman*, FS Schindler, 1989, S. 311.

13 *Raschèr*, UNIDROIT, S. 13; *Merryman*, Cal. L. R. 77 (1989), 339, 352f. So schrieb *Eugène Müntz* 1894 in seiner Abhandlung „Les annexions de collections d’art ou de bibliothèques et leur rôle dans les relations internationales“ über den Kunstraub im Krieg: „Denn solche Eroberungen sind mehr als nur die Beleidigung einer Generation – einer Generation, die schnell vergeht und noch schneller vergisst –, sie sind vielmehr eine Wunde, die man dem geschichtlichen Empfinden eines ganzen Volkes zugefügt hat. Der Besiegte verbindet damit eine ebenso brennende wie dauernde Vorstellung: die Wandlung der Niederlage in eine ewige Kränkung.“, deutsche Übersetzung bei *Treue*, Kunstraub, S. 5.

14 Verheerend waren beispielsweise die Zerstörungen, die die nach Konstantinopel umgeleiteten Kreuzfahrer 1204 anrichteten. Auch die Landsknechte von Fundsberg leisteten sich 1527 beim so genannten *Sacco di Roma* eine Orgie der Zerstörung, wie auch die Bilder- und Skulpturenstürmer der Reformation, vergl. *Treue*, Kunstraub, S. 72; *Möseneder*, Streit um Bilder, S. IX.

15 *Müller-Katzenburg*, Internationale Standards, S. 33; *Turner*, Deutsche Frage, Zuordnung, S. 48; *Chamberlin*, Loot, S. 123f. So legte man der Marmorstatue „Pasquino“ auf der Piazza Navona in Rom, an welcher die Soldaten des revolutionären Frankreichs vorbei marschierten, folgende Aussage in den Mund: „I Francesi son tutti ladri. Non tutti, ma buono parte.“.

16 Vergl. zu den Kunstraubzügen Napoleons *Chamberlin*, Loot, S. 123ff.

tion von einigen Kunstwerken in den Waffenstillstand mit dem *Herzog von Parma* den Schein der Legalität gab[17].

Napoleon plante in Paris ein „neues Rom“[18], wobei die „Hauptstadt der Freiheit“ zugleich die der Kunst sein sollte, und ließ seine Leute gezielt nach gewünschten Objekten in Italien suchen. Der zum Nationalmuseum umgestaltete Louvre sollte mit den berühmtesten Monumenten aller Künste gefüllt werden[19]. Generalinspektor der französischen Museen wurde 1804 *Denon*, ein gefürchteter Mann, den man den „Einpacker“ nannte, weil er unerbittlich Kunstgegenstände in den besetzten Gebieten einpackte und sie dem zentralen Museum in Paris zuführte[20].

2. Wandel der Anschauungen

Die Antiken zu Paris (1800)
„Was der Griechen Kunst erschaffen,
Mag der Franke mit den Waffen
Führen nach der Seine Strand,
Und in prangenden Museen
Zeigt er seine Kriegstrophäen
Dem erstaunten Vaterland!
Ewig werden sie ihm schweigen,
Nie von den Gestellen steigen
In des Lebens Frische rein.
Der allein besitzt die Musen,
Der sie trägt im warmen Busen;
Dem Vandalen sind sie Stein.“[21]
Friedrich Schiller

Bereits 1625 hatte *Hugo Grotius* (1583–1645) die Idee *Jacques Przyluskis* (Jacobus Prilusius) aus dem Jahre 1553[22], Kulturgüter seien von den Kriegsparteien zu respektieren und zu schonen, aufgenommen und weiterentwickelt:

---

17 Vergl. *Bluntschli*, Völkerrecht, S. 364.

18 Über die Bestrebungen der Franzosen, der Antike nachzueifern, spottete auch der deutsche Bildhauer und Maler *Gottfried Schadow*, ein Bekannter *Antonio Canovas*, welcher für ihn „wahrscheinlich der beste jetztlebende Statuar“ war, am 17.5.1801: „Nun wird man sehen, was aus den Franzosen wird, die mit Gewalt wollen Griechen sein. [...] Sie werden, da es ihnen nie an geschickten Leuten fehlt, es dahin bringen, statt ihres Hahnengeschreis, den athenischen Uhus nachzuheulen, jedoch mit krampfhafter Anstrengung.“, *Schadow*, Kunst in Berlin, S. 18.

19 Vergl. *Müller*, „Die Befreiung Apolls aus der Antike. Aus der Frühzeit der ‚Beutekunst‘: Napoleons systematische Raubzüge durch Italien“, FAZ v. 7.6.1997, 129; *Mußgnug*, FS Jeserich, 1994, S. 334: *Müller-Katzenburg*, Internationale Standards, S. 33; *Williams*, Property, S. 6f.

20 *Haase*, Kunstraub, S. 249.

21 *Schiller*, Gedichte, S. 238, kritisiert hier die Kunstraubfeldzüge *Napoleons I.*

22 *Prilusius*, Leges, Liber VI. Cap. I, De expeditione ad bellum, S. 875, 876: „Item (miles) sacra,

> „Denn wenn es auch das Völkerrecht gestattet, straflos seine Wut gegen sie [meint: Heiligtümer und Grabstätten] auszulassen, so enthält ihre Verletzung doch eine Verachtung der Menschlichkeit.“[23]

Die im Westfälischen Frieden von 1648 erstmals enthaltenden Verpflichtungen zur Rückgabe von verschlepptem Kulturgut[24] spiegeln den aufkeimenden Wandel der Anschauungen wieder[25]. Die Anfänge eines Kulturgüterschutzes im modernen Sinne sind aufs engste mit der Stellung der Künstler in der Gesellschaft und mit dem Kampf der Künstler, ihren Beruf als freie Kunst anzuerkennen, verknüpft[26].

Erst mit der französischen Revolution veränderten sich die Einstellungen zum Inhalt und den Methoden der Kunstpolitik so grundlegend, dass sich mit dem Geist der Aufklärung und dem von *Antonio Canova* entwickelten Gedanken, Kunst- und Kulturgüter gehörten einer „europäischen Republik der Kunst und Wissenschaften“, die allgemeine Auffassung verfestigte, dass ein Sieger Kunst-

---

literarum & artificium nobilium monumenta conservabit integra, cunctis ab iniuriis defensa. Viris item & virtutibus & eruditione conspicuis parci iubebit.“.

[23] *Grotius*, De jure belli, S. 521, Drittes Buch, 12. Kapitel „Beschränkungen hinsichtlich der Verwüstung und Ähnliches“, S. VII.

[24] Insbesondere § 110 des Vertrages v. 24.10.1648 von Münster und der wörtlich übereinstimmende Art. XVI § 15 des Vertrages von Osnabrück: „Restituantur etiam archiva et documenta literaria aliaque mobilia ut et tormenta bellica, quae in dictis locis tempore occupationis reperta sunt et adhuc ibi salva reperiuntur; quae vero post occupationem aliunde eo invecta sunt, sive in proeliis capta sive ad usum et custodiam eo per occupantes illata fuerunt, una cum annexis ut et bellico apparatu iisdem quoque secum exportare et avehere licet.“, zitiert nach *Engstler*, Völkerrecht, S. 87 FN 192; s. dazu auch *Schulze*, Restitution, S. 31.

[25] Auf diese Bestimmungen folgten Restitutionsregelungen im Frieden von Oliva v. 23.4. und 3.5.1660 zwischen Brandenburg, Polen und Schweden bezüglich der von Schweden entwendeten Kunstschätze (wie beispielsweise das Frauenburger Domkapitelarchiv mitsamt seiner Bibliothek von *Kopernikus*). Rückgabebestimmungen enthielten auch der Vertrag von Nymwegen zwischen Spanien und Frankreich und der Vertrag von Ryskwik, der Frankreich zur Rückgabe zahlreicher Akten des Reichskammergerichts in Speyer verpflichtete. Die Lehren der Philosophen *John Lockes* (1632–1704), *Jean Jacques Rousseaus* (1712–1778) und *Georg Friedrich von Martens* (1756–1821) über die generelle Unantastbarkeit kulturellen Besitzes im Landkrieg fanden in der Folgezeit zunehmende Beachtung, was zu einer nahezu vollständigen Aufgabe von Kunstannexionen und zur Durchführung zahlreicher Restitutionen im 18. Jahrhundert führte. Zum ganzen: *Schmeinck*, Aspekte, S. 33 m.w.N.

[26] *Reichelt*, FS Schwind, 1993, S. 206, die das Jahr 1590 als Zeitpunkt der legalen Anerkennung der Freiheit der Künstler ansieht mit Verweis auf *Blunt*, Kunsttheorien, 39: „Noch im Jahre 1590 versuchte die Zunft von Genua den *Giovanni Battista Pazzi* zu hindern, seine Kunst in der Stadt auszuüben, da er nicht die reguläre Ausbildung dazu hatte [...] das Urteil erging gegen sie [...]“. So begann nach *Reichelt* der Wandel zur Wertschätzung des Künstlers und seines Werkes in der Renaissance im 16. Jahrhundert, was vor allem auf die überragende Persönlichkeit von *Leonardo da Vinci*, seine Kunstwerke und seine Schriften zurückzuführen sei. So könne Italien als Wiege der Renaissance für sich in Anspruch nehmen, diese entscheidende Wandlung vollzogen zu haben.

werke nicht verschleppen dürfe, sondern sie dort zu belassen habe, wo er sie aufgefunden habe[27]. Daneben lösten die systematischen Kunstraubzüge *Napoleons*[28] nicht nur unter den Künstlern selbst eine Welle der Empörung aus; der Zusammenhang zwischen dem Ort eines Kunstwerkes und seiner Wahrnehmung wurde zum Hauptargument für die Forderungen nach der Rückführung von Kulturgütern[29]. Ein wichtiger Verteidiger Roms hinsichtlich dieser Forderungen war etwa *Antoine Chrysostome Quatremère de Quincy* (1755–1849), der in seinen „Briefen über den Schaden, der den Künsten und der Wissenschaft durch die Wegnahme der Monumente der Kunst aus Italien, durch die Zerstückelung seiner Schulen und die Plünderung seiner Sammlungen, Galerien und Museen zugefügt wird", erschienen im Juli 1796, das „déplacement" der Kunstwerke anprangerte[30].

Diese Entwicklung belegt die Entscheidung eines Gerichts in Halifax (Neu-Schottland) während des Krieges von 1812/1813 zwischen Großbritannien und den Vereinigten Staaten, die feststellte, dass italienische Gemälde, die für eine Kunstakademie in Philadelphia bestimmt waren und sich auf einem von britischen Seestreitkräften aufgebrachten Schiff befanden, freizugeben seien. Begründet wurde dies damit, dass Werke der Kunst und Wissenschaft das Eigentum der gesamten Menschheit und daher vom Beuterecht auszunehmen seien:

> "The same law of nations, which prescribes that all property belonging to the enemy shall be liable to confiscation, has likewise its modification and relaxations of that rule. The arts and sciences are admitted amongst all civilized nations, as forming an

---

[27] Vergl. *Seidl-Hohenveldern*, FS Trinkner, 1995, S. 54; *Wahl*, FS Müller-Freienfels, 1996, S. 123; *Ritter*, Kulturerbe als Beute, S. 9.

[28] *Müller*, „Die Befreiung Apolls aus der Antike. Aus der Frühzeit der ‚Beutekunst': Napoleons systematische Raubzüge durch Italien", FAZ v. 7. 6. 1997, 129. Während der fünf Jahre des Exils *Napoleons* auf St. Helena wurden die geraubten kulturellen Schätze an ihre Ursprungsländer zurückgegeben. Wobei die von Frankreich zurückgegebenen berühmten Pferde von San Marco in Venedig, die neben den geflügelten Löwen als Wahrzeichen von Venedig gelten, bereits von den Venezianern aus Konstantinopel geraubt wurden, wohin sie lange Zeit vorher aus dem alten Rom oder Griechenland gelangt waren, *Chamberlin*, Loot, S. 148, 180, s. Abbildung VI, 181.

[29] Eine der eindringlichsten Formulierungen findet sich in einem Artikel im Journal de Paris, der mit Blick auf den Apollo von Belvedere fragte: „Wird dieser Apoll, wenn man ihn dem Ort, wo er seit Jahren existierte, entrissen und nach Paris gekarrt hat, für uns noch ein Gott sein? Wird er nicht ein Möbelstück geworden sein?" (zitiert nach *Müller*, „Die Befreiung Apolls aus der Antike. Aus der Frühzeit der ‚Beutekunst': Napoleons systematische Raubzüge durch Italien", FAZ v. 7. 6. 1997, 129). Einen ähnlichen Gedanken äußert auch Schiller in dem eingangs zitierten Gedicht „Die Antiken von Paris", der ebenfalls befürchtet, die antiken Statuen verlören durch den Transport ihre Aura.

[30] *de Quincy*, Einfluß, S. 9ff., 12f., 15ff., 27, 36. Mit bisher nicht gekannter Konsequenz und Schärfe attackierte *Quatremère de Quincy* die Verschickung der Statuen als eine gewaltsame Herauslösung aus dem Zusammenhang, der allein ihre Wahrnehmung als Teile eines kulturellen Ganzen erlaube, vergl. *Müller*, „Die Befreiung Apolls aus der Antike. Aus der Frühzeit der ‚Beutekunst': Napoleons systematische Raubzüge durch Italien", FAZ v. 7. 6. 1997, 129.

> exception to the severe rights of warfare, and as entitled to favour and protection. They are considered not as the peculium of this or of that nation, but as the property of mankind at large, and as belonging to the common interests of the hole species."[31]

Hiermit wurden bereits vor den Haager Übereinkommen und Resolutionen Normen des Völkergewohnheitsrechts für Kulturgüter formuliert und Kunstwerke von den gewöhnlichen Regeln des Kriegsrechts ausgenommen[32].

Auf dem Wiener Kongress im Jahre 1815 wurde schließlich erstmals auf internationaler Ebene anerkannt, dass Kunstgüter zum Gesamtgefüge eines Staates gehören und nicht widerrechtlich entfernt werden dürfen[33]. Raubzüge durch die Museen der Besiegten galten somit nicht länger als das gute Recht des Siegers und im Zuge dessen wurde Frankreich verpflichtet, die Kunstschätze, die *Napoleon* in den von ihm eroberten Gebieten zusammengerafft hatte, samt und sonders wieder zurück zu geben[34]. *Johann Caspar Bluntschli* schreibt in seinem „Modernen Völkerrecht der civilisierten Staten" von 1878 dazu:

> „Unter dem Namen von Kriegstrophäen wurden früher wohl Kunstwerke und Kunstschätze von dem Sieger weggenommen und nach seiner Hauptstadt geschleppt, um diese zu schmücken. Wie in alten Zeiten die Römer Griechenland und die Vandalen Rom geplündert haben, so hat in neuerer Zeit noch Napoleon I. aus Italien eine Menge von Kunstschätzen nach Paris gebracht und damit die Säle des Louvre und öffentliche Plätze geschmückt. Obwohl dieses Verfahren in den früheren Rechtsansichten wenig anstössig erschienen und immerhin die Aenderung des Eigenthums durch die Friedensschlüsse legitimiert war, so ist es doch als ein Fortschritt in der Humanisierung des Völkerrechts zu betrachten, dass die aliierten Mächte im Jahr 1815 die französische Regierung nöthigten, diese Kunsterzeugnisse wieder an die Länder zurück zu erstatten, denen sie vor der Wegnahme zugehört hatten. Das Völkerrecht darf heute die Regel aussprechen, dass Kunstwerke überhaupt kein Gegenstand kriegerischer Erbeutung seien, denn sie dienen in keiner Weise der Kriegsführung, in dem sie in militärischer Beziehung ganz unbrauchbar und als Zwangsmittel, um eher Frieden zu erhalten, ebenfalls ungeeignet sind."[35]

Obwohl es sich dabei um rein nationale Regelungen handelt, hatten weiterhin die von *Präsident Lincoln* während des Sezessionskrieges erlassenen *Instructions for the Government of Armies of the United States in the Field* – der so genannte *Lie-*

---

[31] Urteilsbegründung von *Sir Alexander Croke*, *The Marquis de Somerueles*, Vice-Admirality Court of Halifax, Nova Scotia Stewart's Vice-Admirality Reports, 482 (April 21 1813), *Second Case, upon the Petiton of Mr. Black*, abgedruckt in I.J.C.P., Vol. 5, No. 2, 1996, 319ff.; s. dazu auch *Merryman/Elsen*, Law, S. 10ff.

[32] *Siehr*, FS Müller-Freienfels, 1996, S. 58; *Merryman*, I.J.C.P, Vol. 5, No. 2, 1996, 321ff.

[33] Preußen, Österreich und England einigten sich am 20.9.1815 auf das Prinzip der Restitution, Russland stand dieser Einigung fern, da der Zar napoleonisches Raubgut käuflich erworben hatte und sich nicht ebenfalls Restitutionsforderungen aussetzen wollte, vergl. *Turner*, Deutsche Frage, Zuordnung, S. 49 m.w.N.

[34] *Mußgnug*, FS Jeserich, 1994, S. 334; *Haase*, Kunstraub, S. 249.

[35] *Bluntschli*, Völkerrecht, S. 364.

ber-Code vom 24. 4. 1863[36] – entscheidenden Einfluss auf die Entwicklung des allgemeinen Kriegsrechts und speziell des Kulturgüterschutzes in Kriegszeiten. Diese Instruktionen wurden von dem aus Deutschland emigrierten Völkerrechtsgelehrten *Francis Lieber* entworfen und nach ihm benannt. Der *Lieber-Code* enthält 158 Artikel, von denen die Artikel 34–36 den Kulturgüterschutz behandeln, so sieht z. B. der Art. 35 vor, dass

> "Classical work of art, libraries, scientific collections, or precise instruments, such as telescopes, as well as hospitals, must be secured against all avoidable injury, even when they are contained in fortified places whilst besieged or bombarded".

Eine erste präventive zwischenstaatliche Regelung des Kulturgüterschutzes enthielt das Brüsseler *Projet d'une déclaration internationale concernant les lois et coutumes de la guerre* von 1874[37]. Mangels Ratifikation des auf der Brüsseler Konferenz erarbeiteten Textentwurfes als völkerrechtlicher Vertrag ist dieser allerdings nie wirksam geworden, seine Bedeutung liegt somit allein in der Präzisierung und schriftlichen Fixierung damaliger Rechtsideen[38].

3. Die Haager Landkriegsordnungen von 1899 und 1907

Die ersten international verbindlichen Regeln zum Schutz von Kulturgut enthielten die auf den Haager Friedenskonferenzen von 1899 und 1907 verabschiedeten Konventionen[39]. Diese schränkten das Recht in der Wahl der Mittel der Kriegführung während der kriegerischen Auseinandersetzung und die Befugnisse nach der Übernahme der militärischen Gewalt auf dem besetzten feindlichen Gebiet ein[40]. Die auf der ersten Konferenz verabschiedete Haager Landkriegsordnung[41] wurde auf der zweiten Haager Friedenskonferenz 1907 durch die Unterzeichnung der Haager Landkriegsordnung von 1907[42] von 41 der 44 vertretenen Staaten[43] bestätigt. Diese schrieb eine lang umstrittene Rechtsent-

---

36 Abgedruckt in *Simpson (Hrsg.)*, Spoils of war, S. 272f.

37 Die maßgeblichen Art. 8 und 17 sind abgedruckt bei *Goldrich*, 23 Fordham Int'L.J. (2000), 118, 126 FN 42.

38 *Müller-Katzenburg*, Internationale Standards, S. 40.

39 Vergl. *Müller-Katzenburg*, Internationale Standards, S. 40; *Prott*, Fechner/Oppermann/Prott, S. 296.

40 *Schoen*, NJW 2001, 537, 538; *von Schorlemer*, Prävention, S. 263 m.w.N.

41 HLKO 1899, Abkommen nebst Anlagen abgedruckt in RGBl. 1901, 423; die Konvention wurde von 24 der 26 auf der Haager Friedenskonferenz zusammengekommenen Staaten – darunter alle acht damaligen Großmächte – unterzeichnet.

42 HLKO 1907, Abkommen nebst Anlage abgedruckt in RGBl. 1910, 107.

43 Bemerkenswert ist, dass die 44 vertretenen Staaten fast die gesamte damalige Staatenwelt darstellten. Ratifiziert wurde das Abkommen dagegen nur von 25 Staaten, darunter Deutschland, Frankreich, Großbritannien, Österreich-Ungarn, Japan, Russland und die USA.

wicklung fest[44], indem sie in den Art. 28 und 47 die Plünderung von Städten und Ansiedlungen in besetzten Gebieten untersagt[45] und in ihrem Art. 56 bestimmt:

> „Das Eigentum der Gemeinden und der dem Gottesdienste, der Wohltätigkeit, dem Unterricht, der Kunst und der Wissenschaft gewidmeten Anstalten, auch wenn diese dem Staat gehören, ist als Privateigentum zu behandeln. Jede Beschlagnahme, jede absichtliche Zerstörung oder Beschädigung von derartigen Anlangen, von geschichtlichen Denkmälern oder von Werken der Kunst und Wissenschaft ist untersagt und soll geahndet werden."[46]

Das ausdrückliche Verbot von Plünderungen in Art. 47 ist als völkerrechtliche Antwort auf die Kunstraubzüge *Napoleons* zu sehen[47]. Mit diesen Regelungen wurde international eindeutig festgelegt, dass bewegliches privates und öffentliches Kulturgut weder beschlagnahmt, noch zerstört werden darf[48]. Bedeutsam ist auch das Verbot des Art. 25 HLKO 1907, „unverteidigte Städte, Dörfer, Wohnstätten oder Gebäude anzugreifen oder zu beschießen", welche es den kriegsführenden Parteien anheim stellt, Städte, die sie wegen ihrer Kunstschätze vor der Zerstörung bewahren wollen, nicht zu verteidigen und somit aus dem Kampfgebiet auszusondern[49]. Im Umkehrschluss hat dies jedoch zur Folge, dass jeder Staat für sich über die Bedingungen, unter denen sein Kulturgut den Schutz des Kriegsrechts genießt, entscheidet und mit der Verteidigung seiner Städte dem Gegner gewissermaßen einen Freibrief ausstellt, diese mitsamt ihrer Baudenkmäler, Museen und Archive zu vernichten[50].

Die Vorschriften der HLKO 1907 wurden in der Folge sowohl vom Deutschen Reich als auch den Alliierten während der Weltkriege schwerwiegend verletzt, so zum Beispiel durch das Verbrennen der großen Bibliothek von Louvain oder

---

44 Vergl. dazu *Bluntschli*, Völkerrecht, S. 363ff.

45 Art. 28 HLKO 1907: „Es ist untersagt, Städte oder Ansiedlungen, selbst wenn sie im Sturm genommen sind, der Plünderung preiszugeben." Vergl. zum Ganzen *Fiedler*, FS Doehring, 1989, S. 199; *Zschiedrich/Hoffmann*, NJ 1984, 86, 87.

46 In Art. 53 I HLKO 1907 wird der Kreis der Gegenstände, die das Besatzungsheer mit Beschlag belegen darf, beschränkt auf das bare Geld und die Wertbestände des Staates sowie die dem Staate zustehenden eintreibbaren Forderungen, die Waffenniederlagen, Beförderungsmittel, Vorratshäuser und Lebensmittelvorräte sowie überhaupt alles bewegliche Eigentum des Staates, das geeignet ist, den Kriegsunternehmungen zu dienen. Kunstgegenstände gehören nicht zu diesem Kreis, *Schoen*, NJW 2001, 537, 538. Vergl. dazu Art. 8 des *Projet d'une déclaration internationale concernant les lois et coutumes de la guerre* von 1874. Art. 27 der HLKO 1907 bezieht sich auf Art. 17 des Projekts.

47 *Heuer*, NJW 1999, 2258, 2562. Zu den Kunstraubzügen Napoleons s. oben § 2 I. 2.

48 *Haase*, Kunstraub, S. 250.

49 Zum Ganzen *Mußgnug*, FS Jeserich, 1994, S. 335, durch die Erklärung zur „offenen Stadt" wurden im Zweiten Weltkrieg Rom und Florenz davor bewahrt, völlig zerstört zu werden.

50 Da kein Verstoß gegen Art. 56 HLKO 1907 vorliegt, wenn die Zerstörung dieser Gegenstände und Bauwerke unabsichtliche Folge militärischer Aktionen ist.

durch die Bombardierung der Kathedrale von Reims 1914[51]. Die Nationalsozialisten führten schließlich systematische „Kunstraubzüge" in den von Deutschland besetzten Gebieten durch[52]. So verlor beispielsweise Polen durch Zerstörungen und Plünderungen unzählige seiner nationalen Kulturgüter[53]. In ebensolchem Maße war das Gebiet der ehemaligen Sowjetunion von diesen Kunstraubzügen der Nationalsozialisten betroffen. Als sich die deutschen Truppen am Ende des zweiten Weltkrieges zurückzogen, waren Teile der russischen Kultur bis auf ihre Fundamente zerstört[54]. Dabei ging es vorgeblich um die Ausrottung der slawischen Kultur[55], dennoch wurden die wertvollen Kunstschätze, die doch Zeugnisse der Identität und Geschichte dieser als minderwertig angesehenen Kultur darstellen, für die eigenen Sammlungen beschlagnahmt[56].

---

[51] Vergl. *Prott*, Fechner/Oppermann/Prott, S. 296; *Goldrich*, 23 Fordham Int'L.J (2000), 118, 129; *Toman*, FS Schindler, 1989, S. 314; *Jaeger*, Rechtsfragen, S. 15; *Goldmann*, I.J.C.P., Vol. 7, No. 2, 1998, 308, 329; *von Schorlemer*, Prävention, S. 298 f. Insbesondere durch die Flächenbombardements wurden Ziele unterschiedslos ohne Rücksicht auf die Zivilbevölkerung und auch deren kulturelle Schätze angegriffen. Daneben wurde das Kloster Monte Cassino am 15. 2. 1944 von 229 Flugzeugen angegriffen und mit 453 Tonnen Bomben zerstört, da die Alliierten irrtümlich angenommen hatten, dass die Deutschen das Kloster zu Verteidigungszwecken genutzt hätten, dazu *Mußgnug*, FS Jeserich, 1994, S. 335 FN 6; *Haase*, Kunstraub, S. 251 mit weiteren Beispielen für die Zerstörungen von Kunstdenkmälern in Deutschland. Die HLKO 1907 kam jedoch wegen ihrer so genannten „Allbeteiligungsklausel" in Art. 2 im Ersten Weltkrieg nicht zur Anwendung, da nicht alle Kriegsbeteiligten Vertragsparteien waren. Allerdings enthält auch die subsidiär anwendbare HLKO 1897 hinsichtlich des Kulturgüterschutzes weitgehend deckungsgleiche Bestimmungen, *Müller-Katzenburg*, Internationale Standards, S. 47.

[52] *Müller-Katzenburg*, Internationale Standards, S. 47 FN 104 m.w.N. 150; *Nicholas*, Spoils of war, S. 39ff. Kritisch zum Begriff des „Raubes" in diesem Zusammenhang, *Haase*, Kunstraub, S. 248.

[53] *Heuer*, NJW 1999, 2558, 2561; *Haase*, Kunstraub, S. 162. Dazu ausführlich *Pruszyński*, Spoils of War, S. 49ff. Exemplarisch für ein solches Verhalten der deutschen Besatzungsbeamten ist der einstige Generalgouverneur *Hans Frank*, der im Mai 1945 bei seiner Verhaftung in Bayern das aus dem Rahmen gerissene Ölgemälde von *Leonardo da Vinci* „Dame mit dem Hermelin" bei sich trug, welches aus den Czartoryski-Sammlungen des Krakauer Nationalmuseums geraubt worden war, *Aly*, Deutsches Wesen, S. 209.

[54] Vergl. hierzu beispielsweise *Burchandi*, Deutsch-russischer Streit, S. 11ff.; *von Schorlemer*, 41 GYIL (1998), 317, 324; *Heuer*, NJW 1999, 2558, 2561. Es existieren Schätzungen, wonach die Nationalsozialisten allein in der ehemaligen Sowjetunion während der Jahre 1940 bis 1945 zwischen 200.000 und 565.000 Museumsobjekte geraubt haben, *Müller-Katzenburg*, Internationale Standards, S. 47 FN 105 m.w.N.

[55] Bedauerlicherweise ist die bewusste Vernichtung kultureller Identitäten ein nach wie vor aktuelles Problem, wie die Vorkommnisse in Bosnien im Balkan-Krieg der neunziger Jahre zeigen, vergl. *Heilmeyer*, Bewahren als Problem, S. 101.

[56] So sollte insbesondere das nach Vorbild des „Musée Napoléon" von Hitler geplante Zentralmuseum in Linz mit erbeuteten Kunstschätzen bestückt werden, *Burchandi*, Deutsch-russischer Streit, S. 13.

Zum Zwecke der planmäßigen Plünderung von Kunstgegenständen wurde eigens das Sonderkommando „Einsatzstab Reichsleiter Rosenberg" gegründet[57]. Dieses konnte sich zwar auf eine Anordnung *Hitlers* berufen[58], doch standen seine Raubzüge im Gegensatz zu der auch vom nationalsozialistischen Deutschland ratifizierten HLKO 1907[59]. Die Plünderungen der Nationalsozialisten stellten somit einen Verstoß gegen geltendes Völkerrecht dar[60]. Bei den Nürnberger Prozessen gegen die nationalsozialistischen Hauptangeklagten kam es daher auch zu einer Verurteilung wegen eines Verstoßes gegen Art. 56 II HLKO 1907[61].

---

57 Unter der Leitung von *Alfred Rosenberg* wurde 1940 der „Einsatzstab Reichsleiter Rosenberg" (ERR) gegründet, um den „Sonderauftrag Linz" voranzutreiben. Die Aufgabe des „ERR" war es, Kunstwerke für das sog. „Führermuseum" in Linz sicher zu stellen; so konfiszierte der ERR beispielsweise in Frankreich von „expatriierten Juden und Freimaurern" seit 1940 aus 203 Sammlungen 21903 Kunstwerke, *Bila*, Kulturgüterschutz, S. 14; *Heuer*, NJW 1999, 2558, 2561; *Haase*, Kunstraub, S. 66ff., 103ff. Daneben war *Himmlers* SS-Organisation „Ahnenerbe", ähnlich wie der „ERR" mit der Aufgabe der Sicherstellung von Kunstgegenständen für das von Hitler geplante Museum in Linz betraut, *Heuer*, NJW 1999, 2558, 2561. Vergl. zum Ganzen *Chamberlin*, Loot, S. 156ff. Auch das „SS-Sonderkommando Künsberg" des Außenministeriums raubte systematisch Kunstschätze, *von Schorlemer*, 41 GYIL (1998), 317, 324. Die Transportwege der großen Mengen an Kunstwerken und Buchbeständen, die aus den Raubzügen der Nationalsozialisten stammen, werden auf der Karte bei *Burchandi*, Deutsch-russischer Streit, S. 12, sehr anschaulich verdeutlicht.

58 Wobei die Rechtsmäßigkeit dieser Grundlage durchaus fraglich ist. Gemäß der bereits vom Rechtsphilosophen *Gustav Radbruch* (1878–1949) (s. *Radbruch*, Rechtsphilosophie, S. 193ff.) vertretenen und auch später vom BVerfG (Beschl. v. 18.10.1967, 1 BvR 248/63, 216/67, BVerfGE 23, 98, NJW 1968, 1036–1037) bestätigten Auffassung, sind auch gesetzlich verankerte Normen niemals Recht im materiellen Sinne, sondern vielmehr bereits zur Zeit ihrer formalen Geltung gesetzliches Unrecht, wenn der Widerspruch des positiven Gesetzes zur Gerechtigkeit ein unerträgliches Maß erreicht. Es ist anzunehmen, dass dies auf die Anordnung *Hitlers*, Kunstgegenstände zu beschlagnahmen, zutrifft. Das BVerfG formuliert die Radbrusch'sche Formel in der zitierten Entscheidung so: „Nationalsozialistischen „Rechtsvorschriften" kann die Geltung als Recht abgesprochen werden, wenn sie fundamentalen Prinzipien der Gerechtigkeit so evident widersprechen, dass der Richter, der sie anwenden oder ihre Rechtsfolgen anerkennen wollte, Unrecht statt Recht sprechen würde.".

59 Zwar war bis zum Jahr 1939 an einer Neufassung der Haager Landkriegsordnung gearbeitet worden, jedoch konnte diese nicht mehr abgeschlossen werden, so dass im Zweiten Weltkrieg nach wie vor die HLKO 1907 Geltung hatte. So war 1938 von der im Jahr 1922 ins Leben gerufenen Juristenkommission ein Entwurf vorgelegt worden, in dem vorgeschlagen wurde, dass jeder Staat die Pflicht habe, seine Kunstgüter vor Kriegseinwirkungen zu schützen, zu diesem Zweck sei eine bestimmte Anzahl von Bergungsstätten vorzubereiten, in dem Kunstgüter aufgenommen werden könnten, vergl. zum Ganzen *Haase*, Kunstraub, S. 250.

60 *Alfred Rosenberg* wurde für dieses „System organisierter Plünderung" verantwortlich gemacht, als Kriegsverbrecher verurteilt und hingerichtet, *Bila*, Kulturgüterschutz, S. 14; *Heuer*, NJW 1999, 2558, 2562; *Fiedler*, Fechner/Oppermann/Prott, S. 164; *ders.*, Neues Recht, S. 156; *Müller-Katzenburg*, Internationale Standards, S. 48 FN 110; *Goldrich*, 23 Fordham Int'L.J. (2000), 118, 131.

61 *Ritter*, Kulturerbe als Beute, S. 9; vergl. dazu auch *Fiedler*, Neues Recht, S. 152, der kritisiert, dass für die massiven Verletzungen des Art. 56 HLKO 1907 in der Zeit nach 1945 eine entsprechende Reaktion fehlt. So fanden nach Kriegsende umfangreiche Wegführungsaktionen

Die wegweisende HLKO 1907 ist bis heute in Kraft. Was den Kulturgüterschutz anbelangt, ist sie jedoch gemäß Art. 36 der spezielleren UNESCO-Konvention von 1954[62] nur subsidiär anwendbar[63]. Sie stellt den Beginn der international verbindlichen Regelungen des Schutzes von Kulturgütern dar, auch wenn kritisch anzumerken ist, dass sie auf eine verbindliche Definition der Schutzobjekte verzichtet und in ihrem Anwendungsbereich durch die so genannte „Allbeteiligungsklausel"[64] beschränkt ist.

4. Der Washingtoner Vertrag vom 15.4.1935

Der „Treaty on the Protection of Artistic and Scientific Institutions and Historic Monuments" vom 15.4.1935[65] ist die erste multilaterale Konvention, die ausschließlich der Bewahrung kultureller Werte gewidmet und tatsächlich in Kraft getreten ist[66]. Bereits im Jahr 1919 hatte die Archäologische Gesellschaft der Niederlande die Initiative ergriffen, eine spezielle Konvention zum Schutz von Kulturgütern in Friedenszeiten zu entwickeln. Nach Vorschlägen des russischen Malers und Philosophen *Nicholas Roerich* wurde 1929 von *M. Georges Chklaver* eine Entwurfsfassung auf Aufforderung des Roerich-Museums erstellt. In der Folge gründete man im Jahr 1930 eine internationale Union für den so genann-

---

deutschen Kulturbesitzes durch die russischen Besatzer statt, vergl. hierzu *Fiedler* a.a.O., S. 149; *Akinscha/Koslow/Toussaint*, Beutekunst, S. 24ff. Aber auch die Amerikaner nahmen zahlreiche europäische Kunstschätze mit in die Heimat, vergl. dazu *Kenneth Alford* über die Rolle des amerikanischen Militärs beim Diebstahl von Europas Schätzen in *Alford*, Spoils of World War II, S. xii: „U.S. Civil War history is replete with stories depicting soldiers from both sides ransacking entire estates. Wholesale theft has been recorded for as long as wars have been ought. Nevertheless, the magnitude of the looting which took place in World War II surpassed everything done in past wars and has never been thoroughly chronicled. The spoils of World War II attempts to correct this oversight by exposing the widespread thievery commited by the American conquerers of Germany in their lust for quick riches." S. dazu auch *Turner*, Deutsche Frage, Zerstreuung, S. 111ff. Im Fall des Diebstahls der kurhessischen Kronjuwelen durch *Captain Kathleen Burke Nash* aus Schloss Friedrichshof bei Kronberg kam es jedoch zu einer Verurteilung der Beklagten, wobei das Gericht ausführte, dass offensichtlich viele Soldaten die verworrenen Verhältnisse im besetzten Deutschland ausgenutzt hätten, es aber auch Millionen von ehrlichen Soldaten gegeben habe, die der Versuchung widerstanden hätten, sich unrechtmäßig zu bereichern. Auch im Feindesland sei Privateigentum zu respektieren. Vergl. dazu *Heydenreuter*, Kunstraub, 196ff.

62 Mehr zu dieser Konvention unter § 2 I. 5.

63 *Streinz*, Museumsgut, S. 47.

64 Art. 2 HLKO 1907 bestimmt, dass diese nur zwischen den Vertragsmächten Anwendung findet und auch nur dann, wenn die Kriegsführenden sämtlich Vertragsparteien sind.

65 Abgedruckt in englischer und spanischer Sprache in *Hudson*, Legislation, No. 408, S. 56–59. Unter No. 409 findet sich der „Treaty on the Protection of Movable Property of Historic Value" ebenfalls v. 15.4.1935 in englischer und spanischer Sprache, welcher nur von Chile, El Salvador, Guatemala, Mexiko und Nicaragua ratifiziert wurde, *Hudson*, Legislation, S. 59–63.

66 *Kreuzer*, MK, BGB, 10, nach Art. 38 EGBGB Anh. I RN. 181.

ten „Roerich-Pakt“ und hielt in den Jahren 1931, 1932 und 1933 verschiedene Konferenzen über das Projekt ab. Schließlich wurde die endgültige Fassung am 15.4.1935 in Washington zur Unterzeichnung eröffnet[67]. Der Zweck dieses Vertrages ist es, die Verschleppung von Kulturgut in Kriegs- und Friedenszeiten[68] zu verhindern.

Der Washingtoner Vertrag realisierte mit Art. 3 auch einen Vorschlag *Roerichs*, eine Fahne des Friedens einzuführen, die auf den Geschichts- und Kulturdenkmälern ähnlich der Rot-Kreuz-Flagge wehen sollte[69]. Auf dieser Fahne sind drei kleine rote Kreise, welche die Vergangenheit, die Gegenwart und die Zukunft der Menschheit symbolisieren, eingeschlossen in einem großen roten Kreis, der nach Auffassung des Künstlers die Ewigkeit verkörpert, abgebildet[70].

Allerdings gilt der Roerich-Pakt nur zwischen einigen amerikanischen Staaten[71] und enthält keine unmittelbar privatrechtsrelevanten Vorschriften[72].

5. Die UNESCO-Konvention vom 14.5.1954

> *"War is the enemy of man. It is also the enemy of the best that man has made – art, culture, monuments and the whole cultural and historic heritage."*[73]
>
> *Jiří Toman*

Unter dem Eindruck der Ereignisse des zweiten Weltkrieges wurde bei der von der UNESCO in der Zeit vom 21.4.1954 bis 14.5.1954 in Den Haag einberufenen Konferenz zur Einigung auf ein Kulturschutzabkommen am 14.5.1954 die „Convention for the protection of cultural property in the event of armed con-

---

[67] Zur Entwicklung des Roerich-Paktes s. *Hudson*, Legislation, S. 56; *Toman*, FS Schindler, 1989, S. 314.

[68] Bemerkenswert ist, dass der Roerich-Pakt anders als seine Vorgänger für Kulturgut in Artikel 1 Abs. 3 „the same respect and protection [...] in time of peace as well as in war“ vorsieht und damit die Schutzwürdigkeit von Kulturgut auch in Friedenszeiten betont. So auch *Toman*, Armed Conflict, S. 18: „It is important to stress that no other condition is mentioned in this treaty, not even the condition of military necessity.“.

[69] So Artikel 3 des Roerich-Paktes: „In order to identify the monuments and institutions mentioned in article 1, use may be made of a distintictive flag (red circle with a triple red shere in the circle on a white background) in accordance with the model atteched to this treaty.“ Diese Fahne ist zwischen den Seiten 58 und 59 bei *Hudson*, Legislation abgebildet. Unter ihr befinden sich die Wörter „pax“ und „cultura“.

[70] Vergl. *Boguslavsky* , Dolzer/Jayme/Mußgnug, S. 3.

[71] Der Roerich-Pakt wurde am 1.1.1941 von Brasilien, Chile, Kolumbien, Kuba, der Dominikanischen Republik, El Salvador, Guatemala, Mexiko, Venezuela und – im Unterschied zum „Treaty on the Protection of Movable Property of Historic Value“ auch – den Vereinigten Staaten von Amerika ratifiziert, *Hudson*, Legislation, S. 56.

[72] *Kreuzer*, MK, BGB, 10, nach Art. 38 EGBGB Anh. I RN. 181.

[73] *Toman*, Armed Conflict, The Preface, S. XI.

flict“[74] verabschiedet[75]. Anders als die Haager Landkriegsordnung verwendet die UNESCO-Konvention von 1954 nicht mehr den Begriff der „Kunst“, sondern den des „Kulturguts“[76]. Die Konvention bezieht sich ausdrücklich auf Art. 27 HLKO 1907 und Art. 5. des IX. Haager Abkommens sowie den Roerich-Pakt und ergänzt diese um Bestimmungen, die für Gebäude, die kein Kulturgut im Sinne der Konvention sind – wie etwa Gotteshäuser und wissenschaftliche Einrichtungen – bedeutsam werden können[77].

Der entscheidende Fortschritt dieser Konvention gegenüber ihren Vorgängern ist, dass sie erstmals Kulturgut unabhängig vom Territorium schützt[78]. Diesem Prinzip liegt die Überzeugung zugrunde, dass jede Schädigung von Kulturgut, gleichgültig welchem Volk es gehört, eine Schädigung des kulturellen Erbes der gesamten Menschheit bedeutet, weil jedes Volk seinen Beitrag zur Kultur der Welt leistet, und die daraus folgende Erwägung, dass es für die Erhaltung des kulturellen Erbes aller Völker der Welt von großer Bedeutung und wesentlich ist, dieses Erbe unter internationalen Schutz zu stellen[79].

---

[74] Abgedruckt in englischer, französischer, spanischer, russischer und deutscher Sprache in BGBl. 1967 II, 1235ff.; im folgenden UNESCO-Konvention von 1954 genannt; Beitritt der Bundesrepublik Deutschland durch Gesetz v. 11.4.1967, BGBl. 1967 II, 1233f., geänderte Fassung: BGBl. 1971 II, 1025.

[75] Vergl. *Jaeger*, Rechtsfragen, S. 16; *Uhl*, Handel, S. 103; *Goldrich*, 23 Fordham Int'L.J. (2000), 118, 132; *Schwadorf-Ruckdeschel*, Grenzüberschreitender Erwerb, S. 49. Die UNESCO hatte bereits bei der Entwicklung dieser Konvention eine Studie von UNIDROIT erbeten, *Monaco*, International sales, S. 567.

[76] Dieser Wechsel der Begriffe zeigt bereits an, dass es jetzt beim Schutz der Kunst vor allem auf deren Bedeutung für das „cultural heritage of every people“ (vergl. Art. 1 des Abkommens), also auf das kulturelle Erbe der Völker ankommen soll. Auch wurde auf der Haager Konferenz 1954 festgestellt, dass im Roerich-Pakt von 1935 lediglich eine ganz allgemeine Aufzählung von Objekten enthalten war, *Schiedermair*, FS Benda, 1995, S. 237. Vergl. dazu die Begriffsbestimmung oben § 1 III.

[77] Vergl. *von Schorlemer*, Prävention, S. 277.

[78] Vergl. *Bila*, Kulturgüterschutz, S. 16; *Streinz*, Museumsgut, S. 53; *Uhl*, Handel, S. 104. So verlangt Artikel 4 Abs. 1 der Haager Konvention von 1954, Kulturgut unabhängig vom Belegenheitsort zu respektieren: „Die Hohen Vertragsparteien verpflichten sich, das auf ihrem eigenen Gebiet oder auf dem Gebiet anderer Hoher Vertragsparteien befindliche Kulturgut zu respektieren, indem sie es unterlassen, dieses Gut und seine unmittelbare Umgebung sowie die zu seinem Schutz bestimmten Einrichtungen für Zwecke zu benutzen, die es im Falle bewaffneter Konflikte der Vernichtung oder Beschädigung aussetzen könnten, und indem sie von allen gegen dieses Gut gerichteten feindlichen Handlungen Abstand nehmen.“.

[79] Vergl. Präambel, Erwägungsgründe zwei und drei. Die Haager Konvention übernimmt des weiteren aus dem panamerikanischen System des Washingtoner Vertrages von 1935 den Präventivgedanken, dass nämlich Kulturgüterschutz, um wirksam zu sein und ihn schon in Friedenszeiten zu organisieren, sowohl nationale als auch internationale Maßnahmen erfordert; Präambel, fünfter Erwägungsgrund. Dies kann jedoch auch zu völkerrechtlich ungewollten Ergebnissen wie im Fall des Gemäldes „Tarquinius und Lukretia“ von *Rubens*

Die Konvention greift damit den Gedanken *Quatremère de Quincys* auf, der das nationale Kulturgut als gemeinsames Erbe der Menschheit und jeden Staat als Treuhänder gegenüber der Gesamtheit der Staaten bezüglich des auf seinem Boden befindlichen kulturellen Erbes sah[80]. Das Kulturgut wird in der Haager Konvention von 1954 jedoch nicht nur als gemeinsames Erbe der Menschheit definiert, die Regelungen der Konvention ziehen aus diesem Anspruch auch gewichtige Konsequenzen. Im Gegensatz zur Regelung des Art. 25 HLKO 1907, wonach es den kriegsführenden Parteien überlassen ist, bestimmte Städte aus den Kriegshandlungen auszunehmen, verpflichtet Art. 4 Abs. 1 der UNESCO-Konvention von 1954 nicht nur die Angreifer, das Kulturgut des Gegners zu schonen, sondern auch die Angegriffenen, ihr eigenes Kulturgut von Kampfhandlungen auszunehmen[81].

Die Haager Konvention von 1954 wurde mittlerweile von mehr als hundert Staaten ratifiziert[82], darunter die Bundesrepublik Deutschland, Frankreich, Italien und die Schweiz[83], wobei sich die Vertragsstaaten „ohne Rücksicht auf Herkunft und Eigentumsverhältnisse" zum Schutz von beweglichem Kulturgut, „das für das kulturelle Erbe aller Völker von Bedeutung ist", verpflichtet haben[84].

---

führen, welches 1945 aus Schloss Rheinsberg als private Kriegsbeute nach Russland gelangte und sich nach wie vor zu Restaurierungsarbeiten und sicherer Verwahrung in Moskau befindet. Dieses Vorgehen wird mit der in der UNESCO-Konvention von 1954 enthaltenen „Sicherungspflicht" für jegliche Kulturgüter, die sich auf dem jeweiligen Hoheitsgebiet befinden, begründet, vergl. *Lehnart*, „Ein Papagei! Ach, wenn er doch wieder uns gehörte! Preußische Kulturbesitzvermehrung: Eine Kunstraubgeschichte mit glücklichem Ausgang", FAZ v. 10. 2. 2004, 40.

80 *von Schorlemer*, Prävention, S. 277; vergl. auch *de Quincy*, Einfluß, S. 9. Indem die Konvention nationales Kulturgut als gemeinsames kulturelles Erbe der Menschheit ansieht, repräsentiert sie den Gedanken eines „kulturellen Internationalismus", so *Rudolf*, FS Doehring, 1989, S. 861; *Merryman*, AJIL 80 (1986), 831, 837.

81 Vergl. FN 78. Zum Kulturgut deklarierte Gebäude dürfen daher nicht als Truppenunterkunft, Munitionslager, Meldepunkt, Standort militärischer Fernmeldeeinrichtungen oder Verpflegungsdepot genutzt werden, vergl. dazu *Mußgnug*, FS Jeserich, 1994, S. 335ff. Ähnlich formulierte auch schon *Bluntschli* in seinem „Modernen Völkerrecht der civilisirten Staten" von 1878 die Pflicht der kriegsführenden Parteien: „Es ist die Pflicht der Führer, welche nicht als Barbaren, sondern als civilisirte Männer den Krieg leiten, dass die derartige Brutalität (die mutwillige Zerstörung von wissenschaftlichen Instrumenten, Sammlungen, Denkmälern und Kunstwerken), welche die edlen Güter der Menschheit schädigt, ohne dem Kriegszweck irgend zu nützen, verhindern." *Bluntschli*, Völkerrecht, S. 363.

82 Die aktuellste Liste der Vertragsparteien der Haager Konvention zum Schutz von Kulturgut bei bewaffneten Konflikten v. 14. 5. 1954 finden sich unter: http://erc.unesco.org/cp/convention.asp?KO=13637&language=E.

83 Allerdings nicht die USA und Großbritannien.

84 Art. 1a der Haager Konvention von 1954. Somit begrenzt die Konvention ihren Schutz in zweifacher Hinsicht: zum einen verlangt sie mehr als nur regionale Bedeutung und zum anderen einen besonders hohen Rang. Kulturgüter, die im internationalen Vergleich keine besondere Bedeutung haben, sind somit aus dem Schutzbereich ausgenommen, *Mußgnug*, FS Jeserich, 1994, S. 338.

Die Konvention selbst befasst sich in erster Linie mit dem Zerstörungsschutz, wohingegen das Zusatzprotokoll[85] bedeutsame Regelungen zum *ius post bellum* – also der rechtlichen Situation nach Beendigung des militärischen Konflikts – enthält[86]. Beispielsweise können nach § 3 Satz 2 des Protokolls Kulturgüter, die aus einem besetzten Gebiet entgegen dem Verbot des § 1 des Protokolls exportiert wurden, nicht als Kriegsentschädigung zurückbehalten werden. Diese Regelung bringt allerdings keinen großen Fortschritt gegenüber Art. 56 II HLKO 1907, der bereits den Fall des Zurückbehaltens nach vorherigem eigenhändigen Zugriff ausschloss[87]. Die UNESCO-Konvention von 1954 bietet auch noch keinen Schutz vor nicht-militärischen Gefahren für Kulturgüter wie beispielsweise der illegalen Plünderung von archäologischen Stätten; diese Lücke wurde erst Jahre später wiederum durch die UNESCO durch das Übereinkommen über Maßnahmen zum Verbot und zur Verhütung der unzulässigen Einfuhr, Ausfuhr und Übereignung von Kulturgut vom 14.11.1970[88] und das Übereinkommen zum Schutz des Kultur- und Naturerbes der Welt v. 16.11.1972[89] geschlossen[90].

II. Nationale, europäische und internationale Ansätze zu einem allgemeinen Kulturgüterschutz

„Cum almam nostram Urbem in sua dignitate et splendore conservari cupiamos, potissime ad eam curam vigilem adhibere debemus, ut non solem basilice ac ecclesie eiusdem Urbis,[...]“[91] *Papst Pius II. (Enea Silvio Piccolomini)*

„Vor allem hat man [...] seit langem erkannt, dass Kulturgutschutz keine allein staatliche oder gar nur militärische Verantwortung ist, sondern ein viel größeres Feld umfasst als das der bewaffneten Konflikte. Kulturgutschutz muss sich ebenso und oft erst recht gegen die Bedrohung durch andere Gefahren wenden, wie Umwelteinflüsse, Diebstahl, mutwillige Beschädigung, Raubgrabungen, mangelnde oder falsche Pflege, Massentourismus oder generell die Folgen von Unwissenheit.“[92] *Gerhard Brugmann*

---

85 BGBl. 1967 II, 1301.

86 *Turner*, Deutsche Frage, Zuordnung, S. 62.

87 Dagegen war die Regelung des Problems, ob ein Staat sich Kulturgüter als Reparationsobjekte vertraglich zusprechen lassen kann, immer noch dem Völkergewohnheitsrecht überlassen, *Turner*, Deutsche Frage, Zuordnung, S. 71.

88 Anhang I. 1.

89 BGBl. 1977 II, 215ff.

90 Vergl. *Gordon*, 12 Hav. Int. L. J. (1971), 537.

91 Aus der Bulle Papst Pius' II. v. 28.4.1462, abgedruckt bei *Theiner*, Codex diplomaticus, S.422.

92 *Brugmann*, Mußgnug/Roellecke, S. Vf.

Gemäß den allgemeinen Regeln des Völkerrechts (vergl. Art. 2 I der Satzung der Vereinten Nationen, wonach diese Organisation auf dem Grundsatz der souveränen Gleichheit ihrer Mitglieder beruht[93]) bestimmt jeder Staat über seine Kulturgüter in souveräner Eigenverantwortlichkeit[94]. Der Schutz dieser Güter außerhalb von kriegerischen Auseinandersetzungen wird als „innere Angelegenheit" betrachtet und war bis auf den dargestellten Roerich-Pakt bis in die Zeit nach dem zweiten Weltkrieg nicht Gegenstand völkerrechtlicher Vereinbarungen. Jedoch gab es auf nationaler Ebene bereits seit der Antike Bestrebungen, den Kulturbesitz in Friedenszeiten zu erhalten und zu schützen[95]. In den Gesetzen des Kirchenstaates finden sich die ersten Rechtsvorschriften zum Kulturgüterschutz in den Bullen der Päpste *Martin V.* vom 20. 3. 1425, welche die Zerstörung aller neuen Gebäude, die antike Denkmäler beeinträchtigen könnten, anordnete[96], und *Pius II.* vom 28. 4. 1462[97], welche die Zerstörung antiker Bauwerke mit harten Konsequenzen wie Exkommunizierung oder Geldstrafe belegte[98].

I. Denkmalschutzgesetze

„Die Geschichte gehört also [...] dem Bewahrenden und Verehrenden, dem, der mit Treue und Liebe dorthin zurückblickt, woher er kommt, worin er geworden ist; durch diese Pietät trägt er gleichsam den Dank für sein Dasein ab. Indem er das von alters her Bestehende mit behutsamer Hand pflegt, will er die Bedingungen, unter denen er entstanden ist, für solche bewahren, welche nach ihm entstehen sollen, – und so dient er dem Leben."[99] *Friedrich Nietzsche*

---

[93] Art. 2 Abs. 1 der Charta der Vereinten Nationen: „Die Organisation beruht auf dem Grundsatz der souveränen Gleichheit aller ihrer Mitglieder.", abgedruckt in: BGBl. 1973 II, 431.

[94] *Mußgnug*, Kunstwerk, S. 17.

[95] *Raber*, Kulturelles Erbe, S. 9, 10, der als Beispiel die Strafdrohung Kaiser Theodorus v. 1. 1. 398 anführt, in der das Verschleppen und Beseitigen von Bauteilen und Schmuck von historischen Gebäuden mit einer Geldstrafe geahndet wird. Vergl. auch *Weidner*, Res extra commercium, S. 19ff.; *Goldrich*, 23 Fordham Int'L.J. (2000), 118, 123 FN 28 m.w.N.

[96] Abgedruckt bei *Theiner*, Codex diplomaticus, S. 290–291, 290: „Baptistam Petri Mathei et Basium de Stinchis cives Romanos magistros viarum, pontium, aedificiorum, bancharum, canalium, salubritatis etc. Urbis more antiquo pontifex constituit.".

[97] Abgedruckt bei *Theiner*, Codex diplomaticus, S. 422–423, 422: „Pontifex excommunicationem in destruentes aedificia antiqua Urbis promulgant, et mandat conservatoribus camerae Urbis, ut tales inventos mulctis pecuniariis etc. puniant.". Auch *Henry Cleere* nennt im Vorwort zu *Prott/O'Keefe*, Discovery, S. V die von Bulle Pius II. als eins der ersten Beispiele des rechtlichen Schutzes von Kulturgut.

[98] So auch *Weidner*, Res extra commercium, S. 24; im lateinischen Text findet sich allerdings kein Hinweis auf die Anordnung eines Exportverbotes und die Erklärung bestimmter Kulturwerte zu „res extra commercium", so jedoch beispielsweise *Raber*, Kulturelles Erbe, S. 10; *Bila*, Kulturgüterschutz, S. 7; *Jaeger*, Rechtsfragen, S. 17.

[99] *Nietzsche*, Historie, S. 22.

Neben dem Kriegsvölkerrecht ist der Denkmalschutz ein klassisches Gebiet der rechtlichen Regelungen zur Erhaltung von historischer Substanz[100]. Den Vorschriften bezüglich der Baudenkmäler folgten bald solche für Bodendenkmäler nach, welche besondere Bedeutung in der Renaissance erlangten[101]. Es stand zunächst jedoch nicht der Schutz bestimmter Kulturgüter oder Kulturgattungen im Mittelpunkt dieser Regelungen, sondern vorherrschendes Motiv war der Schutz des kulturellen Standards einer Institution, etwa einer Kirche oder Stadt. Dieser Standard sollte durch Verschleuderung oder Zerstörung von Kulturgütern nicht vermindert werden. Wurde der geforderte Standard gewährleistet, durften vorhandene Kulturgüter durch neue ersetzt werden[102].

Der Denkmalschutz diente zunächst in erster Linie einer geistigen Kontinuitätspflege; im Gegensatz zum modernen Verständnis des Denkmalschutzes sollten die Kulturwerte nicht deswegen erhalten werden, weil sie Dokumente für die Geschichtsforschung und Zeugnisse vergangener Lebens- und Kulturerscheinungen darstellten, sondern um Zeichen und Symbole noch fortbestehender Traditionen zu bewahren oder das Andenken wichtiger Personen aufrecht zu erhalten[103]. Erst mit der Aufklärung setzte sich die Auffassung durch, dass Ge-

---

100 Vergl. *Jayme*, ZVglRWiss 95 (1996), 158, 159, der als Beispiel für die Anfänge des Denkmalschutzes ein Zitat *Antonio Canovas* aus den Gesprächen mit Napoleon anführt, in dem *Canova* den Kaiser darauf hinweist, dass es in die Kirche Santa Croce hineinregne: „É della gloria della Maestà Vostra il conservare que' bei monumenti [...]".

101 Vergl. *Fechner*, Fechner/Oppermann/Prott, S. 11 f.; so finden sich seit der Renaissance in Italien, besonders in Rom, eine ganze Reihe von Normen, die im Interesse eines wohlgestalteten Stadtbildes den Abbruch von Gebäuden oder die Entfernung von Bauverzierungen verbieten. Ähnliche Vorschriften sind auch in der Gesetzgebung im übrigen Europa dieser Zeit vorhanden. Im besonderen Maße wurde die Pflege der Kultur vom aufgeklärten Absolutismus in seine umfassende Wohlfahrtsgesetzgebung einbezogen (*Hammer*, Fechner/Oppermann/Prott, S. 49), ein Beispiel ist das Preußische ALR, das Allgemeine Gesetzbuch für die Preußischen Staaten (in Kraft getreten 1794): I. Theil 8. Titel §§ 33, 35f., 66, 71, 78; II. Theil 20. Titel §§ 211–213, 1151; weiterhin der *Codex Maximilianeus Bavaricus Civilis* von 1756: II. Theil 1. Cap. § 3 „[...] öffentliche Statuen und dergleichen, werden *Res Sanctae* benamet und seynd der Landsherrschaft *respective* dem *Publico*, eigen dahero sich auch Niemand anderst als *Authoritae publicâ* unterstehen darf, etwas vorzunehmen was zu derenselben Verstalt- Verunehr- oder Veränderung und sonstiger Ungelegenheit gereichen mag.".

102 Vergl. *Codex Maximilianeus Bavaricus Civilis* von 1756: II. Theil 1. Cap. § 3. Vorhandene Kulturgüter durften jedoch auch dann nicht ersetzt werden, wenn einzelne Personen ein spezifisches Interesse an einem konkreten Werk hatten. Dies wurde dann allerdings nicht durch Rechtsnormen, die abstrakt-generelle Tatbestände erfordern, sondern vor allem im Wege von privatrechtlichen Bindungen wie durch Testamente, geregelt, *Hammer*, Fechner/Oppermann/Prott, S. 50. Ein Beispiel ist das Testament des Karmeliterpriors *Andreas Stoß* aus dem 16. Jahrhundert, wonach ein von ihm gestifteter und von seinem Vater *Veit Stoß* geschaffener Flügelalter nicht farbig gefasst und nur an Feiertagen geöffnet werden dürfe. Ferner durften vor ihm wegen des Rauchs keine großen Kerzen aufgestellt werden, *Hammer*, a.a.O. m.w.N.

103 Ein Beispiel hierfür ist die Aussage des römischen Juristen *Florentin* (Dig. 11, 7, 42; bezogen auf Grabmale und Kenotaphe): „Monumentum generaliter res est memoriae causa in posterum prodita" (übersetzt: ein Denkmal ist ganz allgemein eine zum Zwecke des Geden-

schichte und Gegenwart zwar wesensverschieden sind, dass aber die Gegenwart von der Geschichte bedingt ist und geschichtliche Zeugnisse daher essentiell auch für das Verständnis der Gegenwart sind[104]. Mit dieser Erkenntnis veränderte sich auch die Zielrichtung des Denkmalschutzes[105].

Allerdings begegnete der Erlass unmittelbar denkmalschützender Normen in weiten Teilen Europas enormen Schwierigkeiten, da sich vor allem der Liberalismus des 19. Jahrhunderts gegen sämtliche in das Privateigentum eingreifende Denkmalschutzvorschriften vehement zur Wehr setzte[106]. So erging das erste deutsche Denkmalschutzgesetz erst 1902 im Großherzogtum Hessen[107], worauf 1911 Oldenburg[108] und 1915 Lübeck folgten[109]. Zu beachten ist jedoch, dass die Weimarer Verfassung als wohl erste Staatsverfassung den Schutz und die Pflege der Kunst-, Geschichts- und Naturdenkmale zum Staatsziel erhob[110]. In Art. 142 Satz 2 WRV wurde allgemein die Pflicht des Staates zur Teilnahme an der Kunstpflege und zum Schutz von Wissenschaft und Kunst festgehalten. Art. 150 Abs. 2

---

kens für die Zukunft hinterlassene Sache), *Hammer*, Fechner/Oppermann/Prott, S. 50 FN 14 m.w.N. Unter *Elizabeth I.* erging 1560 in England eine „Proclamation agaynst breakyng or defacing of Monumentes of antiquitie, being set up in Churches or other publique places for memory, and not for superstition". Diese zeigt deutlich, dass Werte, die für die Gegenwart bedeutungslos oder zu ihrem Geist im Widerspruch standen, keinen Schutz erfahren konnten, *Hammer*, a.a.O., S. 50f.

[104] Es wurde die Doppelnatur der Denkmale „als Geschichtsdokumente und Träger eines überzeitlich bedeutsamen Gutes" erkannt, *Hammer*, Fechner/Oppermann/Prott, S. 53.

[105] Vergl. *Hammer*, Denkmalrecht, S. 32ff.

[106] Vergl. *Hammer*, Fechner/Oppermann/Prott, S. 58f.; in Griechenland wurde bedingt durch den europäischen Philhellenismus und die Befreiung von der türkischen Herrschaft trotz alledem 1834 ein umfangreiches Denkmalschutzgesetz erlassen (in deutscher Übersetzung abgedruckt bei *von Wussow*, Erhaltung, S. 252–276); dagegen bot das französische Denkmalschutzgesetz von 1887 nur in sehr beschränktem Maße Möglichkeiten, Denkmäler in Privateigentum zu schützen, und noch schwächer waren die Wirkungen des englischen „Ancient Monuments Protection Act" von 1882 (*List of Ancient Monuments to which the Ancient Monuments Protection act applies* abgedruckt bei *von Wussow*, Erhaltung, S. 247ff.). Vergl. auch *Kohler*, Deutsche Juristen-Zeitung 1904, 771, 772: „Unterdessen hat sich die Frage des Denkmalschutzes immer mehr verdichtet." Zu den Anfängen den Denkmalschutzes in Deutschland vergl. *Berndt*, Internationaler Kulturgüterschutz, S. 67ff.

[107] Gesetz den Denkmalschutz betreffend v. 16.7.1902, in: Großherzoglich Hessisches Regierungsblatt 1902, 275ff.

[108] Denkmalschutzgesetz für das Großherzogtum Oldenburg v. 18.5.1911, in: Gesetzblatt für das Großherzogtum Oldenburg Band 37, 1911, 959ff.; vergl. bereits Bekanntmachung des Staatsministeriums, betreffend die Vornahme von Ausgrabungen bei den unter der Aufsicht der Forstbehörden stehenden Steindenkmälern des Altertums v. 14.3.1881; Gesetzblatt für das Herzogtum Oldenburg 26, 1881, 3. Stück, 27.3.1881, 7f.

[109] Vergl. auch die Zusammenstellung der für die Erhaltung der Denkmäler wichtigen Bestimmungen in den Provinzen Schleswig-Holstein, Hannover, Hessen-Nassau und den Hohenzollerschen Landen bei *von Wussow*, Erhaltung, S. 84ff.

[110] Verfassung des deutschen Reichs v. 11.8.1919 (RGBl. 1919 II, 1383).

enthielt dazu eine Spezialregelung: „Es ist Sache des Reiches, die Abwanderung deutschen Kunstbesitzes ins Ausland zu verhüten.“ [111] Auf Grund dieser Vorgabe wurde der Vorläufer des Gesetzes zum Schutze deutschen Kulturgutes gegen Abwanderung von 1955[112] erlassen: die Verordnung über die Ausfuhr von Kunstwerken vom 11. 12. 1919[113].

Dazu ergingen in weiteren Ländern des Deutschen Reiches Denkmalschutzgesetze: 1920 in Hamburg und Lippe und 1929 in Mecklenburg-Schwerin[114]. Im Jahr 1949 wurde in dem Land Baden ein ausdifferenziertes Denkmalschutzgesetz erlassen[115], 1958 in Schleswig-Holstein[116]. In den restlichen westdeutschen Bundesländern erfolgte erst um 1970 eine Rückbesinnung auf die bedeutenden Werte des historischen Erbes, nachdem zuvor als Reaktion auf die ungeheuren Zerstörungen nach Kriegsende die englische Wendung „a disaster – but an opportunity“ als Symbol für die Möglichkeit, endlich befreit von den Fesseln eines allgegenwärtigen historischen Erbes, Städte und Siedlungen für die Zukunft zu gestalten, zum geflügelten Wort geworden war und kaum Interesse am Denkmalschutz bestand[117]. Erst durch die Rückbesinnung auf die Denkmale als Zeu-

---

[111] Vergl. *Uhl*, Handel, S. 44 m.w.N.; *Kohls*, Kulturgüterschutz, S. 26. Die Bestimmung in Art. 150 WRV über den Schutz deutschen Kunstbesitzes hatte ihr Vorbild in den Denkmalschutzgesetzen der Großherzogtümer Hessen-Darmstadt und Oldenburg, *Jayme*, Dolzer/Jayme/Mußgnug, S. 40. Zu den Regelungen der Weimarer Zeit vergl. *Berndt*, Internationaler Kulturgüterschutz, S. 73ff.

[112] Anhang III. 1.

[113] RGBl. 1919 II, 1961. Der Erlass der Verordnung wurde als sehr dringlich erachtet, da die Ausfuhr von Kulturgütern nach dem Ersten Weltkrieg stark zugenommen hatte, *Berndt*, Internationaler Kulturgüterschutz, S. 75 mit Verweis auf die Begründung der verfassungsgebenden Deutschen Nationalversammlung. § 1 dieser Verordnung bestimmt, dass die Ausfuhr eines Kunstwerkes der Genehmigung bedarf, sobald das Werk in ein Verzeichnis eingetragen ist und wenn seine „Verbringung in das Ausland einen wesentlichen Verlust für den nationalen Kunstbesitz bedeuten würde.“ Vergl. dazu die nahezu gleiche Formulierung des Kulturgutschutzgesetzes von 1955: „einen wesentlichen Verlust für den deutschen Kulturbesitz“. Durch die Verordnung von 1919 wurde durch die Genehmigungspflicht zum ersten Mal Kulturgut sowohl im öffentlichen als auch im privaten Eigentum länderübergreifend unter die staatliche Aufsicht gestellt, vergl. *Pieroth/Kampmann*, NJW 1990, 1385, 1386; *Kohls*, Kulturgüterschutz, S. 26 . Dies ist vor allem interessant, da eine solche Regelung im Gesetz von 1955 nicht enthalten ist. Nach dem zweiten Weltkrieg erließen auch einzelne Bundesländer ähnliche Rechtsvorschriften zum Schutz ihres Kunstbesitzes. Etwa Bayern durch Gesetz über die Ausfuhr von Kunstwerken v. 30. 5. 1949 (GVBl. 120); Hessen: VO v. 22. 9. 1948 (GVOBl. 1948, Nr. 24, 134).

[114] Einzelheiten und Nachweise bei *Hammer*, Denkmalrecht, S. 188ff.

[115] Landesgesetz zum Schutze der Kulturdenkmale (Badisches Denkmalschutzgesetz) v. 12. 7. 1949 (GVBl. 303), diese frühe Kodifizierung hatte den Grund, dass das Land Baden die Denkmale als Grundlage badischen Heimatbewusstseins im Kampf gegen die Vereinigung der südwestdeutschen Länder zum Staat Baden-Württemberg einsetzen wollte.

[116] Gesetz zum Schutze der Denkmale (Denkmalschutzgesetz) v. 7. 7. 1958 (GVOBl. 217).

[117] Vergl. *Hammer*, Fechner/Oppermann/Prott, S. 61 m.w.N.

gen der Vergangenheit wurde eine groß angelegte Gesetzgebungswelle initiiert, in Folge derer alle westdeutschen Länder zwischen 1971 und 1980 moderne und leistungsfähige Denkmalschutzgesetze erhielten[118]; die ostdeutschen Länder folgten zwischen 1991 und 1993, nachdem auch die DDR bereits eine intensive Denkmalschutzgesetzgebung besaß[119].

2. Zuordnungsgedanken

> *"Cultural heritage involves the question of cultural identity. Cultural property is the physical manifestation of what a society, a community or a group of people thinks of itself. The way a society treats its cultural property and what it defines as part of its cultural heritage tells how it chooses to identify itself."*[120]
>
> *Patty Gerstenblith*

> *"Identity: An art historian explains that works of art and, by extension, other cultural objects, "tell [...] us who we are and where we come from." The need for cultural identity, for a sense of significance, for reassurance about one's place in the scheme of things, for a "legible" past, for answers to the great existential questions about our nature and our fate – for all these things, cultural objects provide partial answers.*
> *Community: Cultural objects nourish a sense of community, of participation in a common human enterprise. Even a single object – a painting, say, or a lamp or a pot – illustrates humanity's social nature. The painting was made to be seen, the lamp and the pot to be used, by others. The social functions of objects testify to our common humanity. They illustrate one's connection with others, express a shared human sensibility and purpose, communicate across time and distance, dispel the feeling that one is lost and alone."*[121] *John Henry Merryman*

Eine weitere Wurzel des Kulturgüterschutzes bilden die der Nationalstaatsidee des 19. Jahrhunderts entspringenden Zuordnungsgedanken, welche in dem Anliegen, das „nationale Erbe" zu wahren, zur Schaffung gesetzlicher Regelungen führten, die bestimmtes bewegliches Kulturgut auf dem jeweiligen Staatsgebiet

---

[118] Hamburg und Schleswig-Holstein, die bereits Denkmalschutzgesetze besaßen, novellierten diese grundlegend, *Hammer*, Denkmalrecht, S. 329ff. m.w.N. Eine Übersicht über die (westdeutschen) Denkmalschutzgesetze und Obersten Denkmalschutzbehörden geben *Kleeberg/Eberl*, Kulturgüter in Privatbesitz, S. 375ff.

[119] Die DDR wurde 1970 Mitglied der UNESCO-Vereinigung ICOMOS, und damit die internationale Repräsentation des Staates durch die Denkmalpflege auf die Tagesordnung gesetzt. Vergl. dazu *Magirius*, Denkmalpflege 59 (2001), 125, 126–128. Vergl. dazu auch das Kulturgutschutzgesetz v. 3.7.1980 (GBl. (DDR)1980 I Nr. 20, 191), mit dessen Hilfe in sehr weitgehenden Maße auch Kulturgüter, die der Gegenwart entstammten, geschützt werden konnten, *Zschiedrich/Hoffmann*, NJ 1984, 86.

[120] *Gerstenblith*, I.J.C.P., Vol. 6, No. 2, 1997, 195.

[121] *Merryman*, Cal. L. R. 77 (1989), 339, 349.

fixieren sollten[122]. Ein Ausdruck dieser Sorge um das eigene nationale Erbe ist beispielsweise das „Gesetz zum Schutz deutschen Kulturgutes gegen Abwanderung" vom 6. 8. 1955[123]. Entscheidend ist in diesem Zusammenhang nicht der Schutz und Erhalt oder der öffentlichen Zugang zu deutschem Kulturgut – dieser könnte vielerorts gewährleistet werden – es geht um den Verbleib innerhalb der eigenen Grenzen. Diese Sorge um das nationale Kulturerbe resultiert daraus, dass kulturelle Produkte als Ausdruck der nationalen Identität gelten und das gemeinsame kulturelle Erbe als symbolische Legitimation für politische Kontinuität angesehen wird[124].

In vielen weiteren Ländern gibt es Verbote, nationale Kulturgüter ohne staatliche Bewilligung zu exportieren, bei denen ebensowenig der Schutz der Kulturgüter vor Zerstörung, Zerstückelung oder Gefährdung durch Schmuggel oder illegalen Handel im Vordergrund stehen, sondern vielmehr die Furcht, nationales Kulturgut könnte das Land verlassen und damit als Objekt der nationalen kulturellen Identifikation verloren gehen[125]. Denn Exportverbote sind als Mittel des Kulturgüterschutzes nur bedingt geeignet, da sie fast unweigerlich zu Schmuggel, illegalem Handel und somit auch zur Gefährdung der Kulturgüter führen, die in diesem Zusammenhang häufig unsachgemäß behandelt werden[126].

---

122 Vergl. *Fechner*, Fechner/Oppermann/Prott, S. 12.

123 Anhang III. 1.; vergl. auch *Fuchs*, IPRax 2000, 281.

124 Vergl. *Bernecker*, Museumskunde, Band 67, 1/2002, 19; *Shyllon*, Unif. L. Rev./Rev. dr. unif. 2000, 219, 240; *Isler-Kerenyi*, Informationstag, S. 9.

125 Vergl. *Siehr*, Fechner/Oppermann/Prott, S. 147.

126 So wurde zum Beispiel eine präkolumbianische Säule – die „Machaquilá-Stele Nr. 2" – , die für die Erforschung der Maya-Hieroglyphen höchst bedeutsam ist, für ihren illegalen Transport in die USA in 19 Stücke zersägt, vergl. die Entscheidung *United States v. Hollinshead*, 495 F. 2nd, 1154, 1155, 9th Cir. v. 11. 4. 1974. Das guatemaltekische Exportverbot konnte das Kulturgut in diesem Fall nicht schützen, da der Import rechtswidrig exportierter Kulturgüter grundsätzlich keinen Verstoß gegen US-amerikanisches Recht darstellt (s. dazu aber mittlerweile den *Convention on Cultural Property Implemantation Act of 1983* (CPIA), 19 U.S.C.A. §§ 2601 ff. (1982), abgedruckt bei *Merryman/Elsen*, Law, S. 1203 ff., welcher die UNESCO-Konvention von 1970 in innerstaatliches Recht umsetzt, sowie die *Regulation of Importation of Pre-Columbian Monumental or Architectural Sculpture or Murals*, Public Law No. 92–587, 19 U.S.C.A. §§ 2091 ff. (1972), abgedruckt ebd. S. 1193 ff.). Dabei war die betroffene Säule bereits vor der unerlaubten Ausfuhr wissenschaftlich dokumentiert und ihre Existenz im Dschungel von Guatemala registriert worden, so dass über die bloße gesetzliche Eigentumserklärung hinaus bereits eine gewisse tatsächliche Kontrollgewalt des Staates bestand, *Knott*, Anspruch, S. 97. Die Gefährdung solcher Kunstschätze beschreibt sehr anschaulich *Bator*, Trade, S. 2: „Because the momuments involved are enormous, thieves cannot remove them without mutilation. The large intricately carved "stelae", some of them as tall as forty feet and weighing five tons, must be "thinned" – that is, sawed, hacked, split apart with crowbars, or simply smashed into movable pieces – before they are ready for the art market.". Vergl. dazu auch *Goldrich*, 23 Fordham Int'L.J. (2000), 118, 146 f.

Aus diesen Zuordnungsgedanken hat sich in neuerer Zeit auch die Forderung zahlreicher Staaten entwickelt, abgewandertes Kulturgut wieder zurückzuerhalten[127]. Das Postulat der Rückforderung von Kulturgütern beruht auf der politischen Prämisse, die auch dem Bestreben, nationales Kulturgut im Inland zu halten, zugrunde liegt: Die Identität des Staates ist so eng mit den früher auf seinem Territorium hergestellten Kulturgütern verbunden, dass eine Rückführung unter dem Gesichtspunkt der Bestimmung und Wahrung dieser nationalen Identität gefordert ist[128]. Auch entfalten bestimmte Kunstwerke ihre besondere Wirkung nur an ihrem Entstehungsort oder erschließen sich erst in ihrem ursprünglichen Zusammenhang:

> „So vermögen selbst bedeutende Meisterwerke der Kunst ihr höchstes Maß an Schönheit oft nur in ihrer engeren Heimatlandschaft auszustrahlen. Welch verminderten Eindruck geben etwa die vollendeten Marmorskulpturen des Phidias, die zu ihrer vollkommenen Entfaltung des südlichen Lichts bedürfen, in den neon-beleuchteten Räumen des Londoner Britischen Museums ab!“[129]

Diesem Gedanken hat die Generalversammlung der Vereinten Nationen entsprochen, als sie am 22.10.1987 eine Resolution über die Rückgabe und die Restitution von Kulturgut an die Ursprungsländer mit über 100 Stimmen gegen 15 der westlichen (Museums-)Länder verabschiedete[130].

---

[127] Nur ein Bespiel dieser zahlreichen Fälle ist die Forderung nach Rückführung der so genannten *Elgin Marbles* aus dem Britischen Museum nach Athen, s. oben § 1 II. 2.

[128] Vergl. *Dolzer*, Dolzer/Jayme/Mußgnug, Frieden, S. 149; Diese Auffassung kommt auch in der Präambel der UNESCO-Konvention zum Verbot und zur Verhütung der unzulässigen Einfuhr, Ausfuhr und Übertragung von Kulturgut v. 14.11.1970 (Anhang I. 2.) zum Ausdruck. Manche Kulturgüter sind Symbole einer Stadt oder ganzen Nation geworden, wie etwa die Quadriga auf dem Brandenburger Tor, der Bamberger Reiter, die Pferde von Marly oder das Bild der Freiheit von *Delacroix*, sie haben für ihre Heimat mehr als nur ästhetische Bedeutung, sondern sind zu Verkündern der kulturellen Bekenntnisse eines ganzen Volkes geworden, *Engstler*, Völkerrecht, S. 16. Die Identifikation mit einem Kulturgut kann jedoch in manchen Fällen der Bewahrung der betreffenden Güter entgegenstehen. So empfand ein amerikanischer Indianerstamm die Ausstellung in einem Museum als Entheiligung seiner rituellen Geräte und forderte, sie müssten in einen Fluss geworfen werden. Weltweites Entsetzen rief die Ankündigung des japanischen Papierfabrikanten *Ryoji Saito* hervor, er wolle sich mit den Gemälden „Portrait des Doktor Gachet“ und „Au Moulin de la Galette“ nach seinem Tod verbrennen lassen, da er sich mit diesen Bildern in besonderem Maße identifiziere, vergl. dazu *Roellecke*, Mußgnug/Roellecke, S. 41, 47.

[129] *Engstler*, Völkerrecht, S. 15. Ebenso argumentiert *Quatremère de Qunicy* in seiner Schrift „Ueber den nachtheiligen Einfluß der Versetzung der Monumente aus Italien auf Künste und Wissenschaften“ aus dem Jahr 1796.

[130] UN Doc. A/RES/42/L. 10 v. 20.10.1987, abgedruckt bei *Fiedler* (Hrsg.), Deutsche Frage, S. 277–279. In dieser Resolution wird: „the importance attached by the countries of origin to the return of cultural property which is of fundamental spiritual and cultural value to them, so that they may constitute collections representative of their cultural heritage“ hervorgehoben, *Rudolf*, FS Doehring, 1989, S. 867f. Zu den Restitutionsentschließungen als Ergebnis der Initiative der Entwicklungsländer *Schulze*, Restitution, S. 18ff., 19: „Die Dokumente

3. Kulturgüterschutz in Europa

„[...] la culture occidentale, à mon sens, c'est ce qui a fait de l'Europe autre chose que ce qu'elle est physiquement, -autre chose qú'un cap de l'Asie, pour reprendre le mot fameux de Valéry – le cœur et le cerveau du monde moderne." [131]

Denis de Rougemont

a. Aktivitäten des Europarats

Bevor es in den 70er Jahren im Rahmen der UNESCO zum Abschluss zweier universeller Abkommen[132] kam, die dem Aspekt Rechnung tragen, dass nationaler Kulturgüterschutz gegen die verbotene Ausfuhr von Kulturgütern und den Kunstdiebstahl oft machtlos ist[133], wurde im Rahmen des Europarats[134] bereits 1954 ein Europäisches Kulturabkommen geschlossen, das unter anderem zum Schutz des nationalen Kulturguts „als Bestandteil des gemeinsamen europäischen kulturellen Erbes" verpflichtet, aber auch „die Bewegungsfreiheit und den Austausch von Kulturgütern" erleichtern soll[135]. Auch wenn dieses Abkommen lediglich deklaratorischen Charakter hatte, ist der Gedanke des Schutzes eines gemeinsamen kulturellen Erbes in den 50er Jahren als zukunftsweisend anzusehen[136].

---

dieser Konferenzen lassen keinen Zweifel daran, dass die Forderung nach Restitution eine wesentlich entwicklungsorientierte und an der Bewältigung des kolonialen Erbes ausgerichtete Dimension hat, und es nicht um die zeitlich und räumlich unbegrenzte Rückführung von Kunstgütern schlechthin geht, die einmal gewaltsam aus ihrem Ursprungsgebieten entfernt wurden.".

131 *de Rougemont*, Europa, S. 20.

132 Zum einen das Übereinkommen über Maßnahmen zum Verbot und zur Verhütung der unzulässigen Einfuhr, Ausfuhr und Übereignung von Kulturgut v. 17.11.1970 (Anhang I. 2.), zum anderen das Übereinkommen v. 23.11.1972 zum Schutz des Kultur- und Naturerbes der Welt.

133 Vergl. § 1 II. 1. Begründet ist diese Machtlosigkeit vor allem in dem Grundsatz der Nichtanwendbarkeit ausländischen Rechts.

134 Der Europarat besteht nach seiner Satzung aus europäischen Staaten, welche die Vorherrschaft des Rechts und den Grundsatz anerkennen, dass jede Person, die ihrer Hoheitsgewalt unterliegt, der Menschenrechte und Grundfreiheiten teilhaftig werden soll, vergl. dazu Art. 3 der Satzung des Europarates v. 5. 5. 1949. Auf Grund seiner Zielsetzung hat der Europarat bereits früh Maßnahmen zum Schutz des kulturellen Erbes getroffen, vergl. Art. 1 der Satzung des Europarates v. 5. 5. 1949, dazu *Siehr*, Aufbruch nach Europa, S. 820.

135 Art. 4 und 5 des Europäischen Kulturabkommens v. 19.12.1954: „Zwecks Durchführung der Artikel 2 und 3 erleichtert jede Vertragspartei soweit wie möglich die Bewegungsfreiheit und den Austausch von Personen und Kulturgütern. Jede Vertragspartei betrachtet die europäischen Kulturgüter, die sich unter ihrer Kontrolle befinden, als Bestandteil des gemeinsamen europäischen kulturellen Erbes, trifft die erforderlichen Maßnahmen zu ihrem Schutz und erleichtert den Zugang zu ihnen."; deutscher Text abgedruckt in BGBl. 1955 II, 1128ff.

136 *Jaeger*, Rechtsfragen, S. 18. So wurde in Art. 1 des Übereinkommens zum ersten Mal der Gedanke des gemeinsamen europäischen Kulturerbes formuliert: „Each Contracting Party

Es folgte 1969 ein Europäisches Übereinkommen zum Schutz des archäologischen Erbes[137], welches die moralische Verantwortung der europäischen Staaten für den Schutz und die Erhaltung ihrer archäologischen Stätten anerkennt, jedoch als unbedeutend gilt, da es eher den Charakter einer Absichtserklärung hat und ihm Mechanismen zur Durchsetzung fehlen[138]. Im Jahr 1985 wurde dann ein Europäisches Abkommen zum Schutz des architektonischen Erbes Europas[139] und eine Konvention über strafrechtliche Vergehen an Kulturgut[140] geschlossen. Zuvor war auf Ersuchen der Kommission der Europäischen Gemeinschaft die Studie *Jean Chatelains* über die „Mittel zur Bekämpfung des Diebstahls von Kunstwerken und ihres unerlaubten Handels im Europa der Neun" im Jahr 1978 ausgearbeitet worden, welche auch einen Beitrag zum Kampf der UNESCO gegen die verschiedenen Gefährdungen, denen kulturelle Güter ausgesetzt sind, leisten sollte[141].

Im Bemühen um den Erhalt des europäischen Kulturerbes spielt der Europarat nicht nur auf der Recht setzenden Ebene eine besondere Rolle, sondern unterstützt konkrete Projekte mit erheblichen finanziellen Mitteln. Beispielhaft hierfür sind etwa die jahrzehntelangen konservatorischen Anstrengungen um Istan-

---

shall take appropriate measures to safeguard and to encourage the development of its national contribution to the common cultural heritage of Europe.".

137 Europäisches Übereinkommen v. 6.5.1969 zum Schutz archäologischen Kulturguts, BGBl. 1974 II, 1285ff., European Treaty Series Nr. 121.

138 Die Präambel dieses Übereinkommens spricht von einer „moralischen Verantwortung", die „in erster Linie dem direkt betroffenen Staat obliegt, doch auch der Gesamtheit der europäischen Staaten zufällt." Die Vertragspflichten zur Verwirklichung der als dringend erachteten Aufgaben sind daher nur in einem groben Rahmen abgesteckt, den die Parteien durch Erlass innerstaatlichen Rechts auszufüllen haben. Die Effizienz des Übereinkommens wird in Frage gestellt, da der Umfang der enthaltenen Verpflichtungen sehr eingeschränkt ist („im Rahmen des Möglichen", „Mittel und Wege prüfen", „erforderlichenfalls in der geeignetsten Weise dazu beitragen"), insbesondere aber geeignete Mechanismen zur Durchführung fehlen, vergl. dazu *Fechner*, Archäologisches Kulturgut, S. 92ff.; *Rogers*, L. & Pol. in Int'l Bus. 5 (1973), 931, 938; *von Schorlemer*, Prävention, S. 454. In Art. 8 des Abkommens wird ferner klargestellt, dass dieses einerseits keine Beschränkungen des rechtmäßigen Handels oder Eigentums enthält, andererseits nicht die Vorschriften über die Übertragung von archäologischen Gegenständen berührt. Das Übereinkommen hat somit keinerlei Einfluss auf das einzelne Rechtsgeschäft, *Schwadorf-Ruckdeschel*, Grenzüberschreitender Erwerb, S. 51f.

139 Übereinkommen zum Schutz des architektonischen Erbes Europas v. 3.10.1985, BGBl. 1987 II, 623ff.

140 Europäisches Übereinkommen über strafrechtliche Vergehen an Kulturgut v. 23.6.1985, European Treaty Series Nr. 119. Dieses Übereinkommen, die so genannte Konvention von Delphi, will die Zusammenarbeit der Staaten bei der Sanktionierung, Verhütung und Verfolgung von Straftaten im Zusammenhang mit Kulturgütern verbessern, knüpft dabei allerdings im Einzelnen an die innerstaatlichen Vorschriften hierzu an, *Schwadorf-Ruckdeschel*, Grenzüberschreitender Erwerb, S. 52.

141 *Chatelain*, Mittel, S. 7, Bericht Nr. EUT 6032 DE der Kommission der Europäischen Gemeinschaften. S. dazu: *Byrne-Sutton*, Trafic, S. 20ff.

bul und Venedig[142]. Auch die EG-Kommission ergreift seit 1983 regelmäßig praktische Maßnahmen zugunsten der Erhaltung und Valorisierung von Baudenkmälern der Gemeinschaft und fördert die Unterstützung solcher Vorhaben[143]. Und schließlich gingen vom Europäischen Parlament verschiedene Initiativen zum Schutz von Kulturgütern aus[144].

b. Regelungen der Europäischen Union

> *„Die europäische Kultur ist trotz ihrer nationalen und regionalen Eigenheiten eine gewachsene geistige Einheit, die die Europäer miteinander verbindet. Die Kultur Europas ist Einheit in der Vielfalt!"*[145] *Antje Behrens*

Die bedeutendsten rechtlichen Instrumente des Europarats und der Europäischen Union auf diesem Gebiet sind die Verordnung (EWG) Nr. 3911/92 des Rates vom 9.12.1992[146] über die Ausfuhr von Kulturgütern und die Richtlinie 93/7/EWG des Rates vom 15.3.1993[147] über die Rückgabe von unrechtmäßig aus dem Hoheitsgebiet eines Mitgliedstaats verbrachten Kulturgütern. Während die zuerst genannte den Schutz nationaler Kulturgüter vor Verbringung außerhalb der Europäischen Union durch Schaffung eines einheitlichen Ausfuhrkontrollsystems bezweckt, regelt die sog. „Kulturgüterrichtlinie" die Rückführung von

---

142 Vergl. dazu die zahlreichen Nachweise bei *von Schorlemer*, Prävention, S. 97.

143 So wurden allein im Jahr 1989 von der Kommission für 24 ausgewählte Projekte, wie den berühmten Titus-Bogen in Rom und die Kathedrale von Worcester im Early English und Perpendicular-Stil, insgesamt 47.194.000,– ECU für Restaurierungskosten zur Verfügung gestellt, vergl. Kommission der Europäischen Gemeinschaften, Mitteilung an die Presse IP (89) 582 – REV; zu den Maßnahmen im Jahre 1987 (2,1 Millionen ECU für die Restaurierung von 22 Baudenkmälern), Bull. EG 10 – 1987, 35. Von 1138 im Jahr 1990 eingereichten Vorschlägen erhielten 26 Restaurierungsprojekte eine Pauschalunterstützung in Höhe von 2.600.000,– ECU, vergl. von Schorlemer, Prävention, S. 97 m.w.N. Das bis 2004 laufende Programm „Kultur 2000", das aus den vorhergehenden Aktionen „Kaleidoskop", „Ariane" und „Raphaëel" entwickelt wurde, ist mit 167 Millionen Euro ausgestattet, Im Jahr 2002 war die bildende Kunst das Schlüsselthema, im Jahr 2003 sollte der Schwerpunkt auf der darstellenden Kunst liegen und im Jahr 2004 auf dem Kulturerbe, s. dazu http://www.ifa.de/zfk/magazin/europa/dweber.htm (abgerufen am 21.1.2005) und http://europa.eu.int/comm/dgs/education_culture/publ/news/newsletter_10/newsletter-10_content_de.htm (abgerufen am 21.1.2005).

144 Der Fanti-Bericht des Europäischen Parlaments (Doc.–1–927/83) v. 28.10.1983 enthielt den Vorschlag, ein Prozent der Finanzleistung des Europäischen Fonds für regionale Entwicklung, für den Erwerb und Erhalt von Kunstwerken im Interventionsbereich des Fonds vorzusehen, vergl. *von Schorlemer*, Prävention, S. 97 m.w.N.

145 *Behrens*, Kultur, S. 2. *Behrens* zitiert auch *Jean Monnet*, den „Europa-Vater", der mit *Robert Schuman* den Grundstein für den europäischen Integrationsprozess gelegt hat: „Si l'Europe était à refaire, il faudrait commencer par la culture", *Behrens*, a.a.O., S. 1.

146 Anhang II. 1.

147 Anhang II. 2.

Kulturgütern, die rechtswidrig aus einem Mitgliedstaat der Europäischen Union verbracht worden sind[148].

aa. Die Verordnung (EWG) Nr. 3911/92

Mit dem Wegfall der Europäischen Binnengrenzen am 1. 1. 1993 entstand ein einheitlicher europäischer Markt, innerhalb dessen Güter, Personen, Kapital und auch Dienstleistungen frei zirkulieren können. Der EWG-Vertrag selbst sieht jedoch für bestimmte Güter eine Ausnahme in Art. 36 Abs. 1 (nunmehr Art. 30 EGV[149]) vor:

> „Die Bestimmungen der Artikel 30 bis 34 [Beseitigung von Ein- und Ausfuhrbeschränkungen] stehen Einfuhr-, Ausfuhr- und Durchfuhrverboten oder -beschränkungen nicht entgegen, die aus Gründen der öffentlichen Sittlichkeit, Ordnung und Sicherheit, zum Schutz der Gesundheit und des Lebens von Menschen, Tieren und Pflanzen, des nationalen Kulturgutes von künstlerischem, geschichtlichem oder archäologischem Wert oder des gewerblichen und kommerziellen Eigentums gerechtfertigt sind.“[150]

Diese Regelung gestattet den Mitgliedstaaten, auch nach der Verwirklichung des Binnenmarkts Schutzbestimmungen zugunsten ihres nationalen Kulturgutes aufrechtzuerhalten, selbst wenn dadurch der innergemeinschaftliche Handel beeinträchtigt wird[151]. Der nahezu gänzliche Abbau der Grenzkontrollen im Bereich des Schengener Übereinkommens[152] machte es den Mitgliedstaaten jedoch

---

148 *Mußgnug*, Mußgnug/Roellecke, S 12f.: „Da die EU auf den freien Binnenmarkt nicht verzichten kann und dem Kulturgüterschutz auch nicht das Wasser abgraben darf, musste sie zweierlei gewährleisten: – Zum einen, dass das am heimatlichen Kulturgutschutz vorbei in einen anderen Mitgliedstaat geschaffte Kulturgut im Gemeinschaftsgebiet verbleibt; [...]. – Zum anderen, dass Deutschland das in seinem Gebiet angehaltene fremde Kulturgut in dessen Heimatland zurückschickt, auch wenn der Eigentümer es in Deutschland belassen möchte und das deutsche Recht keine Handhabe bietet, ihn zum Rücktransport zu zwingen.“ Das erste Ziel wird durch die Verordnung (EWG) Nr. 3911/92 erreicht, das zweite Ziel durch die Richtlinie 93/7/EWG.

149 Durch die Änderung des EG-Vertrages in der Form von Maastricht durch den Amsterdamer Vertrag ist der Inhalt des Art. 36 EGV nunmehr in Art. 30 EGV geregelt, zum Zeitpunkt des Erlasses der Verordnung (EWG) Nr. 3922/92 und der Richtlinie 93/7/EWG war die alte Fassung in Kraft, daher wird hinsichtlich dieser Instrumente auf den EG-Vertrag in der Form von Maastricht Bezug genommen.

150 Diese Regelung beinhaltet nach *Behrens*, Kultur, S. 318, sowohl eine verkappte Kompetenz der EU im Kulturbereich als auch eine bei den Mitgliedstaaten verbliebene Entscheidungsbefugnis über den Inhalt und den Umfang des Kulturgüterschutzes. S. auch *Winter*, FS de Waart, 1998, 350; *Carducci*, Restitution, S. 88ff.

151 Wobei zu beachten ist, dass die Schutzbestimmungen gemäß Art. 36 Satz 2 EGV nicht so weit gehen dürfen, dass sie „ein Mittel zur willkürlichen Diskriminierung [...] (oder) eine verschleierte Beschränkung des Handels zwischen den Mitgliedstaaten darstellen“. Vergl. dazu *Dimacopoulou/Lapourtas*, I.J.C.P., Vol. 4, No. 2, 1995, 311, 317f.

152 Vergl. Übereinkommen über den schrittweisen Abbau der Kontrollen an den gemeinsamen Grenzen v. 14. 6. 1985 (Schengen I), beispielsweise abgedruckt bei *Kühne*, Kriminalitäts-

sehr schwer, die Einhaltung dieser europarechtskonformen Gesetze ohne die bis dahin üblichen Kontrollen des grenzüberschreitenden Verkehrs zu überwachen[153].

Diese Situation verlangte eine Anpassung der in allen Mitgliedstaaten der EG bestehenden, sehr unterschiedlichen Vorschriften zum Schutz von Kulturgut[154]. Die EG hat, um den Wegfall der Grenzkontrollen zu kompensieren und die Schutzinteressen der Mitgliedstaaten im Binnenmarkt zu sichern, die Verordnung (EWG) Nr. 3922/92 des Rates vom 9.12.1992 über die Ausfuhr von Kulturgütern[155] und die Richtlinie 93/7/EWG des Rates vom 15.3.1993 über die Rückgabe von unrechtmäßig aus dem Hoheitsgebiet eines Mitgliedstaats verbrachten Kulturgütern erlassen. Die Richtlinie ergänzt das Ausfuhrverbot der Kulturgüterverordnung um ein Rückgabegebot, welches die Heimführung des illegal außer Landes verbrachten, aber innerhalb des Gemeinschaftsgebietes verbliebenen Kulturguts sicherstellen soll[156].

Die Kulturgüterverordnung stützt sich gemäß ihrer Präambel auf Art. 113 EWG (nunmehr Art. 133 EGV) und regelt die Ausfuhr von Kulturgütern über die Außengrenzen der EG[157]. Eine solche Ausfuhr in Drittländer bedarf gemäß Art. 2 Abs. 1 der Kulturgüterverordnung einer Genehmigung. Unter diese Genehmigungspflicht fallen Kulturgüter, die zu einer der im Anhang der Kulturgüterverordnung unter Buchstabe A aufgezählten Kategorien gehören und deren Wert die unter Buchstabe B genannten Wertgrenzen überschreitet[158]. Maßgeblich ist hier der Wert im Herkunftsland zu dem Zeitpunkt, an welchem die Exportgenehmigung beantragt wurde[159]. Gemäß Art. 2 Abs. 2 der Kulturgüterverordnung werden Ausfuhrgenehmigungen auf Antrag von den zuständigen Behörden des

---

bekämpfung, 81–88, und Übereinkommen v. 19.6.1990 zur Durchführung des Übereinkommens von Schengen v. 14.6.1985 (Schengen II), BGBl. 1993 II, 1010ff., vergl. dazu *Bieber*, NJW 1994, 294ff. Gemäß Art. 2 Schengen II dürfen grundsätzlich die Binnengrenzen unabhängig von der Staatsangehörigkeit ohne Kontrolle überschritten werden.

153 *Mußgnug*, FS Bernhardt, 1995, S. 1225; *Hanisch*, FS Müller-Freienfels, 1996, S. 20; *Winter*, FS de Waart, 1998, 350.

154 *Eberl*, NVwZ 1994, 729; *Siehr*, NJW 1993, 2206, *Schwarze*, JZ 1994, 111; *Maurice/Turnor*, Libre circulation, S. 53.

155 Im Folgenden: Kulturgüterverordnung.

156 *Mußgnug*, FS Bernhardt, 1995, S. 1230; *Fechner*, JZ 1994, 132; vergl. auch *Siehr*, Unif. L. Rev./Rev. dr. unif. 1998, 671, 676ff.; vergl. zum Ganzen auch *Peya*, Ausfuhr, S. 115ff., 263.

157 *Eberl*, NVwZ 1994, 729; so soll nach *Siehr*, ZVglRWiss 95 (1996), 170, 173 für Kulturgüter eine gemeinsame Handelspolitik gegenüber Drittstaaten gestützt auf Art. 113 EWG betrieben werden. Vergl. zur Kompetenz der Europäischen Gemeinschaft zum Erlass von Regelungen auf dem Gebiet des Kulturgutschutzes, *Hipp*, Kulturgüterschutz, S. 253ff. Zum Hintergrund der Verordnung s. *Winter*, FS de Waart, 1998, 352.

158 Art. 2 Abs. 1 i.V.m. Art. 1 der Kulturgüterverordnung.

159 Anhang B der Kulturgüterverordnung, vorletzter Absatz.

Mitgliedstaates erteilt, in welchem sich das Kulturgut am 1.1.1993 rechtmäßig und endgültig befunden hat oder in den es nach diesem Datum rechtmäßig eingeführt worden ist. Fehlt eine entsprechende Genehmigung ist das Kulturgut, welches in ein nicht zur EU gehörendes Drittland exportiert werden soll, an den Außengrenzen der Gemeinschaft anzuhalten. Die Zollkontrollen an den Außengrenzen der EU werden durch die Kulturgüterverordnung somit in den Dienst eines länderübergreifenden Kulturgüterschutzes gestellt[160].

Art. 9 der Kulturgüterverordnung verpflichtet die Mitgliedstaaten, angemessene Sanktionen für Verstöße gegen die Genehmigungspflicht des Art. 2 festzulegen. Durch diese Vorgabe soll eine einheitliche Regelung der Sanktionen durch die einzelnen Mitgliedstaaten erreicht werden. Es stellt sich jedoch die Frage, ob zur Erreichung dieses Zweckes nicht weitere Vorgaben durch die Kulturgüterverordnung sinnvoll gewesen wären, als dass die Sanktionen „hinreichend Gewähr für die Einhaltung dieser Bestimmungen bieten" müssen[161]. Es wird bezweifelt, ob diese Regelung geeignet ist, eine einheitliche Handhabung der Ahndung von Verstößen gegen nationale Schutzgesetze oder gegen die Regelung der Kulturgüterverordnung zu gewährleisten[162].

Die Kulturgüterverordnung gilt gemäß Art. 189 Abs. 2 EGV „unmittelbar in allen Mitgliedstaaten", sie wird daher seit ihrem Inkrafttreten am 30. 3. 1993 von sämtlichen Zollbehörden der Gemeinschaft angewandt.

bb. Die Richtlinie 93/7/EWG

Die Richtlinie 93/7/EWG[163] soll es ermöglichen,

> „die Rückführung von Kulturgütern in ihr [der Mitgliedstaaten] Hoheitsgebiet zu erreichen, wenn diese im Sinne von Artikel 36 des Vertrages als nationales Kulturgut eingestuft und in der Verletzung der oben genannten einzelstaatlichen Vorschriften oder der Verordnung (EWG) Nr. 3911/92 des Rates vom 9. Dezember 1992 über die Ausfuhr von Kulturgütern aus ihrem Hoheitsgebiet verbracht wurden[164]".

Um dieses Ziel zu erreichen, ordnet das zuständige Gericht des ersuchten Staates auf Antrag des ersuchenden Mitgliedstaates an, das aus dem Hoheitsgebiet des

---

160 *Mußgnug*, FS Bernhardt, 1995, S. 1229, die Zollbehörden haben neben der Einhaltung des Kulturgüterrechts ihres eigenen Landes auch das sämtlicher anderer Mitgliedstaaten zu überwachen, sie können sich jedoch auf die Prüfung beschränken, ob die zum Export in Drittländer bestimmten Gegenstände „Kulturgut im Sinne der VO 3911/92" sind, und wenn ja, ob das Herkunftsland eine ordnungsgemäße Ausfuhrgenehmigung erteilt hat.

161 Vergl. Art. 9 Satz 2 der Kulturgüterverordnung.

162 Kritisch dazu *Kohls*, Kulturgüterschutz, S. 85.

163 Im Folgenden: Kulturgüterrichtlinie.

164 Kulturgüterrichtlinie, Präambel, Erwägungsgrund Nr. 3. Insofern liegt der Kulturgüterrichtlinie ein engerer Kulturgüterbegriff zugrunde als der VO Nr. 3911/92, da diese registriert und illegal exportiert sein müssen.

ersuchenden Staates unrechtmäßig verbrachte Kulturgut zurückzugeben (Art. 2 Kulturgüterrichtlinie), und zwar gegen Entschädigung des gutgläubigen Erwerbers (Art. 9 Kulturgüterrichtlinie)[165]. Ein solcher Rückgabeanspruch schließt gemäß Art. 15 Kulturgüterrichtlinie nicht aus, dass der ersuchende Staat oder der Eigentümer eines entwendeten Kulturgutes auf Grund nationaler Rechtsvorschriften zivil- oder strafrechtliche Maßnahmen ergreift[166].

Bezüglich der Eigentümerstellung enthält Art. 12 der Kulturgüterrichtlinie eine von der *lex rei sitae* Regel abweichende Sonderkollisionsnorm[167]:

> „Die Frage des Eigentums an dem Kulturgut nach erfolgter Rückgabe bestimmt sich nach dem Recht des ersuchenden Mitgliedstaats."

Diese Modifizierung kollisionsrechtlicher Grundsätze erfolgte in Rücksichtsnahme auf die von manchen Mitgliedstaaten vorgesehene Sonderbehandlung von Kulturgut im Rechtsverkehr und die daran geknüpften kollisionsrechtlichen Konsequenzen: Geht die Rechtsordnung des ersuchenden Staates von einer generellen Unveräußerlichkeit des nationalen Kulturgutes aus oder geht das unrechtmäßig veräußerte und versandte Kulturgut *ex lege* in staatliches Eigentum über, kann dieser Mitgliedstaat, auch wenn er sonst dem Grundsatz der *lex rei sitae* folgt, bei Rückkehr des Kulturgutes einen zwischenzeitlichen Dritterwerb auf Grund des alten Belegenheitstatuts nicht anerkennen. Art. 12 ist als allseitige Kollisionsnorm formuliert und damit ein Beispiel für die Möglichkeit, bei kolli-

---

165 Vergl. auch *Siehr*, 59 RabelsZ (1995), 454, 464.

166 Vergl. Entscheidung des OLG Schleswig v. 10.2.1989, 1 Ausl. 2/1989, NJW 1989, 3105, welche dem griechischen Staat Rechtshilfe für eine in Griechenland begangene Unterschlagung von Staateigentum gewährte. „Die begehrte Rechtshilfe steht auch nicht außer Verhältnis zu dem Umfang des gebotenen Eingriffs in die Rechte des Beschuldigten, da durch die Durchsuchung und Beschlagnahme ein griechisches Kulturgut von nicht unbedeutendem Wert sichergestellt werden soll." NJW 1989, 3106; *Carducci*, Restitution, S. 339.

167 *Fuchs*, IPRax 2000, 281, 285. Durch diese Regelung wird nach Ansicht von *Siehr* das materielle Recht des gutgläubigen Erwerbs nicht berührt, vielmehr entscheidet jeder Mitgliedstaat selbst, wie er die Eigentumsfrage nach Rückgabe des Kulturguts regelt, *Siehr*, Aufbruch nach Europa, S. 821. Diese Frage ist jedoch umstritten, ebenso die Frage, ob es sich hierbei um eine Sachnorm- oder Gesamtverweisung handelt, *Kohls*, Kulturgüterschutz, S. 156f.; vergl. auch *Bila*, Kulturgüterschutz, S. 173. Verbreitet wird Art. 12 Kulturgüterrichtlinie als Sachnormverweisung interpretiert, da sie konzipiert wurde, um der durch die illegale Ausfuhr verletzten Rechtsordnung des ersuchenden Mitgliedstaats Wirkung zu verleihen. Ein weiteres Argument ist, dass wenn man Art. 12 als Gesamtverweisung verstehen würde, nach der in allen Mitgliedstaaten geltenden *lex rei sitae*-Regel wieder auf das Lageortrecht rückverwiesen würde und die Bestimmung des Art. 12 somit überflüssig wäre, da sie nur auf einen ohnehin bestehenden Rechtszustand verweise, *Spaun*, Herausgabeanspruch, S. 196; vergl. auch den Beispielsfall bei *Kohls*, Kulturgüterschutz, S. 156f.; zum Ganzen auch *Siehr*, Neues Recht, S. 38; *ders.*, ZVglRWiss 95 (1996), 170, 181, 186; *Spinellis*, Vertrags- und Sachenrecht, S. 376f.; *Winter*, FS de Waart, 1998, 357; Kritisch zu dieser Regelung *Mußgnug*, Mußgnug/Roellecke, S. 21.

sionsrechtlichen Lösungen die Regelungsinteressen anderer Mitgliedstaaten ausreichend zu berücksichtigen[168].

Als äußerst problematisch wird teilweise Art. 1 Nr. 1 der Kulturgüterrichtlinie angesehen, der i.V.m. Art. 5 auch eine Rückforderung von Gegenständen zulässt, die erst nach ihrer unrechtmäßigen Ausfuhr als Kulturgüter klassifiziert wurden[169]. Dies wird zum Teil als Verstoß gegen den Vorhersehbarkeitsgrundsatz, der Teil des Rechtsstaatsprinzips ist, bezeichnet[170]. Eine Kritik dieser Regelung als „Vehikel für die unlimitierte nachbarstaatliche Selbstbedienung am wohlerworbenen deutschen Kunst- und Antiquitätenbesitz"[171] greift jedoch bei genauerem Hinsehen ins Leere. Unter den Anwendungsbereich der Richtlinie fallen gerade nicht die „wohlerworbenen" Kulturgüter, sondern gemäß Art. 2 Kulturgüterrichtlinie nur jene, die illegal exportiert wurden[172]. Für die Vorhersehbarkeit sind auch die Wertgrenzen des Anhanges B der Richtlinie, unter die der betreffende Gegenstand fallen muss, förderlich, die den Anwendungsbereich der Kulturgüterrichtlinie begrenzen. Schließlich sieht Art. 9 Kulturgüterrichtlinie eine Entschädigung vor, die das Herkunftsland dem gutgläubigen Rückgabeschuldner Zug um Zug gegen die Rückgabe zu zahlen hat, wenn dieser sich keinen Verstoß gegen die einschlägigen Gesetze und Sorgfaltspflichten hat zuschulden kommen lassen.

Eine nachträgliche Unterschutzstellung erscheint auch vor dem Hintergrund notwendig, dass die Richtlinie für alle Mitgliedstaaten gilt, also gleichermaßen

---

168 Vergl. zum ganzen *Roth*, IPRax 1994, 165, 173, der im sekundären Gemeinschaftsrecht eine deutliche Tendenz zur Rücksichtsnahme auf die Interessen der Mitgliedstaaten bei kollisionsrechtlichen Lösungen sieht.

169 So beispielsweise *Eberl*, NVwZ 1994, 729, der die Nichtigkeit der gesamten Richtlinie auch aus anderen Gründen annimmt. Die deutsche Umsetzung umgeht diese Problematik, da gemäß § 1 KultgSiG nur solche Gegenstände aus dem Ausland zurückgefordert werden können, die in Deutschland als „national wertvolles Kulturgut" in das Gesamtverzeichnis eingetragen sind oder über die ein Verfahren zur Eintragung in dieses Verzeichnis eingeleitet und veröffentlicht wurde, eine nachträgliche Klassifizierung also nicht möglich ist.

170 *von Preuschen*, EuZW 1999, 40, 41. S. dazu BR-Drucks. 137/92 zur Kulturgüterrichtlinie; BT-Drucks. 13/10789, 8 zur deutschen Umsetzung. In dieser Regelung wurde auch eine Beschränkung des freien Warenverkehrs in der Gemeinschaft gesehen, die nicht unter Berufung auf Art. 36 Satz 1 EGV zu rechtfertigen sei, wenn das nationale Kulturgut genauso wirksam durch weniger beeinträchtigende Maßnahmen geschützt werden könne, *von Danwitz*, Rechtsgutachten, S. 34ff., 64. Dafür spreche, dass eine vorherige Kenntlichmachung der klassifizierten Gegenstände, deren Ausfuhr untersagt ist, zu mehr Rechtssicherheit und Markttransparenz führen könnte, *von Preuschen*, EuZW 1999, 40, 41. Gegen *von Preuschens* Kritik in diesem Bereich *Mußgnug*, EuR 35 (2000), 564, 578f.

171 *Mußgnug*, EuR 35 (2000), 564, 575, der diese „Verteufelung" kritisiert.

172 So befürchten *Maurice/Turnor*, Libre circulation, S. 54, dass Verkäufer von Kunstgegenständen nicht mehr in europäischen Ländern verkaufen werden, weil sie beweisen müssten, dass sich das betreffende Objekt nicht im Januar 1993 in einem Mitgliedstaat befunden hat. Dieser Befürchtung ist ebenfalls entgegenzuhalten, dass die Kulturgüterverordnung und Richtlinie der EU nur die gestohlenen oder illegal exportierten Kulturgüter betrifft.

für diejenigen, welche generell ihr gesamtes Kulturgut durch Gesetz als geschützt erklären[173], als auch für diejenigen – wie etwa Deutschland –, die lediglich individuell bezeichnete Stücke unter Schutz stellen[174]. Enthielte die Richtlinie nicht die kritisierte Möglichkeit der nachträglichen Unterschutzstellung, käme dies einer Belohnung der totalen Exportblockade durch das von vornherein alles schützende Gesetz gleich[175]. Bei der Möglichkeit der nachträglichen Einstufung als nationales Kulturgut ist vor allem an archäologische Funde aus Raubgrabungen zu denken, die ohne staatliche Genehmigung in keinem Fall außer Landes gebracht werden dürfen, sich aber erst nach ihrem Auftauchen im Ausland als bedeutende nationale Kulturgüter qualifizieren, da ihre Existenz vor ihrer illegalen Ausgrabung noch nicht bekannt war[176]. Es kann somit festgehalten werden, dass Art. 1 Nr. 1 der Richtlinie auf guten Gründen beruht und für gemeinschaftsinterne Gleichheit sorgt[177].

Zwar ist die Kulturgüterrichtlinie für alle Mitgliedstaaten der EU verbindlich, doch bindet sie die Behörden und Gerichte erst, wenn sie in nationales Recht transformiert wurde[178]. Mittlerweile haben alle Mitgliedstaaten der Europäischen Union – durch das Kulturgüterrückgabegesetz vom 15. 10. 1998[179] nunmehr auch Deutschland[180] – die Kulturgüterrichtlinie umgesetzt[181]. Zusammen-

---

173 So beispielsweise Finnland (vergl. *Maurer*, Ausfuhr, S. 130ff.) und Griechenland (vergl. *Maurer*, Ausfuhr, S. 144ff.).

174 Vergl. § 1 des Gesetzes zum Schutz deutschen Kulturguts gegen Abwanderung.

175 So *Spaun*, Herausgabeanspruch, S. 179; *Mußgnug*, EuR 35 (2000), 564, 576f.; *Bila*, Kulturgüterschutz, S. 165f.

176 *Siehr*, AJP 1999, 962, 963.

177 Zum Ganzen *Mußgnug*, EuR, 2000, 574ff.; *ders.*, Bewahren als Problem, 123, der das erste Gutachten *von Danwitz'* und unreflektierte Artikel im „Numerischen Nachrichtenblatt" und „art" scharf kritisiert. So wurde beispielsweise im Heft 1/99 der Zeitschrift „art" der „schockierende" Fall des Künstlers aus Paris geschildert, der zeitweilig an der Düsseldorfer Akademie arbeitet, nach einigen Jahren nach Paris zurück geht und die in Düsseldorf entstandenen Bilder mitnimmt, ohne eine Genehmigung dafür einzuholen. Würde der Maler später berühmt, so könne ihn Deutschland angeblich noch dreißig Jahre danach zwingen, die Düsseldorfer Bilder zurückzuführen. Dieser Fall ist durch die Kulturgüterrichtlinie jedoch ganz eindeutig nicht erfasst. Gemäß Anhang A. 3. zur Richtlinie, ist diese nur auf Kulturgüter, die älter als 50 Jahre sind und nicht ihrem Urheber gehören, anzuwenden. Vergl. dazu auch Art. 7 Abs. I lit. b. UNIDROIT-Konvention, deren Rückgabeverpflichtung ebenfalls nicht einschlägig ist, „wenn das Gut zu Lebzeiten seines Urhebers oder innerhalb eines Zeitraumes von 50 Jahren nach dem Tod des Urhebers ausgeführt wurde".

178 Dafür wurde den Mitgliedstaaten eine Frist von zwölf Monaten gesetzt, die am 15. 3. 1993 zu laufen begann, jedoch nicht von allen Mitgliedstaaten eingehalten werden konnte, *Mußgnug*, Mußgnug/Roellecke, S. 19.

179 Anhang III. 2.

180 Vergl. *von Hoffmann*, IPR, § 12, RN. 6. Die jahrelang versäumte Umsetzung war für die Kommission Anlass, ein Vertragsverletzungsverfahren gegen die Bundesrepublik einzulei-

fassend führen die Kulturgüterrichtlinie und ihre nationalen Umsetzungen dazu, dass alle Mitgliedstaaten die öffentlich-rechtlichen Exportverbote der anderen Mitgliedstaaten anerkennen und im Inland durchsetzen. Aus fremden Verbringungsverboten werden somit inländische Rückgabegebote[182]. An der Alleinherrschaft des nationalen Kulturgüterschutz-Rechts haben die europäischen Regelungen nichts geändert, zum nationalen Kulturgüterschutz ist nur der europäische hinzugetreten[183].

4. Universelle Abkommen

Multilaterale Verträge können sowohl auf regionaler – wie etwa auf dem Gebiet der Europäischen Union – als auch auf universeller Ebene geschlossen werden. Die wichtigsten universellen Abkommen auf dem Gebiet des Kulturgüterschutzes sind:

- Das UNESCO-Übereinkommen zum Schutz des Kultur- und Naturerbes der Welt von 1972[184];
- das UNESCO-Übereinkommen zum Verbot und zur Verhütung der unzulässigen Einfuhr, Ausfuhr und Übereignung von Kulturgut von 1970[185]
- die UNIDROIT-Konvention von 1995 über gestohlene oder illegal exportierte Kulturgüter[186] und
- die UNESCO-Konvention zum Schutz des Unterwasser-Kulturerbes vom 2.11.2001[187].

---

ten, das seit dem 3.12.1997 beim EuGH rechtshängig war (Rs. C-413/97); die Klage wurde jedoch inzwischen zurückgenommen.

181 Vergl. dazu die Instrumente zur Umsetzung der Richtlinie und die nationalen den Kulturgüterschutz betreffenden Gesetze, die nach Anhang II. 2 aufgeführt sind.

182 So *Siehr*, Aufbruch nach Europa, S. 821; *ders.*, Unif. L. Rev./Rev. dr. unif. 1998, 671, 677.

183 *Mußgnug*, Mußgnug/Roellecke, S. 11; *Siehr*, AJP 1999, 962, 964: „Ein europäisches Recht des Kulturgüterschutzes gibt es insofern nicht, als die EU keine eigene Politik zum Verbleib nationaler Kulturgüter formuliert und auch keinen selbständigen europäischen Kulturraum mit freiem Austausch beweglicher Kulturgüter geschaffen hat. Es gibt lediglich europäische Normen, die nationale Kulturpolitik europäisieren und nationale Kulturgüter gegen Abwanderung in Drittstaaten schützen." Kritisch zu den europäischen Gemeinschaftsregeln zum Kulturgüterschutz auch *Hanisch*, FS Müller-Freienfels, 1996, S. 29f. Gemäß *Berndt*, Internationaler Kulturgüterschutz, S. 150, stellen die Kulturgüterverordnung und die Kulturgüterrichtlinie jedoch ein geschlossenes Überwachungs- und Rückholsystem für Kultur- und Kunstgegenstände innerhalb Europas und an den europäischen Außengrenzen dar.

184 Abgedruckt in deutscher Übersetzung in: BGBl. 1977 II, 215ff.

185 Anhang I. 2.

186 Anhang I. 1.

187 Mit der 2001 verabschiedeten Konvention schuf die UNESCO einen internationalen gesetzlichen Rahmen zum Schutz und zur Bewahrung versunkener Stätten und untergegangener Schiffe als Teil des Weltkulturerbes. Auf diese Konvention soll im Folgenden jedoch nicht näher eingegangen werden, da ihre Bedeutung bisher gering ist. Gemäß Art. 27 der Konven-

Während die UNESCO-Konventionen das gemeinsame kulturelle Erbe der Menschheit durch die internationale Zusammenarbeit der Mitgliedstaaten schützen und bewahren wollen, regelt die UNIDROIT-Konvention die Rückgabe gestohlener oder rechtswidrig ausgeführter Kulturgüter. Letztere bildet den Schwerpunkt dieser Arbeit und wird unter § 3 ausführlich erläutert.

III. Kulturgüterschutz durch die UNESCO

„Da Kriege im Geist der Menschen entstehen, muss auch der Frieden im Geist der Menschen verankert werden. Ein ausschließlich auf politischen und wirtschaftlichen Abmachungen von Regierungen beruhender Friede kann die einmütige, dauernde und aufrichtige Zustimmung der Völker der Welt nicht finden. Friede muss – wenn er nicht scheitern soll – in der geistigen und moralischen Solidarität der Menschheit verankert werden.“[188] *UNESCO*

Die Organisation der Vereinten Nationen für Erziehung, Wissenschaft und Kultur (UNESCO) wurde bereits bei ihrer Gründung am 16.11.1945 damit beauftragt, für die Bewahrung des Weltkulturerbes Sorge zu tragen; der internationale Kulturgüterschutz gehört zu ihren wichtigsten Anliegen[189]. Um diese Aufgabe zu

---

tion tritt diese erst drei Monate nach der Hinterlegung der zwanzigsten Ratifikations-, Akzeptierungs- oder Beitrittsurkunde in Kraft. Bisher haben erst Panama (am 20.5.2003), Bulgarien (am 6.10.2003), Kroatien (am 1.12.2004), Spanien (6.6.2005) und Libyen (23.6.2005) die Konvention zum Schutz des Unterwasser-Kulturerbes ratifiziert, Stand: 18.7.2005. Der englische Text der Konvention ist abgedruckt bei *Merryman/Elsen*, Law, S. 1224ff., die aktuelle Liste der Vertragsstaaten findet sich unter http://erc.unesco.org/cp/convention.asp?KO=1352&language=e.

[188] Präambel der Verfassung der UNESCO, in Kraft getreten am 4.11.1946.

[189] So besagt Art. 1 des UNESCO-Statuts:
„(1) Ziel der UNESCO ist es, durch Förderung der Zusammenarbeit zwischen den Völkern in Bildung, Wissenschaft und Kultur, zur Wahrung des Friedens und der Sicherheit beizutragen, um in der ganzen Welt die Achtung von Recht und Gerechtigkeit, von Menschenrechten und Grundfreiheiten zu stärken, die den Völkern der Welt ohne Unterschiede der Rasse, des Geschlechts, der Sprache oder der Religion durch die Charta der Vereinten Nationen bestätigt worden sind.
(2) Um dieses Ziel zu bewahren wird die UNESCO [...]
Wissen bewahren, erweitern und verbreiten
durch Erhaltung und Schutz des Welterbes an Büchern, Kunstwerken und Denkmälern der Geschichte und Wissenschaft sowie durch Empfehlung der dazu erforderlichen internationalen Vereinbarungen an die jeweils betroffenen Staaten;
durch Förderung der internationalen Zusammenarbeit in allen Bereichen des geistigen Lebens. Dazu gehört der internationale Austausch von Bildungsexperten/Bildungsexpertinnen, Wissenschaftlern/Wissenschaftlerinnen und Kulturschaffenden sowie von Veröffentlichungen, künstlerischen und wissenschaftlichen Objekten und sonstigem Informationsmaterial;
durch Einführung geeigneter Formen internationaler Zusammenarbeit mit dem Ziel, alle Veröffentlichungen weltweit frei zugänglich zu machen.“.

erfüllen, hat die UNESCO ein weitläufiges Programm mit dem Titel „Kulturelle Entwicklung: Erbe und Kreativität“ entwickelt[190]. Dieses bemüht sich weltweit um die Erhaltung und die Förderung der kulturellen Vielfalt[191].

Die UNESCO war federführend bei der durch die UNO-Generalversammlung ausgerufenen Weltdekade für kulturelle Entwicklung (1988–1997), die die Anerkennung der kulturellen Dimension jeglicher Entwicklung forderte. Neue Akzente haben die Weltkommission „Kultur und Entwicklung“ mit ihrem 1995 vorgelegten Bericht „Unsere kreative Vielfalt“ sowie die Weltkonferenz „Kulturpolitik für Entwicklung“ im April 1998 in Stockholm gesetzt. Im Juni 1998 hat die UNESCO ihren ersten Weltkulturbericht herausgegeben, der seitdem alle zwei Jahre veröffentlicht wird. Während die UNESCO in vielen Bereichen eher im Stillen wirkt, stehen ihre Aktivitäten zum Schutz bedeutender Kultur- und Naturstätten weltweit im Licht der Öffentlichkeit, wie beispielsweise die Durchführung von technischen Hilfsprojekten verschiedenster Art. Dazu gehören die Restaurierung historischer Bauwerke[192] ebenso wie Maßnahmen zum Ensembleschutz, Modernisierung von Museen oder die Ausbildung von Fachkräften[193].

Zur Erhaltung von bedeutenden Stätten des Weltkulturerbes setzt sich die UNESCO auch in weltpolitischen Krisensituationen vehement und umgehend ein, wie etwa im April 2003, als die Plünderung des Nationalmuseums von Bagdad in der Endphase des Irakkrieges bekannt wurde[194]. Die UNESCO forderte als wichtigste Sofortmaßnahme eine Polizeitruppe für den Schutz der Kulturgü-

---

[190] Das Kulturprogramm der UNESCO wurde hier nach der deutschen Homepage der UNESCO zitiert, es findet sich unter www.unesco.de unter den Stichworten „Arbeitsgebiete“ und „Kultur“.

[191] Es ist ferner darauf hinzuweisen, dass sich die UNESCO ebenfalls für die Mobilität und Förderung des legalen Austausches von Kulturgütern einsetzt, wie das 1950 in Florenz verabschiedete „Abkommen über die Einfuhr von Gegenständen erzieherischen, wissenschaftlichen oder kulturellen Charakters“ sowie die „Deklaration der Prinzipien der internationalen kulturellen Kooperation“ von 1966 belegen, *Bernecker*, Museumskunde, Band 67, 1/2002, 19, 20.

[192] Hierbei sind wohl die bekanntesten die großen internationalen Kampagnen für die Erhaltung universell bedeutender Denkmalstätten wie die Rettung der Tempel von Abu Simbel beim Bau des Assuan-Staudamms (1960), die Kampagnen für Venedig (1966) und für die alten Städte im Tal von Katmandu, vergl. dazu: *Meyer*, 2 Earth Law Journal (1976), 45 m.w.N. Die UNESCO sammelt und verwaltet für diese Kampagnen die finanziellen Mittel und unterstützt ihre Planung und Durchführung mit Hilfe internationaler Expertengruppen. Viele Institutionen der Herkunftsländer sind auf Grund ihrer Größe, Ausrüstung und den klimatischen Aufbewahrungsbedingungen meist nicht in der Lage, allein für den Erhalt der Sammlungen und der archäologischen Fundstätten zu sorgen, *Kaufmann*, UNIDROIT, S. 34.

[193] Im Bereich der Denkmalpflege bildet neben der Erhaltung und Restaurierung von Denkmälern die Weiterbildung von Denkmalpflegern und Museumsfachleuten die Schwerpunkte der UNESCO-Arbeit, s. *Prott*, Wiener Symposium, S. 159.

[194] S. § 1 I.

ter. Desweiteren plante sie, eine Delegation von Experten in den Irak zu entsenden, um das Ausmaß der Schäden einzuschätzen, und warnte vor dem Ankauf gestohlener Kunstschätze aus dem Irak[195]. Überdies kündigte die UNESCO Ende April 2003 an, eine internationale Datenbank aufzubauen, in der alle im Irak verschwundenen Kunstgegenstände gespeichert sind[196].

1. Das Übereinkommen über Maßnahmen zum Verbot und zur Verhütung der unzulässigen Einfuhr, Ausfuhr und Übereignung von Kulturgut vom 14.11.1970[197]

Eins der wichtigsten multilateralen Übereinkommen auf dem Gebiet des Kulturgüterschutzes ist die UNESCO-Konvention von 1970. Diese gibt den Rahmen vor, der die öffentlich-rechtliche Seite des Problems des illegalen Verkehrs mit Kulturgütern regelt. Die Konvention formuliert Grundprinzipien zum internationalen Schutz von Kulturgütern und postuliert das Recht eines jeden Staates auf Anerkennung und Schutz seines kulturellen Erbes durch die Staatengemeinschaft. So soll die UNESCO-Konvention von 1970 einerseits den Schutz der nationalen Kulturgüter in den verschiedenen Staaten fördern und andererseits durch internationale Zusammenarbeit aller Staaten das gemeinsame kulturelle Erbe der Menschheit schützen und bewahren[198]. Das primäre Ziel der Konvention ist es dabei, den nationalen Gesetzen zum Schutz der Kulturgüter zu internationaler Durchsetzung zu verhelfen[199].

---

[195] Vergl. „Gegen Plünderer. Polizeitruppe soll Kulturgüter schützen.", FAZ v. 15.4.2003, 39. So wurden internationale Polizeibehörden zur Mitarbeit aufgefordert, die Museumskonservatoren der westlichen Länder und die internationale Vereinigung der Kunsthändler angeschrieben. Auch die deutsche UNESCO-Kommission appellierte an die Bundesregierung, alles in ihren Kräften stehende zu tun, um das Erbe des Iraks vor weiteren Beschädigungen durch Plünderungen zu schützen. Ebenso müsse gegen den illegalen Antiquitätenhandel vorgegangen werden. An dieser Stelle wurde ausdrücklich darauf hingewiesen, dass das Geschehen verdeutliche, wie wichtig nicht nur die Haager Konvention zum Schutz von Kulturgut bei bewaffneten Konflikten (s. § 2 I. 5.) sei, sondern auch die völkerrechtlichen Vereinbarungen, die die Rückführung illegal exportierter Kulturgüter sicherstellen sollen. Daneben boten deutsche Institutionen wie etwa die Stiftung Preußischen Kulturbesitzes durch ihren Präsidenten *Klaus-Dieter Lehmann* der UNESCO Hilfe zur Rettung des irakischen Kulturbesitzes an.

[196] Vergl. „Raubkunst. Kunstwerke aus Irak-Museum aufgetaucht", „DIE WELT" v. 30.4. 2003, 27. Vergl. dazu auch das Interview mit *Beate Salje*, der Direktorin des Vorderasiatischen Museums Berlin, in „Stern", Heft 18/2003, 218: „Kultureller Supergau. Altorient-Expertin Beate Salje über die Plünderung des Irak-Museums in Bagdad". Darin äußert diese die Befürchtung, dass viele der geraubten Kunstwerke in Privatsammlungen verschwinden. Alarmierend ist, dass das *American Council for Cultural Police* (ACCP) schon Anfang des Jahres 2003 dafür eintrat, die seit 1924 bestehende Antikengesetzgebung im Irak zu lockern und die Ausfuhr von Kunstwerken zu erleichtern.

[197] Anhang I. 2. Im Folgenden: UNESCO-Konvention von 1970.

[198] *Raschèr*, Kulturgütertransfer, S. 53.

[199] *Merryman*, Cal. L. R. 77 (1989), 339, 351.

Bisher sind 107 Staaten Vertragsstaaten dieser Konvention[200]. Darunter sind unter anderem Australien, Finnland, Frankreich, Italien, Portugal, Spanien und die USA. Im Jahr 2002 folgten Großbritannien[201] und Japan. Besondere Bedeutung für den internationalen Kunsthandel hat der Beitritt der Schweiz am 3.10. 2003[202]. Auch wenn die DDR bis zur deutschen Wiedervereinigung Mitgliedstaat dieser Konvention war[203], zögerte die Bundesrepublik Deutschland lange, der Konvention beizutreten[204]. Im Laufe des Jahres 2005 wird die Bundesrepublik die UNESCO-Konvention von 1970 nunmehr ebenfalls ratifizieren, der Entwurf eines Gesetzes zur Ausführung der Konvention befindet sich derzeit in der Vorbereitung[205].

a. Entstehungsgeschichte und Zweck des Abkommens

Da der illegale Handel mit gestohlenen oder ohne behördliche Genehmigung außer Landes gebrachten Kulturgütern ein erhebliches Ausmaß erreicht hatte, riefen 1960 mit Mexiko und Peru zwei vom illegalen Abfluss ihres Kulturguts besonders stark betroffene Staaten dazu auf, eine internationale Konvention zur Bekämpfung des illegalen Kunsthandels zu entwerfen[206]. Daraufhin wurde 1964 die Empfehlung der UNESCO verfasst[207], wonach die Importstaaten die Einfuhr von Kulturgut nur bei Einwilligung des Exportstaates zulassen und bei der Unterbindung des illegalen Handels mitwirken sollten[208]. Bereits 1962 war die

---

[200] S. http://erc.unesco.org/cp/conventions.asp?KO=13039&language=E, abgerufen am 27.4. 2005.

[201] Die Ratifikation durch das Vereinigte Königreich setzte ein deutliches Zeichen, gehört England doch neben den USA zu den weltweit bedeutendsten Kunsthandelsnationen, vergl. dazu *O'Keefe*, I.J.C.P., Vol. 10, No. 2, 2001, 326; *Bernecker*, Museumskunde, Band 67, 1/2002, 19, 23. Nach einschlägigen Dokumentarfilmen war der politische Druck für eine Ratifizierung durch das Vereinigte Königreich erheblich, so *Bernecker*, a.a.O., 24.

[202] S. dazu unten § 4 II.

[203] Annahme am 16.1.1974, in Kraft getreten am 16.4.1974, vergl. Bekanntmachung über die Annahme der Konvention durch die DDR v. 10.6.1974, GBl. (DDR) 1974 II Nr. 20, 397.

[204] Zu den Gründen s. unten § 2 III. 1. c. cc.

[205] Auskunft von Dr. Stephanie Hombach bei der Beauftragten der Bundesregierung für Kultur und Medien, E-mail v. 27.4.2005.

[206] *Streinz*, Museumsgut, S. 81; *Wyss*, Dimension der Völkerrechtsordnung, S. 167 FN 399 m.w.N.

[207] *Recommendation on the Means of Prohibiting and Preventing the Illicit Export, Import and Transfer of Ownership of Cultural Property* v. 19.11.1964, UNESCO, Records of the General Conference, 13th session, 1964, Resolutions. Vergl. *Raibl*, Neues Recht, S. 4. Danach hatte diese Empfehlung zwar keinen rechtlich bindenden Charakter, kann jedoch trotzdem als ein Meilenstein in der Bekämpfung des illegalen Kunsthandels und den damit oft verbundenen illegalen Ausgrabungen betrachtet werden, da sie ein Umdenken in Fachkreisen bewirkte und den internationalen Museumsrat veranlasste, ethische Regeln für Museumskäufe auszuarbeiten – den *ICOM Code of Ethics for Museums*, Anhang IV. 1.

[208] Abs. 4 und 8 der genannten Empfehlung.

Generalversammlung der UNESCO nach der durch den Internationalen Museumsrat (ICOM) und das Internationale Institut für die Vereinheitlichung des Privatrechts (UNIDROIT) unterstützten Erstellung eines Berichts über die zukünftig notwendigen Maßnahmen zu dem Ergebnis gekommen, dass ein völkerrechtlicher Vertrag das beste Mittel sei, um den internationalen Kunstschmuggel wirksam zu bekämpfen, und beauftragte ein Expertengremium mit der Ausarbeitung eines Entwurfs[209].

Dieser wurde schließlich 1969 vorgelegt[210] und sah umfangreiche Kontrollen des Kunsthandels vor[211], die insbesondere den USA auf Grund innerstaatlicher Probleme als unannehmbar erschienen[212]. Als problematisch wurde daneben insbesondere angesehen, dass der Importstaat verpflichtet sei, ein ohne seine Mitsprache vom Exportstaat entwickeltes Gesetz zu beachten und unter Einsatz seines Rechtsinstrumentariums durchzusetzen[213]. Infolge dessen wurde der Entwurf einem speziellen Komitee von Regierungsexperten vorgelegt, welches die endgültige Entwurfsfassung formulierte, die am 14. 11. 1970 mit 77 gegen 1 Stimme bei 8 Enthaltungen angenommen wurde[214]. In der heutigen, restriktiven Fassung wurde den Bedenken der USA teilweise Rechnung getragen, um die Teilnahme dieses wichtigsten Importstaates an der Konvention nicht zu gefährden[215].

---

209 *Streinz*, Museumsgut, S. 81; *Wyss*, Dimension der Völkerrechtsordnung, S. 167.

210 *Preliminary Draft Convention Concerning the Means of Prohibiting and Preventing the Illicit Import, Export and Transfer of Ownership of Cultural Property*, UNESCO Doc. SHC/MD/3 Annex (1969); *Revised Draft Concerning the Means etc.*, UNESCO Doc. SHC/MD/5 Annex III (1970).

211 Herzstück des Entwurfs waren folgende Regelungen: Nach Art. 7 (a), (b) des Entwurfs sollte der Export von Kulturgut nur zulässig sein, wenn für das Objekt ein Exportzertifikat ausgestellt war. Art. 7 (c) des Entwurfes verpflichtete die Vertragsstaaten, ein dem Exportverbot des Herkunftsstaats entsprechendes Importverbot für Stücke des nationalen Kulturerbes des Herkunftsstaats zu erlassen, für die kein Exportzertifikat ausgestellt wurde. Art. 10 (c) des Entwurfs verpflichtete die Vertragsstaaten, innerstaatliche Normen zu erlassen, die es dem Herkunftsstaat erlauben, auf dem Klagewege die Rückgabe von verlorenem, gestohlenem oder illegal exportiertem Kulturgut zu verlangen. Art. 10 (d) des Entwurfs sah vor, dass die Vertragsstaaten eine Regelung zu treffen hatten, nach der dem gutgläubigen Besitzer von Kulturgut, das nach dem Inkrafttreten des Entwurfs illegal importiert wurde, „fair compensation corresponding to the purchase price" zu zahlen sei. Ferner verbot Art. 15 den Vertragsstaaten, beim Beitritt zu dem Übereinkommen gegenüber einzelnen Verpflichtungen Vorbehalte geltend zu machen, vergl. *Knott*, Anspruch, S. 149; *Streinz*, Museumsgut, S. 82.

212 Grund hierfür war der durch die Regelungen des Entwurfs befürchtete Kompetenzzuwachs für den Bundesstaat im Verhältnis zu den Einzelstaaten, *Knott*, Anspruch, S. 150 FN 368 m.w.N.

213 *von Schorlemer*, Prävention, S. 428 ff.; *Knott*, Anspruch, S. 150 FN 369.

214 *Streinz*, Museumsgut, S. 83 FN 280, 281.

215 *Wyss*, Dimension der Völkerrechtsordnung, S. 168 f. FN 405 m.w.N. So stimmte der amerikanische Senat am 11. 8. 1972 mit einer Gegenstimme und sechs Enthaltungen der Ratifizierung der UNESCO-Konvention von 1970 zu, vergl. *Alva González*, 12 Colum. J. Transnat. L. (1973), 316, 330 f.

Die UNESCO-Konvention von 1970 folgt der Auffassung, dass der Austausch von Kulturgut der Völkerverständigung dient und das kulturelle Leben der Völker bereichert[216]. Auf der anderen Seite stehen Diebstahl, die unzulässige Ein- und Ausfuhr und die unzulässige Übereignung von Kulturgut der Völkerverständigung entgegen[217]. Sinn und Ziel der Konvention ist es daher, die unerlaubte Einfuhr, Ausfuhr und Übereignung von Kulturgut zu verhindern und dadurch die einzelnen Staaten bei der Bewahrung ihres kulturellen Erbes zu unterstützen. Aber auch wenn die Präambel der Konvention von der Wichtigkeit der Austausches von Kulturgut spricht[218], so ist doch der eigentliche Zweck der Konvention, begründeten Eigentumsansprüchen der Vertragsstaaten zum Durchbruch zu verhelfen, die Förderung des Austausches von Kulturgütern ist dagegen zweitrangig[219]. Die UNESCO-Konvention von 1970 stellt dabei einen Kompromiss zwischen den Interessen der kunstimportierenden und -exportierenden Länder dar, indem sie die Hauptverantwortung dem exportierenden Staat in Form von Ausfuhrregelungen[220] auferlegt und die importierenden Staaten zur Mithilfe bei Auffindung und Rückgabe der Kulturgüter verpflichtet[221].

b. Schutzgüter

Schutzobjekt der Konvention ist Kulturgut i.S.d. Art. 1 UNESCO-Konvention von 1970, also das von einem Staat aus „religiösen oder weltlichen Gründen als für Archäologie, Vorgeschichte, Geschichte, Literatur, Kunst oder Wissenschaft besonders bedeutungsvoll bezeichnete Gut“, das einer von der Konvention in Art. 1 lit. a.–k. genannten Kategorien angehört und einen nationalen Bezug hat. Im Gegensatz zu den in Art. 1 der Haager Konvention über den Kulturgüterschutz bei bewaffneten Konflikten von 1954 genannten Beispielen ist die Auf-

---

[216] Präambel Abs. 3 der UNESCO-Konvention von 1970.

[217] Präambel Abs. 8 der UNESCO-Konvention von 1970.

[218] S. Präambel Abs. 3 der UNESCO-Konvention von 1970: „the interchange of cultural property among nations for scientific, cultural and educational purposes increases the knowledge of civilization of Man, enriches the cultural life of all peoples and inspires mutual respect and appreciation among nations“.

[219] *Uhl*, Handel, S. 104; *Wyss*, Dimension der Völkerrechtsordnung, S. 170; das Schwergewicht der UNESCO-Konvention von 1970 liegt, wie auch beim deutschen Gesetz zum Schutz von nationalem Kulturgut vor Abwanderung v. 1955, auf dem Schutz der wertvollen Gegenstände einer Nation.

[220] So sollen die Vertragsstaaten gemäß Art. 5 lit. b. ein Verzeichnis der bedeutenden Kulturgüter aufstellen, deren Ausfuhr für den Staat einen merklichen Verlust an seinem kulturellen Erbe darstellen würde. Nach Art. 6 ist dann für die Ausfuhr solcher eingetragener Kulturgüter eine Bescheinigung notwendig. Wird gegen diese Vorschrift verstoßen, sind straf- oder verwaltungsrechtliche Maßnahmen zu verhängen, Art. 8 der UNESCO-Konvention von 1970.

[221] Vergl. Art. 13 UNESCO-Konvention von 1970.

zählung in Art. 1 der Konvention von 1970 erschöpfend[222]. Die Kriterien für die geforderte nationale Bindung gibt Art. 4 der UNESCO-Konvention von 1970 vor. So ist eine Bindung dann gegeben, wenn das Kulturgut von Staatsangehörigen oder von Ausländern auf inländischem Territorium geschaffen wurde[223]. Ein nationaler Bezug zum Belegenheitsstaat besteht auch, wenn ein Kulturgut mit Billigung der zuständigen Behörden des Ursprungslandes durch Kauf, Tausch oder Schenkung erworben wurde[224]. Zählen mehrere Staaten ein Kulturgut im Sinne von Art. 4 zu ihrem kulturellen Erbe, kann die UNESCO ihre „Guten Dienste" zur Schlichtung dieser Uneinigkeiten gemäß Art. 17 Abs. 5 anbieten.

Als Behinderung der Effektivität der UNESCO-Konvention von 1970 wird die Einschränkung der Anwendbarkeit in Art. 7 lit. b. i. angesehen, wonach nur

> „Kulturgut, das nach Inkrafttreten dieses Übereinkommens für die betreffenden Staaten aus einem Museum oder einem religiösen oder weltlichen Bauwerk oder einer ähnlichen Einrichtung in einem anderen Vertragsstaat dieses Übereinkommens entwendet worden ist, sofern nachgewiesen werden kann, dass dieses Gut zum Inventar jener Einrichtung gehört;"

---

222 Diese unterschiedliche Regelung wird damit begründet, dass der kriegsrechtliche Schutz auf übereinstimmende Zustimmung aller Vertragsparteien gestoßen sei und einer Weiterentwicklung zugänglich sein sollte, während die Konvention von 1970 von einem Kompromiss zwischen Export- und Importstaaten abhängig gewesen sei, was eine abschließende Klarstellung der Schutzgüter der eingegangenen völkerrechtlichen Verpflichtungen zu Export- und Importkontrollen erfordert habe, *Prott/O'Keefe*, Movement, S. 729f.

223 Art. 4 lit. a. der UNESCO-Konvention von 1970.

224 Art. 4 lit. c., d., e. der UNESCO-Konvention von 1970. Gemäß Art. 4 lit. e. der UNESCO-Konvention von 1970 gehört zum kulturellen Erbe eines Landes auch das, was es als Geschenk von einem anderen Lande unter der Voraussetzung erhalten hat, dass die zuständigen Behörden des Ursprungslandes zugestimmt haben. Diese Vorschrift könnte auch im Streit Griechenlands mit Großbritannien um die Rückführung der *Elgin Marbles* (s. § 1 II. 2.) herangezogen werden, wenn ihr – anders als in Art. 7 lit. a. bestimmt – rückwirkende Kraft zukäme. Hier argumentiert Griechenland, die türkischen Besatzer hätten nicht wirksam über griechische Kulturgüter verfügen können. Beurteilt man die Kompetenz *Kaimacans*, der den *Firman* für *Elgin* ausstellte, nach dem im Völkerrecht geltenden Effektivitätsgrundsatz (dazu *Ipsen*, Völkerrecht, § 5 RN. 10; *Gloria*, *Seidl-Hohenveldern/Stein*, Völkerrecht, RN. 629, S. 1682–1683; *Doehring*, Encyclopedia of Public International Law, II, S. 43–48), so hatte dieser die Kompetenz, über alle Gegenstände, die sich auf dem Staatsgebiet befanden, zu verfügen, da die Türken damals die Staatsgewalt über das heutige Griechenland ausübten, *Walter*, Rückführung, S. 146. Wenn also die *Marbles* mit Zustimmung der zu diesem Zeitpunkt kompetenten Behörde des Ursprungslandes von *Lord Elgin* erworben wurden, könnten sie gemäß Art. 4 lit. e. der UNESCO-Konvention zum britischen kulturellen Erbe gehören. Es ist jedoch unklar, inwieweit der *firman* von *Abdullah Kaimacan* tatsächlich den Abtransport der *Marbles* nach türkischem innerstaatlichem Recht erlauben konnte. Es erscheint bei einem solch weitreichenden Unternehmen notwendig, dass eine Erlaubnis von den Behörden in Istanbul hätte eingeholt werden müssen, deren Einverständnis nicht eindeutig vorausgesetzt werden kann. Sehr ausführlich zum Ganzen: *Walter*, Rückführung, S. 173ff., der im Ergebnis eine ausreichende Erlaubnis gegenüber *Lord Elgin* verneint.

unter die Rückführungspflicht fällt. Somit ist die Konvention nicht anzuwenden, wenn Kulturgüter von Privatpersonen gestohlen oder aus einem Land illegal exportiert wurden, in dem kein System der Inventarisierung oder Dokumentierung von Kulturgütern besteht. Auch Objekte aus Raubgrabungen sind somit auf Grund der fehlenden Dokumentierungsmöglichkeit nicht vom Anwendungsbereich des Art. 7 erfasst[225]. Andere Stimmen sehen in dieser genauen und engen Definition des Kreises der erfassten Kulturgüter einen Vorteil gegenüber weiter gefassten Formulierungen wie beispielsweise in der UNIDROIT-Konvention[226], denn bei den von der UNESCO-Konvention von 1970 erfassten Kulturgütern könne eine gewisse künstlerische, historische oder wissenschaftliche Bedeutung vermutet werden, da sie sich sonst nicht in einer der genannten Einrichtungen befinden würden[227].

c. Effizienz und Bedeutung der UNESCO-Konvention von 1970

Es soll nun untersucht werden, in welcher Weise das Ziel der UNESCO-Konvention von 1970, die unerlaubte Einfuhr, Ausfuhr und Übereignung von Kulturgut zu verhindern und dadurch die einzelnen Staaten bei der Bewahrung ihres kulturellen Erbes zu unterstützen, durch die Bestimmungen der Konvention verwirklicht werden kann[228].

aa. Anwendungsbereich der Konvention

Die UNESCO-Konvention von 1970 entfaltet ihre Wirkung ausschließlich im Verhältnis zwischen den Vertragsstaaten[229]. Diese und damit ihre Behörden und

---

[225] *Doyal*, 39 Colum. J. Transn. L. (2001), 657, 666ff.; *Sidorsky*, I.J.C.P, Vol. 5, No. 1, 1996, 19, 22; *Schneider*, Unif. L. Rev./Rev. dr. unif. 2001, 276, 504. Den Vertragsstaaten ist es jedoch möglich, durch interpretierende Erklärungen zu Art. 3 und 9 UNESCO-Konvention zu erlauben, dass solche Güter vom Anwendungsbereich der Konvention erfasst sind, jedoch nur, wenn ihre Herkunft und das Datum der Ausgrabung bewiesen werden können.

[226] S. dazu unten § 3 XIII. 1.

[227] *Wiederkehr Schuler*, Kulturgütertransfer, S. 35f.

[228] Zu der Effizienz und Bedeutung der UNESCO-Konvention von 1970 s. auch *Carducci*, Restitution, S. 134ff.

[229] Abgesehen von eventueller mittelbarer Wirkung im Rahmen der nationalen Rechtsprechung wie beispielsweise in der zitierten „Nigeria-Entscheidung" des BGH, vergl. oben § 1 II. 1. und § 2 III. 3. oder auch in der Entscheidung *Autocephalous Greek-Orthodox Church of Cyprus v. Goldberg & Feldman Fine Arts Inc.*, 717 F. Supp. 1374 (S. D. Ind. 1989) Urt. v. 3. 8. 1989, No. IP 89-304-C., *affirmed* 917 F. 2nd, 278, 295ff. (7th Cir. 1990), Urt. v. 24. 10. 1990, No. 89-2809, vergl. unten § 4 VII. 5. b. In der letzten Entscheidung nahm der *Circuit Jugde Cudahy* ausdrücklich Bezug auf die UNESCO-Konvention von 1970: „While the UNESCO Convention seems to contemplate primarily measures to be implemented by the executive branch of government through its import or export rules or policies, the judical branch should certainly attempt to reflect in its decisionmaking the spririt as well as the letter of an international agreement to which the United States are a party.", 917 F. 2nd (7th Cir. 1990), 278, 296.

der Gesetzgeber sind die einzigen Adressaten der Konvention. Privatpersonen werden dagegen keine unmittelbaren Rechte und Pflichten eingeräumt[230]. Des Weiteren gilt, da die Konvention selbst keine allgemeine Bestimmung zur zeitlichen Anwendbarkeit enthält[231], gemäß Art. 28 der Wiener Vertragskonvention[232] der Grundsatz der Nichtrückwirkung. Somit entfaltet die Konvention ihre Wirkungen erst nach ihrem Inkrafttreten für den ratifizierenden Staat. Ferner ist die UNESCO-Konvention von 1970 nicht direkt anwendbar und bedarf somit nationaler Ausführungsgesetze[233].

bb. Maßgebliche Regelungen

Anknüpfend an die in der Präambel postulierten Ziele der Konvention verpflichtet Art. 2 die Vertragsstaaten, dem illegalen Import, Export und Eigentumsübergang an Kulturgütern mit den ihnen zur Verfügung stehenden Mitteln entgegenzuwirken. Diese Verpflichtung wird insbesondere in den Art. 3, 5, 7 und 9 der Konvention konkretisiert: Gemäß Art. 7 lit. a. Satz 1 UNESCO-Konvention von 1970 sollen Museen und ähnliche Einrichtungen „im Rahmen der innerstaatlichen Rechtsvorschriften" am Erwerb von illegal exportierten Kulturgütern gehindert werden. Diese Einrichtungen sollen des Weiteren gemäß Art. 5 lit. e.

---

230 *Raschèr*, Kulturgütertransfer, S. 53.

231 Einzig in Art. 7 lit. a. findet sich eine Regelung, gemäß der das Importverbot nur auf Kulturgüter Anwendung findet, die nach Inkrafttreten der Konvention widerrechtlich ausgeführt oder entwendet worden sind.

232 Art. 28 Wiener Übereinkommen v. 23. 5. 1969 über das Recht der Verträge: „Nichtrückwirkung von Verträgen – Sofern keine abweichende Absicht aus dem Vertrag hervorgeht oder anderweitig festgestellt ist, binden seine Bestimmungen eine Vertragspartei nicht in Bezug auf eine Handlung oder Tatsache, die vor dem Inkrafttreten des Vertrages hinsichtlich der betreffenden Vertragspartei vorgenommen wurde oder eingetreten ist, sowie in Bezug auf eine Lage, die vor dem genannten Zeitpunkt zu bestehen aufgehört hat.", abgedruckt in BGBl. 1985 II, 926ff.

233 *Siehr*, Aufbruch nach Europa, S. 817; *Jaeger*, Rechtsfragen, S. 20; *Berndt*, Internationaler Kulturgüterschutz, S. 49; *Hailbronner*, JZ 2002, 957, 960; *Streinz*, Museumsgut, S. 89ff.; *Wyss*, Dimension der Völkerrechtsordnung, S. 169f. der kritisch anmerkt, dass die unterschiedlichen nationalen Umsetzungserlasse beinahe zwangsläufig dem erklärten Interesse einer internationalen Harmonisierung zuwider liefen. Ferner würde die praktische Umsetzung der auf die Konvention gestützten nationalen Ausführungsgesetze nicht zuletzt auf zolltechnische und -rechtliche Probleme stoßen, was die amerikanischen Erfahrungen mit dem *Convention on Cultural Property Implementation Act* (Public Law 97–446; 19 U.S.C. A. §§ 2600–2613) belegen. Dieser Umsetzungsakt ist das Resultat langwieriger, um einen Interessenausgleich bemühter, politischer Debatten und gegenüber der Konvention noch restriktiver. Er wurde als schwerfällig und „tricky" kritisiert, jedoch haben sich die darauf gestützten Maßnahmen bis heute als wirksam erwiesen und der Entschluss der USA zur Ratifikation wurde als wegweisend begrüßt. Auch *Siehr*, Aufbruch nach Europa, S. 817 nennt den *Cultural Poperty Implementation Act* als Beispiel für eine vorbildliche Umsetzung der UNESCO-Konvention von 1970.

angehalten werden, die ethischen Kodizes einzuhalten, die sie sich gegeben haben[234].

Nach Art. 3 UNESCO-Konvention von 1970 gelten die Einfuhr, Ausfuhr und Übereignung von Kulturgut als rechtswidrig, wenn sie im Widerspruch zu den Bestimmungen stehen, die von den Vertragsstaaten in diesem Übereinkommen angenommen worden sind. Art. 7 lit. b. i. der Konvention verbietet ferner den Import von Kulturgütern, die aus einem Museum oder einer kirchlichen oder vergleichbaren Einrichtung gestohlen worden sind. Hierbei ist jedoch Voraussetzung für eine Herausgabe an den Herkunftsstaat, dass das gestohlene Objekt als Bestandteil der Einrichtung dokumentiert ist. Gemäß Art. 7 lit. b. ii. ist es die Aufgabe des Importstaates, die erforderlichen Schritte zu unternehmen, um das Kulturgut von seinem aktuellen Besitzer wiederzuerlangen und es an den Herkunftsstaat zurückzugeben. Dieser ist dann wiederum verpflichtet, den gutgläubigen Erwerber angemessen zu entschädigen.

Weitere wichtige Verpflichtungen enthält Art. 13 der UNESCO-Konvention von 1970: Die Vertragsstaaten sollen „im Rahmen ihrer innerstaatlichen Rechtsordnung" andere Vertragsstaaten bei der Wiedererlangung von Kulturgut, das als unveräußerlich erklärt und rechtswidrig ausgeführt wurde, unterstützen, Art. 13 lit. d. Dabei soll gemäß Art. 13 lit. b. eine Zusammenarbeit der Dienststellen im Hinblick auf die schnellstmögliche Rückführung von rechtswidrig ausgeführtem Kulturgut erfolgen und gemäß Art. 13 lit. a. sollen Übereignungen verhindert werden, durch die eine rechtswidrige Ein- oder Ausfuhr von Kulturgut begünstigt werden könnte. Die Vertragsstaaten müssen nach Art. 13 lit. a. ein Verfahren zur Wiedererlangung von verloren gegangenem oder gestohlenem Kulturgut „im Rahmen ihrer innerstaatlichen Rechtsordnung" zulassen[235].

Der internationalen Zusammenarbeit kommt insbesondere in Fällen große Bedeutung zu, in denen das archäologische oder ethnologische Erbe durch Ausbeutung gefährdet ist: Gemäß Art. 9 Satz 1 können sich Vertragsstaaten, in denen eine solche Gefährdung droht, an andere Vertragsstaaten wenden. Art. 9 Satz 2 der Konvention enthält eine Verpflichtung der Vertragsstaaten, an gemeinsamen Aktionen teilzunehmen, insbesondere solchen zur Überwachung der Ein- und Ausfuhr und des internationalen Handels mit archäologischen und eth-

---

[234] Der wichtigste dieser Kodizes sind die Ethischen Richtlinien für Museen des ICOM, welche in Ziffer 4.4 über die Rückgabe kulturellen Eigentums und Wiedergutmachung ausdrücklich auf die UNESCO-Konvention von 1970 verweisen, vergl. Anhang IV. 1. Damit wollen die Museen als wichtigste Teilnehmer im internationalen Kulturgütertransfer einen Standard im Umgang mit Kulturgütern setzen, der auch auf das private Sammelverhalten und den Handel rückwirken soll.

[235] Vergl. zu Art. 13 der UNESCO-Konvention von 1970 die Ausführungen von *Gordon*, 12 Harv. Int. L. J. (1971), 537, 554, der diesen als einen der kompliziertesten und widersprüchlichsten Artikel der Konvention sieht.

nologischen Kulturgütern. Schließlich verpflichten sich die Vertragsstaaten gemäß Art. 9 Satz 3, Maßnahmen zur Vermeidung unersetzlicher Schäden am kulturellen Erbe des ersuchenden Staates durch eine solche Ausbeutung „im Rahmen ihrer Möglichkeiten" zu treffen[236]. Hierbei können die erforderlichen Maßnahmen von der Überwachung des Imports von kulturellen Gütern bis hin zu einem Einfuhrverbot für gefährdete Kulturgüter gehen[237].

Art. 10 lit. a. der UNESCO-Konvention von 1970 enthält die Verpflichtung des Antiquitätenhandels zur Führung eines Verzeichnisses, aus dem der Ursprung jedes einzelnen Kulturgutes, die Namen und Anschriften der Lieferanten, die Beschreibung und der Preis von jedem gekauften kulturellen Gegenstand hervorgehen. Des Weiteren soll der Handel seine Kunden über möglicherweise bestehende Ausfuhrverbote unterrichten und sie anhalten, die ethischen Richtlinien bzw. Kodizes einzuhalten. Die Umsetzung dieser Bestimmung soll dazu führen, dass es für Schmuggler oder Kunstdiebe nicht mehr attraktiv ist, Kulturgüter zweifelhafter Herkunft durch den legalen Handel „rein zu waschen" und damit ihre wahre Herkunft zu verschleiern, da es die erforderlichen Verzeichnisse leichter machen, den Weg eines solchen Gutes zurückzuverfolgen[238].

cc. Kritik

Diese Verpflichtungen bereiteten insbesondere den Staaten der Europäischen Union erhebliche Probleme[239]. Begründet sind diese Schwierigkeiten vor allem in der vermeintlichen unverhältnismäßigen Belastung der Zollbehörden. Da mit der Vollendung des Binnenmarktes die Zollkontrollen an den Binnengrenzen weggefallen sind, könnte allenfalls an den Außengrenzen der Europäischen Union eine Kontrolle stattfinden, was immense Probleme bereitet, wenn nicht alle Mitglieder der Union der UNESCO-Konvention beitreten[240]. Aus der Sicht der Bundesrepublik erschien aus mehreren Gründen eine Ratifizierung der UNESCO-Konvention bisher nicht möglich:

---

236 Präsident *Nixon* sah Artikel 9 als „the heart of the Convention" an und dass er „an important new framework for international cooperation" etabliere, vergl. *Alva González*, 12 Colum. J. Transnat. L. (1973), 316, 336 m.w.N.

237 *Raschèr*, Kulturgütertransfer, S. 59.

238 *Raschèr*, Kulturgütertransfer, S. 60; siehe auch *Lalive*, SZIER 1997, 13, 18. Die UNESCO-Konvention von 1970 erkennt aber im Gegensatz zum Washingtoner Vertrag vom 15.4.1935 nicht an, dass ein Kulturgut, welches durch einen Staat dem Privatrechtsverkehr entzogen wurde, auch in allen anderen Mitgliedstaaten als „res extra commercium" zu behandeln ist. Art. 13 lit. d. der Konvention sieht nur das Recht der einzelnen Staaten vor, einen Gegenstand dem Privatrechtsverkehr zu entziehen, was der „act of state doctrin" entspricht, *Walter*, Rückführung, S. 54, zur „act of state doctrin" vergl. *ders.* a.a.O., S. 29ff.

239 *Berndt*, Internationaler Kulturgüterschutz, S. 48f.; *Jaeger*, Rechtsfragen, S. 20, 21.

240 So vor allem die Argumentation Frankreichs, s. *General Conference*, *Twentieth Session*, Paris 1978, UNESCO Doc. 20 C/84, 35.

- die Definition des Begriffes „Kulturgut“ sei zu weitgehend[241],
- die Führung eines nationalen Verzeichnisses des privaten und öffentlichen Kulturgutes[242] sei zu aufwendig,
- ebenso sei es nicht mit dem deutschen liberalen Handelsgepflogenheiten vereinbar, dem Antiquitätenhandel unter Androhung von Strafe das Führen eines Verzeichnisses aufzuerlegen, aus dem der Ursprung jedes einzelnen Kulturgutes, Namen und Anschriften der Lieferanten sowie Beschreibung und Preis für jeden verkauften Gegenstand hervorgehe[243].

Der zentrale Kritikpunkt betrifft jedoch die Rechtssicherheit des gutgläubigen Erwerbers. Umstritten ist Art. 7 lit. b. ii., wonach der gutgläubige Erwerber eines aus der öffentlichen Einrichtung eines Staates gestohlenen Kulturgutes in jedem Fall und ohne Verjährungsfrist verpflichtet ist, dieses – gegen Entschädigung – zurückzugeben[244].

Da weder gutgläubiger Erwerb noch Verjährungsregeln dem Ursprungsland entgegen gehalten werden können, geht Art. 7 lit. b. ii. als Anspruchsgrundlage weit über das hinaus, was das Zivilrecht der meisten Staaten oder Rechtshilfeabkommen regeln[245]. Denn er enthält eine Verpflichtung des Belegenheitsstaats, dem privaten Eigentümer nach den Regeln seines nationalen Rechts diese Position in jedem Fall zu entziehen[246]. Es findet hier nach Ansicht der Kritiker eine Vermengung des gutgläubigen Erwerbs vom Nichteigentümer und der unerlaub-

---

[241] Zahlreiche Staaten kritisierten den Anwendungsbereich des UNESCO-Übereinkommen in Bezug auf die Definition des Kulturguts als unangemessen weit und ratifizierten gerade aus diesem Grund die Konvention nicht. Andere Staaten, welche die UNESCO-Konvention ratifiziert haben, haben bei der Umsetzung des Übereinkommens in innerstaatliches Recht gewisse Begrenzungen vorgenommen, durch die der Anwendungsbereich der Verbotsbestimmungen der Konvention eingeschränkt wird. So ist beispielsweise nach der australischen Gesetzgebung der Export von kulturellen Gütern in der Weise geregelt, dass bestimmte Objekte nur mit der Bewilligung des Kulturministeriums ausgeführt werden dürfen. In Kanada entscheidet ein Experte darüber, ob ein Objekt national wichtig und von solch außerordentlicher Bedeutung ist, dass eine Ausfuhrbewilligung zu versagen ist, vergl. *Hailbronner*, JZ 2002, 957, 962; *Prott*, ZVglRWiss 95 (1996), 188, 201, wonach die Bundesregierung in einem Bericht an die UNESCO festgestellt hat, die Definition von „Cultural Property“ sei zu weitgehend. Dem Ganzen lässt sich jedoch entgegenhalten, dass die Definition des Begriffes Kulturgut in der UNESCO-Konvention von 1970 gerade nicht zu weit, sondern eher zu eng ist, da gemäß Art. 7 lit. b. i. nur der Import von inventarisierten kulturellen Gütern aus öffentlichen Einrichtungen verboten ist.

[242] Art. 5 lit. b. der UNESCO-Konvention von 1970.

[243] Art. 10 lit. a. der UNESCO-Konvention von 1970.

[244] *Bernecker*, Museumskunde, Band 67, 1/2002, 19, 23.

[245] Dies wurde als zu weitreichender Eingriff in das nationale Zivilrecht angesehen, so insbesondere die Argumentation Finnlands, *General Conference*, *Twentieth Session*, Paris 1978, UNESCO Doc. 20 C/84, 35.

[246] *Freytag*, Fechner/Oppermann/Prott, S. 181.

ten Ausfuhr eines Kulturgutes ohne ihren sehr verschiedenen Rechtsfolgen privatrechtlicher und öffentlichrechtlicher Natur Rechnung zu tragen statt[247].

Ein sehr gravierender Kritikpunkt ist daneben, dass der Schutzbereich der Konvention durch strikte Exportverbote übermäßig ausgeweitet werden kann, indem es den Herkunftsstaaten überlassen bleibt, welche Objekte sie als bedeutend und somit schutzwürdig einstufen[248]. Dies könnte dazu führen, dass auch exzessiv-protektionistische nationale Kulturgutschutzbestimmungen – selbst wenn diese praktisch den gesamten Kulturgutbestand eines Landes erfassen – im Inland durchzusetzen wären[249]. Kern der deutschen Argumentation gegen eine Ratifizierung war jedoch das Interesse an einem möglichst freizügigen Kunsthandel, welches zwei Aspekte umfasst: zum einem die Handelbarkeit von Kulturgut und den dazu nötigen Verkehrsschutz und zum anderen die Rechtssicherheit für den Erwerber von Kulturgut[250]. Dennoch hat sich die Bundesrepublik nunmehr zur Ratifikation der UNESCO-Konvention von 1970 entschienden. Um den Interessen der betroffenen Ressorts und Kreise gerecht zu werden, wird im Rahmen der Ausarbeitung des deutschen Ausführungsgesetzes[251] nun eine sehr sorgfältige Abwägung der verschiedenen Belange vorgenommen.

---

[247] *Reichelt*, Dolzer/Jayme/Mußgnug, S. 68; s. auch *Thorn*, Mobiliarerwerb, S. 91.

[248] Zum Ganzen *Spaun*, Herausgabeanspruch, S. 35.

[249] Die Obligationen der UNESCO-Konvention von 1970 stellen eine erhebliche Neuerung oder auch Einschränkung für die Vertragsstaaten dar, da völkerrechtlich kein Staat verpflichtet ist, ausländische Exportverbote zu beachten bzw. entgegen ausländischen öffentlich-rechtlichen Bestimmungen verbrachte Gegenstände dem ausländischen Staat zurückzugeben, *Hailbronner*, JZ 2002, 957, 958.

[250] Vergl. *Prott*, ZVglRWiss 95 (1996), 188, 202; vergl. auch *Bernecker*, Museumskunde, Band 67, 1/2002, 19, 23, danach genießen nach deutschem Rechtsempfinden diese beiden Aspekte Vorrang vor dem Eigentümerschutz und dessen spezifischen Belangen. Als Beleg für die Auffassung, dass die Freizügigkeit des Kunsthandels bei der politischen Entscheidungsfindung in Deutschland einen sehr hohen Stellenwert innehat, kann auch die sehr späte und auf Grund der fehlenden Möglichkeit der nachträglichen Klassifizierung unzureichende deutsche Umsetzung der EU-Richtlinie über die Rückgabe von unrechtmäßig aus dem Hoheitsgebiet eines Staates verbrachten Kulturgütern (Anhang II. 2.) angesehen werden.

[251] Da die UNESCO-Konvention von 1970 nicht direkt anwendbar (nicht *self-executing*) ist, müssen ihre Vorschriften von den Vertragsstaaten in innerstaatliches Recht transformiert werden.

2. Das UNESCO-Übereinkommen zum Schutz des Kultur- und Naturerbes der Welt von 1972[252]

„Jede Kultur besitzt eine Würde und einen Wert, die anerkannt und erhalten werden müssen. Jedes Volk hat das Recht und die Pflicht, seine Kultur zu entwickeln. In ihrer reichen Vielfalt, Mannigfaltigkeit und gegenseitigen Beeinflussung gehören alle Kulturen zum gemeinsamen Erbe der Menschheit."[253] *UNESCO*

Einen wesentlichen Beitrag, die Verantwortung für das kulturelle Erbe der Menschheit im Bewusstsein zu verankern, hat die Welterbekonvention von 1972 geleistet. Diese basiert auf dem Gedanken[254], dass die herausragenden Kultur- und Naturerbestätten nicht allein den Staaten und Völkern, auf deren Boden sie sich befinden, gehören, sondern verpflichtendes Eigentum der gesamten Menschheit sind[255].

Während die UNESCO-Konvention von 1970 im Kern auf die Betonung nationaler Vorschriften über Kulturgüter zielt[256], strebt die Welterbekonvention den Schutz des Kulturguts durch den einzelnen Staat, aber auch die Unterstützung und Einbindung dieser einzelstaatlichen Bemühungen durch die Staatengemeinschaft an[257]. So wird die Ansicht vertreten, die UNESCO-Konvention von 1970 repräsentiere den kulturellen Nationalismus, die Welterbekonvention von 1972 dagegen den kulturellen Internationalismus[258]; erstere Denkart spiegele eine Zuordnung der Kunst zu einem einzelnen Staat, letztere die rechtliche Ausrichtung an der internationalen Gemeinschaft und den Wunsch nach kultureller Pluralität und Diversität der Staaten wieder[259]. Aber auch wenn die beiden Abkommen nicht in allen Punkten parallele Ziele verfolgen, so hebt doch die UNESCO-Konvention von 1970 neben den nationalen Interessen auch die Bedeutung der inter-

---

[252] Abgedruckt in deutscher Übersetzung in: BGBl. 1977 II, 215ff. Im Folgenden: Welterbekonvention.

[253] Art. 1 Abs. 1–3 der 1966 von der UNESCO verabschiedeten Deklaration über die kulturelle Zusammenarbeit.

[254] S. dazu oben § 2 I. 5.

[255] Präambel der Welterbekonvention.

[256] Vergl. beispielsweise Art. 7 lit. a. der UNESCO-Konvention von 1970. Dazu auch *Jayme*, Dolzer/Jayme/Mußgnug, S. 37 FN 14 m.w.N.

[257] *Dolzer*, Dolzer/Jayme/Mußgnug, Heritage, S. 15. So auch der 4. Absatz der Präambel der Welterbekonvention, nationaler Kulturgüterschutz werde allein nicht ausreichen, weil dieser „wegen der Höhe der erforderlichen Mittel und der unzureichenden wirtschaftlichen und technischen Hilfsmittel des Landes, in dem sich das zu schützende Gut befindet, oft unvollkommen ist."

[258] Vergl. *Merryman*, AJIL 1986, 831, 846.

[259] So beispielsweise *Rudolf*, FS Doehring, 1989, S. 870; *Bernecker*, Museumskunde, Band 67, 1/2002, 19, 20.

nationalen Kooperation mittels des Austausches von Kulturgut hervor, ebenso wie die Welterbekonvention auch nationale Interessen berücksichtigt[260].

a. Entstehungsgeschichte und Zweck des Abkommens

In den 60er Jahren wurden angesichts der zunehmenden weltweiten Gefährdung historischer Gebäude und Landschaften, auch durch neuartige Erscheinungen als Folge sich wandelnder Lebensbedingungen – wie Bevölkerungszuwachs und Umweltverschmutzung – sowie unzureichender technischer und finanzieller Mittel in vielen Ländern mit bedeutenden kulturellen und natürlichen Stätten Überlegungen angestellt, ein System internationalen Schutzes für solche Stätten von weltweiter Bedeutung zu schaffen[261]. Den Anstoß zur Erarbeitung der Welterbekonvention durch die UNESCO gab die 14. Generalkonferenz im Jahre 1966[262]. Nach mehrjährigen Vorarbeiten wurde auf der Grundlage zweier Vertragsentwürfe hinsichtlich des Schutzes von Kulturdenkmälern und Gebäudegruppen sowie der Erhaltung der Natur und der natürlichen Hilfsquellen auf der 17. Generalkonferenz der UNESCO am 16.11.1972 mit 75 Ja-Stimmen, einer Gegenstimme und 17 Enthaltungen das beide Elemente umfassende Übereinkommen zum Schutz des Kultur- und Naturerbes der Welt verabschiedet[263].

In der Präambel der Welterbekonvention wird darauf hingewiesen, dass sowohl das Kulturerbe als auch das Naturerbe im wachsenden Maße von Zerstörung, Verfall oder Untergang bedroht sei[264]. Da jedoch das betreffende Land häufig nicht imstande sei, sein Kulturgut gegen diese Gefahren hinreichend zu schützen, müssten die Maßnahmen des betreffenden Staates durch gemeinschaftliche Unterstützung wirksam ergänzt werden, um wenigstens diejenigen Teile „dieses einzigartigen und unersetzlichen Gutes", die von „außergewöhnlicher Bedeutung" seien, „als Bestandteil des Welterbes der gesamten Menschheit" zu erhalten. Ziel der Welterbekonvention ist es, diese gegenseitige Unterstützung als ständige Einrichtung mit Hilfe moderner wissenschaftlicher Methoden zu gewährleisten[265].

---

260 *Dolzer*, Dolzer/Jayme/Mußgnug, Heritage, S. 16.

261 *Fitschen*, Deutsche Frage, S. 186; *Meyer*, 2 Earth Law Journal (1976), 45.

262 Die 14. Generalkonferenz beauftragte in Resolution 3.342 (b) den Generaldirektor, „to coordinate and secure the international adoption of appropriate principles and scientific, technical and legal criteria for the protection of cultural property, monuments and sites [...]", *Unesco, Records of the General Conference, 14th Session, 1966, Resolutions.*

263 *Fitschen*, Deutsche Frage, S. 187ff.

264 Absatz 2 der Präambel der Welterbekonvention.

265 Absatz 8 der Präambel der Welterbekonvention.

b. Schutzgüter

„Natur und Kunst, sie scheinen sich zu fliehen,
Und haben sich, eh man es denkt, gefunden;
Der Widerwille ist auch mir geschwunden,
Und beide scheinen gleich mich anzuziehen."[266] *Johann Wolfgang von Goethe*

Da keine international einheitliche Umschreibung der Begriffe „Kulturerbe" oder „Naturerbe" existiert, muss die Konvention zunächst wie alle anderen universellen oder regionalen Übereinkommen, das von ihr erfasste kulturelle Erbe für die Zwecke der Konvention definieren[267].

Gemäß Art. 1 der Welterbekonvention erfasst der Begriff „Kulturerbe" drei Gruppen von Schutzobjekten: Denkmäler, Ensembles und Stätten[268]. Diesen drei Objekten ist gemeinsam, dass sie im weitesten Sinne von Menschenhand errichtet oder von Menschen bewohnt wurden und mit dem Erdboden verbunden sind. Auch wenn faktisch mit diesen Begriffen nach dem klassischen Verständnis unbewegliche Kulturgüter gemeint sind, wurde auf die Beschränkung auf „unbewegliches Kulturgut" verzichtet, weil sich mit modernen Mitteln auch große Bauwerke bewegen lassen, wie es die Verlegung der Tempelanlage von Abu Simbel zeigt[269]. Es wird jedoch eine qualitative Einschränkung vorgenommen: die vom Schutzbereich der Welterbekonvention erfassten Objekte müssen von „außergewöhnlichem universellen Wert" („outstanding universal value") sein[270]. Zur Deutung dieses Kriteriums kann in gewissem Sinne der in der Präambel der Konvention enthaltende Hinweis beitragen, dass es sich um die Erhaltung „einmaliger und unersetzbarer Werte, ganz gleich welchem Volk sie gehören" handelt[271]. Es fällt in die Zuständigkeit der Teilnehmerstaaten, die Werte diesen Kategorien zuzuordnen; gemäß Art. 3 Welterbekonvention hat jeder Vertragsstaat die auf seinem Territorium vorhandenen Güter zu erfassen und zu be-

---

[266] *von Goethe*, Gedichte, S. 136.

[267] Kritisch zum Begriff des „common heritage of mankind": *Kewenig*, FS Schlochauer, 1981, S. 385ff.

[268] Diese drei Objektgruppen finden sich auch in dem Übereinkommen zum Schutz des architektonischen Erbes Europas (BGBl. 1987 II, 623ff.), das die Einteilung in bewusster Anlehnung an die Welterbekonvention vornimmt, jedoch darauf verzichtet, die drei Begriffe weiter aufzuschlüsseln.

[269] Des Weiteren können zu erhaltenswürdigen Gebäudegruppen und „Gebieten einschließlich archäologischer Stätten" im Einzelfall auch Teile gehören, die durchaus leicht abzubauen und an jeden beliebigen Ort zu verlagern sind, denn die Konvention zielt in dieser Fallgruppe gerade auf den Ensembleschutz, *Fitschen*, Deutsche Frage, S. 191.

[270] Art. 1 der Welterbekonvention

[271] Vergl. Abs. 5 der Präambel der Welterbekonvention.

stimmen[272]. Eine nähere Definition erfolgt nicht; für Denkmäler sollen für die Einschätzung des universellen Wertes „geschichtliche, künstlerische oder wissenschaftliche Gründe" ausschlaggebend sein[273]. Die Definition wertvoller Stätten ist weiter gefasst, hier können neben den genannten Gründen auch ethnologische, anthropologische und ästhetische Aspekte bestimmend sein. So kann ein Gebäude, das *per se* nicht wertvoll ist, dadurch Bedeutung erlangen, dass dort bestimmte Personen gelebt oder bestimmte Ereignisse stattgefunden haben[274].

Als „Naturerbe" werden gemäß Art. 2 der Welterbekonvention bestimmte Naturgebilde, geologische und physiographische Erscheinungsformen sowie Naturstätten geschützt, die ebenfalls „von außergewöhnlichem universellem Wert" sein müssen[275], hier aber auf Grund der Beschränkung auf den rechtlichen Schutz von Kulturgütern nicht weiter behandelt werden.

Die Liste des Welterbes umfasst heute insgesamt 812 Kultur- und Naturstätten in 137 Staaten, darunter 31 Stätten des Weltkultur- und Weltnaturerbes in Deutschland[276]. Daneben existiert eine so genannte „Rote Liste"[277], in die Stätten des Welterbes aufgenommen werden, die als besonders gefährdet gelten und für deren Erhalt außergewöhnliche Maßnahmen notwendig sind. Wesentlichen Anteil an der Verwirklichung der Welterbekonvention hat das 1992 gegründete UNESCO-Welterbezentrum, mit dem Welterbekomitee (WHC), das aus gewählten Vertretern der Vertragsstaaten besteht[278].

---

272 *Boguslavsky*, Dolzer/Jayme/Mußgnug, S. 7. Eine solche Festlegung war in dem Vorentwurf zur Welterbekonvention nicht enthalten, die Rolle und die Bedeutung des Teilnehmerstaates sowohl bei der Bestimmung der zu schützenden Werte als auch bei der Organisierung ihres Schutzes wird durch die Aufnahme dieser Regelung deutlich unterstrichen.

273 *Fitschen*, Deutsche Frage, S. 191 f.

274 *Streinz*, Museumsgut, S. 74; *Fitschen*, Deutsche Frage, S. 192 FN 41 m.w.N.

275 Für die erste Fallgruppe sind „ästhetische oder wissenschaftliche Gründe" maßgebend, Erscheinungsformen und Gebiete der zweiten Gruppe müssen den „Lebensraum für bedrohte Pflanzen und Tierarten bilden, welche aus wissenschaftlichen Gründen oder ihrer Erhaltung wegen" wertvoll sind. Hier ist jedoch zu beachten, dass nicht die jeweilige Pflanzen- oder Tierart selbst, sondern das Gebiet geschützt werden soll, in dem sie wachsen bzw. leben. Naturstätten sind aus „wissenschaftlichen Gründen oder ihrer Erhaltung oder natürlichen Schönheit wegen" schützenswert im Sinne von Art. 2 der Welterbekonvention, *Meyer*, 2 Earth Law Journal (1976), 45, 49f.

276 Die aktuellste Fassung der Liste des Weltkulturerbes findet sich im Internet unter: http: //whc.unesco.org/en/list/, abgerufen am 18. 7. 2005. Das Welterbekomitee der UNESCO hat auf seiner 29. Tagung vom 10. bis 17. Juli 2005 in Durban, Südafrika, weitere 24 Kultur- und Naturstätten in die Liste des Welterbes aufgenommen, darunter den obergermanisch-rätischen Limes als Erweiterung des Hadrianswalls.

277 Die „Rote Liste" der bedrohten Kulturdenkmäler findet sich in der aktuellsten Fassung im Internet unter http://whc.unesco.org/pg.cfm?cid=86, abgerufen am 18. 7. 2005.

278 *Bernecker*, Museumskunde, Band 67, 1/2002, 19, 20.

c. Effizienz und Bedeutung der Welterbekonvention

Die Welterbekonvention ist die populärste der UNESCO-Konventionen, da ihr bereits 180 Staaten beigetreten sind[279]. Einer der Gründe hierfür ist die Attraktivität des Welterbe-Fonds besonders für ärmere Länder. Des Weiteren trägt es zum internationalen Prestige eines Landes bei, wenn es Kultur- oder Naturstätten besitzt, die sich auf der Liste des schützenswerten Welterbes befinden. Es drängt sich jedoch der Verdacht auf, dass einige Staaten den Beitritt zur Welterbekonvention lediglich als Möglichkeit sehen, den Tourismus zu stärken[280], da sie es nicht für notwendig hielten, der Haager Konvention von 1954[281] beizutreten, welche die kulturellen Stätten ebenso schützt wie die Welterbekonvention und zusätzlich auch die beweglichen Kulturgüter umfasst[282], die nicht in den Schutzbereich der Welterbekonvention fallen, allerdings strengere Verpflichtungen für die Vertragsstaaten enthält[283]. So kann die beträchtliche Anerkennung der Welterbeonvention, dokumentiert durch die hohe Zahl der Teilnehmerstaaten, wohl auf die geringeren Verpflichtungen für die Vertragsstaaten zurückgeführt werden[284].

Die Konvention enthält durchgängig einen Souveränitätsvorbehalt[285]. Es wird die nationale Verfügungsmacht über die Kulturgüter grundsätzlich ebenso anerkannt wie die Regelung der Eigentumsfrage durch das nationale Recht[286]. Es können allerdings auch eine Reihe völkerrechtlicher Verpflichtungen festgehalten werden, die die grundsätzliche Verfügungsmacht der Staaten einschränken.

---

279 Die aktuelle Liste der Vertragsstaaten der Welterbekonvention findet sich im Internet unter http://whc.unesco.org/en/statesparties/ abgerufen am 18. 7. 2005.

280 Tatsächlich führt nach Angaben der UNESCO jede fünfte der jährlich weltweit 500 Millionen Fernreisen zu einer der in der Liste des Weltkulturerbes aufgeführten Stätten. Diese Besucherströme können jedoch den kulturellen Stätten durchaus gefährlich werden, beispielsweise indem durch die hohe Konzentration von Besuchern die natürlichen Verfallsprozesse beschleunigt werden, *Hipp*, Kulturgüterschutz, S. 35 m.w.N.

281 S. oben § 2 I. 5.

282 Vergl. Art. 1 lit. a. der Haager Konvention von 1954.

283 *Prott*, Fechner/Oppermann/Prott, S. 298.

284 *Streinz*, Museumsgut, S. 78.

285 Deutlich hervorgehoben in Art. 6 Abs. 1 der Welterbekonvention ist die Souveränität der Mitgliedstaaten: „Unter voller Achtung der Souveränität der Staaten, in deren Hoheitsgebiet sich das […] Kultur- und Naturerbe befindet, und unbeschadet der durch das innerstaatliche Recht gewährten Eigentumsrechte erkennen die Vertragsstaaten an, dass dieses Erbe ein Welterbe darstellt, zu dessen Schutz die internationale Staatengemeinschaft als Gesamtheit zusammenarbeiten muss.“ Es ist davon auszugehen, dass diese Achtung der Souveränität und Entscheidungsfreiheit der Staaten die Akzeptanz des Abkommens und die Bereitschaft zum Beitritt vergrößert hat. Vergl. dazu *Roellecke*, Mußgnug/Roellecke, S. 37, wonach die Welterbekonvention den Kulturgüterschutz unter dem Aspekt der Solidargemeinschaft der Staaten betrachtet.

286 Vergl. wiederum Art. 6 der Welterbekonvention.

Die betreffenden Güter unterliegen zwar weiterhin hinsichtlich der Eigentums- und Hoheitsfragen der Alleinzuständigkeit eines Staates, sie sind jedoch in rechtlich bindender Weise einer willkürlichen Behandlung durch den Inhaberstaat entzogen, allerdings ohne dabei etwa treuhänderisches Vermögen der Staatengemeinschaft geworden zu sein[287]. Es wäre treffender, den Inhaberstaat auf Grund seiner Betreuungspflicht als Treuhänder gemeinsamer kultureller Werte und Anschauungen gegenüber der Staatengemeinschaft zu bezeichnen[288]. Diese „Treuhänderschaft" wird durch die völkerrechtliche Verpflichtung zum Schutz eigener Kulturgüter in Art. 4 Absatz 1 Welterbekonvention bestätigt.

Ferner besteht gegenüber den Kulturgütern anderer Vertragsstaaten eine Beistandspflicht[289] und ein Verbot mittelbar oder unmittelbar schädigender Maßnahmen gemäß Art. 6 Abs. 3 Welterbekonvention. Durch die Konvention wird jedoch keine neutrale Stelle begründet, die zur verbindlichen Feststellung einer Verletzung dieser Bestimmung zuständig wäre[290]. So steht der Staatengemeinschaft für die wirklich problematischen Fälle – Zerstörung durch Krieg oder bewusste Vernachlässigung aus politischen oder religiösen Gründen – kein Druckmittel zur Verfügung. Des Weiteren soll das *World Heritage Committee* kein Gremium zur Entscheidung von Streitfragen über die hoheits- und eigentumsrechtliche Zuordnung umstrittener Gebiete sein[291].

Die Bedeutung der Welterbekonvention für den Kulturgüterschutz liegt damit vor allen Dingen in der großen Akzeptanz, die sie erfahren hat, und der damit verbundenen Verfestigung eines Bewusstseins einer gemeinsamen Verantwortung der Völker für den Schutz und den Erhalt des Kultur- und Naturerbes. So ist es durch eine Konvention, die nur wenige Verpflichtungen und dafür Bestimmungen über finanzielle Unterstützung für die Mitgliedstaaten enthält, gelungen, nahezu alle Staaten in dem Bemühen um den Erhalt des kulturellen Erbes der Menschheit zu vereinen.

---

287 *Fitschen*, Deutsche Frage, S. 205. Vergl. Art. 6 Abs. 1 Welterbekonvention.

288 *Streinz*, Museumsgut, S. 79; *Fitschen*, Deutsche Frage, S. 205.

289 Art. 6 Absatz 2 Welterbekonvention, wobei allerdings der finanzielle Beitrag letztlich allein auf freiwilliger Basis erfolgt.

290 So tritt jedenfalls für Schäden durch Umweltverschmutzung, die als ungewollte Schädigungen eingestuft werden, keine Haftung ein. Im amtlichen Kommentar wurde auf Antrag von drei Staaten ausdrücklich festgehalten, dass Staaten auch nicht über den Umweg eines formellen Hilfsersuchens nach Art. 6 Abs. 2 Welterbekonvention zu bestimmten Umweltschutzmaßnahmen verpflichtet werden können, *Fitschen*, Deutsche Frage, S. 205f. m.w.N.

291 *Fitschen*, Deutsche Frage, S. 206.

3. Auswirkungen der UNESCO-Konventionen auf den internationalen Schutz von Kulturgütern

Die UNESCO-Konvention von 1970 kann nur dann ein wirksames Mittel des internationalen Kulturgüterschutzes sein, wenn sie verstärkt auch von den importierenden Nationen akzeptiert wird, wobei vor allem eine ernstzunehmende Umsetzung in das nationale Recht erforderlich ist. Mit den Beitritten der USA und schließlich auch Großbritanniens, Japans und der Schweiz als besonders wichtige Märkte für den Handel mit Kulturgütern ist ein entscheidender Schritt getan. Große Bedeutung kommt auch der geplanten Ratifikation und Umsetzung durch die Bundesrepubkik Deutschland zu. Die Entscheidung zu einem Beitritt ist äußerst begrüßenswert, zumal der BGH bereits im Jahr 1972 die berühmt gewordene „Nigeria-Entscheidung“[292] ausdrücklich mit den Beschlüssen der UNESCO von 1964 und 1970 über die Notwendigkeit des Schutzes des kulturellen Erbes der Völker auf internationaler Ebene durch enge Zusammenarbeit und der Konvention von 1970 begründete[293].

Aber auch ohne Ratifikation und die damit verbundene völkerrechtliche Verbindlichkeit entfaltet die UNESCO-Konvention von 1970 bereits internationale Wirkungen. Zum einen kann der in Art. 1 der Konvention verwendete Begriff des Kulturguts als Interpretationshilfe für die nationalen Bestimmungen wie beispielsweise § 1 des Gesetzes zum Schutz deutschen Kulturguts gegen Abwanderung herangezogen werden[294], zum anderen hat sich die UNESCO-Konvention auf die Ankaufspraxis von Museen ausgewirkt, die sich selbst Erwerbsregeln auferlegt haben, welche die in der Konvention verankerten Pflichten und Prinzipien oft weitgehend inkorporiert haben[295]. So war die UNESCO-Konvention der Wegbereiter für zahlreiche Verhaltenskodizes der mit Kulturgütern befassten Berufszweige:

> "It has also inspired Codes of Ethics, such as that of the International Council of Museums (ICOM) and the British Code of Practice which, valuable in themselves,

---

[292] BGH, Urt. v. 22.6.1972, II. ZR 113/70, BGHZ 59, 82ff.

[293] BGH, Urt. v. 22.6.1972, II ZR 113/70, BGHZ 59, 82, 85f. Der BGH stützt sich insoweit maßgeblich auf die UNESCO–Konvention von 1970 sowie eine Empfehlung der Generalkonferenz der UNESCO von 1970 über den Schutz von Kulturgut. Zwar habe das Übereinkommen für die Bundesrepublik noch keine verbindliche Kraft, die Beratungen der UNESCO und die Annahme des Übereinkommens durch die Generalkonferenz ergäben aber deutlich, dass die für die internationale kulturelle Zusammenarbeit zuständige Organisation die Ausfuhr von Kulturgut entgegen den Verboten eines Staates seit langem als ein gemeinschädliches und die Verständigung zwischen den Nationen hinderndes Verhalten auffasse. Die Formulierung des BGH macht deutlich, dass es um ein Verbot geht, das die Erhaltung des künstlerischen Erbes im Ursprungsland, d.h. den „Schutz des Landes vor Ausplünderung durch ausländische Kunstliebhaber“ bezweckt.

[294] *Bernsdorff/Kleine-Tebbe*, Kulturgutschutz, § 1, RN. 8, 15.

[295] Vergl. § 4 IX. und Anhang IV.

are also forerunners of more effective legislative action now seen as acceptable and necessary to States which have previously been reluctant to accept the obligations of the 1970 Convention."[296]

Auch können Versuche, mittels einer Klage vor einem nationalen Gericht Verbotsverfügungen für den Verkauf von Kulturgut zu erlangen bzw. eine Rückführung des Gutes durchzusetzen, prinzipiell auf ausländisches Recht i.V.m. einschlägigen völkerrechtlichen Verpflichtungen eines Staates zur Verhinderung der unzulässigen Einfuhr, Ausfuhr und Übereignung von Kulturgut[297] gestützt werden[298], wie dies auf eindrucksvolle Weise der bereits dargestellte „Nigeria-Fall" des BGH zeigt[299].

Ein weiterer positiver Aspekt der Konvention ist, dass sie explizit die Notwendigkeit anerkennt, die Staatengemeinschaft über die Wichtigkeit des Problems der Gefährdung der Kunstschätze zu informieren. So betonen einige Artikel[300] der Konvention die Notwendigkeit, das Bewusstsein der Öffentlichkeit bezüglich des illegalen Handels zu schulen. Durch die Konvention kann somit eine Sensibilisierung hinsichtlich des Bedarfs an rechtlichem Schutz von Kulturgut erfolgen.

Die Welterbekonvention von 1972 enthält nur eine geringe Anzahl völkerrechtlicher Verpflichtungen, dazu fehlen vollständig internationale Sanktionsmaßnahmen bei der Verletzung dieser Pflichten und auch andere geringere Druckmittel. Es bleibt zu hoffen, dass immerhin die hohe Zahl der Vertragsparteien dazu führt, dass sich auf lange Sicht der Schutz wertvollen Kulturguts als Bestandteil des internationalen *ordre public* verfestigt, was auch auf zwischenstaatlicher und nationaler Ebene nicht ohne Auswirkungen bleiben wird[301].

---

296 *Prott*, UNIDROIT, S. 15.

297 Wie auch die UNESCO-Konvention von 1970.

298 *Hailbronner*, JZ 2002, 957, 958.

299 Urt. v. 22.6.1972, II ZR 113/70, BGHZ 59, 82 ff.

300 Hier sind insbesondere die Artikel 5, 10 und 17 der UNESCO-Konvention von 1970 zu nennen. So enthält Art. 5 lit. f. die Verpflichtung zur Durchführung von Bildungsmaßnahmen, um die Achtung vor dem kulturellen Erbe aller Staaten zu wecken und zu entfalten, und zur Verbreitung der Kenntnisse über die Bestimmungen dieses Übereinkommens. Art. 5 lit. g. dient daneben der Vorsorge für eine ausreichende Bekanntmachung in der Öffentlichkeit über das Verschwinden von Kulturgut. In Art. 10 lit. a. der UNESCO-Konvention findet sich die Verpflichtung der Vertragsstaaten, durch Erziehung, Information und aufmerksame Beobachtung den Verkehr mit Kulturgut, das aus einem Vertragsstaat dieses Übereinkommens entfernt worden ist, einzuschränken. In Art. 17 Abs. 1 lit. a. der Konvention wird den Vertragsstaaten die Möglichkeit eingeräumt, die Hilfe der Vereinten Nationen im Bereich von Information und Erziehung anzufordern.

301 *Streinz*, Museumsgut, S. 79; *Fitschen*, Deutsche Frage, S. 206.

IV. Zusammenfassende Bewertung

"I suggest that the dialogue would be enriched and the institutional, national and international cultural property policies would be improved by placing less emphasis on the nation and more on the object."[302] *John Henry Merryman*

„Vielleicht überzeugt man sich bald: dass es keine patriotische Kunst und patriotische Wissenschaft gebe. Beyde gehören, wie alles Gute, der ganzen Welt an und können nur durch allgemeine, freye Wechselwirkung aller zugleich Lebenden, in steter Rücksichtsnahme auf das, was uns vom Vergangenen übrig und bekannt ist, gefördert werden."[303] *Propyläen, 1800, Johann Wolfgang von Goethe (Hrsg.)*

Gerade die Anzahl neuerer, insbesondere universeller Abkommen auf dem Gebiet des Kulturgüterschutzes zeigt, dass die Auseinandersetzung mit dem Kulturgutschutzgedanken und das Bewusstsein für Kulturwerte in bemerkenswertem und erfreulichem Maße zugenommen haben. Begrüßenswert ist auch, dass neben der Gefährdung von Kulturgütern im Zusammenhang mit bewaffneten Konflikten im Laufe der Zeit auch andere Gefahren wie der illegale Export und die Zerstörung von archäologischen Stätten durch Raubgrabungen erkannt und von Literatur und Rechtsprechung thematisiert wurden. Ein Problem ist jedoch, dass gerade das bedeutendste Abkommen auf dem Gebiet des Kulturgüterschutzes, die UNIDROIT-Konvention von 1995, die im Folgenden behandelt wird, noch weit von allgemeiner Akzeptanz und entsprechend auch der Ratifizierung durch die wichtigsten (Kultur-) Importstaaten entfernt ist. Dagegen gewinnt die UNESCO-Konvention von 1970 durch den Beitritt der USA, Japans, Großbritaniens und der Schweiz immer mehr an Bedeutung[304]. Herauszustellen ist in diesem Zusammenahng auch die von der Bundesrepubklik geplante Ratifikation.

Zusammenfassend ist zu sagen, dass sich bei den Fragen um die Abwanderung nationalen Kulturgutes ins Ausland und des Verkehrs mit gestohlenen Kulturgütern grundsätzlich zwei Positionen gegenüberstehen: zum einen die Sichtweise, die die territoriale Bindung von Kulturgut betont[305] und zum anderen das Ver-

---

[302] *Merryman*, I.J.C.P., Vol. 3, No. 1, 1994, 61.

[303] *von Goethe (Hrsg.)*, Propyläen, Dritter Band Zweites Stück, IV. Die Preisaufgabe betreffend, 5. Flüchtige Übersicht über die Kunst in Deutschland, S. 167.

[304] Die Vertragsstaaten der UNIDROIT-Konvention von 1995 finden sich im *status report* am Ende von Anhang I. 1., diesem Übereinkommen ist die Bundesrepublik Deutschland bisher nicht beigetreten, vergl. dazu *Bernecker*, Museumskunde, Band 67, 1/2002, 19–24; *Desch*, Museumskunde, Band 67, 1/2002, 25–27; Stellungnahme der Bundesregierung, *Naumann*, Bewahren als Problem, S. 167, mehr dazu unter § 3 XIII.

[305] Diese Position hat insbesondere nach dem Zweiten Weltkrieg Bedeutung erlangt, als der Kolonialismus zurückging und gerade die Kulturgüter als Ausdruck der nationalen Identität angesehen wurden. Durch strenge Exportbeschränkungen versuchen die ehemaligen Kolo-

ständnis der Kulturgüter als gemeinsames Erbe der Menschheit[306]. Diese beiden Grundeinstellungen des „kulturellen Nationalismus" (auch *nation-oriented policy*[307]) und des „kulturellen Internationalismus" (auch *object-oriented policy*[308]) prägen sowohl die völkerrechtliche Diskussion als auch die privatrechtlichen Lösungsansätze bei der Frage nach dem internationalen Rechtsschutz für Kulturgut. Jede dieser Sichtweisen hat ihre Vor- und Nachteile.

Will man gemäß dem Gedanken des kulturellen Nationalismus jedes Kulturgut in sein „Heimatland" zurückbringen, würden viele bedeutende Museen durch einen eklatanten Mangel an Ausstellungsstücken vor großen Problemen stehen. Auch stellt sich in einigen Fällen die Frage, ob der Erhalt des betreffenden Gutes in seinem Ursprungsland in gleichem Maße gesichert ist, wie an seinem momentanen Ausstellungsort[309]. Und ist es überhaupt sinnvoll, alle Kulturgüter an ihren Ursprungsort oder zumindest in ihr Ursprungsland zurück zu bringen? Sollten beispielsweise alle *Gutenberg*-Bibeln nach Mainz zurückkehren, oder alle Werke *Leonardo da Vincis* nach Italien? So wird der „kulturelle Nationalismus" unter anderem mit den folgenden Worten kritisiert:

> "In my own view [...], contemporary cultural nationalism is a relict of 19th century Romanticism that has a superficial sentimental appeal that gives it disproportionate influence in cultural policy determinations."[310].

---

nialstaaten die Relikte ihrer Vergangenheit, die über Jahrhunderte geplündert wurden, im Inland zu erhalten, *Kinderman*, 7, 2 Em. Int. L. R. (1993), 457, 464.

306 *Müller-Katzenburg*, Internationale Standards, S. 54; *Müller*, Fechner/Oppermann/Prott, S. 257; *Siehr*, FS Lorenz, 1991, S. 526; *Roellecke*, Mußgnug/Roellecke, S. 43; *Doyal*, 39 Colum. J. Transnat. L. (2001), 657, 662 definiert diese Begriffe folgendermaßen: „Cultural internationalism encompasses the idea that cultural property is part of the common heritage of mankind and is not limited to the producing culture. [...] On the other hand, cultural nationalism envisages the concept that cultural property should be retained within the nation and links cultural property to national heritage.". Zum Verständnis der kulturellen Güter als gemeinsames Erbe differenzierend *Kinderman*, 7, 2 Em. Int. L. R. (1993), 457, 463 f., wonach gerade von Nationen, die selbst „arm" an Kulturgütern sind, die Positition vertreten wird „art speaks to humanity as a whole, regardless of its original origin", und der freie Austausch von Kulturgütern befürwortet wird.

307 *Merryman*, I.J.C.P., Vol. 3., No. 1, 1994, 61, 64 f.

308 *Merryman*, I.J.C.P., Vol. 3., No. 1, 1994, 61, 64 f.

309 Die drei Hauptanliegen des kulturellen Internationalismus bzw. nach *Merryman* einer *object-oriented policy* sind demgegenüber der Erhalt des Gutes, die aus dem Gut erworbenen Erkenntnisse und der Zugang der Öffentlichkeit zu dem Gut, *Merryman*, I.J.C.P., Vol. 3, No. 1, 1994, 61, 64: „The most basic is preservation: protecting the object and its context from impairment. Next comes the quest for knowledge, for valid information about the human past, for the historical, scientific, cultural and aesthetic truth that the object and its context can provide. Finally, we want the object to be optimally accessible to scholars (for study) and to the public (for education and enjoyment).".

310 *Merryman*, Cal. L. R. 77 (1989), 339, 363.

> „Was heißt Identität? Sollen wir künftig römische Bodenfunde aus Trier nach Rom schicken, weil unsere germanischen Vorfahren den Kulturfortschritt zunächst nicht zu würdigen wussten? Gehören die mittelalterlichen Urkunden aus den schlesischen Klöstern den Deutschen, die es historisch gesehen damals nicht gab, oder nicht einfach an den Ort ihrer Entstehung, ganz egal, wie sie sich im Sturm der Zeit verändert haben? Der Begriff „Identität" führt ins National-Verschwiemelte, er verwandelt Geschichte in Ideologie – nur der örtliche Bezug ist eindeutig."[311]

Problematisch an der Sichtweise der kulturellen Güter als gemeinsames Erbe der Menschheit ist jedoch, dass sich diese an jedem erdenklichen Ort befinden können, solange sie frei zugänglich sind[312]. Eine solche Wertung als Erbe der Menschheit könnte somit Ansprüchen auf Rückführung den Boden entziehen und somit gerade im Widerspruch zu den offensichtlichen Anliegen des internationalen Kulturgüterschutzes und der UNESCO stehen[313]. Entscheidend ist jedoch die Umsetzung des Gedankens des *Common Heritage of Mankind*, der nicht grundsätzlich als unvereinbar mit einer Rückführung der Kulturgüter in ihr Ursprungsland zu sehen ist, sondern auch als gemeinsame Verantwortung der Menschheit für den Erhalt der Kulturgüter gerade in ihrem ursprünglichem Zusammenhang verstanden werden kann.

Eine neue internationale Regelung des rechtlichen Schutzes von Kulturgut muss eine adäquate Balance zwischen diesen Positionen finden, zum einen den legalen Austausch von Kulturgütern erlauben und zum anderen die Plünderung des kulturellen Erbes der „antiken-reichen" Länder verhindern[314]. Ihr Erfolg hängt entscheidend vom Gelingen dieses Ausgleiches ab. Vor diesem Hintergrund soll untersucht werden, ob die UNIDROIT-Konvention vom 24. 6. 1995 über gestohlene oder rechtswidrig ausgeführte Kulturgüter hierfür eine befriedigende Lösung bietet.

---

[311] *Aly*, Deutsches Wesen, S. 208. Der Autor problematisiert die Haltung des Präsidenten der Stiftung Preußischer Kulturbesitz, *Klaus-Dieter Lehmann*, der die Bedeutung der Nationalität von Akten und Archivalien betont.

[312] *Roellecke*, Mußgnug/Roellecke, S. 44 f. Auch wenn ein Kulturgut Teil des Erbes der Menschheit ist und somit allen gehört, kann es sich doch nur einmal an einem bestimmten Ort befinden. Aus diesem Grund muss das Gut in die politischen, rechtlichen und wirtschaftlichen Unterscheidungen der Menschheit eingefügt werden. Das Verständnis der kulturellen Güter als gemeinsames Erbe der Menschheit lässt sowohl „gerecht" als auch „ungerecht" erscheinende Verteilungsentscheidungen zu, doch findet eine gewisse Bevorzugung der historischen Verteilungen statt.

[313] *Sitter-Liver*, Informationstag, S. 26, der jedoch nicht das Anliegen, das hinter der Formulierung des „Common Heritage of Mankind" steht, bestreiten will und die internationale Kooperation zum Erhalt von Kulturzeugen als wünschenswert erachtet. Vergl. dazu *Pommerehne/Frey*, Libre circulation, S. 89 ff., 109, die sich vor allem mit der wirtschaftlichen Perspektive beschäftigen.

[314] *Kinderman*, 7, 2 Em. Int. L. R. (1993), 457, 465.

§ 3 Analyse der UNIDROIT-Konvention

"The Convention may indeed be regarded as 'the best international legal means' available to deter the illicit trade in culturel property"[1] *Folarin Shyllon*

Die „UNIDROIT-Konvention vom 24.6.1995 über gestohlene oder rechtswidrig ausgeführte Kulturgüter" wird als Höhepunkt der Entwicklung hin zu einem Sonderrecht für Kunstwerke bezeichnet, welche beim Denkmalschutz begann[2] und nun alle Rechtsgebiete erreicht, darunter auch das Privatrecht[3]. Sie ist das Ergebnis einer fruchtbaren Zusammenarbeit der wichtigsten Internationalen Organisationen, zu deren Aufgaben der Kulturgüterschutz gehört[4]. Durch die UNIDROIT-Konvention sollen die Umrisse eines eigenständigen Regelwerks sichtbar werden, dessen heterogene Teile durch das gemeinsame Ziel verbunden sind, Kulturgüter in ihrem Bestand und ihrer Zuordnung zu schützen[5]. Die UNIDROIT-Konvention versucht, dem bis heute fortbestehenden Regelungsbedarf in den wichtigen Teilbereichen des Internationalen Kulturgüterschutzes, der Restitution gestohlener Kulturgüter im zivilrechtlichen Bereich einerseits und der Rückführung unerlaubt ausgeführter Kulturgüter im öffentlich-rechtlichen Bereich andererseits, gerecht zu werden[6]. Zum bleibenden Verdienst von UNIDROIT wird es damit werden, dem Internationalen Kulturgüterschutz die bisher fehlende privatrechtliche Dimension verliehen zu haben[7].

Ziel der UNIDROIT-Konvention ist es, Normen und Regeln aufzustellen, die zum einen den internationalen Verkehr von Kulturgütern gewährleisten und zum anderen das nationale kulturelle Erbe schützen[8] und beide – sich teilweise widersprechende – Ziele in einen angemessenen Ausgleich zu bringen. Es muss daher einerseits akzeptiert werden, dass Länder Kontrollen für den Export ihres kulturellen Patrimoniums einrichten, wenn man für sich selbst beansprucht, dass das eigene Kulturgut nicht unkontrolliert außer Landes geschafft werden kann. Andererseits ist niemand daran interessiert, jeden internationalen Verkehr von

---

1 *Shyllon*, Unif. L. Rev./Rev. dr. unif. 2000, 219, 238.

2 S. § 2 II 1.

3 *Jayme*, Neues Recht, S. 11; *ders.*, Kunstwerk, 177f.; *Hipp*, Kulturgüterschutz, S. 201.

4 Mit Ausnahme der Europäischen Gemeinschaft, vergl. *Bergé*, 127 J.D.I. (2000), 215, 219.

5 *Schiedermair*, FS Benda, 1995, S. 235ff.; s. auch *Kinderman*, 7, 2 Em. Int. L. R. (1993), 457, 461.

6 *Reichelt*, Neues Recht, S. 56 FN 5 m.w.N.

7 *Reichelt*, FS Schwind, 1993, S. 208.

8 Vergl. Präambel der UNIDROIT-Konvention Abs. 2. S. dazu *Pfaff-Czarnecka*, UNIDROIT, S. 92, wonach der UNIDROIT-Konvention als legalem Instrument eine wichtige Brückenfunktion im interkulturellen Austausch zukommt.

Kulturgütern unmöglich zu machen, da ein solcher Austausch für Forschung und Ausstellungen erwünscht ist[9].

Nachdem das Thema des Kulturgüterschutzes jahrhundertelang öffentlich-rechtlich, insbesondere völkerrechtlich orientiert war[10], bestand die Notwendigkeit, auf dem Gebiet des Zivilrechts einheitlich geltende Sachnormen zu schaffen, denn auf dieser Ebene existieren die größten Chancen, gestohlene oder illegal exportierte Kulturgüter zurückzubekommen[11]. Wenn sich auch auf den ersten Anschein die Rechtskonflikte, die bei der Abwanderung von Kulturgut auftreten, allein auf der Ebene des öffentlichen Rechts befinden, ist das internationale Sachenrecht der Ausgangspunkt und die Grundlage für die Lösung der Rechtskollisionen, die sich beim grenzüberschreitenden Verkehr mit geschützten Kulturgütern ergeben[12].

Wurde beispielsweise ein Kulturgut entgegen den Verboten der nationalen Kulturgutschutzgesetze ausgeführt, ist es nicht ausreichend, wenn sich das Schutzgesetz auf eine Sanktion gegen den Ausführenden beschränkt, vielmehr ist dem Rechtsgeschäft, das dem Verstoß zugrunde liegt, auch zivilrechtlich die Wirksamkeit zu versagen. Die rechtswidrige Ausfuhr darf nicht die Begründung neuer Rechtspositionen nach sich ziehen[13]. Der Kampf gegen den Diebstahl selbst muss sich, um wirksam zu sein, auf die ganze Kette der Transaktionen, die dem Diebstahl folgen, beziehen und nicht nur auf die Tat selbst und ihre Bestrafung[14]. Diese Schlussfolgerungen bildeten den Ausgangspunkt für die Entwicklung der

---

9 *Josef Brülisauer*, Direktor des Historischen Museums Luzern und Präsident des Verbandes der Museen der Schweiz, vertrat in der Diskussion um die Unterzeichnung der UNESCO-Konvention von 1970 durch die Schweiz diese Position, die auch im Hinblick auf die UNIDROIT-Konvention beachtenswert ist, *Brülisauer*, Informationstag, S. 69.

10 *Reichelt*, Europa-Institut, S. 4; *dieselbe*, Dolzer/Jayme/Mußgnug, S. 69, beispielsweise war das Europäisches Übereinkommen über strafrechtliche Vergehen an Kulturgut v. 23. 6. 1985 (European Treaty Series Nr. 119) des Europarats ausschließlich strafrechtlich orientiert. Wohingegen sich „the UNESCO Convention [von 1970] […] with the problem of illicit traffic by means of administrative procedures and State action" befasst, *Prott*, UNIDROIT, S. 15.

11 Vergl. *Streinz*, Museumsgut, S. 95f.; *Raschèr*, Kulturgütertransfer, S. 67; *Schneider*, Unif. L. Rev./Rev. Dr. unif. 2001, 476, 500.

12 So bereits auf dem Symposium v. 22./23. 6. 1990 zu Rechtsfragen des internationalen Kulturgüterschutzes, *Stoll*, Dolzer/Jayme/Mußgnug, S. 53, wonach das Sachenrecht in den Dienst des Kulturgüterschutzes gestellt wird.

13 *Kohls*, Kulturgüterschutz, S. 22f.

14 Vergl. *Lalive*, SZIER 1997, 13, 18 FN 15 mit Verweis auf *Jean Chatelain*, den ehemaligen Direktor des *Musée de France*, der in seinem Werk „Mittel zur Bekämpfung des Diebstahls von Kunstwerken und ihres unerlaubten Handels" darlegt, dass Verbote und Strafen nicht ausreichen, um den illegalen Handel zu unterbinden, sondern dass ebenso präventive Maßnahmen ergriffen und Kontrollen durchgeführt werden sollten, s. *Chatelain*, Mittel, S. 29f.

UNIDROIT-Konvention: Wird der Weiterverkauf von Waren zweifelhafter Provenienz erschwert, hat dies einen Rückgang der Nachfrage zur Folge, der sich auf die Zahl der Diebstähle von kulturellen Gütern auswirken wird[15].

I. Die Notwendigkeit einer internationalen Regelung

Die UNIDROIT-Konvention soll damit die verschiedenen Probleme im Bereich des Kulturgüterschutzes überwinden, die durch die bisher bestehenden nationalen und internationalen Regelungen nicht gelöst werden konnten.

1. Mängel der bisherigen Regelungen

Das bisher bedeutendste Instrument des Internationalen Kulturgüterschutzes stellt die UNESCO-Konvention von 1970 dar, die bisher jedoch keine ausreichende Lösung im Kampf gegen den illegalen Kulturgütertransfer bot[16]. Als Schwächen der UNESCO-Konvention hatte man vor allem deren Unbestimmtheit und die mangelnde Berücksichtigung ihrer praktischen Vereinbarkeit mit nationalen Sachenrechtsvorstellungen erkannt; die privatrechtlichen Fragen waren lediglich aufgeworfen, aber nicht gelöst worden[17]. So musste die im Wesentlichen öffentlich-rechtlich geprägte Konvention insbesondere im Hinblick auf den umstrittenen Art. 7 lit. b. ii mit privatrechtlichen Strukturen ergänzt werden[18]. Diese einzige privatrechtliche Bestimmung der UNESCO-Konvention von 1970 unter-

---

15 *Raschèr*, UNIDROIT, S. 15; vergl. auch *Thorn*, Mobiliarerwerb, S. 31, wonach der Ausschluss des Erwerbes vom Nichtberechtigten zur Folge habe, dass ein potentieller Käufer häufig umfangreiche Nachforschungen über die Herkunft des Kaufgegenstandes anstellen werde, und wenn das finanzielle Risiko zu groß erscheine, unter Umständen vom Kauf Abstand nehme.

16 *Siehr*, Unif. L. Rev./Rev. dr. unif. 1998, 671, 672.

17 *Lalive*, SZIER 1997, 13, 26, *Goldrich*, 23 Fordham Int'L.J. (2000), 118, 137ff.; *Winter*, FS de Waart 1998, 359. Eine weitere Schwachstelle der UNESCO-Konvention von 1970 war, dass sie, obwohl oder gerade weil sie ausdrücklich ein universelles Interesse der Herkunftsländer an für sie bedeutenden Kulturgütern anerkennt, nicht zu einem international harmonisierten Regime für die Ein- und Ausfuhr von Kulturgütern geführt hat, sondern lediglich die völkerrechtliche Grundlage für von den Vertragsstaaten auf der Grundlage nationalen Rechts durchzuführende Importverbote darstellt. Ein eigentliches Element der Internationalisierung stellt die in Art. 17 Abs. 2 der UNESCO-Konvention von 1970 der UNESCO eröffnete Möglichkeit dar, auf eigene Initiative Nachforschungen über den illegalen Kunsthandel anzustellen, *Wyss*, Dimension der Völkerrechtsordnung, S. 170 f., m.w.N.; zu den Schwächen der UNESCO-Konvention von 1970 s. auch *Sidorsky*, I.J.C.P, Vol. 5, No. 1, 1996, 19, 24 FN 53.

18 *Reichelt*, Dolzer/Jayme/Mußgnug, S. 69; *dieselbe*, FS Schwind, 1993, S. 208; *Weidner*, Res extra commercium, S. 249; *Turner*, Restitution, S. 148.

scheidet zu wenig zwischen öffentlichrechtlichen – wie z. B. Ausfuhrregelungen – und privatrechtlichen Fragen[19] – wie gutgläubiger Erwerb. Darüber hinaus bezieht sie sich lediglich auf Kulturgüter, die aus einem Museum, einem öffentlichen religiösen oder weltlichen Bauwerk oder einer ähnlichen Einrichtung entwendet wurden, vorausgesetzt, sie gehören zum Inventar dieser Einrichtungen[20]. Dies hatte die missliche Folge, dass Objekte aus Raubgrabungen, Kulturgüter aus privatem Umfeld sowie aus Staaten, die keine adäquaten Inventare oder Dokumentationen kennen, wie dies insbesondere bei wirtschaftlich schwachen Staaten, deren kulturelles Erbe besonders gefährdet ist, der Fall sein kann, nicht unter den Anwendungsbereich der Konvention fallen[21].

Eine hauptsächlich auf den strafrechtlichen Aspekt des Problems beschränkte Regelung stellt das Europäische Übereinkommen über Straftaten gegen Kulturgut vom 23. 6. 1985, die so genannte „Konvention von Delphi", dar[22]. Auch diese Konvention bot keine ausreichende Lösung, da sie nur zur Anwendung kommt, wenn ein gestohlenes oder illegal ausgegrabenes Kulturgut beim eigentlichen Täter gefunden wird, und hilft dem ehemaligen Eigentümer nicht, wenn das betreffende Objekt von einem Dritten gutgläubig erworben oder ersessen wurde[23].

2. Internationales Privatrecht

Die Lösung des Problems ist damit vor allem im internationalen Privatrecht zu erreichen. Bisher unterlag der Verkauf und Erwerb von Kunstwerken bzw. kulturellen Gütern in den nationalen Rechtsordnungen den gleichen privatrechtlichen Regelungen wie alle anderen beweglichen Güter[24]. Ebenso erfuhr Kulturgut im internationalen Privatrecht keine Sonderbehandlung; auch hier galten vielmehr die allgemeinen sachenrechtlichen Regeln. Bei der Neukodifikation des deutschen internationalen Sachenrechts im Jahr 1999[25] wurde die Notwendig-

---

19 *Thorn*, Mobiliarerwerb, S. 91.

20 *Prott*, UNIDROIT, S. 15.

21 *Raschèr*, Kulturgütertransfer, S. 65; *Goldrich*, 23 Fordham Int'L.J. (2000), 118, 137f.

22 Europäisches Übereinkommen über strafrechtliche Vergehen an Kulturgut v. 23.6.1985, European Treaty Series Nr. 119, vergl. dazu auch § 2 II. 3.

23 *Fechner*, Archäologisches Kulturgut, S. 95; *Berndt*, Internationaler Kulturgüterschutz, S. 44f.; diese Konvention geht insbesondere in Bezug auf die Rückgabe von Kulturgütern nicht über bestehende Rechtshilfeabkommen hinaus und stellt keine wirkliche Verbesserung des Schutzes von Kulturgut dar, wobei sie jedoch technisch gesehen für die strafrechtliche Zusammenarbeit eine Erleichterung bedeuten könnte, doch wurde sie bislang von keinem Vertragsstaat ratifiziert und ist deshalb noch nicht in Kraft getreten, *Raschèr*, Kulturgütertransfer, S. 37.

24 *Raschèr*, Museumskunde, Band 67, 1/2002, 28, 33; *Wiederkehr Schuler*, Kunstmarkt, S. 9.

25 Gesetz zum Internationalen Privatrecht für außervertragliche Schuldverhältnisse und Sachen v. 21.5.1999, BGBl. 1999 I, 1026ff.

keit, eine eigene Regelung für Kulturgut zu schaffen, sogar noch ausdrücklich verneint[26].

Nach den Regelungen des internationalen Privatrechts gilt bei der Übertragung des Eigentums an Mobilien der Grundsatz der *lex rei sitae*[27], wonach jeweils das Recht des Staates anzuwenden ist, in dessen Hoheitsgebiet sich die Sache zum Zeitpunkt der Eigentumsübertragung befindet. Das gleiche Rechtsgeschäft hat damit verschiedene Konsequenzen, je nachdem, in welchem Staat es getätigt wird. Wird nun die Sache von einem Rechtsgebiet in ein anderes gebracht, hat das einen sachenrechtlichen Statutenwechsel zur Folge, so dass nunmehr das Recht am neuen Belegenheitsort der Sache über die an ihr bestehenden Besitz-, Eigentums- und sonstigen dinglichen Rechte entscheidet[28]. Dies gilt auch für Kulturgüter, die von einem Staat in den anderen gebracht werden, selbst dann, wenn sie gestohlen oder illegal exportiert wurden[29].

Auch wenn Kulturgüter, die im Herkunftsland *res extra commercium* und somit unveräußerlich sind, illegal exportiert werden, wird dieser Status im Ausland in der Regel nicht anerkannt. Die Staaten wenden in Konsequenz der *Situs*-Regel

---

26 Vergl. BT-Drucks. 14/343, 15: „Auch für Kulturgüter ist keine ausdrückliche Regelung erforderlich. In Ergänzung nationaler Regeln des öffentlichen Rechts (vgl. das Gesetz zum Schutz deutschen Kulturguts gegen Abwanderung) enthält die in Deutschland noch nicht umgesetzte Richtlinie 93/7/EWG des Rates v. 15. 3. 1993 über die Rückgabe von unrechtmäßig aus dem Hoheitsgebiet eines Mitgliedstaates verbrachten Kulturgütern (ABl. EG Nr. L 74, 74) eine Kollisionsnorm in Artikel 12 [...], die von der allgemeinen sachenrechtlichen Anknüpfungsregel der Lex rei sitae abweicht." Kritisch dazu unten § 4 VII. 5. b.

27 Auch Belegenheitsrecht genannt, vergl. u. a.: *Kreuzer*, MK, BGB, 10, nach Art. 38 EGBGB Anh. I RN. 12ff.; *Heldrich*, Palandt, BGB, Art. 43 EGBGB RN. 1; *Junker*, IPR, RN. 467; *von Hoffmann*, IPR, § 12 III, RN. 7ff.; *Koch/Magnus/Winkler von Mohrenfels*, IPR, § 7 II, S. 140, 300; *Kegel/Schurig*, IPR, § 2 II 3. S. 140, 144, § 19 I; II S. 765ff.; *Kunz*, IPR, 10. Teil, RN. 545ff.; *Kropholler*, IPR, § 54 I; *Rauscher*, IPR, S. 300ff.; *Schlosshauer-Selbach*, IPR, RN. 337ff.; *Richard/Junker*, Jura 1985, 415, 421; *Jayme*, ZVglRWiss 95 (1996), 158, 167. Auch im japanischen IPR gilt gemäß § 10 Abs. 1 *Horei* der Grundsatz der Anknüpfung an die *lex rei sitae*, *Kono*, Dolzer/Jayme/Mußgnug, S. 114; ebenso in der Schweiz, vergl. Art. 100 schweizerisches IPRG.

28 Im deutschen IPR ist die *Situs*-Regel in Art. 43 I EGBGB festgeschrieben: „Rechte an einer Sache unterliegen dem Recht des Staates, in dem sich die Sache befindet." Bereits vor der Kodifizierung dieser Regel durch die IPR-Reform v. 1. 6. 1999 (vergl. *Kreuzer* MK, BGB, 10, Nach Art. 38 EGBGB Anh. I RN. 1: *Stoll*, Staudinger, BGB, Int. SachenR. RN. 1), die das internationale Sachenrecht in den Art. 43 bis 46 EGBGB gesetzlich regelte, wurde sie vom BGH als Gewohnheitsrecht angewandt, vergl. Entscheidung des BGH v. 8. 4. 1987, VII ZR 211/86, BGHZ 100, 321ff., 324; weiterhin *Junker*, IPR, RN. 482; *Fuchs*, IPRax 2000, 281, 284; *von Hoffmann*, IPR, § 12, RN. 9; *Armbrüster*, NJW 2001, 2581, 3582f.

29 Vergl. *Jayme*, Dolzer/Jayme/Mußgnug, S. 35; *Stoll*, Dolzer/Jayme/Mußgnug, S. 54; LG Hamburg, Urt. v. 25. 5. 1977, IPRspr. 1977 Nr. 48 (Diebstahl eines *Picasso* in London); Fall *Winkworth v. Christie, Manson & Woods Ltd and another* (1980), 1 All. E. R. 1121 (Ch. D.), 2 W.L.R. (1980), 937; zum Ganzen auch *Siehr*, 77 SJZ (1981), 189ff.; *Jefferson*, 96 L.Q.Rev. (1980), 508, 509.

auch auf inländische Veräußerungen ausländischer Kulturgüter das inländische (Sachen-) Recht an, wonach das betreffende Kulturgut regelmäßig frei veräußerlich ist und gutgläubig erworben werden kann[30]. Nach der Prägungstheorie bleibt eine solche, einmal unter der Herrschaft der früheren *lex rei sitae* erlangte, sachenrechtliche Prägung eines beweglichen Gegenstandes auch nach einem nachfolgenden Statutenwechsel bestehen[31]. Dabei erscheint es doch sehr fraglich, ob die Eigentumsbestimmung an einem Kunstwerk oder einem archäologischen Kulturgut unbestimmter Herkunft, wirklich den gleichen Regeln unterliegen kann, wie bei einem einfachen Gegenstand, einem Auto, einer Kamera oder einer Schiffsladung von Schuhen oder Tomaten[32].

Es ist offensichtlich, dass das Problem der Ausbreitung des Diebstahls kultureller Güter ein immer mehr internationales Problem ist[33], das nicht allein auf nationaler Ebene, sondern nur mit Mitteln der internationalen Übereinstimmung gelöst werden kann[34]. Ein nationaler Gesetzgeber kann keine eigenständige Lösung entwickeln, da wie bereits dargestellt, diese Regelungen durch das Verbringen des Gegenstandes über die Grenzen und dem damit verbundenen Statutenwechsel problemlos umgangen werden können[35]. Auch regionale Lösungen wie die der Europäischen Union sind ungenügend angesichts dieser weltweit bestehenden Missstände[36].

3. Die Notwendigkeit einheitlicher privatrechtlicher Regelungen

> *„On se saurait trop y insister: le cœur du problème en effet, ou si l'on vuet, le principal remède et le plus efficace voire le seul, à l'épidémie de vol des biens culturels se situe sur le terrain de la revente internationale avec transfert du titre de propriété à des acquéreurs dits «de bonne foi» selon une loi locale qui a été élaborée en fonction de la vente de marchandises ordinaires."*[37] *Pierre Lalive*

---

30 *Siehr*, AJP 1999, 962, 965.

31 Vergl. Art. 43 Abs. 2 und 3 EGBGB; s. dazu *Kienle/Weller*, IPRax 2004, 290, 291.

32 *Lalive*, SZIER 1997, 13, 24.

33 So auch *Franz*, KUR 1999, 345, mit verschiedenen Beispielsfällen.

34 *Sitter-Liver*, UNIDROIT, S. 8; *Raschèr*, Kulturgütertransfer, S. 132; *Merryman*, Cal. L. R. 77 (1989), 339, 340f.; *Sitter-Liver*, UNIDROIT, S. 8f.

35 So konnten auch die Regelungen auf dem Gebiet der Europäischen Gemeinschaft (Vergl. die Verordnung EWG 3911/92 v. 9.12.1992 und die Richtlinie 93/7/EWG v. 15.3.1993) oder des Commonwealth, die auch direkt von den Arbeiten von UNIDROIT inspiriert wurden, auf Grund ihres beschränkten Anwendungsbereichs keine ausreichende Lösung dieses universellen Problems bieten, *Lalive*, SZIER 1997, 13, 25.

36 *Lalive*, SZIER 1997, 13, 25.

37 *Lalive*, SZIER 1997, 13, 26f.

Der Weiterverkauf gestohlener Kunst über internationale Grenzen hinweg ist der Hauptmotor der Kunstkriminalität, da der illegale Handel durch die Anwendung der *lex rei sitae* von der Verschiedenheit der nationalen Rechtssysteme im Bezug auf den gutgläubigen Erwerb profitiert[38]. Denn mit Hilfe der Gutglaubensvorschriften und dem Verjährungsrecht kann es gelingen, den Weiterverkauf gestohlener Güter nachträglich unangreifbar zu machen. Die großen Unterschiede im Rechtswesen der Staaten, begünstigen den illegalen Handel insofern, als jeweils das günstigste rechtliche Operationsfeld gewählt werden kann[39]. Für dieses Ausnutzen der Verschiedenheit der nationalen Rechtsordnungen, um die Wiedererlangung gestohlener Güter zu erschweren, wird vielerorts der Begriff des „Waschens“[40] der kulturellen Güter verwendet:

> "The conflict between differing national laws essentially enables thieves to „launder“ stolen artwork through countries with short statutes of limitation and property laws that allow passage of good title to stolen goods to bona fide purchasers."[41]

Diese Probleme könnten mit Hilfe eines internationalen Einheitsrechts im Bereich des Eigentumserwerbs an gestohlenen Gegenständen gelöst oder zumindest verringert werden. Experten drängen deshalb auf eine einheitliche drastische Einschränkung der Verjährungseinrede und des Rechtsschutzes für gutgläubigen Erwerb, was allerdings für den Kunsthandel weitreichende Folgen haben würde[42]. Die UNIDROIT-Konvention kommt diesen Forderungen nach, statuiert eine allgemeine Rückgabepflicht für gestohlene Kulturgüter[43] und verlängert

---

38 *Thorn*, Mobiliarerwerb, S. 31; *Spaun*, Herausgabeanspruch, S. 27; *Lalive*, SZIER 1997, 13, 24; *Raschèr*, Kulturgütertransfer, S. 66f., 77. Vergl. auch *Lehnart*, „Ein Papagei! Ach, wenn er doch uns wieder gehörte! Preußische Kulturbesitzvermehrung: Eine Kunstraubgeschichte mit glücklichem Ausgang“, FAZ v. 10. 2. 2004, 40: „Uneinheitlich, wie die Gesetzgebung ist, und je nach nationaler Interessenlage auslegbar, werden juristische Probleme insbesondere dann virulent, wenn ein einzelnes als verschollen geltendes Kunstwerk plötzlich aus undurchsichtigen Quellen auftaucht und über einen Mittelsmann dem „Alteigentümer“ angeboten wird.“

39 *Roth*, Museumskunde, Band 67, 1/2002, 5, 7. Besonders die Schweiz war Marktort für den illegalen Handel mit gestohlenen oder illegal ausgeführten Kulturgütern geworden, dies unter anderem deshalb, weil dort der Herausgabeanspruchs des Eigentümers bereits nach fünf Jahren verjährt.

40 *Hipp*, Kulturgüterschutz, S. 162; *Raschèr*, Kulturgütertransfer, s. 84; ebenso *Heinbuch* in der Diskussion in Dolzer/Jayme/Mußgnug, S. 133. Nach *Pierre Lalive* ist das Entfernen des Diebesgutes über die Grenzen „une des bases du blanchiment“, *Lalive*, SZIER 1997, 13, 18; s. auch *Carducci*, Restitution, S. 25.

41 *Kinderman*, 7, 2 Em. Int. L. R. (1993), 457, 459f. Anders als bei der Geldwäsche, wo die Herkunft des Geldes verschleiert wird, geht es hier um die Ermöglichung eines rechtmäßigen Erwerbs.

42 *Thibaut*, „Kunstdiebstahl. Auswirkungen der UNIDROIT-Konvention. Eine Zeitbombe gegen den Kunstbesitz“, HB v. 24. 11. 1995, Galerie 5. S. dazu unten vor allem § 3 XIII.

43 Vergl. Art. 3 Abs. 1 UNIDROIT-Konvention.

die Verjährungsfristen für Ansprüche auf die Herausgabe von gestohlenen oder illegal exportierten Kulturgütern auf mindestens fünfzig Jahre[44].

II. Entstehung der Konvention

Die Erkenntnisse der Wissenschaft und die Erfahrungen der Praxis sprachen dafür, bei den Regeln über den Erwerb von Kulturgütern anzusetzen, um die Defizite der UNESCO-Konvention von 1970 zu vermeiden und die Chancen auf internationale Akzeptanz des geplanten Übereinkommens zu erhöhen[45]. Da die Vereinbarkeit der Regelungen der Konvention mit dem jeweiligen nationalen Sachenrecht für die internationale Akzeptanz der entscheidende Gesichtspunkt ist, wurde das Institut für die Vereinheitlichung des Privatrechts (UNIDROIT) in Rom, das auf Grund seiner Arbeiten zur Rechtsvereinheitlichung des gutgläubigen Erwerbs beweglicher Sachen auf diesem Gebiet bereits besondere Erfahrung gesammelt hatte[46], von der UNESCO mit dem Entwurf eines völkerrechtlichen Vertrages beauftragt[47]. Zweck dieses Vertrages sollte es sein, einheitlich geltende Sachnormen zu schaffen, um auf der Ebene des Privatrechts dem illegalen Kulturgüterverkehr entgegen zu wirken[48].

Hierbei hatte es sich gezeigt, dass eine auf der klassischen Methode der formellen Rechtsvergleichung aufbauende Rechtsvereinheitlichung nicht den notwen-

---

44 Vergl. Art. 3 Abs. 2, Abs. 4; Art. 5 Abs. 5 UNIDROIT-Konvention.

45 *Streinz*, Museumsgut, S. 95; *Müller-Katzenburg*, Internationale Standards, S. 100; *Renold*, Table ronde, S. 19; *Siehr*, Aufbruch nach Europa, S. 817f.

46 Den Weg nach Rom wies insbesondere die Hoffnung, das so genannte LUAB – *loi uniforme sur l'acquisition de bonne foir des choses mobiliers* – zu reaktivieren, um beispielsweise den bona fide-Erwerb vom Nichtberechtigten zu vereinheitlichen. Das LUAB wurde als ein Restprodukt des LUVI – des Einheitsrechtes über den internationalen Kauf –, das seinerseits den Weg über den Haag in die Uncitral ging, seit 1974 in das Arbeitsprogramm des UNIDROIT aufgenommen: *Projet de loi uniforme d'UNIDROIT sur la protection de l'acquéreur de bonne foi d'objets mobiliers corporels* (LUAB 1968), und *Projet de loi uniforme d'UNIDROIT sur l'acquisation de bonne foi d'objets mobiliers corporels des* 1974 (LUAB 1974) mit erläuterndem Bericht von *Sauveplanne*, Nachweise bei *Reichelt*, Dolzer/Jayme/ Mußgnug, S. 69. Zur Entwicklung der UNIDROIT-Konvention vergl. auch *Prott*, UNIDROIT, S. 12–14.

47 *Siehr*, Unif. L. Rev./Rev. dr. unif. 1998, 671, 672; *Sidorsky*, I.J.C.P, Vol. 5, No. 1, 1996, 19, 24; *Schneider*, Unif. L. Rev./Rev. Dr. unif. 2001, 476, 480. Zusätzlich zum UNIDROIT wurden zahlreiche internationale Fachleute aus den Bereichen Archäologie, Ethnologie, Museen sowie Vertreter des Handels und der Rechtswissenschaft in die Erörterungen mit einbezogen, *Raschèr*, UNIDROIT, S. 15.

48 *Siehr*, NJW 1993, 2206, 2209; *Müller-Katzenburg*, Internationale Standards, S. 99. Dies soll auch die Probleme der EG-Gesetzgebungsakte lösen, deren Gültigkeit an den Grenzen der Europäischen Union endet, was zu einem Schmuggel in Drittstaaten – wie zum Beispiel die USA – führen könnte.

digen Interessenausgleich im internationalen Kulturgüterschutz herbeiführen und somit kein befriedigendes Ergebnis erzielen konnte[49]. Vielmehr wiesen die in den umfangreichen Vorarbeiten gewonnenen Erkenntnisse den Weg zur Anwendung der so genannten „funktionalen Methode“[50], deren entscheidende Aufgabe darin besteht, Funktionsäquivalenzen für das angestrebte Ziel des Schutzes von Kulturgut herauszuarbeiten. Da die funktionale Rechtsvergleichung dazu zwingt, von der nationalen Dogmatik zu abstrahieren und auf die Zielvorstellungen des internationalen Kulturgüterschutzes abzustellen, entstand ein eigenes neues System, das sich an realen Bedürfnissen orientieren musste. Dies hatte konkret zur Folge, dass eine generelle Rückführungspflicht für gestohlene und unerlaubt ausgeführte Kulturgüter geschaffen wurde, und somit erstmals privatrechtliche und öffentlich-rechtliche Fragen einer gemeinsamen Regelung unterzogen wurden[51].

1. Das Internationale Institut für die Vereinheitlichung des Privatrechts

Urheber des Entwurfs war damit das Internationale Institut für die Vereinheitlichung des Privatrechts. Dieses wurde im Jahr 1926 in Rom als helfender normgebender Arm der vereinten Nationen gegründet und am 14. 3. 1940 auf Grund einer multilateralen Übereinkunft – des UNIDROIT Grundstatuts[52] – als unabhängige, zwischenstaatliche Organisation neu eingerichtet[53]. Diese Übereinkunft wurde von nunmehr 59, aus allen fünf Kontinenten stammenden, Staaten unterzeichnet[54], so dass UNIDROIT eine große Anzahl verschiedener Rechts-, Wirtschafts- und politischer Systeme repräsentiert[55]. Deutschland hat das UNIDROIT Grundstatut bereits am 26. 4. 1940 ratifiziert.

Das Ziel von UNIDROIT ist bereits in seinem Namen enthalten: Es soll die Mittel und Möglichkeiten zur Angleichung und Koordination des Privatrechts der Staaten und Staatengruppen studieren und stufenweise die Annahme einer einheitlichen Privatrechtsgesetzgebung durch die verschiedenen Nationen vorberei-

---

49 *Reichelt*, FS Schwind, 1993, S. 209.

50 Vergl. *Zweigert/Kötz*, Rechtsvergleichung, S. 42; *Junker*, IPR, RN. 27.

51 *Reichelt*, FS Schwind, 1993, S. 209.

52 Abgedruckt in deutscher Fassung in: AS 1964, 471 ff., BBl. 1963 II, 369 ff.

53 Vergl. Art. 2 Abs. 1 des UNIDROIT-Grundstatuts: „Das Internationale Institut für die Vereinheitlichung des Privatrechts ist eine internationale Institution, welche den beteiligten Regierungen untersteht.“

54 Die Liste der Mitgliedstaaten von UNIDROIT findet sich in aktuellster Fassung im Internet unter http://www.unidroit.org/english/members/main.htm abgerufen am 18. 7. 2005.

55 *Rodinò* (Secr. Gén. des Institutes für die Vereinheitlichung des Privatrechts, UNIDROIT), Neues Recht, S. 6.

ten[56]. Dies soll nach Art. 1 lit. a.–d. des UNIDROIT-Grundstatuts auf verschiedene Weise erreicht werden. Zunächst durch die Vorbereitung von Gesetzen und Konventionen, die internationales Einheitsrecht etablieren sollen. Des Weiteren sollen Übereinkommen zur Vereinfachung der internationalen Beziehungen auf dem Gebiet des Privatrechts vorbereitet, rechtsvergleichende Studien vorgenommen, Konferenzen organisiert und Studien veröffentlicht werden, die das Institut einer weiteren Verbreitung würdig erachtet. Hinzu kommt das Beobachten der Vorstöße, die auf diesen Gebieten von anderen Institutionen unternommen wurden, mit denen das Institut nötigenfalls Kontakt aufnimmt[57].

Gemäß Art. 3 des UNIDROIT-Grundstatuts hat das Institut seinen Sitz im *Palazzo Aldobrandini* in Rom, seine offiziellen Sprachen sind gemäß Art. 10 des Grundstatuts Italienisch, Deutsch, Englisch, Spanisch und Französisch. Das oberste Organ des Instituts ist die Generalversammlung (*General Assembly*) der Teilnehmerstaaten, die vom Präsidenten mindestens einmal jährlich zu einer ordentlichen Tagung in Rom einberufen wird, um die jährliche Einnahmen- und Ausgabenrechung sowie das Budget zu genehmigen[58]. Entscheidend wird die Politik des Instituts jedoch durch den Direktionsrat (*Governing Council*) bestimmt, der sich aus dem Präsidenten und 16 bis 21 Teilnehmern zusammensetzt, die von der Generalversammlung gemäß Art. 6 Abs. 3 des Grundstatus für jeweils fünf Jahre gewählt werden[59].

2. Die Entwicklung der Konvention durch UNIDROIT

Am 24. 6. 1995 fanden die mehr als zehn Jahre lang in Kooperation mit der UNESCO intensiv geführten Vorarbeiten mit der Annahme der UNIDROIT-Konvention über gestohlene oder unerlaubt ausgeführte Kulturgüter im Rahmen einer feierlichen Zeremonie in der *Sala degli Orazi e Curiazi* im *Palazzo dei Conservatori* in Rom ihren erfolgreichen Abschluss[60].

---

56 Vergl. Art. 1 des UNIDROIT-Grundstatuts.

57 Dies ist ein sehr weites Aufgabenfeld und unterscheidet UNIDROIT insofern von vielen anderen Organisationen, die im Bereich der Harmonisierung des Privatrechts tätig sind. „No limits are set to the branches of private law falling within the competence of the Institute while at the same time a balance is struck between what may on the one hand be termed its 'rule making' functions and on the other its role as a centre for research and for the dissemination of information concerning law.“, *Rodinò*, Neues Recht, S. 7.

58 Vergl. Art. 5 des UNIDROIT-Grundstatuts.

59 Diese stellen das Arbeitsprogramm des Instituts auf (Art. 11 Abs. 2 und 1 Abs. 3 UNIDROIT-Grundstatut), genehmigen den Jahresbericht über die Tätigkeit des Instituts und stellen den Budgetentwurf auf, der zur Genehmigung an die Generalversammlung überwiesen wird, s. dazu *Rodinò*, Neues Recht, S. 8.

60 *Raibl*, Neues Recht, S. 4; zur Entwicklung der Konvention vergl. auch *Renold*, Table ronde, S. 19ff.; *Carducci*, Restitution, S. 1ff., 140ff.

Der hiermit beendete langjährige Arbeitsprozess hatte mit zwei wissenschaftlichen Forschungsaufträgen zum Internationalen Kulturgüterschutz begonnen, die 1984 und 1986 von der UNESCO an UNIDROIT erteilt wurden[61]. Der Forschungsauftrag der UNESCO von 1984 wurde bei der 63. Tagung des Direktionsrat des UNIDROIT angenommen und eine Studie über den Internationalen Kulturgüterschutz im Lichte der UNESCO-Konvention von 1970 und des *loi uniforme d'acquisition de bonne foi des choses mobiliers* (LUAB) von 1974[62] beschlossen[63]. Bei diesen Vorstudien kam man zu dem Ergebnis, dass die Idee, ein Annexprotokoll zu Art. 7 der UNESCO-Konvention von 1970 zu erarbeiten, nicht weiterzuverfolgen sei, da man einerseits befürchtete, den damaligen Ratifikationsstand zu gefährden und andererseits erheblichen Schwierigkeiten bei der Erarbeitung einer einheitlichen Lösung zum *bona fide*-Erwerb gegenüberstand[64].

Auch eine Adaptierung des LUAB von 1974 wurde verworfen, da dessen Art. 11 B festschreibt, dass sich der Erwerber einer gestohlenen Sache grundsätzlich nicht auf seinen guten Glauben berufen könne; eine Regelung, die wegen ihrer Strenge ebenfalls Ratifizierungsschwierigkeiten erwarten ließ. So traf man die Entscheidung, einen eigenen Entwurf zu erarbeiten, der die aufgezeigten Schwierigkeiten umgehen sollte, indem er die Sachinhalte, nicht aber die juristische Terminologie – wie den *bona fide*-Erwerb vom Nichtberechtigten, das Lösungsrecht oder die Eingriffsnorm – regeln sollte[65]. Federführend bei diesen Studien war *Prof. Dr. Gerte Reichelt*[66].

---

[61] Study LXX – Doc. 1 – *Study requested by UNESCO from UNIDROIT concerning the international protection of cultural property in the light in particular of the UNIDROIT Draft Convention providing a Uniform Law on the Acquisition on Good Faith of Corporeal Moveables of 1974 and of the UNESCO Convention of 1970 on the Needs of Prohibiting and Preventing the Illicit Import and Transfer of Ownership of Cultural Property, prepared by Gerte Reichelt, Univ. Dozent of the Vienna Institute of Comparative Law, December 1986;* Study LXX – Doc. 4 – *Second study requested from UNIDROIT from UNESCO on the international protection of cultural property with particular reference to the rules of private law affecting the transfer of title of cultural property and in the light of the comments received on the first study, prepared by Gerte Reichelt, Univ. Dozent at the Vienna Institut of Comparative Law, April 1988.*

[62] *Projet de Convention portant loi uniforme sur l'acquisition de bonne foi d'objets mobiliers corporels (LUAB de 1974)*, UNIDROIT 1975, Étude XLV – Doc. 58.

[63] *Reichelt*, Dolzer/Jayme/Mußgnug, S. 70; *Turner*, Restitution, S. 148.

[64] *Reichelt*, Dolzer/Jayme/Mußgnug, S. 70.

[65] *Reichelt*, Dolzer/Jayme/Mußgnug, S. 71.

[66] *Prof. Dr. iur. Gerte Reichelt*, Universitätsprofessorin an der Universität Wien, Institut für Europarecht; Mitglied der Kommission für Europarecht, ausländisches und internationales Privatrecht der Österreichischen Akademie der Wissenschaften; Vorstandsmitglied der Österreichischen Gesellschaft für Kulturgüterschutz; *Collaborateur correspondent de l'Institut International pour l'Unification du Droit privé* (UNIDROIT), Rom; Direktorin des Ludwig Boltzmann Instituts für Europarecht, Wien. Vergl. dazu UNIDROIT Study LXX – Doc. 1 und 4.

Bei der 67. Tagung des Direktionsrates von UNIDROIT vom 14.–17. 6. 1988 wurde daher eine internationale Studienkommission eingesetzt, deren Aufgabe es sein sollte, den Entwurf eines Übereinkommens über den Schutz von Kulturgütern zu erarbeiten[67]. Diese Studienkommission hielt drei Sitzungen ab – im Dezember 1988, im April 1989 und im Januar 1990 – und legte schließlich einen „Vorentwurf eines Übereinkommens über die Restitution von gestohlenen Kulturgütern und die Rückführung von unerlaubt ausgeführten Kulturgütern" vor, der am 26. 1. 1990 im Rahmen der dritten Tagung der Studienkommission als Kompromissentwurf genehmigt und am 23. 4. 1990 vom Direktionsrat von UNIDROIT als „Grundlage weiterer Arbeiten" angenommen wurde[68]. Dieser Vorentwurf stellte eine Reduzierung auf einen praxisorientierten, auf politische Durchsetzbarkeit ausgerichteten Minimumkatalog dar, der sich auf Grundsätzliches beschränkte und als Verdichtung der langen wissenschaftlichen Vorarbeiten zu werten ist[69].

In der Folge wurden vier weitere Konferenzen von Regierungsexperten der UNIDROIT-Teilnehmerstaaten abgehalten[70], deren letzte im Oktober 1993 stattfand und die Entwurfsfassung[71] vorstellte, welche die Grundlage der diplomatischen Abschlusskonferenz in Rom bildete. Im Verlauf dieser Konferenz, die vom 7.–24. 6. 1995 in Rom stattfand, kam es im Rahmen einiger strittiger Kernpunkte zu einer Verhärtung der Fronten zwischen denjenigen Staaten, die von Diebstählen, Raubgrabungen und der Abwanderung besonders bedroht sind, und den Heimatstaaten wichtiger Kunstmärkte[72]. Die wesentlichen zu diesem Zeitpunkt noch umstrittenen Punkte waren:

---

67 *Professor Ricardo Monaco* nahm in seiner Eigenschaft als Präsident von UNIDROIT die Zusammensetzung der Kommission unter größtmöglichster Berücksichtigung der heterogenen rechtlichen und politischen Aspekte des Kulturgüterschutzes in den verschiedenen Rechtsordnungen vor, *Reichelt*, Dolzer/Jayme/Mußgnug, S. 67; *Schneider*, Unif. L. Rev./Rev. Dr. unif. 2001, 476, 484.

68 *Reichelt*, Dolzer/Jayme/Mußgnug, S. 67; *Avant-Projet de Convention d'UNIDROIT sur les biens culturels volés ou illicitement exprtés (approuvé par le comité d'étude d'Unidroit sur la protection internationale des biens culturels à sa 3ième session le 26 janvier 1990*), UNIDROIT 1990, Etude LXX – Doc. 19 (Originale francais), mit erläuterndem Bericht des Sekretariats; abgedruckt auch bei *Reichelt*, Dolzer/Jayme/Mußgnug, S. 78 ff.; *Prott*, 41 Int. Comp. L.Q. (1992), 160, 168–170.

69 *Reichelt*, Dolzer/Jayme/Mußgnug, S. 76.

70 UNIDROIT 1991, Etude LXX – Doc. 23, 1992 – Doc. 30, 1993 – Doc. 39 und 48 (Sitzungsberichte des UNIDROIT-Sekretariats).

71 UNIDROIT 1993, Etude LXX – Doc. 48 – *Report on the fourth session of the committee of governmental experts on the international protection of cultural objects (Rome, 29 September to 8 October 1993), prepared by the UNIDROIT Secretariat, February 1994*, UNIDROIT, LXX – Doc. 49 – *Draft UNIDROIT Convention on the International Return of Stolen or Illegaly Exported Cultural Objects and explanatory report drawn up by the UNIDROIT-Secretariat, December 1994.*

72 *Prott*, UNIDROIT, S. 13; *Raschèr*, UNIDROIT, S. 15; *Geckler*, I.J.C.P., Vol. 7, No. 1, 1998,

- die Frage der Rückwirkung der Konvention[73];
- die Fristen, innerhalb derer ein Kulturgut zurückverlangt werden kann[74];
- die Entschädigung für den gutgläubigen Erwerber[75];
- und die Frage der transnationalen Wirkung von Ausfuhrregelungen[76].

Schließlich einigte man sich auf eine Kompromisslösung[77] und die endgültige Fassung der UNIDROIT-Konvention über gestohlene oder illegal exportierte Kulturgüter wurde am 24. 6. 1995 von den Vertretern der beteiligten Staaten mit 37 gegen 5 Stimmen bei 17 Enthaltungen angenommen[78], wobei sich u. a. die Bundesrepublik Deutschland, die Schweiz und die USA der Stimme enthielten[79].

Bis zum letztmöglichen Datum für die Unterzeichnung, dem 29. 6. 1996, wurde die Konvention von Vertretern aus 22 Staaten unterzeichnet: Bolivien, Burkina Faso, Elfenbeinküste, Finnland, Frankreich (ad referendum), Georgien, Guinea, Italien, Kambodscha, Kroatien, Litauen, Niederlande (mit Erklärungen), Pakistan, Paraguay, Peru, Portugal, Rumänien, Russische Föderation, Sambia, Senegal, die Schweiz und Ungarn[80]. Nach Ablauf dieser Frist ist nunmehr für die Aufnahme weiterer Staaten ein Adhäsionsverfahren gemäß Art. 11 Abs. 3 vorgesehen[81]. In Kraft getreten ist die Konvention bisher jedoch nur im Verhältnis zwischen: China, Ecuador, Litauen, Paraguay und Rumänien seit dem 1. 7. 1998, Peru seit dem 1. 9. 1998, Ungarn seit dem 1. 11. 1998, Brasilien seit dem 1. 9. 1999,

---

242, 243. Verschiedene Delegationen versuchten zwischen den Positionen der „exportierenden" und der „importierenden" Staaten zu vermitteln und einen für beide Seiten akzeptablen Kompromiss zu erreichen. Hierbei nahm insbesondere die mexikanische Delegation innerhalb dieser „working group" eine Sonderstellung ein. Weitere Mitglieder waren zunächst Ägypten, Frankreich, Griechenland, der Iran, Irland, Italien, Korea, Spanien, die Türkei, die Vereinigten Staaten und Sambia, später kamen Australien und Kanada dazu, die Schweiz und die Niederlande zogen sich zunächst zurück, befürworteten dann jedoch den Kompromissvorschlag der Arbeitsgruppe, *Prott*, UNIDROIT, S. 13 FN 8. Vergl. zur Notwendigkeit, bei der Entwicklung der Konvention Kompromisse einzugehen auch UNIDROIT 1993, Etude LXX – Doc. 42, 1.

73 *Diplomatic Conference for the Adoption of the Draft Unidroit Convention on the international Return of Stolen or Illegally Exported Cultural Objects, Rome, 7 to 24 June 1995, Acts and Procedeengs* (im Folgenden: *Acts and Proceedings*), 249ff.

74 *Acts and Proceedings*, 255ff., 282ff.

75 *Acts and Proceedings*, 289ff.

76 *Acts and Proceedings*, 292ff.

77 Zu der Kompromisslösung im Einzelnen s. § 3 VI. ff.

78 *Acts and Proceedings*, 358; s. auch *Carducci*, Restitution, S. 2.

79 *Siehr*, I.J.C.P., Vol. 5, No. 1, 1996; *Sidorsky*, I.J.C.P., Vol. 5, No. 1, 1996, 19ff., 55f. Siebzig Staaten sandten Repräsentanten zur Diplomatischen Konferenz, während verschieden Staaten und zwischenstaatliche Organisationen Beobachter schickten, *Acts and Proceedings*, 365f. *Merryman*, I.J.C.P, Vol. 5, No. 1, 1996, 11ff., kritisiert die teilweise erhebliche Abweichung des Textes der Konvention von der Entwurfsfassung von UNIDROIT.

80 *Rodinò*, Neues Recht, S. 9; s. auch Status Report im Anschluss an Anhang I. 1.

81 Nach diesem trat China der UNIDROIT-Konvention am 7. 5. 1997 bei.

Bolivien seit dem 1. 10. 1999, Finnland seit dem 1. 12. 1999, El Salvador seit dem 1. 1. 2000, Italien seit dem 1. 4. 2000, Kroatien seit dem 1. 3. 2001, Argentinien seit dem 1. 2. 2002, Norwegen seit dem 1. 3. 2002, Spanien seit dem 1. 11. 2002, Kambodscha und Portugal seit dem 1. 1. 2003, Aserbaidschan und die Slowakei seit dem 1. 12. 2003, Guatemala seit dem 1. 3. 2004, Zypern seit dem 1. 9. 2004, Slowenien seit dem 1. 10. 2004 und Cabun seit dem 1. 11. 2004. Die Konvention wird im Iran am 1. 12. 2005 in Kraft treten[82].

III. Allgemeine Grundzüge der UNIDROIT-Konvention

Die UNIDROIT-Konvention setzt sich aus 21 Artikeln zusammen, die in fünf Kapitel eingeteilt sind, wobei Kapitel I den Anwendungsbereich der Konvention betrifft, Kapitel II die Rückgabe gestohlener Kulturgüter und Kapitel III die Rückführung illegal exportierter kultureller Güter regelt, Kapitel IV generelle Bestimmungen betreffend Gerichtsstand und Verfahren für beide Klage-Typen und Kapitel V die Schlussbestimmungen der Konvention enthält. Eine Anlage listet ferner die Kategorien der kulturellen Güter auf, die vom Anwendungsbereich der Konvention erfasst sind. Mit ihren 21 Artikeln erscheint die UNIDROIT-Konvention auf den ersten Blick recht kurz gefasst, insbesondere wenn man die Komplexität des geregelten Gegenstandes und die Schwierigkeiten bedenkt, welche jede internationale Rechtsvereinheitlichung mit sich bringt. Die relative Kürze der Konvention ist auch in der Hinsicht bemerkenswert, als die Akten der diplomatischen Konferenz darauf schließen lassen, dass die kulturellen und juristischen Differenzen der Delegationen es sehr schwer machten, einen gemeinsamen redaktionellen Stil anzunehmen und sich auf allgemeine Formeln zu einigen[83]. Dennoch ist es gelungen, einen – trotz einzelner Mängel – bündigen und relativ gut verständlichen Übereinkommenstext zu schaffen[84].

1. Anwendungsbereich der UNIDROIT-Konvention

Der sachliche Anwendungsbereich der UNIDROIT-Konvention erstreckt sich nach Art. 1 auf „Ansprüche internationaler Art" betreffend die Rückgabe und Rückführung gestohlener oder rechtswidrig exportierter Kulturgüter. Eine Defi-

[82] Vergl. wiederum den Status Report zur UNIDROIT-Konvention am Ende von Anhang I. 1.

[83] So umfassen die *Acts and Proceedings* der Diplomatischen Konferenz zur Verabschiedung der UNIDROIT-Konvention 362 Seiten. Vergl. zu den Problemen auch *Bergé*, 127 J.D.I., 2000, 215, 217; *Lalive*, SZIER 1997, 13, 28f. m.w.N; *Raschèr*, Kulturgütertransfer, S. 68f.

[84] Der Wortlaut der Konvention ist sowohl in englischer als auch französischer Sprache verbindlich, bei Schwierigkeiten der Interpretation einer anderssprachigen Version, ist der authentische Text zur Erklärung hinzu zu ziehen, *Schneider*, Unif. L. Rev./Rev. Dr. unif. 2001, 476, 562.

nition, was die Konvention unter Kulturgut versteht, erfolgt in Art. 2 mit Hinweis auf den Anhang der UNIDROIT-Konvention[85].

a. Räumlicher Anwendungsbereich

Art. 1 UNIDROIT-Konvention spricht – wenig präzise – von „Ansprüchen internationaler Art". Eine bessere Terminologie würde „Ansprüche bei grenzüberschreitendem Sachverhalt" darstellen[86], da genau genommen gemäß der vorliegenden Formulierung Konstellationen wie der berühmte Fall *Winkworth v. Christie's*[87] nicht in den Anwendungsbereich der Konvention fallen könnten[88]. Denn es handelte sich in diesem Fall um die Herausgabeklage eines bestohlenen Eigentümers englischer Staatsangehörigkeit, der in England lebte, gegen ein Londoner Auktionshaus.

Es erscheint fraglich, ob es in ähnlich gelagerten Fällen als Anspruch internationaler Art gewertet werden kann, wenn sich die Sache im Zeitpunkt der gerichtlichen Entscheidung wieder in ihrem Ursprungsland befindet, aber zwischenzeitlich außer Landes gebracht wurde. Der grenzüberschreitende Aspekt wäre jedoch in diesen Fällen eindeutig zu bejahen, wenn die gestohlenen Kunstgegenstände zwischenzeitlich im Ausland – im konkreten Fall in Italien – veräußert wurden. Nach Sinn und Zweck der Konvention ist die Formulierung des Art. 1 UNIDROIT-Konvention dahingehend auszulegen, dass Sachverhalte, in denen ein Kulturgut das Land verlassen hat, unter einer anderen Rechtsordnung gutgläubig erworben wurde und schließlich wieder zurück gekehrt ist, ebenfalls erfasst werden[89]. Das Erfordernis der „internationalen Art" ist somit immer dann als erfüllt anzusehen, wenn der zu beurteilende Sachverhalt substanzielle Beziehungen zu mindestens zwei Vertragsstaaten der Konvention aufweist[90].

---

[85] Siehe dazu unten § 3 V.

[86] So *Reichelt*, Neues Recht, S. 61; kritisch zur Formulierung des Art. 2 UNIDROIT-Konvention, *Hipp*, Kulturgüterschutz, S. 203.

[87] *Winkworth v. Christie's, Mason & Woods Ltd. and Another*, 1980 1, All E. R. 1121 (Ch. D.); 1980, 2 W.L.R., 937. Mehr zu diesem Fall unter § 3 VI. 2.

[88] *Frigo*, 32 Rivista di diritto internazionale e processuale (1996), 435, 440 FN 9.

[89] *Weidner*, Res extra commercium, S. 251. Dies erscheint insbesondere überzeugend, da gerade dieser Fall die Arbeiten von UNIDROIT maßgeblich beeinflusst hat, vergl. *Reichelt*, Neues Recht, S. 64.

[90] *Spaun*, Herausgabeanspruch, S. 219. Vergl. zu dieser Problematik *Müller-Katzenburg*, Internationale Standards, S. 102 FN 196, die im Ergebnis feststellt, dass die genaue Abgrenzung des Anwendungsbereiches den Gerichten überlassen bleibe und die in Art. 1 UNIDROIT-Konvention enthaltene Formulierung flexibel genug sei, um auch einen solchen Fall in den Anwendungsbereich der Konvention fallen zu lassen. Nach *Schneider*, Unif. L. Rev./Rev. Dr. unif. 2001, 476, 492 ist es Sache des nationales Fall-Rechts, auszuarbeiten, was unter dem internationalen Charakter einer Klage zu verstehen ist. Daneben steht es den Vertragsstaaten frei, ihr nationales Recht derart anzupassen, dass die Konvention auf solche Fälle

Teilweise wird auch die Beschränkung des Anwendungsbereichs der UNIDROIT-Konvention auf Ansprüche aus grenzüberschreitenden Sachverhalten kritisiert: Es sei wenig sinnvoll, ein solches Instrument nur im internationalen Bereich einzusetzen. Die Ungleichbehandlung gegenüber rein innerstaatlichen Sachverhalten könne zu Abgrenzungsproblemen führen und sei auch im Hinblick auf das Ziel der Konvention – die Bekämpfung des illegalen Handels mit Kulturgütern – wenig sinnvoll[91]. Aus diesem Grund wird im Falle eines Beitritts zur Konvention eine Anpassung des innerstaatlichen Rechts dahingehend gefordert, dass der Rückgabeanspruch auch auf reine Inlandsachverhalte ausgedehnt wird[92], was im Hinblick auf die Ziele der Konvention sowie die internationale Rechtsvereinheitlichung äußerst wünschenswert ist, jedoch einen erheblichen Eingriff in das nationale Recht der Mitgliedstaaten darstellt und Ratifikationsschwierigkeiten befürchten lässt.

Die Sachnormen der UNIDROIT-Konvention bestimmen unabhängig von nationalen Kollisionsnormen ihren territorialen Anwendungsbereich selbst, es handelt sich hier um so genannte „selbstgerechte Sachnormen“, bzw. um „lois d'application immédiate“ oder „Normen mit eigener Bestimmung ihres räumlich-persönlichen Anwendungsbereichs“[93]. Wirkung entfalten die Regelungen der UNIDROIT-Konvention allerdings ausschließlich im Verhältnis der Vertragsstaaten untereinander, dies geht deutlich aus dem Wortlaut von Art. 1 lit. b. i.V.m. Art. 5 Abs. 1 hervor, der bestimmt, dass eine gerichtliche Zurückforderung eines illegal exportierten Gutes nur unter der Bedingung zulässig ist, dass das Gut aus einem Vertragsstaat ausgeführt wurde und sich auf dem Gebiet eines anderen Vertragsstaates befindet. Etwas weiter geht der territoriale Anwendungsbereich der Konvention im Bereich der gestohlenen Güter: Die Konvention befasst sich gemäß Art. 10 Abs. 1 lit. b. auch mit in Drittstaaten gestohlenen Kulturgütern, wenn sich diese inzwischen auf dem Gebiet eines Vertragsstaates befinden, wobei jedoch eine gewisse Verbindung des Diebstahlstaates zu einem Vertragsstaat wie beispielsweise ein Leihvertrag über das betreffende Kulturgut bestehen muss[94]. In jedem Fall muss der Anspruch vor den Gerichten eines Vertragsstaates geltend gemacht werden, Art. 8 Abs. 1 UNIDROIT-Konvention[95].

---

anwendbar ist. Der Fall *Winkworth v. Christie's* wäre in jedem Fall von der Konvention erfasst, da ein illegaler Export stattgefunden hat und somit der internationale Charakter der Klage eindeutig zu bejahen ist, *Schneider*, a.a.O., 494.

91 *Spaun*, Herausgabeanspruch, S. 219f.

92 *Spaun*, Herausgabeanspruch, S. 220.

93 *Kegel/Schurig*, IPR, § 6 I. 5. S. 308ff.

94 *Prott*, UNIDROIT, S. 80f. Ziel dieser Regelung ist es, Kulturgüter auch in nicht-Vertragsstaaten vor Diebstahl zu schützen und die betroffenen Staaten zu animieren, die UNIDROIT-Konvention zu ratifizieren, *Schneider*, Unif. L. Rev./Rev. Dr. unif. 2001, 476, 492.

95 Vergl. zum Ganzen *Renold*, Table ronde, S. 21ff.

Schließlich ist die *clause de déconnexion* des Art. 13 Abs. 3 der UNIDROIT-Konvention zu beachten. Diese Regelung erlaubt es den Vertragsstaaten, im Verhältnis zueinander abweichende Bestimmungen für Bereiche vorzusehen, in denen sich die Anwendungsbereiche bestimmter Instrumente sachlich überschneiden. Diese Klausel zielt hauptsächlich auf die Staaten der Europäischen Gemeinschaft, die mit der EG-Richtlinie 93/7/EWG vom 15.3.1993[96] ihren eigenen juristischen Rahmen bezüglich der Rückgabe illegal exportierter Kulturgüter erstellt haben[97]. Die einzelnen Mitglieder können somit unter Umständen erklären, dass in ihrem wechselseitigen Beziehungen die Kulturgüterrichtlinie dem Kapitel III der UNIDROIT-Konvention vorgeht[98].

b. Persönlicher Anwendungsbereich

Im Gegensatz zu der UNESCO-Konvention von 1970, die ausschließlich das öffentliche Recht betraf und infolgedessen nur den Staaten selbst die Möglichkeit einräumte, die im Text der Konvention enthaltenden Rechte geltend zu machen[99], nimmt die UNIDROIT-Konvention von einer solchen Beschränkung auf Klagen zwischen Regierungen Abstand und erlaubt es jedem bestohlenen Eigentümer[100] unabhängig davon, ob es sich um eine natürliche[101] oder juristischen Person bzw. eine religiöse, kulturelle oder sonstige Gemeinschaft handelt, Klage auf Rückgabe des Kulturgutes zu erheben[102]. Der Staat ist jedoch nicht berechtigt, für den privaten Eigentümer aufzutreten[103]. Im Bereich des illegalen Exportes dagegen, ist das Handlungsrecht gemäß Art. 5 Abs. 1 UNIDROIT-Konvention wiederum auf die Vertragsstaaten beschränkt, da im Falle des Verstoßes gegen Ausfuhrverbote ausnahmslos staatliche Interessen beeinträchtigt

---

[96] Anhang II. 2.

[97] Die Richtlinie behandelt ebenso wie Kapitel III der UNIDROIT-Konvention die Rückgabe unrechtmäßig exportierter Kulturgüter, ein genauer Vergleich erfolgt unter § 3 X. 3.

[98] S. unten § 3 X. 4.

[99] Vergl. Art. 7 lit. b. ii der UNESCO-Konvention von 1970: „auf Ersuchen des Ursprungsstaates, der Vertragspartei dieses Übereinkommens ist [...]“, Anhang I. 2.

[100] Jedes Rechtssubjekt kann sein gestohlenes kulturelles Eigentum zurückverlangen, wobei Rechtssubjekte nach deutschem Recht die von der Rechtsordnung anerkannten Träger von Rechten und Pflichten sind, vergl. *Bork*, BGB, AT, RN. 151; *Westermann*, Erman, BGB, I, vor § 1 RN. 1; *Larenz/Wolf*, BGB, AT, § 5 RN. 1.

[101] Vergl. *Desch*, Museumskunde, Band 67, 1/2002, 25, 26, der diese Regelung als nicht ganz unproblematisch ansieht, da die Initiative zur Klageerhebung gerade für Privatpersonen hinsichtlich des Streitwertes und im grenzüberschreitenden Verkehr sehr teuer werden kann und somit ein hohes Prozesskostenrisiko besteht.

[102] Hier ergänzen sich die UNESCO-Konvention von 1970, die den illegalen Verkehr mit Kulturgütern durch staatliche Aktionen bekämpft und die UNIDROIT-Konvention, die den direkten Zugriff des Eigentümers eines gestohlenen Kulturgutes zulässt, *Prott*, UNIDROIT, S. 15.

[103] *Turner*, Restitution, S. 231; *Siehr*, 59 RabelsZ (1995), 454, 463.

sind[104]. Klageberechtigt ist der Staat, dessen Exportvorschriften durch die unerlaubte Ausfuhr des betreffenden Gutes verletzt wurden.

Da die Konvention keine Sonderregelung für den Fall enthält, dass gleichzeitig Diebstahl und illegaler Export vorliegen, kann der Staat, der Eigentümer des gestohlenen und anschließend illegal exportierten Gegenstandes ist, sich auch auf Art. 3 UNIDROIT-Konvention (Rückgabe gestohlener Kulturgüter) stützen. Dies wird er tun, da dieser für die Rückgabe günstiger ist[105]. Es ist ihm jedoch nicht verwehrt, auch nach Art. 5 UNIDROIT-Konvention (Rückführung illegal exportierter Kulturgüter) vorzugehen[106]. Im Fall von Privateigentum kann der Staat auch dann die Rückführung gemäß Art. 5 Abs. 1. verlangen, wenn der Eigentümer selbst nicht die Restitution nach Art. 3 beantragt. Der Eigentümer kann also nicht durch Verzicht auf seinen Rückgabeanspruch seine Kunstschätze einer Ausfuhrkontrolle entziehen[107]. Die Ansprüche des Eigentümers nach Art. 3 Abs. 1 und des Staates nach Art. 5 Abs. 1 UNIDROIT-Konvention können nebeneinander geltend gemacht werden, da sie verschiedenen Inhalt haben[108].

c. Zeitlicher Anwendungsbereich

Die Frage nach der Rückwirkung der Konvention war einer der umstrittensten Punkte bei der Entwicklung der UNIDROIT-Konvention, da sich hier wiederum die beiden Grundpositionen im Bereich des Kulturgüterschutzes gegenüberstanden: Zum einem das Interesse der Staaten am Erhalt ihres nationalen Erbes und zum anderen das Interesse an einem möglichst freien Handel[109]. Für eine (begrenzte) Rückwirkung der Konvention setzten sich diejenigen Staaten ein, die am meisten unter dem illegalen Kulturgütertransfer zu leiden haben und in der Konvention ein Mittel zur Wiedergutmachung begangenen Unrechts sahen, wohingegen die Staaten mit einem bedeutenden Kunstmarkt und großen Kunstsammlungen, die im Fall einer Rückwirkung der Konvention gravierende Folgen für den Handel, die Museen und die Sammler befürchteten, vehement gegen eine Rückwirkung der UNIDROIT-Konvention eintraten[110].

---

[104] *Turner*, Restitution, S. 149. So kann es auch gerade im wirtschaftlichen Interesse des Eigentümers liegen, das betreffende Gut illegal zu exportieren, um es beispielsweise bei einem internationalen Auktionshaus versteigern zu lassen und einen höheren Gewinn als im Inland zu erzielen.

[105] Zur Einschränkung des Kulturgutbegriffes im Falle illegaler Ausfuhr s. unten § 3 VIII. 1.

[106] *Turner*, Restitution, S. 240.

[107] *Siehr*, 59 RabelsZ (1995), 454, 463.

[108] *Turner*, Restitution, S. 240.

[109] Vergl. dazu bereits § 1 II. 2.

[110] *Prott*, UNIDROIT, S. 77; *Schneider*, Unif. L. Rev./Rev. dr. unif. 2001, 476, 548; *Raschèr*, Kulturgütertransfer, S. 74. In den ersten Entwürfen war die Rückwirkung der Konvention aus Klarstellungsgründen ausdrücklich ausgeschlossen worden, was insbesondere in den

Die endgültige Fassung der Konvention enthält folglich einen erneuten Kompromiss: Art. 10 Abs. 1 und 2 statuieren klar, dass die UNIDROIT-Konvention nicht rückwirkend anzuwenden ist. Daneben tritt jedoch die Feststellung in Art. 10 Abs. 3, dass die Konvention in keiner Weise rechtswidrige Geschäfte rechtfertige, die vor ihrem Inkrafttreten erfolgt sind[111]. Auch lässt Art. 9 Abs. 1 UNIDROIT-Konvention die Anwendung anderer Vorschriften zu, „die für die Rückgabe oder Rückführung gestohlener oder rechtswidrig ausgeführter Kulturgüter günstiger sind" als die Regelungen der UNIDROIT-Konvention, worunter auch die Anwendung der Konvention auf Sachverhalte fallen kann, in denen sich der Diebstahl bzw. illegale Export vor dem Inkrafttreten der Konvention ereignet hat[112].

2. Rechtsnatur der UNIDROIT-Konvention

Von entscheidender Bedeutung für die ratifizierenden Staaten ist die Frage, ob die UNIDROIT-Konvention *self-executing* ist, also mit dem Zeitpunkt der Ratifikation unmittelbar anwendbar oder wie die UNESCO-Konvention von 1970 die Umsetzung in das nationale Recht der Vertragsstaaten erfordert.

a. Meinungsstand zur Frage der unmittelbaren Anwendbarkeit der UNIDROIT-Konvention

Zahlreiche Stimmen in der Literatur gehen davon aus, dass die UNIDROIT-Konvention direkt anwendbar ist und keiner Transformation in nationales Recht bedarf[113]. Nach anderer Ansicht ist die UNIDROIT-Konvention dagegen – ebenso wie die UNESCO-Konvention – mit Verweis auf UNIDROIT 1993, Etude

„Exportstaaten" die Befürchtung hervorrief, dass daraus eine Legitimation unrechtmäßiger Verbringungen, die vor dem Inkrafttreten der Konvention stattfanden, abgeleitet werden könne. Als nunmehr diese Klausel gestrichen wurde, entstand bei den „Importstaaten" wiederum der Verdacht, dass der Konvention doch Rückwirkung verliehen werden sollte, *Spaun*, Herausgabeanspruch, S. 220f.

111 Vergl. Präambel der UNIDROIT-Konvention Abs. 6.

112 Vergl. Art. 11 lit. c. UNIDROIT-Entwurfsfassung; *Prott*, UNIDROIT, S. 76.

113 *Reichelt*, Neues Recht, S. 62; *von Welck*, Museumskunde, Band 67, 1/2002, 8, 9; *Heuer*, NJW 1999, 2558, 2562; *Siehr*, Bewahren als Problem, S. 108; *Wiederkehr Schuler*, Kunstmarkt, S. 11; *Moosbrugger*, UNIDROIT, S. 59; *Stumpf*, Kulturgüterschutz, S. 69 mit Verweis auf *Reichelt*, Neues Recht und *Wiederkehr-Schuler*, Kunstmarkt. Vergl. auch *Köhling*, Eigentumserwerb, S. 20; *Spaun*, Herausgabeanspruch, S. 218, die Konvention sei grundsätzlich mit Ausnahme der verfahrensrechtlichen Bestimmungen *self-executing*. Sehr aufschlussreich ist die tabellarische Gegenüberstellung der rechtlichen Einordnung der UNESCO-Konvention von 1970, der UNIDROIT-Konvention sowie der EG-Richtlinie 93/7/EWG und der EG-Verordnung 3911/92 bei *Raschèr*, Kulturgütertransfer, S. 151. *Staechelin*, UNIDROIT, S. 76 kritisiert, dass die UNIDROIT-Konvention im Gegensatz zur Kulturgüterrichtlinie der EU *self-executing* sei und deswegen nicht dem eigenen Rechtsverständnis entsprechend in nationales Recht umgesetzt werden könne.

LXX – Doc. 36, 1 und Doc. 42, 3 nicht *self-executing*[114]. In der Tat findet sich in den beiden Kommentaren zur Entwurfsfassung der UNIDROIT-Konvention die Aussage:

> "The Convention is not self-executing. Matters that can be left to domestic law to settle (e.g. procedural matters) should not be dealt with in the Convention. It will be difficult to get agreement on such matters in view of the variety of procedural systems current, and it is not necessary if a State undertakes to adopt the substantive provisions by whatever procedural means are available to or necessary for it."[115]

Ein Staatsvertrag ist direkt anwendbar bzw. *self-executing*[116], wenn nach innerstaatlichem Recht die Ratifiktion ausreicht, um dem Vertrag in der innerstaatlichen Rechtsordnung verbindliche Kraft zu verleihen, wenn er also keiner gesetzlichen Ausführungen bedarf[117]. Ein internationaler Vertrag ist daneben *self-executing*, wenn er von den nationalen Gerichten und Behörden direkt angewandt werden kann und subjektive Rechte und Pflichten für den Einzelnen enthält, auf die sich dieser vor den nationalen Gerichten und Behörden berufen kann[118]. Um diese Voraussetzung zu erfüllen, dürfen die Bestimmungen des Vertrages nicht bloß programmatische Grundsätze aufstellen, die der Gesetzgeber zu verwirklichen hat, die für sich genommen aber noch kein anwendbares Recht sind[119].

In der Praxis enthalten völkerrechtliche Konventionen zwar teilweise Durchführungs- oder Vorbehaltsklauseln, welche die unmittelbare Anwendbarkeit ausdrücklich ausschließen, doch es existieren selten Klauseln, welche die direkte Anwendbarkeit anordnen. Die UNIDROIT-Konvention, die keinerlei entsprechende Klauseln enthält, muss daher nach allgemeinen Kriterien für die Bestimmung der unmittelbaren Anwendbarkeit beurteilt werden, die sich in gleicher Weise nach dem Gegenstand der Regelung, nach dem Systemzusammenhang der einzelnen Vertragsbestimmungen im Vertragswerk sowie nach der Rechtsordnung, für die der Vertrag Geltung haben soll, richten[120].

---

114 *Müller-Katzenburg*, Internationale Standards, S. 102; ebenso *Streinz*, Museumsgut, S. 97 jedoch ohne nähere Begründung.

115 UNIDROIT 1993, Etude LXX – Doc. 36, 1 und nahezu wortgleich UNIDROIT 1993, Etude LXX – Doc. 42, 2f.

116 In Europa wird in der Regel die Formulierung „direct applicability of treaties" anstelle von „self-executing treaties" verwendet, *Bleckmann*, Encyclopedia of International Public International Law, IV, S. 374.

117 *Vasak*, JBl., 1961, 621; *Roš*, EMRK, S. 66ff.

118 *Bleckmann*, Encyclopedia of International Public International Law, IV, S. 374.

119 Entscheidung des österreichischen VfGH v. 27.6.1960, B 469/59, JBl., 1961, 352ff., 353.

120 *Winkler*, JBl., 1961, 8, 11.

b. Allgemeine Regeln über die unmittelbare Anwendbarkeit völkerrechtlicher Verträge

Nach den allgemeinen Regeln erfordert die direkte Anwendbarkeit eines Staatsvertrages sowohl objektive als auch subjektive Kriterien[121]: Zum einem müssen die beteiligten Vertragsstaaten die unmittelbare Anwendbarkeit gewollt haben und zum anderen muss der Vertrag auch objektiv geeignet sein, innerstaatlich unmittelbar angewendet zu werden und keines weiteren Rechtssatzes zur innerstaatlichen Durchführung bedürfen[122]. Bereits das Reichsgericht hat das Problem der Bestimmung der direkten Anwendbarkeit erkannt und durch eine häufig verwendete Formel zu lösen versucht:

> „Soweit eine Vorschrift nach Inhalt, Zweck und Fassung ohne weiteres, d. h. ohne dass es noch eines weiteren völkerrechtlichen oder staatsrechtlichen Aktes bedarf, privatrechtliche Folgen auszulösen geeignet ist, kann sich der Einzelne darauf berufen.“ [123]

Es kommt damit insbesondere darauf an, dass die Vertragsbestimmungen „anwendungsfähig“ sind, also bereits ausgeprägte, vollziehbare Rechtssätze enthalten und sich so unmittelbar an die staatlichen Rechtsanwendungsorgane und Rechtsunterworfenen richten[124]. Eine internationale Konvention ist somit dann unmittelbar „anwendungsfähig“, wenn sie zu direkter innerstaatlicher Anwendung vorgesehene und geeignete Bestimmungen enthält und zwar unabhängig davon, ob diese Vorschriften nach dem jeweiligen Staatsrecht tatsächlich intern sofort verbindlich sind oder nicht. Dagegen sind alle Verträge, die die von den

---

[121] So betont auch das Gutachten des Ständigen Internationalen Gerichtshofes v. 3. 3. 1928 über die Zuständigkeit der Danziger Gerichte, welches neben den Entscheidungen des Gerichtshofes der Europäischen Gemeinschaften als einzige bedeutende Entscheidung eines internationalen Gerichts zur Frage der unmittelbaren Anwendbarkeit von völkerrechtlichen Verträgen gilt, das Erfordernis einer subjektiven und einer objektiven Komponente. *Publications de la Cour Permanente de Justice Internationale, Série B – Nr. 15, Recueil des avis consultativs, Compétence des Tribunaux de Danzig*, 17ff.

[122] *Winkler*, JBl., 1961, 8, 11f. So hat auch der BGH, der zunächst die Formel des Reichsgerichts (dazu sogleich) unverändert übernommen hatte (BGH, Urt. v. 6.11.1953, I ZR 97/52, BGHZ 11, 135ff., 138), diese in späteren Entscheidungen (BGH, Urt. v. 24. 5. 1955, I ZR 164/53, BGHZ 17, 309ff., 313; BGH, Urt. v. 21. 6. 1955, I ZR 74/54, BGHZ 18, 22ff., 26) stark subjektiviert, *Bleckmann*, Anwendbarkeit, S. 21.

[123] RG, Urt. v. 18. 6. 1927, I 13/27 = RGZ 117, 280, 284; RG, Urt. v. 29.11.1927, II 242/27 = RGZ 119, 156ff., 162; RG, Urt. v. 29. 3. 1928, VI 220/27 = RGZ 121, 7ff., 9; RG, Urt. v. 2. 5. 1929, VI 641/28 = RGZ 124, 204ff., 206. Aber auch das Reichsgericht hatte nicht nur auf objektive Gesichtspunkte abgestellt, wie die zitierte Formel vermuten lässt. Dass sie auch subjektive Elemente enthält, zeigt die Entscheidung v. 29. 3. 1928 (VI 220/27, RGZ 121, 7ff.), in der ausgeführt wird, dass die Art. 74 Abs. 2 und 297 lit. i des Versailler Vertrages „nur eine zwischenstaatliche Regelung enthielten, keineswegs aber den deutschen Staatsangehörigen selbst einen Anspruch gegen das Reich geben *wollten*“, *Bleckmann*, Anwendbarkeit, S. 21.

[124] *Bleckmann*, Anwendbarkeit, S. 20f.; *Bernhardt*, Abschluß völkerrechtlicher Verträge, S. 25f.

Mitgliedstaaten versprochene Ausgestaltung des innerstaatlichen Bereichs besonderen internen Maßnahmen vorbehalten, nicht unmittelbar anwendbar[125].

Der österreichische Oberste Gerichtshof nennt als objektive Voraussetzungen der unmittelbaren Anwendbarkeit die Regelung von Form und Art der Geltendmachung der Ansprüche, die nähere Darstellung der Grundsätze und Richtlinien, nach denen die Ansprüche realisiert werden sollen, und die Bezeichnung jener Stellen, bei denen derartige Ansprüche erhoben werden[126]. Kein eindeutiges Kriterium ist dabei die Tatsache, dass sich eine Norm ausdrücklich und allein an die Vertragsstaaten wendet. So entschied der EuGH im zweiten „Defrenne-Urteil", dass Art. 119 Abs. 1 EWG-Vertrag direkt anzuwenden sei, obwohl nach seinem Wortlaut nur die Mitgliedstaaten Adressaten der Norm sind[127]. Es sei nicht der formelle, sondern der materielle Adressat entscheidend[128]. Nach der Rechtsprechung des EuGH muss eine Norm „vollständig und rechtlich vollkommen" sein, damit sie unmittelbar angewendet werden kann[129]. Diese Voraussetzung ist erfüllt, wenn die Vertragsbestimmung den Vertragsstaaten bei der Durchführung ihrer Verpflichtungen keinen Ermessensspielraum hinsichtlich deren Erfüllung einräumt[130].

Ebenso entscheidend wie diese objektiven Kriterien ist, dass die Vertragsstaaten des jeweiligen Abkommens die unmittelbare Anwendbarkeit gewollt haben[131]. Wenn Inhalt, Zweck und Fassung der einzelnen Vorschriften nicht mit voller Klarheit die Annahme zulassen, dass diese Wirkung gewollt ist, können diese keine unmittelbare privatrechtliche Wirkung ausüben[132].

---

[125] *Bernhardt*, Abschluß völkerrechtlicher Verträge, S. 26; *Kreuzer*, JA 1998, 731, 733.

[126] Zum Ganzen: *Winkler*, JBl., 1961, 8, 11.

[127] So lautet Art. 119 Abs. 1 EWG-Vertrag: „Jeder Mitgliedstaat wird während der ersten Stufe den Grundsatz des gleichen Entgelts für Männer und Frauen bei gleicher Arbeit anwenden und in der Folge beibehalten." Das Urt. des EuGH im Fall *Defrenne/Sabena* v. 8.4.1976, Rs. 3/75, Slg. 1976, Band I, 455ff., 475 dazu: „Auch daraus, dass Artikel 119 ausdrücklich nur die Mitgliedstaaten anspricht, lässt sich kein Einwand herleiten; denn wie der Gerichtshof schon in anderen Zusammenhängen festgestellt hat, schließt die Tatsache, dass bestimmte Vertragsvorschriften ausdrücklich die Mitgliedstaaten ansprechen, nicht aus, dass zugleich allen an der Einhaltung der so umschriebenen Pflichten interessierten Privatpersonen Rechte verliehen sein können.".

[128] Wobei jedoch zu berücksichtigen ist, dass sich aus der Nennung der Vertragsstaaten als Adressaten der Norm, auch Indizien für einen Willen der Parteien ergeben können, die unmittelbare Anwendbarkeit auszuschließen, *Roš*, EMRK, S. 22.

[129] Urt. des EuGH im Fall *Costa/E.N.E.L.* v. 15.7.1964, Rs. 6/64, Slg. 1964, 1253ff., 1273: „Sie [die Verpflichtung der Mitgliedstaaten durch Art. 53 EWG-Vertrag] ist also vollständig, rechtlich vollkommen und infolgedessen geeignet, unmittelbare Wirkungen in den Beziehungen zwischen den Einzelnen hervorzurufen.".

[130] *Roš*, EMRK, S. 24.

[131] *Buchs*, Unmittelbare Anwendbarkeit, S. 46.

[132] Vergl. BGH, Urt. v. 24.5.1955, I ZR 164/53, BGHZ 17, 309ff., 313; BGH, Urt. v. 21.6.1955,

Wenn schließlich sowohl die objektiven als auch subjektiven Voraussetzungen der direkten Anwendbarkeit eines völkerrechtlichen Vertrages erfüllt sind, bestimmt sich diese in jedem Staat, in welchem der Vertrag Gültigkeit erlangt, nach der jeweiligen nationalen Rechtsordnung. So wird zum Beispiel die Frage nach der direkten Anwendbarkeit der Europäischen Menschrechtskonvention (EMRK) von den nationalen Verfassungen unterschiedlich beantwortet: während sie in Österreich und Deutschland[133] *self-executing* ist, gilt dies dagegen in Irland, Island oder Großbritannien nicht, da in diesen Ländern ein völkerrechtlicher Vertrag in der innerstaatlichen Rechtsordnung erst dann verbindliche Kraft erlangt, wenn er vom Gesetzgeber in ein Gesetz transformiert wurde. Ein auf völkerrechtlicher Ebene abgeschlossener Vertrag wird demnach erst dann zur innerstaatlichen Rechtsquelle, wenn er durch einen Akt des Gesetzgebers der innerstaatlichen Rechtsordnung eingegliedert wurde[134].

c. Anwendung dieser Regeln auf die UNIDROIT-Konvention

Den Vertragsstaaten der UNIDROIT-Konvention kommt zwar ein Gestaltungsspielraum bezüglich der prozessualen Regelungen zu (vergl. Art. 3 Abs. 5, Art. 13 Abs. 1 und 3, Art. 14, Art. 16 der UNIDROIT-Konvention) und jeder Vertragsstaat ist frei, durch interpretierende Erklärungen den Sinn und die Tragweite, die er den Normen der Konvention zu geben beabsichtigt, zu präzisieren, doch ersetzen die Bestimmungen der UNIDROIT-Konvention im Verhältnis der Vertragsstaaten zueinander das materielle Recht, soweit die nationalen Regelungen nicht für die Rückgabe günstiger sind als die Bestimmungen der Konvention[135]. Auch kann durch die Abgabe einer interpretierenden Erklärung die Rechtswirkung einer Bestimmung der Konvention weder aufgehoben noch abgeändert werden, es kann nur dargelegt werden, auf welche Weise eine Bestimmung der Konvention ausgeführt werden soll, wobei die Grenze der Wortlaut sowie die unter Berücksichtigung von Ziel und Zweck der Konvention einer Bestimmung zukommende gewöhnliche Bedeutung darstellt[136]. Damit kann die UNIDROIT-Konvention als anwendungsfähig angesehen werden, so dass der notwendige objektive Aspekt gegeben ist.

Neben diesem objektiven Kriterium ist es, wie gesehen, weiterhin erforderlich, dass die unmittelbare Anwendbarkeit der Konvention dem Willen der vertrags-

---

I ZR 74/54, BGHZ 18, 22ff., 26; *Bleckmann*, Anwendbarkeit, S. 21; *Buchs*, Unmittelbare Anwendbarkeit, S. 47.

133 Jedoch war in Österreich insbesondere die direkte Anwendbarkeit des Art. 5 EMRK äußerst umstritten, *Buchs*, Unmittelbare Anwendbarkeit, S. 63 ff.

134 *Vasak*, JBl., 1961, 621; vergl. dazu auch *Roš*, EMRK, S. 66ff.

135 *Spaun*, Herausgabeanspruch, S. 218.

136 *Raschèr*, Kulturgütertransfer, S. 98. Vergl. Art. 31 Wiener Übereinkommen v. 23.5.1969 über das Recht der Verträge (BGBl. 1985 II, 926ff.).

schließenden Parteien entspricht. Zur Bestimmung des Willens der Vertragsstaaten kann im konkreten Fall neben dem Wortlaut und Zweck der einzelnen Bestimmungen auch die Präambel der UNIDROIT-Konvention herangezogen werden. Gemäß Absatz 4 der Präambel der Konvention sind die Vertragsparteien „entschlossen, durch die Aufstellung eines Mindestmaßes an gemeinsamen Rechtsvorschriften unter den Vertragsstaaten" den illegalen Handel mit Kulturgütern wirksam zu bekämpfen. Es ist somit das erklärte Ziel der Konvention, ein gewisses Maß an international verbindlichen Rechtssätzen zu schaffen, die in jedem Vertragsstaat in gleicher Weise gelten, so dass damit bei objektiver Betrachtung von einem Willen der Vertragsstaaten ausgegangen werden kann, unmittelbar anwendbares Recht zu schaffen. Die genannten Kommentare zur Entwurfsfassung verneinen zwar die unmittelbare Anwendbarkeit der UNIDROIT-Konvention, doch beziehen sich diese ausdrücklich auf die prozessualen Regelungen, deren Ausgestaltung den Vertragsstaaten insbesondere deswegen überlassen wurde, da eine Vereinheitlichung dieser Fragen unüberwindbaren Schwierigkeiten begegnet wäre[137]. Die Schlüsselbestimmungen der Konvention sind die Rückgabeverpflichtungen nach Art. 3 Abs. 1 und Art. 5 Abs. 1 UNIDROIT-Konvention, die sowohl unmittelbar anwendungsfähig sind, als auch als verbindliche Rechtssätze für die Vertragsstaaten gewollt sind.

Damit ist insbesondere der materielle Regelungsinhalt der Konvention hinreichend bestimmt und es werden nicht nur programmatische Grundsätze aufgestellt. Die UNIDROIT-Konvention ist somit in Bezug auf ihre materiellen Rechtssätze *self-executing*, es sind jedoch gewisse Umsetzungsbestimmungen für Verfahren und Organisation notwendig[138]. Auch ist die UNIDROIT-Konvention kein offenes Übereinkommen, da die Restitution von Kulturgut nur auf Antrag erfolgt und nur zulässig ist, wenn die Konvention für die beteiligten Staaten in Kraft getreten ist[139]. Die UNIDROIT-Konvention ist somit unmittelbar anwendbar, wenn nicht nationales Recht diesem entgegensteht. Diese Frage kann naturgemäß nicht generell, sondern jeweils nur nach den nationalen Rechtsordnungen entschieden werden.

d. Situation in Deutschland

Völkerrechtliche Verträge binden grundsätzlich zunächst nur die Vertragspartner auf der Ebene des Völkerrechts, für eine weitergehende Rechtswirkung im innerstaatlichen Bereich bedarf es weiterer Vorkehrungen[140]. So können die

---

137 UNIDROIT 1993, Etude LXX – Doc. 36, 1; UNIDROIT 1993, Etude LXX – Doc. 42, 2f.

138 So auch *Spaun*, Herausgabeanspruch, S. 218; *Weber*, Unveräußerliches Kulturgut, S. 399 FN 86.

139 *Reichelt*, Neues Recht, S. 62.

140 *Zuleeg*, JA 1983, 1, 4; *Kreuzer*, JA 1998, 731, 732, 735.

Staaten dem Vertragsinhalt dergestalt zu innerstaatlicher Wirksamkeit verhelfen, dass Gesetze zur Erfüllung der vertraglichen Verpflichtungen ergehen[141]. Die Bundesrepublik Deutschland gehört jedoch zu den Staaten, in denen völkerrechtliche Verträge mit dem Abschluss des Vertrages innerstaatliche Geltung erlangen können, wenn die Voraussetzungen für die unmittelbare Anwendbarkeit vorliegen[142] und eine entsprechende Anordnung der innerstaatlichen Wirksamkeit des Vertragsinhaltes erfolgt ist. Eine solche Geltungsanordnung in Form eines Zustimmungs- bzw. Vertragsgesetzes ist gemäß Art. 59 Abs. 2 Satz 1 Alternative 2 GG erforderlich, wenn sich der betreffende völkerrechtliche Vertrag auf „Gegenstände der Bundesgesetzgebung" bezieht. Im Bereich der Völkervertragsrechts verdrängt somit Art. 59 Abs. 2 GG Art. 25 GG, wonach die allgemeinen Regeln des Völkerrechts ohne entsprechende Anordnung Bestandteil des Bundesrechts sind[143], als *lex specialis*[144].

Ein Bezug zu einem Gegenstand der Bundesgesetzgebung liegt dann vor, wenn für die innerstaatliche Umsetzung des Vertrages „im Einzelfall"[145] ein Bundesgesetz notwendig ist[146]. Diese Frage bestimmt sich nach den Verfassungsgrundsätzen der Gewaltenteilung und des Rechtsstaates: Wegen des Vorbehaltes des Gesetzes bedürfen Verträge, deren Regelungen unmittelbar Rechte und Pflichten für den Staatsbürger begründen, abändern oder aufheben sollen, der Zustimmung durch ein Parlamentsgesetz[147]. Entscheidend ist, ob die Erfüllung des Vertrages eine Änderung, Ergänzung oder authentische Auslegung innerstaatlicher Gesetze erfordert[148]. Die Bestimmungen der UNIDROIT-Konvention enthalten unmittelbare Rechte und Verpflichtungen für die Staatsbürger. So ändern sich beispielsweise die Besitzrechte des gutgläubigen Erwerbers eines illegal expor-

---

141 *Zuleeg*, JA 1983, 1, 4.

142 *Bleckmann*, Anwendbarkeit, S, 20f.; *Buchs*, Unmittelbare Anwendbarkeit, S. 66.

143 Vergl. BVerfG, Urt. v. 26.3.1957, 2 BvG 1/55, BVerfGE 6, 309, 363: „Art. 25 GG räumt nur den „allgemeinen Regeln des Völkerrechts" den Charakter innerstaatlichen Rechts und den Vorrang vor den Gesetzen ein. Diese Bestimmung bewirkt, dass diese Regeln ohne ein Transformationsgesetz, also unmittelbar, Eingang in die deutsche Rechtsordnung finden und dem deutschen innerstaatlichen Recht – nicht dem Verfassungsrecht – im Rang vorgehen.".

144 *Koenig*, von Mangoldt/Klein/Starck, GG, 2, Art. 25 RN. 18; *Streinz*, Sachs, GG, Art. 25 RN. 29.

145 Vergl. BVerfG, Urt. v. 29.7.1952, 2 BvE 2/51, BVerfGE 1, 372, 383.

146 Bundesgesetzgebung i.S.v. Art. 59 Abs. 2 Satz 1 Alternative 2 GG erfasst die Gesetzgebung im gesamten staatlichen Bereich; auch Sachgebiete, die in der Ausführung der Bundesländer stehen, sind hiervon nicht ausgenommen, *Zuleeg*, JA 1983, 1, 2; *Streinz*, Sachs, GG, Art. 59 RN. 31; *Kempen*, von Mangoldt/Klein/Starck, GG, 2, Art. 59 Abs. 2 RN. 66; *Meyer-Lindenberg*, FS Jahrreiß, 1964, S. 269.

147 *Streinz*, Sachs, GG, Art. 59 RN. 32; *Kempen*, von Mangoldt/Klein/Starck, GG, 2, Art. 59 Abs. 2 RN. 67.

148 *Meyer-Lindenberg*, FS Jahrreiß, 1964, S. 270.

tierten Kulturgutes. Auch werden in Bezug auf Kulturgüter die Verjährungsvorschriften des BGB geändert. Zur Ratifikation der UNIDROIT-Konvention ist somit nach Art. 59 Abs. 2 Satz 1 Alternative 2 GG ein Zustimmungs- bzw. Vertragsgesetz erforderlich[149].

Das Vertragsgesetz ermächtigt die Regierung zur Ratifikation des Übereinkommens und setzt dessen Inhalt vom Zeitpunkt der Ratifizierung an mit der Veröffentlichung im Bundesgesetzblatt II innerhalb der Rechtsordnung der Bundesrepublik Deutschland in Vollzug[150]. Dieser Rechtsanwendungsbefehl erstreckt sich auf alle Teile des völkerrechtlichen Vertrages: Die Vorschriften, die *self-executing* sind, begründen mit dem Inkrafttreten des Vertrages ohne Weiteres Rechte und Pflichten für den Einzelnen, die nicht unmittelbar anwendungsfähigen Bestimmungen begründen für die Bundesrepublik Deutschland als Vertragspartei die Verpflichtung, ihren Inhalt zu achten und gegebenenfalls im Wege konkretisierender Rechtssetzung auszufüllen[151]. Durch den Erlass eines Zustimmungsgesetzes und die Ratifikation durch die Bundesregierung würde die UNIDROIT-Konvention den Rang eines einfachen förmlichen Bundesgesetzes erlangen[152].

3. Tragende Grundsätze der UNIDROIT-Konvention

Das Anliegen der UNIDROIT-Konvention ist der Schutz bedeutender Kulturgüter. Darin enthalten sind der Schutz des ursprünglichen Eigentümers, die Umsetzung des Provenienzgedankens, die Realisierung des Ensembleprinzips[153] und eine grundsätzliche internationale Anerkennung nationaler Exportvorschriften[154]. Zusammenfassend kann man fünf tragende Grundsätze der UNIDROIT-Konvention formulieren, die im Folgenden erörtert werden.

a. Grundsatz der generellen bzw. qualifizierten Restitution von Kulturgut

Art. 3 Abs. 1 UNIDROIT-Konvention, der die generelle Rückgabe eines gestohlenen kulturellen Objektes vorschreibt, ist die Schlüsselbestimmung der Konvention[155]. Von der generellen Rückgabepflicht des Art. 3 Abs. 1 werden gemäß

---

[149] Zum Wortlaut der Zustimmungsformel vergl. *Bleckmann*, Anwendbarkeit, S. 186; zum Gang des Verfahrens, *Zuleeg*, JA 1983, 1, 3.

[150] *Kempen*, von Mangoldt/Klein/Starck, GG, 2, Art. 59 Abs. 2 RN. 81, 82; *Kreuzer*, JA 1998, 731, 732.

[151] *Kempen*, von Mangoldt/Klein/Starck, GG, 2, Art. 59 Abs. 2 RN. 95; *Zuleeg*, JA 1983, 1, 6; *Engel*, Tatbestandsmerkmal, S. 30.

[152] Vergl. BVerfG, Beschl. v. 9. 6. 1971, 2 BvR 225/69, BVerfGE 31, 145, 178.

[153] Vergl. dazu Art. 5 Abs. 3 lit. b. UNIDROIT-Konvention.

[154] *Reichelt*, Neues Recht, S. 62.

[155] *Prott*, UNIDROIT, S. 28.

Art. 3 Abs. 2 auch archäologische Güter erfasst, die entweder illegal ausgegraben oder legal ausgegraben, aber widerrechtlich einbehalten wurden. Daneben schreibt Art. 5 Abs. 3 UNIDROIT-Konvention die Rückgabe widerrechtlich ausgeführter Kulturgüter vor, wenn bestimmte Voraussetzungen erfüllt sind[156]. Damit stellt die UNIDROIT-Konvention Privatpersonen, öffentlichen Institutionen und Staaten ein Instrument zur Verfügung, das es bei Vorliegen bestimmter Umstände erlaubt, ihre abhanden gekommenen oder unerlaubt ausgeführten Kulturgüter zurückzuerhalten. So kann der Grundsatz der generellen bzw. qualifizierten Restitution von Kulturgut einen entscheidenden Beitrag leisten, den illegalen Kulturgüterstrom einzudämmen. Denn durch die Verpflichtung zur Rückgabe an den Herkunftsstaat oder den bestohlenen Eigentümer verliert der Diebstahl und Schmuggel von Kulturgütern seine Lukrativität, da das Risiko, das erworbene Gut unter Umständen entschädigungslos[157] zurückgeben zu müssen, potentielle Abnehmer abschrecken wird.

b. Grundsatz der indirekten bona fide Prüfung als Voraussetzung für den Grundsatz des Lösungsrechts[158]

Da eines der grundlegenden Anliegen der UNIDROIT-Konvention die bessere Kontrolle des Kunsthandels ist, statuiert die Konvention stark erhöhte Sorgfaltspflichten für den Kauf von Kunst- und Kulturgegenständen[159]. Da sich aber mit dem ursprünglichen Eigentümer und dem gutgläubigen Erwerber grundsätzlich zwei „unschuldige" Parteien streiten[160], gewährt die UNIDROIT-Konvention dem Erwerber eine Art Entschädigung nach dem Vorbild des Schweizer Lösungsrechts, indem sie in Art. 4 Abs. 1 vorschreibt, dass der Besitzer eines gestohlenen Kulturgutes, der zu seiner Rückgabe verpflichtet ist, Anspruch auf

---

156 S. dazu unten § 3 X. 2. Zur Unterscheidung der Konvention zwischen „Rückgabe" und „Rückführung" s. *Carducci*, Restitution, S. 189ff.

157 Nur wenn der Erwerber seine Gutgläubigkeit und die Beachtung der erhöhten Sorgfaltspflichten des Art. 4 Abs. 4 UNIDROIT-Konvention beweisen kann, steht ihm eine Entschädigung zu, doch können die Mitgliedstaaten eine Entschädigung des gutgläubigen Erwerbers auch gänzlich ausschließen, Art. 9 Abs. 1 UNIDROIT-Konvention.

158 Der Ausdruck „Lösungsrecht" stammt aus dem schweizerischen Recht und meint das Recht des gutgläubigen Erwerbers, vor der Herausgabe des betreffenden Gegenstandes vom Eigentümer die Zahlung einer Entschädigung zu verlangen, vergl. Art. 934 Abs. 2 ZGB.

159 Das gleiche Ziel verfolgt auch die lange Verjährungsfrist von 50 bzw. 75 Jahren, die von den Vertragsstaaten unter Umständen sogar verlängert werden kann (Art. 3 Abs. 5 UNIDROIT-Konvention), *Wiederkehr Schuler*, Kunstmarkt, S. 13.

160 S. hierzu auch *Nott*, 33 Int. Comp. L.Q. (1984), 203: „On the one hand, there may be the legitimate expectation of an individual State that a valuable object, illegally exported, will be returned. On the other hand, consideration must be given to the position of someone who may be a perfectly innocent purchaser." So auch die Formulierung des Richters *J. Slade* im Fall *Winkworth v. Christie's, Mason & Woods Ltd. and Another*, 1980 2 W.L.R., Ch. D., 937, 951.

die Zahlung einer angemessenen Entschädigung hat, wenn er beim Kauf mit der erforderlichen Sorgfalt vorgegangen ist[161]. Ebenso hat der zur Rückgabe eines rechtswidrig ausgeführten Gutes verpflichtete Besitzer zum Zeitpunkt der Rückführung Anspruch auf die Zahlung einer „angemessenen Entschädigung" durch den ersuchenden Staat, wenn er nicht von der widerrechtlichen Ausfuhr wusste oder hätte wissen müssen, Art. 6 Abs. 1 UNIDROIT-Konvention.

Dieses Lösungsrecht wurde als Kompromiss zwischen den Regelungen der vorbehaltlosen Anerkennung eines gutgläubigen Erwerbs, wie beispielsweise durch die italienische Rechtsordnung, und denen der grundsätzlichen Versagung des *bona fide*-Erwerbes, wie in den Ländern des *Common Law* Rechtskreises, entwickelt[162]. Der gutgläubige Erwerb findet durch die Gewährung des Lösungsrechts in den Art. 4 Abs. 1 und 6 Abs. 1 UNIDROIT-Konvention indirekt Anerkennung, denn das Vertrauen des gutgläubigen Erwerbers wird durch die Gewährung eines Lösungsrechts abgegolten[163]. Der bösgläubige Erwerber hat das betreffende Kulturgut dagegen entschädigungslos herauszugeben.

c. Grundsatz der Umkehr der Beweislast

Voraussetzung für die Gewährung einer Entschädigung (Lösungsrecht) gemäß den Vorschriften der UNIDROIT-Konvention ist, dass der Letzterwerbende seine Gutgläubigkeit und die Beachtung der erforderlichen Sorgfalt beweisen kann. Da in den meisten Rechtsordnungen der gute Glaube vermutet wird[164], hier aber der Anspruchsteller diesen beweisen muss, kann insofern von einer Umkehr der Beweislast gesprochen werden. Diese Umkehr der Beweislast ist die konsequente Folge des allgemeinen Restitutionsprinzips und nur im Rahmen des Gesamtkonzeptes und der Zielsetzung der UNIDROIT-Konvention zu verstehen[165].

Ziel der UNIDROIT-Konvention ist die Schaffung eines Sonderrechts für Kulturgüter[166]. Im Bereich dieses Sonderrechts ist es auf Grund der besonderen Bedeutung der betroffenen Objekte[167] gerechtfertigt, erhöhte Sorgfaltspflichten

---

161 Zum Lösungsrecht des gutgläubigen Käufers im Internationalen Privatrecht s. *Siehr*, ZVglRWiss 83 (1984), 100ff.

162 S. dazu unten § 3 VI. 1.

163 Vergl. zum Umfang des Lösungsrechts *Siehr*, ZVglRWiss 83 (1984), 100, 104.

164 *Winter*, FS de Waart, 1998, S. 362; *Weidner*, Res extra commercium, S. 135; zum deutschen Recht *Quack*, MK, BGB, 6, § 932 RN. 70.

165 *Reichelt*, Neues Recht, S. 64.

166 Dies entspricht dem Vorschlag *Kottings* in der Diskussion des Heidelberger Symposiums zu Rechtsfragen des internationalen Kulturgüterschutzes, Kulturgüter nach einem „Sondersachenrecht", beispielsweise mit beschränktem Gutglaubensschutz, zu beurteilen, *Kotting*, Dolzer/Jayme/Mußgnug, S. 140.

167 S. oben § 1.

für den Erwerb dieser Objekte zu konstituieren. Auch sind solche Sorgfaltsanforderungen, insbesondere bezüglich der Identität der Parteien, der Provenienz des betreffenden Gegenstandes und des bezahlten Preises, sowie die Erforderlichkeit der Konsultierung von Dokumentationsstellen und Registern für den internationalen Kunsthandel kein Novum[168]. Die durch die UNIDROIT-Konvention festgelegte Beweislastumkehr soll auch über den Anwendungsbereich der Konvention hinaus den internationalen Kulturgüterschutz durch einen umsichtigeren Umgang mit kulturellen Gütern stärken, sie dient somit als präventive Maßnahme im Rahmen der Weiterentwicklung des internationalen Kulturgüterschutzes[169].

d. Grundsatz der indirekten kulturpolitischen Eingriffsnorm

Die Verpflichtung des Art. 5 Abs. 3 UNIDROIT-Konvention, bei Vorliegen bestimmter Voraussetzungen unerlaubt ausgeführte Kulturgüter zurückzugeben, entspricht funktional einer kulturpolitischen Eingriffsnorm, die dazu führt, dass ausländisches öffentliches Recht in der Form von Exportverboten von inländischen Gerichten anzuerkennen ist[170]. Den Hintergrund für das methodische Konzept dieser Regelung bot der erwähnte „Nigeria-Fall" des BGH[171], in dem die Verletzung der nigerianischen Exportvorschriften nur auf dem Umweg über die *ordre public*-Widrigkeit eines abgeschlossenen Seefrachttransportversicherungsvertrags und durch die antizipierte Beachtung der UNESCO-Konvention von 1970 beachtet werden konnte[172]. Das Fehlen einer solchen Eingriffsnorm ließ im Fall *Attorney General of New Zealand v. Ortiz*[173] die Klage Neuseelands auf Rückgabe einer illegal exportierten Maoiri-Tür scheitern[174]. Auch im Fall *Ecuador v. Danusso*[175] führte die Verletzung ekuadorianischer Exportvorschriften nicht zur Anordnung der Herausgabe der von *Danusso* zwischen 1972 und 1975 erworbenen Sammlung präkolumbianischer Kunst[176]. Mit Hilfe des Art. 5

---

[168] *Spinellis*, Vertrags- und Sachenrecht, S. 406 m.w.N.

[169] *Reichelt*, Neues Recht, S. 64.

[170] *Reichelt*, Neues Recht, S. 64f.; *dies.*, FS Schwind, 1993, S. 210; vergl. *Siehr*, FS Lorenz, 1991, S. 525ff., 537.

[171] S. oben § 1 II. 1., Urteil des BGH v. 22.6.1972, II ZR 113/70, BGHZ 59, 82ff.

[172] BGHZ 59, 82, 84f. Zu beachten ist jedoch, dass der BGH nicht über die Restitution der Bronzemasken zu entscheiden hatte, so aber *Reichelt*, FS Schwind, 1993, S. 210.

[173] *Attorney General of New Zealand v. Ortiz*, 2 W.L.R. (1982), 10 (Q.B.); 1984, 1 A.C. 1 (C. A., H.L.); 3 W.L.R. (1982), 570; 1982, 3 All. E. R., 432ff., C. A.; 1984, A.C. 1; 2 W.L.R. (1983), 809; 1983, 2 All. E. R., 93, H.L.(E.).

[174] S. oben § 1 II. 1.

[175] *Repubblica dell'Ecuador v. Danusso*, Tribunale di Turino, 25.3.1982, Revista di Diritto Internazionale e Processuale 1982, 625.

[176] Das *Tribunale di Turino* gab der Klage auf Herausgabe jedoch schließlich unter Berufung auf die von Italien ratifizierte UNESCO-Konvention von 1970 statt.

Abs. 3 UNIDROIT-Konvention ließen sich diese Fälle zugunsten der klagenden Staaten lösen.

Die Regelung des Art. 5 Abs. 3 berücksichtigt auch die Forderung, dass die kulturpolitische Eingriffsnorm nur bei Kulturgütern von besonderer Bedeutung eingreift, wie beim widerrechtlichen Export von Kultgegenständen einheimischer Volksgemeinschaften, Staatssymbolen, hervorragenden Kunstwerken einheimischer Künstler oder schriftlichen Zeugnissen der nationalen Geschichte und Kultur. Werden dagegen jegliche Kulturgüter durch pauschale Exportverbote „immobilisiert", sollen diese Exportverbote im Ausland nur insoweit berücksichtigt werden, als sie sich auf wichtige Gegenstände der nationalen Geschichte, Religion und Kultur beziehen[177]. Diesen Ansprüchen wird die UNIDROIT-Konvention durch die Einschränkung des Art. 5 Abs. 3 gerecht.

e. Grundsatz des favor legis nationalis und des favor legis rei sitae für dringliche Maßnahmen

Ein weiterer wichtiger Artikel der Konvention ist Art. 9 Abs. 1, der es den Vertragsstaaten gestattet, anstelle der Vorschriften der UNIDROIT-Konvention ihre nationalen Bestimmungen anzuwenden, wenn diese für die Restitution eines Kulturgutes günstiger sind. Bereits in den ersten Entwürfen der UNIDROIT-Konvention war eine Regelung vorgesehen, die es den Vertragsstaaten erlaubte, den ursprünglichen Eigentümer eines kulturellen Gutes weitreichender zu schützen, als es die Konvention vorschreibt. Die UNIDROIT-Konvention wurde entwickelt, um „a minimum set of uniform rules" zum Schutz von Kulturgütern zu schaffen. Es widerspräche der Zielsetzung der Konvention, wenn Staaten ihre bereits vorhandenen weiter reichenden Schutzbestimmungen zugunsten der Einheitlichkeit reduzieren müssten[178]. Aus diesen Gründen gilt auf Grund des Art. 9 Abs. 1 UNIDROIT-Konvention der *favor legis nationalis*[179].

Und daneben greift gemäß Art. 8 Abs. 3 UNIDROIT-Konvention der *favor legis rei sitae* für dringliche Maßnahmen ein, wonach auf vorläufige, schützende Maßnahmen nach dem Recht des Vertragsstaates, in dem sich das Gut befindet, auch dann zurückgegriffen werden kann, wenn bereits Klage auf Rückgabe bzw. Rückführung vor den Gerichten eines anderen Vertragsstaates erhoben wurde. Diese Klausel wurde auf dem zweiten Treffen der Regierungsexperten vorge-

---

177 *Siehr*, FS Lorenz, 1991, S. 540f.

178 *Prott*, UNIDROIT, S. 74: „It was understood that States which already accorded a wide measure of protection to the dispossesed owner could not be expected to reduce that protection for the sake of uniformity (especially since this would make cultural objects less protected than other movables) – exactly the reverse of the aim of the Convention which was to give them better protection.".

179 S. dazu unten XI. 4 und *Carducci*, Restitution, S. 366.

schlagen, um den Export, das Verschwinden oder die Zerstörung durch unsachgemäße Behandlung des Objektes während des Laufs des Verfahrens zu verhindern[180]. So ermöglicht es diese Klausel beispielsweise, ein Objekt nach nationalen Vorschriften sicherzustellen, um den Verkauf oder die Versteigerung des streitbefangenen Objektes in dringenden Fällen zu verhindern[181].

IV. Präambel

Vor den fünf Kapiteln der UNIDROIT-Konvention steht die Präambel[182], in welcher der allgemeine Geist der Konvention und die Absichten der teilnehmenden Staaten festgehalten sind. Diese zeigen sich hier mit vollem Recht[183]:

> „TIEF BESORGT über den rechtswidrigen Verkehr mit Kulturgütern und den unersetzbaren Schaden, den dieser Verkehr häufig sowohl für die Güter selbst als auch das kulturelle Erbe der nationalen, Stammes-, Eingeborenen- oder anderen Gemeinschaften sowie das gemeinsame Erbe aller Völker zur Folge hat und insbesondere in dem Bedauern über die Plünderung archäologischer Stätten sowie den Verlust unersetzbarer archäologischer, geschichtlicher und wissenschaftlicher Informationen, die sich daraus ergeben; [...]“[184].

Die teilnehmenden Staaten zeigen sich vor diesem Hintergrund entschlossen, wirksam „durch Aufstellung eines Mindestmaßes an Rechtsvorschriften“[185] zum Kampf gegen diesen Verkehr beizutragen[186].

---

[180] *Acts and Proceedings*, 232.

[181] *Prott*, UNIDROIT, S. 72.

[182] Ein Entwurf der Präambel wurde trotz zahlreicher früherer Vorschlage erst sehr spät im Rahmen der abschließenden diplomatischen Konferenz präsentiert. Dieser Entwurf wurde in der Folge nahezu vollständig übernommen und nur wenig diskutiert, *Acts and Proceedings*, 89f. Einige Punkte des Textes der Präambel waren dann noch Bestandteil der Kompromisslösung die von einer speziellen Arbeitsgruppe am Ende der Konferenz ausgearbeitet wurde (s. oben § 3 II. 2.), *Acts and Proceedings*, 333f.

[183] Der Handel mit illegal erworbenen und rechtswidrig ausgegrabenen Kulturgütern nimmt ständig zu und ist zunehmend ein internationales Problem. Die verschiedenen Schätzungen gehen von einem Jahresumsatz von mehreren Milliarden Euro aus, vergl. *Köhling*, Eigentumserwerb, S. 2 mit einem Verweis auf eine Feststellung der Generalsekretärin des ICOM in FN 10; vergl. auch *Müller-Katzenburg*, Internationale Standards, S. 56 FN 146 m.w.N.; *Jaeger*, Rechtsfragen, S. 41.

[184] Vergl. Präambel der UNIDROIT-Konvention, Abs. 3.

[185] Vergl. Präambel der UNIDROIT-Konvention, Abs. 4.

[186] Die Aufstellung von „common, minimal legal rules“ in so vielen Staaten wie möglich soll verhindern, dass die Verschiedenheiten der unterschiedlichen Rechtssysteme von Dieben und Schmugglern von Kulturgütern ausgenutzt werden, *Schneider*, Unif. L. Rev./Rev. Dr. unif. 2001, 476, 490.

Die Präambel zeigt, dass es der Zweck der Konvention ist, „die Bewahrung und den Schutz des kulturellen Erbes in aller Interesse“[187] zu begünstigen und unterstreicht gleichzeitig

> „die grundlegende Bedeutung des Schutzes des Kulturerbes sowie des Kulturaustausches zur Förderung des Verständnisses zwischen den Völkern sowie der Verbreitung der Kultur zum Wohle der Menschheit und dem Fortschritt der Zivilisation“.

Dieselbe Idee wird etwas später, in der realistischen Erklärung, dass sich die Staaten bewusst sind, dass nicht die Konvention allein eine Lösung für die durch den illegalen Handel mit Kulturgütern verursachten Probleme bringen kann,

> „jedoch einen Prozess in Gang setzen wird, der die Stärkung der internationalen kulturellen Zusammenarbeit wie die Aufrechterhaltung einer eigenen Rolle für den legalen Handel sowie für zwischenstaatliche Übereinkünfte im Bereich des kulturellen Austausches zum Ziel hat“[188],

wiederholt.

Die Erwähnung der UNESCO-Konvention von 1970 im letzten Absatz der Präambel, stellt wiederum eine Kompromisslösung dar. Die Vertreter einiger Staaten, welche nicht Vertragsstaaten dieser Konvention waren, hatten sich gegen eine Bezugnahme auf die UNESCO-Konvention von 1970 ausgesprochen. Auf der anderen Seite waren jedoch viele der an der Entwicklung der UNIDROIT-Konvention beteiligten Staaten auch Vertragsstaaten der UNESCO-Konvention von 1970 und auch auf Grund der exakten Übernahme der Definition des Begriffes des Kulturguts der UNESCO-Konvention erschien es unangemessen, diese nicht zu erwähnen. Die nun gewählte Formulierung

> „in Würdigung der Arbeit verschiedener Organisationen zum Schutze der Kulturgüter, namentlich des UNESCO-Übereinkommens von 1970“

soll nun jede Interpretation verhindern, die einen Widerspruch zwischen den beiden Konventionen erkennen könnte[189].

---

[187] Vergl. Präambel der UNIDROIT-Konvention, Abs. 4.

[188] Präambel der UNIDROIT-Konvention, Abs. 8.

[189] Zum Ganzen *Prott*, UNIDROIT, S. 20f.; *Schneider*, Unif. L. Rev./Rev. Dr. unif. 2001, 476, 492: „The authors wished there to be absolutely no doubt that the new Convention was not intended to replace the 1970 Convention nor to detract from ist merits; the older Convention by 25 years remains a key resource in the fight against illicit traffic in cultural objects.“.

V. Die Kulturgüter und ihre Definition

„Der Künstler ist der Ursprung des Werkes. Das Werk ist der Ursprung des Künstlers. Keines ist ohne das andere. Gleichwohl trägt auch keines der beiden allein das andere. Künstler und Werk sind je in sich und in ihrem Wechselbezug durch ein Drittes, welches das Erste ist, durch jenes nämlich, woher Künstler und Kunstwerk ihren Namen haben, durch die Kunst verbunden."[190] *Martin Heidegger*

„Die Verantwortung im Handel mit Kulturgütern ergibt sich zwingend aus deren besonderer Stellung: Sie sind orientierungsstiftende Träger kollektiv geteilter Erinnerung."[191] *Beat Sitter-Liver*

Bei der Beurteilung des in der UNIDROIT-Konvention gebrauchten Begriffes „Kulturgut" muss man sich vor Augen halten, dass die Konvention auf einer diplomatischen Konferenz ausgearbeitet wurde, in deren Rahmen jeder der 70 teilnehmenden Staaten möglichst weitgehend von den Schutzmechanismen einer Konvention profitieren wollte und versuchte, sein eigenes kulturelles Patrimonium am besten zu schützen[192].

Entsprechend den Debatten um die von der Konvention zu schützenden Güter wurde bis zuletzt auch der Titel der Konvention ausführlich diskutiert, wobei die verschiedenen Positionen hinsichtlich des Titels auch die Positionen widerspiegeln, die sich bezüglich des Inhalts der Konvention gegenüberstanden. So wurde zu einem frühen Zeitpunkt der Titel „Convention for the Protection of Cultural Property" diskutiert. Dies geschah vor dem Hintergrund, dass die Rückführung von kulturellen Gütern notwendigerweise deren Schutz beinhalten müsse. Jedoch bestanden Vorbehalte gegen das Wort „Property", dessen Konnotation im Englischen zu Missverständnissen führen könnte und man bevorzugte stattdessen „Heritage". Dies wiederum erschien vielen als zu „emotional" und man einigte sich schließlich auf „cultural objects" wobei sich der Französische Terminus „biens culturels" nicht änderte[193].

---

190 *Heidegger*, Ursprung, S. 7. Nach *Reichelt*, FS Schwind, 1993, S. 207 solle gemäß den Ansichten *Heideggers* der Internationale Kulturgüterschutz gleichermaßen auf Künstler und Kunstwerk bezogen sein. Daher umfasse der Internationale Kulturgüterschutz im weitesten Sinne auch den Schutz des Künstlers mit allen urheberrechtlichen Aspekten. So komme man, auch wenn das Urheberrecht eher eine Nachbardisziplin sei, auf der Suche nach Zuordnungskriterien bei der Definition von Kulturgut stets auch auf die Person des Künstlers zurück.

191 *Sitter-Liver*, UNIDROIT, S. 8.

192 *Raschèr*, UNIDROIT, S. 18; *Schneider*, Unif. L. Rev./Rev. Dr. unif. 2001, 476, 496.

193 Zum Ganzen, *Prott*, UNIDROIT, S. 17; *Merryman*, I.J.C.P., Vol. 5, No. 1, 1996, 11, 12; *Turner*, Restitution, S. 168; *Schneider*, Unif. L. Rev./Rev. Dr. unif. 2001, 476, 488. Ebenso umstritten waren die Begriffe „restitution" und „return". Man entschied sich schließlich diese beiden Begriffe im Text der Konvention zu verwenden, um dem unterschiedlichen Charakter der Situationen des Diebstahls und des illegalen Exports gerecht zu werden und gebrauchte keinen der beiden Begriffe im Titel der Konvention.

Hinsichtlich der Definition der von der Konvention erfassten Güter entschied man sich in der endgültigen Fassung der UNIDROIT-Konvention für ein kumuliertes System zweier Methoden, indem in Art. 2 eine Generaldefinition vorangestellt wird, die auf eine Liste am Ende der Konvention verweist, in der verschiedene Kategorien von Kulturgütern abschließend aufgezählt sind[194]. Gemäß Art. 2 der UNIDROIT-Konvention gilt als Kulturgut im Sinne des Übereinkommens[195]

> „ein aus religiösen oder weltlichen Gründen für Archäologie, Vorgeschichte, Geschichte, Literatur, Kunst oder Wissenschaft bedeutungsvolles Gut, das einer in der Anlage zu diesem Übereinkommen aufgeführten Kategorien angehört“[196],

wobei die elf in der Anlage der UNIDROIT-Konvention aufgeführten Kategorien, wortwörtlich mit der Umschreibung in Art. 1 lit. a.–k. der UNESCO-Konvention von 1970 übereinstimmen[197].

Zu beachten ist dabei jedoch, dass die UNIDROIT-Konvention trotz der wörtlichen Übereinstimmung mit der UNESCO-Konvention ein deutlich weiteres Anwendungsfeld hat, da die UNIDROIT-Konvention nicht die vorherige Inventarisierung des betreffenden Kulturguts durch den rückfordernden Staat verlangt[198]. Damit sind auch aus privaten Haushalten gestohlene Kulturgüter und Objekte aus Raubgrabungen vom Anwendungsbereich der UNIDROIT-Konvention erfasst[199]. Indem ein staatliches Handeln in Form der Inventarisierung als entbehrlich angesehen wird, fördert die UNIDROIT-Konvention die Rück-

---

194 *Sidorsky*, I.J.C.P, Vol. 5, No. 1, 1996, 19, 26 FN 62. Zum Ganzen *Renold*, Table ronde, S. 22ff.; *Schneider*, Unif. L. Rev./Rev. Dr. unif. 2001, 476, 496.

195 Die Formulierung „im Sinne dieses Übereinkommens“ indiziert, dass nur die kulturellen Gegenstände von der Konvention erfasst sind, die Objekte des illegalen Kulturgütertransfers – also Diebstahl und illegaler Export – sind, *Schneider*, Unif. L. Rev./Rev. Dr. unif. 2001, 476, 498.

196 Der Kulturgutbegriff ist somit nicht erschöpfend geregelt, es handelt sich bei Art. 2 UNIDROIT-Konvention genau genommen nicht um eine abschließende, allgemein gültige Definition, sondern um eine Begriffsbestimmung zum Zwecke der Festlegung des Anwendungsbereiches der Konvention, die alle nationalen Definitionen unangetastet lassen soll. Es wird nur eine Beschreibung von Kulturgut gegeben, die einige wesentliche Elemente hervorhebt, *Reichelt*, Dolzer/Jayme/Mußgnug, S. 73; vergl. auch *Brugmann*, Mußgnug/Roellecke, S. VII: „An einer solchen Definition wird man immer weiterarbeiten müssen. Sie ist fließend.“.

197 Vergl. Anhang I. 1. und Anhang I. 2. Kulturgut wird in verschiedenen Kategorien definiert, unter die die einzelnen Gegenstände bei Rückgabeverlangen zu subsumieren sind. So enthält eine Definition über ein solches Kategorisierungssystem zwar zahlreiche unbestimmte Rechtsbegriffe, wenn ein Mitgliedstaat aber von einem anderen die Rückgabe eines Kulturobjektes fordert, so bieten diese Kategorien wenigstens Anhaltspunkte und erleichtern somit die Entscheidung, ob es sich bei den zurückverlangten Gegenständen tatsächlich um Kulturgut handelt, *Walter*, Rückführung, S. 13.

198 Vergl. dazu Art. 7 lit. b. i) der UNESCO-Konvention von 1970, s. auch oben § 2 III. 1. b.

199 *Goldrich*, 23 Fordham Int'L.J. (2000), 118, 140.

gabe eines breiteren Spektrums von Kulturgütern mit weniger vorheriger staatlicher Einflussnahme und Reglementierung[200]. Auch die übliche Einschränkung „von Menschenhand geschaffen“[201] wurde fallen gelassen, um unter Umständen auch Naturprodukte wie Steine oder Federn einbeziehen zu können, wenn diese von Stammesgemeinschaften als Kulturgut gewertet werden, weil sie als Kultgegenstände bzw. Heiligtümer verehrt werden. Auch der Vorschlag, eine Unterscheidung in *res intra commercium* und *res extra commercium* vorzunehmen, wurde nicht weiter verfolgt[202].

Doch wird dem so definierten Kulturgut durch die Konvention kein einheitlicher Schutz vermittelt, denn die diplomatische Konferenz erarbeitete insofern einen Kompromiss, als der Begriff des Kulturgutes weiter oder enger gefasst wird, je nachdem, ob es sich um das Objekt eines Diebstahls oder einer rechtswidrigen Ausfuhr handelt. Hinsichtlich der Rückgabe gestohlener Kulturgüter nimmt Art. 3 der UNIDROIT-Konvention auf die weite Generaldefinition des Art. 2 Bezug. Dagegen erfordert der Anspruch auf Rückführung eines rechtswidrig ausgeführten Kulturgutes gemäß den Art. 5–7 der UNIDROIT-Konvention, dass das Kulturgut gemäß Art. 5 Abs. 3 daneben von „wesentlicher Bedeutung“ für den ersuchenden Staat oder eine der Alternativen des Art. 5 Abs. 3 lit. a.–d. erfüllt ist und folgt damit einer engeren Umschreibung[203]. Begründet wird diese unterschiedliche Fassung des Begriffes Kulturgut damit, dass es im Fall gestohlener Güter unerheblich sei, wie weit man die Umschreibung fasse, da der Diebstahl beweglicher Sachen *per se* auf der ganzen Welt eine rechtswidrige und verfolgungswürdige Handlung darstelle, unabhängig davon, ob es sich um Kulturgüter handele oder nicht[204]. Dagegen erfolgt hinsichtlich der Rückforderung von „lediglich“ widerrechtlich ausgeführten Kulturgütern eine Einschränkung des Kulturgutbegriffes, um die Vertragsstaaten nicht zur Durchsetzung übertrieben restriktiver Exportregelungen anderer Staaten zu verpflichteten[205].

Ausgenommen aus dem Anwendungsbereich der UNIDROIT-Konvention sind gemäß Art. 7 Abs. 1 lit. b. Ansprüche auf die Rückführung von Werken zeitgenössischer Kunstschaffender bis 50 Jahre nach dem Tode des Künstlers[206]. Diese Regelung verdeutlicht, dass es nicht das Anliegen der UNIDROIT-Kon-

---

200 *Doyal*, 39 Colum. J, Trans. L. (2001), 657, 667f.; *Shyllon*, Unif. L. Rev./Rev. dr. unif. 2000, 219, 235.

201 *Engstler*, Völkerrecht, S. 13, 15f.

202 *Reichelt*, Dolzer/Jayme/Mußgnug, S. 72f.

203 Vergl. dazu § 3 VIII. 1.

204 *Raschèr*, UNIDROIT, S. 18; *Schneider*, Unif. L. Rev./Rev. Dr. unif. 2001, 476, 498; *Sidorsky*, I.J.C.P, Vol. 5, No. 1, 1996, 19, 31.

205 *Streinz*, Museumsgut, S. 99.

206 So bereits Art. 7 lit. a. und Art. 7 Abs. 2 lit. a. des UNIDROIT-Entwurfs, abgedruckt bei *Prott*, 41 Int. Comp. L.Q. (1992), 160, 168–170.

vention ist, den legalen Kunsthandel oder den internationalen Austausch von Kulturgut zu unterbinden oder es Künstlern unmöglich zu machen, ihre Werke auch auf dem internationalen Markt anzubieten[207].

Ziel und Zweck der UNIDROIT-Konvention ist der Schutz von besonders wichtigem Kulturgut auch wenn dieser Ausdruck nicht explizit von der Konvention gebraucht wird[208]. Aus diesem Grund stellt sich die Frage, ob auch hinsichtlich gestohlener bzw. illegal ausgegrabener Kulturgüter eine Einschränkung nach Sinn und Zweck der Konvention notwendig ist[209]. So bestehen gemäß Art. 4 UNIDROIT-Konvention keine unterschiedlichen Anforderungen an die Sorgfalt des Käufers hinsichtlich des Erwerbs von Kulturgütern aus öffentlichen oder privaten Sammlungen, obwohl es mangels einer allgemeinen Meldepflicht von Kunstdiebstählen[210], bedeutend schwerer ist, Nachforschungen über die Herkunft eines Kulturgutes anzustellen, wenn das betreffende Objekt aus einer privaten Sammlung entwendet wurde[211]. Eine ähnliche Einschränkung wie hinsichtlich der illegal exportierten Güter, um nicht den Kunsthandel allgemein auch bezüglich unbedeutender Objekte aus dem Bereich der Kunst und Kultur zu erschweren[212], könnte unter Umständen die Akzeptanz der Konvention erhöhen und somit den Schutz des kulturellen Erbes der Menschheit effektiver gewährleisten[213].

Eine bedeutende Mehrheit auf der Diplomatischen Konferenz zur Annahme der UNIDROIT-Konvention sprach sich dennoch gegen eine solche Restriktion des Anwendungsbereichs der Konvention aus, da man befürchtete, durch diese Beschränkung einen der wichtigsten Grundsätze der Konvention zu schwächen: Jeden Erwerber eines kulturellen Gutes zur Anwendung angemessener Sorgfalt hinsichtlich der Provenienz des Objektes zu verpflichten[214].

---

207 *Raschèr*, UNIDROIT, S. 17 f.; vergl. dazu *O'Keefe*, Libre circulation, S. 186, demnach kann sich die Reputation eines Künstlers gerade durch den Export seiner Werke vergrößern.

208 *Reichelt*, Neues Recht, S. 61. In der endgültigen Fassung der UNIDROIT-Konvention wurde allerdings das Erfordernis einer „outstanding" auf eine „significant cultural" Bedeutung als ausreichender Grund für ein beachtliches Exportverbot reduziert und somit der sachliche Anwendungsbereich des Anspruchs auf Herausgabe illegal exportierter Kulturgüter nicht unerheblich ausgeweitet, *Müller-Katzenburg*, Internationale Standards, S. 106.

209 Vergl. zu dieser Kritik *Wiederkehr Schuler*, Kunstmarkt, S. 19ff.

210 Das Fehlen einer allgemeinen Meldepflicht für Kulturgüterdiebstähle wird allgemein kritisiert, s. dazu unten § 3 XIII, § 5 II.

211 Dazu *Turner*, Restitution, S. 169.

212 So werden im Anhang der UNIDROIT-Konvention beinahe sämtliche Kulturgüter aufgeführt, die älter als 100 Jahre sind, Einschränkungen hinsichtlich der Häufigkeit der einzelnen Gegenstände oder ihrer Bedeutung werden nicht vorgenommen, vergl. beispielsweise Punkt k des Anhanges, wonach jedes Möbelstück, das älter als 100 Jahre ist, erfasst wird.

213 S. dazu unten § 3 XIII. 1.

214 *Schneider*, Unif. L. Rev./Rev. Dr. unif. 2001, 476, 498: „It was moreover recalled that the pro-

VI. Die Rückgabe der gestohlenen Güter

„Es muß daher von den Grundsätzen des gutgläubigen Erwerbs Abstand genommen werden: der Satz „Hand wahre Hand" paßt hier nicht; die Vindikation muß durchgreifen: denn wenn in sonstigen Fällen die Interessen des guten Glaubens denen des Eigentums vorgehen, so ist eine andere Behandlungsweise dann geboten, wenn es sich um ein vielleicht einzigartiges Kunst- oder Altertumsobjekt handelt, mit dessen Verlust eine bedeutende Kulturminderung für die Menschheit verbunden wäre."[215]
Josef Kohler (1904)

Das zweite Kapitel der UNIDROIT-Konvention regelt die Rückgabe gestohlener Kulturgüter. Art. 3 Abs. 1 stellt den wichtigsten Grundsatz der Konvention auf[216]:

„Der Besitzer eines gestohlenen Kulturguts hat dieses herauszugeben."[217]

Die Autoren der Konvention waren der Ansicht, dass die unbedingte Rückgabeverpflichtung des Art. 3 Abs. 1 UNIDROIT-Konvention in der Kombination mit der weiten Definition des Art. 2 UNIDROIT-Konvention das wohl erfolgversprechendste Mittel im Kampf gegen den illegalen Verkehr mit Kulturgütern sei[218].

---

posed restriction would exclude from the scope of application of the Convention less important cultural objects, which however fit the criteria laid down by the Convention and which should be covered on account of the ever greater number of thefts of such objects.".

215 *Kohler*, Deutsche Juristen-Zeitung 1904, 771, 775. Auch nach *Sitter-Liver*, Informationstag, S. 29 ist das Instrument des Gutglaubenschutzes nicht als angemessen zu bezeichnen, da es im Handel mit Kulturgütern um die Übertragung von Eigentum an Dingen gehe, die aus moralischer Sicht mehr als bloße Sachen seien. Nach der Ansicht *Siehrs* ist der gutgläubige Erwerb gestohlener Kulturgüter zu verbieten. Aus dem Naturrecht ergebe sich kein Anspruch auf Schutz gutgläubigen Erwerbes und sowohl in der Vergangenheit als auch der Gegenwart käme „man ohne einen solchen Schutz aus, ohne dass der gesamte Rechtsverkehr vor lauter Unsicherheit" zusammenbräche, wie das Beispiel Englands und der Vereinigten Staaten zeige, vergl. *Siehr*, Aufbruch nach Europa, S. 823, 827.

216 Der Grundsatz durch die Restitution gestohlener bzw. illegal exportierter Güter den *status quo ante* herzustellen, bildet nach Ansicht von *Reichelt*, Neues Recht, 62 die Leitlinie für die gesamte Konvention und stellt die gemeinsame Klammer für privatrechtliche und öffentlichrechtliche Restitutionsansprüche dar. S. dazu auch *Carducci*, Restitution, S. 241 ff.

217 Auch über die Verwendung des Begriffes „Besitzer" wurde ausführlich diskutiert. Zum einen wurde eine weiterführende Definition gefordert, zum anderen die Formulierung „Halter eines Kulturgutes". In der Tat unterscheiden einige Rechtsordnungen zwischen dem „possessor" und dem „holder" eines Gutes, wobei „the holding of an object" der Besitz im eigenen oder fremden Namen bzw. im fremden Interesse ist. Aufgrund der weltweiten Verwendung des Begriffes „possession" entschied man sich unter Berücksichtigung des Ziels der Konvention, die Rückgabe kultureller Objekte zu erleichtern, für die Verwendung dieses Begriffes. Vergl. *Lalive*, SZIER 1997, 13, 33; *Schneider*, Unif. L. Rev./Rev. Dr. unif. 2001, 476, 502; *Sidorsky*, I.J.C.P, Vol. 5, No. 1, 1996, 19, 32 FN 123; *Prott*, UNIDROIT, S. 31.

218 *Schneider*, Unif. L. Rev./Rev. Dr. unif. 2001, 476, 498.

Der privatrechtliche Anspruch auf Rückgabe steht dem Eigentümer bzw. früheren Besitzer[219] eines Kulturgutes zu und richtet sich gegen den gegenwärtigen Besitzer. Die Regelung unterscheidet weder zwischen staatlichem und privatem Eigentum, noch zwischen gut- und bösgläubigen Erwerbern[220]. Voraussetzung für die generelle Rückgabeverpflichtung ist nur, dass es sich um ein Kulturgut i.S.d. Konvention handelt und dieses gestohlen wurde, wobei Art. 3 Abs. 2 UNIDROIT-Konvention die rechtswidrig ausgegrabenen oder rechtmäßig ausgegrabenen und rechtswidrig einbehaltenen Kulturgütern den „gestohlenen" i.S.d. Konvention gleichstellt[221]. Die Rechtswidrigkeit der Ausgrabung bzw. Einbehaltung von Fundobjekten bestimmt sich gemäß Art. 3 Abs. 2 nach dem Recht des Herkunftsstaates. Die klagende Partei trägt nach den allgemeinen Regeln die Beweislast für das Vorliegen dieser Voraussetzungen, also dafür, dass das Kulturgut in ihrem Besitz oder Eigentum war und dass es ihr gestohlen bzw. illegal ausgegraben wurde[222].

In der geltenden Fassung der UNIDROIT-Konvention ist nicht näher bestimmt, was unter „gestohlen" i.S.d. Konvention zu verstehen ist, und ob unter diesen Begriff auch sonstige Formen des widerrechtlichen Besitzentzuges zu subsumieren sind[223]. Dagegen stellte Art. 11 des *Avant-Projet de Convention d'UNIDROIT sur les biens culturels volés ou illicitement exportés* vom 26. 1. 1990 noch klar, dass die Vertragsstaaten im Fall von Klagen vor ihren zuständigen Gerichten oder Behörden die Anwendung von Kapitel II auf jedes andere Delikt neben Diebstahl erstrecken können, in Folge dessen dem Kläger das betreffende Gut entzogen wurde:

> „Chaque Etat contractant conserve la faculté pour les demandes introduites devant ses tribunaux ou autorités:

---

219 Die Konvention schweigt zu der Frage, an wen das Kulturgut herauszugeben ist. Es ist somit Sache der über die Rückgabe entscheidenden Institution zu bestimmen, an wen das Gut herauszugeben ist. Das kann sowohl der ursprüngliche Eigentümer, als auch ein Kreditgeber oder ein Museum sein, an welches das betreffende Gut ausgeliehen war, *Lalive*, SZIER 1997, 13, 33; *Schneider*, Unif. L. Rev./Rev. Dr. unif. 2001, 476, 502; *Sidorsky*, I.J.C.P, Vol. 5, No. 1, 1996, 19, 32 FN 123; *Prott*, UNIDROIT, S. 31.

220 Der gute bzw. böse Glaube des Erwerbers ist nur für einen möglichen Anspruch auf angemessene Entschädigung erheblich.

221 Diese Lösung steht im Einklang mit den meisten kontinental-europäischen Staaten, die den gutgläubigen Erwerb an Bodenfunden dann ausschließen, wenn archäologische Grabungsfunde automatisch Staateigentum sind, vom Finder unterschlagen wurden und dem Staat somit abhanden gekommen sind. Für die Staaten des *Common-Law*-Rechtskreises stellt dies jedoch eine erhebliche Neuerung dar, da ausländische Gesetze zu Bodenfunden nach deren Rechtssystem zum nicht zu beachtenden ausländischen öffentlichen Recht zählen, *Raschèr*, Kulturgütertransfer, S. 78.

222 *Raschèr*, Kulturgütertransfer, S. 85.

223 *Siehr*, Unif. L. Rev./Rev. dr. unif. 1998, 671, 674; *Spaun*, Herausgabeanspruch, S. 222; *Raschèr*, Kulturgütertransfer, S. 77; *Carducci*, Restitution, S. 267 ff.

visant la restitution d'un bien culturel volé:
d'étendre les dispositions du Chapitre II à des actes délictueux autres que le vol par lesquels le demandeur a été dépossédé du bien; [...]"[224]

Bereits 1993 wurde diese Klausel jedoch wieder gestrichen, da sich die Auffassung durchsetzte, die einheitlichen Regelungen der UNIDROIT-Konvention nur auf „Diebstahl" – eine Tat, die in allen Rechtssystemen verurteilt und mit Strafe belegt wird – zu beziehen und weniger einfach zu definierende Situationen, deren rechtliche Behandlung in den unterschiedlichen Staaten stark variiert, auszunehmen[225]. Zwar ist nach Sinn und Zweck des Übereinkommens der Begriff der „gestohlenen" Kulturgüter im weitesten Sinne zu verstehen, da nicht bestimmte Straftaten, sondern der illegale Handel mit Kulturgütern allgemein bekämpft werden soll[226], doch liegt die Entscheidung, ob der Charakter der widerrechtlichen Handlung im Einzelfall unter den Anwendungsbereich der Konvention zu subsumieren ist, bei den nationalen Gerichten. Darüber hinaus steht es den Vertragsstaaten frei, über Art. 9 Abs. 1 UNIDROIT-Konvention die Anwendung der Konvention auf alle Formen der widerrechtlichen Entziehung auszudehnen[227].

1. Die Kompromisslösung der Art. 3 und 4 UNIDROIT-Konvention

Vor dem Hintergrund dieser allgemeinen Rückgabepflicht war es einer der umstrittensten Punkte bei der Entwicklung der UNIDROIT-Konvention, wie viel Schutz dem gutgläubigen Erwerber eines Kulturgutes zukommen solle[228]. Dieses Problem war äußerst schwierig zu lösen, da in den verschiedenen Rechtssystemen der Erwerb vom Nichtberechtigten sehr unterschiedlich behandelt wird[229]. In den Ländern des *Common Law* Rechtskreises ist es auch dem gutgläubigen Erwerber nicht möglich, Eigentum an einem gestohlenen Objekt zu erlangen[230]. Dieser Grundsatz resultiert aus dem Prinzip des Römischen Rechts

---

224 Abgedruckt bei *Reichelt*, Dolzer/Jayme/Mußgnug, S. 80; in englischer Sprache bei *Kinderman*, 7, 2 Em. Int. L. R. (1993), 457, 582f.

225 Beispielsweise ist im *common law*-Rechtskreis dann, wenn kein Diebstahl vorliegt, in Fällen von Täuschung oder anderem widerrechtlichen Besitzentzug, gutgläubiger Eigentumserwerb möglich, *Schneider*, Unif. L. Rev./Rev. dr. unif. 2001. 476, 494.

226 *Lalive*, SZIER 1997, 13, 32; *Vrellis*, Neues Recht, S. 82 f.. So spricht auch *Reichelt*, Neues Recht, S. 62 von „abhanden gekommenen Kulturgütern". Als mögliche Form der widerrechtlichen Entziehung eines Kulturguts ist beispielsweise auch an das so genannten „Art-Napping" zu denken, die Entführung eines Kunstwerkes und dessen Rückgabe gegen Zahlung eines „Lösegeldes", *Franz*, KUR 1999, 345.

227 *Schneider*, Unif. L. Rev./Rev. dr. unif. 2001. 476, 494.

228 UNIDROIT 1993, Etude LXX – Doc. 42, 1.

229 *Winter*, FS de Waart, 1998, 360.

230 *Squillante/Fonseca*, Williston on Sales, 3, § 23–12: „In America, it is the fundamental prin-

nemo dat quod non habet, dass niemand einen Rechtstitel übertragen kann, den er selbst nicht besitzt[231].

In den Ländern des Romanischen Rechtskreises[232] wird dagegen grundsätzlich dem Interesse an der Leichtigkeit des Warenverkehrs ein gewisser Vorzug vor dem Schutz des Eigentümers eingeräumt und dem gutgläubigen Erwerber ein stärkerer Schutz gewährt. Hier ist jedoch zwischen der französischen und der italienischen Rechtsordnung zu differenzieren. Das französische Recht gibt nicht dem Erwerber- bzw. Verkehrsinteresse den klaren Vorzug, sondern nimmt eher eine Mittelposition ein: Der sofortige gutgläubige Erwerb an abhanden gekommenen Sachen ist zwar ausgeschlossen, doch ist der Erwerb durch Zeitablauf schon nach einer mit drei Jahren recht kurz bemessenen Verwirkungsfrist möglich[233]. Nach italienischen Recht ist der uneingeschränkte Erwerb des Eigentums an einem gestohlenen Gegenstand sowohl im Privatrechtsverkehr als auch im Handelsverkehr möglich[234].

Selbst innerhalb des deutschen Rechtskreises – zu dem neben Deutschland auch Österreich und die Schweiz gezählt werden – sind die Regelungen äußerst unterschiedlich. Durch den nahezu völligen Ausschluss des sofortigen gutgläubigen Erwerbs gestohlener oder abhanden gekommener Sachen schützt das deutsche Recht den Eigentümer sehr weitgehend[235]. Nach österreichischen Recht kann

---

ciple of the law of property that no one can transfer title to that which he does not own."; s. auch *Goldrich*, 23 Fordham Int'L.J. (2000), 118.

[231] Vergl. Section 21 *Sale of Goods act 1979*: „Sale by person not the owner – (1) Subject to the provisions of this Act, where goods are sold by a person who is not their owner, and who does not sell them under the authority or with the consent of the owner, the buyer acquires no better title to the goods than the seller had, unless the owner of the goods is by his conduct precluded from denying the seller's authority to sell". Zum Ganzen s. auch *Doyal*, 39 Colum. J. Transnat. L. (2001), 657, 661; *Kinderman*, 7, 2 Em. Int. L. R. (1993), 457, 460; sehr ausführlich zu den verschiedenen Regelungen des gutgläubigen Erwerbs *Prott/O'Keefe*, Movement, S. 396–409.

[232] Zu den verschiedenen Rechtskreisen vergl. *Zweigert/Kötz*, Rechtsvergleichung, §§ 5ff. Zum romanischen Rechtskreis sind u. a. die Rechtsordnungen Frankreichs und Italiens zu zählen. Eingehend zu den materiellrechtlichen Bestimmungen zum gutgläubigen Erwerb von Eigentum *Spaun*, Herausgabeanspruch, zum Romanischen Rechtskreis, S. 59ff., zum deutschen Rechtskreis, S. 64ff. und zum anglo-amerikanischen Rechtskreis, S. 78ff.

[233] *Spaun*, Herausgabeanspruch, S. 62, s. auch unten § 3 X 2. und § 4 VI.

[234] S. Art. 1153 italienischer C. c., wonach ein direkter Eigentumserwerb auch an gestohlenen Gegenständen möglich ist, solange der Käufer in gutem Glauben handelt. Diese Regelung gilt jedoch nicht für Objekte aus öffentlichen Sammlungen, die zum öffentlichen Eigentum gehören und somit *res extra commercium* sind. Deren Besitzerlangung hat, selbst bei gutem Glauben, keinen Effekt, *Galgano*, International sales, S. 129.

[235] Vergl. § 935 BGB. Der gutgläubige Erwerb ist bei Sachen, die dem Eigentümer gestohlen, verloren gegangen oder sonst abhanden gekommen sind, ausgeschlossen, weil das Auseinanderfallen von Besitz und Eigentum nicht durch ihn selbst gewollt war. Eine Ausnahme besteht gemäß § 935 Abs. 2 nur, wenn es sich um Geld oder Inhaberpapiere handelt, dort

dagegen an abhanden gekommen Gegenständen sofort gutgläubig Eigentum erworben werden, wenn der Erwerb unter privilegierten Umständen erfolgt[236]. Das schweizerische Recht schließt – ähnlich wie die französische Rechtsordnung – für abhanden gekommene Sachen den sofortigen gutgläubigen Erwerb aus, erlaubte bisher aber bereits nach fünf Jahren einen Eigentumserwerb durch Zeitablauf[237]. Durch das neue Kulturgütertransfergesetz[238], das am 1.6.2005 in Kraft getreten ist, wurde jedoch zumindest für Kulturgüter durch die Verlängerung der Verwirkungs- und Ersitzungsfristen ein eigentümerfreundlicheres Sonderrecht geschaffen[239].

Die Konvention musste nun versuchen, diese verschiedenen Betrachtungsweisen mit Hilfe einer allgemeinen Regel, die von einem breiten Spektrum von Rechtssystemen akzeptiert werden kann, in Einklang zu bringen[240]. Nachdem zuvor der Vorschlag diskutiert worden war, dass es dem Erwerber, der mit gebührender Sorgfalt gehandelt habe, erlaubt werden solle, Eigentum am betreffenden Gut zu erlangen, erschien die unbedingte Rückgabeverpflichtung als einzige realistische Möglichkeit, den illegalen Verkehr mit Kulturgütern wirksam zu bekämpfen[241]. In der endgültigen Fassung der UNIDROIT-Konvention wurde somit das Recht des ursprünglichen Eigentümers anerkannt und auch der gutgläubige Erwerber gemäß Art. 3 Abs. 1 UNIDROIT-Konvention zur Herausgabe des gestohlenen

---

siegt die Sicherheit des Verkehrs, *Schwab/Prütting*, Sachenrecht, RN. 433; vergl. auch *Spaun*, Herausgabeanspruch, S. 68. Auch findet sich im deutschen Recht – von § 985 Abs. 2 BGB und § 366 Abs. 1 HGB abgesehen – keine Privilegierung des Erwerbs im Handelsverkehr, wie dies in vielen anderen Rechtsordnungen anzutreffen ist. Eigentum an einer gestohlenen Sache kann lediglich durch Ersitzung erworben werden, s. dazu *Hanisch*, International sales, S. 188f. Zum Ganzen unten § 4 VII.

236 Vergl. § 367 ABGB. S. dazu unten § VI. 1.

237 Vergl. Art. 934 I ZGB. Nach der herrschenden Meinung erwirbt der gutgläubige Besitzer bei Verwirkung der Fahrnisklage gemäß Art. 934 I ZGB Eigentum an der unfreiwillig abhanden gekommenen Sache, *Stark*, Honsell/Vogt/Geiser, ZGB II, Art. 934, RN. 15 m.w.N.

238 BBl. Nr. 25, 1.7.2003, 4475.

239 *Spaun*, Herausgabeanspruch, S. 78. Mehr zu diesem Gesetz unten § 4 II. 3.

240 *Doyal*, 39 Colum. J. Transnat. L. (2001), 657, 668; *Prott*, UNIDROIT, S. 29: „On the one hand it can be argued that the owner had done nothing to deserve the loss of its goods and therefore that the *nemo dat* rule is fair. On the other hand it can be argued that the *bona fide* purchaser has also done nothing to deserve to be deprived of the goods purchased." Für einen ausführlichen Vergleich der verschiedenen internationalen Regelungen des gutgläubigen Erwerbs von beweglichen Gegenständen, s. *Zweigert*, 23 RabelsZ (1958), 1, 4ff. Dieser schlägt als Lösung eine Unterscheidung zwischen Handelsverkehr und übrigen Rechtsverkehr vor und will im Handelsverkehr den gutgläubigen Erwerb schlechthin zulassen.

241 *Prott*, UNIDROIT, S. 29. Würde es dem gutgläubigen Erwerber weiterhin – wie in einigen kontinentaleuropäischen Rechtsordnungen – ermöglicht, ein gestohlenes Kulturgut zu behalten, würde dies den Zugang von Objekten des illegalen Handels in den legalen Kulturgütertransfer erleichtern.

Gutes verpflichtet. Gleichzeitig aber gewährt Art. 4 Abs. 1 der Konvention diesem zum Zeitpunkt der Rückgabe einen Ausgleichsanspruch, wenn er

> „weder wusste, noch vernünftigerweise hätte wissen müssen, dass das Gut gestohlen war, und nachweisen kann, bei dem Erwerb des Gutes mit gebührender Sorgfalt gehandelt zu haben".

Die Regelung weicht damit von der Lösung der dargestellten Systeme ab[242]. Die Gewährung einer Entschädigung an den gutgläubigen Erwerber, der verpflichtet ist, das Kulturgut zurückzugeben, stellt einen großen Kontrast zum System des *common law* und ein Entgegenkommen gegenüber den Ländern des Romanischen Rechtskreises dar, welche grundsätzlich dem gutgläubigen Erwerber erlauben, das betreffende Gut zu behalten[243]. Die Gewährung eines solchen Ausgleichsanspruchs entspricht einem Lösungsrecht des gutgläubigen Erwerbers und stellt somit einen Kompromiss zwischen der vorbehaltlosen Zulassung eines gutgläubigen Erwerbs und dem absoluten oder eingeschränkten Verbot des Gutglaubenserwerbs dar. Ein solches Lösungsrecht kennt beispielsweise das schweizerische Recht: Gemäß Art. 934 Abs. 2 ZGB muss der Käufer dem gutgläubigen Dritten die Sache nur gegen Vergütung des von ihm gezahlten Kaufpreises zurückgeben, wenn er den Gegenstand bei einer öffentlichen Versteigerung, auf dem Markt oder von einem Kaufmann, der mit Waren gleicher Art handelt, erworben hat[244].

Auch dem deutschen Recht ist ein solcher Entschädigungsanspruch des gutgläubigen Erwerbers gegenüber dem Eigentümer nicht vollkommen fremd, obwohl eine solche Regelung im geltenden Recht nicht vorhanden ist und nur rechtsgeschichtlich bekannt ist[245]. Das Preußische Allgemeine Landrecht von 1794 sah in Fortführung des mittelalterlichen Marktprivilegs in ALR I. Theil 15. Titel § 44 ein Lösungsrecht vor; die Vindikation des Eigentümers war nur gegen Erstattung

---

[242] Vergl. UNIDROIT 1993, Etude LXX – Doc. 42, 1: „Most Continental European States, which are not at present Party to the UNESCO Convention [von 1970], are being asked to make a fundamental change by returning stolen cultural property and some illicitly exported cultural objects rather than protecting the bona fide purchaser; in return they will also profit by being able to claim cultural property stolen or illegally exported from them. Although Common Law States wil be able to retain their rules on the return of cultural property (which are more generous than those in the drafts), they will need to look to their rules on the time restrictions of claims."

[243] *Doyal*, 39 Colum. J. Transnat. L. (2001), 657, 669; *Reichelt*, Dolzer/Jayme/Mußgnug, S. 73; *Raschèr*, Kulturgütertransfer, S. 76; *Sidorsky*, I.J.C.P, Vol. 5, No. 1, 1996, 19, 26; *Goldrich*, 23 Fordham Int'L.J. (2000), 118, 141 f.

[244] Zum schweizerischen Lösungsrecht vergl. *Geyrhalter*, Lösungsrecht, S. 37 ff.; *Siehr*, ZVglRWiss 83 (1984), 100, 101 ff.

[245] Abgesehen von der Regelung des Art. 94 II EGBGB, der nur die landesrechtlichen Vorschriften öffentlicher Pfandleihschaften betrifft und auf den hier entscheidenden Privatrechtsverkehr keine Auswirkung hat.

des Kaufpreises möglich, wenn der Erwerber die Sache auf einer Messe, auf einem Markt oder „sonst von Leuten, welche Sachen dieser Art unter obrigkeitlicher Erlaubnis feilhalten" erworben hatte[246]. ALR I. Theil 15. Titel § 26 schränkte des weiteren den Herausgabeanspruch des ALR I. Theil 15. Titel § 25 durch ein Lösungsrecht für den Fall ein, dass ein entgeltlicher Erwerb von einer „unverdächtigen Person" vorlag[247]. Auch im sächsischen BGB von 1865[248] begründete § 315 ein Lösungsrecht bei privilegierenden Erwerbsumständen[249]. Im ersten Entwurf des gesamtdeutschen BGB war ebenfalls ein Lösungsrecht in § 939 vorgesehen, welches keine Fortführung des mittelalterlichen Marktprinzips darstellte, sondern eine beschränkte Form des Gutglaubenschutzes an abhanden gekommenen Sachen beabsichtigte. Diese Regelung wurde jedoch durch die zweite Kommission gestrichen, da der Kompromiss des Lösungsrechts an einer „gewissen Halbheit" leide[250].

Ein Lösungsrecht des gutgläubigen Erwerbers in den nationalen Rechtsordnungen rechtfertigt sich regelmäßig durch besonders privilegierende Erwerbsvoraussetzungen, wie z. B. den Erwerb auf einer öffentlichen Versteigerung oder von einem Kaufmann[251], die UNIDROIT-Konvention rechtfertigt die Gewährung einer Entschädigung durch die Erfüllung der in Art. 4 Abs. 4 festgehaltenen erhöhten Sorgfaltspflichten des Erwerbers[252].

2. Fall: Winkworth v. Christie's[253]

Der berühmte Fall *Winkworth versus Christie's, Mason & Woods Ltd. and Another* ist einer der Fälle, die die Arbeiten von UNIDROIT veranlasst und rich-

---

246 S. zur Geschichte des Lösungsrechts im deutschen Recht *Siehr*, ZVglRWiss 83 (1984), 100f.

247 *Geyrhalter*, Lösungsrecht, S. 34.

248 Das 1863 veröffentlichte und 1865 als Bürgerliches Gesetzbuch für das Königreich Sachsen in Kraft getretene sächsische BGB ist nach dem österreichischen ABGB die letzte große Kodifikation vor Inkrafttreten des deutschen BGB, *Meder*, Rechtsgeschichte, S. 278.

249 Solche privilegierenden Umstände sind der Erwerb bei einer öffentlichen Versteigerung, auf einem Markt oder bei einer Messe. Auch hier fand das mittelalterliche Marktprinzip eine positivrechtliche Ausgestaltung, *Geyrhalter*, Lösungsrecht, S. 35.

250 *Geyrhalter*, Lösungsrecht, S. 24ff., 36. Gegen das Lösungsrecht wurde weiter vorgebracht, dass mit dieser Regelung die Gefahr bestehe, den bemittelten Eigentümer gegenüber dem Eigentümer besser zu stellen, der das geschützte Lösungsinteresse nicht befriedigen kann, und der Hehlerei und dem unrechtlichen Besitzer zu dienen. Im Ganzen wurde die Einführung eines Lösungsrechts im Interesse des Verkehrs nicht als notwendig angesehen, so dass es in den weiteren Entwürfen nicht weiter berücksichtigt wurde.

251 *Geyrhalter*, Lösungsrecht, S. 23 mit Verweis auf Art. 934 Abs. 2 schweizerisches ZGB, Art. 2280 französischer C. c, Art. 194 japanisches ZGB, Art. 101 bolivianischer Código civil, Art. 464 Abs. 2 spanischer C. c.

252 S. dazu unten § 3 IX. 2., 3.

253 *Winkworth v. Christie's, Mason & Woods Ltd. and Another*, 1980 1, All E. R. 1121 (Ch. D.); 1980 2 W.L.R., 937, Urt. v. 5.11.1979, 1977 W. No. 2296.

tungweisend beeinflusst haben[254]. So soll mit den Regelungen der UNIDROIT-Konvention die in diesem Fall zum Tragen gekommene so genannte „italian connection“, also das Reinwaschen gestohlener Kulturgüter durch einen Kunsttransfer nach Italien, um dort in den Genuss des uneingeschränkten Gutglaubenserwerbs nach Art. 1153 des italienischen C. c. zu gelangen, vereitelt werden[255].

Aus *Winkworths* Haus in England war eine Sammlung japanischer Kunstwerke gestohlen und in der Folge nach Italien verbracht worden. Dort wurde sie von dem italienischen *Marchese Paolo da Pozzo* erworben, der die Objekte wiederum nach England schickte und bei Christie's in London zur Versteigerung einlieferte[256]. Die Klage *Winkworths* auf Herausgabe der gestohlenen Objekte vor dem englischen *High Court* in London wurde abgewiesen, da das Gericht feststellte, dass auf den in Italien vorgenommenen Kauf nach der *lex rei sitae*-Regel italienisches Recht anzuwenden sei[257], wonach ein gutgläubiger Erwerber gemäß Art. 1153 italienischem C. c. sofort Eigentümer wird[258]. Der *Marchese* habe die Objekte in gutem Glauben erworben und hätte daher nach italienischem Recht an den betreffenden Kunstwerken rechtskräftig Eigentum erlangt. Das englische Recht hätte dem bestohlenen *Winkworth* nur helfen können, wenn es *lex rei sitae* geblieben wäre, als bloße *lex loci furti* wurde es durch den Schmuggel der Sammlung ins Ausland verdrängt[259]. Der englische Richter räumte dabei jedoch ein, dass die ausschließliche Berücksichtigung der *lex rei sitae* eine Härte für den früheren Eigentümer bedeute, insbesondere wenn, wie in diesem Fall, die betreffenden Gegenstände ohne sein Wissen und gegen seinen Willen ins Ausland verbracht worden seien:

> "In principle any court must surely regard, with some initial sympathy, the position of a blameless person, such as the plaintiff in the present case, who, if attention is paid solely to the law of the country of that court, has at all material times had and retained good title to the goods which are the subject of his claim."[260]

Ein solches Ergebnis erschien als ungerecht und sollte für die Zukunft durch die Entwicklung der UNIDROIT-Konvention verhindert werden. Die Praxis der Kunstschieber, sich die unterschiedlichen nationalen Gesetze zu Nutze zu

---

254 *Reichelt*, Neues Recht, S. 64; *Spaun*, Herausgabeanspruch, S. 219.

255 Vergl. *Reichelt*, FS Schwind, 1993, S. 209 f.; so auch *Mußgnug*, Kunstwerk, S. 20.

256 *Winkworth v. Christie's, Mason & Woods Ltd. and Another*, 1980 2 W.L.R., Ch. D., 937, 939.

257 *Winkworth v. Christie's, Mason & Woods Ltd. and Another*, 1980 2 W.L.R., Ch. D., 937, 941 f.

258 Vergl. zum Ganzen auch *Stoll*, Dolzer/Jayme/Mußgnug, S. 55 f.; *Jefferson*, 96 L.Q.Rev. (1980), 508, 509 ff.

259 *Winkworth v. Christie's, Mason & Woods Ltd. and Another*, 1980 2 W.L.R., Ch. D., 937, 952 f., s. dazu *Mußgnug*, Kunstwerk, S. 20; *Nott*, 33. Int. Comp. L.Q. (1984), 203, 205.

260 *Winkworth v. Christie's, Mason & Woods Ltd. and Another*, 1980 1, All. E. R. 1121 (Ch. D.); 1980 2 W.L.R., 937, *Slade J.* 951.

machen, um Kulturgüter zweifelhafter Herkunft „rein zu waschen“, und somit vom Makel des Abhandenkommens zu heilen[261], sollte durch eine einheitliche Rückgabepflicht von gestohlenen bzw. rechtswidrig ausgegrabenen Kulturgütern unterbunden werden. Nach den Regeln der UNIDROIT-Konvention würde *Winkworth* die Objekte gemäß Art. 3 Abs. 1 zurückerhalten und der gutgläubige *Marchese* gemäß Art. 4 Abs. 1 entschädigt werden, falls er beim Kauf der Sammlung mit gebührender Sorgfalt vorgegangen wäre, Art. 4 Abs. 4[262].

3. Zusammenfassung und Kritik

Die Verpflichtung, gestohlene Kulturgüter zurückzugeben, ist, wie sich schon aus ihrem Titel und ihrer Zielsetzung ergibt, der zentrale Punkt der UNIDROIT-Konvention. Es wird jedoch kritisiert, dass hier tatsächlich keine Vereinheitlichung des Rechts an Kulturgütern erfolge, sondern nur der Inhalt dinglicher Berechtigungen im internationalen Rechtsverkehr geändert werde, da der gutgläubige Erwerb nur indirekt durch die Behandlung seiner Rechtsfolgen geregelt werde[263]. Die UNIDROIT-Konvention sagt nichts über die Rückgängigmachung des gutgläubigen Erwerbsgeschäfts aus, soweit es von der nationalen Rechtsordnung anerkannt ist, sondern beschränkt sich darauf, die Rückgabe des gestohlenen Kulturgutes anzuordnen, verbunden mit einem Lösungsrecht des gutgläubigen Erwerbers. Ebenso wenig findet sich in der Konvention eine Regelung, ob der Besitzer, soweit er nach der nationalen Rechtsordnung Eigentümer geworden ist, dem Bestohlenen Eigentum an der Sache zu verschaffen hat. So wird der Klageberechtigte neutral als „Anspruchsberechtigter/*demandeur*/*claimant*“ bezeichnet[264]. Es handelt sich bei dem Rückgabeanspruch aus der UNIDROIT-Konvention nicht um einen Herausgabeanspruch des Eigentümers, da durch die Konvention die Eigentumslage überhaupt nicht berührt wird, sondern um einen eigenständigen Anspruch[265].

Dass die UNIDROIT-Konvention nicht die Regeln des internen Rechts über den gutgläubigen Erwerb vereinheitlicht, sondern das Problem indirekt durch die Regelung der Rechtsfolgen behandelt, ergab sich aus den Erfahrungen mit dem LUAB von 1974 und aus den weiterführenden Forschungsarbeiten von UNI-

---

261 S. dazu oben § 3 I. 3.

262 So auch *Hipp*, Kulturgüterschutz, S. 203. Vergl. auch UNIDROIT 1993, Etude LXX – Doc. 42, 1, wonach die UNIDROIT-Konvention dem Vereinigten Königreich die Möglichkeit eröffnet, gestohlene oder illegal exportierte kulturelle Objekte zurückzufordern, die zuvor durch den gutgläubigen Erwerb nicht zurückzuerlangen waren, wie beispielsweise im besprochenen Fall.

263 Vergl. dazu *Reichelt*, Dolzer/Jayme/Mußgnug, S. 73; *Desch*, Museumskunde, Band 67, 1/2002, 25; kritisch *Siehr*, 59 RabelsZ (1995), 454, 461 ff.

264 Zum Ganzen *Siehr*, 59 RabelsZ (1995), 454, 461 ff.; *Hipp*, Kulturgüterschutz, S. 203.

265 *Turner*, Restitution, S. 231 m.w.N.

DROIT, wonach es sinnvoller erschien, den gutgläubigen Erwerb vom Nichteigentümer nicht zu vereinheitlichen, sondern eine indirekte Lösung zu finden, um die Ratifikation der Konvention nicht zu gefährden[266]. Denn eine Lösung durch einheitliche Regeln über den Transfer von beweglichen Kulturgütern zu schaffen erschien illusorisch[267]. Daher konzentrierte sich das UNIDROIT-Projekt darauf, Übereinstimmung über ein Mindestmaß an gemeinsamen Rechtsvorschriften zu erreichen, welche den illegalen Handel so weit wie möglich verhindern und daneben den Staaten, deren Rechtsordnungen bereits günstige Regelungen für die Rückgabe von gestohlenen Kulturgütern enthalten, einen weitergehenden Schutz zu ermöglichen[268].

4. Prozessrechtliche Überlegungen

Da sich die UNIDROIT-Konvention wie gesehen auf die Regelung der Rechtsfolgen des gutgläubigen Erwerbs beschränkt und das materielle Recht nicht beeinflusst, kann sich folgendes Problem ergeben: Im Prozess um die Herausgabe an den ursprünglichen Eigentümer nach Art. 3 Abs. 1 UNIDROIT-Konvention könnte sich der gutgläubige Erwerber auf seine materielle Eigentümerposition, soweit er sie nach dem nationalen Recht erlangt hat[269], berufen und dem Herausgabeanspruch den Einwand des Rechtsmissbrauchs, etwa in Deutschland nach § 242 BGB in Form der *dolo facit, qui petit, quod statim rediturus est*-Einwendung[270] entgegenhalten. Ebenso wäre es denkbar, dass der gutgläubige Erwerber, der nach der *lex rei sitae* Eigentümer des betreffenden Gegenstandes geworden ist, in einem nachfolgenden zweiten Prozess die Herausgabe seines Eigentums – in Deutschland nach § 985 BGB – verlangt. Würde man diese Einwendung bzw. die Geltendmachung dieses Anspruches als zulässig erachten, würde der Sinn und Zweck der Konvention konterkariert.

Da die UNIDROIT-Konvention die Frage nach dem Eigentum an dem betreffenden Kulturgut ausdrücklich nicht regeln wollte, wird man dem Anspruchsgegner seine formale Rechtstellung als Eigentümer nicht absprechen können. Ein Herausgabeanspruch des Eigentümers aus § 985 BGB entfällt jedoch, wenn der Besitzer dem Eigentümer gegenüber zum Besitz berechtigt ist. Das Recht zum Besitz stellt nicht nur ein Leistungsverweigerungsrecht des Besitzers dar, sondern

---

266 *Reichelt*, Neues Recht, S. 63; *Prott*, UNIDROIT, S. 28f.

267 *Desch*, Museumskunde, Band 67, 1/2002, 25.

268 *Prott*, UNIDROIT, S. 31, Vergl. Art. 9 Abs. 1 UNIDROIT-Konvention.

269 Nach der in Art. 43 Abs. 2 und 3 EGBGB zum Ausdruck kommenden Prägungstheorie bleibt ein an der Sache nach ihrem bisherigen Lageort begründetes Recht auch nach einer Verbringung der Sache nach Deutschland bestehen, *Kienle/Weller*, IPRax 2004, 290, 291.

270 Einwendung der unzulässigen Rechtsausübung auf Grund der Pflicht zur alsbaldigen Rückgewähr, vergl. BGH, Urt. v. 21. 5. 1953, IV ZR 192/52, BGHZ 10, 69, 75; BGH, Urt. v. 9. 1. 1981, V ZR 58/79, BGHZ 79, 201, 204; BGH, Urt. v. 21. 12. 1981, X ZR 30/89, BGHZ 110, 30, 33.

hat zur Folge, dass der Herausgabeanspruch nicht besteht[271]. Das die Vindikation ausschließende Recht zum Besitz aus § 986 Abs. 1 Satz 1 BGB kann auf verschiedenen Grundlagen beruhen und sich auch aus dem öffentlichen Recht und sogar Landesrecht – beispielsweise durch eine Widmung zur *res sacrae* – ableiten[272]. Entscheidend ist, dass nach den Rechtsbeziehungen zwischen Eigentümer und Besitzer der Besitz auf Dauer oder vorübergehend dem letzteren zusteht[273]. Die Rechtsbeziehungen zwischen Eigentümer und Besitzer richten sich im vorliegenden Fall nach Art. 3 Abs. 1 UNIDROIT-Konvention. Dieser billigt dem ursprünglichen Eigentümer durch die Gewährung des unbedingten Herausgabeanspruchs ein Recht zum Besitz an dem betreffenden Kulturgut auch dann zu, wenn der gutgläubige Erwerber nach der maßgeblichen Rechtsordnung Eigentum an dem Gut erlangt hat.

Der gemäß Art. 3 Abs. 1 UNIDROIT-Konvention zur Herausgabe eines gutgläubig erworbenen Kulturgutes verpflichtete Eigentümer, kann diesem Anspruch somit nicht die *dolo facit, qui petit, quod statim rediturus est*-Einwendung entgegenhalten oder einen Herausgabeanspruch aus § 985 BGB in einem späteren Prozess geltend machen, da sein Vindikationsanspruch wegen des Besitzrechts des Anspruchsgegners entfällt.

VII. Die archäologischen Funde

> *"This virtute in art is shown by its survival value. Historically speaking, we cannot distinguish a civilization except by its art. At any rate, the more a civilization is subjected to the test of time, the more it is reduced to its works of art. The rest rots away. [...] Historical civilization begins with the epic poems Gilgamesh, or the bible, or Homer. Shards of pottery, painted or incised, are more eloquent than the names of emperors or fields of battle. Cities and fertile land disappear, but buried in their ruins, in tombs and sanctuaries, we find a vase, a jewel, a few coins, made by the artists of those days, which speak to us in clear language and tell us of the status and character of that lost civilization."*[274] *Herbert Read*

Archäologische Gegenstände nehmen auf Grund ihrer Bedeutung für Wissenschaft und kulturelle Identität im Rahmen des Kulturgüterschutzes eine Sonderstellung ein[275]. Ihrem Schutz dient eine Fülle nationaler gesetzlicher Bestimmun-

---

[271] Vergl. BGH, Urt. v. 6.10.1981, X ZR 57/80; BGHZ 82, 13, 18; *Gursky*, Staudinger, BGB, § 985 RN. 82; *Schwab/Prütting*, Sachenrecht, RN. 517; *Wolf*, Sachenrecht, RN. 228.

[272] *Gursky*, Staudinger, BGB, § 986 RN. 8.

[273] *Gursky*, Staudinger, BGB, § 986 RN. 8.

[274] *Read*, To hell with culture, S. 172.

[275] Gerade aus der Sicht der Archäologen ist das kulturelle Erbe eines Volkes ebenso bedeutsam für seine Zukunft wie es die wirtschaftliche Lage für sein ökonomisches Überleben ist, s. dazu *Mejias* „Supergau. Archäologen bitten die Vereinten Nationen um Hilfe", FAZ v. 17.4.

gen, zu denen Staatsverträge wie die Europarats-Konvention vom 16. 1. 1992[276] treten, in denen es zum einen um den Schutz und die Erhaltung von Bodenfunden und zum anderen um den Denkmalschutz geht[277]. Bisher konnte jedoch keines dieser Mittel, weder die UNESCO-Konvention von 1970, von deren Anwendungsbereich illegal ausgegrabene Güter mangels Inventarisierung[278] nicht erfasst werden, noch die Konvention von Malta[279], einen effektiven Schutz gegen die Gefährdungen bieten, denen archäologische Funde in besonderem Maße ausgesetzt sind.

I. Besondere Gefährdungen archäologischer Kulturgüter

„Arm am Beutel, krank am Herzen,
Schleppt ich meine langen Tage.
Armut ist die größte Plage,
Reichtum ist das höchste Gut!
Um, zu enden meine Schmerzen,
Ging ich einen Schatz zu graben."[280]
Johann Wolfgang von Goethe

2003, 37, der in Bezug auf die Folgen der offensichtlich gut organisierten Raubzüge in den archäologischen Stätten des Iraks von einem „kulturellen Supergau" und einer „kunsthistorischen Katastrophe" spricht. Mehrere hundert Archäologen und Altorientalisten aus aller Welt haben in einer Petition, die den Vertretern der Vereinten Nationen und der UNESCO übergeben wurde, ihre Sorge um das Los des mesopotamischen Kulturguts zum Ausdruck gebracht.

276 *European Convention on the Protection of the Archeological Heritage* v. 16. 1. 1992, European Treaty Series Nr. 143. So genannte „Malta-Konvention", ratifiziert von Bulgarien, Finnland, Frankreich, Liechtenstein, Malta, Norwegen, Polen, der Schweiz, Ungarn und der Türkei.

277 *Jayme*, IPRax 1996, 66. Vergl. dazu auch Art. 1 der Konvention von Malta, wonach die Bewahrung der Quellen der Menschheitsgeschichte das Ziel der Konvention ist.

278 Vergl. Art. 7 lit. b. i. UNESCO-Konvention von 1970.

279 Die Malta-Konvention ist zunächst als eine Absichtserklärung der Vertragsstaaten anzusehen und hat überwiegend technischen Charakter. Da sie nicht direkt anwendbar ist und einer Umsetzung in das innerstaatliche Recht bedarf, stellt sie lediglich einen Mindeststandard auf, in dem sich die Vertragsstaaten verpflichten, ihre rechtlichen Instrumente und Maßnahmen so einzusetzen, dass sie die Vertragsziele erfüllen. Problematisch an der Konvention ist vor allem, dass der Kunsthandel nicht erfasst ist, *Fechner*, Archäologisches Kulturgut, S. 93 ff. So enthält sie nur eine Verpflichtung der Vertragsstaaten, Angebote von Grabungsgut, bei denen der Verdacht besteht, dass sie aus heimlichen Grabungen stammen oder dass sie aus öffentlichen Grabungen verschleppt wurden, den zuständigen Instanzen des Herkunftsstaates zu melden, Art. 10 Abs. 2. Ferner haben die Vertragsstaaten sicherzustellen, dass die ihrer Kontrolle unterstehenden Museen und ähnlichen Institutionen keine archäologischen Objekte erwerben, die aus Raubgrabungen stammen, Art. 10 Abs. 3; und schließlich sich dafür einzusetzen, dass Museen, deren Einkäufe nicht der staatlichen Aufsicht unterstehen, ebenfalls diese Grundsätze beachten, Art. 10 Abs. 4. Vergl. zu den Schwächen der bestehenden Regelungen zum Schutz archäologischer Objekte, *Fechner*, Bewahren als Problem, S. 115 ff.; *Szemethy*, Bewahren als Problem, S. 147.

280 *von Goethe*, Gedichte, S. 110, „Der Schatzgräber". Diese Worte *Goethes* können auch heute noch weltweit als das Hauptmotiv der Raubgräber angesehen werden, *Siehr*, Bewahren als

Archäologische Kulturgüter sind insbesondere durch Raubgräberei gefährdet, die sich als rechtswidrige Suche nach archäologischen Kulturgütern und deren rücksichtslose Bergung und Zerstörung definieren lässt, wobei es den Raubgräbern darum geht, möglichst wertvolle und vollständige Kulturgüter zum Sammeln und vor allem auch zum lukrativen Handel zu erhalten[281]. Unzählige archäologische Stätten auf der ganzen Welt sind Opfer von solchen Raubgrabungen geworden und werden teilweise auch heute noch geplündert.

a. „Huaqueros" und „Tombaroli"

Beispielsweise hat der Reichtum an präkolumbianischem künstlerischem Schaffen in Ecuador unzählige Raubgräber angezogen, die die historischen Stätten Ecuadors rücksichtslos ausplündern[282]. Inzwischen finden sich fast mehr wertvolle präkolumbianische Objekte in europäischen Sammlungen als in Ecuador selbst[283]. Der illegale Handel mit archäologischen Funden läuft in Ecuador ähnlich ab wie in vielen anderen Ländern: Zunächst plündern die so genannten „Huaqueros" – vielfach arme Landbewohner, die sich als Grabräuber einen zusätzlichen Verdienst verschaffen – die archäologischen Stätten und verkaufen ihre Funde dann an Zwischenhändler, über welche die Objekte schließlich im internationalen Kunsthandel landen[284]. Wie die ecuadorianischen „Huaqueros" verhielten sich die Plünderer der archäologischen Stätten des Iraks im Juni 2003. Auch sie gaben an, sie seien gezwungen, archäologische Güter illegal auszugraben und zu verkaufen, um ihr Überleben zu sichern[285].

Problem, S. 110. Wobei die erwähnten Bedingungen zumindest in der Bundesrepublik und Österreich, unter den heutigen sozialen Voraussetzungen, sicherlich nicht mehr zutreffen, sondern reine Gewinnsucht das Tatmotiv der Raubgräber ist, *Rabold*, Museumskunde, Band 67, 1/2002, 48, 51; *Szemethy*, Bewahren als Problem, S. 144.

281 *Rabold*, Museumskunde, Band 67, 1/2002, 48, 49.

282 Zu den Plünderungen der präkolumbianischen Kunstschätze aus Lateinamerika vergl. auch *Pommerehne/Frey*, Libre ciculation, S. 90.

283 So fand *Norma Albuja Wirz*, Museologin aus Ecuador, bei einem Besuch in der Schweiz in Zürich mehrere „botellas silvato", kommunizierende tönende Gefäße aus der Chorrera-Kultur (ca. 1300–200 v. Chr.) vor, während es in Ecuador selbst sehr wenige solcher Objekte gibt. Das Museum *Remigio Crespo Toral* in Cuenca, welches eine der größten archäologischen Sammlungen des Landes beherbergt, besitzt nur ein einziges tönendes Gefäß aus der Chorrera-Kultur, *Albuja-Wirz*, Informationstag, S. 63. Um die noch vorhandenen kulturellen Güter im Land zu halten, erklären Verfassung und ergänzende Gesetze der Republik Ecuador künstlerische und historische Kulturgüter zum Kulturvermögen der Nation in Form des öffentlich-rechtlichen Eigentums, das dem rechtsgeschäftlichen Verkehr und der Ersitzung entzogen ist, *Stoll*, Dolzer/Jayme/Mußgnug, S. 62f.

284 Vergl. *Albuja-Wirz*, Informationstag, die auf S. 64f. Beispiele für „Huaqueros" im großen Stil gibt. So auch *Rabold*, Museumskunde, Band 67, 1/2002, 48, 51. Später werden die Funde auf Auktionen als aus „alten Privatsammlungen" stammend verkauft, vergl. *Graepler*, Bewahren als Problem, S. 23.

285 Vergl. die Interviews im Beitrag „Die Diebe von Bagdad" auf *arte*, am 6. 7. 2003, 22:20 Uhr, diese Reportage von *Joachim Gaertner* zeigte, wie Grabräuber das Nachkriegschaos aus-

Auch in den europäischen Mittelmeerländern hat die Raubgräberei alarmierende Dimensionen angenommen. Besonders begehrt von den „Tombaroli“[286] sind dort keramische Kulturgegenstände. So werden die Nekropolen bei Canosa und Nordapulien mit ihren reich ausgestatteten Kammergräbern aus der Zeit um 400 v. Chr. mit Sondierungsstangen, Tiefpflügen und sogar Baggern bearbeitet, um an die künstlerisch äußerst wertvollen unteritalienischen Vasen zu kommen, die auf dem Antiquitätenmarkt Höchstpreise erzielen[287]. In den etwas abgelegenen Gegenden Süditaliens, wo sich bis vor kurzem Bodendenkmäler besonders gut erhalten hatten, gibt es deswegen mittlerweile schon ganze Landstriche, die durch Raubgrabungen von der „archäologischen Landkarte“ nahezu „ausradiert“ worden sind[288]. Und auch in Deutschland und Österreich stellen Raubgräber und Sondengänger, die sich selbst gern „Hobby-Archäologen“ nennen, ein ernstzunehmendes Problem dar[289].

b. Zerstörung des Fundzusammenhanges

Die mit den Raubgrabungen verbundene Gefährdung des kulturellen Erbes resultiert zum einem aus dem größtenteils unverantwortlichen Umgang mit den gefundenen Objekten und zum anderen in dem Verlust wissenschaftlicher und historischer Informationen: Die archäologischen Objekte werden nicht nur bereits beim Ausgraben oder Heraussprengen aus ihrem Verband beschädigt oder zerstört, durch die Plünderungen geht auch der Fundzusammenhang und damit ein wesentlicher Teil der historischen Aussagekraft eines Objektes oder einer archäologischen Stätte unwiderruflich verloren[290].

---

nutzten und systematisch die einmaligen archäologischen Stätten des Iraks ausplünderten. S. zum Thema auch *Walter*, Rückführung, S. 5; *Ewald*, UNIDROIT, S. 87.

286 Die „Huaqueros“ entsprechende italienische Bezeichnung für Raubgräber.

287 *Rabold*, Museumskunde, Band 67, 1/2002, 48, 50; *Krinzinger*, Neues Recht, S. 47.

288 So *Graepler*, Bewahren als Problem, S. 25f., viele Fragen über die Geschichte und Kultur der Völker, die einst dort siedelten, wird man niemals beantworten können, obwohl diese noch vor dreißig Jahren, bevor die Raubgrabungen in diesem verheerenden Ausmaß begannen, durchaus zu lösen gewesen wären. Vergl. auch die Abbildung a.a.O. 27, die von der italienischen *Guardia di Finanza* beschlagnahmte Fundobjekte aus nicht-offiziellen Grabungen zeigt. S. dazu auch *Reinsberg*, Bewahren als Problem, S. 34 ; *Krinzinger*, Neues Recht, S. 47.

289 *Winghart*, Bewahren als Problem, S. 69; *Dušek*, Bewahren als Problem, S. 85ff., so war beispielsweise die „Steinsburg“ in Römhild oder das Jonatal bei Arnstadt im Internet von der „Hobby-Archäologen-Szene“ als besonders fundreich angepriesen und gezielt von Raubgräbern angelaufen worden. Zum Problem der Raubgräberei in Österreich vergl. *Szemethy*, Bewahren als Problem, S. 142ff.

290 *Raschèr*, Museumskunde, Band 67, 1/2002, 28, 29; *Walter*, Rückführung, S. 8f.; *Kyrieleis*, Bewahren als Problem, S. 164. Die Raubgräber scheren sich nicht um Schichtenbeobachtungen, Fundzusammenhänge und Dokumentationen, sie versuchen, möglichst viel der antiken Stücke zu erlangen, koste es was wolle. Gegenstände, die sich nicht gewinnbringend veräußern lassen, werden sogar mutwillig zerstört. Die zurückbleibende ehemalige Ausgrabungsstätte gleicht in der Regel einer wahren „Mondlandschaft“ und hat ihren historischen Aussagewert gänzlich eingebüßt, *Graepler*, Bewahren als Problem, S. 25.

Nachdem die Archäologie lange vorrangig als reine Kunstwissenschaft der Antike betrieben wurde, steht heute das Interesse für soziale Fragen des antiken Lebens, für Wohnverhältnisse und Siedlungsstrukturen, Bestattungsriten und Kultgebräuche immer mehr im Vordergrund[291]. An einem archäologischen Objekt hängen damit weit größere Werte als der Sachwert, nämlich die Umstände der Überlieferung, die Befunde, die historisch weit mehr zu bieten haben, als der bloße monetäre Handelswert des Raubgutes[292]. So basiert der wichtigste Beitrag, den die Ausgrabungsarchäologie zu einer modernen Geschichtswissenschaft leisten kann, auf der verantwortungsvollen Beobachtung und Auswertung von Fundkontexten als Spiegel vergangener Lebensverhältnisse und Ereignisse[293]. Ein aus seinem Zusammenhang entferntes Einzelfundstück verliert somit an Bedeutung und ist für den Archäologen weitgehend wertlos[294]:

> "Seperated from its context, 'descontextualized', the object and the context both lose significance. At the extreme the object becomes anonymous, an orphan without reliable indication of its origin, its significance, its place and function as a part of something else."[295]

---

[291] Vergl. zum Ganzen *Krinzinger*, Neues Recht, S. 45ff.; *Kyrieleis*, Bewahren als Problem, S. 164f. Als Begründer der klassischen Archäologie und der neuen deutschen Kunstwissenschaft und als erster, der die Wichtigkeit des historischen Kontextes der Bodenfunde erkannte gilt *Johann Joachim Winckelmann* (1717–1768), dazu *de Quincy*, Einfluß, S. 17; *Leppmann*, Winckelmann, S. 10: „Er verwandelte diese, die bis dahin ein Zeitvertreib für Dilettanten war, in eine Wissenschaft, indem er willkürliche Schatzgräberei durch methodische Untersuchungen ersetzte […]".

[292] *Ewald*, UNIDROIT, S. 87. Die archäologische Hinterlassenschaft setzt sich aus Fund und Befund zusammen, wobei unter Befund der unbewegliche Teil eines Denkmals zu verstehen ist, wie beispielsweise das Sediment einer altsteinzeitlich belegten Höhle, ein bronzezeitlicher Grabhügel oder ein völkerwanderungszeitliches Grab oder Wall und Graben einer mittelalterlichen Burg. Fund und Befund gehören untrennbar zusammen, *Flashar*, Bewahren als Problem, S. 17ff.

[293] *Kyrieleis* (Präsident des Deutschen Archäologischen Instituts), Bewahren als Problem, S. 165 und auch die schweizerische Archäologin *Isler-Kerenyi*, Table ronde, Diskussionsbeitrag: Der spezielle Status der Bodenfunde; die Wichtigkeit des Kontexts; der Standpunkt der Archäologen, S. 66f. betont die immense Wichtigkeit des Kontextes eines Fundes, sie illustriert dieses anhand des „François-Kraters" im Antikenmuseum in Florenz.

[294] *Winghart*, Bewahren als Problem, S. 70f. Ebenso *Fechner*, Bewahren als Problem, S. 113; differenzierend *Flashar*, Bewahren als Problem, S. 17ff., der zu bedenken gibt, dass der Kontext nicht durch jede Form des Handels zerstört wird und in vielen Fällen das Wissen um den Kontext nichts aussagt. Somit sei vor pauschaler und vorschneller Argumentation mit dem vermeintlichen Kontext in Fragen des Kulturgüterschutzes zu warnen. Kritisch zur Erklärung der Kontext-Forschung als „Allheilmittel" *Geominy*, Bewahren als Problem, S. 97.

[295] *Merryman*, Cal. L. R. 77 (1989), 339, 356. Dieser führt als Beispiel den Fall einer Stele an, die von *Huaqueros* von der Fassade eines Maya-Tempels in Guatemala gestohlen wurde. Wäre der ursprüngliche Standort der Stele nicht vor ihrer Entfernung sorgfältig anhand von Fotografien, Vermessungen und Zeichnungen dokumentiert wurden, hätten sowohl der Tempel als auch die Stele ihre Bedeutung verloren. Vergl. dazu auch die Entscheidung *United States v. Hollinshead*, 495 F. 2nd , 1154, *United States Court of Appeals Ninth Cir.*, 11.4.

Auch erleiden die beraubten Gemeinschaften immensen Schaden, sie verlieren ihr kulturelles Erbe und einen Teil ihrer Geschichte. Wenn es sich um sakrale Objekte handelt, sogar ihren religiösen Rückhalt, wenn ohne die physische Präsenz des Kultgegenstandes am Kultort die Religion selbst ihr Zentrum verliert[296]. Durch Raubgrabungen können die unersetzbaren historischen Zeugnisse und Bezugspunkte der Identität einer ganzen Gesellschaft für immer zerstört werden[297].

c. Fehlende Inventarisierungsmöglichkeit

Auch erscheinen Bodenfunde im Vergleich zu beweglichen Kunstwerken, deren Herkunft und Entstehungsdaten genau bekannt sind, ganz besonders ungeschützt, da keine Möglichkeit besteht, sie in ein „Art Loss Register" einzutragen, um so den Handel mit ihnen zu verhindern, da sie, bis sich jemand ihrer bemächtigt, unentdeckt unter der Erde liegen und somit in keinem Inventarbuch stehen können[298].

2. Die Regelungen der UNIDROIT-Konvention

Der Schutz der Bodenfunde hat nun in den Artikeln 3 Abs. 2 und 5 und Art. 5 Abs. 3 lit. c. UNIDROIT-Konvention eine Regelung erfahren, die im Mittelpunkt der Konvention steht und „die Plünderung archäologischer Stätten sowie den Verlust unersetzbarer archäologischer, geschichtlicher und wissenschaftlicher Informationen, die sich daraus ergeben"[299] wirksam bekämpfen soll. In Art. 3 Abs. 2 UNIDROIT-Konvention werden die rechtswidrig ausgegrabenen[300] oder nach legaler Ausgrabung widerrechtlich einbehaltenen archäologischen Funde den gestohlenen Kulturgütern gleichgestellt und sind damit gemäß Art. 3

1974, *Rehearing denied* in No. 73-2525, 3.6.1974, *Rehearing denied* in No. 73-2526, 17.6. 1974. S. dazu *Bator*, Trade, S. 69f.

296 Welche weitreichenden Konsequenzen ein solcher Diebstahl für eine Gemeinschaft haben kann, belegt dieses Zitat von *A. Millongo*, dem *Griot* der *Bobo-Fink* in Burkina Faso: „Den Raub von Masken betrachten wir als Tod des ganzen Dorfes. Ohne Masken sind wir wie ein Baum ohne Wurzeln – er fällt und stirbt. Unsere geistige Existenz auf Erden wie im Jenseits ist nicht mehr gewährleistet." Zitiert nach *Raschèr*, Kulturgütertransfer, S. 8. Ähnliches berichteten auch *Dr. Jean-Baptiste Kiethega*, nach *Leyten*, I.J.C.P., Vol. 7, No.1, 1998, 261, 262 und *Shyllon*, Unif. L. Rev./Rev. dr. unif. 2000, 219, 239.

297 *Müller*, Informationstag, S. 82; *Pfaff-Czarnecka*, UNIDROIT, S. 91. Zur Verknüpfung von Kulturgütern mit der Religion vergl. *Merryman*, Cal. L. R. 77 (1989), 339, 352f.

298 *Isler-Kerenyi*, Table ronde, Diskussionsbeitrag: Der spezielle Status der Bodenfunde; die Wichtigkeit des Kontexts; der Standpunkt der Archäologen, S. 67; *Graepler*, Bewahren als Problem, S. 28. So auch *Coggins*, I.J.C.P., Vol. 7, No. 2, 1998, 434, 435: „However, the fact is that most recently looted objects cannot be claimed effectively by their country of origin, since they are not known to be missing.".

299 Präambel der UNIDROIT-Konvention, Abs. 3.

300 „Ausgrabung" i.S.d. UNIDROIT-Konvention bezieht sich auch auf Unterwasser-Stätten in Übereinstimmung mit der allgemeinen Interpretation in der nationalen Gesetzgebung, *Prott*, UNIDROIT, S. 34.

Abs. 1 UNIDROIT-Konvention unabhängig von der Gutgläubigkeit des Erwerbers zurückzugeben.

Im Falle des illegalen Exportes müssen für eine Rückführung des Gutes weitere Kriterien erfüllt sein[301]. Gemäß Art. 5 Abs. 3 lit. c. UNIDROIT-Konvention ist die Erhaltung von Informationen wissenschaftlicher oder historischer Art einer der Gründe, die eine Rückgabeverpflichtung begründen. Diese Regelung hat insbesondere für archäologische Güter Bedeutung, da durch illegale Ausgrabungen – wie gesehen – der Fundzusammenhang zerstört wird und das betreffende Gut dadurch seiner Funktion als Quelle historischer oder wissenschaftlicher Informationen beraubt wird. Objekte, die aus einer unrechtmäßigen archäologischen Grabung stammen, werden somit *ipso facto* unter diese Kategorie fallen[302]. Ebenso kann die Unversehrtheit eines komplexen Gutes gemäß Art. 5 Abs. 3 lit. b. oder die materielle Erhaltung des Gutes oder seiner Umgebung gemäß Art. 5 Abs. 3 lit. a. UNIDROIT-Konvention durch die illegale Ausgrabung eines archäologischen Objektes betroffen sein. Art. 5 Abs. 3 UNIDROIT-Konvention ist somit die „Auffangklausel" für Fälle, in denen sich der Diebstahl des betreffenden Objektes nicht beweisen lässt und eine Herausgabeklage nach Art. 3 Abs. 1 UNIDROIT-Konvention damit ausscheidet[303].

3. Der Interessenkonflikt zwischen Archäologie und Kunsthandel

„Wie man einen Baum durch unvorsichtiges Behauen verdirbt: so würde auch das unvorsichtige Ausreißen der Muster des Althertums aus ihrem natürlichen Stamme den Saft vertrocknen, den die neue Cultur Roms allen Zweigen des gelehrten Europas zufließen lässt."[304] *Quatremère de Quincy*

„Sie kennen mich nicht, wenn sie glauben, ich grabe in Troja, um die gefundenen Gegenstände zu hohen Preisen zu verkaufen. Ich grabe nur, um die allerinteressantesten Seiten der Weltgeschichte für die Wissenschaft zu Tage zu bringen. [...] Ich bin stets Käufer, nie ein Verkäufer von Alterthümern."[305] *Heinrich Schliemann*

---

301 S. unten § 3 VIII. 1.

302 *Schneider*, Unif. L. Rev./Rev. dr. unif. 2001, 476, 530.

303 *Prott*, UNIDROIT, S. 33f. Die Einfügung des Art. 3 Abs. 2 und Art. 5 Abs. 3 lit. a., b. und c. sowie des letzten Satzes von Art. 5 Abs. 3 UNIDROIT-Konvention führt dazu, dass nahezu jedes illegal ausgegrabene Objekt vom Anwendungsbereich der Konvention erfasst ist, entweder über Art. 3 Abs. 2, wenn der Beweis der Identität des betroffenen Objektes erbracht werden kann, oder über Art. 5 Abs. 3, wenn bewiesen werden kann, dass das betreffende Objekt einer Exportkontrolle unterlag und keine Ausfuhrgenehmigung ausgestellt wurde.

304 *Quatremère de Quincy* drückte so in seinen Briefen „Ueber den nachtheiligen Einfluß der Versetzung der Monumente aus Italien auf Künste und Wissenschaften" seine Befürchtungen hinsichtlich der Beraubung ihres historischen Zusammenhanges der Römischen Altertümer aus, *de Quincy*, Einfluß, S. 19.

305 Brief v. 2.3.1872 von *Heinrich Schliemann* an *Johanna Diestel*, Gutsherrin von Grambow

Insbesondere durch die unterschiedliche Schwerpunktsetzung der Archäologen und Kunstsammler, gehen die Ansichten zur Regelung der Problematik der archäologischen Funde durch die UNIDROIT-Konvention weit auseinander: Die Archäologen stellen die Erforschung historischer Zusammenhänge und antiker Lebensbedingungen immer mehr in den Vordergrund ihrer Tätigkeit, wodurch der Ästhetik der antiken Erzeugnisse dabei im Gegensatz zu früher nur noch eine zweitrangige Bedeutung zukommt[306], während für die Kunstsammler nach wie vor die Schönheit oder Seltenheit und damit verbunden der pekuniäre Wert des Objektes im Vordergrund steht[307]. Geschichtliche Daten und Fundzusammenhänge spielen bei der letztgenannten Sichtweise daher eine untergeordnete Rolle.

Strikte Exportverbote für archäologische Bodenfunde oder die generelle Rückgabeverpflichtung der UNIDROIT-Konvention werden daher als unverhältnismäßige Belastung des Kunsthandels empfunden. Teilweise wird solchen „drakonischen gesetzlichen Systemen" sogar der Vorwurf gemacht, die Zerstörung archäologischer Stätten und den illegalen Handel mit Antiquitäten zu fördern, da solche Gesetze mit Exportembargo zur Triebfeder für Schmuggeltätigkeit würden und so einen ihrer Absicht zuwiderlaufenden Effekt hätten[308]. Dieser Streit erinnert an die Debatten hinsichtlich des Drogenhandels. Während die eine Seite scharfe Verbote fordert, verlangt die andere liberalere Handelsbedingungen und legale Exportmöglichkeiten, um den Schmuggel weniger lukrativ zu machen[309].

Nach Ansicht der Archäologen dagegen sind die Kunsthändler und privaten Sammler mitschuldig an der Bedrohung des kulturellen Erbes durch illegale Ausgrabungen und Plünderungen, da sie alle legal oder auch illegal ausgegrabenen

---

und entfernte Verwandte *Schliemanns*, zitiert nach *Saherwala/Goldmann/Mahr*, Schliemann, S. 11.

306 Vergl. *Graepler*, Bewahren als Problem, S. 24 wonach die Grundlagen der archäologischen Forschung die minuziösen, jede Einzelheit registrierenden Ausgrabungen sind, bei denen eine Ascheschicht oder eine unscheinbare Scherbe mitunter mehr aussagen kann als das formschöne „Kunstwerk", das den Antikenhandel interessiert.

307 *Wiederkehr Schuler*, Kunstmarkt, S. 14f.

308 *Ede*, I.J.C.P, Vol. 7, No. 1, 1998, 128, 130 „presents an analysis of why the more draconian of the legal systems defeat their intended purposes and are themselves unethical in that they promote the destruction of archaeological sites and the black market in antiquities." Vergl. auch *Hanisch*, FS Müller-Freienfels, 1986, S. 197: „Schließlich ist exzessiver Prohibition im Kunsthandel mit Reserve zu begegnen, weil sie zum Schaden der Kunstwerke umso mehr den illegalen Handel zur Folge hat.".

309 Vergl. zum Ganzen *Thibaut*, „Auf den Spuren der Kunsträuber von Bagdad. Die gestohlenen irakischen Stücke sind auf dem Markt nahezu unverkäuflich – Viele der besten Antiken lagern in Safes in der Schweiz", HB v. 20. 5. 2003, 10; *Sidorsky*, I.J.C.P, Vol. 5, No. 1, 1996, 19, 23.

Kulturgüter kauften und als Vermögensanlage missbrauchten[310]. Die Archäologen argumentieren, dass ohne den Antikenhandel als Absatzmöglichkeit niemand mit den Raubgrabungen und Plünderungen in aller Welt ihre historische Wissensarbeit stören würde, da dann aus Gräbern und archäologischen Stätten geraubte Objekte wertlos seien[311]. So sollte sich nach Ansicht der Landesarchäologie die Auffassung durchsetzen, dass archäologische Fundgegenstände kulturelles Eigentum der Gesamtheit einer Nation seien und generell nicht auf den Markt gehörten[312]. Aus diesen Gründen wurden 1975 Richtlinien formuliert, die alle Mitarbeiter des Deutschen Archäologischen Instituts dazu verpflichten

> „die Gesetze zum Schutz des antiken Erbes der Gastländer strikt zu achten, sich jeglicher Form des Sammelns von Antiken oder des Handelns mit solchen zu enthalten und keine Expertisen über Antiken im Kunsthandel oder Privatbesitz zu geben"[313].

Für die Händler ist es dagegen der Kunstmarkt, der historischen Objekten seit der Renaissance einen Wert zumisst und so ihre Erhaltung ermöglicht[314]. Durch Horrormeldungen in der Presse über das angeblich immense Ausmaß des Handels mit illegal ausgegrabenen Antiken gerate der gesamte seriöse Kunsthandel in Verruf, und dessen Fundament – privater Kunstbesitz und persönliche Kennerschaft, die das Sammeln von Antiken beflügelten und in einer kultivierten Gesellschaft wünschenswert seien – gerate so in Gefahr[315]. Auch sei es ebenso das Anliegen der Antikenhändler, sich aktiv an der Erhaltung der menschlichen Geschichte zu beteiligen, und die Ansicht einiger Archäologen, der Antikenhandel sei der Grund für die Zerstörung archäologischer Zeugnisse, schlichtweg

---

310 *Wiederkehr Schuler*, Kunstmarkt, S. 13. Der internationale Handel verbringt häufig Sammelstücke aus armen Regionen in Länder mit kaufkräftigen Museen und Privatleuten. Erschreckend ist der Fall, in dem eigens eine Startbahn in den mexikanischen Urwald geschlagen wurde, um eine Tempelwand in die USA zu schaffen, *Fechner*, Bewahren als Problem, S. 115.

311 Vergl. die *Principles of Archeological Ethics* abgedruckt in: I.J.C.P., Vol. 7, No. 1, 1998, 231.

312 *Winghart*, Bewahren als Problem, S. 81.

313 Zitiert nach *Szemethy*, Bewahren als Problem, S. 157 und *Kyrieleis*, Bewahren als Problem, S. 166. Durch diese ausdrückliche Verpflichtung soll immer wieder ins Gedächtnis gerufen werden, dass die ideelle Unterstützung des Kampfes gegen das unrechtmäßige Geschäft mit der Antike auch Aufgabe jedes einzelnen am Forschungsprozess Beteiligten ist.

314 Schließlich habe gerade der Grundsatz, dass privater Kunstbesitz und Sammlungen für eine kultivierte Gesellschaft wünschenswert sind, eine außerordentliche Bedeutung für die Entwicklung der großen Antikenmuseen der Welt und zu einer stetig zunehmenden Wertschätzung des Weltkulturerbes geführt, *Ede*, I.J.C.P., Vol. 7, No. 1, 1998, 128; auch *O'Keefe*, Libre circulation, S. 179ff., 182, 192 betont die Bedeutung privater Sammlungen: „A collection is a new creation; it illustrates the ideas and ideals of the collector as conceived in time. It may show the fashions of a particular period or the changing fashions over a period. […] Collections are the result of dedicated effort by their makers.".

315 *Ede*, I.J.C.P, Vol. 7, No. 1, 1998, 128; *Geominy*, Bewahren als Problem, S. 95; *Blome*, UNIDROIT, S. 84.

falsch, die unbekannte Provenienz eines Gegenstandes bedeute nicht zwangsläufig illegale Fund- oder Erwerbsumstände[316].

Eine Stärkung des legalen Kunstmarktes beispielsweise durch Freigabe der Bestände der Lager der staatlichen Museen für den Handel würde wesentlich dazu beitragen den illegalen Handel und die damit einhergehenden Gefährdungen für archäologische Güter einzuschränken, da der Markt durch eine solche Freigabe teilweise befriedigt würde und nicht mehr in demselben Umfang auf Raubgut angewiesen wäre[317].

Ein weiterer umstrittener Punkt ist die Behandlung der Zufallsfunde. Dadurch, dass diese zumeist automatisch dem Staat verfallen[318], versuche der Finder sich

[316] So beispielsweise *Winghart*, Bewahren als Problem, S. 81: „Es bleibt zu hoffen, [...] dass eines Tages der versuchte Verkauf von archäologischen Bodenfunden mit dem vorausgegangenen Diebstahl desselben assoziiert wird und damit der Ankauf aus Raubgrabungen als das betrachtet und bezeichnet wird, was er auch heute schon im Grunde ist: Hehlerei.“. Häufig werde jedoch die Quelle der Objekte aus zulässigen Gründen verschleiert, beispielsweise weil der betreffende Gegenstand aus einer Erbschaft stamme und andere Familienmitglieder nicht vom Verkauf erfahren sollen. *Ede*, I.J.C.P, Vol. 7, No. 1, 1998, 128, 129. Wobei sich allerdings die Frage stellt, ob das Geheimhalten des Verkaufs eines Gegenstandes aus einer Erbmasse vor den anderen Familienmitgliedern einen zulässigen Grund für die Verschleierung der Herkunft ist.

[317] So sollen in den Kellern und Magazinen der Museen der Welt zahlreiche antike Funde vor sich hin dämmern, die weder publiziert noch gepflegt werden, *Wiederkehr Schuler*, Kunstmarkt, S. 16. Vergl. dazu auch *Siehr*, Bewahren als Problem, S. 111.

[318] In Deutschland besteht nach Bundesrecht kein Vorrecht öffentlicher Behörden bei Funden von öffentlichem Interesse wie beispielsweise Altertümern, vielmehr ist gemäß Art. 73 EGBGB das Landesrecht zuständig (vergl. *Hartmann*, Soergel BGB, 10, Art. 73 EGBGB, RN. 3; BVerfG, Beschl. v. 18.5.1988 – 2 BvR 589/84, NJW 1988, 2593; *Fechner*, Bewahren als Problem, S. 114 kritisiert die Uneinheitlichkeit der Regelungen). So gibt es in verschiedenen Bundesländern so genannte kleine und große „Schatzregale“, welche bestimmen, dass archäologisches Fundgut von erheblicher wissenschaftlicher oder kultureller Bedeutung von vorneherein als Besitz der Allgemeinheit definiert wird, wie beispielsweise § 19a des Denkmalschutz- und pflegegesetzes von Rheinland-Pfalz oder § 23 BadWürttDenkmalschG. Existiert eine solche Regelung nicht, richtet sich die Behandlung eines Bodenfundes nach § 984 BGB: Die Hälfte des Wertes einer Fundsache geht an den Eigentümer des Grundes, auf dem sie verborgen lag, die andere Hälfte an den Finder. Hinzu treten Regelungen des Denkmalschutzes wie beispielsweise Art. 7 Abs. 1 des Bayerischen Denkmalschutzgesetzes, der anordnet, dass jeder, der Erdeingriffe auf einem Grundstück vornehmen will, von dem er weiß, annimmt oder den Umständen nach annehmen muss, dass sich dort Bodendenkmäler befinden, der Erlaubnis bedarf. Jeder einzelne Fund unterliegt gemäß Art. 8 des Bayerischen Denkmalschutzgesetzes einer Meldepflicht. Vergl. zum Ganzen *Winghart*, Bewahren als Problem, S. 75 f.; *Schwab/Prütting*, Sachenrecht, RN. 509 f. Im österreichischen Recht bestand in § 399 ABGB von 1811 die Regelung, dass „Schätze“, also Geld, Schmuck oder andere Kostbarkeiten, die so lange im Verborgenen gelegen haben, dass man ihren vorherigen Eigentümer nicht mehr erfahren kann, durch drei zu teilen seien, ein Drittel an den Fiskus, ein Drittel an den Grundeigentümer, ein Drittel an den Finder. Diese Regelung stand jedoch der aufblühenden Archäologie im Wege und wurde deshalb aufgehoben. Allerdings haben die Schatzfunde keine neue Regelung erfahren, in dieser Hinsicht besteht nun eine Rechtslücke, *Mayer-Maly*, JBl. 2000, 535.

im Normalfall solche Fundstücke auf dem Schwarzmarkt vom Hals zu schaffen, um einen Gewinn aus dem Fund zu erlangen[319]. So wird behauptet, der Finder werde den Fund eher absichtlich zerstören, als das Risiko einzugehen, mit ihm aufgegriffen zu werden, da der Verkauf archäologischer Stücke auf dem Schwarzmarkt inzwischen hart bestraft werde[320].

Es wäre also sinnvoll, einen Anreiz zu schaffen, Zufallsfunde bekannt zu geben, beispielsweise indem der Staat zwar Eigentümer des Fundes wird, jedoch eine Belohnung in Höhe des Marktpreises an den Finder zahlt[321]. Ein weiterer Anreiz zur Erhaltung der vollständigen archäologischen Information könnte die Zahlung einer höheren Belohnung sein, wenn das archäologische Objekt bis nach Vornahme der Meldung *in situ* verbleibt[322]. Das Recht des staatlichen Besitzes sollte sich dabei nur auf diejenigen Antiken beschränken, denen eine besondere Bedeutung beigemessen wird, während unbedeutendere Gegenstände im Besitz des Finders bleiben sollen[323].

4. Wertung der Lösungsmöglichkeiten durch die UNIDROIT-Konvention

Da die UNIDROIT-Konvention keine Rückwirkung entfaltet, ist sie nicht auf die bekannten Fälle umstrittener Grabungsfunde[324] anzuwenden. Doch auch bei aktuellen Fällen können sich Schwierigkeiten ergeben, etwa hinsichtlich der Feststellung des Ausgrabungszeitpunktes. Ebenso kann es schwierig sein, die Illega-

---

[319] Auch könne der Fund eines archäologischen Gegenstandes während des Bauens bei offizieller Meldung in einigen Ländern eine wirtschaftliche Katastrophe bedeuten, da das entsprechende Bauvorhaben ohne finanziellen Ausgleich sofort blockiert werde, *Staechelin*, UNIDROIT, S. 70.

[320] *Ede*, I.J.C.P, Vol. 7, No. 1, 1998, 128, 130. Wobei hier die Möglichkeit der unentgeltlichen Weitergabe des gefundenen Objekts an eine staatliche Stelle gänzlich unterschlagen wird.

[321] So auch *Staechelin*, UNIDROIT, S. 71.

[322] Von der Zielsetzung ähnlich ist die Regelung des Denkmalschutzgesetzes v. 7.1.1992 des Landes Thüringen. In Anlehnung an das Preußische Ausgrabungsgesetz hat dieses die Meldepflicht für Einzelfunde übernommen und die unveränderte Bewahrung der Fundsituation bis zu einer Woche vorgeschrieben. Im Thüringischen Denkmalschutzgesetz ist aber auch das von *Ede* kritisierte „Schatzregal" verankert, so dass alle archäologischen Funde in das Eigentum des Landes übergehen, *Dušek*, Bewahren als Problem, S. 83.

[323] *Ede*, I.J.C.P, Vol. 7, No. 1, 1998, 128, 130.

[324] Zu denken ist hier beispielsweise an den „Schatz des Priamos", den *Heinrich Schliemann* am Ende seiner dritten Grabungskampagne 1873 in den Ruinen der Burg von Troja II gefunden hatte. So wurde *Schliemann* als einer der ersten Raubgräber der Geschichte bezeichnet und musste sich 1874 vor einem Gericht des Osmanischen Reiches verantworten, weil er diesen „Schatz" außer Landes geschmuggelt habe. Vergl. beispielsweise *Herrmann*, Schliemann, S. 46ff.; *Saherwala/Goldmann/Mahr*, Schliemann, S. 13. Die damalige Rechtslage gab dem Osmanischen Reich den Anspruch auf die Hälfte der Funde und verbot Schliemann auch die Ausfuhr seiner Hälfte, *Cobet*, Schliemann, S. 79ff.

lität der Ausgrabung zu belegen[325]. Folglich findet sich die Bewertung, dass die Vorschrift des Art. 3 Abs. 2 i.V.m. Art. 3 Abs. 1 UNIDROIT-Konvention, wonach ein illegal ausgegrabenes Kulturgut wie ein gestohlenes Kulturgut zu behandeln und zurückzugeben ist, zwar eine starke Beeinträchtigung des Wirtschaftsverkehrs darstelle, jedoch *de facto* auf Grund der Beweisschwierigkeiten nur eine geringe Wirkung in Bezug auf archäologische Objekte habe[326].

Daneben wird kritisiert, dass die von der UNIDROIT-Konvention in Art. 3 Abs. 1 und Art. 5 Abs. 1 vorgesehenen Rückführungsansprüche keine wirksame Regelung zum Schutz archäologischer Objekte darstellten, da diese naturgemäß nicht zur Wiederherstellung von Fundzusammenhängen dienen könnten. Es sei unmöglich, geraubte Kulturgüter in ihren ursprünglichen Kontext zu bringen, Objekte ohne bekannte Provenienz seien nach der Rückgabe an ihr Ursprungsland dort ohne Zusammenhang grundsätzlich ebenso bedeutungslos wie in einem fremden Land[327]. So könne auch mit Hilfe der UNIDROIT-Konvention ohne Maßnahmen am *locus delicti* noch nicht sehr viel erreicht werden[328]. Neben den bisher ineffizienten rechtlichen Mitteln gegen die Gefährdungen der archäologischen Güter durch Raubgrabungen und illegalen Handel stehen die internationale Zusammenarbeit der national Verantwortlichen und der ständig zu erneuernde Appell an die Vernunft an erster Stelle[329].

Doch auch wenn die UNIDROIT-Konvention Raubgrabungen sicherlich nicht gänzlich verhindern kann, so können doch die Schwellen höher gelegt werden, Ware aus illegalen Grabungen „loszuschlagen", und mit dem Verlust der Absatzmöglichkeiten unsauberer Ware auch die Raubgrabungen zurückgehen, die sich nun weniger lohnen[330]. So ist im Hinblick auf den Schutz von archäologischen Fundstätten und Antiken der Beitritt zur UNIDROIT-Konvention mit guten Gründen zu empfehlen. Entsprechend formuliert Nr. 5 der Resolutionen der internationalen „Art, antiquity, and the law: Preserving our Global Heritage"-Konferenz der Rutgers Universität in New Brunswick bei New York vom 30.10.–1.11.1998 über Antikenhandel und Antikengesetzgebung als globales Problem:

---

325 *Wiederkehr Schuler*, Kunstmarkt, S. 28.

326 *Fechner*, Bewahren als Problem, S. 116.

327 *Coggins*, I.J.C.P., Vol. 7, No. 2, 1998, 434. Gerade aus diesem Grund, müssen jedoch alle möglichen Anstrengungen unternommen werden, um die Zerstörung der archäologischen Stätten und den andauernden Verlust der historischen Integrität zu stoppen.

328 Vergl. die Lösungsvorschläge bei *Henze*, UNIDROIT, S. 41f.; *Staechelin*, UNIDROIT, S. 70f. Raubgrabungen, Diebstahl und illegale Ausfuhr müssen auch an den Quellen in den betroffenen Ländern bekämpft werden, *Wiederkehr Schuler*, Kunstmarkt, S. 18.

329 *Heilmeyer*, Bewahren als Problem, S. 101.

330 *Ewald*, UNIDROIT, S. 87.

> „Um die internationale Zusammenarbeit zur Erhaltung des Weltkulturerbes zu unterstützen, sollten alle Nationen den bereits erreichten Abkommen beitreten, vor allem der Haager Konvention von 1954, der UNESCO-Konvention von 1970 und der UNIDROIT-Konvention von 1995 [...]." [331].

VIII. Die Rückführung der rechtswidrig ausgeführten Güter

Gemäß Art. 1 lit. b. findet die UNIDROIT-Konvention

> „Anwendung auf Ansprüche internationaler Art betreffend [...] die Rückführung von Kulturgütern, die aus dem Hoheitsgebiet eines Vertragsstaates unter Verletzung der Rechtsvorschriften, welche die Ausfuhr von Kulturgütern im Hinblick auf den Schutz seines kulturellen Erbes regeln (nachstehend als „rechtswidrig ausgeführte Kulturgüter" bezeichnet), entfernt wurden." [332]

Die Rückführung dieser Kulturgüter ist in den Art. 5–7 in Kapitel III der UNIDROIT-Konvention geregelt. Dieses Kapitel räumt den Vertragsstaaten das Recht ein, rechtswidrig ausgeführtes Kulturgut aus einem anderen Vertragsstaat zurückzufordern und stellt somit – zumindest außerhalb der Europäischen Union – ein absolutes Novum dar[333]. Denn erstmalig müssen ausländische Exportverbote unter gewissen Bedingungen von jedem Vertragsstaat beachtet werden[334]. Dass die Konvention gemäß Art. 1 lit. b. nur anzuwenden ist, wenn

---

[331] *Heilmeyer*, Bewahren als Problem, S. 101 f.

[332] Diese Formulierung wurde insbesondere von *Merryman*, I.J.C.P., Vol. 5, No. 1, 1996, 11, 12f. kritisiert, da zahlreiche Exportbeschränkungen nicht entwickelt wurden, um Kulturgüter zu schützen, sondern lediglich um diese im Inland zu halten. Auch sei nicht jedes Kulturgut, das einer Ausfuhrbeschränkung unterliege, zwangsläufig ein Teil des kulturellen Erbes des betreffenden Staates. Mit einer differenzierenden Betrachtungsweise kann man die „Rechtsvorschriften, welche die Ausfuhr von Kulturgütern im Hinblick auf den Schutz seines kulturellen Erbes regeln" auch als Ausdruck des kulturellen Selbstbestimmungsrechts und nicht als nationalistische Schutzeinrichtungen sehen, welche jeglichen internationalen Kunsthandel verhindern, vergl. dazu *Fiedler*, Fechner/Oppermann/Prott, S. 169, 171. Es wurden im Laufe der Entwicklung der UNIDROIT-Konvention zahlreiche andere Formulierungsvorschläge wie beispielsweise „contrary to its law applicable to the protection of cultural objects", „contrary to a legislative provision prohibiting the export of cultural property because of its cultural significance", „contrary to its legislation", „contrary to its export legislation", „contrary to its law" oder „contrary to its relevant legislation" gemacht, s. *Prott*, UNIDROIT, S. 23; *Schneider*, Unif. L. Rev./Rev. Dr. unif. 2001, 476, 494. Die in der endgültigen Fassung der UNIDROIT-Konvention gewählte Formulierung erfasst nun sowohl gesetzliche als auch administrative Regelungen.

[333] *Sidorsky*, I.J.C.P, Vol. 5, No. 1, 1996, 19, 28.

[334] *Wiederkehr Schuler*, Kunstmarkt, S. 21; *Carducci*, Restitution, S. 280. Zur bisherigen Rechtslage s. oben § 1 II. 1.

das betreffende Gut aus einem Vertragsstaate exportiert wurde, stellt einen erheblichen Unterschied zu Art. 1 lit. a. UNIDROIT-Konvention dar, wonach jedes gestohlene Kulturgut vom Anwendungsbereich der Konvention erfasst ist. Nur die Staaten, die sich durch die Ratifikation der UNIDROIT-Konvention bereit erklärt haben, die relevanten Ausfuhrbestimmungen anderer Staaten innerhalb der durch die Konvention gesetzten Grenzen anzuerkennen, sollen selbst in den Genuss der internationalen Anerkennung ihrer Exportvorschriften kommen. Dies stellt einen weiteren Anreiz dar, die Konvention zu ratifizieren[335].

Dass sich das Internationale Institut für die Vereinheitlichung des Privatrechts mit dem III. Kapitel der UNIDROIT-Konvention, auf den Boden des öffentlichen Rechts und der öffentlichen Staatsinteressen begibt, resultiert zum einen aus der Tatsache, dass die klassische *summa deviso* zwischen öffentlichem und privatem Recht in den verschiedenen Rechtssystemen weitgehend überwunden ist, und zum anderen aus der Natur der Dinge selbst: Im Bereich des illegalen Verkehrs mit Kulturgütern bestehen zwischen privatem und öffentlichem Recht sehr enge Verbindungen. So folgt der Mehrzahl der Diebstähle von kulturellen Gütern regelmäßig sofort eine oder mehrere Überschreitungen von Landesgrenzen, so dass in der Regel die Interessen verschiedener Staaten betroffen sind[336].

Die Konvention unterscheidet hinsichtlich der Rückführung rechtswidrig ausgeführter Kulturgüter nicht zwischen gestohlenen, sonst abhanden gekommenen oder mit dem Einverständnis des Eigentümers exportierten kulturellen Gegenständen. Wer zivilrechtlich Eigentümer ist, hat für den Anspruch des Herkunftsstaates ebenso wenig Bedeutung wie die Bös- bzw. Gutgläubigkeit des Erwerbers[337]. Dies ist insbesondere deswegen sinnvoll, weil gerade auch der rechtmäßige Eigentümer ein Kulturgut unter Umgehung der Ausfuhrverbote außer Landes schaffen kann, beispielsweise um es im Ausland gewinnbringend zu verkaufen. Eine Definition des Begriffs der rechtswidrigen Ausfuhr erfolgt in Art. 5 UNIDROIT-Konvention nicht[338]. Art. 1 lit. b. verweist dafür auf das Recht des Ursprungsstaats. Maßgebend ist die Verletzung von Rechtsvorschriften, welche „die Ausfuhr von Kulturgütern im Hinblick auf den Schutz seines kulturellen

---

[335] *Schneider*, Unif. L. Rev./Rev. Dr. unif. 2001, 476, 494, 526.

[336] *Lalive*, SZIER 1997, 13, 41 f.

[337] *Kreuzer*, MK, BGB, 10, Nach Art. 38 EGBGB Anh. I RN. 178.

[338] Doch stellt Art. 5 Abs. 2 UNIDROIT-Konvention Kulturgüter, die „vorübergehend aus dem Hoheitsgebiet des ersuchenden Staates, namentlich zu Ausstellungs-, Forschungs- oder Restaurierungszwecken, aufgrund einer die Ausfuhr von Kulturgütern regelnden Rechtsvorschrift zum Schutz seines kulturellen Vermögens erteilten Genehmigung ausgeführt und nicht gemäß den Bedingungen dieser Genehmigung zurückgeführt“ wurden, den rechtswidrig ausgeführten Kulturgütern gleich. Vergl. dazu Art. 1 Nr. 2 Kulturgüterrichtlinie. Für die Autoren der Konvention war es dabei jederzeit von besonderer Wichtigkeit, die Bedeutung internationaler Ausstellungen zu betonen und diesen keine Steine in den Weg zu legen, aber auch deren Missbrauch vorzubeugen, *Schneider*, Unif. L. Rev./Rev. Dr. unif. 2001, 476, 528.

Erbes regeln". Die Verletzung von Zollvorschriften begründet somit keine rechtswidrige Ausfuhr i.S.d. UNIDROIT-Konvention[339]. Gemäß Art. 17 UNIDROIT-Konvention hat deswegen jeder Vertragsstaat die Pflicht, bei Hinterlegung seiner Ratifikations-, Annahme-, Genehmigungs- oder Beitrittsurkunde eine Erklärung über seine nationalen Rechtsvorschriften über die Ausfuhr von Kulturgütern abzugeben und diese gegebenenfalls zu aktualisieren.

Bei der Entwicklung der UNIDROIT-Konvention musste auch im Bereich der Rückführung widerrechtlich exportierter Kulturgüter ein Kompromiss gefunden werden. Während die eine Seite für einen freien Handel und den Abbau protektionistischer Schranken plädierte, sieht die andere Seite in Exportverboten das einzige Mittel, den Verlust ihres kulturellen Erbes zu verhindern[340]. Dieser Interessenkonflikt wird gelöst, indem die UNIDROIT-Konvention in Kapitel III selbst die materiellen Kriterien aufstellt, die über Rückführung oder Ablehnung der Forderung entscheiden. Das ersuchte Gericht bzw. die ersuchte Behörde trifft die Entscheidung weder auf Grundlage des Rechts des Forumstaates noch des Rechts des anspruchstellenden Staates; die Behörde ordnet die Rückführung des betreffenden Gutes vielmehr dann an, wenn sie die Voraussetzungen der Konvention im konkreten Fall als erfüllt erachtet[341]. Bei der Entwicklung der Konvention wurde nach langen Studien und Debatten entschieden, keine einzelne Bestimmung – etwa in Form eines Art. 6 UNIDROIT-Konvention – zur Berücksichtigung der kulturellen Interessen des ersuchten Staates einzufügen[342]. Es verbleibt jedoch die Möglichkeit, diese gemäß dem allgemeinen internationalen Privatrecht über den *ordre public* zu beachten[343].

1. Beschränkung des Anwendungsbereichs

Da die Anerkennung ausländischer Exportverbote eine absolute Neuerung darstellt, legten die auf der diplomatischen Konferenz zur Verabschiedung der UNIDROIT-Konvention vertretenen Delegationen besonderen Wert darauf, genau zu definieren, welche Objekte von diesem Teil der Konvention erfasst werden[344]. So ist der Kulturgutbegriff in Kapitel III UNIDROIT-Konvention gegenüber

339 *Vrellis*, Neues Recht, S. 88; *Raschèr*, Kulturgütertransfer, S. 88; *Schneider*, Unif. L. Rev./Rev. Dr. unif. 2001, 476, 494.

340 *Raschèr*, Kulturgütertransfer, S. 90; *Schneider*, Unif. L. Rev./Rev. dr. unif. 2001, 476, 524; *Winter*, FS de Waart, 1998, 359f.

341 *Raschèr*, Kulturgütertransfer, S. 90; *Lalive*, SZIER 1997, 13, 42f.

342 Befürwortend dazu *Turner*, Restitution, S. 235ff. m.w.N.; *Sidorsky*, I.J.C.P, Vol. 5, No. 1, 1996, 19, 28 m.w.N., so wurde beispielsweise befürchtet, eine solche Klausel könne Einzelpersonen dazu ermutigen, aus patriotischen Motiven Objekte auszuführen. Kritisch dagegen *Vrellis*, Neues Recht, S. 73f.

343 *Lalive*, SZIER 1997, 13, 46 m.w.N.

344 *Sidorsky*, I.J.C.P, Vol. 5, No. 1, 1996, 19, 28.

dem des II. Kapitels eingeschränkt[345]. Die Konvention ist lediglich dann anwendbar, wenn durch den Staat, aus dessen Hoheitsgebiet ein Kulturgut unerlaubt ausgeführt wurde, nachgewiesen werden kann, dass die Ausfuhr des Kulturguts eine „wesentliche Beeinträchtigung" bestimmter wissenschaftlicher oder kultureller Interessen darstellt, oder dass das betreffende Gut für ihn „von wesentlicher kultureller Bedeutung" („significant cultural importance") ist.

a. Voraussetzungen der Anordnung der Rückführung gemäß Art. 5 Abs. 3 UNIDROIT-Konvention

Die wissenschaftlichen oder kulturellen Interessen, die durch die Ausfuhr des Kulturgutes „wesentlich" beeinträchtigt sein müssen, werden in Art. 5 Abs. 3 lit. a.–d. UNIDROIT-Konvention präzisiert: die materielle Erhaltung des Gutes oder seiner Umgebung (Art. 5 Abs. 3 lit. a.)[346], die Unversehrtheit eines komplexen Gutes (Art. 5 Abs. 3 lit. b.)[347], die Erhaltung von Informationen, z. B. wissenschaftlicher oder historischer Art (Art. 5 Abs. 3 lit. c.)[348] und der traditionelle oder rituelle Gebrauch des Gutes durch eine Eingeborenen- oder Stammesgemeinschaft (Art. 5 Abs. 3 lit. d.)[349]. Es ist wichtig zu betonen, dass die Auflistung der Kriterien in Art. 5 Abs. 3 lit. a.–d. alternativ und nicht kumulativ zu verstehen ist: Kann der Kläger ausreichend begründen, dass eines dieser Interessen verletzt ist, ist die Rückführung des Objektes anzuordnen[350]. Auch ist diese Liste nicht abschließend, es steht den Vertragsstaaten gemäß Art. 9 Abs. 1 UNIDROIT-Konvention wiederum frei, ihre nationalen Vorschriften an Stelle der

---

345 S. bereits oben § 3 V.; *Hailbronner*, JZ 2002, 957, 962; *Streinz*, Museumsgut, S. 98; *Geckler*, I.J.C.P., Vol. 7, No. 1, 1998, 242, 244; *Carducci*, Restitution, S. 275f.

346 Art. 5 Abs. 3 lit. a. UNIDROIT-Konvention erfasst Subtanzverletzungen von Gebäuden und archäologischen Stätten, insbesondere durch Plünderungen und illegale Ausgrabungen sowie als Folge der Behandlung durch Plünderer, Schmuggler, Händler und Besitzer, die durch den illegalen Export bedingt ist.

347 Art. 5 Abs. 3 lit. b. UNIDROIT-Konvention bezieht sich im besonderen auf die Zerstückelung von großen Monumenten, wie die Enthauptung von Statuen oder die Ablösung von Fresken sowie die Wegnahme vom Inhalt historischer Gebäude. Diese Vorschrift folgt der Idee des Ensembleschutzes, der einen tragenden Gedanken des internationalen Kulturgüterschutzes darstellt, *Vrellis*, Neues Recht, S. 73. Vergl. dazu die Entscheidung der *Cour d'appel de Montpellier* v. 18.12.1984 im „Freskenfall", s. dazu unten § 4 VII. 5. b. aa.

348 Art. 5 Abs. 3 lit. c. UNIDROIT-Konvention verweist auf die Schäden, die am ursprünglichen Kontext des Kulturgutes entstehen und wodurch das betreffende Gut seine Funktion als Quelle wissenschaftlicher oder historischer Informationen verliert. Hier ist insbesondere an Raubgrabungen zu denken.

349 Bei Art. 5 Abs. 3 lit. d. ist an die Kultur von traditionellen Gemeinschaften zu denken, die bestimmte Kulturgüter (z. B. Masken oder Skulpturen) für rituelle Zwecke nutzen und diese Kulturgüter unbedingt physisch anwesend sein müssen. Es ist zwingend notwendig, dass die Gemeinschaften die Kontrolle über diese Güter haben. Vergl. zum Ganzen *Schneider*, Unif. L. R./Rev. dr. unif. 2001, 476, 528ff.

350 *Sidorsky*, I.J.C.P, Vol. 5, No. 1, 1996, 19, 28.

Regelungen des Kapitels III der Konvention anzuwenden, wenn diese für die Rückführung illegal exportierter Kulturgüter günstiger sind.

Um eine „wesentliche kulturelle Bedeutung" für den betreffenden Staat zu haben, muss, anders als bei Art. 5 Abs. 3 lit. a.–d., das Kulturgut selbst einen hohen Grad an Bedeutung haben[351]. Eine „wesentliche kulturelle Bedeutung" kann durch den besonderen ästhetischen Wert des Gegenstandes, seine Wichtigkeit für historische, künstlerische oder wissenschaftliche Forschung oder durch seine Seltenheit begründet sein[352]. Zum Beispiel kann das letzte auf dem Territorium eines Staates noch vorhandene Exemplar einer Stilrichtung oder einer Epoche auch dann unter diese Kategorie fallen, wenn das Objekt selbst nicht außergewöhnlich ist[353]. Die Voraussetzungen für eine Rückführungsanordnung werden durch Art. 5 Abs. 3 UNIDROIT-Konvention in einer Weise konkretisiert, welche nicht auf die Herkunft abstellt, sondern die besondere kulturelle Bedeutung des Gegenstandes für den betreffenden Staat maßgeblich sein lässt[354]. Der Antrag auf Rückführung muss gemäß Art. 5 Abs. 4 UNIDROIT-Konvention Informationen sachlicher oder rechtlicher Art enthalten, die der zuständigen Behörde bzw. dem entscheidenden Gericht die Prüfung ermöglicht, ob die Voraussetzungen des Art. 5 Abs. 1–3 UNIDROIT-Konvention erfüllt sind[355].

b. Ausschluss der Anordnung der Rückführung gemäß Art. 7 UNIDROIT-Konvention

Ausgenommen vom Anwendungsbereich der Konvention sind dagegen gemäß Art. 7 Abs. 1 lit. b. UNIDROIT-Konvention Werke lebender und verstorbener Kunstschaffender bis 50 Jahre nach deren Tod. Ebenso finden die Vorschriften des Kapitels III der UNIDROIT-Konvention keine Anwendung, wenn die Ausfuhr des Kulturguts zwar zum Zeitpunkt der Ausfuhr auf Grund damaliger

---

[351] *Hailbronner*, JZ 2002, 957, 960; *Raschèr*, Kulturgütertransfer, S. 90.

[352] Vergl. *Sidorsky*, I.J.C.P, Vol. 5, No. 1, 1996, 19, 28 FN 85: „The outstanding cultural importance of the object for the requesting State should be measured against the extent and wealth of its heritage, be it in public or private hands, and the rarity of the object.".

[353] *Schneider*, Unif. L. R./Rev. dr. unif. 2001, 476, 530. In jedem Fall ist auch die Bereitschaft eines Staates, die Kosten und die Länge eines Verfahrens nach Kapitel III UNIDROIT-Konvention auf sich zu nehmen, ein Barometer für die Bedeutung, die er dem betreffenden Gegenstand beimisst.

[354] *Hanisch*, FS Müller-Freienfels, 1996, S. 19f. Es ist nicht mehr wie im ursprünglichen Entwurf erforderlich, dass das betreffende Gut im rückfordernden Staat geschaffen wurde, es soll nicht der Ursprungsstaat im Sinne des Staates der Entstehung des Objekts, sondern der Staat, dessen Ausfuhrverbote verletzt wurde, geschützt werden, *Turner*, Restitution, S. 235 m.w.N.

[355] Solche Vorschriften sind häufig in internationalen Übereinkommen, um deren Durchführung zu erleichtern und mehr Rechtssicherheit zu schaffen, und stellen keine unangemessene Belastung des ersuchenden Staates dar, *Schneider*, Unif. L. Rev./Rev. dr. unif. 2001, 476, 532.

restriktiver Gesetze illegal war, im Zeitpunkt des Ersuchens um Rückführung auf Grund neuerer liberalerer Gesetze nicht mehr rechtswidrig ist, Art. 7 Abs. 1 lit. a. Diese Bestimmung soll verhindern, dass die Gerichte oder zuständigen Behörden des ersuchten Staates Gesetze anwenden müssen, die der um die Rückführung ersuchende Staat selbst bereits als zu restriktiv verworfen und durch eine liberalere Kultur-Politik ersetzt hat[356]. Die Einschränkungen des Art. 7 Abs. 1 gilt nicht, wenn es sich um ein Kulturgut handelt, das

> „von einem Angehörigen […] einer Eingeborenen- oder Stammesgemeinschaft zu einem traditionellen oder rituellen Gebrauch durch diese Gemeinschaft geschaffen wurde und das Gut an diese Gemeinschaft zurückzuführen ist"[357].

c. Fall: Jeanneret v. Vichey[358]

Im Fall *Jeanneret v. Vichey*, einem Rechtsstreit um das Gemälde „Portrait sur Fond Jaune" von *Henri Matisse*, stand die Frage nach der besonderen Bedeutung des betreffenden Gegenstandes für das italienische Erbe im Mittelpunkt. Im diesem Fall stritten die Genfer Galeristin *Marie Lousie Jeanneret* und *Anna Vichey* über Schadensersatzansprüche und die Rückgängigmachung des Kaufvertrages über das *Matisse*-Gemälde, da dieses Bild für die Klägerin durch den Export ohne Ausfuhrgenehmigung aus Italien unverkäuflich war. Ihr wurde von italienischen Museen und Behörden der unerlaubte Besitz italienischen Kulturguts vorgeworfen. Im Laufe des Verfahrens versuchte die italienische Regierung, die besondere Bedeutung des Gemäldes für das italienische kulturelle Erbe i.S.d. Art. 35 i.V.m. Art. 1 des italienischen Gesetzes vom 1. 6. 1939[359] u. a. mit einem Mangel von Werken des Künstlers in italienischen Sammlungen zu begründen. Der New Yorker *District Court* hob die Entscheidung des Gerichts 1. Instanz, das der Klage wegen „breach of implied waranty of title" und „breach of contract" stattgegeben hatte[360], auf, da es eine Genehmigungspflicht der Ausfuhr

---

[356] *Schneider*, Unif. L. R./Rev. dr. unif. 2001, 476, 540.

[357] Art. 7 Abs. 2 UNIDROIT-Konvention. Diese Bestimmung ist eine der speziellen Regelungen der Konvention zum Schutz von Stammes- oder Eingeborenengemeinschaften, die kulturelle Güter für traditionelle oder rituelle Zwecke benutzen, vergl. Abs. 3 der Präambel sowie Art. 3 Abs. 8 UNIDROIT-Konvention. Auch in westlichen Nationen können bestimmte Gegenstände eine nahezu „stammesgemeinschafltiche" Bedeutung haben wie beispielsweise die *Liberty Bell* für die Amerikaner oder der Krone *St. Stephans* für das ungarische Volk, *Merryman*, I.J.C.P., Vol. 3, No. 1, 1994, 61, 69f.

[358] *Jeanneret v. Vichey*, 541 F. Supp., 80, S.D.N.Y. 1982, 12. 1. 1982, No. 77 Civ. 3401; *reserved and remanded* 693 F. 2nd, 259 (2nd Cir. 1982), Urt. v. 12. 11. 1982, No. 59, Docket 82–7203.

[359] L. 1089/1939 (Gesetz v. 1. 6. 1939 über den Schutz der Sachen von künstlerischem und historischem Interesse) abgedruckt z. B. bei *Loosli*, Kulturgüterschutz in Italien, S. 193–202. Art. 35 des Gesetzes verbietet den Export von Objekten aus Italien, wenn die Gegenstände von solcher Bedeutung sind, dass ihr Export einen unersetzlichen Verlust für das italienische kulturelle Erbe zur Folge hätte.

[360] *Jeanneret v. Vichey*, 541 F. Supp., 80, S.D.N.Y. 1982, 12. 1. 1982, No. 77 Civ. 3401, 84–86. Das

wegen fehlender herausragender Bedeutung für das italienische kulturelle Erbe für nicht erwiesen hielt:

> "The somewhat surprising conclusion that exportation of a prolific French post-impressionist master would represent "a tremendous loss to the national heritage" of Italy was sought to be justified on the grounds that [...] "it is part of the era of 'a return to normalcy' which pervaded all Europe at the end of the first world war, characterized by a return to classic and Renaissance motifs particularly evident in this balanced, well-composed painting by a master of contemporary art and specially rare among Italian collections of significant works of that period." One is tempted to wonder if Italian collectors do not care enough for Matisse to buy his paintings, one of these, not claimed to be an outstanding masterpiece, should be thought to constitute such an important part of the Italian national heritage."[361]

Hätte der italienische Staat in diesem Fall Klage auf Rückführung des Gemäldes gemäß Art. 5 Abs. 1 UNIDROIT-Konvention erhoben, wäre die Anordnung der Rückführung – wenn man der überzeugenden Argumentation des *District Courts* folgt – abzulehnen gewesen, da eine wesentliche kulturelle Bedeutung für den italienischen Staat zu verneinen und somit die Voraussetzungen des Art. 5 Abs. 3 nicht erfüllt gewesen wären. Der Fall *Jeanneret v. Vichey* ist ein Beispiel dafür, dass grundsätzlich nur solche Bestimmungen mit grenzüberschreitender Anerkennung und Durchsetzung rechnen können, die eine international konsensfähige Zuordnung von Kulturgut vornehmen[362].

Die Wichtigkeit der Einschränkung des Art. 5 Abs. 3 UNIDROIT-Konvention verdeutlicht auch der Fall des *Poussin*-Gemäldes „Die Heilige Familie auf den Stufen", das ein französischer Sammler an *Sherman Lee*, den späteren Direktor des Museums von Cleveland verkaufte. *Lee* brachte das Gemälde Anfang der achtziger Jahre in die USA, ohne die französischen Behörden um eine Exportgenehmigung ersucht zu haben, und stellte es im Museum Clevelands aus. Zuvor wurde ihm sowohl von französischen als auch von amerikanischen Experten die Auskunft erteilt, dass gemäß den französischen Exportvorschriften in diesem Fall keine Ausfuhrgenehmigung notwendig sei. Die französische Regierung interpretierte jedoch die einschlägigen Exportgesetze anders, beschuldigte *Lee* verschiedener Vergehen und forderte das Gemälde zurück[363].

Gericht hielt es für maßgebend, dass der Verstoß gegen die ausländische Exportbestimmungen den Marktwert eines Kunstwerkes mindere, da es im legalen Kunsthandel nicht zu verkaufen sei und auch den guten Ruf des Besitzers schädige, welcher der Möglichkeit der Beschlagnahme oder auch der finanziellen Inanspruchnahme durch den Herkunftsstaat ausgesetzt sei.

[361] *Jeanneret v. Vichey*, 693 F. 2nd, 259 (2nd Cir. 1982), Urt. v. 12.11.1982, No. 59, Docket 82-7203, 263f.

[362] *Müller-Katzenburg*, Internationale Standards, S. 147.

[363] Der Fall kam jedoch nie vor ein amerikanisches Gericht, vermutlich wurde er durch einen Vergleich zwischen dem Museum und den französischen Behörden gelöst und die Klagen gegen *Lee* fallen gelassen, *Merryman*, I.J.C.P., Vol. 3, No. 1, 1994, 61, 65, 74 FN 15.

In Anwendung der UNIDROIT-Konvention wäre einzig entscheidend, ob eine „wesentliche kulturelle Bedeutung" des Gemäldes für den französischen Staat nachgewiesen werden könnte. Denn es ist nicht gerechtfertigt, ein Gemälde zurück zu führen, dass weder seinem früheren Eigentümer widerrechtlich entzogen, aus seinem Kontext gerissen wurde, noch in seinem Bestand gefährdet ist, wenn eine solche Bedeutung nicht vorliegt. Das Gemälde ist in der öffentlichen Ausstellung eines bedeutenden amerikanischen Museums in der Regel besser geschützt als in einer privaten Sammlung, und darüber hinaus ist der Zugang der Öffentlichkeit offensichtlich erheblich besser gewährleistet[364]. Hätte das Gemälde jedoch eine „wesentliche kulturelle Bedeutung" wäre der Klage nach den Regeln der UNIDROIT-Konvention stattzugeben.

d. Zusammenfassung

Ein Rückgabeanspruch des ersuchenden Vertragsstaats auf Grund illegalen Exportes eines Kulturguts besteht nicht, wie im Fall einer gestohlenen Sache, bei jedem Objekt, sondern nur bei besonders wichtigen Kulturgütern. Es soll durch diese Regelung ein Ausgleich zwischen dem Interesse der Exportstaaten an der Bewahrung ihres nationalen Kulturguts und dem entgegenstehenden Interesse der Importstaaten an einem freien Handel geschaffen werden, indem die ausländischen Exportverbote zwar innerstaatlich anzuerkennen sind, aber nicht jeder Verbotsverstoß zu einem Herausgabeanspruch des Herkunftsstaats führt[365]. Auch soll durch diese Regelung ein angemessenes Verhältnis der von den jeweiligen Staaten zentral geschützten Werke zu den auf dem freien Markt verfügbaren Objekten erreicht werden[366].

Da die UNIDROIT-Konvention bisher erst von sehr wenigen Staaten ratifiziert wurde, gibt es bisher keine Rechtsprechung, die den Begriff der „wesentlichen kulturellen Bedeutung" konkretisiert. Eine Möglichkeit ist es daher, eine Negativabgrenzung vorzunehmen und eine solche wesentliche Bedeutung abzulehnen, wenn

---

[364] Vergl. dazu *Merryman*, I.J.C.P., Vol. 3, No. 1, 1994, 61, 65. Der dramatisierenden Klage Frankreichs, das französische Volk sei eines wichtigen Stückes seines kulturellen Erbes beraubt worden, hätte weiter entgegen gehalten werden können, dass das französische Volk keinerlei Zugang zu diesem wichtigen Stück hatte, als es sich noch in einer Privatsammlung in Frankreich befand. Vergl. hierzu *Kohler*, Deutsche Juristen-Zeitung 1904, 771, 775: „Wenn nämlich diese Sachen so bedeutsam sind, dass sie nicht zerstört und nicht ins Ausland geschafft werden dürfen, so sind sie auf der anderen Seite auch so wichtig, dass ihre Kenntnisnahme dem Publikum nicht vorenthalten werden darf. Sie werden nicht darum aufbewahrt und der Zerstörung entzogen, um in abgeschiedener Nacht, fern von der denkenden und empfindenden Menschlichkeit zu hausen.".

[365] *Müller-Katzenburg*, Internationale Standards, S. 109; *Raschèr*, Kulturgütertransfer, S. 90.

[366] Vergl. dazu *Fiedler*, Fechner/Oppermann/Prott, S. 171f., der Schutz der Kulturgüter darf sich auch in einer humanitären Funktion nicht in sein Gegenteil verkehren, sondern muss einen ausbalancierten Weg zwischen Schutz und Verfügbarkeit wählen.

- das Kulturgut keinen direkten Bezug zum ersuchenden Staat hat[367]
- oder sich bereits eine große Anzahl von Werken des gleichen Künstlers im Land befindet[368].

Für eine „wesentliche kulturelle Bedeutung“ kann es auch nicht ausschließlich relevant sein, ob die nationalen Museen des die Rückgabe fordernden Staates zu wenig oder gar keine Werke des betreffenden Künstlers besitzen[369]. Es bleibt die Aufgabe der Behörden und Gerichte des ersuchten Staates im konkreten Fall eine Abgrenzung vorzunehmen und zu bestimmen, ob das streitgegenständliche Kulturgut für den ersuchenden Staat eine wesentliche kulturelle Bedeutung hat[370].

Liegen die Voraussetzungen des Art. 5 UNIDROIT-Konvention vor und kann der Antragsteller, den hinsichtlich aller Voraussetzungen des Anspruchs die Beweislast trifft, dies darlegen und beweisen, so steht dem ersuchenden Vertragsstaat ein Anspruch auf Rückgabe zu. Er kann sich gemäß Art. 5 Absatz 1 der UNIDROIT-Konvention an die Gerichte und Behörden des ersuchten Staates wenden[371]. Daraufhin hat die zuständige Behörde des ersuchten Staates im Rahmen eines Rechtshilfeverfahrens gegen den derzeitigen Besitzer des Kulturgutes ein Verfahren auf Rückführung dieses Kulturguts in den ersuchenden Staat einzuleiten.

Problematisch ist die mehrfache illegale Ausfuhr aus unterschiedlichen Staaten. In Kapitel III UNIDROIT-Konvention findet sich dazu keine Regelung. Entsprechend der in der Entwurfsfassung der UNIDROIT-Konvention von 1993 noch enthaltenen Behandlung dieser Frage soll die früheste Ausfuhr für die Beantwortung der Frage, wem der Anspruch zusteht, entscheidend sein. In dem Fall der mehrmaligen illegalen Ausfuhr ist somit der zeitliche Ablauf entscheidend und das Gut an den initialen Ursprungsstaat zurück zu führen[372]. Meist

---

367 Vergl. den Fall *Jeanneret v. Vichey*, 693 F. 2nd, 259 (2nd Cir. 1982), Urt. v. 12.11.1982, No. 59, Docket 82-7203, 267. Das bedeutet jedoch nicht zwangsläufig, dass fremde Objekte keine herausragende kulturelle Bedeutung für den fordernden Staat haben können. Besteht eine besondere Verbindung, so kann auch das Werk eines ausländischen Künstlers ein Teil des kulturellen Erbes eines Landes sein, vergl. auch Art. 4 UNESCO-Konvention von 1970, *Siehr*, FS für Lorenz, 1991, S. 540f.; *Prott*, UNIDROIT, S. 24 mit Verweis auf den Standpunkt des ICOM.

368 Vergl. den genannten Fall des *Poussin*-Gemäldes. So war in diesem Fall im Louvre bereits ein Gemälde *Poussins*, welches das gleiche Motiv in anderer Version zeigte, vorhanden, s. *Merryman*, I.J.C.P., Vol. 3, No. 1, 1994, 61, 65.

369 Vergl. die Argumentation des Richters *Friendly* im Fall *Jeanneret v. Vichey*, 693 F. 2nd, 259 (2nd Cir. 1982), Urt. v. 12.11.1982, No. 59, Docket 82-7203, 263.

370 Zum Ganzen: *Raschèr*, Kulturgütertransfer, S. 91f.

371 *Reichelt*, Dolzer/Jayme/Mußgnug, S. 74.

372 *Turner*, Restitution, S. 237; *Vrellis*, Neues Recht, S. 75; vergl. auch *Siehr*, 59 RabelsZ (1995), 454, 463.

werden wohl auch nicht alle betroffenen Staaten eine „wesentliche kulturelle Bedeutung“ des Gegenstandes für sie nachweisen können.

2. Öffentlich-rechtlicher Charakter des Rückgabeanspruchs

Das Kapitel III der UNIDROIT-Konvention sieht – erstmals in einem Staatsvertrag mit weltweitem Geltungsanspruch – einen öffentlichrechtlichen, befristeten Rückgabeanspruch eines Vertragsstaates hinsichtlich eines rechtswidrig aus seinem Hoheitsgebiet ausgeführten Kulturguts vor[373]. Der öffentlich-rechtliche Charakter dieses Anspruchs resultiert daraus, dass der klagende Staat keine privaten Rechte geltend macht, da er sich nicht auf Eigentum oder Besitz an den betreffenden Kulturgütern, sondern auf die hoheitlich begründete Kontrollbefugnis des Staates an seinem nationalen Kulturgut beruft[374]. Art. 5 i.V.m. Art. 1 lit. b. UNIDROIT-Konvention erweitert den räumlichen Geltungsbereich dieser Hoheitsrechte und ermöglicht ihre Beachtung außerhalb des eigenen Staatsgebietes, als Voraussetzung des Anspruchs auf Rückführung eines illegal exportierten Kulturgutes, der zu einem Verfahren der zwischenstaatlichen Rechtsdurchsetzungshilfe führt[375]. Die Regelung der UNIDROIT-Konvention erklärt somit keine Normen des ausländischen öffentlichen Rechts im Forumsstaat für anwendbar, sondern etabliert neues Einheitsrecht als Grundlage eines eigenständigen Rückführungsrechts, dessen Voraussetzung die Verletzung ausländischer Hoheitsrechte ist[376].

Diese indirekte Durchbrechung des Territorialitätsgrundsatzes wurde vielfach kritisiert[377]. Es bestehe die Gefahr, dass sich ohne Rücksicht auf den Verkehrsschutz in bestimmten Bereichen nicht handelbare Güter herausbildeten. Auch würden durch die Schaffung eines solchen Sonderprivatrechts zur Berücksichtigung auch von öffentlich-rechtlichen Ansprüchen die souveränen Entscheidungen eines Staates unterlaufen, da die Regelungen über die Behandlung von Kulturgütern im internationalen Rechtsverkehr in aller Regel von den Staatsinte-

---

[373] *Kreuzer*, MK, BGB, 10, Nach Art. 38 EGBGB Anh. I RN. 178; *Raschèr*, Kulturgütertransfer, S. 88; ebenfalls öffentlich-rechtlichen Charakter hat der Rückführungsanspruch gemäß § 12 Abs. 1 des deutschen KultgutSiG, s. auch *Siehr*, AJP 1999, 962, 968.

[374] *Mußgnug*, FS Bernhardt, 1995, S. 1244; *Kohls*, Kulturgüterschutz, S. 155.

[375] *Raschèr*, Kulturgütertransfer, S. 88.

[376] *Turner*, Restitution, S. 237: „Es handelt sich bei Art. 5 um eine materiellrechtliche Regelung, mit der das Ziel, das dem innerstaatlichen Ausfuhrverbot zugrunde liegt, die Belegenheit der Sache im Territorium, realisiert wird, nicht dagegen um Kollisionsrecht, durch das die Anwendung von ausländischem öffentlichem Recht im Forumsstaat geregelt wird.“.

[377] So wurde beispielsweise im Rahmen der Diskussionen um die UNIDROIT-Konvention insbesondere den ärmeren, gerade aus der Kolonisation entlassenen Staaten sogar vorgeworfen, sie würden andere Staaten um Hilfe bitten, da sie selbst unfähig seien, ihre eigenen Exportgesetze anzuwenden. Solche Aussagen missachten die Grundsätze der internationalen Solidarität völlig, so *Lalive*, SZIER 1997, 13, 42 m.w.N.

ressen bestimmt seien[378]. Zu beachten ist hierbei jedoch, dass das zwingende Erfordernis des Nachweises der „wesentlichen Beeinträchtigung" der in Art. 5 Abs. 3 UNIDROIT-Konvention aufgezählten Interessen oder der „wesentlichen kulturellen Bedeutung" als Gewährleistung dafür gedacht ist, dass die Pflicht zur Rückführung illegal exportierter Kulturgüter tatsächlich dem Kulturgüterschutz und nicht einem übersteigerten Kulturnationalismus dient. In diesem Zusammenhang ist auch bedeutsam, dass nicht eine Behörde oder ein Gericht des ersuchenden Staates zur Entscheidung über den Anspruch berufen ist, sondern eine solche Stelle des ersuchten Staates, so dass eine echte Kontrolle des Ersuchens beabsichtigt ist.

Dieser Anspruch nach Art. 5 Abs. 1 UNIDROIT-Konvention entspricht funktional der Rückgaberegelung der Richtlinie 93/7/EWG des Rates vom 15. 3. 1993 über die Rückgabe von unrechtmäßig aus dem Hoheitsgebiet eines Mitgliedstaats verbrachten Kulturgütern[379]. Auch inhaltlich decken sich diese Richtlinie und Kapitel III der parallel ausgearbeiteten UNIDROIT-Konvention in vielen Bereichen[380]. Die Mitgliedstaaten der Europäischen Union könnten somit gemäß der Entkoppelungsklausel des Art. 13 Abs. 3 UNIDROIT-Konvention erklären, dass im Verhältnis zwischen zwei EU-Staaten die Bestimmungen der Kulturgüterrichtlinie den Vorschriften des III. Kapitels der Konvention vorgehen. Ob dies sinnvoll erscheint, muss ein Vergleich der Regelungen im Folgenden klären. Wenn der ersuchende Staat jedoch Eigentumsrechte an einem gestohlenen Kulturgut geltend macht, muss er auch bei Klagen zwischen zwei Mitgliedstaaten der EU stets nach Art. 3 UNIDROIT-Konvention vorgehen[381].

3. Vergleich des III. Kapitels der UNIDROIT-Konvention mit der Richtlinie 93/7/EWG

Beide Regelungen geben einen Anspruch auf Rückführung illegal exportierter Kulturgüter. Neben dieser gleichlautenden Grundaussage finden sich in den beiden Texten aber neben Gemeinsamkeiten auch Unterschiede. So zeigen sich Differenzen hinsichtlich der erfassten Objekte, da der Annex der UNIDROIT-Konvention weitergehend formuliert ist als der der Kulturgüterrichtlinie, der bestimmte Alters- und Wertgrenzen aufstellt. Die UNIDROIT-Konvention dagegen fordert nur bei Antiquitäten und Möbelstücken ein Mindestalter von 100 Jahren und nimmt nur Gegenstände vom Anwendungsbereich der Konvention aus, die zu Lebzeiten und bis 50 Jahre nach dem Tod des Urhebers ausge-

---

[378] *Kohls*, Kulturgüterschutz, S. 155f.

[379] Anhang II. 2.

[380] *Kreuzer*, MK, BGB, 10, Nach Art. 38 EGBGB Anh. I RN. 183; *Raschèr*, Kulturgütertransfer, S. 88.

[381] *Winter*, FS de Waart, 1998, S. 369.

führt werden, solange diese nicht zu traditionellen oder rituellen Zwecken von Stammesgemeinschaften genutzt werden[382]. Insoweit unterscheiden sich beide Regelungskomplexe deutlich[383].

Entsprechende Regelungen finden sich in der Kulturgüterrichtlinie und Kapitel III UNIDROIT-Konvention hinsichtlich der Durchsetzung fremder Exportbeschränkungen für Kulturgüter[384] und der angemessenen Entschädigung des gutgläubigen Besitzers. Ebenso regelt weder Kapitel III UNIDROIT-Konvention noch die Kulturgüterrichtlinie die Frage der Eigentumsverhältnisse nach erfolgter Rückführung des Kulturgutes in seinem Herkunftsstaat. Gemäß Art. 12 Kulturgüterrichtlinie bestimmen sich diese nach dem Recht des ersuchenden Staates, während in Art. 6 Abs. 3 lit. a. und b. UNIDROIT-Konvention lediglich die Möglichkeiten erwähnt werden, dass der gutgläubige Besitzer weiterhin Eigentümer des Gutes bleiben oder das Eigentum an eine im ersuchenden Staat ansässige Person übertragen kann, anstatt den Anspruch auf Zahlung einer angemessenen Entschädigung geltend zu machen. Damit überlassen es beide Regelungen den Mitgliedstaaten, die Eigentumsverhältnisse an den Kulturgut nach erfolgter Rückgabe zu bestimmen[385].

Die relative Verjährungsfrist, die mit dem Zeitpunkt zu laufen beginnt, zu dem der ersuchende Mitgliedstaat von dem Ort der Belegenheit des Kulturguts und der Identität seines Eigentümers oder Besitzers Kenntnis erhält, beträgt für Ansprüche auf die Rückführung illegal exportierter Kulturgüter in Kapitel III der UNIDROIT-Konvention gemäß Art. 5 Abs. 5 drei Jahre, die absolute Verjährungsfrist 50 Jahre von dem Zeitpunkt an, zu dem das Kulturgut unrechtmäßig aus dem Hoheitsgebiet des ersuchenden Mitgliedstaats verbracht wurde; längere Fristen oder Unverjährbarkeit wie in Kapitel II UNIDROIT-Konvention sind nicht vorgesehen. Auch die Kulturgüterrichtlinie der EU kennt sowohl eine relative als auch eine absolute Verjährungsfrist. Die Länge dieser Fristen beträgt gemäß Art. 7 Abs. 1 Kulturgüterrichtlinie ein Jahr und 30 Jahre. Daneben sieht Art. 7 Abs. 1 Kulturgüterrichtlinie im Gegensatz zu Kapitel III UNIDROIT-Konvention für öffentliche Sammlungen oder kirchliche Güter längere Fristen von 75 Jahren oder teilweise sogar Unverjährbarkeit vor. Im Hinblick auf die Verjährungsfristen unterscheiden sich Kapitel III UNIDROIT-Konvention und die Kulturgüterrichtlinie damit ebenfalls.

---

[382] Vergl. Anhang der Kulturgüterrichtlinie (Anhang II. 2.) sowie die Anlage der UNIDROIT-Konvention und Art. 7 Abs. 1 lit. b. UNIDROIT-Konvention.

[383] *Siehr*, Unif. L. Rev./Rev. dr. unif. 1998, 671, 682. S. auch *Doyal*, 39 Colum. J. Transnat. L. (2001), 657, 693.

[384] Ein Unterschied besteht jedoch darin, dass solche Exportbeschränkungen über die UNIDROIT-Konvention direkt berücksichtigt werden, während im Rahmen der Kulturgüterrichtlinie eine Umsetzung in das nationale Recht der Mitgliedstaaten erforderlich ist, *Siehr*, Unif. L. Rev./Rev. dr. unif. 1998, 671, 682.

[385] *Siehr*, Unif. L. Rev./Rev. dr. unif. 1998, 671, 683.

4. Ergebnis

Der sachliche Anwendungsbereich von Kapitel III UNIDROIT-Konvention und der Richtlinie 93/7/EWG ist nicht vollkommen deckungsgleich. Die UNIDROIT-Konvention bleibt auch im Verhältnis zwischen zwei EU-Staaten, die Mitglieder der Konvention sind, anwendbar, soweit Kulturgüter nicht unter den Anwendungsbereich der Richtlinie fallen[386]. Die Vertragsstaaten können auch dann nach Art. 5 UNIDROIT-Konvention vorgehen, wenn die Verjährungsfristen der Kulturgüterrichtlinie, jedoch nicht die des Art. 5 Abs. 5 UNIDROIT-Konvention überschritten sind[387]. Da beide Instrumente ansonsten inhaltlich weitgehend aufeinander abgestimmt sind, ist eine Ratifikation der UNIDROIT-Konvention durch EU-Mitgliedstaaten mit dem EU-Recht vereinbar[388]. Die Entkoppelungsklausel des Art. 13 Abs. 3 UNIDROIT-Konvention ist im Verhältnis der EU-Mitgliedstaaten in Bezug auf Kapitel III der Konvention auf Grund der genannten Unterschiede nur in Fällen anwendbar, die nach beiden Instrumenten gleich zu behandeln sind. Ansonsten ist Art. 9 Abs. 1 UNIDROIT-Konvention zu beachten, wenn die nationalen Umsetzungsgesetze der Kulturgüterrichtlinie im Einzelfall für die Rückführung des illegal exportierten Gutes günstiger sind.

IX. Der Ausgleichsanspruch des Besitzers

> *"The UNIDROIT Convention, which requires repatriation of all illegally removed cultural property, but which also mandates fair and reasonable compensation for purchasers who acted with due diligence while investigating the status of the artifact, strikes the proper balance between the noble cause of repatriation and the interests of bona fide purchasers."*[389] *Ian M. Goldrich*

Ein wichtiger Aspekt der Kompromisslösung der UNIDROIT-Konvention ist, dass der gutgläubige Erwerber, der gemäß Art. 3 Abs. 1 bzw. Art. 5 Abs. 3 zur Rückgabe bzw. Rückführung verpflichtet ist, nach Art. 4 Abs. 1 und Art. 6 Abs. 1

---

[386] Vergl. dazu *Winter*, FS de Waart, 1998, S. 368: „To the extent that Unidroit rules allow EU member States to obtain the return of unlawfully exported goods in more situations than those provided for in the EC Directive, and since the use of such additional possibilities for protecting the national heritage does not imperil the full effectiviness of the EC rules, application of the Unidroit rules on the return of cultural objects in relationships between the member States is a distinct and legitimate possibility.".

[387] *Winter*, FS de Waart, 1998, S. 367.

[388] *Raschèr*, Kulturgütertransfer, S. 73 FN 212, 213 m.w.N.; *Moosbrugger*, UNIDROIT, S. 59; ebenso *Reichelt*, Neues Recht, S. 62. Auch der europäische Rat sieht in der Kulturgüterrichtlinie und der UNIDROIT-Konvention einander ergänzende Maßnahmen, so *Desch*, Museumskunde, Band 67, 1/2002, 25, 27.

[389] *Goldrich*, 23 Fordham Int'L.J. (2000), 118, 159.

UNIDROIT-Konvention Anspruch auf die Zahlung einer angemessenen Entschädigung hat. Die Gewährung einer angemessenen Entschädigung an den gutgläubigen Erwerber steht zwar – wie bereits dargestellt[390] – im Widerspruch zu den Rechtsgedanken des *Common Law*, stellt aber ein Entgegenkommen gegenüber dem Rechtssystem der Länder des Romanischen Rechtskreises dar[391].

Diejenigen Länder, die einen gutgläubigen Erwerber gestohlener Sachen nicht schützen, sind jedoch nicht verpflichtet, Art. 4 Abs. 1 und Art. 6 Abs. 1 UNIDROIT-Konvention anzuwenden, da gemäß Art. 9 Abs. 1 der UNIDROIT-Konvention die Konvention einen Vertragsstaat nicht daran hindert, „alle Vorschriften anzuwenden, die für die Rückgabe oder Rückführung gestohlener oder rechtswidrig ausgeführter Kulturgüter günstiger sind als in diesem Übereinkommen vorgesehen". Somit ist auch die Anordnung der Rückgabe eines gestohlenen Kulturgutes ohne Gewährung eines Ausgleichsanspruchs bzw. Lösungsrechts möglich, da mit der Aufnahme des Lösungsrechts in den Text der UNIDROIT-Konvention keine grundsätzliche Besserstellung der Rechtsposition des gutgläubigen Erwerbers gestohlener Kulturgüter erreicht werden, sondern nur die Akzeptanz der Konvention erhöht werden sollte[392]. Deutsche Gerichte wären somit zur Anwendung der Art. 4 Abs. 1 UNIDROIT-Konvention nicht verpflichtet, da für einen Entschädigungsanspruch des gutgläubigen Besitzers im Hinblick auf die dem Eigentümer bzw. früheren Besitzer günstigeren, da lösungsrechtsfreien Ansprüche aus §§ 985, 935 bzw. 1007 BGB im deutschen Recht kein Grund gegeben wäre[393].

Im Fall der Gewährung einer Entschädigung stellt sich die Frage, ob aus der Formulierung „bei der Rückgabe" bzw. „zum Zeitpunkt seiner Rückführung" zu schließen ist, dass die Entschädigung Zug-um-Zug zur Rückgabe bzw. Rückführung zu leisten ist. So wurde der Vorschlag einiger Delegierten, der Besitzer solle das Recht erhalten, bis zur Zahlung der Entschädigung die Rückgabe des Gutes zu verweigern, mit dem Argument verworfen, dies sei eine verfahrensrechtliche Regelung, die von den Gerichten oder zuständigen Behörden des ersuchten Staates zu entscheiden sei. Man kam überein, dass die Regelung von

---

390 S. dazu oben § 3 VI. 1.

391 S. § 3 VI. 1. Vergl. auch *Doyal*, 39 Colum. J. Transnat. L. (2001), 657, 669; *Winter*, FS de Waart, 1998, S. 362; *Hipp*, Kulturgüterschutz, S. 204f.; *Schneider*, Unif. L. Rev./Rev. dr. unif. 2001, 476, 514; *Reichelt*, FS Schwind, 1993, S. 209. Bei der Entwicklung des Art. 4 UNIDROIT-Konvention waren nicht nur rechtstechnische, sondern auch politische Differenzen zu überwinden, *Raschèr*, Kulturgütertransfer, S. 81.

392 Vergl. UNIDROIT 1993, Etude LXX – Doc. 36, 17: „At no stage was it ever intended to suggest that national systems which already provided for return of stolen cultural objects should change this rule by providing compensation." Vergl. dazu auch Abs. 5 der Präambel der UNIDROIT-Konvention.

393 *Kreuzer*, MK, BGB, 10, Nach Art. 38 EGBGB Anh. I RN. 177.

Details der Rückgabe und Entschädigungszahlung wie Zeitpunkt und Ort der Rückgabe und Zahlung den Vertragsstaaten bzw. ihren Gerichten oder Behörden obliege[394]. Daneben widerspräche es dem Grundsatz der generellen bzw. qualifizierten Restitution gestohlener und illegal exportierter Kulturgüter und damit dem Hauptanliegen der UNIDROIT-Konvention eklatant, wenn die Herausgabe des betreffenden Gutes Zug-um-Zug gegen Zahlung der Entschädigung erfolgen würde, da der Erwerber dadurch ein Zurückbehaltungsrecht und somit die Möglichkeit der Herausgabeverweigerung erhalten würde[395].

1. Höhe der Entschädigung

Auch die Verwendung des unbestimmten Rechtsbegriffes „angemessene Entschädigung" in Art. 4 Abs. 1 und Art. 6 Abs. 1 UNIDROIT-Konvention ist Teil der auf der Diplomatischen Konferenz erarbeiteten Kompromisslösung[396]. Die gewählte Formulierung soll es den Gerichten oder Behörden, welche die Höhe der Entschädigung festlegen, ermöglichen, flexibel auf alle Umstände des Einzelfalls zu reagieren[397]. Das Erfordernis der Angemessenheit führt dazu, dass die entscheidende Instanz zwar unter Umständen einen deutlich niedrigeren Ausgleich als den Kaufpreises des Objektes gewähren kann, die Entschädigung jedoch nicht auf eine nur symbolische Summe reduzieren darf[398].

Am gerechtesten erscheint die Lösung, den gutgläubigen Erwerber in Höhe seines „negativen Interesses"[399] zu entschädigen, dies bedeutet, ihm den Wert des Gegenstandes zur Zeit der Veräußerung und die werterhöhenden Aufwendungen – zum Beispiel die Kosten für eine Restaurierung – zu ersetzen[400]. Man entschied

394 Zum Ganzen *Schneider*, Unif. L. Rev./Rev. dr. unif. 2001, 476, 518.

395 Vergl. dazu die Kritik an der Regelung des italienischen Umsetzungsgesetzes, unten § 4 IV. 4.

396 *Sidorsky*, I.J.C.P, Vol. 5, No. 1, 1996, 19, 28 FN 79.

397 Zu berücksichtigen ist beispielsweise, ob es sich bei der rückfordernden Partei um einen wirtschaftlich schwachen Staat handelt, *Raschèr*, Kulturgütertransfer, S. 85; *Prott*, 41 Int. Comp. L.Q. (1992), 160, 165f.

398 *Lalive*, SZIER 1997, 13, 36. *Doyal*, 39 Colum. J. Transnat. L. (2001), 657, 670. Zu den Vorteilen der Entscheidung dieser Frage durch ein Schiedsgerichtsverfahren vergl. *Sidorsky*, I.J.C.P, Vol. 5, No. 1, 1996, 19, 35.

399 Diese Form des Schadensersatzes umfasst alle Nachteile, die der Gläubiger unabhängig von der Leistung durch sein Vertrauen auf die ordnungsgemäße Erfüllung – hier des Kaufvertrages über das Kulturgut – erlitten hat, vergl. die Definition bei *Guntz*, Creifelds/Weber, Rechtswörterbuch, Schadensersatz, 2 b); *Schiemann*, Staudinger, BGB, Vorbem. § 249 RN. 48 *Heinrichs*, Palandt, BGB, Vorb. v. § 249 RN. 17; *Oetker*, MK, BGB, 2a, § 249 RN. 249; Urt. des BGH v. 14.10.1971, VII ZR 313/69, BGHZ 57, 137, 139.

400 So bereits *Siehr*, ZVglRWiss 80 (1981),273, 287f. Vergl. auch Art. 9 Abs. 5 schweizerisches KGTG: „Wer das (illegal aus einem Vertragsstaat exportierte) Kulturgut in gutem Glauben erworben hat und es zurückgeben muss, hat im Zeitpunkt der Rückführung Anspruch auf eine Entschädigung, die sich am Kaufpreis und an den notwendigen und nützlichen Aufwendungen zur Bewahrung und Erhaltung des Kulturguts orientiert.".

sich jedoch, eine dahingehende Formulierung in der Konvention zu unterlassen, da man befürchtete, eine automatische Erstattung der Restaurierungskosten könnte dazu führen, dass in vielen Fällen unnötige Restaurierungen vorgenommen würden, die unter Umständen – wenn sie schlecht ausgeführt würden – den Wert des Objektes schmälern oder seine Substanz verletzen könnten[401].

2. Voraussetzungen

Art. 4 Abs. 1 UNIDROIT-Konvention stellt für das Recht des Besitzers auf Entschädigung zunächst die subjektiven Anforderung auf, dass der Besitzer „weder wusste noch vernünftigerweise hätte wissen müssen", dass es sich bei dem betreffenden Objekt um Diebesgut handelt, der Anspruchssteller also weder vorsätzlich noch grob fahrlässig Diebesgut erworben hat. Neben dieser subjektiven Voraussetzung enthält Art. 4 Abs. 1 UNIDROIT-Konvention das objektive Tatbestandsmerkmal, dass dem Käufer der Nachweis obliegt, „beim Erwerb des Gutes mit gebührender Sorgfalt gehandelt zu haben"[402]. Die Formulierung „oder vernünftigerweise hätte wissen müssen" wurde eingefügt, um die Käufer von kulturellen Gütern zu größerer Sorgfalt anzuhalten. Das vorrangige Ziel des Art. 4 UNIDROIT-Konvention ist, diejenigen zu sanktionieren, die Kulturgüter erwerben ohne ernsthafte Nachforschungen über deren Provenienz anzustellen[403]. Ist der Besitzer bösgläubig oder kann er nicht nachweisen, beim Kauf des Gutes mit gebührender Sorgfalt vorgegangen zu sein, besteht kein Anspruch auf Entschädigung. Die Regeln hinsichtlich der Beweislast werden schon vorprozessual die Entscheidung des Betroffenen beeinflussen, einen Prozess zu führen[404]. Denn im Hinblick auf das Ziel der UNIDROIT-Konvention, den ursprünglichen Eigentümer eines Kulturgutes zu schützen, soll dieser nicht durch die Last, die mangelnde Sorgfalt des Erwerbers des gestohlenen Kulturgutes beweisen zu müssen, von der Erhebung der Klage abgehalten werden.

Auch im Falle der Rückführung eines illegal exportierten Kulturgutes hat der Besitzer nach Art. 6 Abs. 1 UNIDROIT-Konvention einen Anspruch auf angemessene Entschädigung durch den ersuchenden Staat, wenn „ihm beim Erwerb nicht bekannt war oder vernünftigerweise hätte bekannt sein müssen, dass das Gut rechtswidrig ausgeführt worden war". Alternativ zur Zahlung einer Entschädigung kann der gutgläubige Besitzer auch Eigentümer des Gutes bleiben (Art. 6 Abs. 3 lit. a. UNIDROIT-Konvention) oder das Eigentum auf eine im

---

[401] So *Schneider*, Unif. L. Rev./Rev. dr. unif. 2001, 476, 518.

[402] *Sidorsky*, I.J.C.P, Vol. 5, No. 1, 1996, 19, 27. Diese Anforderung ist im Sinne einer Objektivierung der anglo-amerikanischen *due diligence* zu verstehen, *Raschèr*, Kulturgütertransfer, S. 82.

[403] *Schneider*, Unif. L. Rev./Rev. dr. unif. 2001, 476, 516.

[404] *Schilken*, ZPO, § 11 RN. 500.

Ursprungsstaat ansässige Person[405] seiner Wahl übertragen (Art. 6 Abs. 3 lit. b. UNIDROIT-Konvention), wenn der ersuchende Staat damit einverstanden ist. Entscheidend ist die Rückkehr des Kulturgutes in seinen Ursprungsstaat. Diese Optionen wurden im Hinblick auf die Förderung der Akzeptanz der Konvention aufgenommen, da sie es wirtschaftlich schwächeren Staaten ermöglichen, – wenn der Besitzer einverstanden ist – keine Entschädigung zahlen zu müssen, und dem gutgläubigen Erwerber die Möglichkeit eingeräumt wird, Eigentum an dem betreffenden Gut zu behalten[406].

Äußerst umstritten bei der Entwicklung der UNIDROIT-Konvention war in diesem Zusammenhang die Frage, gegen wen sich der Anspruch auf Zahlung einer Entschädigung richtet. Zwar legte bereits die Entwurfsfassung fest, dass der Herausgabeanspruchsberechtigte zur Zahlung der Entschädigung verpflichtet ist, doch erschien es als ungerecht, dass durch die Regelung der Konvention zwei „unschuldige" Personen für die widerrechtliche Tat eines Dritten „bestraft" werden: der gutgläubige Erwerber, der zur Rückgabe des Gutes verpflichtet ist, und der bestohlene Eigentümer, der die Entschädigung zu leisten hat[407]. Aus diesen Gründen entschied man sich dafür, in Art. 4 Abs. 2 UNIDROIT-Konvention eine Subsidiaritätsregel aufzunehmen, wonach

> „angemessene Bemühungen unternommen [werden], damit derjenige, der das Kulturgut an den Besitzer übereignet hat, oder jeder andere frühere Übereigner die Entschädigung zahlt, [...]".

Auch die Aufnahme dieser Regelung soll zu mehr Transparenz und Moral im Handel mit Kulturgütern führen. Das Risiko für jede Person in einer Kette von Transaktionen, eine Entschädigung zahlen zu müssen, kann dazu führen, dass mehr Sorgfalt angewandt und bei Händlern mit guter Reputation gekauft wird[408]. Daneben wurde auf der Diplomatischen Konferenz klar gestellt, dass neben der Zahlung aus persönlichen Mitteln des ursprünglichen Besitzers auch Mäzenatentum „or other means of ensuring payment" möglich sind[409].

---

405 Die betreffende Person muss die „notwendigen Garantien" bieten, d.h. sie muss dem ersuchenden Staat als vertrauenswürdig erscheinen, so dass kein Risiko eines erneuten illegalen Exports besteht. Dabei ist es unerheblich, ob es sich um eine natürliche oder juristische Person handelt; der Besitzer kann das Eigentum an dem betreffenden illegal exportierten Kulturgut auch an ein Museum oder an eine andere öffentliche oder private Institution übertragen, wenn diese ausreichende Garantien bietet.

406 *Müller-Katzenburg*, Internationale Standards, S. 108; *Schneider*, Unif. L. Rev./Rev. dr. unif. 2001, 476, 536; *Turner*, Restitution, S. 234 m.w.N.

407 *Schneider*, Unif. L. Rev./Rev. dr. unif. 2001, 476, 518.

408 *Schneider*, Unif. L. Rev./Rev. dr. unif. 2001, 476, 520. Befürwortend auch *Goldrich*, 23 Fordham Int'L.J. (2000), 118, 163.

409 *Schneider*, Unif. L. Rev./Rev. dr. unif. 2001, 476, 518; s. auch *Raschèr*, Kulturgütertransfer, S. 85.

War der gutgläubige Besitzer nicht in der Lage, von demjenigen, der ihm das Kulturgut übereignet hat oder einem früheren Übereigner die Zahlung der Entschädigung zu erreichen, ist der ursprüngliche Besitzer und Gläubiger des Herausgabeanspruchs zur Zahlung verpflichtet. Mit dieser Leistung verliert dieser gemäß Art. 4 Abs. 3 UNIDROIT-Konvention ausdrücklich nicht das Recht, von einer anderen Person – beispielsweise dem Dieb des betreffenden Gutes – die Erstattung der Entschädigungssumme zu verlangen. Dagegen ist der um die Rückführung eines illegal exportierten Gutes ersuchende Staat in Abweichung zu den Regeln über die gestohlenen Kulturgüter primär zur Zahlung der Entschädigung verpflichtet, Art. 6 Abs. 1 UNIDROIT-Konvention. Auch die „bei der Rückführung entstehenden Kosten" – beispielsweise die Kosten für Transport oder Versicherung des betreffenden Gegenstandes – hat der ersuchende Staat gemäß Art. 6 Abs. 4 UNIDROIT-Konvention zu tragen, doch kann er diese unter Umständen von einer anderen Person beitreiben[410].

3. Besondere Ansprüche an die Feststellung des guten Glaubens

Die Gewährung einer angemessenen Entschädigung soll nur denjenigen schützen, der auch wirklich *guten* Glaubens ist, nicht aber denjenigen, der nachlässig ist, die Augen vor verdächtigen Umständen verschließt oder einfach keine Nachforschungen anstellt[411]. Zur Bestimmung der „gebührenden Sorgfalt" des Erwerbers eines gestohlenen Kulturguts, müssen alle relevanten Umstände des Erwerbes berücksichtigt werden, um festzustellen, ob die erwerbende Partei jegliche Anstrengung unternommen hat, die wahre Herkunft des Objektes aufzuklären. Art. 4 Abs. 4 der UNIDROIT-Konvention fasst diese relevanten Umstände folgendermaßen zusammen:

> „Zur Prüfung der Frage, ob der Besitzer mit gebührender Sorgfalt gehandelt hat, werden alle für den Erwerb erheblichen Umstände berücksichtigt, namentlich die Eigenschaften der Parteien und das gezahlte Entgelt sowie die Tatsache, ob der Besitzer in einem vernünftigerweise zugänglichen Verzeichnis gestohlener Kulturgüter nachgeschlagen hat, sowie sonstige diesbezügliche Auskünfte und Unterlagen, die er vernünftigerweise hätte erlangen können, und ob er Organisationen zu Rate gezogen hat, zu denen er Zugang haben konnte, und ob er jeden anderen Schritt unternommen hat, den eine vernünftige Person unter denselben Umständen unternommen hätte."

---

410 *Sidorsky*, I.J.C.P, Vol. 5, No. 1, 1996, 19, 29; *Schneider*, Unif. L. Rev./Rev. dr. unif. 2001, 476, 538. Zu verweisen ist an dieser Stelle auch auf den *International Fund for the Return of Cultural Property to its Countries of Origin or its Restitution in case of Illicit Appropriation*, der von der UNESCO-General-Konferenz auf ihrer 30. Tagung 1999 gegründet wurde um wirtschaftlich schwächere Staaten bei der Rückerlangung ihres nationalen Erbes durch die Finanzierung des Rück-Transportes zu unterstützen. S. dazu *Shyllon*, Unif. L. Rev./Rev. dr. unif. 2000, 219, 232f.

411 *Prott*, 41 Int. Comp. L.Q. (1992), 160, 166; *Raschèr*, Bewahren als Problem, S. 137.

Durch die Verwendung des Wortes „namentlich“ wird klar gestellt, dass die Aufzählung in Art. 4 Abs. 4 UNIDROIT-Konvention weder abschließend noch zwingend ist, es steht dem Gericht oder der zuständigen Behörde des ersuchten Staates frei, auch andere Besonderheiten des Falles zu berücksichtigen. Art. 4 Abs. 4 soll nur eine Richtschnur für die Entscheidungsfindung sein und ein gewisses Maß an Einheitlichkeit in der Anwendung der Konvention garantieren[412]. Es fällt auf, dass in diesem entscheidenden Absatz die Wörter „vernünftig“ bzw. „vernünftigerweise“ gleich dreimal vorkommen. „Vernünftig“ ist in diesem Zusammenhang als „angemessen“, „mit gesundem Menschenverstand“ bzw. „vertretbaren Aufwand“ zu verstehen. Es werden somit keine exzessiven Anforderungen statuiert, sondern verhältnismäßige Bedingungen im Handel mit besonders diebstahlgefährdeten Gütern[413]. Der potentielle Käufer hat adäquate Informationen dergestalt einzuholen, dass er in der Lage ist, die Herkunft des Gegenstandes nachzuvollziehen[414], womit auch die Aufklärung von Diebstählen gefördert werden kann.

Auch der Erwerber eines illegal exportierten Kulturgutes hat nur einen Anspruch auf die Zahlung einer angemessenen Entschädigung, wenn er nicht wusste oder hätte wissen müssen, dass das betreffende Gut illegal exportiert wurde. Art. 6 Abs. 1 UNIDROIT-Konvention trifft jedoch keine Aussage darüber, wer beweisen muss, dass der Besitzer nichts vom illegalen Export wusste oder hätte wissen müssen, diese Frage bleibt dem anwendbaren nationalen Recht überlassen[415]. Anders als im Fall des Diebstahls muss der Erwerber jedoch nicht nachweisen, dass er mit „gebührender Sorgfalt“ vorgegangen ist[416]. Art. 6 Abs. 2 UNIDROIT-Konvention verweist hinsichtlich der Feststellung des guten Glaubens des Besitzers auf die Umstände des Erwerbes, insbesondere kommt es auf das „Fehlen einer gemäß den Rechtsvorschriften des ersuchenden Staates erforderlichen Ausfuhrbescheinigung“[417] an. Liegt eine solche nicht vor, stellt dies jedoch noch keinen unwiderlegbaren Beweis seiner Bösgläubigkeit dar[418]. Berücksich-

---

412 *Schneider*, Unif. L. Rev./Rev. dr. unif. 2001, 476, 520.

413 *Reichenau*, UNIDROIT, S. 47f.

414 *Franz*, KUR 1999, 345, 346.

415 *Sidorsky*, I.J.C.P, Vol. 5, No. 1, 1996, 19, 28; *Winter*, FS de Waart, 1998, S. 364; *Schneider*, Unif. L. Rev./Rev. dr. unif. 2001, 476, 536. So trifft nach Art. 4 des italienischen Gesetzes zur Umsetzung der UNIDROIT-Konvention (L. 213/99) den ersuchenden Staat die Beweislast hinsichtlich dieses Punktes, *Doyal*, 39 Colum. J. Transnat. L. (2001), 657, 697.

416 *Kreuzer*, MK, BGB, 10, Nach Art. 38 Anh. I RN. 178; *Müller-Katzenburg*, Internationale Standards, S. 107; *Sidorsky*, I.J.C.P, Vol. 5, No. 1, 1996, 19, 29; *Winter*, FS de Waart, 1998, S. 364.

417 Die in der Entwurfsfassung enthaltene Klausel, dass dem Besitzer sein guter Glaube – und damit auch das Recht auf eine Entschädigung – in Abwesenheit einer solchen Bescheinigung abzusprechen sei, wurde fallen gelassen und ihr Fehlen nur als Kriterium zur Beurteilung des guten Glaubens festgeschrieben, um dennoch die Wichtigkeit solcher Ausfuhrbescheinigungen zu betonen, *Schneider*, Unif. L. Rev./Rev. dr. unif. 2001, 476, 536.

418 *Winter*, FS de Waart, 1998, S. 364. S. dazu *Vrellis*, Neues Recht, S. 89f.

tigt wird daneben etwa, ob der Erwerber über einschlägige Branchenkenntnis verfügt: Personen oder Institutionen, die berufsmäßig am Verkehr mit Kulturgütern beteiligt sind, sind strengeren Beurteilungsmaßstäben unterworfen als Erwerber ohne nachweisliches Sachverständnis[419]. In Fachkreisen kann die Kenntnis der speziellen Verfügungs- und Ausfuhrbestimmungen der Herkunftsländer in der Regel vorausgesetzt werden. Wegen ihrer beruflichen Verantwortung, besonderen Kenntnisse und des erleichterten Zuganges zu weiterführenden Informationsquellen ist ein besonders strenger Maßstab hinsichtlich der Gutgläubigkeit von im Kunst- und Antiquitätenhandel tätigen Personen und Institutionen durchaus gerechtfertigt[420]. Verfügt der Erwerber selbst über keine ausreichende Sachkenntnis, kann ihm im Einzelfall auch zugemutet werden, Fachpersonen zu Rate zu ziehen[421].

Sowohl im Fall der gestohlenen bzw. illegal ausgegrabenen als auch der widerrechtlich ausgeführten Kulturgüter gelten die erhöhten Sorgfaltsanforderungen auch für den Erben eines Kulturgutes und den Empfänger einer solchen Schenkung, denn Art. 4 Abs. 5 und Art. 6 Abs. 5 UNIDROIT-Konvention bestimmen, dass der Besitzer nicht besser gestellt sein darf bzw. gestellt werden soll „als die Person, von der er das Kulturgut durch Erbschaft oder auf sonstige Weise unentgeltlich erworben hat." Diese Regelung soll die Praxis mancher Museen unterbinden, durch Schenkungen – verbunden mit erheblichen Steuervorteilen für den Spender – Gegenstände von zweifelhafter Herkunft zu erlangen, deren Ankauf ihnen durch ihre ethischen Richtlinien verboten wäre[422].

4. Zusammenfassung

> *„Die erhöhte Sorgfaltspflicht und Verantwortung im Handel mit Kulturgütern ergibt sich zwingend aus deren besonderer Stellung als orientierungsstiftende Träger kollektiv geteilter Erinnerung."*[423]
>
> *Stellungnahme der Schweizerischen Akademie der Geistes- und Sozialwissenschaften zur Ratifikation der UNIDROIT-Konvention durch die Schweiz*

Die strengen Kriterien zum Nachweis der „gebührenden Sorgfalt" implizieren die Pflicht, vor dem Kauf eines Kulturgutes sicher zu gehen, dass dieses nicht gestohlen oder illegal exportiert wurde, was gerade bei Objekten aus wirtschaft-

---

419 *Raschèr*, Kulturgütertransfer, S. 95.

420 *Müller-Katzenburg*, Internationale Standards, S. 323.

421 *Raschèr*, Kulturgütertransfer, S. 95f.

422 *Schneider*, Unif. L. Rev./Rev. dr. unif. 2001, 476, 524; die aktuelle Fassung der ICOM Ethischen Richtlinien für Museen verbietet jedoch in Ziffer 3.2 auch die Annahme als Geschenk oder Leihgabe von Gegenständen zweifelhafter Herkunft, s. Anhang IV. 1.

423 Stellungnahme der Schweizerischen Akademie der Geistes- und Sozialwissenschaften zur Ratifikation der Unidroit-Konvention durch die Schweiz, UNIDROIT, S. 100.

lich schwächeren Ländern ohne Möglichkeiten der Registrierung eines Diebstahls mit großen Schwierigkeiten verbunden ist. Eine solche Regelung stellt auch eine große Belastung für den internationalen Kunstmarkt und die Aktionshäuser dar. Die Statuierung dieser Pflicht hat daher viel Kritik hervorgerufen und mag einer der Gründe dafür sein, dass die UNIDROIT-Konvention bisher von den wenigsten großen Kunstmarkt-Staaten ratifiziert wurde[424].

Dieser Kritik an den strengen Sorgfaltsanforderungen ist entgegen zu halten, dass die Konvention dem Umstand Rechnung trägt, dass sich auch der Eigentümer nicht absolut gegen Diebstahl schützen kann. Er ist zudem meist in seinen Möglichkeiten eingeschränkt und hat lediglich die Möglichkeit, den Diebstahl zu melden. Dagegen hat es der Käufer in der Hand, auf den Ankauf eines bestimmten Objektes zu verzichten, wenn der Verkäufer die Herkunft des Objektes nicht hinreichend belegen kann. Eine solche sorgfältige Überprüfung der Herkunft eines Objektes stellt auch einen Schutz für den Handel selbst dar, da dadurch das Risiko sinkt, Fälschungen oder Raubkunst zu erwerben[425], und sollte daher auch ohne die Vorgaben der Konvention selbstverständlich sein. Die Beweislastumkehr zu Lasten des letzterwerbenden Besitzers rechtfertigt sich damit aus der Zielsetzung und dem Gesamtkonzept der UNIDROIT-Konvention[426], die das Bewusstsein und die Sorgfalt im Umgang mit Kulturgütern erhöhen will, um den illegalen Verkehr einzuschränken[427].

Auch entsprechen die von der UNIDROIT-Konvention aufgestellten objektiven Sorgfaltsanforderungen den ethischen Kodizes, die bereits von zahlreichen Verbänden entwickelt wurden. So bedeuten diese für die Museen lediglich ein konsequentes Weiterdenken von Ziff. 3.2 des ICOM Kodex der Berufsethik über den Erwerb zweifelhaften Materials[428] und der Rechtssprechung in einigen Ländern[429]. Entscheidender Vorteil der Regelungen der UNIDROIT-Konvention

---

[424] *Leyten*, I.J.C.P., Vol. 7, No. 1, 1998, 261, 267; kritisch zu den erhöhten Sorgfaltsanforderungen der UNIDROIT-Konvention *Wiederkehr Schuler*, Kunstmarkt, S. 19f.; *Stumpf*, Kulturgüterschutz, S. 70.

[425] Zum Ganzen *Raschèr*, Bewahren als Problem, S. 137ff. So stellt die UNIDROIT-Konvention für den illegalen Kunsthandel zwar eine Erschwernis dar, doch legt sie „für seriöse Sammler, Museumsleute und den legalen Handel rechtlich fest, was für sie bereits heute eine Selbstverständlichkeit ist: sich gebührend nach der Herkunft eines ihnen angebotenen Kulturguts zu erkundigen.“, *Raschèr*, a.a.O., S. 140.

[426] *Desch*, Museumskunde, Band 67, 1/2002, 25.

[427] Vergl. dazu auch *Lalive*, SZIER 1997, 13, 40: „En bref, l'effect de l'art. 4 de la Convention UNIDROIT devrait être surtout *psychologique*, en incitant les acquéreurs de demain à plus de soin et de prudence dans ce vaste «march'à risques» qu'est celui des biens culturels d'origine incertaine. Qui, honnêtement, oserait s'en plaindre et contester cette tentative (limitée mais nécessaire) de moralisation du commerce de l'art?“.

[428] *Raschèr*, Kulturgütertransfer, S. 83f. m.w.N.; s. dazu unten § 4 IX.

[429] *Schneider*, Unif. L. Rev./Rev. dr. unif. 2001, 476, 522, vergl. beispielsweise den Fall *Autocephalous Greek-Orthodox Church of Cyprus v. Goldberg & Feldman Fine Arts Inc.* 717 F. Supp.

ist, dass diese im Gegensatz zu den freiwilligen Verhaltensrichtlinien zu unmittelbar durchsetzbaren Rechtsfolgen führen.

X. Die Verjährungsfristen

Neben dem Sorgfaltsnachweis sind auch die Verjährungsfristen der UNIDROIT-Konvention dem Kunsthandel ein Dorn im Auge. So waren diese bei der Entwicklung der Konvention ebenfalls äußerst umstritten. Es standen sich auch in diesem Punkt die Positionen der Staaten mit wichtigen Kunstmärkten und die der Staaten, die von Diebstählen, Raubgrabungen und der „Abwanderung" ihres Kulturgutes besonders betroffen sind, gegenüber[430]. Aus diesem Grund entschied man sich für die Einführung von zwei verschiedenen Verjährungsfristen, die die unterschiedlichen Regelungen in den verschiedenen Rechtssystemen widerspiegeln: eine relative und eine absolute Verjährungsfrist[431].

1. Die Regelungen der Konvention

Damit laufen nach der UNIDROIT-Konvention für ein und denselben Sachverhalt unabhängig voneinander zwei Fristen, deren Ablauf alternativ die Verjährung des Anspruchs begründet. Zunächst existiert eine relative Verjährungsfrist, die zu laufen beginnt, sobald die klagende Partei weiß, wo und bei wem sich das betreffende Gut befindet[432]. Gemäß Art. 3 Abs. 3 UNIDROIT-Konvention

---

1374 (S. D. Ind. 1989), Urt. v. 3.8.1989, No. IP 89-304-C; *affirmed* 917 F. 2nd, 278 (7th Cir. 1990), Urt. v. 24.10.1990, No. 89-2809. S. dazu unten § 4 VII. 5. b.

430 *Raschèr*, UNIDROIT, S. 15; *Schneider*, Unf. L. Rev./Rev. dr. unif. 2001, 476, 506; *Prott*, UNIDROIT, S. 34.

431 *Prott*, UNIDROIT, S. 35. Sehr umstritten war auch die Länge der Fristen, so schwankte man zwischen einem und fünf Jahren bei der relativen und 30 und 50 Jahren bei der absoluten Verjährungsfrist, *Schneider*, Unf. L. Rev./Rev. dr. unif. 2001, 476, 506; *Sidorsky*, I.J.C.P, Vol. 5, No. 1, 1996, 19, 27 FN 69; *Thorn*, Mobiliarerwerb, S. 92. Ausschlaggebend für die Festlegung einer absoluten Verjährungsfrist, die länger als 30 Jahre ist, war die Tatsache, dass in zahlreichen in den letzten Jahren entschiedenen Fällen die Zeitspanne zwischen dem Verschwinden des Kulturgutes und der Klageerhebung mehr als 30 Jahre betrug: s. den Fall *Stiftskirche-Domgemeinde Quedlinburg v. Meador*, No. CA3-90-1440-D (N.D. Texas, Urt. v. 18.6.1990) – 45 Jahre; *De Weerth v. Baldinger*, 836 F. 2nd 103 (2nd Cir. 1987), 486 U.S. 1056 (1988), 38 F. 3rd 1266 (2nd Cir. 1994) – 38 Jahre; *United States v. Herce*, 334 F. Supp. 111 (S.D.N.Y. Urt. 5.11.1971) No. 71 Civ. 3226 – 35 Jahre.

432 In diesem Punkt weicht die UNIDROIT-Konvention von der Entwurfsfassung ab, wonach die relative Verjährungsfrist mit dem Zeitpunkt zu laufen begann, in dem der Anspruchsberechtigte wusste oder „ought reasonable to have known the location of the object and the identity of its possesor." Gegen diese Formulierung wurden auf der diplomatischen Abschlusskonferenz jedoch einige Vorbehalte geäußert, so beständen große Schwierigkeiten „reasonable knowledge" zu definieren. Schließlich entschied man sich, auf diesen Halbsatz in der der endgültigen Fassung der UNIDROIT-Konvention zu verzichten und kommt so

muss der Anspruch auf Rückgabe des gestohlenen Gutes innerhalb von drei Jahren ab diesem Zeitpunkt geltend gemacht werden. Die zweite absolute Verjährungsfrist dagegen beträgt 50 Jahre und beginnt bereits mit dem Zeitpunkt des Diebstahls zu laufen. Besondere Kulturgüter unterliegen längeren Fristen: Gemäß Art. 3 Abs. 4 UNIDROIT-Konvention gilt für Ansprüche auf die Rückgabe eines Kulturgutes, das Bestandteil eines Denkmals, einer archäologischen Stätte oder einer öffentlichen Sammlung[433] ist, neben der relativen Verjährungsfrist von drei Jahren die Unverjährbarkeit. Das Gleiche gilt für Klagen auf Rückgabe gestohlener sakraler oder anderer für eine Gemeinschaft bedeutungsvoller Güter, Art. 3 Abs. 8 UNIDROIT-Konvention[434]. Die Vertragsstaaten können jedoch gemäß Art. 3 Abs. 5 mit der Ratifikation, der Annahme, der Genehmigung oder dem Beitritt eine Erklärung zur Heraufsetzung der absoluten Verjährungsfrist auf 75 oder mehr Jahre abgeben, welche gemäß Art. 3 Abs. 3 Satz 2 auch für Ansprüche auf „die Rückgabe aus einem Denkmal, einer archäologischen Stätte oder einer öffentlichen Sammlung entfernten Kulturguts" gilt. Dies gilt jedoch nur, wenn die Klage in einem Vertragsstaat erhoben wurde, der eine ebensolche Erklärung abgegeben hat[435].

Auch der Anspruch auf Rückführung eines illegal exportierten Kulturgutes unterliegt gemäß Art. 5 Abs. 5 UNIDROIT-Konvention einer dreijährigen relativen und einer fünfzigjährigen absoluten Verjährungsfrist. Auch wenn sich einige Stimmen für kürzere Fristen als im Bereich des Diebstahls von Kulturgütern aussprachen, entschied man sich, dass die Verjährungsfristen im Hinblick darauf, dass manche Objekte sowohl gestohlen als auch illegal exportiert worden sind, für beide Fälle gleich lang sein sollten[436]. Die ebenfalls vorgeschlagene kürzere relative Verjährungsfrist der Kulturgüterrichtlinie der EU von einem Jahr[437] erschien im Rahmen der UNIDROIT-Konvention als unpraktikabel, da es sich um ein Übereinkommen mit universeller und nicht nur regionaler Anwendbarkeit handelt[438]. Die absolute Verjährungsfrist für Ansprüche auf Rückführung

---

den Eigentümerinteressen in einem stärkeren Maß nach, *Sidorsky*, I.J.C.P, Vol. 5, No. 1, 1996, 19, 27 FN 69.

433 In Art. 3 Abs. 7 UNIDROIT-Konvention wird der Begriff der öffentlichen Sammlung i.S.d. UNIDROIT-Konvention definiert. Art. 3 Abs. 4 UNIDROIT-Konvention trägt damit der außerordentlichen Bedeutung von öffentlichen Sammlungen, archäologischen Ensembles und Denkmälern Rechnung, *Raschèr*, Kulturgütertransfer, S. 80.

434 Nach Ansicht von *Raschèr*, Kulturgütertransfer, S. 80 schafft der erhöhte Schutz für Kulturgüter von Eingeborenen- oder Stammesgemeinschaften ein Gegengewicht zum eher europäischen Konzept der öffentlichen Sammlung.

435 Vergl. Art. 3 Abs. 5 Satz 2 UNIDROIT-Konvention, der den Grundsatz der Gegenseitigkeit betont.

436 *Schneider*, Unif. L. Rev./Rev. dr. unif. 2001, 476, 532; *Prott*, UNIDROIT, S. 36.

437 Vergl. Art. 7 Abs. 1 Kulturgüterrichtlinie.

438 *Acts and Proceedings*, 173 (Australien), 174 (Japan), 176 (UNESCO).

eines widerrechtlich ausgeführten Kulturgutes beginnt gemäß Art. 5 Abs. 5 mit dem Zeitpunkt zu laufen, an dem das betreffende Gut gemäß der Exportgenehmigung hätte zurückgeführt werden müssen. Längere Fristen oder Unverjährbarkeit für bestimmte Kategorien von Kulturgütern wie in Kapitel II sind auch für illegal ausgeführte Stücke aus öffentlichen Sammlungen oder kirchliche Güter[439] nicht vorgesehen, da solche Objekte eher dem Risiko des Diebstahls als des illegalen Exports ausgesetzt sind und keine direkte Verbindung zwischen öffentlicher Zugänglichkeit und illegalem Export besteht[440].

2. Internationaler Vergleich der Verjährungsfristen

Auch im internationalen Vergleich stellen sich die Verjährungsfristen der UNIDROIT-Konvention als Kompromiss dar. Wenn auch absolute Fristen von fünfzig und in Ausnahmefällen sogar 75 Jahren zunächst als sehr lang erscheinen mögen, so ist zu berücksichtigen, dass diese Fristen durch die kurze relative Frist von drei Jahren ausgeglichen werden[441]. Ein Anspruch des bestohlenen Eigentümers kann bereits nach drei Jahren nicht mehr durchsetzbar werden, wenn dieser nach Kenntniserlangung vom Verbleib des Gutes untätig bleibt. Doch ist der Beginn des Laufs der relativen Verjährungsfrist mit dem Zeitpunkt der Kenntniserlangung für den bestohlenen Eigentümer günstiger als der Verjährungsbeginn nach Art. 2279 des französischen C. c. mit dem Zeitpunkt des Diebstahls bzw. Verlusts des Gegenstandes oder gemäß den englischen *Limitation Acts* mit dem Zeitpunkt des Erwerbs des betreffenden Gutes durch den Anspruchsgegner[442].

Die Idee der relativen Verjährungsfrist ähnelt der in den meisten US-amerikanischen Bundesstaaten geltenden *discovery rule*, nach welcher die Verjährung mit dem Zeitpunkt zu laufen beginnt, zu dem der Kläger die Tatsachen, die zur Auffindung des Erwerbers einer Sache führen, entdeckt hat oder hätte entdecken können[443]. Dabei wird auch berücksichtigt, ob der Kläger die notwendige Sorgfalt aufgewandt hat oder überhaupt die Möglichkeit hatte, Nachforschungen

---

439 Im Gegensatz dazu sieht Art. 7 Abs. 1 der Kulturgüterrichtlinie der EU für Ansprüche auf Rückführung solcher Güter Fristen von 75 und mehr Jahren oder sogar Unverjährbarkeit vor.

440 *Winter*, FS de Waart, 1998, S. 365 m.w.N.

441 *Raschèr*, Kulturgütertransfer, S. 80; *Prott*, UNIDROIT, S. 35.

442 *Prott*, UNIDROIT, S. 35 m.w.N.

443 *Müller-Katzenburg*, Internationale Standards, S. 170f.; *Siehr*, Wiener Symposium, S. 49 m.w.N. ; *Carducci*, Restitution, S. 353 Vergl. auch den Fall *Autocephalous Greek-Orthodox Church of Cyprus v. Goldberg, & Feldman Fine Arts Inc.* 717 F. Supp. 1374 (S. D. Ind. 1989), Urt. v. 3. 8. 1989, No. IP 89-304-C; *affirmed* 917 F. 2nd, 278 (7th Cir. 1990), Urt. v. 24. 10. 1990, No. 89-2809; *O'Keefe v. Snyder*, 405 A. 2nd 849 (N. J. 1979), *reversed and remanded*, 416 A. 2nd 862 (N. J. 1980).

über den Verbleib seines Eigentums anzustellen[444]. In einigen Bundesstaaten beginnt dagegen nach der so genannten *demand and refusal rule* die Verjährung erst dann zu laufen, wenn der Kläger die Sache vom jetzigen Besitzer herausverlangt und dieser das Ansinnen ablehnt[445]. Die Systeme der US-amerikanischen Verjährungsregeln (*statute of limitations*) variieren zwar in den einzelnen Bundesstaaten, doch ist es zumeist für den Beginn der Verjährungsfrist entscheidend, ob der Kläger die Möglichkeit zur Geltendmachung seines Anspruchs hatte[446]. Nur in wenigen Staaten gibt es absolute Verjährungsfristen, die mit der Entstehung des Herausgabeanspruchs zu laufen beginnen, da sich solche Regeln für verhältnismäßig kurze Verjährungsfristen schlecht eignen und zu unbilligen Ergebnissen für den Eigentümer führen können[447].

Seit dem Gesetz zur Modernisierung des Schuldrechts v. 26.11.2001[448] knüpfen auch die deutschen Verjährungsfristen an die Kenntnis des Gläubigers von den anspruchsbegründenden Umständen an[449]. Gemäß § 199 Abs. 1 BGB wird der Beginn der Drei-Jahresfrist des § 195 BGB an drei Voraussetzungen geknüpft: die Entstehung des Anspruchs, die Kenntnis oder grob fahrlässige Unkenntnis des Gläubigers von den anspruchsbegründenden Umständen und den Jahresschluss. Wenn der Gläubiger keine Kenntnis erlangt und ihm keine grobe Fahrlässigkeit vorzuwerfen ist, verjähren die Ansprüche nach § 199 Abs. 2 bis 4 BGB in den objektiven Fristen von 10 oder 30 Jahren. Dieses Fristensystem des deutschen BGB kombiniert somit ebenfalls kurze relative Fristen mit langen objektiven Fristen. Herausgabeansprüche aus Eigentum und anderen dinglichen Rechten unterliegen jedoch nach § 197 Abs. 1 Nr. 1 BGB nicht der regelmäßigen dreijährigen Verjährungsfrist des § 195 BGB und somit beginnt die Verjährungsfrist gemäß § 200 BGB mit der Entstehung des Anspruchs. Der Herausgabeanspruch kann somit bereits verjähren, bevor der Bestohlene überhaupt weiß, wo und gegen wen er seine Klage richten muss. Die Verjährungsfrist in § 197 Abs. 1 Nr. 1 BGB ist auf dreißig Jahre begrenzt und somit deutlich kürzer als die absoluten Verjährungsfristen der UNIDROIT-Konvention.

---

[444] Vergl. dazu den Fall *Menzel v. List*, 253 N.Y.S. 2nd 43 (1964), 267 N.Y.S. 2nd 804, S.C. 10.2. 1966 (affirmed 298 N.Y.S. 2nd 979, 1969), 809ff.

[445] Vergl. beispielsweise das Recht des Staats New York, s. Fall *Kunstsammlungen zu Weimar v. Elicofon*, 678 F. 2nd 1120, Urt. v. 5.5.1982, Nos. 446, 535, Dockets 81-7542, 81-7544, 1150, 1161.

[446] Zu den Verjährungsregeln im US-amerikanischen Recht, *Siehr*, Wiener Symposium, S. 48ff.; *Richard/Junker*, Jura 1985, 415, 422; *Köhling*, Eigentumserwerb, S. 34ff.; *O'Keefe v. Snyder*, 405 A. 2nd 849 (N. J. 1979), *reversed and remanded*, 416 A. 2nd 862 (N. J. 1980).

[447] So setzt z. B. das Recht von Wisconsin eine sechsjährige Verjährungsfrist fest, die zu laufen beginnt „at the time the wrongful taking or conversion occurs, or the wrongful detention begins". § 893.35 *West's Wisconsion Statutes Annotaded*, Nachweise bei *Siehr*, Wiener Symposium, S. 49.

[448] BGBl. 2001 I, 3138.

[449] Dazu *Leenen*, DStR 2002, 34ff.

Das spanische Recht trifft keine Unterscheidung zwischen relativen und absoluten Fristen. Es gibt Verjährungsfristen von einem Jahr (bei einzelnen Besitzansprüchen und Entschädigungsforderungen) bis zu sechs Jahren seit Besitzverlust für Ansprüche auf Herausgabe beweglicher Sachen und bis zu maximal 30 Jahren bei unbeweglichen Sachen[450]. Auch dem schweizerischen Zivilrecht waren bis zur Entwicklung des Kulturgütertransfergesetzes vom 20. 6. 2003[451] nicht annähernd so lange Fristen wie von der UNIDROIT-Konvention vorgesehen bekannt, in der Regel verjährten Ansprüche nach fünf bis zehn Jahren. Nach Art. 934 Abs. 1 ZGB gehen selbst Hehlerware und Diebesgut nach fünf Jahren in das Eigentum des Käufers über, sofern dieser die Stücke in gutem Glauben erworben hat[452]. Das neue Kulturgütertransfergesetz ergänzt den Art. 934 Abs. 1 ZGB nunmehr um eine Sonderregelung für Rückforderungsansprüche für abhanden gekommene Kulturgüter, die demnach innerhalb eines Jahres, nachdem der Eigentümer Kenntnis erlangt hat, wo und bei wem sich das Kulturgut befindet, jedoch spätestens innerhalb von 30 Jahren nach dem Abhandenkommen verjähren, so dass auch die Schweiz insoweit ein System mit relativen und absoluten Verjährungsfristen eingeführt hat.

Nach französischem Recht ist ein gutgläubiger Erwerb vom Nichtberechtigten grundsätzlich auch an abhanden gekommenen Sachen möglich, dessen Rechtswirkungen werden lediglich für die Dauer von drei Jahren hinausgeschoben, wobei die Frist mit dem Diebstahl bzw. Verlust des Gegenstandes zu laufen beginnt[453]. Innerhalb dieser Ausschluss- bzw. Verwirkungsfrist[454] kann der ursprüngliche Eigentümer die Sache von jedem Besitzer herausverlangen. Mit dem Fristablauf erwirbt der gutgläubige Besitzer jedoch nach Art. 2279 Abs. 1 französischem C. c. endgültig Eigentum an der Sache. Diese verhältnismäßig kurze Frist soll dem Interessenausgleich zwischen dem Eigentümer der abhanden gekommenen Sache und deren gutgläubigem Besitzer und damit dem Rechtsfrieden dienen[455].

---

450 *Adomeit/Frühbeck*, Einführung, S. 80.

451 BBl. Nr. 25, 1. 7. 2003, 4475.

452 So kritisiert *Alexander Jolles*, Schweizer Anwalt und Sekretär der Schweizerischen Assoziation der Kunstsammler in Zürich, Table ronde, S. 59 die Verjährungsfristen der UNIDROIT-Konvention: „Les longs délais de prescription et l'imprescriptibilité partielle conduisent à uni situation précaire et, par là, à une insécurité juridique intolérable.".

453 Art. 2279 französischer C. c.

454 Solche Verwirkungsfristen kennt auch das japanische (Art. 193 japanisches ZGB: 2 Jahre), das niederländische (Art. 3:86 III BW: 3 Jahre), das polnische (Art. 169 Abs. 2 polnisches ZGB: 3 Jahre) und das rumänische Zivilrecht (Art. 1909 rumänisches ZGB: 3 Jahre), die Frist beginnt stets mit dem Abhandenkommen der Sache zu laufen, unabhängig von der Kenntnis des Berechtigten. Eine Hemmung oder Unterbrechung der Frist ist nicht möglich, *Thorn*, Mobiliarerwerb, S. 232.

455 *Thorn*, Mobiliarerwerb, S. 157 f. m.w.N.

Im englischen und irischen Recht werden dingliche Rechte wie das Eigentum an einer beweglichen Sache über das Deliktsrecht geschützt. Deliktische Ansprüche verjähren grundsätzlich innerhalb von sechs Jahren[456], mit Ablauf dieser Frist verliert der Eigentümer seinen Anspruch auf Herausgabe der Sache, zugleich erlischt auch sein Rechtstitel[457]. Dies gilt jedoch nur gegenüber einem gutgläubigen Dritten. Wurde der Besitz an der Sache durch Diebstahl, Betrug oder Erpressung erlangt, verjährt der deliktische Anspruch gegenüber dem Täter nicht[458]. In diesem Fall soll der ursprüngliche Eigentümer nicht für sein Untätigbleiben bestraft werden, da vermutet wird, dass derjenige, der auf kriminelle Art und Weise in den Besitz der Sache gelangt ist, versuchen wird, sein Auffinden zu verhindern und damit den Eigentümer von der rechtzeitigen Geltendmachung seines Anspruches abzuhalten[459].

3. Zusammenfassung

Auf Grund der eklatanten Unterschiede in der Länge der nationalen Verjährungsfristen und des darin enthaltenen Missbrauchsrisikos[460] ist eine internationale Vereinheitlichung auf diesem Gebiet unerlässlich[461]. Die Entscheidung, in der UNIDROIT-Konvention sowohl eine kurze relative als auch eine lange absolute Verjährungsfrist zu statuieren, resultiert aus dem Kompromisscharakter der Konvention. Während die Länge der absoluten Frist die Interessen der Staaten mit einem umfangreichen Kunsthandel berücksichtigt, stellt die kurze relative Verjährungsfrist ein Entgegenkommen gegenüber den Staaten mit starkem Verlust an Kulturgütern dar.

Während sich die Kürze der relativen Verjährungsfrist aus dem Verwirkungsgedanken rechtfertigt, berücksichtigt die im internationalen Vergleich außerordentliche Länge der absoluten Verjährungsfristen der UNIDROIT-Konvention das Alter und die Bedeutung mancher Kulturgüter und die Tatsache, dass auch heute noch über die Eigentumsverhältnisse an Kulturgütern entschieden werden muss, die in den letzten Wirren des Zweiten Weltkrieges vor 60 Jahren verschwunden sind. Verjährungsfristen von 50 und mehr Jahren sollen verhindern, dass bei besonders wertvollen Kulturgütern selbst Lagerfristen von mehreren Jahrzehnten in Kauf genommen werden, um das betreffende Gut vom Makel des rechtswidrigen Erwerbes zu heilen[462]. Ebenso wie die strengen Anforderungen

---

[456] Sect. 2 English Limitation Act 1980.

[457] Sect. 3 Abs. 1 English Limitation Act 1980. Diese Rechtsfolge soll der Rechtssicherheit dienen, *Bell*, Personal Property, S. 538.

[458] Sect. 4 Abs. 5 English Limitation Act 1980.

[459] *Bell*, Personal Property, S. 538; *Thorn*, Mobiliarerwerb, S. 241.

[460] S. oben § 3 I.

[461] *Raschèr*, Kulturgütertransfer, S. 80.

[462] Vergl. zum Ganzen *Raschèr*, Bewahren als Problem, S. 140.

an den guten Glauben des Erwerbers eines Kulturgutes rechtfertigt sich auch die Länge der Verjährungsfristen aus der Zielsetzung der UNIDROIT-Konvention, den illegalen Verkehr mit Kulturgütern auch durch eine Erhöhung der Sorgfaltsanforderungen im Umgang mit Kulturgütern zu verhindern. Die mit den Verjährungsfristen der UNIDROIT-Konvention angeblich verbundene „insécurité juridique intolérable“[463] soll die Händler und Käufer von kulturellen Gütern dazu anhalten, im eigenen Interesse besonders sorgfältig die Herkunft eines Kulturgutes zu prüfen. Tut er dies nicht, muss er akzeptieren, auch Jahre später dem Herausgabeanspruch eines bestohlenen Eigentümers oder der Rückforderung eines Staates, dessen Exportvorschriften verletzt wurden, ausgesetzt zu sein.

XI. Allgemeine Bestimmungen der UNIDROIT-Konvention

Das vierte – mit „Allgemeine Bestimmungen“ überschriebene – Kapitel der UNIDROIT-Konvention behandelt grundlegende prozessuale Fragen der Rückgabe bzw. Rückführung des streitbefangenen Objektes.

1. Die Gerichtstandsregelung

Im vierten Kapitel der UNIDROIT-Konvention ist erstmals in einem multilateralen Staatsvertrag für die Heraus- bzw. Rückgabeklagen der Kapitel II und III die internationale Zuständigkeit des Gerichts am Ort der Belegenheit gemäß Art. 8 Abs. 1 sowie die Möglichkeit der Prorogation einschließlich der Vereinbarung eines Schiedsgerichts gemäß Art. 8 Abs. 2 UNIDROIT-Konvention vorgesehen[464]. Der Sondercharakter der geltend gemachten Ansprüche auf die Rückgabe bzw. Rückführung von Kulturgütern wird mit diesen Abweichungsmöglichkeiten vom gewöhnlichen Gerichtsverfahren unterstrichen[465].

Die Erklärung der primären internationalen Zuständigkeit der Gerichte bzw. Behörden in dem Staat, in dem sich das betreffende Kulturgut befindet, stellt eine Gerichtstandsregelung dar, die in nahezu allen kontinental-europäischen Ländern hinsichtlich der Klagen auf die Rückgabe beweglicher Güter gänzlich unbekannt ist[466]. Eine solche vorrangige Zuständigkeit am Lageort des Kulturgutes hat den Vorteil, dass das entscheidende Gericht bzw. die Behörde effektive Maßnahmen zur Rückgabe oder Rückführung des Kulturgutes anordnen kann.

---

463 *Jolles*, Table ronde, S. 59.

464 *Spaun*, Herausgabeanspruch, S. 221; Kreuzer, MK, BGB, 10, nach Art. 38 EGBGB Anh. I RN. 179; *Schneider*, Unif. L. Rev./Rev. dr. unif. 2001, 476, 544.

465 *Turner*, Restitution, S. 230.

466 *Prott*, UNIDROIT, S. 71; *Sidorsky*, I.J.C.P, Vol. 5, No. 1, 1996, 19, 29.

Denn die Entscheidung des Gerichts oder der zuständigen Behörde kann direkt und ohne ein internationales Vollstreckungsverfahren durchgesetzt werden[467]. Die Option des Klägers, den vollstreckungsnahen Gerichtsstand auswählen zu können, dient somit der Effektivität des Rechtsschutzes[468]. Die Begründung eines Gerichtsstandes am Lageort des streitbefangenen Gutes erschien auch vor dem Hintergrund notwendig, dass der bestohlene Eigentümer eines Kulturgutes auch dann Klage erheben kann, wenn sich das Kulturgut in einem Vertragsstaat befindet, es jedoch in einem Staat gestohlen wurde, der nicht Vertragsstaat ist und in welchem daher keine internationale Zuständigkeit für Klagen auf Grund der UNIDROIT-Konvention besteht[469]. Dieser Fall ist ausdrücklich vom Anwendungsbereich der Konvention erfasst, Art. 10 Abs. 1 lit. b. UNIDROIT-Konvention.

Die Bestimmung des Gerichtsstandes am gegenwärtigen Lageort des Kulturgutes ist nicht ausschließlich. Soweit die Rechtsvorschriften der Vertragsstaaten anderes bestimmen, kann der Anspruch gemäß Art. 8 Abs. 1 2. Halbsatz UNIDROIT-Konvention auch an alternativen Gerichtsständen bzw. vor den zuständigen Behörden eines anderen Staates erhoben werden. Dagegen enthielt der Vorentwurf des UNIDROIT-Studienkomitees in Art. 9 Abs. 1 nur zwei Gerichtsstände, den des *situs rei* einerseits und den des gewöhnlichen Aufenthalts des Besitzers bzw. Beklagten andererseits[470]. Durch die endgültige Fassung des Art. 8 Abs. 1 UNIDROIT-Konvention wird die Zahl der möglichen Gerichtsstände vervielfältigt, indem ein Gerichtsstand mit jedem Merkmal, das in einem Vertragsstaat bekannt ist, begründet werden kann[471]. Den Parteien ist damit die Möglichkeit eröffnet, vor den Gerichten bzw. Behörden verschiedener Vertragsstaaten zu klagen, was unter Umständen zu *forum shopping* führen kann[472].

Festzuhalten ist daneben, dass die UNIDROIT-Konvention auf jegliche Bestimmungen zur Anerkennung oder Durchsetzung der Entscheidungen auf Grund der Konvention verzichtet. Dieser Verzicht resultiert zum einen daraus, dass solche Bestimmungen in Instrumenten des Privatrechts mit universeller Anwen-

---

467 *Schneider*, Unif. L. Rev./Rev. dr. unif. 2001, 476, 544; *Sidorsky*, I.J.C.P, Vol. 5, No. 1, 1996, 19, 29.

468 *Pfeiffer*, Int. Zuständigkeit, S. 488.

469 *Prott*, UNIDROIT, S. 71.

470 *Vrellis*, Neues Recht, S. 80, Art. 9 Abs. 1 Vorentwurf lautete: „Der Kläger kann kraft des vorliegenden Übereinkommens vor den Gerichten oder jeder anderen zuständigen Behörde entweder in dem Staat, in welchem üblicherweise der Besitzer des Kulturgutes seinen gewöhnlichen Aufenthalt hat, oder in dem Staat, in welchem sich das Kulturgut befindet, eine Klage einreichen.".

471 So können beispielsweise auch die Gerichte am Deliktsort gemäß Art. 8 Abs. 1 UNIDROIT-Konvention zuständig sein, *Vrellis*, Neues Recht, S. 80.

472 Nach *Vrellis*, Neues Recht, S. 80 ist *forum shopping* zwar möglich, jedoch nicht zu befürchten.

dung äußerst selten zu finden sind, und zum anderen daraus, dass es diese den Regierungen mancher Staaten äußerst schwer, wenn nicht unmöglich machen würden, die Konvention zu akzeptieren[473]. Vor allem erschien es vor dem Hintergrund des materiellrechtlichen Charakters der UNIDROIT-Konvention unzweckmäßig, eine Kollisionsnorm hinsichtlich des anwendbaren Rechts einzufügen[474]. Somit bleibt diese Frage, die nur dann relevant wird, wenn der Anspruchsberechtigte seine Klage an einem generellen Gerichtsstand erhebt, der Regelung durch bilaterale oder multilaterale Verträge überlassen.

a. Das Problem des „forum shopping“

Der Begriff *forum shopping* meint im Anschluss an einen englischen und amerikanischen Sprachgebrauch[475] das systematische Ausnutzen in mehreren Staaten nebeneinander existierender internationaler Zuständigkeiten zur Erlangung bestimmter rechtlicher oder tatsächlicher Vorteile[476]. Der Kläger macht hierbei von seinem Recht Gebrauch, unter mehreren zuständigen Gerichten eines auszuwählen[477]. Die Bedeutung des *forum shoppings* auf materiellrechtlicher Ebene resultiert daraus, dass das Kollisionsrecht häufig von Staat zu Staat differiert. Durch die Wahl des Forums kann somit auch das berufene Sachrecht beeinflusst werden[478]. Die alleinige Möglichkeit des Klägers, zwischen verschiedenen Gerichtsständen zu wählen, benachteiligt konstruktionsbedingt den Beklagten und vermindert somit die Chancengleichheit zwischen den Parteien[479]. So versuchen die *Common law* Staaten, Vorteile aus dem *forum shopping* zu begrenzen und ihre „Legitimität“ durch Versagung einer Sachentscheidung aus *forum non conveniens*-Gesichtspunkten zu beschränken[480].

---

473 *Schneider*, Unif. L. Rev./Rev. dr. unif. 2001, 476, 544; *Sidorsky*, I.J.C.P, Vol. 5, No. 1, 1996, 19, 29 FN 101.

474 *Sidorsky*, I.J.C.P, Vol. 5, No. 1, 1996, 19, 29 FN 101 m.w.N.

475 S. dazu *Jasper*, Forum shopping, S. 17f., 20.

476 *Junker*, IPR, RN. 22; *Kropholler*, FS Firsching, 1985, S. 165, die erstrebten Vorteile können der bequeme Zugang zum Gericht, die Besetzung des Gerichts mit Berufsrichtern und Laienrichtern, Schnelligkeit, Qualität und Kosten des Verfahrens, günstige Beweismöglichkeiten und auch die Aussichten auf Zwangsvollstreckung sein. Vergl. auch *Pfeiffer*, Int. Zuständigkeit, S. 488; *Siehr*, 25 ZfRV (1984), 124, 129; *Juenger*, 46 RabelsZ (1982), 708, 710ff.

477 *Schack*, Int. Zivilverfahrensrecht, § 8 RN. 221ff.; *von Bar/Mankowski*, IPR I, § 5 RN. 157; *Pfeiffer*, Int. Zuständigkeit, S. 487; *Siehr*, 25 ZfRV (1984), 124, 125.

478 *Kropholler*, FS Firsching, 1985, S. 165, 171; *Pfeiffer*, Int. Zuständigkeit, S. 488, es handelt sich hierbei jedoch nicht um das einverständliche Verabreden eines Gerichtsstandes (Prorogation) oder das rechtsmissbräuchliche Erschleichen eines Gerichtsstandes, sondern das geschickte Ausnutzen der Zuständigkeitsordnung.

479 *von Bar/Mankowski*, IPR I, § 5 RN. 157; *Geimer*, Int. Zivilprozessrecht, RN. 1105; *Pfeiffer*, Int. Zuständigkeit, S. 489; s. dazu auch die Ausführungen von *Kropholler*, FS Firsching, 1985, S. 166ff.

480 *Jasper*, Forum shopping, S. 57ff.; *Nagel/Gottwald*, Int. Zivilprozessrecht, § 3, RN. 211, 399, § 5 RN. 305.

Auf Europäischer Ebene ist die Möglichkeit der Wahl des günstigsten Gerichtsstandes im Rahmen der Gerichtsstands- und Vollstreckungsverordnung (EG) Nr. 44/2001 des Rates vom 22.12.2000 (EuGVVO)[481] nach Art. 5 Nr. 3 jedoch ausdrücklich eröffnet, auch wenn es sich hier um einschränkend auszulegende Ausnahmen von Grundsatz der allgemeinen Zuständigkeitsregel handelt[482]. Auch nach deutschem Rechtsempfinden ist das *forum shopping* nicht grundsätzlich zu verdammen[483]. Sind nach Sachlage die Gerichte mehrerer Staaten international zuständig, steht es dem Kläger frei, in dem Land zu klagen, in dem die Prozessführung für ihn am unkompliziertesten ist oder in dem er sich auf Grund der unterschiedlichen Verfahrensgestaltung oder der materiellrechtlichen Rechtsanwendung die meisten Vorteile erwartet. Es ist sogar die Pflicht des damit befassten Anwalts, dem Kläger zu empfehlen, die Klage in dem Staat zu erheben, vor dessen Gerichten das Klagebegehen die größte Chance auf Erfolg hat[484].

b. Wertung

Dadurch, dass die UNIDROIT-Konvention gemäß Art. 8 Abs. 1 einen Gerichtsstand im Belegenheitsstaat des streitbefangenen Gegenstandes begründet, genügt sie vor allem ihrer Zielsetzung der Erleichterung der Rückgabe und Rückführung von Kulturgütern[485]. Die Festlegung eines ausschließlichen Gerichtsstandes am Lageort des betreffenden Gegenstandes hätte zwar die Möglichkeit des *forum shopping* ausgeschlossen, jedoch zu einer übermäßigen Beschränkung für den Justizanspruch des Klägers geführt[486].

Bei der Beurteilung der Regelung des Art. 8 Abs. 1 UNIDROIT-Konvention ist ferner zu berücksichtigen, dass die Möglichkeit der Wahl des Gerichtsstandes zwar naturgemäß den Beklagten benachteiligt, die Grundkonzeption der UNIDROIT-Konvention jedoch gerade auf eine Besserstellung des ursprünglichen

---

481 ABl. EG Nr. L 12 v. 16.1.2001, 1.

482 *Geimer*, Int. Zivilprozessrecht, RN. 1100; *Kropholler*, EuGVVO, vor Art. 5 RN. 2, 3; Art. 5 RN. 73, 75. Das Begehren eines Staates auf Rückführung eines illegal exportiereten Kulturgutes ist jedoch keine Zivil- oder Handelssache und fällt somit nicht unter den Anwendungsbereich der EuGVVO. In solchen Fällen wäre demnach kein *forum shopping* nach der EuGVVO möglich.

483 Doch ist die Konnotation des Begriffs *forum shopping* allgemein eher negativ, insbesondere da er als Gegensatz zur Entscheidungsharmonie gesehen wird, vergl. zum „bösen Terminus" des *forum shopping*, *Juenger*, 46 RabelsZ (1982), 708, 709.

484 *Geimer*, Int. Zivilprozessrecht, RN. 1095ff. *von Bar/Mankowski*, IPR I, § 5 RN. 164; *Kropholler*, FS Firsching, 1985, S. 165; *Juenger*, 46 RabelsZ (1982), 708, 713. S. dazu die differenzierende Ansicht von *Pfeiffer*, Int. Zuständigkeit, S. 488ff.

485 Vergl. Abs. 5 Präambel UNIDROIT-Konvention.

486 *Pfeiffer*, Int. Zuständigkeit, S. 490, 493; *Kropholler*, FS Firsching, 1985, S. 170; *Geimer*, Int. Zivilprozessrecht, RN. 1101, 1103: „Eine solche Zuständigkeitspolitik wäre utopisch und schlicht ungerecht, weil sie wesentliche Partei- und Verfahrensinteressen bei der Regelung der Zuständigkeitsnormen außer acht ließe.".

Eigentümers eines Kulturgutes bzw. des Staates, dessen Exportverbote verletzt wurden, zielt. Erhält der Herausgabeanspruchsberechtigte die Möglichkeit, unter Umständen vor den Gerichten eines Staates zu klagen, dessen Rechtsordnung dem gutgläubigen Erwerber keine Entschädigung gewährt, entspricht dies dem Grundsatz der UNIDROIT-Konvention, die Rückgabe und Rückführung von Kulturgütern zu erleichtern.

Daneben ist zu berücksichtigen, dass der Anspruchsberechtigte den Gerichtsstand nicht völlig frei wählen kann. Entscheidet er sich gegen die Klageerhebung im Belegenheitsstaat, wird er sich in der Regel an die zuständigen Behörden oder Gerichte im Wohnsitzstaat des Beklagten wenden müssen, da die Prozessordnungen der meisten Länder dem *actor sequitur forum rei*-Prinzip[487] folgen. Durch dieses Prinzip werden die durch die Wahlmöglichkeit des Gerichtsstandes eingeräumten Vorteile des Klägers in gewisser Weise ausgeglichen[488]. Auch kann davon ausgegangen werden, dass Wohnsitzstaat des Besitzers des streitbefangenen Kulturgutes und Belegenheitsstaat in den meisten Fällen zusammen fallen werden. Daneben ist zu berücksichtigen, dass der Anspruchsberechtigte zwar das Gericht auswählen kann, vor dem er seine Klage erheben möchte, die UNIDROIT-Konvention jedoch ein Mindestmaß an einheitlichen Rechtsvorschriften schafft, die jedes zur Entscheidung berufene Gericht bzw. jede zuständige Behörde anzuwenden hat. Somit ist durch die Schaffung eines Mindestmaßes an internationalem Einheitsrechts *forum shopping* im eigentlichen Sinne nicht möglich[489].

Das Problem der Entscheidungsdivergenz besteht unabhängig vom Problem des *forum shopping*[490] und muss deshalb auch unabhängig davon durch die Sicherstellung der Anerkennung und Vollstreckung von Entscheidungen aus anderen Mitgliedstaaten durch den Abschluss von bilateralen oder multilateralen Verträgen gelöst werden, da beispielsweise in Deutschland nach herrschender Meinung die Rechtshängigkeit im Ausland nur dann ein Prozesshindernis gemäß § 261 III Nr. 1 ZPO im Inland darstellt, wenn die Entscheidung dieses Gerichts gemäß § 328 ZPO in Deutschland voraussichtlich anerkannt wird[491].

---

487 Vergl. beispielsweise Art. 2 Abs. 1 EuGVVO: „Vorbehaltlich der Vorschriften dieser Verordnung sind Personen, die ihren Wohnsitz im Hoheitsgebiet eines Mitgliedstaates haben, ohne Rücksicht auf ihre Staatsangehörigkeit vor den Gerichten dieses Mitgliedstaates zu verklagen."; *Kropholler*, EuGVVO, Art. 2 RN. 1; *Schlosser*, EU-Zivilprozessrecht, Art. 2 EuGVVO RN. 1; *Nagel/Gottwald*, Int. Zivilprozessrecht, § 12 RN. 106; § 13 RN. 504; *Schack*, Int. Zivilverfahrensrecht, § 8 RN. 242ff.

488 *Pfeiffer*, Int. Zuständigkeit, S. 492.

489 *Geimer*, Int. Zivilprozessrecht, RN. 1099, ein „forum shopping" ist dann nicht möglich, wenn die jeweils zuständigen Gerichte, einheitliche Kollisionsregeln oder internationales Einheitsrecht anwenden.

490 *Pfeiffer*, Int. Zuständigkeit, S. 491.

491 Vergl. BGH, Urt. v. 12.2.1992, XII ZR 25/91, IPRax 1994, 40; *Nagel/Gottwald*, Int. Zivilprozessrecht, § 5 RN. 215; *Hau*, IPRax 1995, 80, 81; *Geimer*, Int. Zivilprozessrecht, RN. 2688f.; *Schack*, Int. Zivilverfahrensrecht, § 16 RN. 754f.

2. Die Möglichkeit der Übertragung an ein Schiedsgericht

Gemäß Art. 8 Abs. 2 UNIDROIT-Konvention können die Parteien, „ihren Streit einem anderen Gericht oder einer anderen zuständigen Behörde oder einem Schiedsgericht übertragen“[492]. Auch innerhalb der Kulturgüterichtlinie der EU wird in Art. 4 Nr. 6 auf die Möglichkeit verwiesen:

> „die Einleitung eines Schiedsverfahrens gemäß den innerstaatlichen Rechtsvorschriften des ersuchten Mitgliedstaats [zu] erleichtern, sofern der ersuchende Staat sowie der Eigentümer oder Besitzer ihre förmliche Zustimmung erteilen.“

Auf der diplomatischen Konferenz zur Verabschiedung der UNIDROIT-Konvention war die Einräumung einer Möglichkeit zur Übertragung der Streitigkeiten über Kulturgüter an ein Schiedsgericht relativ unumstritten. Eine solche Wahlmöglichkeit wurde als eine Angelegenheit der prozessualen Freiheit angesehen, deren Fehlen möglicherweise einige Staaten davon abgehalten hätte, die Konvention zu ratifizieren[493].

Die Vorteile des Schiedsgerichtsverfahrens gerade für Klagen auf die Rückgabe oder Rückführung von Kulturgütern sind zum einen die durch das Fehlen einer nationalen Zuordnung des Forums garantierte Neutralität[494] und die besondere Fachkunde der Schiedsrichter. Daneben können durch die Regeln des Schiedsgerichtsprozesses die Schnelligkeit und Effektivität der Verfahren zur Rückgabe bzw. Rückführung von Kulturgütern erhöht und die Kosten erheblich gesenkt werden[495]. Auch können durch die Übertragung des Rechtsstreits an ein Schiedsgericht Probleme der Anerkennung und Vollstreckung vermieden werden, da das Schiedsgerichtsverfahren übereinstimmend von beiden Parteien initiiert wurde[496].

---

[492] Positiv dazu *Shyllon*, Unif. L. Rev./Rev. dr. unif. 2000, 219, 225, 226; zur Möglichkeit der Anrufung eines Schiedsgerichts in Bezug auf Streitigkeiten über kriegsbedingt verbrachte Kulturgüter *Prott*, Spoils of war, S. 230.

[493] *Schneider*, Unif. L. Rev./Rev. dr. unif. 2001, 476, 544; *Sidorsky*, I.J.C.P, Vol. 5, No. 1, 1996, 19, 33; *Prott*, UNIDROIT, S. 72 m.w.N.; *Shyllon*, Unif. L. Rev./Rev. dr. unif. 2000, 219, 226f.

[494] Die fehlende Verbindung zu einem bestimmten Staat verhindert, dass Aspekte der nationalen Kulturgüterpolitik oder Gesetzgebung in den Schiedsspruch einfließen, *Byrne-Sutton*, I.J.C.P., Vol. 7, No. 1, 1998, 249, 254f.; *Sidorsky*, I.J.C.P, Vol. 5, No. 1, 1996, 19, 33.

[495] *Sidorsky*, I.J.C.P, Vol. 5, No. 1, 1996, 19, 32.

[496] *Sidorsky*, I.J.C.P, Vol. 5, No. 1, 1996, 19, 33; vergl. auch *Shyllon*, Unif. L. Rev./Rev. dr. unif. 2000, 219, 227: [...] the person making the decision has no formal connection with the system of courts; the solution or decision of arbitrator(s) (the award) is final and conclusive and puts an end to the parties' dispute; the award is binding on the parties by virtute of their implied undertaking when agreeing to arbitration that they will accept and voluntarily give effect to the arbitral decision; and the arbitration proceedings and award are totally independent of the State: the ordinary courts will only interfere – and then strictly within the confines of their *lex fori* – to give efficacy to the arbitration agreement, to regulate the arbitration proceedings or to give effect to the award where it has not voluntarily been carried out by the parties“.

Das Schiedsverfahren dient beiden Parteien, da der Schiedsrichter flexibel alle Interessen der Parteien berücksichtigen kann. So ist es beispielsweise möglich, einen gutgläubigen Erwerber eines Kulturgutes zwar zur Rückgabe zu verpflichten, ihm jedoch auch das Recht einzuräumen, das betreffende Objekt vor der Rückgabe einige Zeit auszustellen.

Auf Grund dieser Vorteile und der entscheidenden Bedeutung der universellen Gültigkeit der UNIDROIT-Konvention für ihren Erfolg ist die Einrichtung einer auf die Schlichtung von Streitigkeiten über Kulturgüter spezialisierten Körperschaft – einem Kulturgüterschiedsgericht („Cultural Property Arbitration Center"), wie diese auf anderen Gebieten wie beispielsweise für Streitigkeiten über geistiges Eigentum[497] oder im internationalen Handelsrecht[498] bereits existieren, unter der Aufsicht von UNESCO oder UNIDROIT zu überlegen[499]. Daneben kann, unter gewissen Umständen, die Entscheidung von Rückgabeklagen durch Schiedsgerichte leichter zu einem zusammenhängenden Fall-Recht führen, beispielsweise dadurch dass die Anwendung der UNIDROIT-Konvention wiederholt von Gremien von denselben, fachlich kompetenten Schiedsrichtern geprüft wird, welche von einer Liste des „Kulturgüter-Schiedsgerichts" gewählt werden. Auf lange Sicht kann dies zu einer erhöhten Rechtssicherheit beitragen, indem in gleichem Maße die Vorhersehbarkeit der Entscheidungen sowie die Entscheidungsfindung durch erfahrenere und spezialisiertere Personen gefördert werden[500].

3. Der „favor legis rei sitae" für dringliche Maßnahmen

Art. 8 Abs. 3 UNIDROIT-Konvention sieht die Möglichkeit vor, trotz laufenden Restitutionsverfahrens vorläufige Maßnahmen nach dem Recht des Vertragsstaates, in dem sich das Kulturgut befindet, zu treffen, wenn diese zum Schutz des Kulturgutes dringend erforderlich sind[501]. Diese Klausel wurde eingefügt, um den Schutz bzw. die Sicherstellung eines Objektes beispielsweise durch das Verbot des weiteren Exports zu ermöglichen, und somit sein Abhandenkommen oder die Beschädigung durch unsachgemäße Behandlung während des laufen-

---

[497] Der 1994 in Genf gegründete *WIPO (World Intellectual Property Organization) Arbitration and Mediation Center*, s. dazu http://arbiter.wipo.int.

[498] Der bereits 1923 gegründete *International Court of Arbitration* der *International Chamber of Commerce* (ICC) in Paris, s. dazu http://www.iccwbo.org/court/english/intro_court/introduction.asp.

[499] *Shyllon*, Unif. L. Rev./Rev. dr. unif. 2000, 219, 229 f.; *Sidorsky*, I.J.C.P, Vol. 5, No. 1, 1996, 19, 33.

[500] *Byrne-Sutton*, I.J.C.P., Vol. 7, No. 1, 1998, 249, 255. *Sidorsky*, I.J.C.P, Vol. 5, No. 1, 1996, 19, 33ff.

[501] S. oben § 3 III. 3. e.

den Verfahrens zu verhindern[502]. Art. 8 Abs. 3 UNIDROIT-Konvention kann insbesondere dann Bedeutung erlangen, wenn die Notwendigkeit besteht, ein Objekt, das bereits zum Verkauf angeboten wurde, sicherzustellen und beispielsweise von einer Auktion zurückzuziehen. Eine solche Maßnahme kann insbesondere deswegen dringend erforderlich i.S.d. Art. 8 Abs. 3 UNIDROIT-Konvention sein, weil es der gängigen Praxis in Auktionshäusern entspricht, den Namen des Käufers auf Wunsch geheim zu halten[503] und somit der betreffende Gegenstand durch Versteigerung an eine unbekannte Person verschwinden kann, bevor der klagende Eigentümer oder Staat ein Urteil erwirkt hat.

Die Einfügung des *favor legis rei sitae* für dringliche Maßnahmen in Art. 8 Abs. 3 UNIDROIT-Konvention dient somit zum einem dem Schutz des streitbefangenen Objekts selbst und zum anderen dem Schutz der Rechte des Klägers während der Dauer des Verfahrens und war aus diesem Gründen zu Recht relativ unumstritten[504].

4. Der „favor legis nationalis"

Da es sich bei der Frage nach der Rückgabe bzw. Rückführung gestohlener oder illegal exportierter Kulturgüter um ein äußerst komplexes und politisch hoch sensibles Gebiet handelt, ist bereits die Aufstellung eines Minimums an gemeinsamen Regeln als großer Erfolg zu werten[505]. Doch stimmten die Urheber der UNIDROIT-Konvention im Hinblick auf das Ziel der Konvention, die Rückgabe bzw. Rückführung von gestohlenen oder widerrechtlich ausgeführten Kulturgütern zu erleichtern, bereits früh überein, dass der Schutzstandard, den manche Staaten Kulturgütern bereits garantierten, auf keinen Fall zugunsten der Rechtsvereinheitlichung gesenkt werden dürfe[506]. So war es den Vertragsstaaten bereits in Art. 9 der ersten Entwurfsfassung der Konvention erlaubt, den von der UNIDROIT-Konvention gewährleisteten Schutz auf nationaler Ebene zu erwei-

---

502 *Prott*, UNIDROIT, S. 72; *Shyllon*, Unif. L. Rev./Rev. dr. unif. 2000, 219, 229; *Carducci*, Restitution, S. 369.

503 Auch der Käufer des bisher teuersten Bildes aller Zeiten – „Garçon à la pipe" von *Pablo Picasso*, das am 5. 5. 2004 bei Sotheby's für beispiellose 104, 168 Millionen Dollar (inklusive Aufgeld) versteigert wurde – blieb unbekannt. Es gibt keinerlei Hinweise auf die Identität der Person, in deren Auftrag einer der Direktoren von Sotheby's bot, s. „Teuerstes Bild: Picassos „Garçon à la pipe"", FAZ v. 7. 5. 2004, 33. Auch bei der „Millionen-Auktion" von Christie's „Kunst seit 1945" in New York im Mai 2004 blieben zahlreiche Ersteigerer anonym, s. *Zeitz* „Die Hundert-Millionen-Auktion. Höchstpreise: in New York triumphiert die zeitgenössische Kunst", FAZ v. 15. 5. 2004, 51.

504 *Schneider*, Unif. L. Rev./Rev. dr. unif. 2001, 476, 544ff.; *Prott*, UNIDROIT, S. 72; *Acts and Proceedings*, 309.

505 *Schneider*, Unif. L. Rev./Rev. dr. unif. 2001, 476, 546.

506 *Schneider*, Unif. L. Rev./Rev. dr. unif. 2001, 476, 546; *Prott*, UNIDROIT, S. 74.

tern[507]. Unter der Prämisse, dass jede Abweichung von den Regelungen der UNIDROIT-Konvention genau zu definieren sei, listete Art. 11 der Entwurfsfassung von 1990 die Situationen auf, in welchen ein Vertragsstaat günstigere nationale Bestimmungen anwenden könnte[508].

Als es sich jedoch als unmöglich erwies, Übereinstimmung über eine solche vollständige Liste der für die Rückgabe bzw. Rückführung gestohlener oder illegal exportierter Kulturgütern günstigeren Regeln zu erreichen[509], entschieden sich die Autoren der Konvention, das Prinzip lediglich mit Hilfe einiger Beispiele zu illustrieren[510] und in Art. 9 Abs. 1 der endgültigen Fassung der UNIDROIT-Konvention generell fest zu halten, dass jeder Vertragsstaat die Möglichkeit hat, – nicht jedoch verpflichtet ist – existierende nationale Regeln anzuwenden, wenn diese für die Rückgabe oder Rückführung eines gestohlenen oder illegal exportierten Kulturgutes günstiger sind als die Bestimmungen der Konvention. Diese Regelung bezieht sich nicht nur auf die in der Präambel genannte entschädigungslose Rückgabeverpflichtung des gutgläubigen Erwerbers eines gestohlenen Kulturgutes, sondern auch auf jede andere nationale Regel, die günstiger für die Rückgabe oder Rückführung eines gestohlenen oder widerrechtlich ausgeführten Kulturgutes ist. Dabei wurde an folgende Regelungen gedacht:

- die Anwendung der Vorschriften von Kapitel II UNIDROIT-Konvention auf alle Formen der widerrechtlichen Entziehung[511];
- die Anwendung der Konvention, wenn sich der Diebstahl oder der illegale Export vor dem Inkrafttreten der Konvention ereignet hat[512];
- die Verlängerung der Fristen, innerhalb derer eine Klage auf Rückgabe erhoben werden kann[513];
- die Möglichkeit, den zur Rückgabe eines gestohlenen Kulturgutes verpflichteten gutgläubigen Besitzer auch dann nicht zu entschädigen, wenn dieser beim Erwerb des Gutes die erforderliche Sorgfalt beachtet hat[514];

507 UNIDROIT 1988, Study LXX – Doc. 3, 4f.

508 In französischer Sprache abgedruckt bei *Reichelt*, Dolzer/Jayme/Mußgnug, S. 80f.

509 *Schneider*, Unif. L. Rev./Rev. dr. unif. 2001, 476, 546. Vergl. dazu auch *Prott*, UNIDROIT, S. 76.

510 So findet sich in Abs. 5 der Präambel der UNIDROIT-Konvention der Hinweis, dass „die Durchführung von Maßnahmen wie der Entschädigung, die in einigen Staaten zur Sicherstellung der Rückgabe oder Rückführung erforderlich ist, nicht dazu führt, dass derartige Maßnahmen in anderen Staaten getroffen werden sollten".

511 Art. 11 lit. a. (i) UNIDROIT-Entwurfsfassung.

512 Art. 11 lit. c. UNIDROIT-Entwurfsfassung. S. dazu auch *Schneider*, Unif. L. Rev./Rev. dr. unif. 2001, 476, 550.

513 Art. 11 lit. a. (ii) UNIDROIT-Entwurfsfassung.

514 Art. 11 lit. a. (iii) UNIDROIT-Entwurfsfassung; dies ermöglicht es den *Common Law* Staaten an der *nemo dat* Regel fest zu halten.

- die Berücksichtigung weiterer als der in Art. 5 Abs. 3 UNIDROIT-Konvention aufgezählten Interessen des ersuchenden Staates[515];
- die Nichtgewährung einer Entschädigung gemäß Art. 6 Abs. 1 UNIDROIT-Konvention[516];
- die Anwendung von Art. 5 auch in den von Art. 7 UNIDROIT-Konvention ausgeschlossenen Fällen[517];
- das Verbot der in Art. 6 Abs. 3 aufgeführten Möglichkeiten des Besitzers[518];
- die Forderung, dass die bei der Rückführung eines Gutes entstehenden Kosten einer anderen Partei als dem ersuchenden Staat obliegen[519]; und
- die Anwendung der Konvention auf innerstaatliche Sachverhalte[520].

Von entscheidender Bedeutung ist, dass nur der Staat, vor dessen Gerichten oder zuständigen Behörden die Klage erhoben wurde, und nicht der ersuchende Staat oder ein anderer von der Möglichkeit des Art. 9 Abs. 1 UNIDROIT-Konvention Gebrauch machen kann[521], denn nur der betroffene Staat selbst kann sich freiwillig weitergehenden Pflichten unterwerfen. Diese Vorschrift ermöglicht es den Vertragsstaaten, ihre günstigeren Regelungen beizubehalten und mag andere ermutigen, solche Regelungen ebenfalls zu übernehmen.

Die Auslegungshilfe des Art. 9 Abs. 2 UNIDROIT-Konvention, dass dieser Artikel nicht so verstanden werden dürfe, dass er die Verpflichtung schaffe, eine Entscheidung, die von den Bestimmungen der Konvention abweicht, anzuerkennen oder zu vollstrecken, resultiert aus den Befürchtungen der französischen Delegation, dass die Regelung des ersten Absatzes dazu führe, dass der Anspruchsberechtigte die Klage vor den Gerichten oder zuständigen Behörden eines Staates erheben werde, nach dessen Rechtsordnung dem gutgläubigen Erwerber keine Entschädigung zustehe, es also gerade auf Grund der Regelung des Art. 9 Abs. 1 UNIDROIT-Konvention zum so genannten *forum shopping* komme[522].

---

515 Art. 11 lit. b. (i) UNIDROIT-Entwurfsfassung.

516 UNIDROIT 1992, Study LXX – Doc. 30, §§ 203, 206.

517 Art. 11 lit. b. (ii) UNIDROIT-Entwurfsfassung.

518 UNIDROIT 1992, Study LXX – Doc. 30, § 206.

519 UNIDROIT 1992, Study LXX – Doc. 30, § 206.

520 UNIDROIT 1991, Study LXX – Doc. 23 § 42. Vergl. die Aufzählung bei *Prott*, UNIDROIT, S. 76.

521 *Prott*, UNIDROIT, S. 76; *Schneider*, Unif. L. Rev./Rev. dr. unif. 2001, 476, 546.

522 *Acts and Proceedings*, 233 (*Sanson*), 234 (*Baur*), 310 (*Baur*); diese Überzeugung basierte wohl hauptsächlich auf der Befürchtung, ein französisches Gericht müsse die Entscheidung des Gerichts oder der Behörde eines anderen Vertragsstaates durchsetzen, wonach ein französischer Staatsbürger verpflichtet sei, ein gutgläubig erworbenes Kulturgut in einem Fall entschädigungslos zurück zu geben, in dem ihm – wäre es ein reiner Inlandsfall – eine Entschädigung gewährt worden wäre. Vergl. auch *Schneider*, Unif. L. Rev./Rev. dr. unif. 2001, 476, 548.

Diese Befürchtung wurde zwar von keiner anderen Delegation geteilt, insbesondere, da das anwendbare Recht nicht zwangsläufig die *lex fori* sein werde, da die Regeln des internationalen Privatrechts des Forumsstaates grundsätzlich auf das Recht desjenigen Staates verweisen werden, in dem sich die streitbefangene Sache zum Zeitpunkt des Erwerbs befand[523]. Trotzdem wurde Art. 9 Abs. 2 UNIDROIT-Konvention von der „Kompromiss-Arbeitsgruppe" in den letzten Etappen der diplomatischen Konferenz in Rom entwickelt, um diesem Bedenken zu begegnen, obwohl man sich schwerlich vorstellen kann, dass die Anwendung von Vorschriften, „die für die Rückgabe oder Rückführung gestohlener oder rechtswidrig ausgeführter Kulturgüter günstiger sind" als in der UNIDROIT-Konvention vorgesehen, zu einer Entscheidung führen kann, „die von den Bestimmungen dieses Übereinkommens abweicht"[524].

5. Rückwirkung der Konvention

Wenige Fragen bei der Entwicklung der UNIDROIT-Konvention waren derart umstritten wie die nach der Rückwirkung der Konvention[525]. Von Anfang an bestand zwar die gemeinsame Überzeugung, gegen den zukünftigen illegalen Verkehr mit Kulturgütern vorgehen zu müssen, doch wurde von einigen Staaten die Anwendbarkeit der Konvention auch auf die Rückgabe bzw. Rückführung von vor dem Inkrafttreten der Konvention gestohlenen oder illegal exportierten Kulturgütern gefordert[526]. Eine generelle Rückwirkung stand dabei jedoch zwar zur Debatte[527], aber auch der Entwurf einer Konvention mit zeitlich begrenzter Rückwirkung hätte keine Chance auf internationale Anerkennung besessen[528].

---

[523] Zur *Situs*-Regel vergleiche: *Kreuzer*, MK, BGB, 10, nach Art. 38 EGBGB Anh. I RN. 12ff.; *Heldrich*, Palandt, BGB, Art. 43 EGBGB RN. 1; *Spickhoff*, Bamberger/Roth, BGB, 3, Art. 43 EGBGB RN. 3; *Junker*, IPR, RN. 467; *von Hoffmann*, IPR, § 12 III, RN. 7ff.; *Koch/Magnus/Winkler von Mohrenfels*, IPR, § 7 II, 140, 300; *Kegel/Schurig*, IPR, § 2 II 3. S. 140, 144 ,§ 19 I; II S. 765ff.; *Kunz*, IPR, 10. Teil, RN. 545ff.; *Kropholler*, IPR, § 54 I; *Rauscher*, IPR, S. 300ff.; *Schlosshauer-Selbach*, IPR, RN. 337ff.; *Jayme*, ZVglRWiss 95 (1996), 158, 167; *Jaeger*, Rechtsfragen, S. 59; *Jefferson*, 96 L.Q.Rev. (1980), 508, 509; *Hanisch*, FS Müller-Freienfels, 1996, S. 31; *Mansel*, IPRax 1988, 268, 270; *Venturini*, Int. Encyclopedia of Comparative Law, III, International Private Law, Chapter 21: Property, Section: 1, 21, 24, 34; *Kono*, Dolzer/Jayme/Mußgnug, S. 114; Art. 100 schweizerisches IPRG.

[524] Vergl. Abs. 5 der Präambel der UNIDROIT-Konvention, wonach die Erleichterung der Rückgabe und Rückführung von Kulturgütern erklärtes Ziel der Konvention ist. S. auch *Prott*, UNIDROIT, S. 77; *Schneider*, Unif. L. Rev./Rev. dr. unif. 2001, 476, 548.

[525] *Acts and Proceedings*, 249ff.; *Prott*, UNIDROIT, S. 78 m.w.N., so kam es während der Entwicklung der Konvention bereits zu heftigen Protesten u.a. von „Concerned Members of the American Cultural Community", welche befürchteten, eine Rückwirkung der UNIDROIT-Konvention werde zu einer Leerung aller Sammlungen antiker Kunst führen. Vergl. dazu auch *Wiederkehr Schuler*, Kunstmarkt, S. 25.

[526] *Schneider*, Unif. L. Rev./Rev. dr. unif. 2001, 476, 548.

[527] *Prott*, UNIDROIT, S. 78.

[528] *Schneider*, Unif. L. Rev./Rev. dr. unif. 2001, 476, 548; *Prott*, UNIDROIT, S. 78.

Fraglich war somit nur, ob es notwendig sei, die Rückwirkung der Konvention ausdrücklich zu verneinen, obwohl eine internationale Konvention grundsätzlich gemäß Art. 28 Wiener Übereinkommen vom 23. 5. 1969 über das Recht der Verträge[529] nicht rückwirkend anwendbar ist[530]. Um die Befürchtungen, die UNIDROIT-Konvention könne unter Umständen doch rückwirkende Kraft entfalten, zu zerstreuen und damit die Chancen der Konvention auf internationale Akzeptanz zu erhöhen, entschied man sich schließlich, eine Klausel einzufügen, welche die Rückwirkung der Konvention ausdrücklich verneint[531].

In Art. 10 Abs. 1 lit. a. UNIDROIT-Konvention ist daher nun explizit festgeschrieben, dass die Konvention auf gestohlene Kulturgüter nur dann anwendbar ist, wenn das betreffende Kulturgut in einem Vertragsstaat gestohlen wurde und die Klage auf Rückgabe in einem Vertragsstaat erhoben wird, jeweils nachdem die Konvention in Bezug auf die betreffenden Staaten in Kraft getreten ist. Keine Rolle spielt in diesem Fall dagegen der Status der Konvention in dem Lande, in welchem sich das betreffende Kulturgut befindet, wenn auch dann Schwierigkeiten bei der Durchsetzung der Anordnung zu erwarten sind[532]. Lediglich in dem Fall, dass das Kulturgut in einem Drittstaat gestohlen wurde, muss es sich gemäß Art. 10 Abs. 1 lit. b. UNIDROIT-Konvention bei Klageerhebung in einem Staat befinden, für den die UNIDROIT-Konvention zu diesem Zeitpunkt bereits in Kraft getreten ist[533]. Im Fall von rechtswidrig ausgeführten Kulturgütern muss die Konvention gemäß Art. 10 Abs. 2 UNIDROIT-Konvention sowohl in dem

---

529 Abgedruckt in BGBl. 1985 II, 926ff.

530 *Raschèr*, UNIDROIT, S. 13, 16; *Renold*, Table ronde, S. 24. Eine ähnliche Diskussion wurde bereits bei der Entwicklung der UNESCO-Konvention von 1970 geführt, man erachtete es auf Grund von Art. 28 Wiener Übereinkommen über das Recht der Verträge jedoch für überflüssig, die Nicht-Rückwirkung des Übereinkommens im Konventionstext ausdrücklich festzuhalten, s. dazu oben § 2 III. 1. c. aa.

531 Die erste Entwurfsfassung hatte bereits eine solche Klausel enthalten (Study LXX – Doc. 3, § 10), welche man aber auf der vierten Sitzung der Regierungsexperten als überflüssig erachtete und aus der Entwurfsfassung strich. Manche Delegationen, darunter die deutsche, machten daraufhin deutlich, dass eine ausdrückliche Verneinung der Rückwirkung der Konvention unerlässlich für eine mögliche Ratifizierung der Konvention sei: *Acts and Proceedings*, 249 (Niederlande), 249 (Deutschland), 252 (Vereinigtes Königreich).

532 *Schneider*, Unif. L. Rev./Rev. dr. unif. 2001, 476, 550.

533 Das Verbot der Rückwirkung wird für den beklagten Staat insofern relativiert, als dieser erst im Zeitpunkt der Klageerhebung Vertragsstaat sein muss, was bedeuten kann, dass die UNIDROIT-Konvention in diesem erst nach dem Diebstahl in Kraft getreten sein kann. Im Hinblick auf die Verjährungsfristen kann das zur Folge haben, dass einer der ursprünglichen Vertragsstaaten in fünfzig Jahren in einem Staat, der neu der UNIDROIT-Konvention beigetreten ist, Klage auf Rückgabe eines im Jahr 2004 im klagenden Staat gestohlenen oder illegal ausgegrabenen Kulturgutes erheben kann, wenn er bis zu diesem Zeitpunkt keine Kenntnis vom Lageort des Gutes und der Identität des Besitzers hatte, vergl. *Wiederkehr Schuler*, Kunstmarkt, S. 11f.

Staat, aus welchem das Kulturgut rechtswidrig ausgeführt worden ist, als auch in jenem, in welchem die Klage erhoben wird, in Kraft getreten sein[534].

Die UNIDROIT-Konvention schließt es jedoch nicht aus, dass sich ein Kläger bezüglich der Rückgabe eines vor Inkrafttreten der Konvention gestohlenen oder illegal exportierten Kulturgutes auf außerhalb der Konvention liegende Ansprüche stützt. In Art. 10 Abs. 3 wird ausdrücklich festgelegt, dass im Falle ihrer Nichtanwendbarkeit die UNIDROIT-Konvention

> „in keiner Weise ein wie auch immer geartetes rechtswidriges Geschäft, das vor dem Inkrafttreten des Übereinkommens erfolgt ist oder auf Grund der Absätze 1 und 2 dieses Artikels nicht in dessen Anwendungsbereich fällt"

rechtfertigt[535],

> „noch das Recht eines Staates oder jeder anderen Person beschränkt, außerhalb des Rahmens dieses Übereinkommens eine Klage auf Rückgabe oder Rückführung eines vor dem Inkrafttreten des Übereinkommens gestohlenen oder rechtswidrig ausgeführten Kulturguts zu erheben".

Durch diese ausgewogene Regelung kann das Inkrafttreten der UNIDROIT-Konvention zwar nichts an der Entscheidung bereits bekannter Restitutionsfälle[536] mehr ändern und können die Vorschriften der UNIDROIT-Konvention

---

[534] Doch auch in diesem Punkt können die Vertragsstaaten zugunsten der Rückführung von illegal exportierten Kulturgütern von den Bestimmungen der Konvention gemäß Art. 9 Abs. 1 UNIDROIT-Konvention abweichen und auch die Rückführung von aus Nicht-Vertragsstaaten illegal ausgeführten Kulturgütern zulassen.

[535] Vergl. dazu auch die Bekräftigung in Abs. 6 der Präambel der UNIDROIT-Konvention. Die Einfügung dieser Klausel resultiert vor allen aus der von einem Delegierten geäußerten Befürchtung „that an illegal act may become legal simply because it was committed before the entry into force of the proposed Convention", UNIDROIT 1991, Study LXX –Doc. 23, § 10.

[536] *Desch*, Museumskunde, Band 67, 1/2002, 25. Dies bedauert auch *Siehr* in Museumskunde, Band 67, 1/2002, 12, 17, da der Fall der *Bibliotheca Palatina* nun nicht erfasst und sie somit für immer verloren ist. Diese Sammlung, die zahlreiche bedeutende Handschriften enthält, wurde 1421 von *Kurfürst Ludwig III.* von der Pfalz der Bibliothek des Heiliggeist-Stiftes geschenkt und 1438 von der Universität Heidelberg übernommen. Diese Bibliothek wurde im 17. Jahrhundert als Mutter aller Bibliotheken bezeichnet und stand bis zur Eroberung Heidelbergs am 15. 9. 1622 durch den bayerischen *Feldmarschall Tilly* in der Heiliggeist-Kirche in Heidelberg. Der kaiserliche Feldherr *Tilly* übergab die Bestände der Universitätsbibliothek dem bayerischen *Herzog Maximilian I.* Durch eine Schenkung *Maximilians I.* an den Papst wurde im Februar 1623 der größte Teil der Bibliothek nach Rom transportiert und der Bibliothek des Vatikans, der bereits vor der Einnahme Heidelbergs Interesse an der Bibliothek gezeigt hatte, einverleibt. Bis zum Jahr 1943 wurden zahlreiche Versuche unternommen, die Bibliothek wieder der Heidelberger Universität zurückzuerstatten. Erfolgreich waren diese Versuche hinsichtlich des Teils, der unter *Napoleon* von Rom nach Paris verbracht wurde und 1815 nach Heidelberg restituiert werden konnte. Ebenfalls 1815 gab auch der Papst aus den römischen Beständen 847 deutsche Werke heraus. Vergl. dazu *Rudolf*, FS Doehring, 1989, S. 853f. m.w.N.; *Seidl-Hohenveldern*, FS Trinkner, 1995, S. 54. Die nicht

somit auch nicht Grundlage von Restitutionsforderungen der Bundesrepublik Deutschland bezüglich der so genannten „Beutekunst" sein[537], doch sind solche Ansprüche auf Rückgabe von Kulturgütern in Bezug auf frühere Konflikte durch die Bestimmungen der UNIDROIT-Konvention ausdrücklich nicht ausgeschlossen[538]. Ziel der UNIDROIT-Konvention ist es jedoch in erster Linie, eine Zurückdrängung des bestehenden illegalen Kunsttransfers sowie eine strengere Beachtung der handelsüblichen Sorgfalt im Warenverkehr mit Kulturgütern *pro futuro* zu erreichen[539].

XII. Schlussbestimmungen der UNIDROIT-Konvention

Alle Bestimmungen des Kapitels V wurden ohne Veränderung von der Entwurfsfassung übernommen, auf der Diplomatischen Konferenz neu nummeriert und sind jetzt Bestandteil des Konventionstextes[540].

Die Schlussbestimmungen bestehen aus teils technischen, teils prozessualen Bestimmungen, von denen nur einige der elf in Kapitel V enthaltenen Artikel hervorzuheben sind[541]. Art. 13 Abs. 1 UNIDROIT-Konvention enthält die Feststellung, dass die UNIDROIT-Konvention jedes frühere Übereinkommen über den gleichen Regelungsgegenstand unberührt lässt, es sei denn, die Vertragsstaaten, die an dieses Übereinkommen gebunden sind, geben eine gegenteilige Erklärung ab. Den Vertragsstaaten steht es daneben gemäß Art. 13 Abs. 2 UNIDROIT-Konvention frei, weitere Vereinbarungen zu treffen, um die Anwendung

---

erfolgte Rückgabe der *Bibliotheca Palatina* bedauerte schon 1877 *Bluntschli*, Völkerrecht, S. 365: „Unsere Universitätsstadt Heidelberg beklagt es heute noch als ein schweres, nicht hinreichend gesühntes Unrecht, dass ihre handschriftlichen Schätze als „Palatina" von dem Bayerischen Eroberer der Stadt weggenommen und dem römischen Papst zur Bereicherung des Vaticans geschenkt worden sind.".

537 *Stumpf*, Kulturgüterschutz, S. 233f.

538 *Stumpf*, Kulturgüterschutz, S. 234; *Prott*, UNIDROIT, S. 82.

539 *Prott*, UNIDROIT, S. 81; *Reichelt*, Neues Recht, S. 62. Die Schweizerische Akademie der Geistes- und Sozialwissenschaften (SAGW) fasste dies folgendermaßen treffend zusammen: „Die in dieser Vereinbarung niedergelegten Bestimmungen erscheinen ihm (dem Vorstand der SAGW) maßvoll und ausgewogen. Nicht rückwirkend anwendbar, stellen sie keinen Besitzstand in Frage, bereiten hingegen den Boden für einen respektvollen Umgang mit allen [...] Kulturgütern zwischen allen Kulturgemeinschaften dieser Erde.", *Sitter-Liver*, UNIDROIT, S. 7.

540 *Sidorsky*, I.J.C.P, Vol. 5, No. 1, 1996, 19, 30 FN 116.

541 Die Art. 11, 12 und 21 UNIDROIT-Konvention beschreiben die Prozedur zur Ratifizierung, Annahme und Genehmigung der Konvention oder zum Beitritt zur Konvention. Hervorzuheben ist hier lediglich, dass auch die Staaten, die nicht Mitglieder von UNIDROIT sind, Vertragsstaaten der UNIDROIT-Konvention werden können, *Schneider*, Unif. L. Rev./Rev. dr. unif. 2001, 476, 552.

der Konvention in ihren wechselseitigen Beziehungen zu verbessern. Besondere Bedeutung kann Art. 13 Abs. 3 UNIDROIT-Konvention entfalten, welcher die Möglichkeit für Staaten, die Mitglieder einer Organisation zur wirtschaftlichen Integration oder einer regionalen Körperschaft sind, vorsieht, die Anwendung ihrer internen Regelungen an Stelle von deckungsgleichen Vorschriften der UNIDROIT-Konvention zu erklären[542].

Klagen nach der UNIDROIT-Konvention auf Rückgabe oder Rückführung von Kulturgütern sind „vor den Gerichten oder anderen zuständigen Behörden" eines Vertragsstaates zu erheben[543]. Die Vertragsstaaten können somit beispielsweise aus Kostengründen anderen Institutionen als den staatlichen Gerichten die Kompetenz übertragen, über die Anordnung der Rückgabe oder Rückführung gemäß Art. 3 Abs. 1 und Art. 5 Abs. 1 UNIDROIT-Konvention zu entscheiden. Gemäß Art. 16 Abs. 1 UNIDROIT-Konvention haben die Vertragsstaaten zum Zeitpunkt der Unterzeichnung, Ratifikation, Annahme, Genehmigung oder des Beitritts zu erklären, in welcher Form ihnen von einem Staat erhobene Klagen unterbreitet werden sollen. Art. 16 gibt dazu drei Alternativen vor: Unmittelbar vor seinen Gerichten oder anderen zuständigen Behörden (Art. 16 Abs. 1 lit. a. UNIDROIT-Konvention), über eine oder mehrere von dem erklärenden Staat zur Entgegennahme oder Weiterleitung solcher Klagen oder Ansprüche bezeichneten Behörden (Art. 16 Abs. 1 lit. b. UNIDROIT-Konvention)[544] oder auf diplomatischem oder konsularischem Weg (Art. 16 Abs. 1 lit. c. UNIDROIT-Konvention). Es steht den Staaten dabei frei, sich für eine oder mehrere der aufgezählten Optionen zu entscheiden und ihre Erklärung jederzeit durch eine neue zu ersetzen, Art. 16 Abs. 3 UNIDROIT-Konvention. In Bezug auf Klagen zwischen Privatpersonen dagegen bestand kein Grund, von den üblichen nationalen prozessualen Regeln abzuweichen[545].

Die Bestimmungen der Artikel 17 und 20 UNIDROIT-Konvention zeigen, dass die Vertragsparteien des Übereinkommens eine aktive Rolle des Instituts für die Vereinheitlichung des Privatrechts in der Sicherung der Anwendung der Konvention anstrebten: So sind gemäß Art. 17 UNIDROIT-Konvention die Vertragsstaaten verpflichtet, eine Mitteilung in englischer oder französischer Sprache über ihre nationalen Rechtsvorschriften, welche die Ausfuhr von Kulturgütern betreffen, abzugeben. Daneben kann der Präsident von UNIDROIT einen Ausschuss zur Prüfung der praktischen Anwendbarkeit der Konvention einberu-

---

542 S. dazu oben § 3 VIII. 2. und 3., XIII. 4.

543 Vergl. Art. 5 Abs. 1, Art. 8 Abs. 1 UNIDROIT-Konvention.

544 Art. 16 Abs. 1 lit. b. reflektiert das bereits von Art. 3 und 4 Kulturgüterrichtlinie etablierte System der Einrichtung zentraler Stellen zur Annahme von Klagen auf die Rückführung von widerrechtlich ausgeführten Kulturgütern.

545 *Schneider*, Unif. L. Rev./Rev. dr. unif. 2001, 476, 558.

fen[546]. Eine solche Prüfung schließt die Sichtung der Entscheidungen der Gerichte und zuständigen Behörden der Vertragsstaaten und die Abgabe von Vorschlägen und Empfehlungen ein, die zwar nicht rechtlich bindend, aber sicherlich von einer gewissen moralischen Autorität sind[547].

Gemäß Art. 18 UNIDROIT-Konvention schließlich sind Vorbehalte „nur zulässig, soweit sie in diesem Übereinkommen ausdrücklich zugelassen sind"[548]. Die Frage nach der Möglichkeit von Vorbehalten gegenüber einem der Kapitel der UNIDROIT-Konvention war äußerst schwierig zu beantworten. Die mühevoll ausgearbeitete fragile Balance zwischen den berührten Interessen sprach von sich aus gegen Vorbehalte, die den ausgearbeiteten Kompromiss gefährden würden. Diese Gefahr wurde insbesondere auf der Diplomatischen Konferenz deutlich, als die US-amerikanische Delegation vorschlug, dass den Vertragsstaaten die Möglichkeit gegeben werden solle, das gesamte Kapitel III der Konvention „abzuwählen" („to opt out")[549]. Daraufhin machte die japanische Delegation den Vorschlag, den Vertragsstaaten das Recht zu geben, entweder Kapitel II oder Kapitel III abzuwählen[550]. Dies hätte offensichtlich die Arbeit von dreizehn Jahren an der Erreichung eines Mindestmaßes an gemeinsamen Rechtsvorschriften über den Umgang mit kulturellen Gütern überflüssig gemacht und nur die Präambel, die Definitionen und die Schlussbestimmungen als möglichen gemeinsamen Kern übrig gelassen[551]. Somit wurden diese Vorschläge zusammen mit der Möglichkeit, Vorbehalte zu erklären, auf der diplomatischen Konferenz abgewiesen[552].

---

546 Auch wenn UNIDROIT vor der Entwicklung dieser Konvention über wenig spezifische Erfahrung im Bereich der Kulturgüter verfügte, hat die langjährige Zusammenarbeit mit der UNESCO bei der Entstehung der UNIDROIT-Konvention zu einer andauernden und gut funktionierenden Gemeinschaft in den relevanten Bereichen geführt, *Prott*, UNIDROIT, S. 85. Ein solcher Prüfungsausschuss kann auch auf Antrag von fünf Vertragsstaaten einberufen werden, Art. 20 UNIDROIT-Konvention.

547 *Schneider*, Unif. L. Rev./Rev. dr. unif. 2001, 476, 562.

548 Diese Klausel ist insofern überraschend, da sich an keiner Stelle der UNIDROIT-Konvention eine solche ausdrückliche Ermächtigung findet. Dies erklärt sich daraus, dass diese vom UNIDROIT-Sekretariat vorgeschlagene Klausel in den letzten Stunden der Annahme des Kompromissvorschlages eingefügt wurde, als keine Zeit mehr bestand, um solche Anomalien in Ordnung zu bringen, *Prott*, UNIDROIT, S. 85.

549 *Acts and Proceedings*, 311 f.

550 *Acts and Proceedings*, 312.

551 *Prott*, UNIDROIT, S. 86; *Schneider*, Unif. L. Rev./Rev. dr. unif. 2001, 476, 560.

552 *Acts and Proceedings*, 311–313, 354 f.

XIII. Kritik

> *"The result of attempting to cover such a wide, and in many respects distinct, set of topics simultaneously is that the provisions tend to be overly vague and broad."*[553]
> *Emily Sidorsky*

Die UNIDROIT-Konvention ist bereits seit ihrer Planung einem bemerkenswerten Feldzug der Kritik von Seiten des Kunst- und Antiquitätenhandels, aber auch von juristischer Seite ausgesetzt[554]. Nach Ansicht der Vertreter des Handels sowie einiger Museen wird durch die von der UNIDROIT-Konvention vorgesehenen enorm langen Verjährungsfristen und durch die Beweislastumkehr bezüglich des guten Glaubens bei gutgläubigen Erwerb die Stellung der Händler, Privatsammler und Museen verschlechtert, da ein Klima geschaffen werde, welches die privaten Sammler verunsichere[555]. So schieße die UNIDROIT-Konvention – ebenso wie die UNESCO-Konvention von 1970 – über das Ziel der Missbrauchsbekämpfung weit hinaus, beeinträchtige in tiefgreifender Weise den privaten und öffentlichen Kunstbesitz, die Ausstellungstätigkeit von Museen, den internationalen Kulturaustausch sowie Kunsthandel und Kunstmessen[556] und bringe die Sammler und Museen, welche der Motor der Kunstindustrie seien und die Kultur finanzierten, in Misskredit und greife somit die Kultur in ihrem Lebensnerv an[557].

---

553 *Sidorsky*, I.J.C.P, Vol. 5, No. 1, 1996, 19, 31, dies treffe insbesondere auf die Definition des Begriffes „Kulturgut" in Art. 2 UNIDROIT-Konvention zu.

554 *Lalive*, SZIER 1997, 13, 49 spricht von „une curieuse campagne critique"; vergl. auch die Beispiele bei *Prott*, UNIDROIT, S. 87f.

555 *Blome*, UNIDROIT, S. 83f.; *ders.*, Table ronde, Diskussionsbeitrag: Der Standpunkt des Antikenmuseums, Basel, S. 75. Der Autor zitiert dazu einen Beitrag der Baseler Zeitung v. 23. 9. 1995, in welchem die Vertreter der *European Fine Arts Foundation (TEFAF)* die Schweiz auffordern, die UNIDROIT-Konvention wie die USA, England, Holland und Deutschland nicht zu unterzeichnen, um die Position der Schweiz als Zentrum des Kunsthandels nicht zu gefährden. Zur deutschen Position vergl. *Naumann*, Bewahren als Problem, S. 168, der ebenfalls eine erhebliche Rechtsunsicherheit durch die langen Verjährungsfristen und die unbefriedigende Entschädigungsklausel befürchtet; so auch *Menz*, UNIDROIT, S. 56.

556 *Gaiser*, Table ronde, Diskussionsbeitrag: Der Standpunkt der Kunst- und Antikenhändler, S. 76, wonach die UNIDROIT-Konvention westeuropäische Rechtstraditionen in Frage stellt.

557 *Jolles*, Table ronde, S. 62: „La Convention Unidroit n'est pas parvenue à un compromis mais au contraire à une polarisation. La victime n'est donc pas le commerce illégal d'œuvres d'art – qui va continuer à prospérer – mais les biens culturels eux-mêmes, qui vont soit retourner dans la sphère privée, soit être confinés à leur lieu d'origine. Un tel résultat ne peut pas être dans l'intérêt d'une conception cosmopolite de la culture." Dagegen *Reichenau*, UNIDROIT, S. 51: „Und sind nicht die Neugier, die Lust, die Passion an der Kunst gerade das, was in den Schranken von Unidroit den Kunsthandel, den Kunstexport und die weltweite Ausstellungstätigkeit weiterhin bewegen – und nicht ersticken – werden: noch mehr, noch besser, noch fairer als heute?".

Die Bundesregierung bewertet zwar das Vorhaben, durch Schaffung internationaler Ansprüche die Rückführung gestohlener sowie widerrechtlich ausgeführter Kulturgüter sicherzustellen, prinzipiell positiv, es sei jedoch zu beachten, dass internationale Übereinkommen mit dem nationalen Recht in Einklang stehen müssten bzw. die Anpassung des nationalen Rechts an solche Übereinkommen keinen zu großen rechtlichen Schwierigkeiten begegnen sollte[558]. Die deutsche Delegation brachte bereits bei der Entwicklung des UNIDROIT-Entwurfs zum Ausdruck, dass sie die Konvention in wesentlichen Punkten als rechtlich problematisch erachte[559]. Die Bundesregierung hat folglich das Übereinkommen im Einvernehmen mit den Bundesländern auf der diplomatischen Konferenz in Rom nicht gezeichnet und eine Ratifikation bisher nicht erwogen. Die Hauptkritikpunkte der Bundesregierung liegen im Anwendungsbereich des Übereinkommens, bei der Entschädigungsregelung[560] sowie dem vorgesehenen Gerichtsstand[561].

Ähnlich wird auch auf internationaler Ebene argumentiert. Die zumeist vorgebrachten Argumente sollen im Folgenden kurz dargestellt werden.

1. Definition der Schutzobjekte der Konvention

> *„[...] wer viel erfassen will, wird wenig und kaum das wirklich wichtige Gut bewahren."*[562]
> *Josef Brülisauer*

> *"In light of the fact that many States have based their refusal to ratify the UNESCO Convention on the argument that they could not be expected to enter into such far-reaching commitments with regard to such an array of ill-defined categories of cultural objects, it is a matter of considerable concern that the drafters of the*

---

558 So *Dr. Michael Naumann*, seinerzeit Staatsminister, Beauftragter der Bundesregierung für Angelegenheiten der Kultur und der Medien, Bewahren als Problem, S. 167.

559 Vergl. dazu *Observations of Governments on the preliminary draft UNIDROIT Convention on Stolen or Illegally Exported Cultural Objects (Germany)*, UNIDROIT 1992, Study LXX – Doc. 27.

560 *Desch*, Museumskunde, Band 67, 1/2002, 25, 26; s. auch *Grimm-Weissert* „Unidroit-Konvention. Französische Opposition", HB v. 23.10.2001, 47: „Eine Entschädigung des Besitzers ist zwar vorgesehen, in der Praxis jedoch nicht garantiert. Auch der Preis für die Entschädigung ist schlecht definiert.".

561 *Naumann*, Bewahren als Problem, S. 167.

562 *Brülisauer*, Informationstag, S. 70. Vergl. dazu die ähnlich lautende Kritik von *Knopp*, Mußgnug/Roellecke, S. 7: „Festzustellen – und aus meiner Sicht zu beklagen – ist, dass nach dem in Deutschland geltenden Recht, auch nach den direkt zu beachtenden Rechtsvorschriften der Europäischen Union, öffentliche Kulturgüter auch der kostbarsten Art ebenso gut oder schlecht geschützt sind wie Kulturgüter in privater Hand, wie private Güter schlechthin. Das Gesetz stellt insoweit ein Gemälde von Dürer, Raphael oder Rembrandt nicht besser als die „Röhrenden Hirsche" an der Wohnzimmerwand des Spießbürgers.".

Unidroit Convention likewise have not been able to adopt a narrower definition, e.g. by restricting its application to cultural objects of "outstanding" significance."[563]

Jan A. Winter

Die Definition des Kulturgutbegriffs der UNIDROIT-Konvention wird als ausgesprochen weit und von auslegungsbedürftigen Begriffen bestimmt, wie der „wesentlichen kulturellen Bedeutung" in Art. 5 Abs. 3, kritisiert[564]. In den *Proposals for Amendment by the German Delegation of the Preliminary Draft UNIDROIT Convention on Stolen or Illegally Exported Cultural Objects* wird zwar kein eigener Vorschlag zur Formulierung des Art. 2 UNIDROIT-Konvention unterbreitet, doch eine restriktivere Fassung verlangt[565]. Es beständen kaum verlässliche Beurteilungsgrundlagen, ob ein bestimmter Kulturgegenstand dem Übereinkommen unterliege, was den Handel mit Kunst- und Kulturgegenständen in Verbindung mit der unbefriedigenden Entschädigungsregelung unverhältnismäßig stark belaste[566].

So wird eine enge Umschreibung der zu schützenden Kulturgüter als besonders wichtig für den Schutz der wirklich bedeutenden Objekte erachtet[567]. Im Hinblick darauf, dass der Rückgabeanspruch für gestohlene Kulturgüter sich auf jedes Kulturgut im Sinne des Konvention beziehe, führe dies dazu, dass für einen von vorneherein kaum bestimmbaren Kreis von Objekten Ausnahmen von den allgemeinen Regeln zur Verkehrsfähigkeit von Gütern geschaffen würden. Diese würden damit im Ergebnis zu *res extra commercium* erklärt und so werde eine erhebliche Rechtsunsicherheit hervorgerufen[568]. Auch wird bezweifelt, dass die Formulierung des Art. 5 Abs. 3 UNIDROIT-Konvention[569] bei einer derart wei-

---

563 *Winter*, FS de Waart, 1998, S. 361.

564 Vertreter der Staaten mit bedeutendem Kunstmarkt befürchten, nahezu jedes Kulturgut könnte unter die „wesentliche kulturelle Bedeutung" subsumiert werden, *Raschèr*, Kulturgütertransfer, S. 90. Zu den mit diesem unbestimmten Rechtsbegriff verbundenen Auslegungsschwierigkeiten, *Wiederkehr Schuler*, Kunstmarkt, S. 24; *Sidorsky*, I.J.C.P, Vol. 5, No. 1, 1996, 19, 32; vergl. auch die Kritik der französischen Kunst- und Antiquitätenhändler, *Grimm-Weissert* „Unidroit-Konvention. Französische Opposition", HB v. 23.10.2001, 47.

565 UNIDROIT 1992, Study LXX – Doc. 27, 1.

566 *Naumann*, Bewahren als Problem, S. 168.

567 *Brülisauer*, Informationstag, S. 70.

568 *Menz*, UNIDROIT, S. 56 kritisiert, dass der Anwendungsbereich der Konvention so weit definiert sei, dass er praktisch sämtliche Kulturgüter von der Briefmarke bis zum ausgestopften Reptil erfasse.

569 Diese Einschränkung der Definition im Bereich der illegal exportierten Güter gilt ebenfalls als problematisch: Hier werde hinsichtlich der nationalen Zuordnung nicht auf formale Kriterien wie Aufenthalts- oder Lageort, sondern auf kulturbezogene Kriterien wie wissenschaftliche, historische, traditionelle oder rituelle Interessen, abgestellt, s. zum Ganzen *Spaun*, Herausgabeanspruch, S. 37.

ten Fassung des Begriffes „Kulturgut" in der Praxis eine Einschränkung der von Exportverboten betroffenen Objekte bewirken könne[570]. So sei zu bedauern, dass die Einführung einer Wert- oder Altersgrenze, wie dies die entsprechende Kulturgüterrichtlinie der EG vorsieht, oder dass eine Beschränkung auf herausragende Kulturgüter in den Verhandlungen in Rom nicht durchgesetzt werden konnte[571].

Für die vorliegende weite Definition der von der UNIDROIT-Konvention erfassten Objekte spricht jedoch, dass eine Einschränkung des Anwendungsbereichs eines der wichtigsten Prinzipien der Konvention schwächen würde, die Sorgfaltsmaßstäbe im Umgang mit Kulturgütern allgemein zu erhöhen. Daneben ist zu bedenken, dass gerade weniger bedeutende Objekte beispielsweise aus kleinen Kirchen, Gemeinde-Museen oder privaten Haushalten weniger geschützt und demzufolge der Gefahr des Diebstahls in größerem Maße ausgesetzt sind als bedeutende Hauptwerke der Kunst[572].

Ferner wird von Kritikern der weiten Definition die Frage gestellt, ob sich die Anwendung der langen Verjährungsfristen und erhöhten Sorgfaltspflichten auf jegliche Kulturgüter i.S.d. Konvention mit dem Ziel des Schutzes und der Erhaltung des kulturellen Erbes rechtfertigen lasse. Hier sei eine Einschränkung auf Gegenstände, die aus öffentlichen Sammlungen und Gebäuden oder aus Kirchen, Klöstern, Tempeln und Grabungsstätten gestohlen wurden, zu überlegen, und Objekte im „Privatbesitz" von den „strengen und weit gefassten Vorschriften" der Konvention auszunehmen, da für das kulturelle Erbe einer Nation im Allgemeinen kein wesentlicher Unterschied bestehe, ob sich das Objekt im Privatbesitz dieses oder jenes Sammlers befinde[573]. Dagegen ist vorzubringen, dass es das Ziel der UNIDROIT-Konvention ist, den rechtswidrigen Handel mit Kulturgütern allgemein zu bekämpfen, um den dadurch an den betroffenen Kulturgütern entstehenden Schaden zu verhindern[574]. Kulturgüter, die aus Privatbesitz gestohlen wurden und weiter verkauft werden, sind ebenso Objekte des rechtswidrigen Handels mit Kulturgütern und durch Diebstahl, Transport und heimliche Lagerung ebenso in ihrem Bestand gefährdet wie diejenigen Kulturgüter, die aus öffentlichen Einrichtungen entwendet wurden.

Für die Verwendung unbestimmter Rechtsbegriffe wie „wesentliche Beeinträchtigung" und „wesentliche kulturelle Bedeutung" in Bezug auf die Rückgabeverpflichtung illegal exportierter Kulturgüter lässt sich schließlich anführen, dass

---

570 *Widerkehr Schuler*, Kunstmarkt, S. 23.

571 *Naumann*, Bewahren als Problem, S. 168; *Frigo*, 32 Rivista di diritto internazionale e processuale (1996), 435, 443. Dagegen *Vrellis*, Neues Recht, S. 78.

572 *Winter*, FS de Waart, 1998, S. 361 m.w.N.

573 *Widerkehr Schuler*, Kunstmarkt, S. 20.

574 Präambel UNIDROIT-Konvention Abs. 3.

diese gerade Teil der Kompromisslösung der UNIDROIT-Konvention sind und damit den Bedenken der Kritiker entgegen gekommen werden sollte[575]. Diese Begriffe sind von den Gerichten der Vertragsstaaten zu konkretisieren, wodurch den Importstaaten die Sorge vor einer extensiven Auslegung dieser Regelungen und der Durchsetzung von übersteigerten nationalen Bestimmungen genommen werden soll[576]. Auch kann der ratifizierende Staat durch flankierende gesetzgeberische Maßnahmen der behördlichen und richterlichen Entscheidungsfindung gewisse Leitlinien zur Verfügung stellen und somit die Rechtssicherheit allgemein erhöhen[577].

2. Die Verjährungsfristen

Als besonders problematisch werden auf der Seite der Kunsthändler, aber auch auf der Seite der Delegationen aus Ländern mit kürzeren Verjährungsfristen weiterhin die verhältnismäßig langen Fristen der UNIDROIT-Konvention angesehen. So lautete etwa der deutsche Vorschlag für die Fassung des Art. 3 Abs. 2:

> "Any claim for the return of a stolen cultural object shall be brought within a period of three years from the time when the claimant knew the location of the object or the identity of the possesor or when he ought reasonably to have known that information, and in any case within a period of ten years from the time of the theft or acquisition of the cultural object, unless the possesor knew at the time of the acquisition or if it ought to have been obvious to any reasonable acquirer that the cultural object was stolen in which case the claim shall be brought within a period of thirty years from the time of acquisition."[578]

Kritisch vorgebracht wird auch, dass beispielsweise bei Raubgrabungen niemandem außer dem Raubgräber selbst bekannt sei, wann das betreffende Gut ausgegraben wurde, und dieser in der Regel im Prozess nicht aussagen werde. Durch die Regelung des Art. 3 Abs. 3 der UNIDROIT-Konvention, dass der Antrag auf Rückführung innerhalb von 50 Jahren nach der Ausgrabung des Gutes gestellt werden kann, gäbe es damit *de facto* überhaupt keine Verjährungsfrist und die Konvention sei damit auch *de facto* rückwirkend[579]. Dass sich aber auf Grund der Beweisschwierigkeiten hinsichtlich des Zeitpunktes der Raubgrabung unter Umständen längere Verjährungsfristen ergeben, ist wegen der verheerenden Folgen, die Raubgräberei auf das archäologische Erbe hat[580], hinzunehmen, um den

---

575 *Sidorsky*, I.J.C.P, Vol. 5, No. 1, 1996, 19, 32.

576 *Müller-Katzenburg*, Internationale Standards, S. 109f.

577 *Raschèr*, Kulturgütertransfer, S. 98f.

578 UNIDROIT 1992, Study LXX – Doc. 27, 1.

579 Vergl. dazu *Henze*, UNIDROIT, S. 40; *Grimm-Weissert* „Unidroit-Konvention. Französische Opposition", HB v. 23.10.2001, 47. Entsprechendes lässt sich über die Kenntnis des Zeitpunktes des illegalen Exportes vorbringen.

580 S. dazu oben § 3 VII. 1.

Handel mit solchen Gütern weniger lukrativ zu machen und somit auf Dauer einzuschränken.

Für die von der UNIDROIT-Konvention vorgesehen Verjährungsfristen spricht schließlich die Tatsache, dass Diebesgut häufig erst nach zwei Generationen wieder im Handel auftaucht und den ursprünglichen Eigentümern mit der UNIDROIT-Konvention ein Instrument an die Hand gegeben wird, ihr Eigentum auch nach einer solchen „cooling off period" wiederzuerlangen[581]. Daneben muss in diesem Zusammenhang berücksichtigt werden, dass Kulturgüter im Gegensatz zu nahezu allen anderen Gütern mit den Jahren an Wert gewinnen können. So sind in der Praxis lange Verjährungsfristen hinzunehmen, um einen wirksamen Beitrag im Kampf gegen den illegalen Kulturgütertransfer zu leisten.

3. Die Durchbrechung des Territorialitätsgrundsatzes

> *"I see no compelling reason why we should respect or enforce laws of foreign countries that are antithetical to our own, as UNIDROIT would have us do by allowing foreign governments to sue in American Courts for the return of illegally exported antiquities. On the other hand, we attempt to promote change in laws of other countries that violate our idea of human rights; [...]. These efforts are based on the idea of establishing ethical and moral systems similar to our own, to eradicate what we believe to be wrong, a goal very different from allowing foreign governments under UNIDROIT to challenge commonly accepted statutes that protect legally acquired property."*[582]
>
> *Peter Marks*

Auch die Durchbrechung des Territorialitätsgrundsatzes durch die Regelungen des III. Kapitels der UNIDROIT-Konvention i.V.m. Art. 1 lit. b. ist für viele Kritiker inakzeptabel. So wird vorgebracht, die USA, die selbst keine Exportkontrollen für Antiquitäten haben, würden gezwungen, Gesetze anderer Länder zu akzeptieren, die ihrer Ethik widersprächen[583]. Das internationale Recht werde hier zum Vollstrecker handelsfeindlicher nationaler Interessen und der um Rückgabe ersuchte Staat zum Erfüllungsgehilfen eines anderen Vertragsstaates[584]. Zunächst solle der ersuchende Staat die Ausfuhr verhindern oder zuerst den illegal Ausführenden belangen. Auch könne praktisch jedes Kulturgut auf diese Weise mit einem Exportverbot bzw. einer Rückführungspflicht belegt werden[585].

---

581 Diese Ansicht wird auf der Seite von Museumsfachleuten vertreten, da auch die best geschützten Museen nicht vollständig vor Diebstählen gefeit sind, *Homberger*, UNIDROIT, S. 24, 26.

582 *Marks*, I.J.C.P., Vol. 7, No. 1, 1998, 116, 125.

583 *Marks*, I.J.C.P., Vol. 7, No. 1, 1998, 116, 125, so wolle man ja auch nicht die saudiarabische Regel akzeptieren, Straftäter sofort zu köpfen.

584 *Staechelin*, UNIDROIT, S. 75.

585 Die UNIDROIT-Konvention sei somit ein Blankoscheck für Exportverbote, internationaler Kulturaustausch sei nur noch mit Kulturobjekten ohne wesentliche kulturelle Bedeutung

Die freie Zirkulation von Kulturgütern werde durch einen solchen Kulturnationalismus unterbunden[586].

Zu beachten ist jedoch grundsätzlich, dass das ausländische Recht im Rahmen des Art. 5 Abs. 1 UNIDROIT-Konvention nur zur Bestimmung der Illegalität der Ausfuhr berücksichtigt wird. Daneben ist die Einschränkung des Art. 5 Abs. 3 UNIDROIT-Konvention ausschlaggebend, wonach gerade nicht jedes entgegen einem nationalen Exportverbot ausgeführte Kulturgut zurück verlangt werden kann. Vielmehr muss der ersuchende Staat die Erfüllung der Voraussetzungen des Art. 5 Abs. 3 nachweisen, eine bloße Behauptung ist nicht ausreichend. Der inländische Richter hat somit nach Recht und Billigkeit über das Vorliegen eines Rückführungsgrundes zu entscheiden, und er ist dabei nicht der Erfüllungsgehilfe eines anderen Staates bei der Durchsetzung von dessen Exportbeschränkungen[587]. Art. 5 Abs. 3 UNIDROIT-Konvention schränkt nicht nur den Kreis der der Rückführungspflicht unterliegenden Kulturgüter ein, er gibt auch den ersuchten Staaten die Möglichkeit, eine gewisse eigene Kontrolle auszuüben. Gerade aus diesem Grund wurde die Regelung des Art. 5 Abs. 3 von den Vertretern der „Exportstaaten" kritisiert[588] und stellt letztlich ein Entgegenkommen gegenüber den Kritikern der Regelung des Art. 5 Abs. 1 UNIDROIT-Konvention dar. Auch ist zu berücksichtigen, dass die freie Zirkulation von Werken zeitgenössischer Künstler in keiner Weise von der UNIDROIT-Konvention beschränkt wird. Diese sind ausdrücklich vom Anwendungsbereich des Kapitel III ausgenommen[589].

4. Die Umkehr der Beweislast

Die Umkehr der Beweislast hinsichtlich des guten Glaubens des Erwerbers durch die UNIDROIT-Konvention stellt eine erhebliche Abweichung von dem allgemeinen Rechtsprinzip zahlreicher Ländern dar, wonach – zumindest im Rahmen des Herausgabeverlangens – guter Glaube vermutet wird[590]. So widerspricht die Pflicht des Besitzers, seine Gutgläubigkeit zu beweisen nach Ansicht zahlreicher Kritiker – insbesondere auf Seiten der Kunsthändler und -sammler in der Schweiz – dem möglicherweise wichtigsten Grundsatz des Römischen Rechts *in dubio pro reo*, nach dem der Angeklagte so lange als unschuldig gilt, bis seine

---

möglich, *Staechelin*, UNIDROIT, S. 71f. Kritisch zu diesen Argumenten *Reichenau*, UNIDROIT, S. 48.

586 *Wiederkehr Schuler*, Kunstmarkt, S. 22.

587 Vergl. zu dieser Kritik *Reichenau*, UNIDROIT, S. 49; *Lalive*, SZIER 1997, 13, 46.

588 *Lalive*, SZIER 1997, 13, 44.

589 Vergl. Art. 7 Abs. 1 lit. a. UNIDROIT-Konvention.

590 *Winter*, FS de Waart, 1998, S. 362.

Schuld durch das Gericht nachgewiesen wird[591]. Die Verantwortung werde damit von den Ursprungsländern und sogar den Tätern auf die Endabnehmer verlagert, wobei es sich bei diesen durchaus auch um Museen und nicht nur private Sammler handele[592], denen durch die Regelungen der UNIDROIT-Konvention grundsätzlich böse Absichten unterstellt würden[593].

Auch nach deutschem Recht ist im Rahmen des § 985 BGB die Bösgläubigkeit des Erwerbers, auch wenn beim Erwerb von Kulturgut strenge Anforderungen an die Gutgläubigkeit gestellt werden müssen, vom Herausgabeanspruchsberechtigten zu beweisen. Nach den §§ 932ff. BGB behandelt das Gesetz die Bösgläubigkeit als Ausnahme von der Regel, daher trägt der Eigentümer die Beweislast für die Bösgläubigkeit des Erwerbers, sowohl für ihr Vorhandensein, als auch für das Ausmaß des Verschuldens[594]. Doch auch die deutsche Regelung wurde bereits von Seite der Museen kritisiert: da die Beweislast demjenigen obliege, der beraubt, bestohlen oder sonst wie geschädigt worden sei, sei die Stellung der öffentlichen Sammlung, die ihr abhanden gekommenes Gut zurückverlange, oft schwierig und nicht Erfolg versprechend[595].

Zu beachten ist an dieser Stelle weiter, dass bereits vor der Entwicklung der UNIDROIT-Konvention speziell durch den Fall *Autocephalous Greek-Orthodox Church of Cyprus v. Goldberg & Feldman Fine Arts Inc.*[596] besondere Maßstäbe für den Gutglaubenserwerb von Kunstwerken gesetzt wurden[597]. So treffen die Kunsthändler im internationalen Kunsthandel erhöhte Sorgfaltsanforderungen.

---

591 *Henze*, UNIDROIT, S. 39; *Staechelin*, UNIDROIT, S. 66. Dagegen *Lalive*, SZIER 1997, 13, 38 mit Verweis auf Art. 3 Abs. 2 ZGB („Nul ne peut invoquer sa bonne foi, si elle est incompatible avec l'attention que les circonstances permettaient d'exiger de lui.") und ein Urteil des schweizerischen Bundestribunals, welches im gleichen Sinne wie die UNIDROIT-Konvention beim Erwerb antiker Gegenstände einen höheren Grad an Aufmerksamkeit verlangt. Vergl. zu Art. 3 Abs. 2 ZGB, *Koller*, Guter Glaube, RN. 180.

592 *Henze*, UNIDROIT, S. 41.

593 *Staechelin*, UNIDROIT, S. 65f. spricht sich gegen die Umkehr der Beweislast aus und führt einen Beispielsfall an, in dem die Erben eines gutgläubigen Erwerbers um einer entschädigungslosen Enteignung zu entgehen die nahezu unmögliche Aufgabe haben, den guten Glauben des Vaters beim Erwerb vor dreißig Jahren rechtsgenügend zu beweisen.

594 *Quack*, MK, BGB, 6, § 932 RN. 70; vergl. dazu *Weidner*, Res extra commercium, S. 135.

595 *Knopp*, Mußgnug/Roellecke, S. 8, nur durch Inventarisierungsmerkmale wie Bibliotheksstempel oder Aufschriften auf der Rückseite der Keilrahmen von Gemälden etc. ließe sich beweisen, dass der Besitzer davon ausgehen musste, dass es sich um ein Stück aus einer öffentlichen Sammlung handelt. Die beispielsweise den Ersitzenden treffende Beweislast wird als nicht ausreichend angesehen, *von Plehwe*, KUR 2001, 49, 54.

596 *Autocephalous Greek-Orthodox Church of Cyprus v. Goldberg & Feldman Fine Arts Inc.* 717 F. Supp. 1374 (S. D. Ind. 1989), Urt. v. 3. 8. 1989, No. IP 89-304-C; *affirmed* 917 F. 2nd, 278 (7th Cir. 1990), Urt. v. 24. 10. 1990, No. 89-2809; s. unten § 4 VII. 5. b.

597 Vergl. *Thibaut* „Kunstdiebstahl. Auswirkungen der Unidroit-Konvention. Eine Zeitbombe gegen den Kunstbesitz", HB v. 24. 11. 1995, Galerie 5.

Ein Kunsthändler muss sich über die Provenienz der Kunstgegenstände bei den anerkannten Dokumentationsstellen für gestohlene Kulturgüter und den zuständigen Behörden des Herkunftsstaates erkundigen. Unterlässt er dies, so kann er nicht als gutgläubig angesehen werden[598]. So ist es bereits unabhängig von der Regelung der UNIDROIT-Konvention primär Aufgabe des Kunsthandels, sicherzustellen, dass die zum Erwerb angebotenen Kulturgüter frei von Rechten Dritter sind[599]. Die Umkehr der Beweislast des Art. 4 UNIDROIT-Konvention bringt damit die bewährten Sorgfaltsregeln des Kunsthandels nunmehr in eine verbindliche, justitiable Form, sie macht aus dem Vermuteten das Durchsetzbare und kann damit ein wirksames Mittel gegen illegale Praktiken und Nachlässigkeit beim Handel mit wertvollen Kulturgütern darstellen[600].

Eine unangemessene Bevorzugung des ursprünglichen Eigentümers ist in dieser Regelung nicht zu sehen, da auch seine Nachlässigkeit nicht gänzlich ohne Folgen bleibt[601]. Denn hat er es etwa unterlassen, den Diebstahl den internationalen Informationsstellen[602] zu melden, kann sich der Erwerber unter Umständen auf eine negative Auskunft derselben berufen und seine Gutgläubigkeit beweisen und den Sorgfaltsanforderungen der Konvention genügen[603]. Auch ist zu bedenken, dass es für den Besitzer grundsätzlich einfacher ist, nachzuweisen, dass er

598 *Spinellis*, Vertrags- und Sachenrecht, S. 402; *Siehr*, Wiener Symposium, S. 67; bereits heute gelten in „Geschäftszweigen, die dem Angebot von Waren zweifelhafter Herkunft in besonderem Maße ausgesetzt sind", erhöhte Anforderungen an die Sorgfaltspflicht: Wer seiner Erkundigungspflicht nicht nachkommt, wird nicht geschützt, *Raschèr*, Kulturgütertransfer, S. 86f.

599 *Müller-Katzenburg*, Internationale Standards, S. 345; *Raschèr*, UNIDROIT, S. 21 wonach die UNIDROIT-Konvention nur die bereits handelsüblichen Sorgfaltsanforderungen fest schreibt.

600 Vergl. *Reichenau*, UNIDROIT, S. 47, wonach sich diejenigen, welche die Sorgfalt des Kunsthandels sowie die Umsicht der Sammlerinnen und Sammler gegen die UNIDROIT-Konvention anführten, überlegen sollten, ob beides nicht vielmehr Gründe für eine Ratifikation der Konvention seien.

601 Dabei ist jedoch die Verschiedenheit der Formulierungen bezüglich der Sorgfaltsanforderungen in der Konvention zu beachten: Die relative Verjährungsfrist für den ursprünglichen Besitzer beginnt erst zu laufen wenn ihm „die Belegenheit des Guts und die Identität seines Besitzers bekannt" sind, der Zusatz „or ouhgt reasonably to have known" in Art. 3 Abs. 3 UNIDROIT-Konvention wurde aufgegeben. Dagegen ist der Erwerber zur Forderung einer Entschädigung berechtigt, wenn er „weder wusste noch vernünftigerweise hätte wissen müssen, dass das Gut gestohlen war", Art. 4 Abs. 1 UNIDROIT-Konvention. Die Ungleichbehandlung resultiert daraus, dass die Verschärfung der Sorgfaltspflichten für Händler und Erwerber von Kulturgütern als wirksamstes Mittel im Kampf gegen den illegalen Kulturgütertransfer angesehen wird, *Schneider*, Unif. L. Rev./Rev. dr. unif. 2001, 476, 516.

602 Diese Stellen werden teilweise in der Entscheidung *Autocephalous Greek-Orthodox Church of Cyprus v. Goldberg & Feldman Fine Arts Inc.* 717 F. Supp. 1374 (S. D. Ind. 1989), Urt. v. 3. 8. 1989, No. IP 89-304-C, 1403 genannt und sind die UNESCO, der ICOM, die IFAR sowie das *Art Loss Register*.

603 S. dazu die Ergänzungsvorschläge unter § 5 II.

beim Erwerb mit gebührender Sorgfalt vorgegangen ist, als für den Anspruchsberechtigten, welcher beim Erwerb nicht zugegen war[604]. So ist zusammenfassend festzuhalten, dass Art. 4 UNIDROIT-Konvention keine außergewöhnliche Forderung aufstellt, indem er vom Besitzer des gestohlenen Kulturgutes fordert, dazulegen, dass er die Schritte einer vernünftigen Person unternommen hat, um sich über die Herkunft des Gutes zu informieren[605]. In diesem Zusammenhang ist auch die fehlende Rückwirkung der Konvention zu beachten.

Von entscheidender Bedeutung ist daneben, dass den früheren Eigentümer nach wie vor eine primäre Darlegungs- und Beweislast trifft. Denn zunächst hat dieser zu beweisen, dass er ein besseres Recht an dem Kulturgut hat[606]. Somit gelten für die Beweislast hinsichtlich der Anspruchsgrundlage für die UNIDROIT-Konvention die gleichen Regeln wie in den allermeisten nationalen Privatrechtsordnungen. Nur wenn der Bestohlene bewiesen hat, dass das Kulturgut in seinem Besitz oder Eigentum war und dass es ihm gestohlen wurde, trifft den Beklagten überhaupt eine Beweislast und dies auch nur dann, wenn er eine Entschädigung verlangt[607]. Ebenso hat der ersuchende Staat hinsichtlich der Rückführung eines illegal exportierten Kulturgutes sowohl die widerrechtliche Ausfuhr des betreffenden Gutes als auch die wesentliche kulturelle Bedeutung des Gutes für ihn zu beweisen[608], so dass man nicht von einer Benachteiligung des Inanspruchgenommenen ausgehen kann.

5. Die Gerichtstandsregelung

Wie dargestellt können gemäß Art. 8 Abs. 1 UNIDROIT-Konvention die auf den Kapiteln II oder III der Konvention beruhenden Klagen sowohl vor den Gerichten oder anderen zuständigen Behörden des Staats geltend gemacht werden, in dem sich das Kulturgut befindet, als auch vor den Gerichten oder anderen zuständigen Behörden anderer Vertragsstaaten, wenn dies die jeweils geltenden nationalen Vorschriften zulassen. Dies kann – wie gesehen – zu einem viel diskutierten Problem des internationalen Zivilprozessrechts, dem *forum shopping*, führen[609]. Hierbei ist jedoch zu berücksichtigen, dass die UNIDROIT-Konvention ein Mindestmaß an internationalem Einheitsrecht[610] schafft, welches jede zur Entscheidung über Ansprüche i.S.v. Art. 1 UNIDROIT-Konvention be-

---

604 Stellungnahme der Schweizerischen Akademie der Geistes- und Sozialwissenschaften zur Ratifikation der Unidroit-Konvention durch die Schweiz, UNIDROIT, S. 101.

605 *Lalive*, SZIER 1997, 13, 39.

606 *Schneider*, Unif. L. Rev./Rev. Dr. unif. 2001, 476, 502.

607 *Raschèr*, Kulturgütertransfer, S. 85f.

608 Vergl. Art. 5 Abs. 3 UNIDROIT-Konvention.

609 *Desch*, Museumskunde, Band 67, 1/2002, 25, 26.

610 *Geimer*, Int. Zivilprozessrecht, RN. 1099; s. auch *Kropholler*, EuGVVO, Art. 5 RN. 73.

rufene Instanz anzuwenden hat. Der Anspruchsberechtigte kann zwar den Gerichtsstand danach wählen, welches Prozessrecht ihm am günstigsten erscheint oder welche sonstigen Vorteile er dort sieht. Die jeweils zuständigen Gerichte bzw. Behörden haben jedoch nach den gleichen materiellrechtlichen Vorschriften zu entscheiden. Im Rahmen der UNIDROIT-Konvention ist *forum shopping* somit nur in einem geringen und damit akzeptablen Maß möglich.

In diesem Zusammenhang wird auch kritisiert, dass es nach der UNIDROIT-Konvention offen bleibe, inwieweit die Entscheidungen unterschiedlicher Instanzen aus verschiedenen Staaten in anderen Vertragsstaaten anerkannt werden müssen. Es könne zu mehreren gleichzeitigen Verfahren vor Stellen unterschiedlicher Vertragsstaaten mit nicht übereinstimmenden Entscheidungen in der gleichen Sache kommen, da die Rechtshängigkeit im Ausland unter Umständen nur dann ein Rechtshindernis im Inland darstellt, wenn die Entscheidung des betreffenden Gerichts voraussichtlich im Inland anerkannt wird[611]. Dies könnte erhebliche rechtliche und praktische Schwierigkeiten in der Gerichtspraxis zur Folge haben[612]. Um solche rechtlichen und praktischen Schwierigkeiten zu verhindern, sollten mit der Ratifizierung der UNIDROIT-Konvention zwingend bilaterale oder multilaterale Anerkennungsvereinbarungen getroffen werden, um die Anerkennung und Vollstreckung von Entscheidungen aus anderen Vertragsstaaten sicher zu stellen. Solche Vereinbarungen würden dem inländischen Richter im Rahmen der Prüfung der Rechtshängigkeit im Ausland[613] etwa die Untersuchung ersparen, ob die ausländische Entscheidung voraussichtlich im Inland anerkannt wird. Dies würde die Gerichtspraxis erheblich erleichtern und die Möglichkeit von zwei gleichzeitigen Verfahren in verschiedenen Vertragsstaaten ausschließen.

6. Zusammenfassung

An der UNIDROIT-Konvention scheiden sich also die Geister, insbesondere der Kunsthandel hat die Regelungen der Konvention auf schärfste kritisiert und empfindet sie als eine „bedrohliche Gewitterwolke“[614]. Ihre Befürworter dagegen sehen in ihr ein maßvolles Instrument zur Bekämpfung des internationalen Kunstraubes und illegalen Handels[615].

---

611 So zumindest die herrschende Meinung in Deutschland, vergl. BGH, Urt. v. 12. 2. 1992, XII ZR 25/91, IPRax 1994, 40; *Nagel/Gottwald*, Int. Zivilprozessrecht, § 5 RN. 215; *Hau*, IPRax 1995, 80, 81; *Geimer*, Int. Zivilprozessrecht, RN. 2688 f.; *Schack*, Int. Zivilverfahrensrecht, § 16 RN. 754f.

612 Zum Ganzen *Naumann*, Bewahren als Problem, S. 168.

613 Nach deutschem Recht ist die Rechtshängigkeit im Ausland als negative Prozessvoraussetzung von Amts wegen und nicht nur auf Einrede zu beachten, *Hau*, IPRax 1995, 80, 81.

614 Vergl. beispielsweise *Jolles*, Table ronde, S. 53ff; *Menz*, UNIDROIT, S. 55f. spricht von einem Damoklesschwert, das die fruchtbaren Beziehungen zwischen Sammlern und Museen bedrohe und zu einer großen Verunsicherung führe.

615 *Jayme*, Kunstwerk, S. 199; *Turner*, Restitution, S. 149.

Teilweise werden die Grundsätze der UNIDROIT-Konvention und die damit verbundenen Beschränkungen des Handels sogar für bestimmte Gefahren für Kulturgüter verantwortlich gemacht[616]. So würden geraubte Kulturgüter durch ihre Unverkäuflichkeit nahezu wertlos und könnten gar zerstört oder eingeschmolzen werden. Es bestände nur über den Handel die Möglichkeit, solche Objekte wiederzubeschaffen[617]. Die UNIDROIT-Konvention stelle eine unzumutbare Beschränkung des Handels und des kulturellen Austausches dar. So sei zwar nicht der komplett freie Handel zu befürworten, es sei jedoch eine gute Sache, wenn Bilder von *Jackson Pollock* im National Museum von Australien und Kunstwerke der amerikanischen Ureinwohner in Belgien ausgestellt würden[618]. Daher gebe es keinen einleuchtenden Grund, warum man nach den Grundsätzen der UNIDROIT-Konvention fremden Regierungen erlauben solle, die nationalen Gerichte für Klagen auf Rückgabe von illegal exportierten Kulturgütern in Anspruch zu nehmen[619].

Dem lässt sich entgegen halten, dass die UNIDROIT-Konvention gemäß ihrer Zielsetzung gerade den internationalen Kulturaustausch zum Ziel hat[620] und nur den illegalen Verkehr von Kulturgütern einschränken will. Dass durch die Geltung der UNIDROIT-Konvention über die Grenzen von Staaten und Wirtschafträumen hinweg die Rechtssicherheit für die rechtmäßigen Eigentümer von Kulturgütern erhöht wird[621], kommt auch den Sammlern und Händlern entgegen, wenn sich diese ausschließlich im legalen Bereich des Kulturgüterverkehrs bewegen[622], wird von den Kritikern aber häufig unterschlagen. Die von den Gegnern der UNIDROIT-Konvention vorgebrachten Argumente, von der Konvention würde eine Irritation und Verunsicherung ausgelöst und das Verhältnis zwischen Sammlern und Museen gestört[623], kommen einem Befürworter der Konvention daher gerade so vor:

---

616 Vergl. beispielsweise *Cahn* (*David Cahn*, lic. phil., ist Klassischer Archäologe, Junior Research Fellow im Wolfson College (Oxford), Kunsthändler, Gründungsmitglied, mehrjähriger Sekretär und seit 2000 Chairman der „International Association of Dealers in Ancient Art“ (IADAA), Basel), Bewahren als Problem, S. 48 ff.

617 *Thibaut*, „Auf den Spuren der Kunsträuber von Bagdad. Die gestohlenen irakischen Stücke sind auf dem Markt nahezu unverkäuflich – Viele der besten Antiken lagern in Safes in der Schweiz“, Handelsblatt, 20. 5. 2003, 10. So auch *Menz*, UNIDROIT, S. 56.

618 *Marks*, I.J.C.P., Vol. 7, No. 1, 1998, 116, 125.

619 S. oben § 3 XIII. 3.

620 Vergl. Abs. 2 der Präambel der UNIDROIT-Konvention; zur Wichtigkeit des kulturellen Austausches s. auch *Kaufmann*, UNIDROIT, S. 31 wonach ein vorwärts gewandtes Kulturverständnis nur im Austausch von Ideen zu verwirklichen ist.

621 *Kaufmann*, UNIDROIT, S. 31.

622 So werden die Zielsetzungen von UNIDROIT und dem Internationalen Museumsrat teilweise auch von privaten Sammlern unterstützt, *Kaufmann*, UNIDROIT, S. 36.

623 Vergl. beispielsweise *Grimm-Weissert* „Unidroit-Konvention. Französische Opposition“, HB v. 23. 10. 2001, 47.

„als würde man sagen, die Einführung des Strafgesetzbuches habe die Verbrecherwelt „verunsichert“ und „irritiert“!“[624]

Von Kritikern der Regelungen der UNIDROIT-Konvention wird ferner vorgebracht, dass diese die Besonderheiten der einzelnen Kulturgüter zu wenig berücksichtigte; es gäbe beispielsweise Kunstwerke, die nicht standortgebunden oder sogar eigens für den Handel hergestellt worden seien. So sei zum Beispiel zwischen einer gotischen Madonna, die speziell für eine bestimmte Kapelle geschaffen wurde, und einer griechischen Vase, die unter Umständen von Anfang an für den Export bestimmt war, zu unterscheiden[625]. Doch können solche Unterschiede auch im Rahmen der UNIDROIT-Konvention berücksichtigt werden. So ist gemäß Art. 5 Abs. 3 UNIDROIT-Konvention die Beeinträchtigung der Unversehrtheit eines komplexen Gutes einer der Punkte, die eine Rückführung des betreffenden Kulturgutes begründen. Ist keine der Alternativen des Art. 5 Abs. 3 lit. a.–d. UNIDROIT-Konvention erfüllt und besitzt das betreffende Gut keine „wesentliche kulturelle Bedeutung“ für den ersuchenden Staat, ist der Klage auf Rückführung eines illegal exportierten Gutes folglich nicht statt zu geben. Mit dieser Regelung wird missbräuchlichen Rückforderungen der Boden entzogen[626] und werden die Besonderheiten bestimmter Kulturgüter berücksichtigt.

Als zwiespältig gelten daneben aber Forderungen nach der Rückführung von Objekten, ohne dass zunächst geklärt wird, an welchem Ort die Bedingungen für

---

624 *Ewald*, UNIDROIT, S. 86.

625 *Baumann*, Informationstag, S. 77. Vergl. dazu *Siehr*, FS Lorenz, 1991, S. 541: „Unsere Assoziation gewisser Orte mit bestimmten Kunstwerken sollte uns nicht dazu verleiten, internationale Kunstwerke, die nicht gerade für einen bestimmten Ort als integraler Bestandteil geschaffen worden sind (z. B. die Fresken von *Pintoricchio* in der *Libreria Piccolomini* im Dom von Siena, die Gemälde von *Carpacio* in der *Scuola di Sant'Orsola* in Venedig oder die Mosaiken von Ravenna) zu nationalisieren, zu immobilisieren und dadurch herabzuwürdigen.“ Dem kann jedoch entgegen gehalten werden, dass auch die Funddaten der für den Handel bestimmten Kulturgüter immens wichtig sind, da sie nicht nur Aufschluss über eine, sondern über mehrere Kulturen geben. Ältestes Beispiel für Kulturgüter, die von an Anfang an als Handelsware geschaffen wurden, ist die griechische Exportkeramik: Mit Figuren verzierte Gefäße, die im 6., 5. und 4. Jahrhundert v. Chr. in Athen hergestellt wurden. Diese Gefäße waren so erfolgreich, dass sie nicht nur in Athen und Griechenland, sondern auch in Italien, am schwarzen Meer und sogar in der Schweiz zu finden sind. Sind ihre Fundumstände bekannt, dokumentieren sie nicht nur die Kunst- und Kulturgeschichte von Athen, sondern auch die Handelswege der Antike und die Beziehungen zwischen den verschiedenen Kulturen. Durch die Funde im eigenen Land kann auch die eigene Geschichte besser verstanden werden. Auch der Fund von Münzen ist für die zeitliche Festlegung vieler antiker, mittelalterlicher und neuzeitlicher archäologischer Plätze unersetzlich. Vergl. zum Ganzen *Isler-Kerenyi*, Informationstag, S. 79. So ist auch für griechische Vasen und Münzen – die Handelsware par excellence – eine genaue archäologische Erfassung unumgänglich.

626 Stellungnahme der Schweizerischen Akademie der Geistes- und Sozialwissenschaften zur Ratifikation der Unidroit-Konvention durch die Schweiz, UNIDROIT, S. 100.

die Erhaltung, Erforschung und Vermittlung besser gewährleistet sind[627]. So wird vorgebracht, es sei zu beachten, ob die Kunstwerke sachgerecht verwahrt und öffentlich zugänglich gemacht werden könnten oder ob sie aus rein nationalistischen Besitzinteressen zurückgefordert und in für ihre Erhaltung mehr oder weniger geeigneten Abstellräumen verwahrt würden[628]. Es mag daher unverständlich erscheinen, warum die in Art. 5 Abs. 2 des Entwurfs der UNIDROIT-Konvention enthaltene Verpflichtung des ersuchenden Staates, in seinem Antrag auf Rückführung eines Kulturgutes Auskünfte über die Aufbewahrung, die Sicherheitsmaßnahmen und die Zugänglichkeit des Kulturgutes nach seiner Rückführung zu geben, in der endgültigen Fassung der Konvention fehlt. Art. 5 Abs. 2 des UNIDROIT-Entwurfes lautete:

> „Toute demand introduite en vertu du paragraphe précédent doit être accompagnée, pour être recevable, des précisions permattent à l'autorité compétente de doit contenir toute information utile sur la conservation, la sécurité et l'accesesibilité du bien culturel après son retour dans l'Etat demandeur." [629]

Auch vor dem Hintergrund, übertriebenen Kulturnationalismus zu verhindern, erscheint eine solche Regelung sinnvoll. An dieser Stelle ist die endgültige Fassung der UNIDROIT-Konvention damit weniger überzeugend als die Entwurfsfassung[630]. Es ist hier jedoch zu berücksichtigen, dass auch eine regionale Zugänglichkeit für entsprechende Herkunftsvölker und Volksgruppen gegeben sein muss, und bestimmte Länder nicht mit dem Argument, dass ihnen die Mittel zur sachgerechten Aufbewahrung fehlten, ihres gesamten kulturellen Erbes beraubt

---

627 *Brülisauer*, Informationstag, S. 70.

628 *Hanisch*, FS Müller-Freienfels, 1986, S. 197 argumentiert so auch gegen die Rückführung der *Elgin Marbles* nach Griechenland. Es stelle sich die Frage, ob Teile des Fries' heute noch existieren würden, wenn sie nicht von *Lord Elgin* erworben worden wären. Ihre Erhaltung liege im Interesse der gesamten Menschheit und nicht nur einer einzelnen Nation, so gehörten sie wie die antike griechische Kultur zum Erbe der okzidentalen Welt, wo immer sie aufgestellt würden. Vergl. auch *Grimm-Weissert* „Unidroit-Konvention. Französische Opposition", HB v. 23.10.2001, 47, wonach Kritiker der UNIDROIT-Konvention einwenden, dass nach den Vorschriften der Konvention „zurückgereichte Kulturgüter im Ursprungsland nicht entsprechend aufbewahrt werden müssen (oder können), wobei auf systematische Zerstörungen (nicht nur in Afghanistan) hingewiesen wurde.".

629 Abgedruckt bei *Reichelt*, Dolzer/Jayme/Mußgnug, S. 79. Vergl. damit Art. 9 Abs. 2 schweizerisches KGTG.

630 Nach Ansicht von *Müller-Katzenburg*, Internationale Standards, S. 353 ist die endgültige Fassung der UNIDROIT-Konvention weniger ausgewogen als der Entwurf und deshalb auch weniger geeignet, die allgemeine Billigung vor allem auch der wichtigen Importstaaten zu erlangen. *Wiederkehr-Schuler*, Kunstmarkt, S. 22ff. kritisiert, dass durch die UNIDROIT-Konvention keine Beschränkung der staatlichen Schutzmaßnahmen erfolgt und übertriebenem „Kulturnationalismus" Vorschub geleistet werde. Dagegen befürwortet *Schneider*, Unif. L. Rev./Rev. dr. unif. 2001, 476, 532 das Fallenlassen der Einschränkung Art. 5 Abs. 2 Entwurfsfassung, da diese Klausel zu einer generellen Verweigerung der Rückführung von Kulturgütern in wirtschaftliche schwächere Staaten führen könnte.

werden dürfen bzw. dieser Zustand aufrecht erhalten werden darf[631]. Zwar sollten gewisse Sicherheitsstandards gerade bei der Rückgabe bedeutender Kunstwerke gewährleistet sein, doch dürfen fehlende finanzielle Mittel der Rückgabe eines Gutes, das die kulturellen Wurzeln einer bestimmten Region verkörpert, grundsätzlich nicht entgegen stehen.

XIV. Eigene Stellungnahme

Zusammenfassend lässt sich sagen, dass die UNIDROIT-Konvention trotz einiger Schwächen das bisher erfolgversprechenste rechtliche Mittel im Kampf gegen den illegalen Verkehr mit Kulturgütern darstellt. Durch den Grundsatz der generellen bzw. qualifizierten Restitution von Kulturgut verliert der Diebstahl und Schmuggel von Kulturgütern eindeutig an Lukrativität. Der Absatz von Objekten dubioser Provenienz wird durch die erhöhten Sorgfaltsanforderungen und die Umkehr der Beweislast erschwert, die Verfolgung von Diebstählen über die Landesgrenzen vereinfacht und das Verstecken missbräuchlich erworbener Objekte auf Grund der langen Verjährungsfristen unattraktiv. Wenn die Absatzmöglichkeiten von Objekten ungeklärter Herkunft fehlen, ist davon auszugehen, dass in der Folge auch die Zahl der Diebstähle sinken wird[632].

Ferner führt die UNIDROIT-Konvention zu der positiven Entwicklung, dass nationale Unterschiede in der gesetzlichen Regelung des gutgläubigen Erwerbes nicht mehr durch bewusstes Verschieben der Güter ausgenutzt werden können. Ein „Reinwaschen" gestohlener oder illegal exportierter Kulturgüter durch internationale Transaktionen ist im Anwendungsbereich der UNIDROIT-Konvention nicht möglich. Die Position des bestohlenen Eigentümers eines Kulturguts wird durch die Konvention erheblich verbessert, da ihm ein Instrument zur Verfügung steht, einen Anspruch auf Rückgabe des Gutes auch international durchzusetzen. Durch die Gewährung eines an bestimmte Voraussetzungen geknüpften Entschädigungsanspruchs wird ein gutgläubiger Erwerb indirekt berücksichtigt. Die strengen Sorgfaltsanforderungen, die an den Erwerber eines kulturellen Gutes gestellt werden, tragen zur Schaffung internationaler Standards im Handel mit Kulturgütern bei, die ebenfalls zur Eindämmung des illegalen Kulturgütertransfers beitragen können.

Doch entbehrt nicht jede Kritik an den Regelungen der Konvention der Überzeugungskraft. Während die UNIDROIT-Konvention sehr hohe Anforderungen an die Sorgfalt des Erwerbers eines Kulturgutes stellt und diese durch die

---

631 Die Verneinung einer solchen Zugänglichkeit würde eine Missachtung gerade des humanitären Schutzgedankens darstellen, der in oft jahrhundertelangen Bemühungen geschaffen wurde, vergl. *Fiedler*, Fechner/Oppermann/Prott, S. 171.

632 So auch *Homberger*, UNIDROIT, S. 24; *Raschèr*, Kulturgütertransfer, S. 84.

Umkehr der Beweislast zusätzlich betont, enthält sie dagegen keinerlei zusätzliche Pflichten des Eigentümers. Daher wäre es im Sinne eines Ausgleiches zwischen Eigentümer- und Verkehrsinteressen überlegenswert, eine allgemeine Meldepflicht für gestohlene Kulturgüter einzuführen[633]. Auch ist die von Seiten der Kunsthändler erhobene Kritik der unangemessenen Erschwerung des Handels nicht völlig von der Hand zu weisen und eventuell eine der Regelung des Art. 5 Abs. 3 UNIDROIT-Konvention entsprechende Beschränkung des Anwendungsbereich der UNIDROIT-Konvention auf gestohlene Kulturgüter von besonderer Bedeutung zu überlegen[634]. Eine solche Beschränkung könnte auch zur Akzeptanz der Staaten beitragen, die insbesondere die weite Fassung des Begriffes „Kulturgut" kritisieren[635]. Im Hinblick auf mögliche Verbesserungsvorschläge sollen im Anschluss die nationalen Regelungen in verschiedenen europäischen Ländern untersucht werden.

---

633 Dazu mehr unten unter § 5 II.

634 Eine solche Beschränkung ließe sich auch damit begründen, dass das tragende Kriterium der UNIDROIT-Konvention der Schutz von besonders wichtigem Kulturgut ist, vergl. *Reichelt*, Neues Recht, S. 61, und der internationale Austausch auch unbeutender kultureller Güter nicht unnötig erschwert werden sollte.

635 S. dazu oben § 3 V. am Ende und § 3 XIII. 1.

§ 4 Vergleich der Gesetzgebung einzelner europäischer Länder mit den Gedanken der UNIDROIT-Konvention

„Es gehört wesentlich zur Bildung jener grosen Völkerfamilie des westlichen Europa, dass sie nicht blos durch Politik, sondern durch Gleichheit der Cultur und Uebereinstimmung der Gesetzgebung unter einander verknüpft sey."[1]

Karl Ernst Schmid (1808)

In diesem Abschnitt wird untersucht, inwiefern die oben dargestellten Grundsätze der UNIDROIT-Konvention in der Gesetzgebung verschiedener Länder bereits verwirklicht sind, wie sich die Ratifikation der UNIDROIT-Konvention auf den nationalen Kulturgüterschutz ausgewirkt hat bzw. welche Folgen eine mögliche Ratifikation hätte. Daneben soll festgestellt werden, ob die Regelungen der UNIDROIT-Konvention mit dem jeweiligen nationalen Rechtsgefühl vereinbar sind oder ob Änderungen oder Ergänzungen der Konvention vorgenommen werden sollten, um ihre Akzeptanz zu erhöhen.

Der Kernpunkt dieser Betrachtungen ist neben der spezifischen Gesetzgebung zum Kulturgüterschutz die Regelung des gutgläubigen Erwerbs an gestohlenen Kulturgütern[2]. In vielen Rechtsordnungen wird ein gutgläubiger Erwerb an bestimmten Arten von Gegenständen generell ausgeschlossen. Insbesondere trifft dies auf Sachen zu, welche im Eigentum eines Staates bzw. einer juristischen Person des öffentlichen Rechts stehen. In zunehmendem Maße werden auch Gegenstände, welche dem Gemeinwohl dienen, entsprechenden Regeln unterworfen, unabhängig davon, ob sie sich im Privat- oder öffentlichen Eigentum befinden[3]. Bereits in der Antike wurden bestimmte Gegenstände als *res extra commercium* angesehen, wobei es sich zumeist und *res sacrae,* also Sachen des religiösen Kultes, oder *res publicae* handelte[4]. Unabhängig davon ist oft der Erwerb gestohlener Gegenstände gänzlich ausgeschlossen oder nur unter besonderen privilegierenden Umständen möglich[5]. Diese Möglichkeit nutzen etwa Ägypten, Grie-

---

[1] Regierungsrat *Schmid,* Kritische Einleitung I 2, S. 275; vergl. zur Schädlichkeit der Mannigfaltigkeit der Gesetze in den verschiedenen Provinzen *ders.*, Kritische Einleitung I 1, S. 68.

[2] Soweit der Kulturgüterschutz auf nationaler Ebene eine besondere zivilrechtliche Regelung erfahren hat, wird stets der Frage des Eigentums zentrale Bedeutung beigemessen, s. dazu *Siehr,* 77 SJZ (1981), 189–197, 207–212. Ein Beispiel hierfür ist der Art. 18 I des französischen Gesetzes v. 31.12.1913 *sur les monuments historiques*, s. dazu § 4 VI.

[3] Vergl. zum Ganzen: *Thorn,* Mobiliarerwerb, S. 83ff.

[4] Vergl. hierzu die Aufzählung bei *Mayer-Maly,* Kunkel/Wenger/Jörs, S. 83f.; s. auch *Weidner*, Res extra commercium, S. 14ff.; *Carducci*, Restitution, S. 43ff.

[5] S. dazu oben § 3 VI. 1.

chenland[6], Italien, die Schweiz, Spanien und die Türkei[7], indem sie archäologischer Bodenfunde zu Staateigentum erklären und so bei unrechtmäßiger Ausgrabung und Ansichnahme stets von einem Abhandenkommen auszugehen ist, was zur Folge hat, dass ein gutgläubiger Erwerb an solchen Grabungsfunden entweder gar nicht, oder nur unter erschwerten Voraussetzungen möglich ist[8].

I. Der Kulturgüterschutz in Großbritannien

> *"In the case of pictures and portraits anything [...] of any intrinsic value at all is always brought to the notice of both the National Gallery and the National Portrait Gallery. If they raise any doubt, automatically the licence is not granted; there is no question of proving a case, they have only to say 'we do not think that this is a proper thing to export' and straight away that licence is not granted."*
>
> *The Parliamentary Secretary to the Board of Trade in a Parliamentary debate 1944*[9]

Im englischen Recht gilt die dem römischen Recht entnommene Maxime *nemo dat quod non habet*, wonach also niemand mehr Rechte übertragen kann, als er selbst hat. So besagt Section 21 *Sale of Goods Act 1979:*

> "Sale by person not the owner – (1) Subject to the provisions of this Act, where goods are sold by a person who is not the their owner, and who does not sell them under the autority or with the consent ot the owner, the buyer acquires no better title to the goods than the seller had, unless the owner of the goods is by his conduct precluded from denying the seller's authority to sell"[10].

Der gutgläubige Erwerb des Eigentums an einem gestohlenen Kulturgut ist somit nach englischem Recht grundsätzlich nicht möglich. Dieser unbedingte Schutz des Eigentümers wurde durch die Schaffung verschiedener Ausnahmetatbestände etwas abgeschwächt[11]. Die zwischenzeitlich bestehende und äußerst

---

[6] Vergl. zum rechtlichen Schutz des archäologischen Erbes in Griechenland, *Dimacopoulous/Lapourtas*, I.J.C.P., Vol. 4, No. 2, 1995, 311ff.

[7] Das türkische Kulturgüterschutzgesetz (*Kültür ve tabiat verliklarini koruma kanunu,* Gesetz zum Schutz von Kulturgütern und Naturschätzen Nr. 2683 v. 1983, englische Übersetzung des Art. 5 abgedruckt bei *Weidner*, Res extra commercium, S. 89) erklärt in seinem Art. 5 sämtliches Kulturgut, welches in der Türkei gefunden wird, zum Staatseigentum, der Staat erlangt das Eigentum *ipso iure*.

[8] Vergl. zum Ganzen: *Raschèr,* Kulturgütertransfer, S. 15f.

[9] Der *Parliamentary Secretary on the Board of Trade* wird zitiert nach *Maurice/Turnor*, Libre circulation, 32.

[10] In Auszügen abgedruckt bei *Prott/O'Keefe*, Movement, S. 397; s. auch *Clashfern (Hrsg.)*, Halsbury's Laws of England, Vol. 41, 2000, S. 125.

[11] Diese Ausnahmetatbestände sind im Wesentlichen im *Sale of Goods Act* von 1979, im *Factors Act* von 1889 und im *Hire-Purchase Act* von 1964 geregelt. Es waren jedoch immer nur

bedeutsame Ausnahme-Regelung für den Erwerb auf offenem Markt wurde jedoch durch den *Sale of Goods (Amendment) Act 1994*[12] wieder abgeschafft. Somit ist in England seit Januar 1995 ein gutgläubiger Erwerb gestohlener Sachen auch unter privilegierenden Umständen in den allermeisten Fällen nicht mehr möglich[13].

Neben diesen aus dem allgemeinen Recht folgenden Schutz gestohlener Objekte schützt das englische Recht seine Kulturgüter weiter durch ein System der Exportbeschränkungen. Nachdem es bis zum Zweiten Weltkrieg keinerlei Kontrolle des Exportes von Kulturgütern gab, wurde 1939 der *Import, Export and Customs Powers (Defense) Act* entwickelt, zunächst um die Ressourcen in Zeiten des Krieges im Lande zu halten. Im Jahr 1940 wurden die kulturellen Güter dann einem eigenen System der Export-Kontrolle und Genehmigungspflicht unterworfen. Diese Regelung der Export-Genehmigungen sollte nur solange in Kraft bleiben, bis durch *an Order in Council* erklärt werden würde, dass die Ausnahmesituation, in der der *1939 Act* entstand, beendet sei. Doch ist sie immer noch Gesetz, da in der Folge festgestellt wurde, dass die durch den *1939 Act* geschaffenen Kompetenzen nicht nur geeignet waren, den Verlust von kulturellen Schätzen zu verhindern, sondern auch um die ursprünglichen wirtschaftlichen Ziele zu erreichen[14]. Weiterhin verbietet die *Export of Goods (Control) Order 1981*, mit einigen Ausnahmen, den Export von Objekten, die älter als 50 Jahre sind[15].

Die Regierung des Vereinigten Königreiches erklärte am 15. 3. 2001, die UNIDROIT-Konvention nicht zu ratifizieren, und folgte damit einer Empfehlung der unabhängigen Expertenkommission unter Vorsitz von *Professor Norman Palmer*, obwohl eine Kommission des Unterhauses die Ratifizierung empfohlen

---

sehr begrenzte Situationen denkbar, in denen der gutgläubige Erwerb ausnahmsweise zugelassen wurde, *Dreyer*, Gutgläubiger Erwerb, S. 169; *Henrich/Huber*, Englisches Privatrecht, S. 101.

12 Abgedruckt bei *Dreyer*, Gutgläubiger Erwerb, S. 173.

13 *Dreyer*, Gutgläubiger Erwerb, S. 169; *Henrich/Huber*, Englisches Privatrecht, S. 102. Section 22 (I) des *Sale of Goods Act 1979* hatte festgelegt: „Where goods are sold in market overt, according to the usage of the market, the buyer acquires a good title to the goods, provided he buys them in good faith and without notice of any defect or want of title on the part of the seller.", abgedruckt bei *Prott/O'Keefe*, Movement, S. 398. Ein solcher *sale in market overt* war aber nur dann privilegiert, wenn er zwischen Sonnenaufgang und Sonnenuntergang stattfand, da demjenigen, welchem die Sache abhanden gekommen war, die Möglichkeit gegeben werden sollte, auf den Märkten nach dieser Sache zu suchen, vergl. dazu *Geyrhalter*, Lösungsrecht, S. 19ff.

14 Zum Ganzen *Maurice/Turnor*, Libre circulation, S. 31f. Dieses drakonische System stieß nach dem Krieg auf erhebliche Schwierigkeiten, da es den englischen Sammlungen kaum möglich war, für Kunstwerke gegen die internationalen Käufer zu bieten. So wurden zahlreichen Eigentümern ohne korrespondierende Angebote von nationalen Institutionen Exportlizenzen verweigert.

15 S. I. 1981, No. 1641, vergl. *Nott*, 33 Int. Comp. L.Q. (1984), 203.

hatte[16]. Der Widerstand gegenüber der UNIDROIT-Konvention beruht vor allem auf der Befürchtung, dass die Regelungen der Konvention unter Umständen retroaktiv angewendet werden könnten, da das Datum einer illegalen Ausfuhr oder Ausgrabung grundsätzlich unbekannt sei und die Verjährungsfristen daher nahezu unbegrenzt ausgedehnt werden könnten[17]. Diese Bedenken erklären sich vor allen durch die große Bedeutung, die das englische Recht der Rechtssicherheit des gutgläubigen Erwerbers beimisst[18]. So verliert der ursprüngliche Eigentümer gegenüber einem gutgläubigen Dritten mit dem Ablauf der sechsjährigen Verjährungsfrist sowohl seinen Anspruch auf Herausgabe des gestohlenen Gegenstandes als auch seinen Rechtstitel[19], nur der Anspruch gegenüber dem Dieb verjährt nicht[20].

Es bleibt dennoch zu hoffen, dass die britische Regierung schließlich doch der Empfehlung der Unterhauses folgen und sich zu einer Ratifizierung entschließen wird, insbesondere vor dem Hintergrund, dass der Fall des englischen Kunstsammlers *Winkworth* mit ausschlaggebend für die Entwicklung der UNIDROIT-Konvention war[21].

II. Der Kulturgüterschutz in der Schweiz

> *„Die Kultur Europas veränderte die Welt nicht in erster Linie durch ihre Kunstwerke, weder durch ihre Literatur noch durch ihre Architektur, sondern durch ihr Denken. Das Denken Europas, das die Welt veränderte, ist das wissenschaftliche Denken. Wissenschaftliches Denken ist kritisches Denken, und so haben wir auch unsere Kultur zu betreiben: kritisch."*[22] *Friedrich Dürrenmatt*

Unter den Kunsthandelsnationen der Welt belegt die Schweiz nach den USA, England und Frankreich einen der vordersten Plätze[23]. Diese Position verdankt

---

16 Die Regierung entschied sich damit entgegen der Empfehlung der Kommission des Unterhauses für die Ratifikation der UNESCO-Konvention von 1970 und gegen die Ratifkation der UNIDROIT-Konvention, s. *Weber*, Unveräußerliches Kulturgut, S. 384 FN 5, 6; http://www.publications.parliament.uk/pa/cm200404/cmselect/cmcumeds/59/5904.htm#a3 und http://www.publications.parliament.uk/pa/cm200404/cmselect/cmcumeds/59/5904.htm#a6, Stand 19.5.2004.

17 *Grimm-Weissert* „Unidroit-Konvention. Französische Opposition", HB v. 23.10.2001, 47.

18 S. dazu *Bell*, Personal Property, S. 538.

19 Sect. 2 und Sect. 3 Abs. 1 English Limitation Act 1980. Diese Rechtsfolge soll der Rechtssicherheit dienen, *Bell*, Personal Property, S. 538. S. dazu oben § 3 X. 2.

20 Sect. 4 Abs. 5 English Limitation Act 1980.

21 S. oben § 3 VI. 2.

22 *Dürrenmatt*, Politik, „Über Kulturpolitik", S. 51.

23 So wurden gemäß der Außenhandelsstatistik im Jahr 2000 Kulturgüter im Wert von über 1,3 Milliarden Franken in die Schweiz eingeführt und solche im Wert von über 1,4 Milliarden

die Schweiz nicht nur der Erfahrung und der Kompetenz des Kunsthandels, der guten Infrastruktur, den gut etablierten internationalen Kontakten und der zentralen Lage in Europa, sondern auch seinem Rechtssystem, von dem nicht nur der seriöse Kunsthandel profitierte[24].

Als Beispiel dafür, dass der Schweizer Kunstmarkt ein Sammelbecken auch für illegal erworbene Kulturgüter ist oder zumindest war, können unter anderem die Fälle des „Berliner Goldhutes", den das Museum für Vor- und Frühgeschichte der Staatlichen Museen Preußischer Kulturbesitz im Jahr 1997 ankaufte, und der „Himmelsscheibe von Nebra"[25] genannt werden. Während der „Berliner Goldhut" aus einer höchst zweifelhaften Schweizer Sammlung stammte[26] wurde die „Himmelsscheibe", eine rund 3600 Jahre alte Sternenabbildung, die als einer der spektakulärsten archäologischen Funde auf deutschem Boden gilt und 1999 von Raubgräbern bei Nebra in Sachsen-Anhalt gefunden wurde[27], auf einer Auktion in der Schweiz sichergestellt[28].

I. Die bisherige Rechtslage

Die Schweiz kannte auf Bundesebene bisher keine Regelungen über die Ein- und Ausfuhr von Kulturgütern. Grundsätzlich war es Aufgabe der Kantone, den Kulturgütertransfer zu regeln. Zwar existierten in einigen Kantonen spezifische Ausfuhrregelungen[29], diese waren jedoch durch Verlagerung in einen anderen Kan-

Franken ausgeführt. Vergl. auch *Jolles*, Table ronde, S. 61; „Schweizer Kompromisse, Kunst und Handel", FAZ v. 7. 6. 2003, 45.

24 *Raschèr*, Museumskunde, Band 67, 1/2002, 28; *Sitter-Liver*, UNIDROIT, S. 9; *Kaufmann*, UNIDROIT, S. 30; „Schweizer Kompromisse, Kunst und Handel", FAZ v. 7. 6. 2003, 45; *Müller*, Informationstag, S. 82: die Schweiz ist immer wieder bei Fällen internationaler Kunstkriminalität in die Schlagzeilen gerückt, entweder als Ort des Wiederverkaufs oder der Zwischenlagerung.

25 Diese Scheibe hat einen Durchmesser von 38 cm und ist wahrscheinlich 1600 v. Chr. gefertigt worden. Ihre Goldeinlagen zeigen erstmals in der europäischen Geschichte Sonne, Mond und Sterne, ähnliche Darstellungen gab es erst wieder im Mittelalter, vergl. dazu *von Welck*, Museumskunde, Band 67, 1/2002, 8, 9f.

26 *Von Welck*, Museumskunde, Band 67, 1/2002, 8, 9.

27 Die Raubgräber verkauften die schmaragdgrüne runde Platte mit goldenen Symbolen für 32.000,– Deutsche Mark weiter. Nachdem die „Himmelsscheibe" für mehrere Hunderttausend Euro später dem Landesamt für Archäologie in Halle angeboten und dieses Angebot ablehnt worden war, tauchte diese – wie viele andere Objekte aus dubiosen Quellen – auf dem schweizerischen Kunstmarkt auf, s. „Sachsen-Anhalt darf „Himmelsscheibe" vermarkten", „DIE WELT" v. 17. 10. 2003, 32; weitere Beispiele gibt *Homberger*, UNIDROIT, S. 27.

28 Vergl. „Sachsen-Anhalt darf „Himmelsscheibe" vermarkten", „DIE WELT" v. 17. 10. 2003, 32.

29 Vergl. dazu die Auflistung bei *Raschèr,* Kulturgütertransfer, S. 23 FN 47. Art. 19 des Gesetzes über den Schutz von Kulturgütern v. 7. 11. 1991 des Kantons Freiburg sieht eine Unter-

ton sehr leicht zu umgehen, da der Zoll wiederum Sache des Bundes und nicht der Kantone war und so ein Kanton nicht verhindern konnte, dass geschütztes Kulturgut über die Kantonsgrenze verbracht wurde[30].

Dazu kam, dass in der Schweiz Kunst lediglich als Ware galt und ihr damit kein größerer Schutz zukam als jeder anderen Mobilie[31]. Im Fall des gutgläubigen Erwerbs eines gestohlenen Gegenstandes vom Nichtberechtigten war der Erwerber gegenüber dem früheren Besitzer gemäß der bisherigen Fassung des Art. 934 Abs. 1 ZGB innerhalb eines Zeitraumes von fünf Jahren zur Herausgabe des betreffenden Gegenstandes verpflichtet. Gemäß Art. 934 Abs. 2 ZGB hatte er aber ein Lösungsrecht und konnte somit unter bestimmten Umständen verlangen, dass der Anspruchssteller ihm den gezahlten Kaufpreis zurückerstattete[32]. Der gutgläubige Erwerber wurde mit Ablauf der fünfjährigen Frist gemäß Art. 714 Abs. 2 ZGB der Eigentümer des betreffenden Gegenstandes:

> „Wer in gutem Glauben eine bewegliche Sache zu Eigentum übertragen erhält, wird, auch wenn der Veräußerer zur Eigentumsübertragung nicht befugt ist, deren Eigentümer, sobald er nach den Besitzregeln im Besitze der Sache geschützt ist.“[33]

So gingen nach Art. 934 Abs. 1 ZGB selbst Hehlerware und Diebesgut nach fünf Jahren in das Eigentum des Käufers über, sofern dieser die Stücke in gutem Glauben erworben hat[34]. Aus diesem Grund hatte sich in der Schweiz neben dem bedeutenden offiziellen Kunstmarkt, auch der illegale Kulturgütertransfer etabliert; nicht selten wurde dort „heiße Ware“ in einem Zollfreilager deponiert, um nach mehreren Jahren mit der Provenienz „Schweizer Sammlung“ weiter gehan-

---

schutzstellung von Kulturgütern in Privatbesitz vor, wenn diese für das kulturelle Erbe des Kantons Freiburg von überragender Bedeutung sind. Eine solche Unterschutzstellung bedeutet in der Praxis ein Exportverbot aus dem betreffenden Kanton, *Wiederkehr Schuler*, Kunstmarkt, S. 50.

30 Verhindern können dies auch nicht die Instrumente der EU zum Kulturgüterschutz, da die Schweiz dieser Rechtsgemeinschaft nicht angehört.

31 *Siehr*, Fechner/Oppermann/Prott, S. 146; *Steinauer*, International sales, S. 118.

32 *Stark*, Honsell/Vogt/Geiser, ZGB II, Art. 934 RN. 18.

33 Vergl. dazu *Schwander*, Honsell/Vogt/Geiser, ZGB II, Art. 714 RN. 10; *Thorn*, Mobiliarerwerb, S. 219.

34 *Raschèr*, Museumskunde, Band 67, 1/2002, 28; *Siehr*, Fechner/Oppermann/Prott, S. 146; *Wiederkehr Schuler*, Kunstmarkt, S. 9. Gegenüber dem bösgläubigen Besitzer tritt gestützt auf Art. 936 Abs. 1 ZGB jedoch keine Verwirkung ein, es kommt dabei auf den guten bzw. bösen Glauben im Zeitpunkt des Erwerbes des dinglichen Rechts an, später entstehende Bösgläubigkeit ist irrelevant, *Stark*, Honsell/Vogt/Geiser, ZGB II, Art. 934 RN. 14. Nach Ansicht von *Staechelin*, UNIDROIT, S. 64 stellt diese Lösung einen differenzierten Kompromiss zwischen den Interessen des ursprünglichen Eigentümers und des gutgläubigen Erwerbers da. Wenn der Erwerber wusste oder vernünftigerweise hätte wissen müssen, dass die Herkunft des Objektes zweifelhaft war, musste er den Gegenstand auch nach Ablauf der Frist jederzeit und ohne Entschädigung herausgeben.

delt zu werden[35]. Diese Herkunftsangabe besagte dann in der Regel, dass es vergeblich war, den Besitzer namentlich zu ermitteln[36].

Wurde ein Kulturgut nämlich in der Schweiz gutgläubig erworben und durch den Ablauf der relativ kurzen Frist von fünf Jahren von seinem „rechtlichen Makel gereinigt", konnte es in der Folge auch in *Common-law* Staaten mit einem gültigen Eigentumstitel weiterverkauft werden, auch wenn die dortige Rechtsordnung eine Eigentumsübertragung gestohlener Sachen nicht zugelassen hätte[37]. Ein Beispiel für die Ausnutzung der bisherigen Rechtslage in der Schweiz ist der Fall des illegal ausgegrabenen Kärntener Keltenschatzes, den Österreich, nachdem er in der Schweiz „rein gewaschen" worden war, zurückkaufen musste[38].

2. Das neue Kulturgütertransfergesetz

Im November 2001 verabschiedete der schweizerische Bundesrat die Botschaft über die Ratifikation der UNESCO-Konvention 1970 und das Kulturgütertransfergesetz zu Händen der Eidgenössischen Räte[39]. Das Kulturgütertransfergesetz (KGTG) soll die Vorschriften und Maßnahmen, welche die UNESCO-Konvention von 1970 zum Verbot und zur Verhütung der rechtswidrigen Einfuhr, Ausfuhr und Übereignung von Kulturgut vorsieht, umsetzen. In der Botschaft des Bundesrates heißt es:

> „Die Schweiz kennt auf Bundesebene keine spezifische Gesetzesregelung zum Umgang mit beweglichem Kulturgut. Im Unterschied zu ihren Nachbarstaaten ist sie auch in keines der internationalen Instrumente zur Regelung des Kulturgütertransfers eingebunden. Dies hat zur Folge, dass sowohl das schweizerische Kulturerbe wie

---

[35] Die Bezeichnung „Schweizer Privatsammlung" wird ebenso wie „Herkunft unbekannt" von kaum einem seriösen Kunsthändler mehr akzeptiert. Solche Herkunftsangaben widersprechen den Verhaltenskodizes, die sich der seriöse Kunsthandel sowie die Museen auferlegt haben, vergl. *Dittmar*, „Herr X kauft frische Ware aus Bagdad. Die Plünderer der irakischen Museen sollen für den illegalen Kunstmarkt gearbeitet haben. Wer sind seine Kunden", „DIE WELT" v. 26.4.2003, 27; „Kultureller Supergau. Altorient-Expertin Beate Salje über die Plünderung des Irak-Museums in Bagdad" in „Stern", Heft 18/2003, 218.

[36] Vergl. *Willeitner*, „Der Fluch des Pharao. Bitterer Nachgeschmack: Die Machenschaften des New Yorker Antikenhändlers Frederick Schultz", FAZ v. 10.8.2002, 41, 42. Aus diesen Gründen war der Schmuggel eines steinernen Königsbildes von Amenophis III. aus Ägypten durch den New Yorker Antikenhändler Frederick Schultz ebenfalls über die Schweiz, in diesem Fall Genf erfolgt. Von der Schweiz aus fand der Pharaonenkopf schließlich für einen Kaufpreis von mutmaßlich 1,2 Millionen Dollar seinen Weg zu einem Londoner Sammler, s. dazu auch *Flashar*, Bewahren als Problem, S. 16, der jedoch zu bedenken gibt, dass diese Bezeichnung zwar oft als Deckadresse benutzt wurde, nun aber in zunehmenden Maße wieder für seriöse Sammlungen stehe, da heute eine Generation von Sammlern abtrete und somit bedeutende Sammlungen zum Verkauf stünden.

[37] *Raschèr,* Kulturgütertransfer, S. 31.

[38] S. dazu *Szemethy*, Bewahren als Problem, S. 143.

[39] Abgedruckt in BBl. 2002, 535.

auch dasjenige anderer Staaten in unserem Land bisher nur unzulänglich vor schädlichen Transaktionen geschützt ist. Mit der Ratifikation der UNESCO-Konvention 1970 vollzieht die Schweiz den Anschluss an die internationalen Standards im Kulturgüterrecht. Hierzu bedarf es eines Kulturgütertransfergesetzes, das die Vorschriften und Maßnahmen der Konvention in das Schweizer Recht umsetzt."[40]

Das KGTG vom 20. 6. 2003[41] enthält Bestimmungen zur Einfuhr und Ausfuhr von Kulturgütern (Art. 5–9 KGTG), zur Rückführung von illegal eingeführten Kulturgütern in ihr Ursprungsland (Art. 7, 9 KGTG[42]) und zum gewerblichen Kulturgüterhandel (Art. 16, 17 KGTG[43]). Weiter enthält es Maßnahmen zum Schutz des schweizerischen Kulturerbes (Art. 3, 4 KGTG) und zur Förderung des internationalen Kulturgüteraustausches (Art. 10–13 KGTG[44]). Dieses Gesetz soll gemäß seiner Zielsetzung durch die Kombination von Maßnahmen zur Einschränkung des illegalen und Förderung des legalen Kulturgütertransfers der besonderen Bedeutung Rechnung tragen, die dem verantwortungsvollen Umgang mit sensiblen Kulturgütern zukommt[45].

Tatsächlich ändert das KGTG die bestehende Rechtslage in Bezug auf Kulturgüter erheblich. Es hebt die Verjährungsfrist für die Rückgabe von gestohlenen Kulturgütern nicht nur von fünf auf die zunächst beabsichtigten fünfzehn[46],

---

[40] Pressemitteilung des Eidgenössischen Departements des Inneren, Bundesbehörden der Schweizerischen Eidgenossenschaft, November 2001, zu beziehen unter www.kulturschweiz.admin.ch/arkgt/kgt.

[41] BBl. Nr. 25, 1. 7. 2003, 4475.

[42] Vergl. zu Art. 9 Abs. 1 Satz 2 KGTG Art. 5 Abs. 3 UNIDROIT-Konvention.

[43] Vergl. Art. 16 Abs. 2 KGTG, der bemerkenswerte Sorgfaltspflichten formuliert: „Die im Kunsthandel und im Auktionswesen tätigen Personen sind verpflichtet:
a. die Identität der einliefernden Personen oder der Verkäuferin oder des Verkäufers festzustellen und von diesen eine schriftliche Erklärung über deren Verfügungsberechtigung über das Kulturgut zu verlangen;
b. ihre Kundschaft über bestehende Ein- und Ausfuhrregelungen von Vertragsstaaten zu unterrichten;
c. über die Beschaffung von Kulturgut Buch zu führen und namentlich den Ursprung des Kulturgutes, soweit er bekannt ist, und den Namen und die Adresse der einliefernden Person oder der Verkäuferin oder des Verkäufers, die Beschreibung sowie den Ankaufspreis des Kulturguts aufzuzeichnen;
d. der Fachstelle alle nötigen Auskünfte über die Erfüllung dieser Sorgfaltspflichten zu erteilen."
Gemäß Abs. 3 sind diese Aufzeichnungen und Belege 30 Jahre aufzubewahren. Gemäß Art. 17 Abs. 1 KGTG hat die Fachstelle zur Überprüfung der Einhaltung dieser Sorgfaltspflichten Zutritt zu den Geschäftsräumen und Lager der im Kunsthandel und Auktionswesen tätigen Personen. Zuwiderhandlungen werden gemäß Art. 25 mit Geldbußen bis zu 20.000 Franken bestraft.

[44] Diese Regelungen entsprechen der Zusicherung „freien Geleits" für Leihgaben aus Vertragsstaaten in § 20 KultSchG.

[45] Vergl. Art. 1 KGTG.

[46] Vergl. „Schweizer Kompromisse, Kunst und Handel", FAZ v. 7. 6. 2003, 45; „Obacht beim

sondern auf dreißig Jahre an. Gemäß Art. 32 KGTG wird Art. 934 Abs. 1 ZGB folgendermaßen geändert bzw. ergänzt:

> „Das Rückforderungsrecht für Kulturgüter im Sinne von Artikel 2 Absatz 1 des Kulturgütertransfergesetzes vom 20. Juni 2003, die gegen den Willen des Eigentümers abhanden gekommen sind, verjährt ein Jahr, nachdem der Eigentümer Kenntnis erlangt hat, wo und bei wem sich das Kulturgut befindet, spätestens jedoch 30 Jahre nach dem Abhandenkommen."

Ebenso verjähren Klagen auf Rückführung von aus Vertragsstaaten illegal exportierten Kulturgütern gemäß Art. 9 Abs. 4 in 30 Jahren. Das KGTG ist am 1. 6. 2005 in Kraft getreten[47].

3. Ausblick

> *„Unidroit ist zum einen echter Schutz für unsere kulturellen Zeugen. Unidroit bietet weiter einen unvermeidlichen Beitrag zu einer solidarischen Zusammenarbeit in einer immer näher zusammenrückenden Welt. Das Abkommen bietet zudem Hand bei der Bestandsaufnahme der Weltkultur, bei der Quellenforschung der Geschichte (Archäologie) und hilft mit, den von Nationalratspräsident Leuenberger in diesem Jubeljahr geforderten „stärkeren schweizerischen Beitrag zu einer friedlichen Welt" zu leisten."*[48]
>
> *Lorenz Homberger*

Die Schweizerische Akademie der Geistes- und Sozialwissenschaften tritt entschieden für den Betritt zur UNIDROIT-Konvention ein, sie sieht in ihr eine wirksame Antwort auf die wachsende Gefährdung der Kulturgüter auch in der Schweiz[49]. Durch die Unterzeichnung der Konvention solle die Schweiz, die in dem Ruf steht, eine Drehscheibe für den illegalen Kulturgüterhandel zu sein, ihr Ansehen verbessern und eine klare, vertrauenswürdige Position erwerben[50]. Da-

---

Kunstkauf; Die Schweiz verschärft ihre Gesetze", FAZ v. 14. 6. 2003, 35; „Transfer von Kunst; Die Schweiz schließt Lücken", FAZ v. 21. 6. 2003, 141.

47 Auskunft von *Andrea F. G. Raschèr*, Bundesamt für Kultur, Bern, E-mail v. 8. 2. 2005.

48 *Homberger*, UNIDROIT, S. 28.

49 Vergl. Stellungnahme der Schweizerischen Akademie der Geistes- und Sozialwissenschaften zur Ratifikation der Unidroit-Konvention durch die Schweiz, UNIDROIT, S. 99ff.

50 *Sitter-Liver*, UNIDROIT, S. 5, 9; *Lalive*, SZIER 1997, 13, 54. Vergl. auch *Kaufmann*, UNIDROIT, S. 32f., der verschiedene Gründe nennt, warum die UNIDROIT-Konvention die Schweiz direkt betrifft. *Kaufmann* schloß sein Referat auf der Tagung der Schweizerischen Akademie der Geistes- und Sozialwissenschaften mit der Schweizerischen Ethnologischen Gesellschaft zur UNIDROIT-Konvention „Unidroit: Recht und Ethik im Handel mit Kulturgut" am 27. 6. 1998 in Bern mit den Worten: „Für die Schweiz bedeutet dies: Ein verlängertes Abseitsstehen von der internationalen Rechtsgemeinschaft – etwa unter Verweis auf Handelsfreiheit und Neutralität – sowie vom Chor der kulturell schöpferischen Nationen können wir uns nicht mehr leisten, denn bald könnte es auch da ans Eingemachte gehen: *Unidroit ist zu ratifizieren.*", *Kaufmann*, UNIDROIT, S. 36. Nach *Lalive*, SZIER 1997, 13, 55 ist die UNIDROIT-Konvention aus juristischen, politischen und moralischen Gründen zwingend zu ratifizieren.

neben erachtet auch die überwiegende Mehrheit der Kantone die UNIDROIT-Konvention als ein taugliches Instrument, um die fehlende Geltung der Kulturgüterrichtlinie in der Schweiz auszugleichen[51], die Erhaltung des schweizerischen Kulturgutes zu sichern und den Ruf der Schweiz zu wahren. Der Haltung der Kantone kommt in diesem Bereich besonderes Gewicht zu, da diese nach schweizerischem Staatsrecht im kulturellen Bereich vollkommen autonom sind. Der Bund ist verpflichtet, die befürwortende Stellungnahme der Kantone prioritär zu gewichten[52].

Andere Stimmen sprechen sich jedoch gegen eine Ratifizierung der UNIDROIT-Konvention durch die Schweiz aus[53]. Sie gefährde in erheblichem Maße den Kulturstandort Schweiz[54], die Konvention schieße weit über ihr Ziel hinaus und behindere den Austausch von Kulturgut, der zum gegenseitigen Verständnis der Völker führe[55]. Auch wird vorgebracht, dass die UNIDROIT-Konvention den ursprünglichen Eigentümer eines Kulturgutes, der den Diebstahl hätte verhindern können, gegenüber dem „ahnungslosen Dritten, der sein Objekt Jahre später ohne jegliche Anhaltspunkte einer kriminellen Tat erworben hat," unangemessen bevorteile. Die bisherige schweizerische Lösung sei dagegen ein differenzierter Kompromiss, der gegenüber den Regelungen der Konvention vorzugswürdig sei[56]. In der Schweiz bestehen insbesondere Vorbehalte gegen die *clause*

---

51 *Moosbrugger*, UNIDROIT, S. 59. Die einzige sinnvolle Alternative zur UNIDROIT-Konvention sei die Übernahme der EU-Richtlinie und der entsprechenden EU-Verordnung in das nationale Recht und ein entsprechendes bilaterales Abkommen mit der EU zur Gewährleistung der Gegenseitigkeit. Da diese Alternative jedoch nicht zur Diskussion stehe, bleibe als Lösung die UNIDROIT-Konvention, die mit dem EU-Recht kompatibel sei. 23 Kantone sprachen sich für eine Ratifikation aus, die Kantone Basel, Bern und Genf (in denen bedeutende Institutionen des Kunsthandels ihren Sitz haben) lehnten dagegen eine Ratifikation ab, *Wiederkehr Schuler*, Kunstmarkt, S. 9.

52 *Moosbrugger*, UNIDROIT, S. 60.

53 So lehnen unter anderen die Organisationen des Kunsthandels, der Schweizerische Notarverband und die Schweizerische Richtervereinigung eine Ratifikation ab, dagegen sprechen sich die Mehrheit der kulturellen und kirchlichen Organisationen und der Organisationen der Entwicklungsarbeit für eine Ratifikation der UNIDROIT-Konvention aus, *Wiederkehr Schuler*, Kunstmarkt, S. 9, 20.

54 Die imponierende Stellung der Schweiz im internationalen Kunsthandel beruhe gerade auf den günstigen Rahmenbedingungen und dem Fehlen von unfairen Import- und Exportverboten. Eine Ratifikation der UNIDROIT-Konvention würde zum Abwandern des internationalen Kunsthandels aus der Schweiz, zu Arbeitsplatzverlusten und Steuerausfällen führen, *Staechelin*, UNIDROIT, S. 78.

55 So *Dr. Cäsar Menz*, Direktor des *Musées d'art et d'histoire* in Genf, UNIDROIT, S. 55, der sich auf den Satz von *Montesquieu* beruft, wonach die unnötigen Gesetze die notwendigen schwächen.

56 *Staechelin*, UNIDROIT, S. 64. Dramatisch formuliert bedeute eine Ratifikation der UNIDROIT-Konvention für die Schweiz: „– eine schwerwiegende Behinderung des Kulturaustausches, – generationslange Rechtsunsicherheit bei jedem Kunsterwerb; – einen radikalen

de déconnexion des Art. 13 Abs. 3 UNIDROIT-Konvention. Einige Schweizerische Kunst- und Antiquitätenhändler befürchten, die Schweiz würde sich durch eine Ratifikation der UNIDROIT-Konvention noch mehr von den Mitgliedstaaten der Europäischen Union isolieren, welche bestimmte Regelungen der Konvention auf Grund dieser Entkoppelungsklausel untereinander nicht anzuwenden bräuchten, welche aber gegenüber der Schweiz zum tragen kämen[57]. Die UNIDROIT-Konvention würde demnach in Westeuropa ausschließlich im Handel mit der Schweiz relevant werden. Eine Ratifikation der UNIDROIT-Konvention hätte daher nach Ansicht einiger Kritiker für die Schweiz zur Folge, dass sie sich von der EU und dem EWR noch weiter distanziere, sich vom freien Kulturaustausch in Europa verabschiede und „völlig isoliert neue Hemmnisse für den Kulturaustausch und den Handel" aufbaue[58].

Dieser Argumentation wurde entgegen gehalten, dass sich die Schweiz gerade durch den Widerstand gegenüber der UNIDROIT-Konvention in einem im Kampf gegen den illegalen Kulturgütertransfer vereinten Europa isoliere[59]. Die Mitglieder der Europäischen Union hätten durch die Umsetzung der Kulturgüterrichtlinie, die durch die Arbeiten an der UNIDROIT-Konvention inspiriert sei[60], gezeigt, dass sie die betreffenden Grundprinzipien der UNIDROIT-Konvention angenommen hätten und diese nicht unvereinbar seien mit den „fundamentalen Prinzipien ihrer juristischen Ordnung"[61].

Bruch mit unserer Rechtstradition, – eine volkwirtschaftliche Beeinträchtigung der Museumstätigkeit, – die Selbstzerstörung des Kunsthandels- und Messeplatzes Schweiz.", *Staechelin*, UNIDROIT, S. 81. *Ruedi Staechelin* ging in seinem Protest gegen eine Unterzeichung der UNIDROIT-Konvention durch die Schweiz sogar soweit, 1997 zahlreiche Gemälde des Impressionismus und der klassischen Moderne aus der Stiftung seine Großvaters (*Rudolf-Staechelin*-Stiftung) aus dem Basler Kunstmuseum abzuziehen, s. *von Faber-Castell* „Schweiz/Staechelin-Bilder nach Texas. Unidroit-Reaktion", HB v. 8. 7. 1997, 42. Im Jahr 2002 brachten *Staechelin* und seine Familie den Bilderschatz zwar nach Basel zurück, um diesen jedoch vor dem neuen schweizerischen Recht zu schützen, wurden die betreffenden Gemälde aus der Familienstiftung herausgenommen und in einen „Trust nach New Yorker Recht eingebracht", s. „Staechelin-Stiftung wieder in Basel. Kapitale Leihgabe", HB v. 15. 3. 2002, 52. Auch dreizehn schweizerische Museen lehnen die Ratifikation der UNIDROIT-Konvention ab, *Blome*, UNIDROIT, S. 84.

57 *Gaiser,* Table ronde, Diskussionsbeitrag: Der Standpunkt der Kunst- und Antikenhändler, S. 77.

58 *Staechelin*, UNIDROIT, S. 77 mit einem Beispielsfall.

59 *Lalive*, SZIER 1997, 13, 52 vergleicht die Schweiz mit einer kleinen Insel („îlot") in der Mitte eines offenen abendländischen Europas im Kampf gegen den Verkehr mit gestohlenen Gütern und im Bereich der Rückerstattung der illegal exportierten Güter. Auch aus diesem Grund wird die Schweiz zunehmend nicht nur vom legalen Kunsthandel aufgesucht, *Kaufmann*, UNIDROIT, S. 30.

60 *Schneider*, Unif. L. Rev./Rev. Dr. unif. 2001, 476, 482.

61 *Lalive*, SZIER 1997, 13, 52.

Die UNIDROIT-Konvention entstand zwar unter maßgeblicher Beteiligung der Schweiz und wurde im Juni 1996 von der Schweiz gezeichnet[62], eine Ratifikation der UNIDROIT-Konvention erscheint dem Bundesrat allerdings zum jetzigen Zeitpunkt verfrüht. Er hat das Eidgenössische Departement des Inneren deshalb beauftragt, die internationale Entwicklung zu beobachten und zu gegebener Zeit dem Bundesrat entsprechende Vorschläge zu unterbreiten[63]. In Hinblick darauf, dass am 3.1.2004 die UNESCO-Konvention von 1970 in der Schweiz in Kraft getreten ist und seit dem 1.6.2005 ein sehr begrüßenswertes Kulturgütertransfergesetz gilt, stehen die Regelungen der UNIDROIT-Konvention keineswegs in einem unüberwindlichen Gegensatz zum schweizerischen Recht, da dieses ebenfalls deutlich längere Verjährungsfristen und erhöhte Sorgfaltsanforderungen an den Kunsthandel statuiert. Im Interesse des Internationalen Kulturgüterschutzes und der Internationalen Rechtsvereinheitlichung ist ein Beitritt der Schweiz zur UNIDROIT-Konvention äußerst wünschenswert und erscheint auch nicht gänzlich unwahrscheinlich, wenn sich die Regelungen des KGTG als effektiv und praktikabel erweisen sollten.

Die Ratifikation und Umsetzung der UNESCO-Konvention von 1970 zeigt, dass sich die Schweiz ihrer aus der Bedeutung des schweizerischen Kunstmarktes resultierenden Verantwortung bewusst und entschlossen ist, entschieden gegen die Missstände im internationalen Kulturgütertransfer vorzugehen. Doch ist zu bedenken:

> „[...] dass eine Ratifikation der UNESCO-Konvention ohne Ratifikation der Unidroit-Konvention immer eine partielle Lösung bleiben wird. Eine ausschließlich auf nationalem Recht basierende Umsetzung der UNESCO-Konvention 1970 bleibt aus internationalprivatrechtlicher Sicht unvollkommen. Sie wird immer wieder an ihre Grenzen stoßen.“[64]

---

[62] Am 17.6.1996 beschloss der Schweizerische Bundesrat denkbar knapp mit vier zu drei Stimmen gegen den erbitterten Widerstand der Vertreter von öffentlichen Museen und Sammler- und Händlerorganisationen, die UNIDROIT-Konvention zu unterzeichnen, s. *von Faber-Castell* „Schweiz/Unidroit-Entschlüsse. Kritische Einwände“, HB v. 28.6.1996, Galerie 3: „Die Konventionsgegner zeigten sich von dem offenkundig politisch motivierten Beschluß des Bundesrates zwar enttäuscht, großenteils herrscht aber Zuversicht, dass es noch gelingen werde, die beiden Kammern Ständerat und Nationalrat von der Überflüssigkeit und Schädlichkeit der äußerst weit gefassten Unidroit-Konvention für den gesamten internationalen Kulturgüteraustausch zu überzeugen.“.

[63] S. http://www.kultur-schweiz.admin/ch/arkgt/kgt/d/kgt.htm, abgerufen am 17.4.2004.

[64] *Raschèr*, Kulturgütertransfer, S. 136. *Raschèr* schlägt im Falle einer Ratifikation der UNIDROIT-Konvention durch die Schweiz neben der Abgabe vom auslegenden Erklärungen i.S.d. Art. 18 UNIDROIT-Konvention verschiedene flankierende Maßnahmen wie die Schaffung einer Auskunftsstelle für die Abklärung der Herkunft eines Kulturgutes und den Erlass begleitender gesetzgeberischer Maßnahmen vor, um unerwünschte Konsequenzen zu vermeiden, die sich aus der direkten Anwendbarkeit der Konvention ergeben, und der behördlichen und richterlichen Entscheidungsfindung gewisse Leitplanken zur Verfügung zu stellen, *Raschèr*, Kulturgütertransfer, S. 98f.

III. Der Kulturgüterschutz in Österreich

Dass auch in Österreich Raubgräberei in beträchtlichem Ausmaß betrieben wird, zeigt ein Blick auf den nationalen und internationalen Antiquitätenhandel. Die Auktionshäuser, die Kunstwerke, die gegen gesetzliche Bestimmungen fremder Länder ausgeführt wurden, versteigern, berufen sich dabei zu Recht auf die Legalität ihres Handelns. Denn in Österreich finden die Exportverbote von nicht-EU-Ländern keine Beachtung[65]. Österreich gehört nicht zu den führenden Kunsthandelsnationen, genießt aber als Transitland in Kreisen des illegalen Handels einen bedenklich „guten Ruf"[66]. Zugleich war Österreich aber auch der Veranstaltungsort von zwei internationalen Kongressen zum Thema des Kulturgüterschutzes: Zum einen des Wiener Symposiums „Internationaler Kulturgüterschutz" am 18. und 19.10.1990, zum anderen des Symposiums des 1996 gegründeten Ludwig Boltzmann-Instituts „Internationaler Kulturgüterschutz – Neues Recht zum Schutz von Kulturgut" vom 5. bis 6.12.1996 ebenfalls in Wien, deren Anlass der 1995 erfolgte Abschluss der UNIDROIT-Konvention war[67].

1. Allgemeines Zivilrecht

Gemäß § 367 ABGB können bewegliche Sachen unter bestimmten Voraussetzungen gutgläubig vom Nichtberechtigten erworben werden. Ist die Sache dem Eigentümer ohne seinen Willen abhanden gekommen, ist gutgläubiger Erwerb nur bei einer öffentlichen Versteigerung oder von einem Kaufmann, der mit ähnlichen Gütern Handel treibt, möglich[68]. Für das Handelsrecht findet sich in § 366 Abs. 1 HGB[69] eine etwas abweichende Bestimmung, nach welcher, wenn der Veräußerer Kaufmann ist und die Veräußerung im Betrieb des Handelsgewerbes erfolgte, der gute Glaube durch leichte Fahrlässigkeit nicht ausgeschlossen wird. Jedoch ist nach § 366 Abs. 4 Satz 1 HGB der Gutglaubenserwerb an gestohlenen, verloren gegangenen oder sonst abhanden gekommenen Sachen ausgeschlossen[70].

---

65 *Szemethy*, Bewahren als Problem, S. 145; vergl. zum Problem der Missachtung ausländischer Exportverbote § 1 II. 1.

66 *Szemethy*, Bewahren als Problem, S. 145f.

67 Vergl. *Jayme*, Kunstwerk, S. 177ff.

68 Vergl. § 367 ABGB: „Die Eigentumsklage findet gegen den redlichen Besitzer einer beweglichen Sache nicht statt, wenn er beweist, dass er die Sache entweder in einer öffentlichen Versteigerung oder von einem zu diesem Verkehre befugten Gewerbsmanne, oder gegen Entgelt von jemanden an sich gebracht hat, dem sie der Kläger selbst zum Gebrauche, zur Verwahrung, oder in was immer für einer andern Absicht anvertraut hatte. In diesen Fällen wird von den redlichen Besitzern das Eigentum erworben, und dem vorherigen Eigentümer steht nur gegen jene, die ihm dafür verantwortlich sind, das Recht der Schadloshaltung zu.".

69 Das österreichische HGB wurde 1939 übernommen und entspricht daher – bis auf die seitdem erfolgten Änderungen – dem deutschen HGB.

70 Hiervon macht das Gesetz jedoch Ausnahmen. Im Wege öffentlicher Versteigerung kann auch an abhanden gekommenen Sachen gutgläubig Eigentum erworben werden, § 366

Das österreichische Privatrecht schützt den Erwerber von Sachenrechten verhältnismäßig weitreichend, insbesondere die §§ 367, 371[71], 456[72], 824[73] ABGB und § 366 HGB ermöglichen unter bestimmten Umständen einen originären Eigentumserwerb vom Nichtberechtigten[74]. Der Grund für diese „Erwerberfreundlichkeit" ist, dass die entscheidende Funktion der sachenrechtlichen Normen die rechtliche Regelung des Güterumsatzes ist und deshalb dem Verkehrsschutz besondere Bedeutung zukommt. In dem Interessenkonflikt zwischen dem Rechtsinhaber, der sein Recht nicht aufgegeben hat, und dem „Erwerber", der der Auffassung war, er habe alle Regeln des Erwerbs beachtet, müssen über die Interessen der Streitparteien hinaus die Bedürfnisse der Geschäftsverkehrs im allgemeinen berücksichtigt werden[75]. So zieht das Gesetz in den genannten Normen für die Interessenentscheidung jeweils noch zusätzliche Wertungskriterien heran. Eine Änderung dieser gesetzlichen Grundlagen des Gutglaubenserwerbs bei Kulturgütern ist nicht in Sicht[76].

Das Eigentumsrecht kann ferner auch durch Ersitzung erworben werden[77]. Die Ersitzung ist der Erwerb eines Rechts durch qualifizierten Besitz während der gesetzlich bestimmten Zeit und führt zu einem originären Rechtserwerb, der gemäß § 1478 ABGB zur Folge hat, dass der bisherige Rechtsinhaber sein Recht verliert. Grundsätzlich beträgt die Ersitzungszeit drei Jahre, § 1466 ABGB, eine längere Frist von sechs Jahren ist nach § 1472 ABGB vorgesehen, wenn die zu ersitzende Sache dem Staat oder anderen juristischen Personen gehört. § 1477 ABGB schließlich bestimmt:

> „Wer die Ersitzung auf einen Zeitraum von 30 oder 40 Jahren stützt, bedarf keiner Angabe des rechtmäßigen Titels. Die gegen ihn erwiesene Unredlichkeit des Besitzers schließt auch in diesem längeren Zeitraume die Ersitzung aus."

Für die lange Ersitzung ist somit keine Rechtmäßigkeit, jedoch während der gesamten Ersitzungszeit Redlichkeit erforderlich[78]. Da die lange Ersitzung nicht nur bloß das fehlende Eigentum des Vordermannes, sondern auch die Gültigkeit

---

Abs. 4 Satz 2 HGB. Gemäß § 366 Abs. 5 HGB bleiben auch für den gutgläubigen Erwerber günstigere Vorschriften des österreichischen Rechts wie der § 367 ABGB unberührt.

71 Eine von § 367 ABGB erheblich abweichende Regelung enthält § 371 ABGB: bei ununterscheidbaren Sachen erlangt der Erwerber, der einen gültigen Titel hat, das Eigentum allein auf Grund seines guten Glaubens, *Koziol*, Grundriss ABGB, I, S. 295.

72 § 456 ABGB regelt unter Verweis auf § 367 den gutgläubigen Pfandrechtserwerb.

73 § 824 ABGB schützt den Erwerb vom Scheinerben.

74 Weitere Gutglaubenschutzregeln finden sich beispielsweise auch in Grundbuchrecht, vergl. §§ 62ff. GBG.

75 *Koziol*, Grundriss ABGB, I, S. 290f.

76 *Szemethy*, Bewahren als Problem, S. 147.

77 Zur Ersitzung im österreichischen Recht s. *Gschnitzer*, Sachenrecht, S. 117ff.

78 *Gschnitzer*, Sachenrecht, S. 120.

des Titels ersetzt, ist ihre Bedeutung in der Praxis gerade auch im Bereich des Erwerbes von Kulturgütern erheblich größer als die der kurzen Ersitzung[79].

2. Sonderregeln für Kulturgüter

Die zentralen Bestimmungen zum österreichischen Kulturgüterschutz finden sich im Denkmalschutzgesetz[80], im Kulturgüterrückgabegesetz[81], das der Umsetzung der Kulturgüterrichtlinie der EU dient, und in begleitenden Verordnungen. Damit wird Kulturgütern in Österreich ausschließlich auf der Ebene des öffentlichen Rechts und nicht des Privatrechts Schutz gewährt. Gemäß § 16 Abs. 1 des Denkmalschutzgesetzes muss vor einer Verbringung der betreffenden Kulturgüter eine Ausfuhrbewilligung beantragt werden, wenn:

- das öffentliche Interesse an der Erhaltung i.S.d. § 1 Abs. 1 Denkmalschutzgesetz bereits wirksam geworden ist, d. h., wenn das Objekt bereits unter Denkmalschutz steht;
- ein Verfahren zur Unterschutzstellung bereits eingeleitet wurde;
- oder wenn das Objekt nicht gemäß der „Abgrenzungsverordnung“[82] von der Bewilligungspflicht ausgenommen ist[83].

Soll ein Kulturgut „nur“ in einen anderen Mitgliedstaat der Europäischen Gemeinschaft ausgeführt werden, ist dies bei der Interessenabwägung grundsätzlich als ein für die Erteilung der Bewilligung günstiger Umstand zu berücksichtigen[84].

---

[79] *Koziol*, Grundriss ABGB, I, S. 299.

[80] Bundesgesetz 25. 9. 1923, BGBl. 1923/533 betreffend den Schutz von Denkmalen wegen ihrer geschichtlichen, künstlerischen oder sonstigen kulturellen Bedeutung in den Fassungen BGBl. 1959/92, 1978/167, 1990/473, 1995/785 und I 1999/170. Das Denkmalschutzgesetz definiert seinen Anwendungsbereich in § 1 Abs. 1 und 2 folgendermaßen: „(1) Die in diesem Bundesgesetz enthaltenen Bestimmungen finden auf von Menschen geschaffene unbewegliche und bewegliche Gegenstände [...] von geschichtlicher, künstlerischer oder sonstiger kultureller Bedeutung („Denkmale“) Anwendung, wenn ihre Erhaltung dieser Bedeutung wegen im öffentlichen Interesse gelegen ist. Diese Bedeutung kann den Gegenständen für sich allein zukommen, aber auch aus der Beziehung oder Lage zu anderen Gegenständen entstehen. „Erhaltung“ bedeutet Bewahrung vor Zerstörung, Veränderung oder Verbringung ins Ausland. (2) Die Erhaltung liegt dann im öffentlichen Interesse, wenn es sich bei dem Denkmal aus überregionaler oder vorerst auch nur regionaler (lokaler) Sicht um Kulturgut handelt, dessen Verlust eine Beeinträchtigung des österreichischen Kulturgutbestandes in seiner Gesamtsicht hinsichtlich Qualität sowie ausreichender Vielzahl, Vielfalt und Verteilung bedeuten würde. Wesentlich ist auch, ob und in welchem Umfang durch die Erhaltung des Denkmals eine geschichtliche Dokumentation erreicht werden kann.“.

[81] Bundesgesetz BGBl. I 1998/67, in aktueller Fassung, BGBl. I 1999/170.

[82] Verordnung des Bundesministers für Unterricht und kulturelle Angelegenheiten, BGBl. 1999/484 mit welcher Kategorien von Kulturgütern festgesetzt werden, die auf Grund der Bestimmungen des Denkmalschutzgesetzes für die Ausfuhr keiner Bewilligung bedürfen.

[83] § 16 Abs. 3 Denkmalschutzgesetz. Vergl. zum Ganzen *Spaun*, Herausgabeanspruch, S. 45f.

[84] § 17 Abs. 2 Satz 1 Denkmalschutzgesetz. Dies gilt nicht, wenn es sich bei dem Objekt um ein

Österreich hat ferner die „Konvention von Malta“[85] zum Schutz des archäologischen Erbes im Jahr 1974 in nationales Recht umgesetzt, doch findet sie wenig Beachtung[86]. Diese Konvention enthält u. a. in Art. 10 Abs. 3 die Pflicht, sicherzustellen, dass die ihrer Kontrolle unterstehenden Museen und ähnlichen Institutionen keine archäologischen Objekte erwerben, die aus Raubgrabungen stammen. Dieses Ankaufsverbot hat der österreichische Staat durch eine „Interpretative Erklärung“ deutlich entschärft. Das Verbot wird dann außer Kraft gesetzt, wenn Objekte durch einen Ankauf vor dem Verfall oder der Zerstörung gerettet und unter öffentliche Aufsicht oder unter staatlichen Schutz gestellt werden können[87].

3. Haltung zur UNIDROIT-Konvention

In Bezug auf die UNIDROIT-Konvention befindet sich Österreich nach wie vor in einer abwartenden Position und macht eine Unterzeichnung von dem Verhalten anderer Staaten wie Deutschland oder Frankreich abhängig[88]. Begründet wird diese Haltung vor allem damit, dass die Verjährungsfristen der UNIDROIT-Konvention fast doppelt so lang seien wie die des österreichischen Privatrechts[89]. Nach Ansicht österreichischer Archäologen ist jedoch eine Ratifizierung der UNIDROIT-Konvention durchaus wünschenswert. Wenn die UNIDROIT-Konvention auch nicht in der Lage sei, den komplexen Problemkreis der Raubgrabungen und des illegalen Kunsthandels zu lösen, so sei sie doch geeignet, zu einer Sensibilisierung speziell von Archäologen, Kunsthändlern, Museen und politisch Verantwortlichen beizutragen[90].

„Austriacum“ handelt, also um ein Gut, dass auf besondere Weise mit der Republik Österreich verknüpft ist.

85 S. § 3 VII.

86 *Szemethy*, Bewahren als Problem, S. 148.

87 *Szemethy*, Bewahren als Problem, S. 148.

88 *Reichelt*, Neues Recht, 58, die zudem darauf hinweist, dass bereits durch die Umsetzung der Kulturgüterrichtlinie, die sich weitgehend an den Arbeiten zur UNIDROIT-Konvention orientiert hat, die notwendigen einschneidenden Änderungen innerhalb der österreichischen Rechtspraxis erforderlich geworden sind.

89 *Szemethy*, Bewahren als Problem, S. 150f.

90 *Szemethy*, Bewahren als Problem, S. 151.

IV. Der Kulturgüterschutz in Italien

„La Repubblica promuove lo sviluppo della cultura e la ricerca scientifica e tecnica. Tutela il paesaggio e il patrimonio storico e artistico della Nazione."

Art. 9 der italienischen Verfassung vom 27. Dezember 1947

In Italien geht der rechtliche Schutz von Kulturgut auf eine Jahrhunderte alte Tradition zurück. So hatten die Toskana und der Kirchenstaat bereits im 16. Jahrhundert Bestimmungen zur Reglementierung archäologischer Funde sowie zur Beschränkung der Ausfuhr von Kulturgütern erlassen[91]. Der Grund für diese frühe und auch gegenwärtig noch sehr strenge Ausfuhrgesetzgebung[92] ist nicht ein nationalistischer Kulturgüterprotektionismus, sondern die Tatsache, dass gerade Italien mit seinen unzähligen Kunst- und Kulturschätzen in besonderem Maße von Kulturgutdiebstahl und Raubgrabungen betroffen ist[93].

Nachdem sich bis zum 1. Mai 2004 eine Regelung des Kulturgüterschutzes hauptsächlich in dem mehrmals revidierten Gesetz *legge 1-6-1939 n. 1089 Tutela delle cose d'interesse artistico o storico* (L. 1089/1939)[94] fand, hat durch den von Minister *Giuliano Urbani* ausgehenden *Codice dei beni culturali e del paesaggio*[95] (*Codice Urbani*) vom 22. Januar 2004 eine ausführliche Neukodifkation den italienischen Kulturgüterschutzes stattgefunden. Die Entwicklung einer neuen gesetzlichen Regelung des Schutzes des nationalen kulturellen Erbes verursachte erbitterte Diskussionen in nahezu der gesamten italienischen Bevölkerung. Einige Italiener fürchten noch immer, dass das italienische kulturelle Erbe nach und nach verkauft und damit ein unwiderbringlicher Verlust verursacht werden könne[96].

Der neue *Codice Urbani* wird von dem *Consiglio dei Ministri* jedoch als eine präzise Vereinfachung der Gesetzgebung angesehen, welche eine Möglichkeit

---

91 Vergl. *Raschèr,* Kulturgütertransfer, S. 19.

92 Die italienische Ausfuhrgesetzgebung zählt neben der Spaniens zu den strengsten in der Europäischen Union, *Raschèr,* Kulturgütertransfer, S. 19.

93 In Italien werden jedes Jahr weit mehr als 20.000 Kulturgüter gestohlen, vergl. *Prott*, UNIDROIT, S. 89; *Doyal*, 39 Colum. J. Transnat. L. (2001), 657, 699. S. dazu auch *Goldrich*, 23 Fordham Int'L.J. (2000), 118, 199f.; *Carducci*, Restitution, S. 17.

94 L. 1089/1939 (Gesetz v. 1.6.1939 über den Schutz der Sachen von künstlerischem und historischem Interesse) abgedruckt z. B. bei *Loosli,* Kulturgüterschutz in Italien, S. 193–202.

95 Der *Codice dei Beni Culturali e del Paesaggio* vom 22. Januar 2004 ist seit dem 1. Mai 2004 in Kraft. Fundstelle: http://www.bap.beniculturali.it/organizzazione/leggi/Codice2004.pdf.

96 *Galli*, Cultural assets, abzurufen unter: http://www.patrimoniosos.it/rsol.php?op=getintervento&id=52, abgerufen am 8.5.2005: „From the President of the Italien Republic *Carlo Azelio Ciampi* to the President of International Council Of Museums-Italia *Daniele Jalla* and the Rector of the University of Pisa *Salvatore Settis*, the newest regulation raised such an issue that it's no exaggeration to say that this is one of the hottest political disputes ocurring in Italy at the beginning of the Millenium.".

schafft, die kulturellen Schätze Italiens zu schützen und zu fördern, und die in Zusammenarbeit mit den lokalen Behörden die Übertragung von öffentlichem Eigentum von kulturellem Wert beschränkt[97]. Ob der *Codice Urbani* diesen Ansprüchen gerecht wird, wird sich erst nach dem Ablauf einer gewissen Zeitspanne nach seinem Inkrafttreten erweisen. Zumindest hat, nachdem bisher eine primäre Zuständigkeit des Staat und insbesondere des *Ministerio per i beni culturali e ambientali* für Angelegenheiten des Kulturgüterschutzes bestand, durch den *Codice Urbani* eine gewisse Dezentralisierung stattgefunden, welche die kulturelle Verschiedenheit der Regionen Italiens berücksichtigen soll[98].

1. Definition von Kulturgut

Nach der Legaldefinition in Art. 2 Abs. 2 *Codice Urbani* sind unter „beni culturali“[99] grundsätzlich alle beweglichen und unbeweglichen in den Artikeln 10 und 11 aufgeführten Gegenstände von künstlerischem, historischem, ärchäologischem, ethno-anthropologischem, archivischem oder bibliographischem Interesse zu verstehen und solche Gegenstände, die von dem Gesetz als Träger von großem zivilisatorischen Wert anerkannt werden[100].

Im Zusammenhang mit der Definition der Schutzobjekte des *Codice Urbani* werden oft die etwas vagen Formulierungen kritisiert; so findet sich beispielsweise in Art. 2 Abs. 4 die Maßgabe, dass für öffentliche Güter, die dem kulturellen Erbe angehören, der öffentliche Zugang gewährleistet wird, institutioneller Gebrauch aber erlaubt wird. Eine Präzisierung des Begriffes „institutioneller Gebrauch“

---

[97] „Con una decisa semplificazione legislativa, il codice fornisce uno strumento unico per difendere e promuovere il tesoro degli italiani, coinvolgendo gli Enti Locali e definendo in maniera irrevocabile i limiti dell'alienazione del demanio pubblico, che escluderà i beni di particolare pregio artistico, storico, archeologico e architettonico“, Webseite des italienischen *Consiglio dei Ministri*, http://www.governo.it/GovernoInforma/Dossier/beni%5Fculturali%5Fpaesaggistici/, abgerufen am 8. 5. 2005.

[98] S. beispielsweise Art. 5 *Codice Urbani*; s. *Galli*, Cultural assets.

[99] Nachdem man bis 1963 den Terminus „cose“ verwendet hatte, soll das Wort „bene“ den nicht nach wirtschaftlichen Aspekten zu bestimmenden Wert des Gutes sowie die kulturelle Bedeutung für die Gemeinschaft betonen. S. auch zu der Verwendung der Begriffe „conservazione“, „valorizzazione“ und „fruizione pubblica“ *Galli*, Cultural assets.

[100] Dies entspricht der im Zusammenhang mit dem „Testo Unico“ von 1999 entwickelten Generalklausel, wonach alle Güter, welche materielles Zeugnis von zivilisatorischem Wert darstellen, als Kulturgüter zu betrachten waren, *Loosli,* Kulturgüterschutz in Italien, S. 179; *Galli*, Cultural assets. Bei privaten Kulturgütern musste das künstlerisch-historische Interesse der entsprechenden Güter durch einen Verwaltungsakt festgestellt und dem Eigentümer bekannt gegeben werden, *Jayme,* ZVglRWiss 95 (1996), 158, 163. Obwohl dies seit geraumer Zeit angestrebt wird, fehlt bis zum heutigen Zeitpunkt eine systematische und vollständige Inventarisierung und Katalogisierung der geschützten italienischen Kulturgüter, in das vom Erziehungsministerium geführte Register, sind jedoch bereits etwa 36 Millionen Kulturgüter eingetragen, *Loosli,* Kulturgüterschutz in Italien, S. 180; *Galli*, Cultural assets; *Raschèr,* Kulturgütertransfer, S. 19.

fehlt jedoch. Als auslegungsbedürftig wird auch Art. 11 des *Codice Urbani* beanstandet, wonach bestimmte Gegenstände als „beni culturali" anzusehen sind, wenn gewisse Voraussetzungen und Bedingungen erfüllt sind. Auch eine Definition dieser Voraussetzungen und Bedingungen findet sich nicht[101].

Eine große Neuerung des *Codice Urbani* stellt dar, dass nunmehr auch die Landschaft als Teil des kulturellen Erbe des Staates anerkannt wird.

2. Instrumente des Kulturgüterschutzes

Der *Codice Urbani* soll dem Schutz und der Förderung (*difendere e promuovere*) der kulturellen Schätze Italiens dienen. So verpflichtet dieser auch Privatpersonen zum Schutz und Erhalt ihrer Kulturgüter. Jede private oder juristische Person kann den Staat um eine „Dichiarazione dell'interesse culturale" in bezug auf ein bestimmtes Gut ersuchen[102]. Wird ein solches Interesse erklärt, hat der Staat hinsichtich der betreffenden Kulturgüter weitgehende Kontroll- und Eingriffsbefugnisse und kann sowohl den Konservierungs-Status eines Gutes überwachen[103], den öffentlichen Zugang zu dem Kulturgut sicherstellen als auch den Transfer des Gutes innerhalb und außerhalb des Staatsgebietes kontrollieren. Im Falle des Verkaufs hat der Staat ein Vorkaufsrecht. In außergewöhnlichen Fällen kann ein bedrohtes Kulturgut auch enteignet werden[104]. Es ist zwar möglich, Kulturgüter als Leihgabe staatlichen kulturellen Institutuionen zur Verfügung zu stellen, und auf diese Art die Verantwortung für Schutz und Restauration abzugeben, jedoch nur für eine gewisse Zeit[105].

Die Art. 12 („Verifica dell'interesse culturale") und 55ff. („Alienabilità di immobili appartenenti al demanio culturale") beschäftigen sich mit dem sensiblen Thema der Übertragung von staatlichen Gütern. Im Mittelpunkt der Diskussionen um diese Regelungen standen die Fristen für die Geltendmachung von Vorbehalten gegenüber dem Verkauf. So erlauben diese Normen, den Verkauf von kulturellen Gütern wenn die Direktoren der regionalen Ämter für Denkmalpflege und bildende Kunst nicht innerhalb von 120 Tagen die besondere Bedeutung des Gutes erklären. Dies bedeutet, dass, wenn es den regionalen Behörden nicht gelingt, innerhalb von vier Monaten die besondere Bedeutung des speziellen Gutes auf die öffentliche Anfrage hin zu dokumentieren, angenommen wird, dass keine kulturellen Interessen bestehen und das Gut verkauft werden kann. Diese Zeitspanne wird wegen der enormen Größe des italienischen kulturellen Erbes als viel zu kurz angesehen[106].

---

101 *Galli*, Cultural assets.

102 Art. 12ff. *Codice Urbani*.

103 *Loosli*, Kulturgüterschutz in Italien, S. 179. S. Art. 29ff. *Codice Urbani*.

104 Art. 95ff. *Codice Urbani*.

105 Art. 44 *Codice Urbani*.

106 *Galli*, Cultural assets.

Ganz besondere Bedeutung kommt in Italien den Regelungen im Zusammenhang mit archäologischen Ausgrabungen und Entdeckungen zu[107]. So erfolgt ein originärer Eigentumserwerb des italienischen Staates an sämtlichen archäologischen Objekten unabhängig davon, ob diese im Rahmen konzessionierter Ausgrabungen oder zufällig gefunden werden[108]. Die gesamte archäologische Grabung steht zudem unter staatlicher Aufsicht[109]. Dennoch sind die Schäden, die durch so genannte „Hobby-Archäologen" verursacht werden, verheerend[110].

3. Gutgläubiger Erwerb vom Nichtberechtigten

Im Gegensatz zu den strengen Regelungen bezüglich der Ausfuhr von Kulturgut ist das italienische Zivilrecht in Bezug auf den Erwerb vom Nichtberechtigten eines der erwerberfreundlichsten in Europa. So können gemäß Art. 1153 italienischer C. c. auch abhanden gekommene Gegenstände gutgläubig vom Nichtberechtigten erworben werden, unabhängig davon, ob der Verkäufer ein Händler oder eine private Person ist[111]. Die Besonderheit des italienischen Rechts liegt damit darin, dass keine privilegierenden Erwerbsumstände wie die Kaufmannseigenschaft des Verkäufers erforderlich sind. Der Käufer erwirbt durch die Besitzerlangung Eigentum, wenn er bei der Übergabe gutgläubig ist und ein zur Eigentumsübertragung geeigneter Rechtstitel vorliegt, d. h. das Veräußerungsgeschäft keinem anderen Mangel als der fehlenden Veräußerungsbefugnis unter-

---

107 So beschlagnahmten die italienischen Carabinieri in den Jahren 1996–2001 über 120000 Antiken aus Raubgrabungen. Fachleute haben berechnet, dass lediglich 6% der weltweit auf dem Markt zirkulierenden apulischen Vasen aus legalen archäologischen Grabungen stammen. Sie gehen davon aus, dass in den letzten Jahren allein in Apulien über 100000 Gräber geplündert und zerstört wurden, *Raschèr,* Museumskunde, Band 67, 1/2002, 28, 29 FN 6 m.w.N.

108 Vergl. 91 *Codice Urbani* i.V.m. Art. 826 Abs. 2 italienischer C. c. Die Besitznahme von archäologischen Gütern ist als Diebstahl anzusehen, an diesen Objekten kann auch nicht gutgläubig Eigentum erworben werden, *Galgano*, International sales, S. 129.

109 Vergl. Art. 88 ff. *Codice Urbani.*

110 Vergl. dazu *Winghart,* Bewahren als Problem, S. 71 ff.; *Laufer,* Museumskunde, Band 67, 1/2002, 57, 58 f.

111 *Cian/Trabucchi*, Codice Civile, Art. 1153, S. 882; *Galgano,* International sales, S. 129, vergl. Art. 1153 C. c.: *Effetti dell'acquisto del possesso. – (1) Colui al quale sono alienati beni mobili da parte di chi non è proprietario, ne acquista la proprietà mediante il possesso, purché sia in buena fede al momento della consegna e sussista un titulo idoneo al trasferimento della proprietà. (2) La proprietà si acquista libera da diritti altrui sulla cosa, se questi non risultano dal titulo e vi è la buona fede dell'acquirente.* (Wirkungen des Besitzerwerbes. – (1) Derjenige, dem bewegliche Sachen durch jemanden veräußert werden, der nicht Eigentümer ist, erwirbt das Eigentum mittels des Besitzes, sofern er zum Zeitpunkt der Übergabe gutgläubig ist (1147) und ein für die Übertragung des Eigentums geeigneter Rechtstitel vorliegt (769, 1470, 1552). (2) Das Eigentum wird frei von Rechten erworben, die anderen an der Sache zustehen, wenn diese sich nicht aus dem Rechtstitel ergeben und der gute Glaube des Erwerbers vorliegt. Deutsche Übersetzung in *Bauer/Eccher/König/Kreuzer/Zanon*, Italienisches Zivilgesetzbuch, S. 581.

liegt[112]. Besteht ein Herausgabeanspruch des Eigentümers, so verjährt dieser zwar nach italienischem Recht gemäß Art. 948 Abs. 3 C. c.[113] nicht, es ist aber Ersitzung bei Gutgläubigkeit nach zehn Jahren, Art. 1161 Abs. 1 C. c., und sogar bei Bösgläubigkeit nach 20 Jahren möglich, Art. 1161 Abs. 2 C c.[114].

4. Ratifikation der UNIDROIT-Konvention und Umsetzung

Italien gehört zu den bisher sehr wenigen europäischen Staaten, welche die UNIDROIT-Konvention ratifiziert haben[115]. Wie gesehen[116] müssen vor allem verfahrensrechtliche Details in das nationale Recht umgesetzt werden[117]. Diesen Zweck erfüllt das Ratifikationsgesetz vom 7. 6. 1999[118]. Auch wenn die italienische Ratifikation der UNIDROIT-Konvention ein wichtiger Schritt zur Förde-

---

[112] *Kindler*, Italienisches Recht, § 13 RN. 15; *Weidner*, Res extra commercium, S. 58; *von Bar*, Sachenrecht in Europa, 4, S. 343 f.

[113] Art. 948 C. c.: *(3) L'azione di rivendicazione non si prescrive, salvi gli effetti dell'acquisto della proprietà da parte di altri per usucapione.* ((3) Der Klageanspruch auf Herausgabe verjährt nicht, unbeschadet der Wirkungen des Eigentumserwerbs durch andere infolge der Ersitzung. Deutsche Übersetzung in *Bauer/Eccher/König/Kreuzer/Zanon*, Italienisches Zivilgesetzbuch, S. 487).

[114] Vergl. zum Ganzen *Weidner*, Res extra commercium, S. 58; *von Bar*, Sachenrecht in Europa, 4, S. 345 f.; *Cian/Trabucchi*, Codice Civile, Art. 948, S. 681 ff.; Art. 1161, S. 895. Art. 1161 C. c.: *Usucapione die beni mobili. – (1) In mancanza di titolo idoneo (1153), la proprietà dei beni mobili e gli altri diritti reali di godimento sui beni medesimi si acquistano in virtù del possesso continato per dieci anni, qualora il posseso sia stato acquistato in buona fede (1147). (2) Se il possessore è di mala fede, l'usucapione si compie con il decorso di venti anni.* (Ersitzung von beweglichen Sachen. – (1) Bei Fehlen eines geeigneten Rechtstitels (1153) werden das Eigentum an beweglichen Sachen und die sonstigen dinglichen Nutzungsrechte an solchen Sachen durch einen zehn Jahre lang dauernden Besitz erworben, sofern der Besitz in gutem Glauben (1147) erworben worden ist. (2) Wenn der Besitzer schlechtgläubig ist, tritt Ersitzung mit dem Ablauf von zwanzig Jahren ein. Deutsche Übersetzung in *Bauer/Eccher/König/Kreuzer/Zanon*, Italienisches Zivilgesetzbuch, S. 585).

[115] Der italienische Staat fühlte sich verpflichtet, die leitende Rolle in der Ratifikation der UNIDROIT-Konvention zu übernehmen, da nicht nur das UNIDROIT in Italien seinen Sitz hat und auch sämtliche Treffen der Regierungsexperten sowie die diplomatische Konferenz zur Verabschiedung der UNIDROIT-Konvention in Italien stattfanden, sondern auch, da Italien mit seinem immensen Reichtum am Kulturschätzen im Bereich des Kulturgüterschutzes eine Führungsrolle einnimmt, *Doyal*, 39 Colum. J. Transnat. L. (2001), 657, 694.

[116] S. oben § 3 2. c.

[117] *Raschèr*, Kulturgütertransfer, S. 97 f.

[118] *Legge 7 giugno 1999, no. 213. Ratifica ed esecuzione dell'Atto finale della Conferenza diplomatica par l'adozione del progetto di Convenzione dell'UNIDROIT sur ritorno internazionale dei beni culturali rubati o illecitamente esportati, con annesso, fatto a Roma il 24 guigno 1995:* GU 2. 7. 1999, no. 153. Im folgenden: L. 213/99. Fundstelle: http://www.parlamento.it/parlam/leggi/99213l.htm, abgerufen am 23. 5. 2005. Gemäß Art. 87 *Codice Urbani* regelt sich die Rückgabe von Kulturgütern, die in den Anwendungsbereich der UNIDROIT-Konvention fallen, nach den Vorschriften der Konvention und des Gesetzes zur Ratifikation und Umsetzung der Konvention.

rung des Erfolgs der Konvention ist, ist die Umsetzung nicht unproblematisch. Denn der Wortlaut des italienischen Umsetzungsgesetzes weicht in einigen Punkten von den Schlüsselbestimmungen der Konvention ab[119].

L. 213/99 ist in neun Artikel aufgeteilt. Art. 1 L. 213/99 gibt dem italienischen Präsidenten das Recht, die UNIDROIT-Konvention zu ratifizieren und stellt fest, dass das Übereinkommen vollständig anwendbar ist, wenn es unter den Voraussetzungen von Art. 12 UNIDROIT-Konvention in Kraft tritt. Art. 2 L. 213/99 regelt die administrative Zusammenarbeit mit anderen Vertragsstaaten in Fällen der Rückführung rechtswidrig exportierter Kulturgüter. Gemäß Art. 16 Abs. 1 UNIDROIT-Konvention müssen die Vertragsstaaten eine Erklärung darüber abgeben, in welcher Form Ansprüche eines Staates auf die Rückgabe oder Rückführung von Kulturgütern geltend zu machen sind, L. Gesetz 213/99 behandelt diese Frage in Art. 3. Dieser bestimmt, dass Klagen auf die Rückführung von Kulturgütern vor den Gerichten oder zuständigen Behörden des Staates zu erheben sind, in welchem sich das betreffende Gut befindet. Ist der Belegenheitsort des Gutes unbekannt, ist die Klage vor den Gerichten oder zuständigen Behörden des Staates zu erheben, in welchem der Anspruchsgegner seinen Wohnsitz oder gewöhnlichen Aufenthalt hat[120]. Daneben schreibt Art. 3 L. 213/99 vor, dass Ansprüche auf Rückführung von Kulturgütern auf diplomatischem oder konsularischem Weg geltend zu machen sind[121].

Art. 5 L. 213/99 behandelt das Verfahren der Rückgabe von gestohlenen Kulturgütern nach Italien. Der Kläger hat zunächst das *Ministerio per i beni culturali e ambientali* zu benachrichtigen. Ist der betreffende Gegenstand vom Schutzbereich des L. 1089/1939 (nunmehr des *Codice Urbani*) oder der Präsidialverordnung vom 30. 9. 1963 Nr. 1049 erfasst, wird der Anspruch auf Rückgabe vom Ministerium selbst geltend gemacht, Art. 5 Abs. 2 L. 213/99. In Art. 6 L. 213/99 ist die Pflicht des Ministeriums festgeschrieben, Sorge für Objekte zu tragen, bevor diese in einen anderen Mitgliedstaat zurückgeführt werden oder nachdem sie nach Italien zurückgekehrt sind und noch nicht von dem rechtmäßigen Eigentümer in Besitz genommen wurden[122]. In Art. 7 L. 213/99 wird für das Verhältnis unter den Mitgliedstaaten von der Entkoppelungsklausel des Art. 13 Abs. 3 UNIDROIT-Konvention Gebrauch gemacht. Somit gehen in Bezug auf

---

119 *Doyal*, 39 Colum. J. Transnat. L. (2001), 657.

120 Ist dieser nicht bekannt, ist die Klage dort zu erheben, wo sich der Anspruchsgegner momentan aufhält, *Doyal*, 39 Colum. J. Transnat. L. (2001), 657, 695.

121 Vergl. Art. 16 Abs. 1 lit. c. UNIDROIT-Konvention.

122 Kann der rechtmäßige Eigentümer nicht ermittelt werden, wird die Rückgabe oder Rückführung des betreffenden Objektes in der *Gazzetta Ufficiale* oder auf andere Weise veröffentlicht, Art. 6 Abs. 3 L. 213/99. Kann innerhalb von fünf Jahren der rechtmäßige Eigentümer nicht ausfindig gemacht werden, erwirbt die italienische Regierung gemäß Art. 6 Abs. 4 L. 213/99 das Objekt als *demanio*.

Verfahren über die Rückgabe illegal exportierter Kulturgüter zwischen Italien und anderen Mitgliedstaaten der EU die Regelungen der Kulturgüterrichtlinie der UNIDROIT-Konvention vor. Art. 8 L. 213/99 enthält die Zuweisung finanzieller Mittel sowohl für Verfahrenskosten als auch für die Entschädigung gutgläubiger Besitzer[123].

Der wahrscheinlich wichtigste Artikel des italienischen Umsetzungsgesetzes ist jedoch Art. 4, der sich mit der Entschädigung des zur Herausgabe verpflichteten Besitzers beschäftigt. Art. 4 Abs. 1 L. 213/99 statuiert, dass das Gericht bei der Anordnung der Rückgabe oder Rückführung der zur Besitzaufgabe verpflichteten Partei einen finanziellen Betrag zuzuerkennen hat. Soweit entspricht dies den Vorgaben der UNIDROIT-Konvention, welche dem gutgläubigen Erwerber eines herauszugebenden Gutes eine angemessene Entschädigung zubilligt[124].

Doch der zweite Absatz von Art. 4 L. 213/99 kann den von den Urhebern der UNIDROIT-Konvention ausgearbeiteten Kompromiss ernsthaft gefährden[125]. Gemäß Art. 4 Abs. 2 L. 123/99 hat der Besitzer den Beweis zu erbringen, dass er das betreffende Kulturgut in gutem Glauben erworben hat. Geling ihm dies, hat er bis zur Bezahlung der Entschädigung ein Zurückbehaltungsrecht an dem Kulturgut aus Art. 1152 italienischer C. c.[126]. Diese Regelungen erwecken Bedenken, denn der gemäß Art. 4 Abs. 2 L. 123/99 zu beweisende „gute Glaube“ entspricht nicht der in Art. 4 Abs. 1 UNIDROIT-Konvention geforderten „gebührenden Sorgfalt“. Während im Rahmen der *due diligence* der UNIDROIT-Konvention alle für den Erwerb erheblichen Umstände, also sowohl positive Kenntnis als auch jede fahrlässige Unkenntnis, berücksichtigt werden, erfordert „guter Glaube“ gemäß allgemeinen Prinzipien des italienischen Rechts lediglich, dass der Erwerber nicht wusste, dass der betreffende Gegenstand gestohlen bzw. illegal exportiert wurde[127]. Dem Erwerber steht gemäß Art. 4 Abs. 2 L. 213/99 damit auch dann eine Entschädigung zu, wenn er den Verdacht hatte, dass es sich bei dem betreffenden Objekt um Diebesgut bzw. Schmuggelware handelt, da nach italienischem Recht ohne konkrete Kenntnis weiterhin guter Glaube besteht[128].

Denkbar wäre es, im Rahmen des Umsetzungsgesetzes von einer anderen Auslegung des guten Glaubens auszugehen, doch die Umsetzung eines internationa-

---

[123] Art. 9 L. 213/99 setzt schließlich fest, dass die UNIDROIT-Konvention einen Tag, nachdem sie in der *Gazzetta Ufficiale* veröffentlich wurde, in Kraft tritt.

[124] Vergl. Art. 4 Abs. 1 und 6 Abs. 1 UNIDROIT-Konvention.

[125] *Doyal*, 39 Colum. J. Transnat. L. (2001), 657, 694ff.

[126] *Raschèr*, Kulturgütertransfer, S. 98.

[127] Vergl. *Cian/Trabucchi*, Codice Civile, Art. 1147, S. 877f.

[128] *Cian/Trabucchi*, Codice Civile, Art. 1147, S. 877f. Zu weiteren Komplikationen führt, dass der italienische *Code civile* zum einen den guten Glauben vermutet und zum anderen den sofortigen Eigentumsübergang bei Besitzerlangung in gutem Glauben zulässt, vergl. Art. 1153 italienischer C. c.

len Übereinkommens in italienisches Recht hat das gleiche Gewicht wie der *Codice Civile*, da beides gleichwertige Akte der Gesetzgebung sind. Somit können diese Vorschriften, da L. 213/99 nicht ausdrücklich die Derogation der Art. 1147, 1152 und 1153 italienischer C. c. festschreibt, von Gerichten, die über die Rückgabe oder Rückführung von Kulturgütern nach der UNIDROIT-Konvention zu entscheiden haben, angewandt werden[129]. Diese vom italienischen Parlament durch das Versäumnis, in Art. 4 L. 213/99 ausdrücklich die Anwendung von *due diligence* zu fordern, geschaffene Ambiguität kann dazu führen, dass in nahezu jeder Situation eine Entschädigungspflicht besteht. Die Käufer wären nicht verpflichtet, jede mögliche Anstrengung zu unternehmen, um die wahre Herkunft des Objektes aufzudecken, da guter Glaube ausreichend wäre und eine angemessene Entschädigung bereits dann gewährt würde, wenn der Besitzer zum Zeitpunkt des Erwerbes nicht wusste, dass das Gut gestohlen oder illegal exportiert wurde. Dies würde offensichtlich dem erklärten Ziel der UNIDROIT-Konvention, den illegalen Handel mit Kulturgütern einzuschränken, zuwiderlaufen. Daneben widerspricht das Zurückbehaltungsrecht des gutgläubigen Erwerbers bis zur Zahlung der Entschädigung aus Art. 1152 C. c.[130] eklatant dem Grundprinzip des Art. 3 Abs. 1 UNIDROIT-Konvention[131].

Grundsätzlich ist die Vorreiterrolle, welche der italienische Staat in Bezug auf die Ratifikation der UNIDROIT-Konvention übernommen hat, äußerst begrüßenswert, doch weist das italienische Umsetzungsgesetz L. 213/99 – wie gesehen – bedauerlicherweise einige Widersprüche zum Ziel der Konvention auf. Von entscheidender Wichtigkeit wäre eine ausdrückliche Derogation der Art. 1143, 1152 und 1153 des italienischem *Code Civile* für Klagen im Anwendungsbereich der UNIDROIT-Konvention. Weiterhin ist es zur Bekämpfung des illegalen Handels mit Kulturgütern zwingend erforderlich, das Bewusstsein und die Sorgfalt im Umgang mit Kulturgütern insbesondere durch vermehrte Anforderungen an den Erwerber eines solchen Gutes zu erhöhen. Diesem Ziel wird Art. 4 Abs. 2 L. 213/99 nicht gerecht.

Trotz der möglichen Unzulänglichkeiten der italienischen Umsetzung ist zu hoffen, dass andere Nationen mit bedeutendem Kunstmarkt dem Beispiel der Ratifikation folgen und sich um eine umfassende und gewissenhafte Umsetzung der UNIDROIT-Konvention bemühen.

---

[129] *Doyal*, 39 Colum. J. Transnat. L. (2001), 657, 697.

[130] Vergl. Art. 9 Abs. 6 Satz 2 schweizerisches KGTG: „Bis zur Bezahlung der Entschädigung hat die Person, die das Kulturgut zurückgeben muss, ein Retentionsrecht an diesem.".

[131] *Doyal*, 39 Colum. J. Transnat. L. (2001), 657, 698.

V. Der Kulturgüterschutz in Spanien und Portugal

„[...] la obra de arte es, ante todo, una creación del esprìritu, por su plasmación en la materia constiuye, al mismo tiempo, un objecto.“ [132]

Julio D. González Campos

Neben Italien ist das Königreich Spanien der UNIDROIT-Konvention am 21.5. 2002 beigetreten, sein iberischer Nachbar Portugal hat die Konvention am 19.7. 2002 ratifiziert. Beide Staaten haben damit gezeigt, dass die Grundsätze der Konvention mit ihren nationalen Rechtsprinzipien vereinbar sind. Durch das portugiesische Gesetz über das nationale Kulturgut vom 6.7.1985, das die Gesamtheit der Güter, welche von Interesse sind „para a permanência e identitade da cultura portugesa atravès do tempo“ [133], erfasst [134], war bereits vor der Ratifikation der UNIDROIT-Konvention ein wichtiger Grundsatz dieses Übereinkommens gewährleistet. Denn schon zuvor waren nach portugiesischem Recht ausländische Exportverbote im Inland zu berücksichtigen. Nach Art. 31 Abs. 2 dieses Gesetzes sind auf portugiesischem Territorium abgeschlossene Rechtsgeschäfte nichtig, wenn sie bewegliche Kulturgüter betreffen, die aus dem Ausland unter Verletzung der Bestimmungen des Herkunftslandes eingeführt wurden [135].

Auch im spanischen Recht finden sich Übereinstimmungen mit den Grundsätzen der UNIDROIT-Konvention. So ist ein gutgläubiger Erwerb oder eine Ersitzung [136] dann ausgeschlossen, wenn die Sache abhanden gekommen ist, wobei Art. 464 Abs. I Satz 2 spanischer C. c. den Begriff der abhanden gekommenen Sachen wesentlich ausdehnt und darunter weitere Formen des unfreiwilligen Besitzverlustes subsumiert [137]. Das Zivilrecht unterteilt weiterhin die beweglichen

---

132 Prologo de *Julio D. González Campos, Fuentes Camacho*, Tráfico, S. 7.

133 „[...] für die Dauer und Identität der portugiesischen Kultur durch alle Zeiten hindurch“.

134 Gesetz Nr. 13/85 v. 6.7.1985 über das *Património Cultural Português, Diário da República* 1985 (6.7.1985), 1865ff. (Nr. 153); weitere Nachweise bei *Jayme*, Dolzer/Jayme/Mußgnug, S. 38.

135 „São nulas e de nenhum efeito as transacções realizadas em território portuquês sobre bens culturais móveis provenenientes de países estrangeiros quando efectuadas com infracção de respectiva legislação interna reguladora da sua alienação ou exportação.“ Nach Art. 31 Abs. 3 hängt die Anwendung dieser Bestimmung allerdings von der Gegenseitigkeit ab. Aber auch wenn die praktische Bedeutung dieser Regelung gering ist, ist die Aufgeschlossenheit gegenüber der ausländischen Gesetzgebung vorbildlich, *Jayme*, 95 ZVglRWiss (1996), 158, 165.

136 Im spanischen allgemeinen Zivilrecht regelt Art. 464 C. c. es. den gutgläubigen Erwerb, der nach allgemeiner Ansicht eine Form der Ersitzung darstellt, so steht „der Besitz beweglicher Sachen, der gutgläubig erworben wurde, einem Titel gleich“.

137 *Thorn*, Mobiliarerwerb, S. 169f.; *Adomeit/Frühbeck*, Einführung, S. 59; *Weidner*, Res extra commercium, S. 71, eine Ausnahme gibt es im Handelsrecht: gemäß Art. 85 C. com. findet

Güter in *dominio público* (öffentliches Eigentum), wozu gemäß Art. 339 C. c. alle Güter, die dem öffentlichen Gebrauch oder irgendeinem öffentlichen Nutzen gewidmet sind oder durch Gesetz dem öffentlichen Eigentum zugeordnet werden, gehören, und *propiedad privada* (Privateigentum), Art. 338 C. c. Güter im öffentlichen Eigentum sind dem freien Handelsverkehr entzogen, ein Verkauf ohne vorheriges legislatives Entwidmungsverfahren ist von Grund auf als nichtig anzusehen. Auch ist keine Art der Ersitzung solcher Güter möglich[138].

Daneben bestimmen *Ley 36/1994, de 23 de diciembre, de incorporación al ordenamiento jurídico español de la Directiva 93/7/CEE*[139] und *Ley 16/85, de 25 de junio, del Patrimonio Histórico Español*[140], für dessen Erarbeitung der Fall *Kingdom of Spain v. Christie, Manson & Woods, Ltd.*[141] der Auslöser war, den nationalen Kulturgüterschutz. Als Reaktion auf den genannten Fall enthält Art. 29 Abs. 1 L.P.H.E die zweifellos bedeutsamste Norm des spanischen Rechtssystems zum Schutz von Kulturgütern. Gemäß dieser Vorschrift gehen bewegliche Güter, die Teil des spanischen Kulturerbes sind, im Falle eines Exports ohne die gemäß Art. 5 Abs. 3 L.P.H.E. erforderliche Genehmigung in das Eigentum des spanischen Staates über. Art. 29 L.P.H.E. enthält somit eine originäre Eigentumsdeklaration zugunsten des Staates[142].

---

eine augenblickliche Ersitzung auch an gestohlenen Sachen über den gutgläubigen Erwerb vom Nichtberechtigten statt.

138 *Ibán*, Einführung, S. 113f., vergl. Art. 132 I *Constitución Española* v. 27.12.1978 der eindeutig festlegt, dass „das Gesetz die rechtliche Ordnung des öffentlichen Staats- und Gemeindeeigentums unter Zugrundelegung der Grundsätze der Unveräußerlichkeit, Unverjährbarkeit und Unpfändbarkeit regelt".

139 BOE 24/12/1994, *modifica por la ley 18/1998, de 15 de junio, de modificación parcial de la ley 36/1994*, BOE 16/06/1998.

140 BOE 29/06/1985. Vergl. dazu *Fuentes Camacho*, Tráfico, S. 52. Im folgenden: L.P.H.E.

141 *Kingdom of Spain v. Christie, Manson & Woods, Ltd.*, 1 W.L.R. (1986), 1120.

142 Durch diesen automatischen Eigentumserwerb des Staates an dem betreffenden Objekt wird erreicht, dass der sachenrechtliche Status der geschützten Kulturgüter noch innerhalb des Hoheitsgebietes geprägt wird. Auf diese Weise stellt der Staat sicher, dass er noch vor einem Statutenwechsel eine dingliche Rechtsposition erlangt, die er auch nach der Verbringung der Sache ins Ausland dort gerichtlich durchsetzen kann. Auf diese Weise soll ein Ergebnis wie im Fall *Attorney-General of New Zealand v. Ortiz* (s. oben § 1 II. 1. a.) verhindert werden. Dies ist aber nur dann gewährleistet, wenn man den maßgeblichen Erwerbszeitpunkt gemäß einer zweckorientierten Norminterpretation vor Verlassen des Territoriums ansetzt. S. dazu *Müller-Katzenburg*, Internationale Standards, S. 85, *Fuentes Camacho*, Tráfico, S. 297, 310ff.; *Weidner*, Res extra commercium, S. 75; *Jayme*, ZVglRWiss 95 (1996), 158, 165.

VI. Der Kulturgüterschutz in Frankreich

> *„La France occupe une position forte singulière dans les milieux internationaux du marché de l'art. Pour s'en convaincre, formulons successivement deux hypothèses. La première consiste à écarter les collectionneurs français du marché mondial: on n'observerait guère de changements dans la concurrence internationale, car les collectioneurs privés sont peu nombreux dans ce pays et, pour être avisés, ne disposent pas d'une monnaie forte. La seconde serait de retirer le mobilier français et la peinture française du marché mondial: à coup sur, le marché s'effondrerait, faute de marchandises de qualité à vendre. En bref, la France existe sur le marché mondial non pas par l'importance de son pouvoir d'achat mais à travers les œuvres que'elle a produite.“* [143]
>
> *Jean-Michel Leniaud*

Auch nachdem die bis zum Jahr 1993 recht verstreuten französischen Regelungen über die Ausfuhr von Kulturgut Anfang 1993 zu einem großen Teil reformiert wurden [144], bleibt es für die auf Grund des *Loi sur les monuments historiques* v. 31.12.1913 [145] im öffentlichen, d. h. nationalen Interesse aus historischen, künstlerischen, wissenschaftlichen oder auch technischen Gründen klassifizierten (unter Denkmalschutz gestellten) Gegenstände bei einem automatischen Ausfuhrverbot [146]. Weiter legt Art. 18 Abs. 1 des *Loi sur les monuments historiques* fest, dass ein gutgläubiger Erwerb an klassifizierten Gegenständen nicht möglich ist [147]. Gemäß Art. 20 des Gesetzes hat jedoch jeder gutgläubige Erwerber Anspruch auf Erstattung des von ihm gezahlten Kaufpreises, unabhängig davon, ob die Sache abhanden gekommen ist, und auf welche Art und Weise diese erworben wurde [148]:

---

143 *Leniaud*, Libre Circulation, S. 57.

144 *Loi No. 92-1477 v. 31.12.1992/J.O. 1993, 198* und speziell für Kulturgut *Décret No. 93-124 v. 29.1.1993 „relatif aux biens culturels soumis à certaines restrictions de circulation“* J.O. 1993, 1600.

145 *Loi du 31.12.1913 sur les monuments historiques*. Artikel 8, 12 (in Auszügen) und die in diesem Zusammenhang bedeutsamen Artikel 18–20 des Gesetzes sind abgedruckt bei: Dalloz, Code civil, nach Art. 2279.

146 *Hanisch*, FS Müller-Freienfels, 1996, S. 26 m.w.N. Zum französischen System des Kulturgüterschutzes sehr ausführlich *Carducci*, Restitution, S. 46ff.

147 Art. 18: „Tous les objets mobiliers classés sont imprescriptibles. Les objets classés appartenat à l'État sont inaliénables. Les objets classés appartemant à un departement, à une commune, à un établissement public ou d'utilité publique ne peuvent être aliénés, qu'avec l'autorisation du ministre des Beaux-Arts et dans les formes prévues par les lois règlements. La proprieté ne peut en être transférée qu'à l'État, à une personne publique ou à un établissement d'utilité publique.“ Art. 19: „Les effets du classement suivent l'objet, en quelques mains qu'il passe. Tout particulier qui aliène un objet classé est tenu de faire connaître à l'acquéreur l'existence du classement. Toute aliénation doit, dans les quinze jours de la date de son accomplissement, être notifiée au ministère des Beaux-Arts par celui qui l'a consentie.“.

148 Dies gilt auch für Gegenstände in staatlichem Eigentum; hingegen besteht bei den zur

„L'acquisition faite in violation de l'article 18, deuxième et troisième alinéas, est nulle. [...] L'acquéreur ou sous-acquéreur de bonne foi, entre les mains duquel l'objet est revendiqué, a droit au remboursement de son prix d'acquisition; [...] Les dispositions du présent article sont applicables aux objets perdus et volés."[149]

Nicht klassifizierte, sondern nur geschützte Objekte dürfen mit einer speziellen Erlaubnis ausgeführt werden. Diese Erlaubnis kann dann verweigert werden, wenn die Ausfuhr einen Verlust für das nationale Kulturerbe darstellt, der betreffende Gegenstand gilt dann als *trésor national*[150]. An solchen Gütern in privatem Eigentum besteht dann ein Vorkaufrecht des Staates[151]. Die spezielle Erlaubnis ist als eine Art „Ausweis" des Kunstwerkes für die Ausreise zu sehen, welcher für eine gewisse Zeit vom Eigentümer beantragt werden kann, unabhängig davon, ob das Objekt in absehbarer Zeit exportiert werden soll[152].

Der gutgläubige Erwerb an beweglichen Sachen ist in Art. 2279 französischer C. c. geregelt. Nach Art. 2279 Abs. 2 C. c. ist der gutgläubige Erwerb bei unfreiwilligem Verlust (*vol ou perte*) zunächst ausgeschlossen, doch sind seine Rechtswirkungen lediglich für die Dauer von drei Jahren hinausgeschoben, wobei die Frist mit dem Diebstahl bzw. Verlust des Gegenstandes zu laufen beginnt[153]. Mit Fristablauf erwirbt der gutgläubige Besitzer dann nach Art. 2279 Abs. 1 C. c. Eigentum an der Sache. Innerhalb dieser dreijährigen Ausschluss- bzw. Verwirkungsfrist[154] ist der gutgläubige Erwerber grundsätzlich nach Art. 2279 Abs. 2

---

domaine public zugehörigen Sachen keine solche Ersatzpflicht, vergl. *Thorn,* Mobiliarerwerb, S. 93 FN 123 m.w.N.

[149] Diese Regelung erstreckt sich auch auf klassifizierte Gegenstände in staatlichem Eigentum, die nach Art. 18 II des Gesetzes zudem unveräußerlich (*inaliénables*) sind. Das französische System geht hier aus historischen Gründen von einer sehr weiten Definition des Kulturgutes aus, das als nationales Kultuerbe klassifiziert und vom Export ausgeschlossen werden kann, *Byrne-Sutton/Renold,* Libre circulation, S. 8: „This had led to a situation where, in theory, the French authorities could, without indemnification of the private owner prohibit the export of any work of art considered important for the national cultural patrimony.".

[150] Über diese Qualifikation entscheiden die mit der Kontrolle befassten Instanzen im Rahmen der im *Décret No. 93-124* aufgeführten Kategorien, wenn ein historisches, künstlerisches oder archäologisches Interesse gegeben ist, *Hanisch,* FS Müller-Freienfels, 1996, S. 27.

[151] An dieser Regelung wird kritisiert, dass sie das private Eigentum zu wenig achte und das Kaufrecht des Staates zeitlich beschränkt werden solle, *Raschèr,* Kulturgütertransfer, S. 20 m.w.N.

[152] *Byrne-Sutton/Renold,* Libre circulation, S. 8, s. dazu *Loi No. 92-1477 du 31 décembre 1992 relative aux produits soumis à certaines restrictions de circulation et à la complémentarité entre les services de police, de gendarmerie et de douane, J.O. 1993, 198* und *Décret No. 93-124 du 29 janvier 1993 relatif aux biens culturels soumis à certaines restrictiones de circulation, J.O. 1993, 1600*; vergl. auch *Hanisch,* FS Müller-Freienfels, 1996, S. 26.

[153] *Knott,* Anspruch, S. 59. Bei bösem Glauben des Erwerbers verjährt der Herausgabeanspruch des Eigentümers gemäß Art. 2268 französischer C. c. erst nach 30 Jahren.

[154] Solche Verwirkungsfristen kennen auch das japanische (Art. 193 ZGB: 2 Jahre), das niederländische (Art. 3:86 III BW: 3 Jahre), das polnische (Art. 169 Abs. 2 ZGB: 3 Jahre) und das rumänische Zivilrecht (Art. 1909 ZGB: 3 Jahre), die Frist beginnt stets mit dem Abhanden-

C. c. zur Herausgabe der Sache verpflichtet, ohne dass er vom Berechtigten Erstattung von Aufwendungen verlangen kann. Eine Ausnahme besteht bei privilegierenden Erwerbsumständen: Art. 2280 Abs. 1 C. c. räumt dem Erwerber einen Lösungsanspruch in Höhe des von ihm verauslagten Kaufpreises ein, wenn er die Sache auf einer Messe, einem Markt, in öffentlicher Versteigerung oder bei einem Kaufmann erworben hat, der gewöhnlich derartige Sachen verkauft. Dieser Regelung liegt der Gedanke zugrunde, den offenen und regulären Handel mit Rücksicht auf den dort gegebenen guten Glauben von dem Risiko zu befreien, das die Vindikationsmöglichkeit abhanden gekommener Sachen nach Art. 2279 Abs. 2 C. c. bedeutet. Problematisch ist hierbei allerdings, dass der Lösungsanspruch den Vindikationsanspruch wirtschaftlich weitgehend zugunsten des ordnungsgemäßen offenen Handelsverkehrs entwertet[155].

Das Vorhaben des französischen Außen- und Kulturministeriums, die UNIDROIT-Konvention zu ratifizieren, ist von Anfang an scharfer Kritik von Seiten der französischen Antiquitätenhändler ausgesetzt, die der Meinung sind, Handel und Sammler würden durch die Bestimmungen der Konvention völlig verunsichert[156], da die Fristen für die Geltendmachung eines Herausgabeanspruchs im Gegensatz zu den bestehenden Regelungen radikal verlängert werden. Am 29. 1. 2002 wurde dennoch in erster Lesung von der *Assemblée Nationale* das *projet de loi n 2879* angenommen, dessen einziger Artikel besagt:

> „Est autorisée l'approbation de la convention d'Unidroit sur les biens culturels volés ou illicitement exportés (ensemble une annexe), faite à Rome le 24 juin 1995, et dont le texte est annexé à la présente loi.“[157]

VII. Der Kulturgüterschutz in der Bundesrepublik Deutschland

In Deutschland gilt seit dem 22. 10. 1998 das Kulturgüterrückgabegesetz[158], welches das deutsche Kulturgüterschutzrecht insgesamt reformieren sollte und zugleich die europäische Kulturgüterrichtlinie in nationales Recht umgesetzt hat[159].

---

kommen der Sache zu laufen, unabhängig von der Kenntnis des Berechtigten. Eine Hemmung oder Unterbrechung der Frist ist nicht möglich, *Thorn*, Mobiliarerwerb, S. 232.

155 Vergl. zum ganzen *Hübner/Constantinesco,* Einführung, § 24 2.; *Ferid/Sonnenberger,* Französisches Zivilrecht, Band 2, RN. 3 B 38.

156 *Grimm-Weissert* „Unidroit-Konvention. Französische Opposition“, HB v. 23. 10. 2001, 47.

157 S. http://www.assemblee-nat.fr/ta/ta0767.asp.

158 Kulturgüterrückgabegesetz – Gesetz zur Umsetzung der Richtlinie 93/7/EWG des Rates über die Rückgabe von unrechtmäßig aus dem Hoheitsgebiet eines Mitgliedstaates verbrachten Kulturgütern und zur Änderung des Gesetzes zum Schutz deutschen Kulturgutes gegen Abwanderung, BGBl. 1998 I, 3162 ff., Anhang III. 2.

159 *Flashar*, Bewahren als Problem, S. 15.

Weiterhin ist der Kulturgüterschutz durch das Gesetz zum Schutz deutschen Kulturguts gegen Abwanderung ins Ausland vom 6. 8. 1955 (KultSchG)[160] geregelt, dessen Ziel es ist, Kunstwerke und anderes Kulturgut, dessen Abwanderung aus dem Geltungsbereich dieses Gesetzes einen wesentlichen Verlust für den deutschen Kulturbesitz bedeuten würde, im Land zu sichern[161]. Dieses Gesetz wurde durch das Kulturgüterrückgabegesetz geändert. Daneben finden sich aber auch im Bürgerlichen Gesetzbuch und im Kollisionsrecht für Kulturgüter bedeutsame Vorschriften.

1. Die Regelungen des BGB

Das deutsche Kaufrecht macht keinen Unterschied zwischen dem Verkauf einer gewöhnlichen Sache und dem Verkauf eines unersetzlichen Kunstwerkes[162]. Im Rahmen des gutgläubigen Erwerbes kommt es nur darauf an, ob die Sache ihrem Eigentümer abhanden gekommen ist und unter welchen Umständen sie erworben wurde[163]. Auch das deutsche Verjährungsrecht weist diese empfindliche Lücke auf: Es unterscheidet – ebenso wie auch das Ersitzungsrecht – nicht danach, ob eine alltägliche Sache oder aber ein kostbares Kulturgut Gegenstand der Herausgabeklage oder der Ersitzung ist[164].

a. Gutgläubiger Erwerb

Der gutgläubige Erwerb beweglicher Sachen ist in den §§ 932ff. BGB geregelt. Ein gutgläubiger und lastenfreier Eigentumserwerb beweglicher Sachen vom dem als Nichtberechtigten verfügenden Besitzer ist grundsätzlich möglich. § 935 Abs. 1 schließt jedoch den gutgläubigen Erwerb an abhanden gekommenen Sachen aus[165]. Hiervon ausgenommen sind gemäß § 935 Abs. 2 BGB Geld und

---

[160] Anhang III. 1.

[161] Vergl. § 1 Abs. 1 KultSchG.

[162] S. dazu *Heinbuch*, International sales, S. 195f.

[163] So konnte auch das Siegeltypar, das die Freie und Hansestadt Hamburg von 1306 bis 1810 benutzte, von einer Antiquitätenhändlerin auf einer öffentlichen Versteigerung gutgläubig gemäß § 935 Abs. 2 BGB erworben werden (Urt. des BGH v. 5.10.1989, IX ZR 265/88 (Köln), NJW 1990, 899ff.; *Schmidt*, JuS 1990, 411f.). Im Rahmen dieser Vorschrift wird ein aus einem Museum entwendetes Meisterwerk ebenso behandelt wie ein in der Bahn vergessener Regenschirm, *Mußgnug*, Mußgnug/Roellecke, S. 26. Nachdem der BGH entschieden hatte, dass die Beklagte gutgläubig Eigentum am Siegel erworben hatte, beschritt die Sache den Verwaltungsrechtsweg. Unter Berufung auf die öffentliche Widmung des Siegels erreichte die Stadt Hamburg einen Überraschungserfolg vor dem VG Köln (Urt. des VG Köln v. 20. 3. 1991, 8 K 4501/89, NJW 1991, 2584: *Manssen*, JuS 1992, 745), scheiterte jedoch vor dem OVG Münster (Urt. v. 25. 2. 1993, 20 A 1289/91, NJW 1993, 2635) und auch dem BVerwG (Beschluß v. 12. 8. 1993, 7 B 86/93 Münster, NJW 1994, 144).

[164] S. dazu unten § 4 VII. 1. c., d.

[165] Das deutsche Recht unterscheidet hierbei strikt zwischen den einem Gewährsmann anvertrauten und den ihrem Eigentümer abhanden gekommenen Sachen. An ersteren ist ein gut-

Inhaberpapiere sowie Sachen, die im Wege einer öffentlichen Versteigerung veräußert wurden. Gemäß der Rechtssprechung des BGH[166] ist vom Begriff der öffentlichen Versteigerung des § 383 Abs. 3 Satz 1 BGB auch jede Versteigerung, die öffentlich von einem nach § 34b Abs. 5 GewO bestellten Versteigerer vorgenommen wird, erfasst[167]. In der zitierten Entscheidung wurde auch eine gewerbliche Kunstauktion unter den Anwendungsbereich des § 935 Abs. 2 subsumiert. Eine weitere Privilegierung des Erwerbs im Handel existiert nicht[168].

Als abhanden gekommen i.S.d. § 935 Abs. 1 BGB gelten Sachen, die dem unmittelbaren Besitzer gegen seinen Willen oder ohne sein Wissen entzogen wurden[169]. Wenn eine Sache einmal abhanden gekommen ist, so ist auch für die Zukunft ein gutgläubiger Erwerb an ihr ausgeschlossen[170]. Die Eigentumsrechte des ursprünglichen Eigentümers eines gestohlenen Kulturgutes gehen somit durch den Erwerb eines am Diebstahl unbeteiligten und gutgläubigen Käufers nicht unter, es sei denn, er erwirbt das betreffende Kulturgut auf einer öffentlichen Versteigerung.

b. Ansprüche auf Herausgabe abhanden gekommener Kunstgegenstände

Wurde dem Eigentümer eines Kulturgutes der Besitz dieses Gutes entzogen, hat er einen Anspruch auf Herausgabe gegen den Besitzer nach § 985 BGB. Dieser Vindikationsanspruch ist begründet, wenn der Besitzer kein Recht zum Besitz hat, § 986 Abs. 1 BGB[171]. Im Fall eines gestohlenen Kulturgutes kann sich der Besitzer weder auf ein dingliches noch auf ein schuldrechtliches Besitzrecht gegenüber dem Eigentümer berufen. Das Problem bei der Wiedererlangung gestohlener Kulturgüter ist somit der Zeitablauf entweder in Form der Verjährung des Herausgabeanspruchs oder in Form der Ersitzung[172].

---

gläubiger Erwerb möglich. Diesen Umstand versuchte sich der Beklagte im Fall *Kunstsammlungen zu Weimar v. Elicofon* zugute zu machen, s. unten § 4 VII. 2. c. Nach *Kohler*, Deutsche Juristen-Zeitung 1904, 771, 777, sollten bedeutende Kulturgüter ganz dem Anwendungsbereich der §§ 932ff. entzogen werden.

166 Vergl. BGH, Urt. v. 5.10.1989, IX ZR 265/88 (Köln), NJW 1990, 899ff.

167 S. auch *Wenzel*, MK, BGB, 2a, § 383 RN. 6.

168 Gemäß § 366 Abs. 1 HGB wird lediglich der Gegenstand des guten Glaubens, der ansonsten auf das Eigentum des Veräußerers begrenzt ist, auf dessen Verfügungsbefugnis ausgedehnt, *Thorn*, Mobiliarerwerb, S. 45.

169 *Bassenge*, Palandt, BGB, § 935 RN. 3; *Wiegand,* Staudinger, BGB, § 935 RN. 4; *Quack*, MK, BGB, 6, § 935 RN. 5; *Kindl*, Bamberger/Roth, BGB, 3, § 935 RN. 3; *Schwab/Prütting*, Sachenrecht, RN. 433.

170 *Schwab/Prütting*, Sachenrecht, RN. 435.

171 Vergl. § 986 Abs. 1 Satz 1 BGB, *Fritsche*, Bamberger/Roth, BGB, 2, § 985 RN. 2; *Schwab/Prütting*, Sachenrecht, RN. 513.

172 *Richard/Junker*, Jura 1985, 415, 422.

c. Verjährung

„Praktischer Umgang mit den Dingen und viele schmerzliche Erfahrungen haben mich aber zu der Überzeugung gebracht, dass das öffentliche Kulturgut in den deutschen Museen, Bibliotheken und Archiven besser als bisher vor unfreiwilligem Eigentumswechsel, vor dem Verlust von Restitutionsansprüchen durch schlichten Zeitablauf und anderen nachteiligen Folgen unseres einseitig auf Rechtsfrieden bedachten Systems geschützt werden muß."[173] *Prof. Dr. Werner Knopp*

Der Rechtsfrieden soll dadurch gewahrt werden, dass der Verpflichtete gemäß §214 Abs. 1 BGB mit Ablauf der Verjährungsfrist seine Leistung verweigern darf[174]. Die regelmäßige Verjährungsfrist des deutschen Zivilrechts beträgt nach dem Gesetz zur Modernisierung des Schuldrechts[175] gemäß § 195 BGB drei Jahre, Herausgabeansprüche aus Eigentum unterliegen nicht der regelmäßigen Verjährungsfrist und verjähren gemäß § 197 Abs. 1 Nr. 1. BGB in 30 Jahren[176]. Während im Rahmen der regelmäßigen Verjährungsfrist gemäß § 199 Abs. 1 Nr. 2 BGB Rücksicht auf die Kenntnismöglichkeiten des Gläubigers genommen wird, sind Beginn, Lauf und Vollendung der dreißigjährigen Verjährungsfrist, von eng begrenzten Hemmungs- und Unterbrechungstatbeständen abgesehen, unabhängig von der Redlichkeit des früheren oder des neuen Besitzers und von der Kenntnis des Eigentümers von der Person des Besitzers und vom Lageort der Sache[177].

Es stellt sich hierbei die Frage, ob angesichts der heutigen Situation, in der auch sechzig Jahre nach Ende des zweiten Weltkrieges immer wieder verschollene Kunstwerke auftauchen, die letztlich auf praktischen Erwägungen beruhende Regelung des Rechts der Verjährung des ausgehenden 19. Jahrhunderts der Interessenlage der Beteiligten (noch) angemessen Rechnung trägt, oder ob nicht *lege ferenda* eine die heutigen Interessen und Bedürfnisse des Verkehrs berücksichtigende Anpassung des Gesetzes in den durch das Rechtstaatsprinzip gezogenen Grenzen sinnvoll und notwendig ist[178].

---

173 *Knopp*, Mußgnug/Roellecke, S. 7.

174 *Peters*, Staudinger, BGB, § 194 RN. 23.

175 Gesetz zur Modernisierung des Schuldrechts v. 26.11.2001, BGBl. 2001 I, 3138 ff.

176 Hierunter fällt der Herausgabeanspruch des Eigentümers gegen den Besitzer aus § 985 BGB, nicht von der Regelung des § 197 Abs. 1 1. BGB erfasst sind Ansprüche aus dem Besitz, *Peters*, Staudinger, BGB, § 197 RN. 8; *Heldrich*, Bamberger/Roth, BGB, 1, § 197 RN. 4, 5; *Schmidt-Räntsch*, Erman, BGB, I, § 197 RN. 4; *Heinrichs*, Palandt, BGB, § 197 RN. 2.

177 *Peters*, Staudinger, BGB, § 197 RN. 1; *von Plehwe*, KUR 2001, 49; s. dazu oben § 3 X. 2.

178 So *von Plehwe*, KUR 2001, 49.

aa. Die Auswirkungen der Schuldrechtsreform[179]

Nachdem bereits im Jahr 1975 der Vorschlag, durch eine partielle Änderung von Vorschriften des Bürgerlichen Gesetzbuches wenigstens für Kulturgut von herausragendem Wert für den deutschen Kulturbesitz die drohende Verjährung des Herausgabeanspruchs abzuwenden, vom Bundesjustizminister mit dem Hinweis auf die immense Bedeutung des Rechtsfriedens abgelehnt worden war[180], wurde mit dem Gesetz zur Modernisierung des Schuldrechts vom 26.11.2001 die Chance vertan, im Rahmen der Neuregelungen eine Änderung der Verjährungsvorschriften insofern zu bewirken, dass gestohlene oder abhanden gekommene Sachen bzw. Kulturgüter keiner oder einer längeren Verjährungsfrist unterliegen[181].

Während die Reform des Schuldrechts über Jahre vorbereitet wurde, ohne dass den Betroffenen in den Museen deutlich war, dass die Reform auch für den Rechtsschutz von Kulturgut entscheidende Bedeutung hat, wurden erst kurz vor der Verabschiedung des Gesetzes Institutionen wie der Deutsche Museumsbund und die Kulturstiftung der Länder gewahr, dass mit dieser Reform auch ihre Interessen berührt wurden[182]. Die außerordentliche Bedeutung der Verjährungsfristen für Kunstwerke ergibt sich daraus, dass Eigentümer von anderen Mobilien – wie etwa von Gebrauchtwagen – nach dreißig Jahren wenig Interesse an der Herausgabe des Gutes haben dürften, Kulturgüter jedoch in der Regel mit den Jahren an Wert gewinnen[183].

---

179 Gesetz zur Modernisierung des Schuldrechts v. 26.11.2001, BGBl. 2001 I, 3138ff.

180 *Knopp*, Mußgnug/Roellecke, S. 7f. Der ehemalige Präsident der Stiftung Preußischer Kulturbesitz hatte im Jahr 1975 – kurz vor dem Ablauf der Verjährungsfrist für Herausgabeansprüche auf die in den Nachkriegswirren aus Bergwerkstollen in Thüringen geplünderten Archive des Preußischen Geheimen Staatsarchives – dem Bundesminister der Justiz brieflich die Lage geschildert und zu erwägen gebeten, ob nicht durch ein partielle Änderung von Vorschriften des BGB wenigstens für Kulturgüter von besonderer Bedeutung die drohende Verjährung abgewendet werden könne. Der Justizminister antwortete daraufhin, der Rechtsfriede sei ein außerordentlich hohes Gut, das auch gegenüber dem befürchteten endgültigen Verlust wertvoller Kulturgüter geschützt werden müsse.

181 Zu denkbaren Rechtsänderungen vergl. die Vorschläge *von Plehwes*, KUR 2001, 49, 55ff.

182 *von Welck* (Generalsekretärin der Kulturstiftung der Länder), Museumskunde, Band 67, 1/2002, 8: Dass nach der Verabschiedung des Gesetzes durch den Bundestag auch der Bundesrat am 9.11.2001 das Gesetz zur Modernisierung des Schuldrechts und damit die Verjährung von Herausgabeansprüchen gebilligt und nicht den Vermittlungsausschuss angerufen habe, zeige, dass die Tragweite dieser Entscheidung für den Rechtsschutz von Kulturgut entweder nicht erkannt worden oder aber diese Frage nicht wichtig genug gewesen sei. Die ganze Debatte um den Rechtsschutz von Kulturgut mache aber deutlich, dass die Verantwortlichen für Schutz von Kulturgut (wie die Kulturstiftung der Länder) sich intensiver auch mit den juristischen Fragen, die diesen betreffen, beschäftigen müssten.

183 *Siehr*, Museumskunde, Band 67, 1/2002, 12; *Kathmann*, Museumskunde, Band 67, 1/2002, 41, 43.

Die Regelung des § 197 BGB n. F. bringt inhaltlich keine Neuerung, doch wurde die bisher durch Auslegung zu ermittelnde Geltung der dreißigjährigen Verjährungsfrist des § 195 BGB a. F. für Herausgabeansprüche aus Eigentum[184], nun ausdrücklich in § 197 Abs. 1 Nr. 1 BGB festgeschrieben. § 197 Abs. 1 Nr. 1 BGB beinhaltet nunmehr ein gesetzlich verbrieftes uneingeschränktes Verjährungsrecht von Herausgabeansprüchen aus Eigentum nach Ablauf von dreißig Jahren[185]. Die Gewissheit für den Erwerber, nach dreißig Jahren unbestreitbares Eigentum an einem Kulturgut zu erlangen, kann die Absatzchancen in den Grau-Bereichen des Kunstmarktes erhöhen, was den Zielen des internationalen Kulturgüterschutzes eklatant widerspricht. Diese in Bezug auf gestohlene Kulturgüter äußerst unbefriedigende Regelung[186] würde im Anwendungsbereich der UNIDROIT-Konvention zugunsten erheblich längerer Verjährungsfristen überwunden[187].

bb. Hemmung der Verjährung

Eine den Interessen des Kulturgüterschutzes entsprechende Lösung könnte unter Umständen erreicht werden, wenn in Fällen der Unkenntnis des Eigentümers eines abhanden gekommenen Kunstwerkes von der Person des Besitzers und vom Lageort der Sache der Ablauf der Verjährungsfrist gehemmt wäre. Doch tritt, wenn der Geltendmachung des Anspruchs ein tatsächliches Hindernis entgegen steht, grundsätzlich keine Hemmung der Verjährung ein; eine Ausnahme gilt nur bei höherer Gewalt gemäß § 206 BGB. An die Annahme höherer Gewalt sind dabei strenge Anforderungen zu stellen, um die von der Verjährung bezweckte objektive Rechtssicherheit nur in Fällen einzuschränken, in denen der Verjährungseintritt zu unzumutbaren Härten gegenüber dem Gläubiger führen würde[188].

---

[184] *Grothe*, MK, BGB, 1, § 195 RN. 13.

[185] Kritisch zur Neuregelung *Kathmann*, Museumskunde, Band 67, 1/2002, 41, 42, der davon ausgeht, dass dadurch die Geltendmachung des Einwandes des Rechtsmissbrauchs gegenüber der Einrede der Verjährung erheblich erschwert wird.

[186] Vergl. dazu *Knopp*, Mußgnug/Roellecke, S. 7: „Äußerst beklagenswert ist die Verjährung des Herausgabeanspruchs gegen den unrechtmäßigen Besitzer – bis hin zum Dieb oder Hehler –, die in der Regel 30 Jahre nach dem Abhandenkommen eintritt.“. Auch die Richter des englischen *High Court* erachteten in ihrer Entscheidung über die Rückgabe eines *Wtewael*-Gemäldes (*City of Gotha v. (1) Sotheby's and (2) Cobert Finance S. A. and Federal Republic of Germany v. (1) Sotheby's and (2) Coberts Finance S. A., High Court (per Moses J.)*; v. 9.9.1998) die Länge der deutschen Verjährungsfrist von 30 Jahren für einen effektiven Schutz von bedeutenden Kulturgütern als nicht ausreichend, vergl. *Finkenauer*, JZ 2000, 241, 242. Zu diesem richtungweisenden Fall s. auch *Jayme*, Kunstwerk, S. 210ff.; *Thibaut* „Kunstdiebstahl. Auswirkungen der Unidroit-Konvention. Eine Zeitbombe gegen den Kunstbesitz“, HB v. 24.11.1995, Galerie 5.

[187] Vergl. Art. 3 Abs. 3, 4, 5 und Art. 5 Abs. 5 UNIDROIT-Konvention.

[188] *Plambeck*, Verjährung, S. 98; Vergl. Urt. des BGH v. 7.5.1997, VIII ZR 253/96, NJW 1997, 3164.

Der Begriff der „höheren Gewalt"[189] des § 206 BGB setzt voraus, dass das Hindernis auf Ereignissen beruht, die auch durch die äußerste, billigerweise zu erwartende Sorgfalt nicht verhütet werden konnten, schon das geringste Verschulden schließt höhere Gewalt aus[190]. Das BGB versagt nach gefestigter Rechtsprechung des Bundesgerichtshofes[191] grundsätzlich den tatsächlichen Hindernissen in Gestalt der verschuldeten oder auch unverschuldeten Unkenntnis, der tatsächlichen Erschwerung oder Unmöglichkeit der Geltendmachung die Anerkennung[192]. Begründet wird dies in den Motiven zum BGB damit, dass die Verjährbarkeit eines Anspruches aus Gründen der Vorhersehbarkeit und Rechtssicherheit nicht von Kenntnis oder Unkenntnis des Berechtigten abhängen dürfe:

> „Soll die wohltätige Wirkung der Verjährung nicht für zahlreiche Fälle versagen, so muß in der Berücksichtigung tatsächlicher Hindernisse der Geltendmachung thunlichst Maß gehalten werden. Insbes. darf der Unkenntniß des Bereichtigten in betreff der Zuständigkeit des Anspruchs oder der Person des Verpflichteten Einfluß auf den Beginn oder Lauf der Verjährung in der Regel nicht eingeräumt werden. Mit gutem Grund hat schon das römische Recht hiervon abgesehen: *nulla scientia vel ignorantia expectanda, ne altera dubitationis inextricabilis criatur occassio* (1. 12 § 3 C. 7, 33). Die Berücksichtigung des Nichtwissens oder des Irrthumes macht die Erreichung des festzuhaltenden Zieles, den Beginn der Verjährung in einer Zweifel möglichst ausschließenden Weise festzusetzen, unmöglich. Sie führt ferner im Ergebnis dazu, daß ein Anspruch je nach Kenntniß oder Unkenntniß des Berechtigten zu einem verjährbaren oder unverjährbaren wird. Die Strenge, welche in der Nichtberücksichtigung der Unkenntniß liegt, trifft auch den Berechtigten nicht so schwer, als es vielleicht scheinen mag. Bei der ordentlichen Verjährung wird es nur selten vorkommen, daß der Berechtigte während der ganzen Verjährungsfrist ohne die erforderliche Kenntniß bleibt."[193]

---

[189] Vergl. zum Begriff auch die Neufassung des § 7 Abs. 2 StVG, wo dieser den Begriff des unabwendbaren Ereignisses ersetzt hat (Gesetz zur Änderung des Straßenverkehrsgesetzes v. 14. Januar 2004, BGBl. 2004 I,74).

[190] *Grothe*, MK, BGB, 1, § 203 RN. 3; *Henrichs*, Palandt, BGB, § 206 RN. 2, 4.

[191] BGH, Urt. v. 10. 4. 1968, V ZR 13/65, NJW 1968, 1381, 1382; BGH, Urt. v. 16. 6. 1982, IVb ZR 720/80, MDR, 1982, 998, 999; BGH, Urt. v. 28. 4. 1995, LwZR 9/94, BGHZ 129, 282, 289. Die Unkenntnis des Berechtigten vom Bestehen seines Anspruchs stellt nach dieser Rechtsprechung auch dann keine höhere Gewalt im Sinne des § 206 BGB dar, wenn die Unkenntnis auf höherer Gewalt beruht, weil die Hemmung den an sich vorhandenen Willen zur Geltendmachung des Rechts voraussetzt. S. auch *Dörner*, Hk-BGB, § 206 RN. 1; *Henrich*, Bamberger/Roth, BGB, 1, § 206, RN. 6; *Grothe*, MK, BGB, 1, § 203 RN. 8. Schon das RG befand, dass die Unkenntnis vom Aufenthaltsort des Verpflichteten keine Hemmung der Verjährung begründe RG, Urt. v. 29. 9. 1927, VI 37/27, RGZ 118, 141, 143.

[192] Anders als das römische Recht und das BGB erkannte das Preußische ALR, die Hemmung der Verjährung aus tatsächlichen Gründen wie der Unkenntnis von der Person des Besitzers oder dem Lageort der Sache an, *von Plehwe*, KUR 2001, 49, 51.

[193] *Mugdan*, Materialien zum BGB, Motive zum Allgemeinen Theile: Anspruchsverjährung. §§ 164, 165, S. 526.

Auch die Belegenheit des Vindikationsobjektes bei Ablauf der Verjährungsfrist im Ausland begründet keine Verjährungshemmung, es sei denn, dem deutschen Eigentümer ist die Rechtsverfolgung im Ausland beispielsweise durch einen kriegsbedingten Stillstand der Rechtspflege objektiv verwehrt[194]. Der Eigentümer eines verschollenen Kunstwerkes wird sich somit in der Regel gegenüber dem Besitzer nicht auf eine Hemmung der Verjährung berufen können.

cc. Auswirkung auf das Eigentum

Festzuhalten ist jedoch, dass die Verjährung den Bestand des Rechts, des Eigentums, unberührt lässt, da das deutsche Recht keine akquisitive Verjährung mit der Folge des Rechtsverlustes oder des Rechtsüberganges kennt[195]. Das Eigentum ist zwar nach Ablauf der Verjährungsfirst ein *dominium sine re*, doch nicht völlig wertlos[196]. So muss beispielsweise eine Klage auf Feststellung des Eigentums trotz eingetretener Verjährung Erfolg haben, sofern nicht das Eigentum inzwischen durch Ersitzung verloren wurde[197]. Eine solche Feststellung anderweitigen Eigentums kann – ähnlich wie die Klage auf Feststellung des illegalen Exportes im Fall *Kingdom of Spain v. Christie, Manson & Woods, Ltd.*[198] – im Kunsthandel, wo die Provenienz eines Kunstwerkes ein äußerst wichtiges Kriterium für seinen Wert ist[199], ein beachtliches Handelshemmnis darstellen und den betreffenden Gegenstand faktisch zu einer *res extra commercium* machen[200].

---

194 Wobei hier jedoch die *Situs*-Regel zu beachten ist und sich Frist, Beginn, Hemmung und Unterbrechung der Verjährung bis zu diesem Zeitpunkt nach dem Recht des Landes richten, in dem sich die Sache befindet, s. *Plambeck*, Verjährung, S. 98ff. Die Wirren des Zweiten Weltkrieges und der Nachkriegszeit können sich jedoch heute weder über § 206 BGB noch über spezielle Vorschriften über die kriegsbedingte Hemmung hemmend auf den Verjährungsablauf eines Herausgabeanspruch auswirken, da die Normen des BGB in diesem Fall durch spezielle Sonder-Hemmungsvorschriften verdrängt wurden, die wiederum durch das Kriegsverjährungsschlussgesetz v. 28.12.1950 mit der Folge aufgehoben wurden, dass die Verjährung eines Anspruchs, die nicht bis zum 31.3.1951 vollendet war, als gar nicht gehemmt anzusehen ist. S. dazu auch *von Plehwe*, KUR 2001, 49, 52.

195 *von Plehwe*, KUR 2001, 49, 53.

196 Zu den weiteren verbleibenden Ansprüchen des Eigentümers gegen Dritte und den Besitzer s. *Plambeck*, Verjährung, S. 184ff., 194ff. Wird beispielsweise der betreffende Gegenstand dem Besitzer gestohlen, steht dem Eigentümer ein durchsetzbarer, unverjährter Herausgabeanspruch aus § 985 BGB gegen den neuen Besitzer zur Verfügung.

197 *von Plehwe*, KUR 2001, 49, 53.

198 *Kingdom of Spain v. Christie, Manson & Woods, Ltd.*, 1 W.L.R. (1986), 1120 (Ch. D.), s. oben § 1 II. 1.

199 S. *Goepfert*, Kunsthandel, S. 22.

200 *von Plehwe*, KUR 2001, 49, 53. So war auch das Gemäldes „Portrait sur Fond Jaune" von *Henri Matisse* für die Genfer Galeristin *Marie Louise Jeanneret* unverkäuflich, da es ohne Ausfuhrgenehmigung aus Italien exportiert worden war. Ihr wurde von italienischen Museen und Behörden der unerlaubte Besitz italienischen Kulturguts vorgeworfen. Die Beklagte *Anna Vichey* lehnte die Rückgängigmachung des Kaufvertrages wegen tatsächlicher Unver-

Weiterhin kann der Eigentümer auch nach Verjährung des Herausgabeanspruchs einen vollwertigen Zahlungsanspruch erlangen, wenn der Besitzer gegen Entgelt wirksam über den betreffenden Gegenstand verfügt. Gerade bei Kulturgütern ist eine solche Weiterveräußerung nicht unwahrscheinlich, da diese oftmals nicht nur für den Besitzer, sondern auch für Dritte von Interesse sind[201]. So kann ein Bereicherungsanspruch gemäß § 816 Abs. 1 Satz 1 BGB entstehen, neben den gegebenenfalls ein Anspruch aus Geschäftführung ohne Auftrag nach §§ 681 Satz 2, 667 oder aus angemaßter Eigengeschäftsführung aus § 687 Abs. 2 Satz 1 BGB tritt, wenn ein bösgläubiger Eigenbesitzer die Verfügung als eigenes Geschäft vornimmt, obwohl er weiß, dass er dazu nicht berechtigt ist[202]. Zu bedenken ist dabei jedoch, dass es zwar für den Juristen von Bedeutung sein mag, dass der unrechtmäßige Besitzer eines abhanden gekommenen Gegenstandes auch nach dem Ablauf der Verjährungsfrist niemals Eigentümer des betreffenden Gegenstandes werden und auch seinen späteren Abnehmern nie das Eigentum daran verschaffen kann, dem in dieser Hinsicht unbefangenen „Kunstfreund" oder dem Händler dieser Umstand jedoch in der Regel gleichgültig ist und es ihm genügt, wenn er den Gegenstand behalten und ungehindert weiter veräußern kann[203].

dd. Einwand des Rechtsmissbrauchs

Wird zwar eine Hemmung der Verjährung regelmäßig abzulehnen sein, kann in den Fällen, in denen ein Kunstwerk lange Zeit nach seinem Abhandenkommen wieder auftaucht, der Einrede der Verjährung unter Umständen der aus Treu und Glauben nach § 242 BGB abgeleitete Einwand der unzulässigen Rechtausübung[204] entgegen stehen. Der Einwand der unzulässigen Rechtsausübung greift nicht nur dann durch, wenn der Schuldner die rechtzeitige Klageerhebung arglistig erschwert hat, sondern auch dann, wenn der Schuldner den Gläubiger durch sein Verhalten, sei es auch unabsichtlich, von der rechtzeitigen Erhebung der Klage gegen ihn abgehalten hat[205]. Ein unbeabsichtigtes Verhalten ist dann

---

käuflichkeit jedoch ab und *Jeanneret* klagte auf Rückzahlung des Kaufpreises und *punitive damages*. S. *Jeanneret v. Vichey*, 541 F. Supp., 80, S.D.N.Y. 1982, 12.1.1982, No. 77 Civ. 3401; *reserved and remanded* 693 F. 2nd, 259 (2nd Cir. 1982), Urt. v. 12.11.1982, No. 59, Docket 82-7203.

201 *Plambeck*, Verjährung, S. 221.

202 *Plambeck*, Verjährung, S. 222, 226.

203 *Knopp*, Mußgnug/Roellecke, S. 8.

204 Jeder Rechtsnorm liegen eine bestimmte Interessenlage und Zweckrichtung zugrunde, aus der sich inhaltliche Geltungsgrenzen ergeben, an denen jede Rechtsausübung zu messen ist, *Rüthers/Stadler*, BGB, AT, § 7 RN. 2. Grundsätzlich zur unzulässigen Rechtsausübung s. *Roth*, MK, BGB, 2a, § 242 RN. 176 ff., zur Erhebung der Verjährungseinrede als *venire contra factum proprium*, RN. 257.

205 Ständige Rechtssprechung, vergl. beispielsweise Urt. des BGH v. 10.5.1984, I ZR 52/82 (Köln), NJW 1985, 2411, 2412; Urt. des BGH v. 7.5.1991, XII ZR 146/90 (Hamburg), NJW-

ausreichend, wenn es für die Unterlassung einer rechtzeitigen Klageerhebung ursächlich ist und die spätere Verjährungseinrede unter Berücksichtigung aller Umstände des Einzelfalls mit dem Gebot von Treu und Glauben unvereinbar ist[206]. Der Einwand der unzulässigen Rechtsausübung greift jedoch nur dann durch, wenn die Untätigkeit des Gläubigers gerade auf das Verhalten des Schuldners zurückzuführen ist[207]. Zu berücksichtigen ist auch eigenes Verschulden des Eigentümers, wie das Versäumnis den Diebstahl zu melden und den gestohlenen Gegenstand in ein *Art Loss Register* eintragen zu lassen.

Zu beachten ist hierbei weiter, dass der Vertrauensschutz zugunsten des Gläubigers nur so lange gilt, wie die den Einwand der unzulässigen Rechtsausübung begründenden tatsächlichen Umstände fortdauern. Nach dem für den Gläubiger erkennbaren Fortfall dieser Umstände muss er seinen Anspruch in einer angemessenen Frist, die ebenfalls nach Treu und Glauben zu bestimmen ist, geltend machen[208]. Es ist also stets im Einzelfall zu prüfen, ob die Erhebung der Verjährungseinrede des Besitzers in besonderem Maße treuwidrig ist[209]. Zu denken ist insbesondere an Fälle, in denen Kunstwerke bewusst lange Zeit im Verborgenen gehalten wurden, um ihr Wiederauffinden zu erschweren oder gerade einem möglichen Herausgabeanspruch des Eigentümers die Einrede der Verjährung entgegen halten zu können. Aber auch eine unbeabsichtigte Verhinderung der Klageerhebung kann ausreichend sein. Dies kann sich im Einzelfall aus der fehlenden Berücksichtigung der im Kunsthandel notwendigen Sorgfaltserfordernisse ergeben.

Zusammenfassend ist zu festzuhalten, dass der Einrede der Verjährung zwar nur in eng begrenzten Fällen der Einwand der unzulässigen Rechtsausübung entgegengehalten werden kann[210], denn die Untätigkeit des Eigentümers muss gerade

---

RR 1991, 1033, 1034; Urt. des BAG v. 18.3.1997, 9 AZR 130/96 (Schleswig-Holstein), NJW 1997, 3461, 3462; Urt. des BGH v. 12.6.2002, VIII ZR 187/01 (Hamm), NJW 2002, 3110, 3111; *Johannsen*, BGB – RGRK, 1, § 222, RN. 10. 11.

206 *Grüneberg*, Bamberger/Roth, BGB, 1, § 242, RN. 113. Vergl. das Urt. des BGH v. 12.6.2002, VIII ZR 187/01 (Hamm), NJW 2002, 3110, 3111.

207 *Johannsen*, BGB – RGRK, 1, § 222, RN. 11.

208 *Grüneberg*, Bamberger/Roth, BGB, 1, § 242, RN. 113; Vergl. Urt. des BGH v. 6.12.1990, VII ZR 126/90 (Düsseldorf), NJW 1991, 974, 975.

209 Nach *Plambeck*, Verjährung, S. 148, ist auch zu prüfen, ob die Tatsachen, die die Unzulässigkeit der Berufung auf die Verjährung begründen würden, bereits durch das Verjährungsrecht selbst beispielsweise im Rahmen der Hemmung der Verjährung berücksichtigt wurden.

210 Dagegen führte der englische *High Court* im Urteil über ein Gemälde des Manieristen *Joachim Wtewael* aus (*City of Gotha v. (1) Sotheby's and (2) Cobert Finance S. A. and Federal Republic of Germany v. (1) Sotheby's and (2) Coberts Finance S. A., High Court (per Moses J.)*; v. 9.9.1998), dass es grundsätzlich dem englischen *ordre public* widerspräche, wenn sich ein Dieb oder bösgläubiger Erwerber auf den Ablauf der Verjährungsfrist berufen könne, vergl. *Finkenauer*, JZ 2000, 241, 242.

auf dem Verhalten des Besitzers beruhen, auch wenn dieser den Eigentümer unabsichtlich von der Klageerhebung abgehalten hat. Doch begründet das bewusste Verheimlichen des Aufenthaltes des betreffenden Gegenstandes, welches gerade im „Grau-Bereich" des Kunsthandels ein häufiges Phänomen ist[211], in jedem Fall die Einrede der Arglist.

d. Ersitzung

Neben der Verjährung kommt im Bereich der Ansprüche auf Herausgabe abhanden gekommener Kulturgüter dem Rechtsinstitut der Ersitzung besondere Bedeutung zu. Wenn derivative Erwerbstatbestände im Falle gestohlener oder sonst abhanden gekommener Kulturgüter an § 935 Abs. 1 BGB scheitern, kann der originäre Erwerbsvorgang der Ersitzung gemäß § 937 BGB zu beachten sein[212]. Die Voraussetzungen der Ersitzung sind der Eigenbesitz des Ersitzenden, § 937 Abs. 1, guter Glaube an den Eigenbesitz gemäß § 937 Abs. 2 und und der Ablauf der Ersitzungsfrist, die gemäß § 937 Abs. 1 BGB zehn Jahre beträgt und nach den §§ 187ff. BGB berechnet wird[213]. Der Erwerb des Eigentums tritt mit Ablauf der Ersitzungszeit kraft Gesetzes ein[214].

Hinsichtlich des erforderlichen guten Glaubens an den Eigenbesitz ist zu differenzieren: Während später nur positive Kenntnis schadet, hindert im Zeitpunkt des Besitzerwerbs auch grobe Fahrlässigkeit die Gutgläubigkeit des Ersitzenden. Beim Erwerb ist somit eine Prüfung mit verkehrsmäßiger Sorgfalt notwendig[215].

---

[211] Vergl. *von Plehwe*, KUR 2001, 49, 54: „Wird dagegen die Rechtsverfolgung aktiv vereitelt, etwa auch die Sache bewusst hin- und hergeschoben, werden Strohleute dazwischengeschaltet, um die Rechtsverfolgung zu nicht verjährter Zeit zu verhindern, so wird man ohne weiteres den Einwand des Rechtsmissbrauches gegenüber der dann nach dem Ablauf der rechnerischen Verjährungsfrist erhobenen Einrede für begründet halten müssen. Da diese Phänomene und Verhaltensweisen den eher schattigen Bereichen des Kunsthandels nicht fremd sind, kommt dem Einwand unter Umständen Bedeutung zu.".

[212] Daneben kann das Rechtsinstitut der Ersitzung Bedeutung erlangen, wenn der Mangel der Übertragung nicht im Fehlen des Eigentums des Veräußerers sondern in anderen Umständen lag, oder sich der Besitzerwerb ohne Zusammenhang mit einem Veräußerungsgeschäft vollzogen hat, *Schwab/Prütting*, Sachenrecht, RN. 442; *Wolf*, Sachenrecht, RN. 639.

[213] *Bassenge*, Palandt, BGB, § 937 RN. 1.

[214] Im römischen und gemeinen Recht war die Ersitzung endgültig und auch die Verfasser des BGB gingen davon aus, dass der Besitzer nach Ablauf der Ersitzungszeit keinerlei Haftung unterworfen sei. Für das geltende deutsche Recht war jedoch bisher die Frage umstritten, ob die Ersitzung schuldrechtliche Ansprüche des ursprünglichen Berechtigten gegen den Erwerber aus Vertrag sowie aus Leistungskondiktion ausschließt. Diese Frage stellt sich künftig nicht mehr, nachdem sich die Verjährungsfrist für derartige Ansprüche auf höchstens zehn Jahre, § 199 Abs. 4 BGB, beläuft, so dass nach Ablauf der Ersitzungsfrist in jedem Fall die Verjährung eingetreten ist, *Kindl*, Bamberger/Roth, BGB, 2, § 937 RN. 9; *Schwab/Prütting*, Sachenrecht, RN. 450a.

[215] *Schwab/Prütting*, Sachenrecht, RN. 445.

Zwar kommt der Ersitzung im Kunsthandel auf Grund der Nichtanwendbarkeit des § 935 Abs. 1 BGB besondere Bedeutung zu, doch ist zu beachten, dass im Kunsthandel verschärfte Anforderungen an die Nachprüfung der Provenienz des betreffenden Gegenstandes gelten und eine bloße Passivität des Ersitzenden dem Rechtserwerb entgegensteht[216]. Es sind jedoch Fälle denkbar, in denen ein Erwerber trotz gebührender Sorgfalt die Herkunft des Gutes nicht erkennt und an diesem mit Ablauf von zehn Jahren Eigentum erwirbt[217]. Dagegen kann der ursprüngliche Eigentümer des betreffenden Gutes auch dann in keiner Weise vorgehen, wenn er sich jahrzehntelang um das Auffinden des Gutes bemüht hat.

Der Beginn oder der Fortgang der Ersitzung wird zwar gemäß § 939 BGB gehemmt, solange die Verjährung des Eigentumsanspruchs nach den §§ 203–207, 210, 211 BGB gehemmt ist, da der Eigentümer, der an der Geltendmachung seines Anspruchs gehindert ist, nicht wehrlos dem Lauf der Ersitzungsfrist gegenüber stehen soll, doch wird in der Regel eine Hemmung der Verjährung auf Grund höherer Gewalt in den Fällen verschollener Kunstwerke abgelehnt[218]. Ein solches Ergebnis erscheint insbesondere vor dem Hintergrund, dass Kulturgüter im Regelfall aus Sammelleidenschaft oder als Kapitalanlage – zumindest zum langfristigen Besitz – erworben werden, wenig interessengerecht[219].

2. Fall: Kunstsammlungen zu Weimar v. Elicofon[220]

Der Fall *Kunstsammlungen zu Weimar v. Elicofon*, der im Jahr 1982 nach dreizehnjährigem Rechtsstreit seinen Abschluss fand, ist einer der interessantesten und meist zitierten[221] Fälle im Bereich der internationalen Rückforderungen von

---

[216] *von Plehwe*, KUR 2001, 49, 54.

[217] Vergl. dazu die Argumentation des Beklagten im Fall *Kunstsammlungen zu Weimar v. Elicofon*, 536 F. Supp. 829 (EDNY 1981), Urt. v. 15.6.1981, No. 69 C 93, bestätigt durch 678 F. 2nd, 1150 (2nd Cir. 1982), Urt. v. 5.5.1982, Nos. 446, 535, Dockets 81-7542, 81-7544, s. unten § 4 VII. 2.

[218] S. oben § 4 VII. 1. a. bb. Andere Hemmungsgründe kommen in den hier ausschlaggebenden Fällen nicht in Betracht. Die Unkenntnis des Eigentümers vom gegenwärtigen Lageort und des Besitzers bewirkt keine Hemmung des Laufs der Verjährungsfrist.

[219] So erscheint nach geltendem Recht die Rechtsstellung des gegenwärtigen Besitzers gegenüber der Rechtsstellung des Vorbesitzers im Kunsthandel als ausgesprochen stark, da Kulturgüter im Gegensatz zu anderen Gütern mit dem Zeitablauf an Wert gewinnen, vergl. *von Plehwe*, KUR 2001, 49, 54.

[220] *Kunstsammlungen zu Weimar v. Elicofon,* 536 F. Supp. 829 (EDNY 1981), Urt. v. 15.6.1981, No. 69 C 93, bestätigt durch 678 F. 2nd, 1150 (2nd Cir. 1982), Urt. v. 5.5.1982, Nos. 446, 535, Dockets 81-7542, 81-7544.

[221] S. u. a.: *Merryman/Elsen*, Law, S. 120ff., 200; *Jayme*, Dolzer/Jayme/Mußgnug, S. 59; *Stoll*, Dolzer/Jayme/Mußgnug, S. 55; *Siehr*, 77 SJZ (1981), 189, 193 FN 45; *ders.*, Wiener Symposium, S. 55f.; *Schmeinck*, Aspekte, S. 161 ff.; *Müller-Katzenburg*, Internationale Standards, S. 149, 161, 166, 228, 242; *Berndt*, Internationaler Kulturgüterschutz, S. 122; *Jaeger*, Rechtsfragen, S. 60f.; *Schwadorf-Ruckdeschel*, Grenzüberschreitender Erwerb, S. 154f., 158, 160f.,

Kulturgütern. Diese Entscheidungen amerikanischer Bundesgerichte über das Schicksal zweier *Dürer*-Portraits machen auf eindrucksvolle Weise deutlich, welch wichtige Rolle das internationale Sachenrecht für den weltweiten Kulturgüterschutz spielt[222]. Auf Grund seiner Bedeutung für den internationalen Kulturgüterschutz und des Bezugs zum deutschen Sachenrecht – insbesondere zum Rechtsinstitut der Ersitzung – soll dieser Rechtsstreit um die Portraits von *Hans* und *Felicitas Tucher*[223] an dieser Stelle ausführlich dargestellt werden.

a. Sachverhalt

Bei dem Objekt des Rechtsstreits handelt es sich um ein Paar ehemals durch Scharniere verbundener Holztäfelchen (Diptychon), dessen linke Tafel *Hans Tucher* mit dem Familienwappen und die rechte Tafel *Felicitas Tucher* zeigt. Die Portraits entstanden 1499 im Auftrag des Nürnberger Kaufmanns und sind jeweils 28 × 24 cm groß und in Öl ausgeführt[224]. Spätestens seit dem Jahr 1824 gehörten sie zu den *Großherzoglichen Kunstsammlungen zu Weimar* und wurden ab 1868 im Museum zu Weimar ausgestellt, welches 1921 den Namen *Staatliche Kunstsammlungen zu Weimar* erhielt[225]. Die Bilder blieben bis zu ihrer Auslagerung zum Schutz vor der Bombardierung durch die Alliierten in die nahe gelegene Schwarzburg im Jahr 1943[226] in diesem Museum, doch waren sie schon zuvor Gegenstand verschiedener Auseinandersetzungen[227].

163, 175, 179; *Hanisch*, FS Müller-Freienfels, 1986, S. 222ff.; *Streinz*, Museumsgut, S. 136; *Burks*, 19 Rex. Int. L. J. (1984), 189ff.; *Killelea*, 23 Harv. Int. L. J. (1983), 466ff.; *Posch*, Informationen und Berichte, 1983, S. 8ff.; *Frigo*, 32 Rivista di diritto internazionale e processuale (1996), 435, 466.

222 *Drobnig*, IPRax 1984, 61.

223 Eine Abbildung der Portraits findet sich bei *Posch*, Informationen und Berichte, 1983, S. 16f.

224 S. dazu *Burks*, 19 Tex. Int. L. J. (1984), 189.

225 *Federal Republic of Germany v. Elicofon,* 536 F. Supp. 813, 24. 8. 1978, No. 69 C. 93, U.S.D.C., Eastern District of New York, 815; *Federal Republic of Germany v. Elicofon,* 358 F. Supp., E. D. N. Y. 1970, 747, 749, s. dazu *Richard/Junker*, Jura 1985, 415; *Burks*, 19 Tex. Int. L. J. (1984), 189, 190.

226 678 F. 2nd 1150 (2nd Cir. 1982), 1155.

227 Im Jahr 1921 hatte *Großherzog Wilhelm Ernst* mit dem damaligen Gebiet Weimar einen Auseinandersetzungsvertrag (teilweise abgedruckt bei *Federal Republic of Germany v. Elicofon,* 536 F. Supp. 813, 24. 8. 1978, No. 69 C. 93, U.S.D.C., Eastern District of New York, 813, 817 und 678 F. 2nd 1150, 1155 (2nd Cir. 1982) geschlossen, mit dem das Fürstenhaus seine Kunstsammlungen dem Land gegen eine jährliche Abfindung von 300 000 Mark übertrug. Der Großherzog erkannte gemäß § 1 des Vertrages an, dass das gesamte „Kammervermögen" einschließlich des Krongutes im alleinigen Eigentum des Gebietes Sachsen-Weimar-Eisenach und seiner Rechtsnachfolger stehe. In § 8 verpflichtete sich der Großherzog, diejenigen Kunstwerke, die ihm und seiner Familie persönlich gehörten, den Kunstsammlungen weiterhin als Exponate zu überlassen. Gemäß § 9 des Auseinandersetzungsvertrages sollten diese Gegenstände mit dem Aussterben der männlichen Nachkommen des Großherzogs in das Eigentum des Landes fallen. In § 17 wurde festgehalten, dass das Land im Gegenzug dem

Nach der Eroberung Thüringens durch die Amerikaner, stationierten diese bereits vor der deutschen Kapitulation am 8. 5. 1945 eine Garnison auf der Schwarzburg. Nachdem die Alliierten die *supreme authority* am 5. 6. 1945 über Deutschland übernommen hatten, verließen die Amerikaner gemäß dem Londoner Protokoll über die Besatzungszonen am 2. 7. 1945 Thüringen[228]. Auf Grund der Aussagen des 1974 verstorbenen Direktors der Kunstsammlungen *Dr. Scheidig*[229], stellte das Gericht fest:

> "We find the theft of the Duerers from Schwarzburg Castle between June 12 and July 19, 1945 is beyond dispute"[230],

auch wenn der genaue Hergang streitig ist. *Edward I. Elicofon*, ein amerikanischer Staatsbürger mit Wohnsitz in New York kaufte die unsignierten Bilder im Jahr 1946 von einem entlassenen amerikanischen Soldaten für 450 US $, in dem Glauben, dieser habe sie zuvor in Deutschland rechtmäßig erworben. Er ließ sie rahmen und stellte sie zusammen mit zahlreichen anderen Objekten[231] in seinem Haus in Brooklyn aus, wo sie von vielen Gästen – darunter auch Kunst-Kennern – gesehen wurden. Doch erst im Mai 1966 entdeckte *Elicofon* die Identität der Kunstwerke durch den Hinweis eines Freundes, der die *Dürer*-Portraits in einem deutschen Katalog gestohlener Kulturgüter gesehen hatte[232].

Großherzog und seinen männlichen Nachkommen eine jährliche Rente von 300 000 Mark gewährt, s. 536 F. Supp., 813, 817. Der Großherzog kam seinen Verpflichtungen jedoch nur teilweise nach, woraufhin das Land Thüringen als Rechtsnachfolger des Gebietes Weimar eine Schiedsklage gegen die Erben des Großherzogs erhob. Diese erkannten im Dezember 1927 „das Eigentum des Landes Thüringen an den so genannten Großherzoglichen Kunstsammlungen an.", 536 F. Supp., 813, 819. Die vereinbarte Abfindung wurde jedoch ab 1945 nicht mehr gezahlt und der Vertrag im Jahr 1948 gesetzlich aufgehoben. Durch das am 11. 12. 1948 verabschiedete Gesetz über die Enteignung der ehemaligen Fürstenhäuser wurden alle Rechte der vormaligen Landesherren gegen das Land und andere Gebietskörperschaften entschädigungslos beseitigt und die entsprechenden Verpflichtungen des Landes aufgehoben, vergl. 536 F. Supp., 813, 825.

228 Daraufhin wurde Sachsen-Weimar-Eisenach Teil der Sowjetischen Besatzungszone, 678 F. 2nd, 1150, 1155f.

229 *Scheidig* sagte aus, am 12. 6. 1945 im Depot der Schwarzburg alles in Ordnung vorgefunden und am 19. 7. 1945 den Verlust der Gemälde festgestellt zu haben. *Scheidig* gab seinen Eindruck wieder, die Bilder seien offensichtlich von amerikanischen Soldaten und wahrscheinlich in den letzten Stunden vor ihrem Abmarsch gestohlen worden, vergl. die Zusammenfassung der Aussagen *Scheidigs* bei *Richard/Junker*, Jura 1985, 415, 416.

230 *Kunstsammlungen zu Weimar v. Elicofon,* 536 F. Supp. 829 (EDNY 1981), Urt. v. 15. 6. 1981, No. 69 C 93, 839.

231 *Elicofon* sammelte vornehmlich orientalische Kunst und hatte annähernd 2.000 Kunstwerke in seinem Haus in Brooklyn, 678 F. 2nd, 1150, 1156, FN 9.

232 Bei dem Katalog handelte es sich um die 1964 in der Bundesrepublik und der DDR erschienene illustrierte Publikation „Verlorene Werke der Malerei", *Posch*, Informationen und Berichte, 1983, 8. *Dr. Scheidig* hatte den Diebstahl unverzüglich nach seiner Entdeckung gemeldet und unermüdlich versucht, den Aufenthaltsort der Bilder zu bestimmen. Zu diesem Zweck kontaktierte er erfolglos verschiedene deutsche Museen, den alliierten Kontrollrat,

Als diese Entdeckung bekannt wurde – über den Fund wurde auf der Titelseite der der *New York Times* vom 30. 5. 1966 berichtet und dieser als „discovery of the century“ bezeichnet – verlangten sowohl die Bundesrepublik, die *Großherzogin von Sachsen-Weimar-Eisenach, Elisabeth Mathilde Isidore Erbgroßherzogin von Sachsen-Weimar-Eisenach*, als auch die Kunstsammlungen zu Weimar die Rückgabe der Bilder. Die von den Kunstsammlungen im September 1966 erhobene Klage wurde jedoch zurückgewiesen[233]. Daraufhin erhob die Bundesrepublik Deutschland im Januar 1969 Klage gegen *Elicofon* vor dem erstinstanzlichen Bundesgericht des *Eastern District of New York* auf Herausgabe der *Dürer*-Gemälde mit dem Hinweis darauf, dass sie alleinvertretungsberechtigt für das Deutsche Volk sei[234]. Im März 1969 trat die *Großherzogin von Sachsen-Weimar-Eisenach* als *plaintiff-intervenor* der Klage der Bundesrepublik bei und machte Ansprüche auf das Eigentum an den beiden Gemälden aus abgetretenem Recht ihres Ehemannes geltend. Im April 1969 beantragten auch die Kunstsammlungen zu Weimar als Intervenient zu gelassen zu werden und erhoben parallel eine separate Klage gegen *Elicofon* auf Rückgabe der Bilder, mit der Begründung, dass sich diese zum Zeitpunkt des Diebstahls in ihrem Eigentum befunden hätten[235]. Zuvor wurde den Kunstsammlungen mit der Anordnung über die Kunstsammlungen zu Weimar vom 14. 4. 1969 durch den Kulturminister der DDR rückwirkend zum 1. 1. 1969 Rechtsfähigkeit verliehen[236].

Sowohl der Beklagte als auch die Bundesrepublik und die Großherzogin wandten sich gegen eine Zulassung der Kunstsammlungen zur Intervention, da diese ein bloßes Werkzeug der DDR darstelle und ihr mangels der Anerkennung dieses Staates durch die USA vor amerikanischen Gerichten die Parteifähigkeit fehle[237]. Im Übrigen berief sich *Elicofon* in der Sache auf gutgläubigen Erwerb des Eigentums und gutgläubigen ununterbrochenen Eigenbesitz der Bilder über einen Zeitraum von zwanzig Jahren[238].

---

die sowjetische Militärverwaltung, das *United States Department* und Museen in Harvard, unbeschadet dessen bewahrte *Elicofon* die Bilder ohne Kenntnis ihrer Identität oder ihrer Herkunft zwanzig Jahre in seinem Haus auf, *678 F. 2nd*, 1150, 1156.

233 *678 F. 2nd*, 1150, 1156.

234 S. *678 F. 2nd*, 1150, 1156. Die Bundesrepublik berief sie hier auf die Deklaration der Alliierten v. 18. 9. 1950, in welcher die Vereinigten Staaten erklärten „that the Federal Republic is the only government which may represent the German people.“, *Federal Republic of Germany v. Elicofon,* 358 F. Supp. 747, 1972, 749.

235 *Federal Republic of Germany v. Elicofon,* 358 F. Supp. 747, 1972, 749.

236 AO über die Kunstsammlungen zu Weimar abgedruckt in GBl. (DDR) 1969 II Nr. 31, 218.

237 *Federal Republic of Germany v. Elicofon,* 358 F. Supp.747, 1972, 749; s. dazu *Richard/Junker*, Jura 1985, 415, 416f.; *Posch*, Informationen und Berichte, 1983, S. 9.

238 *Kunstsammlungen zu Weimar v. Elicofon*, 678 F. 2nd 1150, United States Court of Appeals, 2nd Cir. 1982, 1153.

b. Die Parteifähigkeit der Klägerin

Die ersten drei Urteile im Rechtsstreit um die Portraits von *Hans* und *Felicitas Tucher* behandelten die Frage nach dem so genannten *standing* der Kunstsammlungen zu Weimar. Unter dem Begriff des *standing* sind im amerikanischen Prozessrecht im Wesentlichen die parteibezogenen Voraussetzungen für ein Sachurteil zu verstehen. Im konkreten Fall stellte sich die Frage, ob eine juristische Person des öffentlichen Rechts, die einem von den USA nicht anerkannten Staat angehört, vor einem amerikanischen Gericht Klage erheben kann[239].

Im Jahr 1970 hatte das erstinstanzliche Gericht bereits das *standing* der DDR verneint, da die gerichtliche Anerkennung der Parteifähigkeit mit der politischen Nichtanerkennung einer Regierung unvereinbar sei[240]. Die Intervention der Kunstsammlungen wurde im Anschluss an eine eingehende Analyse von verschiedenen Rechtsgutachten und des Statuts der Kunstsammlungen mit der Begründung abgelehnt, die Kunstsammlungen seien lediglich „an arm or instrumentality" der DDR und somit eines Staates, der von den USA diplomatisch nicht anerkannt werde[241]. Um die Interessen des „Rechtsnachfolgers des Gebietes Weimar" gegen die Großherzogin und den Erwerber *Elicofon* zu verteidigen, trat die Bundesrepublik Deutschland nach Ablehnung der Intervention der Kunstsammlungen als *trustee* des Weimarer Museums auf[242].

Der spätere Wandel der politischen Lage, brachte auch eine Änderung der Rechtslage mit sich: Nachdem 1974 die DDR durch die USA formell anerkannt worden war, wurde die Entscheidung auf Antrag der Kunstsammlungen aufge-

---

239 *Richard/Junker*, Jura 1985, 415, 418 m.w.N.

240 S. *Federal Republic of Germany v. Elicofon*, 358 F. Supp. 747, 1972, 750ff.

241 *Federal Republic of Germany v. Elicofon*, 358 F. Supp.747, 1972, 753, das Statut der Kunstsammlungen ist abgedruckt im Rahmen dieser Entscheidung, 358 F. Supp. 747, 1972, 747–759. Die Wertung der Kunstsammlungen als „verlängerter Arm" der DDR wurde vornehmlich aus der zentralistischen Staatsstruktur der DDR und der völligen Abhängigkeit der Existenz und der Finanzierung des Museums vom Kultusministerium in Ost-Berlin abgeleitet und die nachträgliche Verleihung der Rechtsfähigkeit als Versuch, die fehlende Parteifähigkeit in den USA zu umgehen, beurteilt, *Drobnig*, IPRax 1984, 61, 62; *Richard/ Junker*, Jura 1985, 415, 419.

242 Zwar besaß die Bundesrepublik nach Auffassung des amerikanischen Gerichts einen Alleinvertretungsanspruch, doch wurde dieser insofern eingeschränkt, dass sie nicht Volleigentümerin der Bilder sein konnte, sondern nur treuhänderische Eigentümerin für das Museum als Begünstigten (*beneficiary*), s. *Federal Republic of Germany v. Elicofon*, 358 F. Supp. 747, 1972, 750: „1. The United States Government does not recognize the East German Regime. 2. The United States Government recognizes the Federal Republic of Germany as the only German Government entitled to speak for Germany as the representative of the German people in international affairs. 3. The United States Government recognizes the Federal Republic of Germany as entitled in this litigation to represent the Weimar Museun as trustee of its interests.".

hoben und ihre Intervention im Februar 1975 nunmehr zugelassen[243]. Daraufhin nahm die Regierung der Bundesrepublik ihre Klage zurück[244].

c. Das Eigentum an den Gemälden

"The search for an answer to the deceptively simple question, 'Who owns the paintings?', involves a labyrinthian journey through 19th century German dynastic law, contemporary German property law, Allied Military Law during the post-War occupation of Germany, New York State law, and intricate conceptions of succession and sovereinity in international law."[245] *Walter R. Mansfield, Circuit Judge*

Nach dem Ausscheiden der klagenden Bundesrepublik blieben als Verfahrensbeteiligte nur noch zwei Intervenienten und ein Beklagter übrig. Das Gericht musste also zunächst klären, wer von den beiden Intervenienten zum Zeitpunkt des Diebstahls Eigentümer der Bilder und somit legitimiert war, den Herausgabeanspruch gegen *Elicofon* zu richten[246]. Damit stelle sich vorerst die Frage, ob die *Großherzöge von Sachsen-Weimar-Eisenach*, die bis zum Ende des ersten Weltkrieges unstreitig die Eigentümer der Gemälde waren, ihr Eigentum an die Kunstsammlungen zu Weimar verloren hatten. Dies konnte durch die Abdankung des Großherzogs im November 1918, durch den Auseinandersetzungsvertrag mit dem Gebiet Weimar im Jahre 1921 oder durch den Schiedsvergleich von 1927 erfolgt sein[247].

Die Großherzogin machte Ansprüche aus der Verletzung des Auseinandersetzungsvertrages von 1921 geltend, da die darin vereinbarte Abfindung von jährlich 300.000 Mark seit 1945 nicht mehr gezahlt worden war und verlangte in erster Linie die Herausgabe der Gemälde und in zweiter Linie die Zahlung vom 9 Millionen Mark, als Teilbetrag der seit 1945 geschuldeten Abfindung und weiterer nicht näher bezifferter Schäden[248]. Das erstinstanzliche Bundesgericht wies die dinglichen Ansprüche der Großherzogin jedoch zurück, da es nach eingehender Würdigung des Fürstenrechts von Sachsen-Weimar-Eisenach sowie von Verträgen, Museumskatalogen, Korrespondenzen und alten Urkunden zu dem Ergebnis gekommen war, dass spätestens durch den Auseinandersetzungsvertrag

---

243 *Federal Republic of Germany v. Elicofon,* 14. I.L.M., 1975, 806, E.D.N.Y. 25. 2. 1975.

244 Dazu war sie gemäß Art. 4 des Grundlagenvertrages v. 21.12.1972 verpflichtet, der eine gegenseitige Vertretung der beiden deutschen Staaten verbot, *Richard/Junker*, Jura 1985, 415, 419. Auch sah die Bundesrepublik ihre treuhänderische Rolle als beendet an, *Drobnig*, IPRax 1984, 61, 62.

245 *Kunstsammlungen zu Weimar v. Elicofon,* 678 F. 2nd 1150, United States Court of Appeals, 2nd Cir. 1982, 1153.

246 *Posch*, Informationen und Berichte, 1983, S. 9.

247 *Richard/Junker*, Jura 1985, 415, 419f.

248 *Federal Republic of Germany v. Elicofon*, 536 F. Supp. 813, 1978, 816.

von 1921 das Eigentum an den *Dürer*-Gemälden an das Land Thüringen übertragen worden sei[249].

Nun stellte sich die Frage, an wen das Land Thüringen, das im Juli 1952 von der DDR aufgelöst wurde, sein Eigentum an den Bildern verloren hat. Während sich der Beklagte *Elicofon* darauf berief, dass durch das „Gesetz über den Neuaufbau des Reiches" vom 30.1.1934 das Vermögen der Länder dem Reich übertragen worden und somit die Bundesrepublik Deutschland als Gesamtrechtsnachfolgerin des Deutschen Reichs die Eigentümerin der Bilder zum Zeitpunkt des Diebstahls gewesen sei, machten die Kunstsammlungen geltend, dass das Gleichschaltungsgesetz die Länder nur ihrer politischen Rechte, nicht ihres Vermögens beraubt habe[250]. Das Eigentum des Landes Thüringen sei somit 1952 auf den Stadtkreis Weimar und die Rechtsträgerschaft an diesem Volkseigentum 1969 auf die nunmehr rechtsfähigen Kunstsammlungen übergegangen[251]. Das Gericht

---

[249] Das Gericht stützte seine Entscheidung neben dem Auseinandersetzungsvertrag aus dem Jahre 1921 auf den Schiedsvergleich von 1927, in welchem die Erben des Großherzogs das Eigentum des Landes Thüringen an der so genannten Großherzoglichen Kunstsammlung anerkannten. *Federal Republic of Germany v. Elicofon*, 536 F. Supp. 813, 1978, 824. Daraufhin machte die Großherzogin geltend, das Eigentum an der Sammlung sei wieder an die Familie zurückgefallen, da das Land 1945 die Abfindungszahlung eingestellt und 1948 die großherzogliche Familie enteignet und somit dem Schiedsvertrag die Geschäftsgrundlage entzogen habe. Anderenfalls habe sie jedenfalls, über eine Durchgriffshaftung der Kunstsammlungen für die Schulden des Landes Thüringen, einen Übereignungsanspruch. Das Gericht verneinte jedoch einen solchen Anspruch mit Hinweis auf eine Entscheidung des BGH v. 28.11.1973 (III ZR 48/72, WM 1974, 11, 12, 14). Die hilfsweise erhobene Widerklage (*cross claim*) der Großherzogin auf Zahlung von 9 Millionen Mark wurde von den U.S.-Gerichten ebenfalls abgewiesen, da zum einen kein Zusammenhang mit dem Klageanspruch bestehe (*improper cross claim*), das Enteignungsgesetz als hoheitliche Maßnahme (*act of state*) eines fremdem Staates in den USA nicht justiziabel sei und sich zum anderen die Immunität der DDR nach dem *Foreign Sovereign Immunities Act* von 1976 (28 U.S.C. §1602ff., 1976) auch auf die Kunstsammlungen beziehe, *Kunstsammlungen zu Weimar v. Elicofon*, 678 F. 2nd, (2nd Cir. 1982), 1150, 1159f. Auch das Appelationsgericht unterzog die Frage, wann die Kunstsammlungen das Eigentum an den Bildern erworben hatten, einer eingehenden Untersuchung und kam zu dem Schluss, dass die Bilder als Bestandteil des Kammervermögens bereits mit der Abdankung des Großherzogs *ipso iure* Eigentum des neuen Souveräns, also des Landes Thüringen, geworden seien, da das Kammervermögen dem Fürstenhaus nur zustand, solange es regierte. Beide Instanzen folgten daneben der Auffassung der Kunstsammlungen, dass sich durch den – sollte man einen solchen bejahen – Wegfall der Geschäftsgrundlage des Vertrages von 1927 nach der maßgebenden deutschen Rechtsdoktrin nichts am Eigentumsstatus der Bilder ändern würde, da die Rechtsfolgen der Nichterfüllung eines Vertrages in den §§ 323ff. BGB abschließend normiert seien, ein solcher könne allenfalls zu einem Entschädigungsanspruch in Geld führen. Vergl. dazu *Richard/Junker*, Jura 1985, 415, 420; *Posch*, Informationen und Berichte, 1983, S. 11.

[250] *Kunstsammlungen zu Weimar v. Elicofon*, 536 F. Supp. 829 (EDNY 1981), Urt. v. 15.6.1981, No. 69 C 93, 853.

[251] Für den Fall, dass man dieser Ansicht nicht folgen und annehmen würde, dass 1934 das Eigentum der Länder an das Reich gefallen sei, beriefen sich die Kunstsammlungen darauf, dass die DDR und nicht die Bundesrepublik die Berechtigte sei, da sie die Nachfolge des

entschied das Problem der Staatennachfolge nach einer allgemeinen Regel des Völkerrechts:

> "When a state ceases to exist and becomes two or more states, there is no doubt that property located in the territory of the successor which was designated for local use by the predecessor is aquired by the successor."[252],

und bejahte eine Nachfolge der DDR hinsichtlich der Eigentumsrechte an öffentlichen Gegenständen. Die vom Beklagten daraufhin vorgebrachten Zweifel an der Aktivlegitimation der Kunstsammlungen, wies das Gericht mit Verweis auf die Rechtsordnung der DDR zurück, welche den Rechtsträger zur Ausübung aller Rechte des Volkseigentums berechtigt[253]. Ein Herausgabeanspruch der Kunstsammlungen als Rechtsträger des Volkseigentums der DDR wäre somit berechtigt, wenn nicht der Beklagte Eigentum an den Bildern erworben hätte.

d. Das anwendbare Recht

Hinsichtlich der Prüfung des Anspruchs auf Herausgabe der *Dürer*-Portraits ergaben sich eine Reihe kollisionsrechtlicher Fragen nach dem anzuwendenden Recht, die jeweils für die einzelnen Streitfragen gesondert zu prüfen und zum Teil unterschiedlich zu beantworten waren[254]. Auf den Streit zwischen den beiden Intervenienten und somit auf den Auseinandersetzungsvertrag zwischen dem *Großherzog von Sachsen-Weimar-Eisenach* und dem Land Thüringen aus dem Jahr 1921 und den Schiedsvergleich aus dem Jahr 1927 wendete das U.S.-Gericht deutsches Recht an:

> "A contract made in a foreign country by citizens thereof and intended by them to be there performed is governed by the law of that country."[255]

Aus diesem Grund zogen die Gerichte als Präzedenzfall ein Urteil des BGH vom 28.11.1973 über drei andere Gemälde der Kunstsammlungen zu Weimar heran[256]. Diese Entscheidung wurde nach amerikanischem Zivilprozessrecht als Beweis für die Richtigkeit der Auslegung der betreffenden Verträge nach dem maßgeblichen deutschen Recht angesehen, wonach die Ansprüche der *Großherzogin von Sachsen-Weimar-Eisenach* abzulehnen seien[257].

Landes Thüringen und für ihr Staatsgebiet die Sukzession des deutschen Reiches angetreten habe, s. dazu *Richard/Junker*, Jura 1985, 415, 420f.

252 *Kunstsammlungen zu Weimar v. Elicofon*, 536 F. Supp. 829, 855.

253 *Kunstsammlungen zu Weimar v. Elicofon*, 536 F. Supp. 829, 858; s. dazu *Drobnig*, IPRax 1984, 61, 64; *Posch*, Informationen und Berichte, 1983, S. 13.

254 *Posch*, Informationen und Berichte, 1983, S. 11.

255 *Federal Republic of Germany v. Elicofon*, 536 F. Supp. 813 (1978) 816.

256 BGH, Urt. v. 28.11.1973, III ZR 48/72, WM 1974, 11ff.

257 *Federal Republic of Germany v. Elicofon*, 536 F. Supp. 813 (1978), 821: „It is the opinion of Kunstsammlungen's experts that this decision is an authoritative pronouncement of the law

Im internationalen Sachenrecht gilt dagegen gemäß der international gültigen *Situs*-Regel das Recht des Ortes, an dem sich die bewegliche Sache im Zeitpunkt des möglichen Erwerbes befand[258]. Somit war im vorliegenden Fall zwischen einem möglichen gutgläubigen Erwerb des Soldaten in Thüringen, einem möglichen gutgläubigen Erwerb *Elicofons* in New York und der möglichen Ersitzung durch ununterbrochenen Eigenbesitz *Elicofons* in New York zu unterscheiden.

Der Erwerb der Bilder durch den Rechtsvorgänger des Beklagten richtete sich gemäß der *lex rei sitae* nach deutschem Recht. Ein gutgläubiger Erwerb des Soldaten wäre somit an § 935 BGB gescheitert, wenn die Bilder gestohlen wurden oder sonst abhanden gekommen waren. Der Beklagte machte nun geltend, die Bilder seien nicht gestohlen, sondern von ihrem Besitzer unterschlagen worden, so dass gutgläubiger Erwerb an ihnen möglich gewesen sei. Als Begründung wurde angeführt, der Architekt *Fassbender*, der der Besitzer des Schlosses gewesen sei[259], habe die Bilder aus dem Depot genommen und dem U.S.-Soldaten verkauft. Die *Dürer*-Bilder seien somit nicht abhanden gekommen, da der unmittelbare Besitzer den Besitz willentlich übertragen habe[260]. Der *U.S. District Court* musste sich also mit den Feinheiten des deutschen Mobiliarsachenrechts und insbesondere mit der Qualifikation *Fassbenders* als Besitzer oder Besitzdiener auseinandersetzen. Es konnte schließlich der Beweis erbracht werden, dass *Fassbender* nicht über die Schlüssel zum Lagerraum der Kunstschätze verfügen konnte, dass damit der Beauftragte der Kunstsammlungen und die amerikanischen

---

of Germany, namely, that if the Grand Duchess' claim to the Duerers were presented to the courts in the GDR, they, too, would reject it in the same rationale as the courts in the FRG rejected the above claim"; dazu *Drobnig*, IPRax 1984, 61, 62f. Hier ist eine Unterscheidung des deutschen Zivilprozessrechts zum amerikanischen zu beachten: Während wir im deutschen Zivilprozessrecht die Normen einer ausländischen Rechtsordnung als Rechtssätze behandeln, die wir anwenden, obwohl sie bei uns nicht gelten, behandeln die Amerikaner ausländische Rechtsnormen als beweisbedürftige Tatsachen, dazu *Richard/Junker*, Jura 1985, 415, 417f. FN 39 m.w.N.

[258] Vergl. u. a.: *Kreuzer*, MK, BGB, 10, nach Art. 38 EGBGB Anh. I RN. 12ff.; *Heldrich*, Palandt, BGB, Art. 43 EGBGB RN. 1; *Junker*, IPR, RN. 467; *von Hoffmann*, IPR, § 12 III, RN. 7ff.; *Koch/Magnus/Winkler von Mohrenfels*, IPR, § 7 II, S. 140, 300; *Kegel/Schurig*, IPR, § 2 II 3. S. 140, 144, § 19 I; II S. 765ff.; *Kunz*, IPR, 10. Teil, RN. 545ff.; *Kropholler*, IPR, § 54 I; *Rauscher*, IPR, S. 300ff.; *Schlosshauer-Selbach*, IPR, RN. 337ff.; *Jayme*, ZVglRWiss 95 (1996), 158, 167; *Kono*, Dolzer/Jayme/Mußgnug, S. 114; *Venturini*, Int. Encyclopedia of Comparative Law, III, International Private Law, Chapter 21: Property, Section: 1, 21, 24, 34; Art. 100 schweizerisches IPRG.

[259] Die Behauptung, *Fassbender* sei der Besitzer des Schlosses und des Kunstdepots gewesen, wurde mit der Aussage von *Captain Estes*, des Befehlshabers auf der Schwarzburg „Fassbender appeared to be in charge of the castle and its contents" (*Kunstsammlungen zu Weimar v. Elicofon*, 536 F. Supp. 829, 840 f.) und einer Bemerkung *Dr. Scheidigs*, *Fassbender* sei um die Bilder „bekümmert" begründet.

[260] *Kunstsammlungen zu Weimar v. Elicofon*, 536 F. Supp. 829, 834f., 839ff.; s. dazu *Burks*, 19 Tex. Int. L. J. (1984), 189, 202.

Truppen weiterhin den unmittelbaren Besitz über die ausgelagerte Sammlung ausübten und der Architekt im übrigen als Angestellter niemals Besitzer, sondern nach deutschem Recht allenfalls Besitzdiener sein konnte[261]. Die in der deutschen Literatur unterschiedlich beantwortete Frage, ob ein Besitzdiener dem gutgläubigen Erwerber Eigentum verschaffen könne[262], wurde vom amerikanischen Gericht verneint, das in diesem Punkt der deutschen Rechtsprechung folgte, indem es feststellte, dass selbst wenn *Fassbender* Besitzdiener gewesen sei und die Bilder unterschlagen und an den Soldaten verkauft habe, der gutgläubige Erwerb an § 935 BGB scheitere[263].

Einem gutgläubigen Erwerb des Soldaten stand nach Ansicht des Gerichts ferner das Besatzungsrecht entgegen: Das Gesetz Nr. 52 der amerikanischen Militärregierung über die Sperre und Beaufsichtigung von Vermögenswerten[264] bestimmte, dass die Übertragung von Kunstwerken, die im Eigentum des Reiches oder der Länder standen, ohne Zustimmung der Militärregierung unwirksam ist[265]. Dieses Gesetz schließe in Verbindung mit dem deutschen Mobiliarsachenrecht einen gutgläubigen Erwerb nach §§ 932ff. BGB aus[266]. Einem anschließenden gutgläubigen Erwerbs *Elicofons* in New York, der nach der *Situs*-Regel wiederum New Yorker Recht unterlag, stand die dort geltende Regel, dass an gestohlenem Gut kein Eigentumserwerb möglich ist[267], entgegen.

---

261 *Kunstsammlungen zu Weimar v. Elicofon*, 536 F. Supp. 829, 839ff., dazu *Posch*, Informationen und Berichte, 1983, S. 12; *Richard/Junker*, Jura 1985, 415, 421f.; *Burks*, 19 Tex. Int. L. J. (1984), 189, 202f.

262 *Joost*, MK, BGB, 6, § 855 RN. 23; *Michalski*, Erman, BGB, II, § 935 RN. 6; *Wiegand*, Staudinger, BGB, § 935 RN. 14.

263 *Kunstsammlungen zu Weimar v. Elicofon*, 536 F. Supp. 829, 842f.

264 Artikel 1, 2 und 5 des *Military Government Law No. 52* sind abgedruckt bei 536 F. Supp., 829, 843.

265 Die Berechtigung der amerikanischen Militärregierung dieses Gesetz für Thüringen trotz des vorläufigen Charakters der amerikanischen Besatzung des Gebietes zu erlassen, leitete das Gericht aus dem originären Recht einer Besatzungsmacht zur Rechtssetzung ab, hinzu trat der Zweck des Gesetzes, die Ziele der Besatzungspolitik zu verwirklichen. Aus diesen Gründen hatte das Gesetz auch nach dem Abzug der amerikanischen Truppen am 1.7.1945, bis es Ende Oktober 1945 durch den SMA-Befehl Nr. 124 abgelöst wurde, Geltung. S. dazu und zur Auslegung des Besatzungsrechts aus deutscher Sicht, *Drobnig*, IPRax 1984, 61, 64f.

266 *Kunstsammlungen zu Weimar v. Elicofon*, 536 F. Supp. 829, 845: „In conclusion, we find that the facts that are not genuinely in disput establish that the Duerers were stolen from Schwarzburg Castle between June 12 and July 19, 1945. Even if, as Elicofon suggests, Fassbender was the thief, he could not have conveyed good title to a bona fide purchaser because of the failure to meet the requirements under the German law of good faith acquisition and because Military Law No. 52 and Soviet Order No. 124, in any event, precluded the transfer of good title.".

267 *Squillante/Fonseca*, Williston on Sales, 3, § 23–12: „In America, it is the fundamental principle of the law of property that no one can transfer title to that wich he does not own.".

Die letzte Möglichkeit, einen Eigentumserwerb *Elicofons* zu begründen, lag damit im Zeitablauf: Nach einem zwanzig Jahre andauernden gutgläubigen und ununterbrochenem Eigenbesitz hätte er nach deutschem Recht gemäß § 937 BGB längst originäres Eigentum durch Ersitzung erworben. So machte der Beklagte geltend, die Bilder nach deutschem Recht ersessen zu haben. Das Gericht qualifizierte die Ersitzung jedoch als sachenrechtlichen Erwerbstatbestand, der nach dem Kollisionsrecht New Yorks der *lex rei sitae* unterworfen und somit nach dem Recht des Belegenheitsortes New York zu beurteilen sei[268].

Das New Yorker Recht berücksichtigt den Zeitablauf nicht im Rahmen des Rechtsinstituts der Ersitzung, sondern der *limitation*, was in etwa der deutschen Verjährung entspricht, wobei die *limitation period* des Staates New York drei Jahre beträgt[269]. Entscheidend war nunmehr, wann die Frist zu laufen begonnen hatte[270]. Nach New Yorker Recht ist der gutgläubige Erwerber eines gestohlenen Gutes solange rechtmäßiger Inhaber des betreffenden Gutes, bis er die vom Eigentümer geforderte Herausgabe verweigert[271]. Somit ist eine fruchtlose Rückgabeaufforderung Voraussetzung für das Entstehen eines Anspruchs und damit auch notwendig für den Verjährungsbeginns (*demand and refusal requirement*), wenn zuvor der Besitz des Erwerbers nicht öffentlich erkennbar oder bekannt war (*open and notorius possesion*), was im vorliegenden Fall trotz der Ausstellung der Bilder im Hause *Elicofons* abgelehnt wurde[272]. Da erst mit dem fruchtlosen Rückgabeverlangen der Kunstsammlungen im Oktober 1966 ein klagbarer Herausgabeanspruch entstanden war, erfolgte der Interventionsantrag an den *U.S. District Court* im April 1969 rechtzeitig[273].

---

[268] *Kunstsammlungen zu Weimar v. Elicofon*, 536 F. Supp., 829, 845f.: „New York's choice of law dictates that questions relating to the validity of transfer of personal property are governed by the law of the state where the property is located at the time of the alleged transfer.". Zur Qualifikation der Rechtsfigur der Ersitzung des deliktischen Herausgabeanspruchs wegen *conversion* s. *Drobnig*, IPRax 1984, 61, 64.

[269] *Kunstsammlungen zu Weimar v. Elicofon*, 678 F. 2nd , 2nd Cir. 1982, 1150, 1160; New York Civil Practice Law and Rules (N.Y.C.P.L.R.) § 214 (3).

[270] Auf Grund der späteren Änderung der *limitation stautes* würde eine sechsjährige Verjährungsfrist gelten, wenn man den Beginn der Verjährungsfrist im Jahr 1946 bejahen würde, *Kunstsammlungen zu Weimar v. Elicofon*, 678 F. 2nd , 2nd Cir. 1982, 1150, 1161 FN 19.

[271] Vergl. beispielsweise die Fälle *MacDonnel v. Buffalo L., T. & S.D. Co.*, 193 N.Y. 92, 85 N.E. 801 (1908); *Gillet v. Roberts,* 57 N.Y. 28 (1874); *Menzel V. List*, 22 A.D. 2nd 647, 253 N.Y.S. 2nd 43 (1st Dept. 1964) and 267 N.Y.S. 2nd 804, 49 Misc. 2nd 300 (Sup. Ct. N.Y. Co. 1966), *modified on other grounds*, 28 A.D. 2nd 516, 279 N.Y.S. 2nd 608 (1st Dept. 1967), *modification rev'd*, 24 N.Y. 2nd 91, 298 N.Y.S. 2nd 979, 26 N.E. 2nd 742 (1969) (*conversion*).

[272] *Kunstsammlungen zu Weimar v. Elicofon*, 678 F. 2nd 1150, 2nd Cir. 1982, 1160 ff., 1164 FN 25.

[273] Auch wenn die Verjährung bereits im Jahr 1946 begonnen hätte, wäre sie nach Ansicht des Gerichts bis zur diplomatischen Anerkennung der DDR im Jahr 1974 gehemmt gewesen, der Herausgabeanspruch der Kunstsammlungen war somit auch in dieser Alternative nicht verjährt, 678 F. 2nd , 2nd Cir. 1982, 1150, 1160 ff. Auch die Klage der Bundesrepublik als *trustee* hob die Hemmung der Verjährung nicht auf, s. dazu auch *Drobnig*, IPRax 1984, 61, 64. Eine

e. Ergebnis

Der *U.S. District Court* von New York gab der Klage der Kunstsammlungen am 15.6.1981 schließlich statt und der zuständige *U.S. Court of Appeals* bestätigte nach der Berufung der Unterliegenden – der Großherzogin und des Beklagten *Elicofon* – das Urteil am 5.5.1982[274]. Es lässt sich fest halten, dass die amerikanischen Gerichte

> „deutlich von dem Bestreben geleitet [waren], die Rückgabe der *Dürer*-Bilder an die Kunstsammlungen durchzusetzen."[275]

Aus dieser Tatsache resultiert die besondere Bedeutung des Falles *Kunstsammlungen zu Weimar v. Elicofon*. Er zeigt welch entscheidende Rolle die nationalen Gerichte bei der Verwirklichung des internationalen Kulturgüterschutzes spielen können[276]. Ebenso deutlich wird aber, wie sich Unterschiede des nationalen Sachenrechts auf das Ergebnis eines solchen Falles auswirken können. Wären die Richter auf Grund einer anderen Würdigung des Sachverhaltes zu der Anwendung deutschen Rechts gelangt, hätte der Beklagte durch Ersitzung originäres Eigentum erlangt und die Rückgabeklage der Kunstsammlungen wäre gescheitert. Eine Lösung für die Zukunft kann hier wiederum die Ratifikation der UNIDROIT-Konvention bieten: Innerhalb ihres Anwendungsbereichs werden die nationalen Unterschiede des Sachenrechts überwunden und der Besitzer eines gestohlenen bzw. illegal exportierten kulturellen Gutes zur Rückgabe verpflichtet.

---

weitere Alternative war, für den Beginn des Lauf der Verjährung auf die Entdeckung des Verbleibs der Gemälde abzustellen: „Two arguable less rigid approaches are possible. Some jurisdictions have transplanted adverse possession principles to determine when the statute of limitations begins to run against a good faith purchaser, and one commentator suggests commencing the running of the limitations period at the point when the owner either *knew or should have known* of the stolen property's whereabouts. [...] Under either approach KZW's suit would still have accrued no earlier than 1966." 678 F. 2nd, 2nd Cir. 1982, 1150, 1164 FN 25.

[274] Die Entscheidung des *District Court* erging als *summary judgment*, also als Sachurteil ohne Hauptverhandlung, womit die Richter bezweckten, in dieser brisanten Sache eine Tatsachenfindung durch Geschworene zu verhindern. Zu dieser Verfahrensform, vergl. *Richard/Junker*, Jura 1985, 415, 417 m.w.N. Gegen das Urteil des Bundesappelationsgerichts legte *Elicofon* trotz Ankündigung in den amerikanischen Medien kein Rechtsmittel ein, die Berufungsentscheidung wurde somit rechtskräftig, *Posch*, Informationen und Berichte, 1983, S. 9.

[275] *Drobnig*, IPRax 1984, 61, 65.

[276] *Drobnig*, IPRax 1984, 61, 65. S. dazu auch *Killelea*, 23 Harv. Int. L. J. (1983), 466, 472: „The opinions of both the District court and the Court of Appeals must be applauded for their careful and unbiased consideration of the difficult, though interesting, legal issues presented by this case.".

3. Gesetz zum Schutz deutschen Kulturgutes gegen Abwanderung[277]

Nach dem Zweiten Weltkrieg war der deutsche Kulturbesitz nicht nur durch die kriegsbedingten Zerstörungen und die Verschleppung von Kulturgütern durch die Siegermächte[278], sondern auch durch den von der Geldentwertung verstärkten Ausverkauf von wertvollen Kunstwerken und Archiv- oder Bibliotheksgut ins Ausland betroffen[279]. Das Gesetz zum Schutz deutschen Kulturgutes gegen Abwanderung vom 6. 8. 1955 sollte nunmehr das noch vorhandene deutsche Kulturgut von besonderer Bedeutung in seinem Bestand erhalten und gegen die Gefahr der Abwanderung aus dem Gebiet der Bundesrepublik Deutschland schützen[280]. Mit dem Erlass des KultSchG trat die bis dahin noch gültige Verordnung der Reichsregierung über die Ausfuhr von Kunstwerken vom 11.12. 1919 nebst Ausführungsbestimmungen außer Kraft[281].

a. Regelungen

Das KultSchG unterscheidet zwischen Kunstwerken, anderem Kulturgut und Archivgut[282]. Zum „deutschen Kulturbesitz"[283] gehörende Kulturgüter[284], „deren

---

[277] Anhang III. 1.

[278] S. dazu *Ritter*, Kulturerbe als Beute, S. 9; *Fiedler*, Neues Recht, S. 149, 152; *Akinscha/Koslow/Toussaint*, Beutekunst, S. 24ff.; *Alford*, Spoils of World War II, S. xii; *Turner*, Deutsche Frage, Zerstreuung, S. 111ff. Exemplarisch ist der Fall des Quedlinburger Domschatzes, der von dem Kunsthistoriker und *1st Lieutenant des 87th Armored Field Artillery Batallion Joe T. Meador* aus Whitewright, Texas Ende April/Anfang Mai 1945 aus der Altenburg-Höhle im Harz gestohlen und in die USA verbracht wurde, s. dazu *Heydenreuter*, Kunstraub, 191ff. Dieser Kunstraub war zwar der größte, aber nicht der einzige spektakuläre Kunstraub in den Tagen der amerikanischen Besatzung, *Heydenreuter*, a.a.O., 196ff.

[279] *Berndt*, Internationaler Kulturgüterschutz, S. 81f.; *Pieroth/Kampmann*, NJW 1990, 1385, 1386; *Fuchs*, IPRax 2000, 281.

[280] Zur Gesetzgebungskompetenz bezüglich des KultSchG und dessen Entwicklung s. *Berndt*, Internationaler Kulturgüterschutz, S. 80f.; *Pieroth/Kampmann*, NJW 1990, 1385, 1386.

[281] Vergl. § 22 Abs. 1 KultSchG. Gemäß § 22 Abs. 2 KultSchG traten auch die Hessische VO über die Ausfuhr von Kunstwerken v. 22. 9. 1948 und das Bayerische Gesetz über die Ausfuhr von Kunstwerken v. 30. 5. 1949 außer Kraft.

[282] *Oldenhage*, Mußgnug/Roellecke, S. 51f. empfiehlt, eine Archivgutdefinition aus den §§ 2 und 3 des Bundesarchivgesetzes herzuleiten, wonach unter Archivgut Akten, Schriftstücke, Karten, Pläne sowie Träger von Daten-, Bild-, Ton- und sonstigen Aufzeichnungen zu verstehen sind, deren bleibender Wert durch das zuständige Archiv festgestellt worden ist.

[283] Dieses Kriterium setzt einen irgendwie gearteten Bezug zur deutschen Kultur voraus, es kommt jedoch nicht entscheidend darauf an, ob der betreffende Gegenstand deutscher oder ausländischer Herkunft ist oder ob ihr Eigentümer bzw. Besitzer Deutscher oder Ausländer ist. Ein völkerkundlicher Gegenstand aus einem Entwicklungsland, der sich zufälligerweise im Besitz eines Sammlers im Bundesgebiet befindet, aber im übrigen keinerlei Verbindungen zur deutschen Kultur aufweist, gehört jedoch nicht zum deutschen Kulturbesitz, *Pieroth/Kampmann*, NJW 1990, 1385, 1387 m.w.N.

[284] Der Begriff des Kulturgutes ist nach Ansicht des Gesetzgebers „allumfassend" zu verstehen

Abwanderung aus dem Geltungsbereich dieses Gesetzes einen wesentlichen Verlust für den deutschen Kulturbesitz bedeuten würde", werden durch Eintragung in ein Länderverzeichnis national wertvollen Kulturgutes unter Schutz gestellt[285]. Daneben werden Archive, die eine „wesentliche Bedeutung für die deutsche politische, Kultur- und Wirtschaftsgeschichte" haben, in dem Bundesland, in dem sie sich bei Inkrafttreten des KultSchG befinden, in ein „Verzeichnis national wertvoller Archive" eingetragen[286]. Aus den jeweiligen Verzeichnissen wird ein „Gesamtverzeichnis national wertvollen Kulturguts" und ein „Gesamtverzeichnis national wertvoller Archive" gebildet und im Bundesinnenministerium geführt. Die Ausfuhr eines eingetragenen Kulturguts oder Archivs kann nur mit Genehmigung des Bundesministers erfolgen[287]. Diese Genehmigung darf nur unter bestimmten Voraussetzungen versagt werden, nämlich dann, wenn bei Abwägung des Einzelfalles wesentliche Belange des deutschen Kulturbesitzes überwiegen[288].

Die Eintragung in das Gesamtverzeichnis national wertvollen Kulturguts erfolgt von Amts wegen oder auf Antrag[289] des Bundesminister des Inneren, des Eigentümers oder je nach landesrechtlicher Regelung auch des Besitzers[290]. Gemäß § 2 Abs. 2 KultSchG hat die oberste Landesbehörde vor der Entscheidung über die Eintragung einen von ihr einberufenen fünfköpfigen Sachverständigen-Ausschuss zu hören, wodurch die Entscheidung der obersten Landesbehörde auf eine möglichst breite und fachlich fundierte Entscheidungsgrundlage gestellt

---

und soll neben dem Kunstbesitz i.S.d. Art. 150 Abs. 2 WRV u. a. auch Inkunabeln, kunstgewerbliche Gegenstände und – im Bereich der Geschichte der Technik – „erste Konstruktionen z. B. eines Dieselmotors oder eines Automobils" erfassen, *Pieroth/Kampmann*, NJW 1990, 1385, 1387 m.w.N.

285 § 1 Abs. 1 KultSchG. Kriterienkatalog der Konferenz der Kultusminister am 20. 5. 1983 (abgedruckt bei VGH Mannheim, Urt. v. 14. 3. 1986, 5 S 1804/85, NJW 1987, 1440, 1441), wann eine solche Eintragung empfohlen wird: bei a) wichtigen Objekten von Künstlern, die internationalen Rang haben; b) wichtigen Objekten von Künstlern, die für die deutsche Kunst und Kunstentwicklung von besonderer Bedeutung sind; c) allen Objekten, die für die deutsche Kunst, Kunst- und Kulturgeschichte von herausragender Bedeutung sind; d) allen Objekten, die für bestimmte Bereiche oder Zeitabschnitte von herausragender Bedeutung sind; e) den wichtigsten Objekten, die für die regionale oder lokale Geschichte von besonderer Bedeutung sind.

286 § 10 Abs. 1 KultSchG.

287 §§ 1 Abs. 4 Satz 1, 5 Abs. 1, 10 Abs. 1 Satz 2, 12 Abs. 1 KultSchG.

288 Vergl. § 1 Abs. 4 Satz 1 KultSchG. Die Regelung des KultSchG beruht damit auf dem Prinzip der „Erlaubnis mit Verbotsvorbehalt", das Gesetz geht grundsätzlich von der Freiheit des Privateigentums am Kulturgut aus, sein Verkauf ins Ausland kann nur ausnahmsweise verboten werden, wenn es sich um ein Objekt von ganz außergewöhnlicher Bedeutung für die deutsche Kunst- und Kulturgeschichte handelt, *Mußgnug*, Mußgnug/Roellecke, S. 23.

289 § 3 Abs. 1 Satz 1 KultSchG.

290 *Kleeberg/Eberl*, Kulturgüter in Privatbesitz, RN. 252, So in Hamburg, im Saarland und in Schleswig Holstein.

werden soll[291]. Da es sich bei der Eintragung eines Kulturgutes in das Verzeichnis des national wertvollen Kulturgutes um einen Verwaltungsakt i.S.d. dem § 35 VwVfG entsprechenden landesgesetzlichen Regelung (im Folgenden: LVwVfG) handelt, muss die Eintragungsverfügung den betroffenen Gegenstand hinreichend bestimmt bezeichnen, § 37 Abs. 1 LVwVfG, eine den Anforderungen des § 39 Abs. 1 LVwVfG genügende Begründung enthalten und der von der Eintragung Betroffene nach § 28 LVwVfG grundsätzlich vorher angehört werden[292].

§ 4 Abs. 1 KultSchG verbietet die Ausfuhr eines Kulturguts bereits mit der Einleitung des Eintragungsverfahrens bis zur Unanfechtbarkeit der Eintragungsentscheidung, um zu verhindern, dass der durch die Anhörung „gewarnte" Eigentümer das betreffende Kulturgut noch vor Zugang der Eintragungsverfügung ausführt[293]. Die Eintragungspflicht des § 1 Abs. 1 KultSchG ist verfassungsrechtlich nicht zu beanstanden und als gerechtfertiger Ausdruck der Sozialbindung des Eigentums anzusehen[294], zumal mit der Eintragung in die Liste des national wertvollen Kulturgutes nicht nur Nachteile, sondern auch Vorteile – beispielsweise steuerrechtlicher Art – verbunden sind[295].

§ 8 KultSchG enthält daneben für den Fall, dass die Genehmigung zur Ausfuhr eines eingetragenen Kulturgutes rechtskräftig versagt wird und der Eigentümer infolge einer wirtschaftlichen Notlage zum Verkauf gezwungen ist, eine Entschädigungsregelung: Liegen diese Voraussetzungen vor, hat die Oberste Behörde des Landes, in dem sich das Kulturgut befindet, „auf einen billigen Ausgleich unter Berücksichtigung der dem § 1 Abs. 3 entsprechenden Steuervorteile hinzuwirken." Dies bedeutet, dass Land und Bund zusammen für den Mindesterlös des Gutes aufzukommen bzw. im Fall der Unverkäuflichkeit eines eingetra-

---

[291] *Pieroth/Kampmann*, NJW 1990, 1385, 1388.

[292] *Pieroth/Kampmann*, NJW 1990, 1385, 1388; *Kleeberg/Eberl*, Kulturgüter in Privatbesitz, RN. 261.

[293] *Berndt*, Internationaler Kulturgüterschutz, S. 84; *Kleeberg/Eberl*, Kulturgüter in Privatbesitz, RN. 254 FN 23, RN. 261.

[294] Leitsatz der Entscheidung des Bundesverwaltungsgerichts zur Eintragung des so genannten „Silberzimmers der Welfen": „Die mit der Eintragung von Kulturgut in das „Verzeichnis national wertvollen Kulturgutes" verbundene Erschwernis der Ausfuhr gemäß § 1 Abs. 4 des Gesetzes zum Schutz deutschen Kulturgutes gegen Abwanderung ist als Ausfluss der Sozialbindung des Eigentums nach Art. 14 Abs. 2 Satz i GG mit Art. 14 Abs. 1 GG vereinbar. Sie widerspricht auch nicht den Bestimmungen des EWG-Vertrages über den freien Warenverkehr (Art. 30ff.).", BVerwG, Urt. v. 27. 5. 1993, 7 C 33/92, BVerwGE 92, 288; ebenso VGH Mannheim, Urt. v. 14. 3. 1986, 5 S 1804/85, NJW 1987, 1440 f.

[295] Vergl. § 1 Abs. 3 KultSchG. Dadurch dass die eingetragenen Gegenstände bei der Heranziehung zu Steuern und zum Lastenausgleich begünstigt werden, hat das KultSchG, das ursprünglich als reines Instrument der Ordnungsverwaltung konzipiert war, in der Praxis zunehmend den Charakter eines Leistungsgesetzes bekommen, *Pieroth/Kampmann*, NJW 1990, 1385, 1386. Diese Regelung hat auch dazu geführt, dass vieles in die Verzeichnisse eingetragen wurde, was im Grunde nicht hinein gehört, *Mußgnug*, Mußgnug/Roellecke, S. 23.

genen Kulturguts im Inland dieses dem Eigentümer zu dem bei einem Verkauf ins Ausland erzielbaren Preis abzukaufen haben[296].

Die Veräußerung eines eingetragenen Kultur- oder Archivgutes im Inland bedarf keiner Genehmigung, es kann gemäß §§ 9 Abs. 1, 14 Abs. 2 KultSchG ebenfalls genehmigungslos an einen anderen Ort im Inland gebracht werden. Die Eintragung behält gemäß §§ 1 Abs. 2, 10 Abs. 3 KultSchG ihre Wirkung, Besitzer und Eigentümer haben der Obersten Landesbehörde jedoch unverzüglich von allen Ortsveränderungen sowie von Verlust und Beschädigung eines eingetragenen Kultur- und Archivgutes Mitteilung zu machen, §§ 9 Abs. 1, 14 Abs. 2 KultSchG[297].

Mit der Umsetzung der Kulturgüterrichtlinie durch das Kulturgüterrückgabegesetz wurde gleichzeitig das seit 1955 geltende KultSchG geändert und in § 20 eine Vorschrift über die Sicherung „freien Geleits"[298] für ausländische Leihgaben eingeführt[299]. Obwohl sich diese Vorschrift im KultSchG findet, geht es nicht um den Schutz deutschen Kulturgutes vor Abwanderung, sondern um die Erleichterung der „Rückwanderung" von zu Ausstellungszwecken ausgeliehenen ausländischen Kulturgütern an ihren Heimatort[300]. § 20 Abs. 1 KultSchG ermächtigt die zuständige oberste Landesbehörde dazu, im Einvernehmen mit der Zentralstelle des Bundes, dem Verleiher rechtsverbindlich zuzusagen, dass die Rückgabe zum festgesetzten Zeitpunkt erfolgen wird[301]. Gemäß § 20 Abs. 3 KultSchG be-

---

296 Hierbei sind gemäß § 8 KultSchG die dem Eigentümer seit der Eintragung zugeflossenen Steuervorteile als eine Art vorweggenommene Entschädigung anzurechnen, *Kleeberg/Eberl*, Kulturgüter in Privatbesitz, RN. 264.

297 Mitteilung an den Bundesinnenminister ist zu machen, wenn Verhandlungen über die Ausfuhr geschütztem Archivgut geführt oder vermittelt werden, zum ganzen *Kleeberg/Eberl*, Kulturgüter in Privatbesitz, RN. 262.

298 Vergl. BT-Drucks. 13/10789, 8, 10. Das Rechtsinstitut des „freien Geleits" entstammt eigentlich dem Völkerrecht und erlaubt Personen, z. B. Diplomaten, das freie Passieren eines Kriegsgebietes bzw. die freie Rückkehr in das Heimatland bei Abbruch der diplomatischen Beziehungen, vergl. zur Übertragung der Regelung auf Kulturgüter *Mercker/Mues*, „Freies Geleit. Die feinen Regeln der Diplomatie gelten auch für Kulturgüter", FAZ v. 17. 4. 2004, 47. Allgemein dazu *Doehring*, Völkerrecht, RN. 498, 680, 957.

299 *Fuchs*, IPRax 2000, 281, 282. Der § 20 KultSchG wurde zwar mit der Umsetzung der Kulturgüterrichtlinie der EG eingeführt, hat jedoch mit ihren europarechtlichen Vorgaben nichts zu tun. Art. 15 der Richtlinie legt sogar ausdrücklich fest, dass diese zivilrechtliche Maßnahmen, die dem Eigentümer eines entwendeten Kulturguts auf Grund der nationalen Rechtsvorschriften der Mitgliedstaaten zur Verfügung stehen, nicht berührt.

300 *Medicus*, MK, BGB, 6, § 985 RN. 50; *Pieroth/Hartmann*, NJW 2001, 2129.

301 § 20 Abs. 2 Satz KultSchG schließt die Rücknahme und den Widerruf der Zusage aus. Bereits vor dieser Regelung im KultSchG wurde die Ansicht vertreten, dass ein Leihgeber im internationalen Kulturgüteraustausch darauf vertrauen können soll, dass er das geliehene Objekt zurück erhält, *Seidl-Hohenveldern*, IPRax 1996, 410, 411 f. Dies wird mit der territorialen Bindung des Kunstwerkes an sein Herkunftsland begründet.

wirkt die Zusage, dass dem Rückgabeanspruch des Verleihers keine Rechte entgegen gehalten werden können, die Dritte an dem Kulturgut geltend machen wollen[302]. Ein Antrag bei der obersten zuständigen Landesbehörde auf die Zusicherung freien Geleits ist vor der Einfuhr des betreffenden Kulturgutes zu stellen, Fristen sind jedoch nicht einzuhalten. Dem Antragssteller entstehen keinerlei Kosten, es ist lediglich ein formloser, den Leihnehmer und den Leihgeber bezeichnender Antrag, der Angaben zum Leihobjekt, zur beabsichtigten Ausstellung und zum vereinbarten Rückgabezeitpunkt enthält, erforderlich.

Die Vorschrift des § 20 KultSchG soll dem internationalen Kulturgüteraustausch dienen, indem sie die Ausstellung ausländischen Kulturgutes in Deutschland ermöglicht, die bisher daran scheiterte, dass den Verleihern das Risiko zu groß war, dass die verliehene Sache in der Bundesrepublik Deutschland beschlagnahmt wird[303]. Seit der Einführung der Regelung ist die Zahl der Ersuchen um die Zusicherung freien Geleits für Kulturgüter beständig gestiegen. So werden von der Bundesbeauftragten für Kultur und Medien bisher mehr als 200 Vorgänge dieser Art gezählt, wobei sich die Mehrheit der Anträge auf den Leihverkehr mit osteuropäischen Staaten und den USA bezieht, da Werke aus diesen Länder als besonders „restitutionsgefährdet“ gelten[304].

b. Das Gesamtverzeichnis national wertvollen Kulturguts

2002 umfassten die Gesamtverzeichnisse national wertvollen Kulturgutes und national wertvoller Archive zusammen etwa 650 Positionen[305]. Gemäß § 18 KultSchG findet dieses Gesetz auf das im öffentlichen Eigentum befindliche national wertvolle Kultur- und Archivgut keine Anwendung, „soweit zu dessen Veräußerung nur oberste Bundes- oder Landesbehörden befugt sind oder nach besonderen gesetzlichen Vorschriften die Genehmigung einer aufsichtsführenden Stelle

---

[302] Dies erstreckt sich jedoch nur auf die Geltendmachung privater Rechte an der Leihgabe, einem begründeten Rückgabeersuchens eines ausländischen EU-Mitgliedstaates gemäß der Kulturgüterrichtlinie bzw. § 5 Kulturgüterrückgabegesetz muss trotz einer dem Verleiher erteilten „rechtsverbindlichen Rückgabezusage“ entsprochen werden, das fordert eine richtlinienkonforme Auslegung des § 20 KultSchG, *Fuchs*, IPRax 2000, 281, 286; s. dazu auch *Jayme/Geckler*, IPRax 2000, 156, 157, wonach nur eine „temporäre Beschlagnahmefreiheit nicht gegen die Richtlinie verstößt“.

[303] *Pieroth/Hartmann*, NJW 2000, 2129, 2130. Dies gilt insbesondere für die Ausstellung von Stücken der so genannten „Beutekunst“, bei der die Frage nach dem rechtmäßigen Eigentümer nach wie vor umstritten ist. Da der Anwendungsbereich der Vorschrift jedoch auf ausländisches Kulturgut beschränkt ist, müsste in einem solchen Fall sehr sorgfältig geprüft werden, ob das „freie Geleit“ dem jeweiligen Partner überhaupt nach dem Wortlaut sowie darüber hinaus nach Sinn und Zweck der Vorschrift erteilt werden kann, *Schoen*, NJW 2001, 537, 541.

[304] *Mercker/Mues*, „Freies Geleit. Die feinen Regeln der Diplomatie gelten auch für Kulturgüter“, FAZ v. 17.4.2004, 47.

[305] *von Welck*, Museumskunde, Band 67, 1/2002, 8, 10.

der öffentlichen Verwaltung erforderlich ist", da Kulturgüter in öffentlichen Museen oder Galerien als nicht ausfuhrgefährdet angesehen wurden[306]. Daneben enthält § 19 KultSchG für kirchliches Kulturgut eine ähnliche Einschränkung des Anwendungsbereiches des Gesetzes. Hintergrund dieser Regelung war neben dem Vertrauen auf das gemeinwohlorientierte kirchliche Handeln sicherlich auch die aus dem verfassungsrechtlichen Sonderstatus der Religionsgemeinschaften nach Art. 140 GG i.V.m. Art. 137 Abs. 3 Satz 1 WRV resultierende Beschränkung der staatlichen Einwirkung auf innerkirchliche Angelegenheiten[307].

Kritisch anzumerken ist, dass die genannten Vorschriften dazu geführt haben, dass bisher so gut wie kein Kulturgut im öffentlichen oder kirchlichen Eigentum in das Verzeichnis national wertvollen Kulturgutes eingetragen wurde[308]. Es erscheint jedoch gerade vor dem Hintergrund der knappen Kassen bei Bund, Ländern und Gemeinden nicht unwahrscheinlich, dass auch Kirchen oder Museen Kulturgüter aus ihrem Besitz im Ausland verkaufen[309]. Eine Eintragung von bedeutenden Gütern im Besitz von öffentlichen Einrichtungen ist insbesondere vor dem Hintergrund der Kulturgüterrichtlinie der EU notwendig: Der betreffende Gegenstand muss, um nach den Grundsätzen der Richtlinie zurückgefordert werden zu können, nach dem jeweils geltenden nationalen Recht als nationales Kulturgut von künstlerischem, geschichtlichem oder archäologischen Wert i.S.d. Art. 36 EWG-Vertrages eingestuft worden sein[310]. Das Erfordernis der Einstufung nach deutschem Recht als nationales Kulturgut erfüllen nur Gegenstände, die in das Gesamtverzeichnis national wertvoller Kulturgüter eingetragen wurden; mangels entsprechender Qualifizierung als nationales Kulturgut sind somit die Regelungen der Kulturgüterrichtlinie derzeit auf weite Teile des öffentlichen und kirchlichen Kulturguts in Deutschland nicht anwendbar[311].

---

306 *Pieroth/Kampmann*, NJW 1990, 1385, 1387. Der Gesetzgeber ging hinsichtlich des Archivgutes davon aus, dass dem staatlichen Archivar vorgesetzte oberste Bundes- und Landesbehörden einer sachwidrigen Entfremdung öffentlichen Archivguts niemals zustimmen würden. Diese optimistische Einschätzung ist jedoch nicht mehr ohne Einschränkung gerechtfertigt, vergl. *Oldenhage*, Mußgnug/Roellecke, S. 52. Kritisch zu den §§ 18, 19 KultSchG auch *Mußgnug*, Mußgnug/Roellecke, S. 22f.; *ders.*, EuR 2000, 564, 572, 583.

307 *Lüddeke*, Museumskunde, Band 67, 2/2002, 34, 36. Mit der Novellierung des KultSchG im Jahr 1998 wurde mit § 19 Abs. 2 immerhin die Möglichkeit geschaffen, dass Kirchen und andere anerkannte Religionsgemeinschaften die in ihrem Eigentum stehenden Kulturgüter in das Verzeichnis national wertvollen Kulturguts eintragen lassen können.

308 *Lüddeke*, Museumskunde, Band 67, 2/2002, 34, 36.

309 So kommen beispielsweise durch die Änderung der bayrischen Gemeindeordnung den Kommunen weitere Gestaltungsspielräume zu, die zu der Veräußerung von Gemeindeeigentum zur Gesundung der Stadt- und Kommunalfinanzen führen könnten, s. dazu *Lüddeke*, Museumskunde, Band 67, 2/2002, 34, 36f. In Bezug auf Archivgut, *Oldenhage*, Mußgnug/Roellecke, S. 52; s. auch *Knopp*, Mußgnug/Roellecke, S, 4; ebenso *Mußgnug*, Mußgnug/Roellecke, S. 27f.

310 S. oben § 2 II. 3. b. bb.

311 *Lüddeke*, Museumskunde, Band 67, 2/2002, 34, 37. Nach *Lüddeke*, a.a.O., 40 ist jedoch ins-

Neben dem Gesamtverzeichnis national wertvollen Kulturguts beschäftigen sich auch die Datenbanken der Koordinierungsstelle der Länder für die Rückführung von Kulturgütern mit der Erfassung von Kulturgütern. Die Hauptaufgabe dieser von allen sechzehn Ländern getragenen Koordinierungsstelle ist zur Zeit die Dokumentation und Recherche kriegsbedingt verbrachter Kulturgüter der öffentlichen Einrichtungen. Zu diesem Zweck werden zwei Datenbanken von der Koordinierungsstelle unterhalten. Zum einen ein Internetprojekt (*Lost Art Internet Database*: http://www.lostart.de), das es privaten Besitzern von in Folge von Kriegsereignissen vermissten Kulturgütern ermöglichen soll, nach diesen Objekten zu forschen und Ansprüche geltend zu machen[312]. Denn bei juristischen Auseinandersetzungen kann die Darstellung der Objektdaten und deren jeweils sehr sorgfältig recherchierte Verlustgeschichte insbesondere im Hinblick auf die mögliche Gutgläubigkeit eines Erwerbers außerordentlich bedeutsam werden[313].

Daneben unterhält die Koordinierungsstelle eine speziell entwickelte interne Verlust-Datenbank, die momentan etwa 3,6 Millionen Objekte von etwa 330 öffentlichen Institutionen wie Museen, Bibliotheken, Archiven und kirchlichen Einrichtungen erfasst[314]. Im Bereich der kriegsbedingt verbrachten Kulturgüter ist sowohl diese interne Datenbank der Koordinierungsstelle wie auch die *Lost Art Internet Database* bezüglich Qualität und Quantität der gespeicherten Objekte im Bereich der Dokumentation und Recherche bisher weltweit einmalig[315].

4. Kulturgüterrückgabegesetz

Primäre Aufgabe des zur Umsetzung der Kulturgüterrichtlinie der EU geschaffenen Kulturgüterrückgabegesetzes ist es, einen einklagbaren Anspruch der Mitgliedstaaten auf Rückgabe eines unrechtmäßig verbrachten Kulturgutes zu schaffen[316]. Da das Kulturgüterrückgabegesetz zwischen der Geltendmachung des Anspruchs für deutsches Kulturgut (Abschnitt I) und den Rückgabeansprü-

---

gesamt „festzuhalten, dass sich das Abwanderungsschutzgesetz und die darauf aufbauende Eintragungs- und Erwerbspraxis dank des sensiblen Umgangs aller Beteiligten mit dieser Problematik im Interesse einer Erhaltung von für unser kunst- und kulturgeschichtliches Selbstverständnis wesentlichen Gegenständen durchaus bewährt haben".

312 *Kohls*, Kulturgüterschutz, S. 164.

313 S. dazu unten § 5 II.

314 Die in dieser Datenbank erfassten Daten entstammen langjährigen und aufwendigen Auswertungen von Archivunterlagen sowie entsprechender Verlustaufzeichnungen, die von der handgeschriebenen Verlustliste bis zum gedruckten Verlustkatalog reichen. Die hier vorhandenen Daten betreffen nicht nur Daten zum Künstler und den Titel, sondern zudem die verlustmeldende Institution, die Verlustgeschichte des Objekts sowie eine Beschreibung des Gegenstandes einschließlich Signatur, dessen Material und gegebenenfalls eine Abbildung, *Franz*, KUR 1999, 345, 348f.

315 *Franz*, KUR 1999, 345, 348.

316 Vergl. Art. 2 Kulturgüterrichtlinie.

chen anderer Mitgliedstaaten bezüglich ihres in Deutschland befindlichen Kulturguts (Abschnitt II) unterscheidet, findet sich die von Art. 12 der Kulturgüterrichtlinie vorgegebenen Regelung in zwei verschieden Kollisionsnormen: § 4 Kulturgüterrückgabegesetz bestimmt als einseitige Kollisionsnorm, wann deutsches Sachrecht zur Anwendung kommt, § 8 Kulturgüterrückgabegesetz bestimmt das anwendbare Recht nach Rückgabe des Kulturguts in einen anderen Mitgliedstaat. Diese Sonderkollisionsnormen gehen als *leges speciales* den Art. 43, 46 EGBGB vor[317].

Gemäß § 1 Kulturgüterrückgabegesetz sind alle Gegenstände, die in das „Verzeichnis national wertvollen Kulturgutes" oder in das „Verzeichnis national wertvoller Archive" eingetragen sind oder für die das Eintragungsverfahren eingeleitet und öffentlich bekannt gemacht worden ist, deutsches Kulturgut im Sinne des Abschnittes I des Kulturgüterrückgabegesetzes[318] und gemäß § 2 Kulturgüterrückgabegesetz im Falle einer unrechtmäßigen Verbringung aus dem Bundesgebiet an die Bundesrepublik heraus zu geben. Zuständig für die Geltendmachung dieses Rückgabeanspruchs ist gemäß § 2 Kulturgüterrückgabegesetz das Bundesland, in dessen Verzeichnis das betreffende Kulturgut eingetragen ist. Der Rückgabeanspruch richtet sich gegen den Besitzer des Kulturgutes, unabhängig davon, ob dieser gutgläubig ist und ob er das betreffende Gut im Herkunftsstaat, im eigenen Land, in einem anderen Mitgliedstaat der EU oder auch außerhalb der EU erworben hat[319]. Gemäß der einseitigen Kollisionsnorm des § 4 Kulturgüterrückgabegesetz richten sich die Eigentumsverhältnisse an dem Kulturgut nach erfolgter Rückgabe nach den deutschen Sachvorschriften[320]. Dabei stellt § 4 Abs. 2 Kulturgüterrückgabegesetz klar, dass zivilrechtliche Ansprüche oder Rechte bezüglich des Kulturgutes durch die Rückgabeverpflichtung nicht berührt werden. Wurde also beispielsweise in Italien gutgläubig Eigentum an einem gestohlenen deutschen Kulturgut erworben, kann nur die Rückführung, jedoch keine Rückübereignung verlangt werden[321].

---

317 *Jayme/Kohler*, IPRax 1999, 401, 413.

318 *Mußgnug*, EuR 2000, 564, 584 kritisiert zu Recht, dass somit nur geschützt würde, was sowieso nicht ausfuhrgefährdet sei. Der Ausschluss der Eintragung von Kulturgut in öffentlichen Sammlungen in das Verzeichnis national wertvollen Kulturguts stellt eine empfindliche Lücke des deutschen Kulturgüterschutzes dar. Die illegale Ausfuhr von gestohlenem Museumsgut kann durch das Kulturgüterrückgabegesetz nicht rückgängig gemacht werden, da diese Güter nicht vor der illegalen Ausfuhr als nationales Kulturgut klassifiziert wurden.

319 Kritisch dazu *Eberl*, NVwZ 1994, 729, 733.

320 S. dazu *Fuchs*, IPRax 2000, 281, 285.

321 Nach *Fuchs*, IPRax 2000, 281, 285 f. ist Ziel des Gesetzes die Wahrung staatlicher Interessen an nationalem Kulturgut und nicht die Wahrung der Interessen des jeweiligen Eigentümers. Kritisch dazu *Mußgnug*, EuR 2000, 564, 584 f. Immerhin verhindert die „Heimholung" den Verkauf auf dem internationalen Markt und kann somit den Rückkauf des Kulturgutes erleichtern.

Den anderen wichtigen Aspekt des Gesetzes stellt die Pflicht nach § 5 Abs. 1 Kulturgüterrückgabegesetz dar, ein in Deutschland befindliches Kulturgut eines anderen Mitgliedstaates der EU zurückzugeben, wenn es nach dem 31.12.1992 unrechtmäßig aus dem ersuchenden Mitgliedstaat ausgeführt und in das Bundesgebiet verbracht wurde, der Gegenstand vor der Verbringung öffentlich als Kulturgut eingestuft oder seine Einstufung eingeleitet und öffentlich bekannt gemacht wurde, und entweder in eine der im Anhang der Kulturgüterrichtlinie aufgeführten Kategorien fällt[322] oder Teil einer öffentlichen Sammlung ist. Die Verbringung ist nach § 5 Abs. 3 Kulturgüterrückgabegesetz dann unrechtmäßig erfolgt, wenn gegen nationale Vorschriften des ersuchenden Mitgliedstaates oder gegen die Vorschriften der Europäischen Gemeinschaft[323] verstoßen wurde. Gemäß § 5 Abs. 4 Kulturgüterrückgabegesetz ist die Verbringung auch dann unrechtmäßig, wenn das Kulturgut rechtmäßig verbracht, aber nach Ablauf einer Frist nicht zurückgebracht wurde.

Das Eigentum an dem ins Ausland zurück geführten Kulturgut richtet sich gemäß § 8 Kulturgüterrückgabegesetz nach erfolgter Rückgabe nach den Sachvorschriften des betreffenden Mitgliedstaates[324]. Den ersuchenden Mitgliedstaat trifft gemäß § 9 Kulturgüterrückgabegesetz bei Gutgläubigkeit des Rückgabeschuldners eine Entschädigungspflicht[325]. Diese Entschädigung ist nach § 9 Abs. 1 Satz 1 Kulturgüterrückgabegesetz Zug um Zug gegen die Rückgabe des Kulturgutes zu leisten, wenn sich der Rückgabeschuldner keinen Verstoß gegen die einschlägigen Gesetze und Vorsichtsgebote hat zu schulden kommen lassen.

In § 10 Kulturgüterrückgabegesetz sind die Verjährungsfristen geregelt: Der Rückgabeanspruch des ersuchenden Mitgliedstaats verjährt in einem Jahr von

---

[322] Kritisch zu dem von der Kulturgüterrichtlinie eingesetzten und vom Kulturgüterrückgabegesetz übernommenen Kulturgüterbegriff insbesondere hinsichtlich der „Wertgruppe Null" und über 50 Jahre alten Musikinstrumenten und Schmuckstücken, *Mußgnug*, EuR 2000, 564, 586; *ders.*, Mußgnug/Roellecke, S. 15ff. Dieser Kritik ist zuzugeben, dass es sicherlich sinnvoll gewesen wäre, im Rahmen der deutschen Umsetzung der Richtlinie die Mängel der Richtlinie auszugleichen und eine Einschränkung auf Gegenstände von künstlerischem Gepräge, wissenschaftlichem Wert oder historischer Bedeutung vorzunehmen. Auch sind noch in Gebrauch befindliche Musikinstrumente und noch getragener Schmuck nicht als Antiquitäten i.S.d. Richtlinie anzusehen.

[323] Insbesondere die Verordnung (EWG) Nr. 3911/92 des Rates v. 9.12.1992 über die Ausfuhr von Kulturgütern.

[324] Im Gegensatz zu der Formulierung des Art. 12 der Kulturgüterrichtlinie, aus der die Art der Verweisung nicht unmissverständlich hervorging, stellen §§ 4 und 8 Kulturgüterrückgabegesetz eindeutig fest, dass es sich um Sachnormverweisungen handelt, *Fuchs*, IPRax 2000, 281, 284.

[325] Zur Abwendung und zum Ausgleich einer unbilligen Härte kann gemäß § 9 Abs. 1 Satz 3 Kulturgüterrückgabegesetz auch für entgangenen Gewinn und sonstige Vermögensnachteile, die nicht im unmittelbaren Zusammenhang mit dem Entzug der Nutzung stehen, eine Entschädigung verlangt werden.

dem Zeitpunkt an, in dem dessen Behörden von dem Ort der Belegenheit und der Person des Rückgabeschuldners Kenntnis erlangen, jedoch spätestens 30 Jahre nach dem Zeitpunkt des illegalen Exportes. In Einzelfällen, beispielsweise wenn das Kulturgut Teil einer öffentlichen Sammlung ist, kann die Verjährungsfrist 75 Jahre betragen, oder der Anspruch gar keiner Verjährung unterliegen[326].

In einem anderen Punkt weicht die deutsche Umsetzung ausdrücklich von den Vorgaben der Kulturgüterrichtlinie ab. Gemäß Art. 1 Nr. 1 Kulturgüterrichtlinie gilt auch ein Gegenstand als Kulturgut i.S.d. Richtlinie, der nach der unrechtmäßigen Verbringung als nationales Kulturgut eingestuft wurde. Diese Möglichkeit einer nachträglichen Klassifikation wurde als äußerst problematisch angesehen und war ein entscheidender Grund für die verspätete deutsche Umsetzung[327]. Der deutsche Gesetzgeber sah hierin einen Verstoß gegen das Rückwirkungsverbot[328] und erfasst nunmehr im Anwendungsbereich der deutschen Umsetzung gemäß § 5 Abs. 1 Nr. 1 Kulturgüterrückgabegesetz nur Gegenstände, die vor der Verbringung als nationales Kulturgut eingestuft worden sind.

Durch diese Regelung schadet die deutsche Umsetzung nun vor allen Dingen Ländern, die – wie Deutschland selbst – nicht generell ihr gesamtes Kulturgut durch Gesetz für geschützt erklären, sondern nur einzelne individuell bezeichnete Stücke durch Verwaltungsakt unter Schutz stellen[329]. Gegenstände, von deren Existenz die zuständigen Behörden erst durch das Auftauchen in einem anderen Mitgliedstaat Kenntnis erhalten, sind somit für diese Länder verloren[330]. Denn für solche Stücke wie das Evangeliar *Heinrichs des Löwen*, von dessen Verbleib die zuständigen Behörden erst nach der Ausfuhr durch den Katalog eines Auktionshauses in London Kenntnis erhielten[331], oder Gegenstände, die einer öffentlichen Sammlung abhanden gekommen sind, erkennt das Kulturgüterrückgabegesetz die nachträgliche Unterschutzstellung nicht an und versagt damit die Rückführungsmöglichkeit[332].

---

326 Vergl. § 10 Abs. 2 Kulturgüterrückgabegesetz.

327 S. beispielsweise *Eberl*, NVwZ 1994, 729; *von Preuschen*, EuZW 1999, 40, 41; *von Danwitz*, Rechtsgutachten, S. 34ff., 64. S. oben § 2 II. 3. b. bb.

328 Vergl. BT-Drucks. 13/10789, 8. Nach *Fuchs*, IPRax 2000, 281, 283 bemüht sich hier der deutsche Gesetzgeber zu Recht, das Vertrauen des Kunsthandels in die Nichtexistenz von Rückgabeansprüchen zu schützen.

329 Vergl. zu diesem Prinzip bereits *Kohler*, Deutsche Juristen-Zeitung 1904, 771, 773.

330 Durch diese Regelung sind somit die liberalen Staaten, die ihren Kulturgüterschutz auf einer dem internationalen Handel freundlicheren Erlaubnis mit Verbotsvorbehalt aufbauen, gegenüber den weniger liberalen benachteiligt, die das dem Handel weit hinderlichere Verbot mit Erlaubnisvorbehalt verwenden, *Mußgnug*, EuR 2000, 564, 576.

331 *Mußgnug*, EuR 2000, 564, 576.

332 *Mußgnug*, EuR 2000, 564, 582.

5. Kollisionsrecht

> *„Der zweite, völlig entgegengesetzte, Fall setzt voraus, dass bewegliche Sachen eine Bestimmung erhalten haben, die sie an einen bleibenden Aufenthalt fest bindet. So geschieht es mit dem Mobiliar eines Hauses, mit einer darselbst aufgestellten Bibliothek oder Kunstsammlung, mit dem Inventar eines Landgutes. Zwar kann auch bei solchen Sachen die Absicht geändert, sie können an einen anderen Ort, in ein anderes Land gebracht werden, allein diese Veränderungen sind zufällig, liegen außer dem gegenwärtigen Bewusstsein und Willen des Besitzers. Es verhält sich damit genau, wie mit dem Wohnsitz einer Person, welcher gleichfalls als bleibend gedacht wird, und dennoch in der Zukunft stets veränderlich bleibt (§ 353). – Bei Sachen dieser Art nun ist auch nicht einmal ein scheinbarer Grund vorhanden, sie anders zu behandeln als unbewegliche Sachen, vielmehr sind sie ohne allen Zweifels, eben so wie diese, nach demjenigen örtlichen Recht zu beurtheilen, welches durch ihre gegenwärtige Lage (nicht durch den Wohnsitz des Eigenthümers oder Besitzers) bestimmt wird.“*[333]
> *Friedrich Carl von Savigny*

Als *von Savigny* die *lex rei sitae* als Statut der dinglichen Rechte darstellte, nannte er als Beispiel für Sachen, die nicht von einem Ort zum anderen wandern, die Kunstwerke[334]. Heute sind gerade im Bereich des illegalen aber auch des legalen Handels mit Kulturgütern grenzüberschreitende Lagewechsel des betroffenen Gegenstandes sehr häufig. Welches materielle Recht anzuwenden ist, bestimmt sich nach dem internationalen Privatrecht bzw. Kollisionsrecht[335].

a. Grundsatz

Im Bereich der beweglichen Sachen ist die *lex rei sitae*, auch *lex situs* oder *Situs-*Regel genannt, das von den meisten Rechtsordnungen anerkannte Anknüpfungsmodell für die Bestimmung des anwendbaren Rechts[336]. Art. 43 Abs. 1

---

333 *Von Savigny*, Römisches Recht, 8, S. 179f.

334 *Von Savigny,* Römisches Recht, 8, S. 179, s. vorherige FN.

335 Vergl. Art. 3 I 1 EGBGB.

336 *Kreuzer*, MK, BGB, 10, nach Art. 38 EGBGB Anh. I RN. 12ff.; *Heldrich*, Palandt, BGB, Art. 43 EGBGB RN. 1; *Spickhoff*, Bamberger/Roth, BGB, 3, Art. 43 EGBGB RN. 3; *Junker*, IPR, RN. 467; *von Hoffmann*, IPR, § 12 III, RN. 7ff.; *Koch/Magnus/Winkler von Mohrenfels*, IPR, § 7 II, 140, 300; *Kegel/Schurig*, IPR, § 2 II 3. S. 140, 144 ,§ 19 I; II S. 765ff.; *Kunz*, IPR, 10. Teil, RN. 545ff.; *Kropholler*, IPR, § 54 I; *Rauscher,* IPR, S. 300ff; *Schlosshauer-Selbach*, IPR, RN. 337ff.; *Jayme*, ZVglRWiss 95 (1996), 158, 167; *Jaeger*, Rechtsfragen, S. 59; *Jefferson*, 96 L.Q.Rev. (1980), 508, 509; *Hanisch*, FS Müller-Freienfels, 1996, S. 31; *Mansel*, IPRax 1988, 268, 270. S. dazu rechtsvergleichend: *Venturini*, Int. Encyclopedia of Comparative Law, III, International Private Law, Chapter 21: Property, Section: 1, 21, 24, 34; Art. 100 schweizerisches IPRG; zum japanischen IPR vergl. *Kono*, Dolzer/Jayme/Mußgnug, S. 114. S. bereits *von Savigny*, Römisches Recht, 8, S. 183: „Die Fähigkeit einer Sache, dem Privateigenthum unterworfen zu werden, also nicht unter die *res quarum commercium non est* zu gehören, ist zu beurtheilen nach dem Gesetz des Ortes, an welchem die Sache liegt.“.

EGBGB, der seit der Neukodifikation des deutschen internationalen Sachenrechts im Jahr 1999[337] die zuvor gewohnheitsrechtlich[338] geltende Anknüpfung übernommen hat, bestimmt, dass Rechte an einer Sache dem Recht des Staates unterliegen, in welchem sich die Sache befindet. Demnach sind alle sachenrechtlichen Fragen nach dem Recht zu beurteilen, das am Lageort der betreffenden Sache zum Zeitpunkt des sachenrechtlich relevanten Akts Anwendung findet. Die Anknüpfung des Art. 43 Abs. 1 EGBGB an das Belegenheitsrecht dient in erster Linie dem Verkehrsinteresse. Die Beteiligten können und müssen sich darauf einstellen, dass für alle sachenrechtlichen Vorgänge das Recht des Staates gilt, in dem die Sache zu diesem Zeitpunkt belegen ist[339]. Auch international wird die *ratio* der *Situs*-Regel darin gesehen, dass sie einen relativ leicht ermittelbaren Anknüpfungspunkt benutzt und zur Geltung eines Rechts führt, welches, zumindest solange sich die Sache noch am Erwerbsort befindet, auch durchgesetzt werden kann. Bei der Veränderung des Lageortes wird das Argument der Durchsetzungsfähigkeit des Rechts durch die Überlegung ersetzt, dass die in einem anderen Staat erworbenen Rechte zu schützen seien[340].

Während in anderen Bereichen des internationalen Privatrechts verschiedene Anknüpfungspunkte zur Bestimmung der engsten Verbindung des Sachverhaltes mit einer Rechtsordnung oder sogar Rechtswahlmöglichkeiten bestanden[341], konnte vor der Neukodifikation des deutschen internationalen Sachenrechts durch die grundsätzliche Maßgeblichkeit der *lex rei sitae* bei eigentumsrechtlichen Ansprüchen anderen Bezügen des Sachverhaltes in kollisionsrechtlicher Hinsicht grundsätzlich keine Beachtung geschenkt werden[342]. Mit der Schaffung des Art. 46 EGBGB findet sich jedoch nunmehr auch im internationalen Sachenrecht eine „Ausweich- bzw. Berichtigungsklausel" nach dem Muster des Art. 28

---

[337] Gesetz zum Internationalen Privatrecht für außervertragliche Schuldverhältnisse und Sachen v. 21. 5. 1999, BGBl. 1999 I, 1026ff.

[338] Vergl. Urt. des BGH v. 20. 3. 1963, VIII ZR 130/61, BGHZ 39, 173, 174; Urt. des BGH v. 2. 2. 1966, VIII ZR 153/64, BGHZ 45, 95, 96f.; Urt. des BGH v. 8. 4. 1987, VIII ZR 211/86, BGHZ 100, 321, 324; *von Plehwe*, KUR 2001, 49, 50; *Junker*, RIW 2000, 241, 245; *Pfeiffer*, IPRax 2000, 270.

[339] *Spickhoff*, Bamberger/Roth, BGB, 3, Art. 43 EGBGB RN. 1; *Armbrüster*, NJW 2001, 3581, 3582.

[340] *Mansel*, IPRax 1988, 268, 270 m.w.N.

[341] Vergl. beispielsweise im Bereich der vertraglichen Schuldverhältnisse die Art. 27, 28, 29, 30 EGBGB oder im Bereich der gesetzlichen Schuldverhältnisse die Art. 40, 41, 42 EGBGB.

[342] Vergl. *Schmeinck*, Aspekte, S. 167; es wurden lediglich für *res in transitu* Ausnahmen von der strikten Geltung der *lex rei sitae* diskutiert, vergl. bereits *von Savigny*, Römisches Recht, 8, S. 178; vergl. auch *Markianos*, 23 RabelsZ (1958), 21ff.; *Junker*, IPR, RN. 470f.; *Koch/Magnus/Winkler von Mohrenfels*, IPR, § 7 2. (3); *Kunz*, IPR, RN. 559. Das schweizerische IPRG sieht eine solche Ausnahme vor; Art. 101 IPRG, wonach „Rechtsgeschäftlicher Erwerb und Verlust dinglicher Rechte an Sachen im Transit" dem Recht des Bestimmungsstaates unterstehen.

Abs. 5 EGBGB im Bereich der außervertraglichen Schuldverhältnisse[343]. Eine Abweichung der strikten Anknüpfung an die *lex situs* ist nach Art. 46 EGBEG dann möglich, wenn „eine wesentlich engere Verbindung“ mit dem Rechts eines anderen Staates besteht. Dies kann insbesondere dann der Fall sein, wenn die sonst im Sachenrecht maßgeblichen Verkehrsinteressen nicht zur Anwendung der *lex rei sitae* zwingen[344]. Die Regelung des Art. 46 EGBGB ist Ausdruck des gegenwärtigen Bewusstseins des IPR-Gesetzgebers, der auch im Sachenrecht die frühere starre und unverrückbare Geltung der *lex rei sitae* für den Gesamtbereich der sachenrechtlichen Rechtsverhältnisse nicht mehr für richtig und zeitgemäß hält[345]. Eine Rechtswahlmöglichkeit findet sich im deutschen internationalen Sachenrecht jedoch nicht[346].

Die Ausweichklausel des Art. 46 EGBGB dient der Korrektur der Anknüpfung in einem Einzelfall oder in einer einzelnen Fallgruppe, für welche die Regelanknüpfung nicht zu Rechtsanwendungsergebnissen führt, die angemessen erscheinen, also die Beziehungen des Sachverhaltes zu der vom Gesetz bezeichneten Rechtsordnung offensichtlich erheblich schwächer sind als zu einem bestimmten anderen Recht[347]. Da das internationale Sachenrecht insgesamt auf Rechtssicherheit und Rechtsklarheit ausgelegt sein muss, kann die Ausweichklausel des Art. 46 EGBGB nur in seltenen Fällen zum Einsatz kommen und ändert nichts an der grundsätzlichen Geltung der *Situs*-Regel[348]. Als Beispielsfall für eine wesentlich engere Verbindung eines Sachverhaltes zu einer anderen als der nach der Regelanknüpfung maßgeblichen Rechtsordnung soll an dieser Stelle der Fall *Autocephalous Greek-Orthodox Church of Cyprus v. Goldberg & Feldman Fine Arts Inc.* dargestellt werden. Die amerikanischen Richter wendeten nicht das nach der *Situs*-Regel berufene schweizerische Recht an, sondern erachteten eine engere Beziehung des Sachverhaltes zum Recht des amerikanischen Bundesstaates Indiana als maßgeblich.

---

[343] *Hohloch*, Erman, BGB, II, Art. 46 EGBGB RN. 1; *Junker*, RIW 2000, 241, 245.

[344] *Kienle/Weller*, IPRax 2004, 290, 292.

[345] Vergl. BT-Drucks. 14/343, 18 f.

[346] Nur im Rahmen der für die Berücksichtigung aller Umstände offenen Ausweichklausel des Art. 46 EGBGB kann der Parteiwille beachtlich sein. Dann jedoch auch nur relativ für das Verhältnis der Parteien zueinander, vergl. BT-Drucks. 14/343, 19.

[347] *Spickhoff*, Bamberger/Roth, BGB, 3, Art. 46 EGBGB RN. 1; *Hohloch*, Erman, BGB, II, Art. 46 EGBGB RN. 6.

[348] *Hohloch*, Erman, BGB, II, Art. 46 EGBGB RN. 6; *Junker*, RIW 2000, 241, 245; *Pfeiffer*, IPRax 2000, 270, 274; *Stoll*, IPRax 2000, 259, 269.

b. Fall: Autocephalous Greek-Orthodox Church of Cyprus v. Goldberg & Feldman Fine Arts Inc.[349]

Dieser Fall betraf vier byzantinische Mosaiken aus dem 16. Jahrhundert, die aus einer nordzypriotischen Kirche gestohlen und über München sowie Genf nach Indianapolis verkauft wurden. Die amerikanische Kunsthändlerin *Peg Goldberg* hatte die Mosaiken in Genf zunächst im zollfreien Bereich des Flughafen besichtigt und schließlich gekauft[350]. Als sie die Mosaiken in den USA zum Weiterverkauf anbot, erfuhren die griechisch-zypriotische Regierung und die Kirche von deren Verbleib und erhoben Klage.

Auf Grund der engsten Beziehung zum Sachverhalt hielt der *District Court* von Indianapolis das Recht von Indiana und nicht Schweizer Recht, das nach der *lex rei sitae* berufen wäre, für anwendbar[351]. Nach dem Recht von Indiana ist der gutgläubige Erwerb von gestohlenen Sachen nicht möglich. Somit seien die Mosaiken im Eigentum der griechisch-orthodoxen Kirche verblieben, da weder diese noch der Staat[352] die Entfernung erlaubt hätten. Es blieb also nur die Frage, ob der Anspruch verjährt war, da nach dem *Statute of Limitations* von Indiana Ansprüche auf die Rückgabe des Eigentums innerhalb von sechs Jahren geltend gemacht werden müssen[353]. Nach der *discovery rule* beginnt die Verjährung jedoch erst ab dem Zeitpunkt zu laufen, ab dem der Kläger bei gehöriger Sorgfalt von Lage und Besitz der Sache hätte wissen müssen[354]. Eine Verjährung wurde im vorliegenden Fall verneint, da die griechisch-zypriotische Regierung, sofort nachdem sie 1979 vom Fehlen der Mosaiken erfahren hatte, dies weltweit bei der UNESCO und anderen Organisationen und Institutionen bekannt gemacht hatte[355] und trotzdem erst 1988 die Besitzerin hatte ausmachen können.

---

349 *Autocephalous Greek-Orthodox Church of Cyprus v. Goldberg & Feldman Fine Arts Inc.* 717 F. Supp. 1374 (S. D. Ind. 1989), Urt. v. 3.8.1989, No. IP 89-304-C; *affirmed* 917 F. 2nd 278 (7th Cir. 1990), Urt. v. 24.10.1990, No. 89-2809.

350 Zum Erwerb der Mosaiken durch *Goldberg* s. *Autocephalous Greek-Orthodox Church of Cyprus v. Goldberg & Feldman Fine Arts Inc.* 717 F. Supp. 1374, 1381ff.

351 *Autocephalous Greek-Orthodox Church of Cyprus v. Goldberg & Feldman Fine Arts Inc.* 717 F. Supp. 1374, 1376.

352 Eine eventuell vorliegende Erlaubnis durch die 1983 ausgerufene Türkische Republik Nordzypern hätte mangels Anerkennung dieses Staates durch die USA nicht zu einem rechtmäßigen Eigentumstitel des Verkäufers verhelfen können.

353 *Autocephalous Greek-Orthodox Church of Cyprus v. Goldberg & Feldman Fine Arts Inc.* 717 F. Supp. 1374, 1385.

354 *Autocephalous Greek Orthodox Church of Cyprus v. Goldberg & Feldman Fine Arts Inc.* 717 F. Supp. 1374, 1386. Vergl. dazu *Richard/Junker*, Jura 1985, 415, 422 m.w.N.; *Siehr*, Wiener Symposium, S. 48ff.

355 *Autocephalous Greek-Orthodox Church of Cyprus v. Goldberg & Feldman Fine Arts Inc.* 717 F. Supp. 1374, 1379ff.

Alternativ wurde die Rechtslage nach Schweizer Recht geprüft, nach welchem ein gutgläubiger Erwerb durch *Goldberg* unter Umständen möglich gewesen wäre. Das Gericht stellte fest, dass Herkunft und ursprüngliche Unbeweglichkeit der Mosaiken, niedriger Preis, schnelle Verkaufsabwicklung und fehlendes Hintergrundwissen über Verkäufer und Mittelsmänner verdachtserregend seien und hielten *Goldberg* für bösgläubig, obwohl sie sich bei der UNESCO, der *International Foundation for Art Research* in New York und Zollbehörden in den USA, Schweiz, Deutschland und der Türkei nach den Mosaiken erkundigt hatte[356]. Vielmehr befand das Gericht, dass sie des weiteren bei der griechisch-orthodoxen Kirche, der griechisch-zypriotischen Republik und der Türkischen Republik Nordzypern hätte nachfragen müssen. Der Herausgabeklage wurde stattgegeben.

Das Gericht kam in dieser für den Kulturgüterschutz sehr begrüßenswerten Entscheidung auf Grund einer von der *lex rei sitae* abweichenden Sonderanknüpfung an den „Ort der nächsten Beziehung" zur Anwendung des für die Rückforderung günstigeren Rechts von Indiana und stellte bei seiner Alternativanknüpfung nach Schweizer Recht extrem hohe Anforderungen an den Gutglaubensnachweis der Käuferin[357]. Das der Klage stattgebende Urteil begründete Richter *Cudahy* u. a. folgendermaßen:

> "The mosaics before us are of great intrinsic beauty. They are the virtually unique remnants of an earlier artistic period and should be returned to their homeland and their rightful owner. This is the case not only because the mosaics belong there, but as a reminder that greed and callous disregard for the property, history and culture of others cannot be countenanced by the world community or by this court"[358].

Dieser Fall wäre möglicherweise von einem schweizerischen Richter ähnlich entschieden worden, zumindest bestimmt auch Art. 15 Abs. 1 schweizerisches IPRG:

> „Das Recht, auf das dieses Gesetz verweist, ist ausnahmsweise nicht anwendbar, wenn nach den gesamten Umständen offensichtlich ist, dass der Sachverhalt mit diesem Recht in nur geringem, mit einem anderen Recht jedoch in viel engerem Zusammenhang steht."

---

[356] *Autocephalous Greek-Orthodox Church of Cyprus v. Goldberg & Feldman Fine Arts Inc.* 717 F. Supp. 1374, 1404.

[357] Vergl. zum Ganzen: *Freytag*, Fechner/Oppermann/Prott, S. 186f.; *Thibaut*, „Kunstdiebstahl. Auswirkungen der UNIDROIT-Konvention. Eine Zeitbombe gegen den Kunstbesitz.", HB v. 24.11.1995, Galerie 5.

[358] *Cudahy, Circuit Judge, Autocephalous Church v. Goldberg & Feldman Arts*, 917 F 2nd 278 (7th Cir. 1990) 297.

c. Kollisionsrechtliche Sonderanknüpfung

Die Ausweichklausel des Art. 46 EGBGB erlaubt es zwar, in Einzelfällen eine korrigierende Anknüpfung vorzunehmen, doch kann dies im Hinblick auf Rechtssicherheit und Rechtsklarheit nur eine seltene Ausnahme sein. So ist eine Anknüpfung an das Recht des Herkunftsstaates eines Kulturgutes, das aus diesem unrechtmäßig ausgeführt oder fortgeschafft und in einem anderen Staat veräußert wurde, nicht von Art. 46 EGBGB gedeckt[359]. Aus diesem Grund soll an dieser Stelle untersucht werden, ob es sinnvoll und notwendig ist, eine vom übrigen Sachenrecht abweichende Anknüpfungsregel für Kulturgut aufzustellen. Obwohl diese Frage bei der Neukodifikation des deutschen internationalen Sachenrechts ausdrücklich verneint wurde[360], wird weiterhin eine Durchbrechung des Grundsatzes der *lex rei sitae* in Bezug auf Kulturgüter gefordert, da der dieser Regelanknüpfung zugrunde liegende Verkehrschutzaspekt in Bezug auf diese Güter ein weitaus geringeres Gewicht als bei Verbrauchs- und Investitionsgütern habe[361].

aa. Verfahrensrechtliche Überlegungen

Ähnliche Überlegungen gibt es auch im internationalen Verfahrensrecht. In dem berühmt gewordenen Rechtsstreit um Fresken aus einer Kapelle in Casenoves in den französischen Pyrenäen, die sich nun in der Schweiz, vor allem im *Musée d'Art et d'Histoire* in Genf befinden[362], hatte die *Cour d'appel de Montpellier* als zweite Instanz die Frage nach der internationalen Zuständigkeit französischer Gerichte mit der Erklärung bejaht, die Fresken seien weiterhin als unbeweglich anzusehen[363]. In dieser Entscheidung wurde gewissermaßen ein „Schutzgerichtsstand" für Kulturgüter geschaffen, um die nationalen Schutzgesetze besser durchsetzen zu können[364]. Durch diese *fiction d'immobilisation* erhielten die

---

359 *Pfeiffer*, IPRax 2000, 259, 269.

360 Vergl. BT-Drucks. 14/343, 15.

361 *Kienle/Weller* IPRax 2004, 290, 291; *Armbrüster*, NJW 2001, 3581, 3582; diese Frage wurde bereits im Rahmen des Symposiums über Rechtsfragen des internationalen Kulturgüterschutzes v. 22.–23. 6. 1990 in Heidelberg diskutiert und auch auf der Gründungstagung der Griechisch-deutschen Juristenvereinigung am 10. 5. 1991 in Athen aufgeworfen, vergl. *Jayme*, IPRax 1990, 347; *ders.*, IPRax 1991, 357, 358; so auch *Jaeger*, Rechtsfragen, S. 67; *Müller-Katzenburg*, Internationale Standards, S. 283.

362 Dort befinden sich die Fresken auch heute noch, da die Klage in der Schweiz nach der Entscheidung der *Cour de Cassation* nicht weiter verfolgt wurde, s. *Müller-Katzenburg*, Internationale Standards, S. 229 FN 30.

363 *Cour d'appel de Montpellier*, Urt. v. 18. 12. 1984, D.S. 1985, 208, Anm. *Maury*; s. auch *Reichelt*, IPRax 1986, 73, 74.

364 *Jayme*, Dolzer/Jayme/Mußgnug, 44; *Reichelt*, IPRax 1989, 254, 255.

Fresken ein nicht veränderbares Heimatrecht, was den Interessen des Kulturgüterschutzes entspricht[365].

Die *Cour de Cassation* folgte dieser Argumentation in ihrem Urteil vom 15.4. 1988 nicht und verneinte die Zuständigkeit französischer Gerichte als *forum rei sitae*[366]. Diese Entscheidung der *Cour de Cassation* zeigt wiederum, dass Kulturgüter eigenen Wertungen unterliegen sollten und die Notwendigkeit, bei ihrer rechtlichen Beurteilung besondere Kriterien zu berücksichtigen, und forciert die Diskussion um die Schaffung eines speziellen Gerichtsstandes für Kulturgüter und damit die Frage, ob eine internationale Zuständigkeit der Gerichte des Ursprungslandes dem Schutzgedanken des Kulturgüterschutzes nicht besser Rechnung tragen könnte[367].

In einer anderen Entscheidung trat der Lageort der betreffenden Kulturgüter gegenüber Verkehrs- und Drittinteressen gänzlich zurück. Im Fall *Ernst v. Ernst*[368] hielt sich das Gericht in New York trotz der Belegenheit des größten Teils der streitbefangenen Nachlassgegenstände des Künstlers *Max Ernst* in New York nicht für zuständig:

> "An analysis under the forum non conveniens doctrine yields the same result, that the appropriate forum for this dispute is in France. The 'ultimative inquiry' in a forum non conveniens analysis is where the place of 'trial will best serve the convenience of the parties and the ends of justice.' [...] We note that the plaintiff is a Florida citizen suing a New York citizen on two french contracts, to which each is a party or has the rights of a party, which contracts are governed by French law of inheritance controlling estate of a French citizen."[369]

Ebenso wie im internationalen Verfahrensrecht erscheint im Kollisionsrecht die strikte Anknüpfung an die *lex rei sitae* nicht in jedem Fall interessengerecht und eine Sonderanknüpfung für Kulturgüter erstrebenswert. Hinsichtlich dieser wünschenswerten Änderung werden verschiedene Vorschläge gemacht. So erscheint es insbesondere nicht gerechtfertigt, die *Situs*-Regel dann anzuwenden, wenn das betreffende Gut ohne Veranlassung und Wissen des Eigentümers ins Ausland

---

365 Rec. Dall. 1985, 298; *Jayme*, Dolzer/Jayme/Mußgnug, S. 44; *Reichelt*, IPRax 1989, 254, 255; *Müller-Katzenburg*, Internationale Standards, S. 228f.

366 *Cour de Cassation*, Urt. v. 15.4.1988, Recueil Dalloz Sirey 1988, 325.

367 *Reichelt*, IPRax 1989, 254, 255. Eine Lösungsmöglichkeit im konkreten Fall wäre gewesen, die romanische Kapelle von Casenoves gemeinsam mit den katalanischen Fresken aus derselben Epoche als einheitliches Kulturgut zu sehen. Eine solche Gesamtqualifikation von Kapelle und Fresken hätte darüber hinaus das im Kulturgüterschutz bedeutende Prinzip des Ensembleschutzes zusätzlich betont. S. auch *Jayme*, Dolzer/Jayme/Mußgnug, S. 44, wonach die Fresken ihrer Natur nach dorthin gehören, wo sie ihre Funktion entfalten können, also in die Kirche für die sie gemalt wurden.

368 *Ernst v. Ernst*, 722 F. Supp. 61 (S.D.N.Y. 1989) Urt. v. 6.10.1989, No. 88 Civ. 6066 (KC).

369 *Ernst v. Ernst*, 722 F. Supp. 61 (S.D.N.Y. 1989) Urt. v. 6.10.1989, No. 88 Civ. 6066 (KC), 64.

gelangt ist, da es die Geltung der *lex rei sitae* Kunstdieben erlaubt, durch entsprechende Wahl des Veräußerungsortes das anwendbare Recht selbst zu wählen, gutgläubigen Dritten Eigentum zu verschaffen und somit das Risiko eines Rückgriffs seitens des unter Umständen zur Rückgabe an den früheren Eigentümer verpflichteten Erwerbers auszuschließen[370].

bb. Anknüpfung an die lex originis

Ein viel diskutierter Vorschlag zur Schaffung einer Sonderkollisionsnorm für Kulturgüter ist die Anknüpfung an das Recht des Herkunftslandes des betroffenen Gutes, da dieses in der Regel das größte Interesse am Schutz des Kulturgutes habe und der Lageort häufig zufällig oder manipuliert sei und so die internationale Anwendung der Situs-Regel zufällige Ergebnisse nicht auszuschließen vermöge[371].

---

370 So auch die Ausführungen des Gerichts im Fall *Winkworth v. Christie's, Mason & Woods Ltd. and Another* 1980 1, All E. R. 1121 (Ch. D.); 1980 2 W.L.R., 937, *Slade J.* 951; vergl. auch *Kinele/Weller*, IPRax 2004, 290, 291. Eine entsprechende Modifizierung der *Situs*-Regel im Sinne einer Negativabgrenzung wird „Veranlassungstheorie" genannt und hat den Vorteil, dass es dem Dieb eines Kulturgutes nichts nützen würde, dieses in den Machtbereich einer ihm günstigen Rechtsordnung – wie im konkreten Fall der italienischen – zu bringen, *Jaeger*, Rechtsfragen, S. 67. S. dazu *Mansel*, IPRax 1988, 268, 270. Zwar gibt es nur wenige Rechtsordnungen, die wie die italienische den gutgläubigen Erwerb an gestohlenen Sachen zulassen, doch auch kurze Verjährungsfristen wie die des Art. 934 des schweizerischen ZGB (fünf Jahre) oder des Art. 2279 des französischen Code civil (drei Jahre) begünstigen den Dieb eines Kulturgutes. Auch ein etwa in Art. 934 Abs. 2 ZGB vorgesehenes Lösungsrecht schwächt die Position des Bestohlenen.

371 *Jayme*, IPRax 1990, 347; *Hanisch*, FS Müller-Freienfels, 1996, S. 32; im Fall *Autocephalous Greek-Orthodox Church of Cyprus v. Goldberg & Feldman Fine Arts Inc.* 717 F. Supp. 1374 (S. D. Ind. 1989), Urt. v. 3. 8. 1989, No. IP 89-304-C, argumentierte das Gericht im Zusammenhang mit der Anknüpfung an die *lex loci dilicti commissi* ähnlich und knüpfte an das Recht des Staates an, mit dem der Fall bedeutendere Verbindungen aufwies, 717 F. Supp., 1394, s. dazu oben § 4 VII. 5. b. Auch das neue belgische IPR-Gesetz (*loi du 16 juillet 2004 portant le code de droit international privé*) lässt im Bereich der gestohlenen oder illegal exportierten Kulturgüter die Geltung der *lex originis* wenigstens wahlweise zu, vergl. Art. 90 und 92 IPR-Gesetz: „Art 90. Droit applicable au bien culturel. Lorsqu'un bien qu'un État inclut dans son patrimoine culturel a quitté le territoire de cet État de manière illicite au regard du droit de cet État au moment de son exportation, sa revendication par cet État est régie par le droit dudit État en vigueur à ce moment ou, au choix de celui-ci, par le droit de l'État sur le territoire duquel le bien est situé au moment de sa revendication. Toutefois, si le droit de l'État qui inclut le bien dans son patrimoine culturel ignore toute protection du possesseur de bonne foi, celui-ci peut invoquer la protection que lui assure le droit de l'État sur le territoire duquel le bien est situé au moment de sa revendication. Art. 92. Droit applicable au bien volé. La revendication d'un bien volé est régie, au choix du propriétaire originaire, soit par le droit de l'État sur le territoire duquel le bien était situé au moment de sa disparition, soit par celui de l'État sur le territoire duquel le bien est situé au moment des sa revendication. Toutefois, si le droit de l'État sur le territoire duquel le bien était situé au moment de sa disparition ignore toute protection du possesseur de bonne foi, celui-ci peut invoquer la protection que lui assure le droit de l'État sur le territoire duquel le bien est situé au moment de sa revendication.".

Will man an die *lex originis*, also das Heimatrecht eines Kulturgutes, anknüpfen, stellt sich die Frage, wie die „Heimat" eines kulturellen Gegenstandes zu bestimmen ist. Möglich wäre es, sowohl auf den Entstehungsort[372], die Nationalität des Urhebers[373], den Ort, für den das Kulturgut geschaffen[374] oder an dem es gefunden wurde, die Dauer seines Aufenthaltes in einem bestimmten Staat und unter Umständen auch auf das abgebildete Motiv[375] abzustellen[376]. Die Anknüpfung an das Recht des Fundortes wird insbesondere bei archäologischen Fundstücken den Interessen des Kulturgüterschutzes am ehesten gerecht, da dem Fundort ein besonderer Erkenntniswert zukommt[377].

Auch das *Institut de Droit International* hat innerhalb seiner Resolution *La vente internationale d'objets d'art sous l'angle de la protection du patrimoine culturel*[378]

---

[372] So bestimmt beispielsweise die UNESCO-Konvention von 1970 gemäß Art. 4 lit. a. die Nationalität eines Kunstwerkes danach, ob es von Staatsangehörigen oder von Ausländern auf inländischem Territorium geschaffen wurde.

[373] Vergl. dazu die Entscheidung *Jeanneret v. Vichey*, in welcher das Gericht ausführte, dass ein Bild von *Henri Matisse* nicht dem italienischen nationalen Erbe zugerechnet werden könne „This is especially true in light of the tenuous nature of the claim that is not especially notable painting by a French twentieth-century master [...]. Matisse's Portrait sur Fond Jaune bore no such relation to Italy as a Raphael or a Bellini Madonna.", *Jeanneret v. Vichey*, 693 F. 2nd, 259 (2nd Cir. 1982), Urt. v. 12.11.1982, No. 59, Docket 82-7203, 267. S. zu diesem Fall oben § 3 VIII. 1. b.

[374] *Jayme*, Dolzer/Jayme/Mußgnug, S. 48: „Zu denken ist dabei nicht nur an Auftragswerke, die für einen bestimmten Ort geschaffen wurden, sondern auch an den Platz, an dem sich das legal erworbene Kunstwerk nach dem Wunsch des letzten Eigentümers permanent befindet. Kunstwerke reisen bekanntlich viel; gemeint ist der Ort, zu dem sie bestimmungsgemäß zurückkehren, sei es in ein Museum oder in die Sammlung eines privaten Eigentümers.".

[375] So kann auch der Bezug auf einen beziehungsstarken Inhalt bzw. sachlichen Stoff einer Darstellung der bildenden Kunst nicht ganz irrelevant sein; dies gilt allerdings nicht bei Landschaften oder Szenen, die anlässlich einer Reise ohne längeren Aufenthalt eingefangen worden sind, wie etwa die tunesischen Motive von *August Macke*, *Hanisch*, FS Müller- Freienfels, 1996, S. 23.

[376] *Armbrüster*, NJW 2001, 3581, 3582; *Vrellis*, Neues Recht, S. 70; *Hanisch*, FS Müller-Freienfels, 1996, S. 22ff; *Erik Jayme*, der Hauptbefürworter der kollisionsrechtlichen Sonderanknüpfung für Kulturgüter an die *lex originis*, schlägt eine Bestimmung nach vier Kategorien vor: Bei Gegenständen religiöser Verehrung nach dem Ort, wo der Gegenstand verehrt wurde *lex cultus*; bei herausragenden Künstlern einer Nation nach der Nationalität des Künstlers; der „Sitz" des Kulturgutes als Ort, wo sich das Kunstwerk bestimmungsgemäß befindet, und schließlich bei archäologischen Fundstücken der Fundort, s. *Jayme,* Dolzer/Jayme/Mußgnug, S. 43ff.

[377] So kommt der *origo* eines Kulturgutes auch im Rahmen der UNIDROIT-Konvention insbesondere im Bereich der illegal ausgegrabenen Kulturgütern Bedeutung zu, *Vrellis*, Neues Recht, S. 72; s. oben § 3 VII. b.

[378] Das Anliegen dieser Resolution ist gemäß des vierten Erwägungsgrundes der Präambel, soweit wie möglich einen Ausgleich zu schaffen zwischen dem Anliegen, das nationale kulturelle Erbe zu schützen, und der Sicherheit des internationalen Kunsthandels, *Rigaux*, 56 RabelsZ (1992), 546, 550.

in seinem Vorschlag zur Veränderung der kollisionsrechtlichen Behandlung der Eigentumsübertragung bei Kunstgegenständen für die Anwendung der Rechtsordnung des Ursprungsortes plädiert[379]. Artikel 3 dieser Resolution erklärt für den Export von Kulturgütern ebenfalls die Regeln des Herkunftsstaates für anwendbar. Gemäß Art. 1 Abs. 1 lit. b. ist der Herkunftsstaat derjenige Staat, mit dem der betreffende Gegenstand am engsten verbunden ist[380], wobei die Kriterien für die engste Verbindung die folgenden sein sollen: das Land, in dem das Kulturgut geschaffen worden ist; der Ort eines architektonischen Gesamtkunstwerkes; der Staat, in dem sich der ausländische Kunstgegenstand in einer öffentlichen oder privaten Sammlung als integraler Bestandteil seit „beträchtlicher Zeit" befunden hat; der Staat der belegenen Sache, sofern das Kulturgut im Ursprungsland legal erworben und erlaubterweise ausgeführt worden ist[381]. Die Resolution des *Institut de Droit International* betrifft jedoch nicht jedes Kulturgut, sondern nur solche, die das Herkunftsland als Bestandteil seines Kulturerbes registriert oder auf andere Weise als solche dokumentiert hat und die illegal ausgeführt wurden[382].

cc. Kritik und weitere Lösungsvorschläge

Legt man die verschiedenen genannten Kriterien der Bestimmung des „Heimatrechts" zugrunde, können immense Probleme auftreten, wenn zwei Kriterien gleichzeitig Anwendung finden und auf unterschiedliche Länder verweisen[383]. Wie wäre beispielsweise zu entscheiden, wenn die nationale Widmung durch den Künstler im Widerspruch zu einer lang andauernden Aufbewahrung in einem anderen Staat steht, wie dies etwa bei vielen historischen Kunstsammlungen der Fall ist? Gerade im Fall *Winkworth v. Christie's*, der oft als Beispiel für die Ungeeignetheit der *Situs*-Regel im Bereich der Kulturgüter angeführt wird, hätte es bei einer Anknüpfung an das Heimatrecht der Kunstwerke Probleme bei der Bestimmung dieses Rechts geben können. Da die betreffenden Gegenstände japanischen Ursprungs waren, hätte eine Anknüpfung an die *lex originis* nicht nur auf

---

379 Abgedruckt in 56 RabelsZ (1992), 566–571.

380 *Pays d'origin d'un objet d'art, celui auquel, du point de vue culturel, l'objet en question se trouve rattaché par le lien le plus étroit.*

381 *Rigaux*, 56 RabelsZ (1992), 546, 551. Diese Kriterien decken sich in etwa mit denen *Jaymes*, doch steht für diesen die nationale Identität des Schöpfers des Werkes im Vordergrund, während das *Institut de Droit International* zumeist auf den Staat abstellt, in dem das Kulturgut geschaffen worden ist.

382 Vergl. Art. 1 1. a), 56 RabelsZ (1992), 566.

383 *Jaeger*, Rechtsfragen, S. 67; *Berndt*, Internationaler Kulturgüterschutz, S. 123; *Armbrüster*, NJW 2001, 3581, 3582; *Schwadorf-Ruckdeschel*, Grenzüberschreitender Erwerb, S. 117f.; *Fuchs*, IPRax 2000, 281, 285; *Schmeinck*, Aspekte, S. 173. Zu den verschiedenen Bedeutungen die der Begriff „Herkunftsstaat" erlangen kann, differenzierend, *Fiedler*, Fechner/Oppermann/Prott, S. 166ff.

das Heimatrecht des Kunstsammlers *Winkworth* sondern auch auf japanisches Recht verweisen können, wobei zusätzlich zu prüfen gewesen wäre, ob nicht einige der Gegenstände besonders enge Verbindungen beispielsweise zur koreanischen Kultur besaßen[384]. Auch die Bestimmung anhand der Nationalität des Künstlers führt teilweise zu Widersprüchen, wie dies bei *El Greco* der Fall wäre[385].

Die angeführten Kriterien können damit in den meist komplexen praktischen Fällen nicht allein entscheidend sein, um eine Zuordnung zu einem bestimmten Land zu begründen[386]. Die Anknüpfung an die *lex originis* erfordert vielmehr ein zusätzliches wertendes Moment, für das die bisher genannten Kriterien jedoch keine Handhabe bieten. Auf Grund dieser Unsicherheiten eignet sich die *lex originis* überwiegend als relatives Anknüpfungskriterium, also bei der Wahl zwischen mehreren möglichen Rechtsordnungen und nicht als absoluter Anknüpfungspunkt[387]. Auch gewährt nicht zwangsläufig das Recht des Heimatlandes den weitestgehenden Schutz für das betreffende Kulturgut, denn möglicherweise ist es gerade die *lex originis*, die einen gutgläubigen Eigentumserwerb zulässt und somit erwerberfreundlicher ist als das neue Belegenheitsstatut[388]. Es kann keine sinnvolle Lösung sein, die als zu starr empfundene Anknüpfung an die *lex rei sitae* durch eine ebenso starre Anknüpfung an das Heimatrecht des betreffenden Gegenstandes zu ersetzen, welche ebenso zu zufälligen Ergebnissen führen kann[389].

(1) Selbständige Anknüpfung der Vorfrage des Abhandenkommens

Eine andere Möglichkeit, das Herkunftsstatut stärker zu berücksichtigen, wäre, nach der Veräußerung einer entwendeten Sache ins Ausland die nach dem dortigen Sachenrecht erhebliche Vorfrage des Abhandenkommens oder des Diebstahls dem Recht des Ortes dieser Ereignisse zu unterstellen, wie dies im Fall

---

384 *Müller-Katzenburg*, Internationale Standards, S. 230f., eine Einstufung der japanischen Kunstwerke als nationales Kulturgut Englands ist zwar unter Umständen möglich, doch äußerst fragwürdig. Japanisches Sachrecht wäre nach der vom *Institut de Droit International* befürworteten Kollisionsregel zur Anwendung gelangt, wenn Japan die gestohlenen Kunstwerke als Teil seines Kulturerbes registriert und ihre Ausfuhr reglementiert hätte.

385 *Spinellis*, Vertrags- und Sachenrecht, S. 379.

386 Sie können nur die Rolle von Gesichtspunkten, um den Schwerpunkt für die Zuordnung oder die engste Verbindung zu einem Land oder einer Nation zu finden, übernehmen, *Hanisch*, FS Müller-Freienfels, 1996, S. 24.

387 *Schwadorf-Ruckdeschel*, Grenzüberschreitender Erwerb, S. 118f.; *Spinellis*, Vertrags- und Sachenrecht, S. 381, die Anknüpfungsmaximen *Jaymes* können nur als widerlegbare Vermutungen hinsichtlich der engsten Verbindung fungieren.

388 *Müller-Katzenburg*, Internationale Standards, S. 312f.

389 *Müller-Katzenburg*, Internationale Standards, S. 232.

Kunstsammlungen zu Weimar v. Elicofon geschehen ist[390]. Aber auch wenn es dem Sinn einer Sachnorm entspricht, dass jene Vorfrage nach dem am Ort der Entziehung geltenden Recht beantwortet wird, kann gegen eine solche Vorfragenverweisung vorgebracht werden, dass die für die Eigentumsfrage berufene Sachenrechtsordnung regelmäßig selbst entscheiden möchte, inwieweit der Rechtsverkehr dadurch erschwert werden kann, dass eine im Inland veräußerte Sache wegen des ihr anhaftenden Makels des Abhandenkommens dem gutgläubigen Erwerb entzogen oder dieser nur mit Einschränkungen möglich ist[391].

Auch kann eine kollisionsrechtliche Verselbständigung der Vorfrage des „Gestohlenseins" oder Abhandenkommens dem Eigentümer nur dann helfen, wenn das ausländische Veräußerungsstatut im Hinblick auf den gutgläubigen Erwerb zwischen abhanden gekommenen und sonstigen Sachen differenziert und nicht wie das italienische Recht den gutgläubigen Erwerb auch bei gestohlenen Sachen uneingeschränkt zulässt[392]. Auch kann eine Vorfragenverweisung das Gleichgewicht innerhalb eines Normensystems empfindlich stören, da innerhalb einer Rechtsordnung die Normen über Besitz, unfreiwilligen Besitzverlust und gutgläubigen Eigentumserwerb aufeinander abgestimmt sind[393].

(2) Eigenständige Anknüpfung an das Recht des Ortes des Abhandenkommens

Um dieses Gleichgewicht innerhalb des Normensystems nicht zu stören, ist es daher erwägenswert, eine eigenständige Anknüpfung aller sachenrechtlichen Fragen an das Recht des Staates, in dem das Kulturgut vor seiner Veräußerung im Ausland dem Eigentümer widerrechtlich entzogen wurde, vorzunehmen[394].

---

[390] S. oben § 4 VII. 1. a. cc., so wurde die Frage, ob die Gemälde gestohlen oder abhanden gekommen waren, gemäß der zu diesem Zeitpunkt geltenden *lex rei sitae* also nach deutschem Recht beantwortet. *Hanisch*, FS Müller-Freienfels, 1986, S. 215: „Indes ist die Frage des Abhandenkommens für die nach der neuen *lex rei sitae* zu beurteilende Hauptfrage des gutgläubigen Erwerbs eine Vorfrage. Wird diese selbständig angeknüpft, so ist die *lex rei sitae* zur Zeit des „Diebstahls" der Sache das zur Beurteilung berufenen Recht. Dies erscheint auch sachgerecht.".

[391] *Stoll*, Dolzer/Jayme/Mußgnug, S. 58. In den Fällen *United States v. Hollinshead*, 495 F. 2nd 1154, 9th Cir. 11.4.1974, 1156 (*Rehearing denied in* No. 73-2525, 3.6.1974, *Rehearing denied in* No. 73-2526, 17.6.1974) und *United States v. McClain*, 593 F. 2nd 658, 5th Cir. 23.4.1979, No. 77-5690, 663ff. der Begriff der "stolen goods" im Sinne des *National Stolen Property Act* autonom ausgelegt und nicht auf die Rechtsvorstellungen der Herkunftsländer abgestellt. Vergl. *Goldrich*, 23 Fordham Int'L.J. (2000), 118, 146ff.

[392] *Stoll*, Dolzer/Jayme/Mußgnug, S. 58; *Müller-Katzenburg*, Internationale Standards, S. 226f.

[393] *Müller-Katzenburg*, Internationale Standards, S. 227.

[394] *Müller-Katzenburg*, Internationale Standards, S. 227; nach Ansicht von *Jefferson* ist „even within the unreformed scheme [...] still room for argument that a little different connecting factor might be adopted where the goods have been stolen", *Jefferson*, 96 L.Q.Rev. (1980), 508, 511.

Diese Lösung berücksichtigt die Interessen des Eigentümers insofern, als ihm der Schutz gewährt wird, mit dem er nach dem Recht des Staates, in welchem die Sache zur Zeit des Diebstahls belegen war, rechnen konnte[395]. Insbesondere vor dem Hintergrund, dass das deutsche Sachrecht mit der Ablehnung des gutgläubigen Erwerbs an abhanden gekommenen Sachen und dem Fehlen einer kurzen Ausschlussfrist für deren Rückforderung die Position des Eigentümers gegenüber Dritten, die ihre Rechtsstellung nicht von diesem ableiten können, betont, erscheint es angemessen, diese materiell-rechtliche Wertung auch im Kollisionsrecht zu beachten und die Anknüpfung der sachenrechtlichen Fragen wie die des gutgläubigen Erwerbs oder der Ersitzung auf diese Weise zu korrigieren[396]. Ferner spricht für diese Lösung, dass die Weiterveräußerung gestohlener Kulturgüter durch die Fixierung der *lex rei sitae* an den Zeitpunkt des Diebstahls zumindest in gewisser Weise erschwert wird, da die gezielte Herbeiführung einer für den Gutglaubenserwerb günstigen Anknüpfungslage nicht mehr möglich ist[397].

Doch auch diesem Lösungsvorschlag stehen gewisse Bedenken entgegen. Ebenso wie die *lex originis* gewährt auch das Recht des Ortes des Diebstahls oder Abhandenkommens nicht zwangsläufig einen besseren Schutz des Eigentümers[398]. Um eine kollisionsrechtliche Begünstigung des Eigentümers zu erreichen, müsste der Eigentumserwerb vom Nichtberechtigten alternativ an den früheren Lageort vor der Entziehung der Sache oder an den letzten Lageort angeknüpft werden, je nachdem, welche Rechtsordnung den Eigentümer wirksamer schützt[399]. Neben praktischen Erwägungen spricht gegen diese Lösung, dass sie eine unangemessene Bevorzugung des Eigentümers gegenüber dem gutgläubigen Erwerber darstellt[400].

---

395 *Mansel*, IPRax 1988, 268, 271; s. auch *Hanisch*, FS Müller-Freienfels, 1986, S. 215.

396 Vergl. *Mansel*, IPRax 1988, 268, 271.

397 *Mansel*, IPRax 1988, 268, 271. Vergl. hierzu die Diskussion auf dem Heidelberger Symposium v. 22.–23. 6. 1990 zu Rechtsfragen des internationalen Kulturgüterschutzes, Dolzer/Jayme/Mußgnug, S. 136ff. Nach Ansicht von *Prof. Dr. Hans Stoll* sollte die Gefahr einer solchen Manipulation bei der Veräußerung gestohlener Güter jedoch nicht überschätzt werden, da es zweifelhaft sei, dass die Händler genau wüssten, welche Rechtsordnung für den Gutglaubenserwerb besonders günstig sei. *Stoll* setzte sich ebenfalls für eine Auflockerung der *lex rei sitae*-Regel durch eine Stärkung der Parteiautonomie im internationalen Sachenrecht ein. Sein Vorschlag war, dass die sachenrechtlich maßgebende Rechtsordnung möglichst mit der schuldrechtlich maßgebenden Rechtsordnung gleichgeschaltet werden solle. Das Kaufvertragsstatut solle auch auf den Eigentumsübergang beweglicher Sachen angewendet werden.

398 So hätte im Fall *Kunstsammlungen zu Weimar v. Elicofon* der Beklagte nach deutschem Recht längst originäres Eigentum durch Ersitzung erlangt, s. oben § 4 VII. 2.

399 *Stoll*, Dolzer/Jayme/Mußgnug, S. 59.

400 Hier ist insbesondere die Anknüpfungsgerechtigkeit im Internationalen Privatrecht zu beachten, die verlangt, dass der typische Gestaltungswille der in Betracht kommenden Sachnormen respektiert wird. So ist es insbesondere der Zweck der Gutglaubensvorschriften, den rechtsgeschäftlichen Verkehr in dem rechtsetzenden Staat zu schützen ohne Rücksicht auf

d. Berücksichtigung der Besonderheiten von Kulturgütern auf sachrechtlicher Ebene

Eine Möglichkeit, den Besonderheiten von Kulturgütern sowie den legitimen Interessen des ursprünglichen Eigentümers und des gutgläubigen Erwerbers eines Kulturgutes innerhalb des geltenden deutschen internationalen Sachenrechts Rechnung zu tragen, ist die Berücksichtigung dieser Interessen auf sachrechtlicher Ebene. So könnte das berufene Sachrecht fallgerecht und sensibel angewendet und mit Blick auf die Erwägungen anderer in Betracht kommender Rechtsordnungen ausgelegt werden. Innerhalb der *lex rei sitae* könnte den Eigenheiten des Falles beispielsweise über die Anforderungen, die hier spezifisch an den guten Glauben des Erwerbers zu stellen sind, oder auch über die Verknüpfung von Beginn der Verjährungsfrist mit der Kenntniserlangung vom Verbleib des Gegenstandes, Rechnung getragen werden[401]. Eine Lösung mit materiellrechtlichen Mitteln hätte gegenüber der Verwendung kollisionsrechtlicher Mittel den Vorteil, dass das materielle Recht über ein viel breiteres Instrumentarium verfügt, während das Kollisionsrecht mit starren Anknüpfungen arbeitet[402]. Diese Möglichkeit ist jedoch im Hinblick auf die Vorhersehbarkeit und Rechtssicherheit noch nicht die beste Lösung. Zwar lassen sich auf diese Weise einzelne Fälle interessengerecht lösen, doch ist es für die Beteiligten nicht eindeutig vorhersehbar, in welcher Weise das anzuwendende Recht ausgelegt und auf die einzelnen widerstreitenden Interessen eingegangen wird. Auch ist es nicht ausgeschlossen, dass bestimmte zwingende Normen des Belegenheitsrechts nicht auslegungsfähig im Interesse des Kulturgüterschutzes sind[403].

e. Schaffung von internationalem Einheitsrecht

Eine Lösungsmöglichkeit, die dem Gesichtspunkt der Rechtssicherheit in besonderem Maße Rechnung trägt, ist die Schaffung von internationalem Einheitsrecht im Bereich der Kulturgüter. Unter den Begriff „internationales Einheits-

---

die Herkunft der Gegenstände des Verkehrs. *Stoll*, Dolzer/Jayme/Mußgnug, S. 60 gibt aus diesen Gründen dem Verkehrsschutz den Vorrang vor dem Schutz des Eigentümers. S. dazu auch die Diskussion, Dolzer/Jayme/Mußgnug, S. 138f. Nach Ansicht von *Prof. Dr. Erik Jayme* fällt der Eigentümerschutz mit dem Kulturgüterschutz zusammen und ist daher zu bevorzugen. Auch wenn man diesem nicht folgt und die Interessen beider Seiten als etwa gleichwertig betrachtet, stellt ein solches Günstigkeitsprinzip eine unangemessene Betonung des Eigentümerschutzes dar.

[401] *Hanisch*, FS Müller-Freienfels, 1996, S. 31; *Kienle/Weller*, IPRax 2004, 290, 293. S. dazu *Müller-Katzenburg*, Internationale Standards, S. 233f., die sich für eine zweispurige Vorgehensweise ausspricht; demnach sollte sowohl auf der Ebene des Kollisionsrechts als auch auf der des Sachrechts korrigierend eingegriffen werden können; so auch *Spinellis*, Vertrags- und Sachenrecht, S. 388.

[402] *Spinellis*, Vertrags- und Sachenrecht, S. 387f.

[403] Vergl. beispielsweise die Argumentation des Richters *Slade* in *Winkworth v. Christie's, Mason & Woods Ltd. and Another* 1980 1, All E. R. 1121 (Ch. D.); 1980 2 W.L.R., 937, *Slade J.* 951.

recht" sind Rechtssätze zu fassen, die in wenigstens zwei Staaten gleichlautend gelten und ihrem Sinn und Zweck nach auch inhaltlich gleich gelten sollen[404]. So verdrängen internationale Verträge, die einheitliches materielles Privatrecht schaffen, in ihrem Anwendungsbereich nicht nur das nationale Sachrecht, sondern auch das nationale Kollisionsrecht[405]. Es bedarf des internationalen Privatrechts vielmehr gar nicht, da keine Kollision verschiedener Rechtsordnungen besteht[406]. Ist im Bereich der Kulturgüter internationales Einheitsrecht anzuwenden, erübrigt sich damit die Frage nach der kollisionsrechtlichen Anknüpfung. Materielles Einheitsrecht ist durch internationale Verträge bisher vor allem für Materien des internationalen Geschäftsverkehrs geschaffen worden[407], aber auch im Bereich des Verkehrs mit Kulturgütern wurde mit der UNIDROIT-Konvention eine Sachnormvereinheitlichung bezweckt: So formulieren die Vertragsparteien der UNIDROIT-Konvention in der Präambel, dass sie

> „ENTSCHLOSSEN [sind], durch die Aufstellung eines Mindestmaßes an gemeinsamen Rechtsvorschriften unter den Vertragsstaaten zum Zwecke der Rückgabe und der Rückführung von Kulturgütern einen wirksamen Beitrag bei der Bekämpfung des rechtswidrigen Handels mit Kulturgütern zu leisten, mit dem Ziel, die Bewahrung und den Schutz des Kulturerbes im Interesse aller zu fordern"[408].

Fraglich ist, ob die UNIDROIT-Konvention tatsächlich internationales Einheitsrecht schafft. Denn im strengen technischen Sinn ist nur das wörtlich gleichlautende Recht Einheitsrecht. Wenn eine bezweckte Rechtsübereinstimmung nicht bis in alle Einzelheiten reicht, sondern nur einen gemeinsamen Rahmen umfasst, innerhalb dessen Spielraum für variierende Gestaltungen verbleibt, muss man genau genommen von „Einheitsrahmenrecht" sprechen[409]. Die UNIDROIT-Konvention stellt nur ein Mindestmaß an gemeinsamen Rechtsvorschriften auf und lässt den Mitgliedstaaten insbesondere im prozessualen Bereich Gestaltungsmöglichkeiten[410], so dass die UNIDROIT-Konvention insofern als Einheitsrahmenrecht zu bezeichnen wäre. Dennoch ersetzen die Bestimmungen der UNIDROIT-Konvention im Verhältnis der Vertragsstaaten zueinander einerseits das materielle Recht und andererseits auch die Vorschriften des inter-

---

[404] *Kropholler*, IPR, § 12 I.; *ders.*, Einheitsrecht, § 1 I.: „M. E. ist das internationale Einheitsrecht dadurch gekennzeichnet, dass in der Übereinstimmung einer in mehreren Staaten bestehenden Regelung ein eigener Rechtszweck zu sehen ist.".

[405] *Junker*, IPR, RN. 46; *Koch/Magnus/Winkler von Mohrenfels*, IPR, § 5 VI. 1.

[406] *Kunz*, IPR, RN. 24.

[407] Vergl. beispielsweise das Wiener Übereinkommen der Vereinten Nationen v. 11.4.1980 über internationale Warenkaufverträge (abgedruckt: BGBl. 1989 II, 588) oder die *Convention relative au Contrat de transport international de marchandises par route – CMR* (abgedruckt: BGBl. 1961 II, 1119 mit Änderungen BGBl. 1989 II, 721, 733).

[408] Präambel UNIDROIT-Konvention Abs. 4.

[409] *Kropholler*, Einheitsrecht, § 1 I.

[410] Vergl. Art. 3 Abs. 5, Art. 13 Abs. 1 und 3, Art. 14, Art. 16 der UNIDROIT-Konvention.

nationalen Privatrechts, es sei denn, das nationale Recht ist für die Rückgabe günstiger als die Bestimmungen der Konvention.

In einem weitergehenden materiellen Sinn ist für das Vorliegen von internationalem Einheitsrecht entscheidend, dass es sich um Rechtssätze handelt, bei denen die Einheitlichkeit ihrer Geltung zu einem besonderen Rechtszweck erhoben worden ist. Diese auf Einheitlichkeit gerichtete Zielsetzung unterscheidet das Einheitsrecht von sonstigen Rechtsübereinstimmungen[411]. Der Präambel der UNIDROIT-Konvention ist zu entnehmen, dass die Schaffung einheitlicher Rechtsvorschriften über die Rückgabe von Kulturgütern, der Bekämpfung des illegalen Verkehrs mit diesen und dem Erhalt des Kulturerbes dienen soll. Es handelt sich bei den Normen der UNIDROIT-Konvention somit um privatrechtliche Rechtssätze, die in mehr als zwei Staaten gleichlautend gelten und auch gelten sollen, so dass damit von internationalem Einheitsrecht im weiteren Sinne gesprochen werden kann[412].

Wenn Deutschland die UNIDROIT-Konvention ratifiziert, sind im Verhältnis zu den anderen Mitgliedstaaten der Konvention auf grenzüberschreitende Sachverhalte nicht das internationale Privatrecht, sondern direkt die Normen der Konvention anzuwenden. Die dargestellte Diskussion um eine von der *lex rei sitae* abweichende Sonderanknüpfung für Kulturgüter wäre damit hinfällig[413]. Auch unter dem Gesichtspunkt der internationalen Rechtsvereinheitlichung zur Verhinderung unbilliger und zufälliger Ergebnisse im Rahmen der Anwendung des Kollisionsrechts ist daher eine baldige Ratifikation der UNIDROIT-Konvention durch die Bundesrepublik Deutschland äußerst wünschenswert[414].

f. Ergebnis

Die Schaffung internationalen Einheitsrechts zur Regelun der Rückgabe gestohlener bzw. Rückführung illegal exportierter Kulturgüter ist in diesem Zusammenhang die sachgerechteste Lösung. Sollte die Bundesrepublik Deutschland jedoch trotz allem an der Entscheidung gegen eine Ratifizierung der UNIDROIT-Konvention festhalten, stellt sich weiterhin die Frage, ob es notwendig ist, eine Sonderkollisionsnorm für Kulturgüter zu schaffen. Da jedoch weder die Anknüpfung an das „Herkunftsrecht" noch an das Recht des Ortes des Abhan-

---

411 *Kropholler*, Einheitsrecht, § 1 I. 1.

412 Kommt es *in concreto* nicht auf den graduellen Unterschied an, bestehen keine Bedenken, Einheitsrahmenrecht ebenfalls als Einheitsrecht im weiteren Sinne zu bezeichnen, *Kropholler*, Einheitsrecht, § 1 I.

413 Zumal bei der Neukodifikation des deutschen internationalen Sachenrechts die Notwendigkeit, eine eigene Regelung für Kulturgut zu schaffen, sogar ausdrücklich verneint wurde, vergl. BT-Drucks. 14/343, 15.

414 Vergl. *Reichelt,* Neues Recht, S. 60. *Kunz*, IPR, RN. 24: „Dem Ideal der int. Rechtsvereinheitlichung kommt man damit ein großes Stück näher.".

denkommens des Kulturguts gänzlich überzeugen können, sollte die bisherige Lösung des internationalen Sachenrechts beibehalten werden. Die generelle Anknüpfung an die *lex rei sitae* gemäß Art. 43 Abs. 1 EGBGB begünstigt weder den ursprünglichen Eigentümer noch den Gutglaubenserwerber, da die verschiedenen Ergebnisse lediglich auf die Unterschiede des materiellen Rechts der jeweiligen Rechtsordnung zurückzuführen sind[415], nicht aber auf die Bevorzugung der Interessen einer Partei. Daneben kann im Falle des Vorliegens einer wesentlich engeren Verbindung mit dem Recht eines Staates nach Art. 46 EGBGB von dieser Regelanknüpfung abgewichen werden.

VIII. Zusammenfassung

> *"In an ideal world the European Union would accept to be bound by the Unidroit Convention as a block. In the real world we have to settle for second-best solutions. However, it is reasonable to expect that the progressive development of an effective set of uniform rules will not come to an end. Ars longa, vita brevis."*[416]
>
> *Jan M. Winter*

Auch wenn die Bundesregierung einer Ratifizierung der UNIDROIT-Konvention momentan ablehnend gegenübersteht, ist die Wirkung des Beitritts anderer Mitgliedsländer der Europäischen Union nicht zu unterschätzen[417]. Hervorzuheben ist hierbei insbesondere die – trotz einiger Mängel[418] – wegweisende Ratifikation und Umsetzung der UNIDROIT-Konvention durch den italienischen Staat. Daneben sind bereits Spanien und Portugal Mitgliedstaaten der UNIDROIT-Konvention. Sollten sich Frankreich[419] und die Schweiz ebenfalls zu einem Beitritt entschließen, besteht die Hoffnung, dass auch die Bundesregierung eine Ratifikation der UNIDROIT-Konvention befürwortet und ein entsprechendes Gesetz einbringt.

---

[415] *Spinellis*, Vertrags- und Sachenrecht, S. 398.

[416] *Winter*, FS de Waart, 1998, S. 372.

[417] Die Vorteile eines gemeinsamen Beitritts aller Mitgliedsländer der EU führt *Winter*, FS de Waart, 1998, S. 348 auf: „In the first place, the effectiveness which the Convention may be expected to achieve could be greatly enhanced by the participation of a block which groups a number of countries that are rich in art treasures and which occupy a very important position in regard to trade in cultural objects. Furthermore, by embracing the Convention, the European Union would be in a position to assert more forcefully its identity as a single actor in the field of international relations. In the third place, in the event that only a few member States would fit to become a party to the Unidroit Convention, chances are that the effectiveness of that instrument within those countries will be compromised".

[418] S. dazu oben § 4 IV. 4.

[419] S. *Projet de loi n 2879* unter http://www.assemblee-nat.fr/ta/ta0767.asp, abgerufen am 21.1. 2005.

Da die UNIDROIT-Konvention einen wirksamen Beitrag zum Internationalen Kulturgüterschutz nur dann leisten kann, wenn sie sowohl in den „Kulturgut-Geber"- als auch den „Kulturgut-Nehmer"-Staaten Geltung erlangt, stellt sich die Frage, wie die Bereitschaft insbesondere der „Nehmer-Staaten" zum Beitritt erhöht werden kann. Von äußerster Wichtigkeit wäre hier eine Ratifikation durch die USA, die wichtigste Kunsthandelsnation der Welt[420]. Da sich aber gerade die Staaten mit einem bedeutenden Kunstmarkt der Ratifikation der UNIDROIT-Konvention gegenüber zurückhaltend zeigen, ist zu überlegen, ob im Rahmen des Konventionstextes Zugeständnisse an die Interessen des Verkehrsschutzes gemacht werden sollten[421]. Daneben ist die Gründung eines internationalen Fonds zur Unterstützung von wirtschaftlich schwächeren Staaten bei der Rückerlangung ihres kulturellen Erbes von besonderer Wichtigkeit, um beispielsweise die Ratifikationsbereitschaft von afrikanischen Staaten zu erhöhen, die den Regelungen der UNIDROIT-Konvention grundsätzlich positiv gegenüber stehen[422].

IX. Umsetzung der Gedanken der UNIDROIT-Konvention in freiwilligen Maßregelungen wie Verhaltenskodizes

Die UNIDROIT-Konvention hat sich schon jetzt insbesondere bezüglich der Verhaltenskodizes der verschiedenen mit Kulturgütern befassten Berufszweige richtungweisend gezeigt. So sind sowohl die aktuelle Fassung der Ethischen Richtlinien des Internationalen Museumsrates als auch die Verhaltenskodizes der anderen mit Kulturgütern befassten Berufszweige von der UNIDROIT-Konvention und auch der UNESCO-Konvention von 1970 inspiriert[423].

1. Die ICOM Ethischen Richtlinien für Museen[424]

"'An object in a museum case' he wrote 'must suffer the de-natured existence of an animal in the zoo. In any museum the object dies – of suffocation and the public gaze – whereas private ownership confers on the owner the right and the need to touch. As a young child will reach out to handle the thing it names, so the passionate collector, his eye in harmony with his hand, restores to the object the life-

[420] *Goldrich*, 23 Fordham Int'L.J. (2000), 118, 159.

[421] S. dazu unten § 5 II.

[422] S. dazu *Shyllon*, Unif. L. Rev./Rev. dr. unif. 2000, 219, 231ff., 235ff. m.w.N, 239.

[423] *Schneider*, Unif. L. Rev./Rev. Dr. unif. 2001, 476, 564; *Prott,* UNIDROIT, S. 15.

[424] Anhang IV. 1.

giving touch of his maker. The collector's enemy is the museum curator. Ideally, museums should be lootet every fifty years, and their collections returned to circulation […]'"[425]
Bruce Chatwin

„Y en verdad ningún otro destino puede ser mejor para la obra de arte, pues es Museo permite no sólo que todos puedan contemplarla y hacerla suya, sino también que de esta contemplación puede surgier un amor apasionado y constande como el que profeso, valga la confesión, al la „Dama de la Perla" de Vermeer, a la que fielmente vuelvo cuando el destino me lleva a La Haya."[426]
Julio D. González Campos

Museen sind als öffentliche und fachlich anerkannte Institutionen in besonderer Weise verantwortlich sowohl für das eigene Kulturgut als auch für die Sensibilisierung der Öffentlichkeit für das kulturelle Erbe insgesamt[427]. Der Internationale Museumsrat (ICOM) definiert ein „Museum" in Art. 2 Abs. 1 seiner Statuten als

> „nicht gewinnorientierte ständige Einrichtung, die der Gesellschaft und ihrer Entwicklung dient, der Öffentlichkeit zugänglich ist und materielle Zeugnisse des Menschen und seiner Umwelt für Studien-, Bildungs- und Unterhaltungszwecke sammelt, bewahrt, erforscht, vermittelt und ausstellt".[428]

Von besonderer Bedeutung ist im vorliegenden Zusammenhang die Aufgabe des „Bewahrens", sie kennzeichnet die Museen als berufene Stätten und Vorreiter des Schutzes materieller Kulturgüter[429]. Daneben tragen die Museen den Län-

---

425 *Chatwin*, Utz, S. 20.

426 Prolog von *Julio D. González Campos*, *Fuentes Camacho*, tráfico ilícito, S. 8. Diese beiden Zitate verdeutlichen die Hauptpositionen, die sich hinsichtlich der Aufbewahrung von Kulturgütern gegenüber stehen. Während die Befürworter von Museen davon ausgehen, dass die Kunstwerke nur in Museumsräumen hinreichend geschützt sind, verlieren nach der Ansicht einiger privater Sammler die in Museen ausgestellten Güter ihre Lebendigkeit. Es ist jedoch zu berücksichtigen, dass nur über öffentliche Museen und Ausstellungen die Allgemeinheit an der Schönheit dieser Schätze teilhaben kann und daher nur eine solche Aufbewahrung dem Gedanken der Kulturgüter als *Common Heritage of Mankind* entspricht. Nach *Knopp*, Mußgnug/Roellecke, S. 3 dient die Sammeltätigkeit der öffentlichen Museen bereits dem Kulturgüterschutz, da der private Eigentümer mit seinen Kulturgütern unabhängig von ihrer Bedeutung und Unersetzlichkeit nach Belieben verfahren darf, während die von öffentlichen Museen erworbenen Gegenstände dem Publikum für alle Zeiten erhalten und zugänglich bleiben. Vergl. dazu auch *Roellecke*, Mußgnug/Roellecke, S. 40: „Kultur drängt nach Öffentlichkeit. Ihre wichtigste Verwendung ist, sie auszustellen".

427 *Müller*, Informationstag, S. 84; *Szemethy*, Bewahren als Problem, S. 151.

428 Vergl. die Definition der „Museums Association" in England die sich an der Definition des Internationalen Museumsrats orientiert, abgedruckt bei *O'Keefe*, Libre circulation, S. 189. S. dazu *Menz*, UNIDROIT, S. 53, wonach ohne die Museen die bedeutendsten Zeugen der großen Kulturen bereits verloren gegangen und durch den Zahn der Zeit zerstört worden wären. Das Interesse der Museen an diesen Gütern sei in kulturelles und seit der Aufklärung wissenschaftlich-enzyklopädisches, das das ganze Kulturerbe der Menschheit umfasse.

429 *Knopp*, Mußgnug/Roellecke, S. 1, 3, spricht sogar von öffentlichen Museen als „Anstalten zum Schutz von Kulturgütern".

dern gegenüber, deren Kulturgut sie beherbergen bzw. treuhänderisch „verwalten“, eine moralische Verpflichtung zur Wiedergutmachung oder zu Gegenleistungen[430]. Diesem Auftrag folgend hat der Internationale Museumsrat als Repräsentant der weltweit im Bereich der Museen tätigen Menschen und der dazugehörigen Institutionen mit seinem Kodex der Berufsethik deutliche Zeichen gesetzt, klar Haltung gegen den illegalen Handel mit Kulturgut bezogen und sich für länderübergreifende Zusammenarbeit eingesetzt[431].

Der Internationale Museumsrat wird in Art. 1 Absatz 1 seiner Statuten als definiert als:

> „internationale nichtstaatliche Organisation, die Museen und Berufe im Bereich der Museologie repräsentiert und die gegründet wurde, um die Interessen der Museologie und anderer Tätigkeitsbereiche zu fördern, die sich mit der Verwaltung und dem Betrieb von Museen beschäftigen“[432].

Er wurde im Jahr 1946 in Paris gegründet, wo sich auch heute noch das Sekretariat befindet und ist in 148 Ländern zumeist durch nationale Komitees vertreten. Der ICOM verbindet heute annähernd 1000 Museen und mehr als 14.000 Museumsmitarbeiter. Er repräsentiert somit eine Gemeinschaft, die sowohl die importierenden als auch die so genannten „Opfer-Staaten“ in Bezug auf den illegalen Handel mit kulturellen Gütern umfasst[433].

---

430 *Müller*, Informationstag, S. 85. S. auch *Kaufmann*, UNIDROIT, S. 33: „Als Besitzer und wissenschaftlicher Treuhänder von Sammlungen, die zugleich Teil des kulturellen Erbes anderer Kulturen sind, haben wir die Pflicht zum partnerschaftlichen Dialog mit den Ursprungsgesellschaften.“.

431 Vergl. Punkt 3.2 und 3.3 der ICOM Ethischen Richtlinien für Museen.

432 Die Ziele von ICOM werden in Art. 3 Absatz 1 seiner Statuten wie folgt definiert:
- die Förderung und Unterstützung der Einrichtung, Entwicklung, sowie des sachkundigen Betriebes von Museen jeglicher Art;
- die Verbesserung des Wissens um und des Verständnisses für das Wesen, die Aufgaben und die Rolle von Museen im Dienste der Gesellschaft und deren Entwicklung;
- die Organisation von Kooperationen und gegenseitiger Unterstützung zwischen Museen und zwischen Angehörigen von Berufen im Bereich der Museologie in den verschiedenen Ländern;
- die Vertretung, Unterstützung und Förderung der Interessen Angehöriger von Berufen jeglicher Art im Bereich der Museologie;
- die Verbesserung und Verbreitung der Kenntnisse auf dem Gebiet der Museologie und anderer Tätigkeitsbereiche, die sich mit der Verwaltung und dem Betrieb von Museen beschäftigen.

Ähnlich wie UNIDROIT setzt er sich auch aus einer Generalversammlung (*General Assembly*), einem Direktionsrat (*Executive Council*), einem Sekretariat, den nationalen Komitees, einem Beratungskomitee und letztlich dem *Documentation Centre* von UNESCO-ICOM zusammen. Die Finanzierung des ICOM erfolgt durch Beiträge seiner Mitglieder, Stiftungen und die UNESCO, *Des Portes* (ehemalige Generalsekretärin des ICOM), I.J.C.P., Vol. 7, No. 1, 1998, 141.

433 *Des Portes* (ehemalige Generalsekretärin des ICOM), I.J.C.P., Vol. 7, No. 1, 1998, 141.

Der Internationale Museumsrat wurde durch die Empfehlung der UNESCO von 1964[434] an alle Mitgliedstaaten, die unrechtmäßige Aus- und Einfuhr sowie Eigentumsübertragung von Kulturgütern zu versagen und zu verhindern, veranlasst, ethische Regeln für Museumsankäufe auszuarbeiten[435]. In der Folge wurde im Jahr 1970 von ICOM ein interne Erklärung zur Ethik der Erwerbungen erlassen, 1984 übertrug der Direktionsrat die Entwicklung eines Kodex umfassender Berufspflichten auf ein „Ethik-Komitee"[436] und im Jahr 1986 wurde der *Code of Ethics*, die Ethischen Richtlinien für Museen, schließlich angenommen. Der ICOM hat mit seinen Ethischen Richtlinien für Museen eine allgemeine Darstellung der Berufsethik geschaffen, deren Einhaltung auch dem Schutz von Kulturgut dient. So enthält der Abschnitt 3 Regelungen über Neuerwerbungen für Sammlungen und unter Ziffer 3.2. den Hinweis, dass der illegale Handel mit Gegenständen, die für öffentliche oder private Sammlungen bestimmt sind, u. a. zur Zerstörung von historischen Stätten beiträgt und deshalb seine Unterstützung ein für Museen unethisches Verhalten darstellt[437]. Auch wenn keine offiziellen Strafen bei der Verletzung des Kodex der Museumsethik des ICOM drohen, so ist er eine von den Museen auf Grund ihres Selbstverständnisses bejahte Selbstdisziplin und eine berufsethische Richtschnur[438]. Es besteht zwar die theoretische Möglichkeit, ein ICOM-Mitglied auszuschließen, jedoch ist diese Sanktion selbst wenig abschreckend. Möglich ist allerdings, dass die Verbreitung gezielter Informationen über diese Maßnahme das betreffende Museum auf Grund des entstehenden öffentlichen Druckes dazu bringen könnte, das eigene Verhalten zu überdenken.

Ferner können diese ethischen Richtlinien der Museen auch Druck auf private Sammler ausüben: So müssen Sammler, die aus steuerlichen Gründen Kunstwerke an Museen spenden wollen, auf Grund der Richtlinien auf eine einwandfreie Provenienz dieser Objekte achten, da sie sonst Gefahr laufen, dass ihre Spende auf Grund der ungeklärten Herkunft abgelehnt wird[439]. Vor Schaffung der Ethischen Richtlinien hatten zahlreiche Museen Kulturgüter auch ohne

---

[434] *Recommendation on the Means of Prohibiting and Preventing the Illicit Export, Import and Transfer of Ownership of Cultural Property* v. 19.11.1964, UNESCO, Records of the General Conference, 13th session, 1964.

[435] *Raibl*, Neues Recht, S. 4. S. dazu auch *Prott*, Wiener Symposium, S. 160.

[436] Die Aufgabe dieses Komitees war es, eine umfassende Erhebung über die Praktiken der Museen auf internationaler, lokaler und individueller Ebene durchzuführen. Dazu wurden weltweit die Mitglieder des ICOM konsultiert, *Des Portes*, I.J.C.P., Vol. 7, No. 1, 1998, 141.

[437] Ziffer 3.2. bestimmt ferner, dass ein Museum einen Gegenstand weder durch Kauf, Schenkung, Legat oder Tausch erwerben solle, solange der Träger oder ein verantwortlicher Mitarbeiter sich nicht davon überzeugt hat, dass das Museum rechtmäßig Eigentum an dem betreffenden Gegenstand erwerben kann.

[438] *Brinkman*, Museumskunde, Band 67, 2/2002, 52, 55.

[439] *Alva González*, 12 Colum. J. Transnat. L. (1973), 316, 341.

nachgewiesene Herkunftsangabe in der Überzeugung, die Fundstücke vor ihrer Abwanderung in den privaten Bereich zu retten und Öffentlichkeit für sie herzustellen, angekauft oder angenommen[440]. Erfreulicherweise hat sich die Sichtweise der Museumsfachleute seither grundlegend geändert und eine den veränderten Umständen gerecht werdende Ankaufspolitik durchgesetzt. So schreibt *Homberger* in der Neuen Zürcher Zeitung vom 11. 3. 1997:

> „Vergleichen wir die heutigen Anschaffungsrichtlinien des Metropolitan Museum of Art mit jenen, die bis vor etwa zwanzig Jahren üblich waren, so lässt sich unschwer feststellen, dass, epochenspezifisch, die ethisch einwandfreie Haltung – *polical correctness* – an die Stelle der heute kaum noch vorstellbaren Raffgier getreten ist.“[441]

a. Umgang mit Antiken unbekannter Herkunft

> *"Just as people would agree that the destruction of cultural heritage cannot be tolerated, most people would also agree that the products of such destruction should nevertheless, end up in museums, where they can finally be properly conserved, authenticated, studied, and, ideally, published – rather than sitting obscurely and transiently in private collections. But how can responsible museums ever accept such materials without encouraging collectors, and thus perpetuating the thriving market and the continued destruction of sites? This is the ineluctable long-term problem that must be faced by archaeologists, museum directors, curators, and, finally, by the collectors and dealers who should have to face more consequences in the ultimate dispositions of their goods than is usually the case today."*[442]
>
> *Clemency Chase Coggins*

Es stellt sich jedoch die Frage, wie bei Unmöglichkeit der Feststellung der Eigentumsrechte an einem antiken Gegenstand, mit diesem zu verfahren ist[443]. Darf ein solcher Gegenstand, der zwar keine geklärte Herkunft besitzt, an dem jedoch

---

[440] *Geominy*, Bewahren als Problem, S. 91 ff., so wurden auch Leihgaben aus Privatbesitz in der Hoffnung ausgestellt, dass der Privatsammler sich einmal für diese Gastlichkeit durch Stiftung seiner Sammlung erkenntlich zeigen würde. Vergl. zur Ankaufpolitik der Museen in den 80er Jahren und der damit verbundenen Diskussion, *Szemethy*, Bewahren als Problem, S. 152 FN 9 m.w.N.

[441] *Homberger*, „Außereuropäisches Kulturgut in westlichen Museen“, Neue Zürcher Zeitung v. 11. 3. 1997, 46 zitiert nach *Szemethy*, Bewahren als Problem, S. 152.

[442] *Coggins*, I.J.C.P., Vol. 7, No. 2, 1998, 434, 435f.

[443] Diese Frage stellt sich auch bei so genannten „Zufallsfunden“, wie beispielsweise der antiken Bronzestatue eines Knaben, die im Mai 1998 von Beamten des saarländischen Kriminalamtes im Kofferraum eines Wagens sichergestellt wurde. Diese Statue wurde wohl eher zufällig aus dem Meer gefischt und stammt offenbar aus einem antiken Schiffbruch. Mit ihrer Bergung wurde weder mutwillig oder fahrlässig ein bis vor kurzem noch intaktes Stück Vergangenheit zerstört, noch hätte der Fundort archäologisch erforscht werden können. Sie ist an jedem Ort aus sich selbst heraus aussagekräftig – auch ohne Fundzusammenhang. Doch auch in solchen Fällen zufälliger Meeresfunde ist das Eigentumsrecht des Herkunftslandes zu respektieren und der Verdacht des unrechtmäßigen Erwerbes auszuräumen, *Reinsberg*, Bewahren als Problem, S. 29ff.

keine fremden Rechte bestehen, von einem Museum angekauft werden und wie sind die Erkenntnisse zu verwerten, welche inzwischen über ihn gewonnen wurden? Einige archäologische Institutionen vertreten die Auffassung, dass Objekte ohne dokumentierte Herkunftsangaben in den von ihnen heraus gegebenen Publikationen nicht mehr erwähnt werden sollen[444]. Problematisch ist hierbei, dass es im Interesse eines gemeinsamen kulturellen Erbes der Menschheit nicht angemessen erscheint, den betreffenden Gegenstand und die aus ihm gewonnenen Kenntnisse zu ignorieren. Jedoch sollen andererseits durch die wissenschaftliche Diskussion die betreffenden Stücke, die eventuell aus dubiosen Quellen stammen, nicht finanziell aufgewertet werden. Es stellt sich die Frage, ob nicht die öffentliche Diskussion und Aufklärung erfolgversprechender ist als die Taktik, bei Funden unbekannter Herkunft die diese betreffenden Nachforschungen und Aufdeckungen zu vernachlässigen[445]. Nicht nur nach Ansicht der Kunsthändler verfehlt eine solche Politik den Zweck der freien Lehre und Forschung und verschließt wertvolle wissenschaftlich relevante Sachinformationen vor der Öffentlichkeit[446].

Anders argumentiert der Präsident des Deutschen Archäologischen Instituts: Sicherlich verfalle man nicht der Illusion, dass mit dem Verzicht, Erstveröffentlichungen von solchen Objekten aus dem Kunsthandel oder aus Sammlungen in die Instituts-Publikationen aufzunehmen, das Treiben der Raubgräber und der Handel mit Fundstücken ungeklärter Herkunft beeinträchtigt würden. Vielmehr würde es auf Dauer einen unerträglichen Widerspruch darstellen, wenn das Deutsche Archäologische Institut, das bei seinen Ausgrabungen auf das absolute Vertrauen der Behörden und Kollegen der Gastländer angewiesen sei, auf der anderen Seite in seinen Publikationen ganz unbefangen archäologisches Material ausbreiten würde, dessen Verlust eben diese Gastländer gemeinsam mit allen Archäologen beklagten[447]. Auf den ersten Blick mag es zwar sinnvoll erscheinen, das betreffende Gut in einem Museum zu erhalten und somit den Zugang der Öffentlichkeit zu gewährleisten, jedoch ist auf lange Sicht keine Einschränkung des illegalen Verkehrs mit Kulturgütern möglich, wenn gleichzeitig sogar die Museen eine Absatzmöglichkeit für gestohlene oder illegal ausgegrabene Kulturgüter bieten[448].

---

[444] *Cahn*, Bewahren als Problem, S. 56.

[445] *Reinsberg*, Bewahren als Problem, S. 40; *Geominy*, Bewahren als Problem, S. 96. In Österreich wurde ein solches Publikationsverbot für antike Objekte mit fehlendem Herkunftsnachweis in archäologischen Fachzeitschriften empfohlen, *Szemethy*, Bewahren als Problem, S. 156.

[446] So *Cahn*, Bewahren als Problem, S. 56 und auch *Siehr*, Bewahren als Problem, S. 111, wonach illegal ausgegrabenes Kulturgut nicht wie bisher tot zu schweigen, sondern international auszuwerten und bis zu seiner Rückführung treuhänderisch aufzubewahren sei.

[447] *Kyrieleis*, Bewahren als Problem, S. 166.

[448] *Coggins*, I.J.C.P., Vol. 7, No. 2, 1998, 434, 435f.

b. Lösungsvorschläge

Ein Weg, um sowohl den kulturellen Austausch der einzelnen Länder, der gemäß Absatz 2 der Präambel der UNIDROIT-Konvention von „grundlegender Bedeutung" für die „Förderung des Verständnisses zwischen den Völkern sowie der Verbreitung der Kultur zum Wohle der Menschheit und dem Fortschritt der Zivilisation" ist, als auch um den Schutz des nationalen kulturellen Erbes zu gewährleisten, ist eine Museumspolitik des Leihgabenaustausches. Ein solcher Austausch von Leihgaben ermöglicht interessante Ausstellungen ohne Neuanschaffungen und kulturelle Völkerverständigung[449]. So lautet die dritte der Resolutionen der internationalen „Art, antiquity, and the law"-Konferenz in New Brunswick bei New York im Oktober 1998 über Antikenhandel und Antikengesetzgebung als globales Problem:

> „Überzeugt, daß der internationale Austausch von Kulturgut von großer Bedeutung ist, um das Verständnis und den Respekt für fremde Kulturen und die Erziehung der kommenden Generationen zu fördern, ermutigen wir die Regierungen aller Nationen:
> - langfristige Leihgaben von Kulturgütern an ausländische Museen und andere Institutionen zu fördern, die internationalem Standard entsprechen;
> - die nationalen Gesetze abzuändern, die die Dauer solcher Leihgaben restriktiv begrenzen, um mindestens 2-Jahresperioden für Ausstellungszwecke zu erreichen."[450]

Bereits in der „Berliner Erklärung" des Internationalen Kongresses für klassische Archäologie von 1988[451] wurde der Vorschlag gemacht, dass das Leihsystem den Graben überwinden könne, der zwischen den „antikenarmen" und „antikenreichen" Ländern bestehe[452]. Entsprechend enthalten die Ethischen Richtlinien für Museen des ICOM[453] unter Ziffer 3.6. folgende Aussage:

---

[449] Vergl. dazu *Pommerehne/Frey*, Libre circulation, S. 110; *Homberger*, UNIDROIT, S. 27 f. So spricht sich auch beispielsweise *Denise Daenzer*, Leiterin des Indianermuseums der Stadt Zürich, gegen ein Wettbewerbsdenken unter den Museen aus und fordert mehr Austausch unter ihnen, dafür aber weniger oder keine Ankäufe, *Daenzer*, Informationstag, S. 72. Bisher war es zumeist das Anliegen der Museen – insbesondere der europäischen – eine Sammlung als permanentes und exklusives Eigentum zu erwerben, wohingegen die afrikanischen Museen eher eine flexiblere Haltung bevorzugen, wonach bestimmte Objekte nur zeitweise in Ausstellungen auf der Basis von Leihgaben der Öffentlichkeit präsentiert werden, *Leyten*, I.J.C.P., Vol. 7, No. 1, 1998, 261, 266. Ein Beispiel für diese Politik des Austausches von Leihgaben ist die Ausstellung „Vallées du Niger", die 1993 in Paris eröffnet wurde, in verschiedenen niederländischen Städten und in sieben afrikanischen Staaten entlang des Niger gezeigt wurde. Diese Ausstellung war eine Zusammenarbeit verschiedener Museen afrikanischer Staaten, die am Niger gelegen sind, und Völkerkunde-Museen in Paris und Leiden, Holland.

[450] *Heilmeyer*, Bewahren als Problem, S. 102f.

[451] Anhang IV.2.

[452] S. Punkt C der Berliner Erklärung: Internationaler Kulturaustausch.

[453] Anhang IV.1.

„Leihgaben und die Organisation oder Übernahme von Leihausstellungen können wichtige Faktoren für die Verbesserung von Attraktivität und Qualität eines Museums und seiner Dienstleistungen sein."

Voraussetzung einer solchen im Interesse des internationalen Kulturgüteraustausches wünschenswerten Leihgabenpolitik ist selbstverständlich, dass in den Ausstellungsstätten die Sicherheit der Objekte garantiert ist[454]. Ein weiterer entscheidender Punkt ist dabei die Gewährung „freien Geleits" für Kulturgüter, die zu Ausstellungszwecken ins Inland gelangen, wie dies etwa § 20 KultSchG vorsieht.

Doch stoßen derartige Pläne auch auf Widerstand. Ein Beispiel für den Widerstand gegen einen solchen Austausch ist etwa der Fall des Gemäldes „Liegende Frau" von *Egon Schiele* aus dem Jahr 1950. Hier hatte die in den USA lebende Eigentümerin den österreichischen Staat um eine Ausfuhrgenehmigung ersucht, um das Kunstwerk dem New Yorker *Museum of Modern Art* als Leihgabe zur Verfügung zu stellen, nachdem es bisher der Österreichischen Galerie in Wien ausgeliehen war, dort jedoch nicht zur permanenten Ausstellung gehörte. Trotzdem verweigerte das Bundesdenkmalamt und in zweiter Instanz der Unterrichtsminister die Ausfuhrgenehmigung, da die Erhaltung des Gemäldes in Österreich dem Interesse des Staates entspreche, dem das Privatinteresse des Eigentümers zu weichen habe[455].

Eine solche Haltung von Staat und Museen erscheint sehr bedenklich, da es dem Gedanken der Kulturgüter als gemeinsamem Erbe der Menschheit nicht entspricht, ein bedeutendes Gemälde in dem Depot eines Museums verstauben zu lassen, anstatt es der Allgemeinheit in einem Museum zugänglich zu machen. In genannten Fall um das Werk *Schieles* zeigt sich deutlich, wie die Haltung des „kulturellen Nationalismus" dem kulturellen Austausch der Nationen entgegenstehen und unter Umständen der weltweiten Anerkennung eines Künstlers zuwiderlaufen kann[456].

---

454 So ist das örtliche Überwachungssystem und die Sicherheit von Räumen und Vitrinen genauestens zu überprüfen, *Heilmeyer*, Bewahren als Problem, S. 103.

455 Zwar hob der der österreichische Verwaltungsgerichtshof diesen Bescheid auf (VwGH, Urt. v. 11.4.1951, VwSlg. 2031 A/1951) und stellte fest, dass die Behörden von ihrem Ermessen im Rahmen der Abwägung, ob nicht ein besonderes Interesse vorliege, das die Ausfuhr dennoch rechtfertige, nicht im Sinn des Ausfuhrverbotsgesetzes Gebrauch gemacht hätten. Die Behörde hätte sich im konkreten Fall vielmehr auch mit der Frage der Propagierung österreichischer Kunst im Ausland auseinandersetzen müssen. Dennoch verblieb das betreffende Gemälde in Österreich, da sich die Eigentümerin mit dem Bundesministerium dahingehend einigte, dass dieses die Ausfuhrerlaubnis für ein anderes Bild unter der Bedingung erteilte, dass das *Schiele*-Gemälde in Österreich bleibe. Vergl. zum Ganzen *Seidl-Hohenveldern*, FS Schindler, 1989, S. 139f.; *Spaun*, Herausgabeanspruch, S. 28 FN 15. Einige Jahrzehnte später wurde dann dem scheidenden US-Botschafter *Lauder* eine Ausfuhrgenehmigung für ein anderes Gemälde *Egon Schieles* erteilt und dieser so dennoch in den USA bekannt.

456 Vergl. dazu den Ansatz von *Ede*, I.J.C.P., Vol. 7, No. 1, 1998, 128, 129f., dieser verurteilt die

Dagegen gibt es aber auch sehr erfreuliche Beispiele für einen internationalen kulturellen Austausch in jüngerer Zeit. So haben in den letzen Jahren einige deutsche Museen diese Politik des Leihgabenaustausches als Möglichkeit für interessante Ausstellungen erkannt. Ein Beispiel für die erfolgreiche Verwirklichung der Museumspolitik des Leihgabenaustausches ist die Zusammenarbeit der Berliner Antikensammlung mit Ostia in Italien. So waren im Pergamon-Museum Gegenstände aus Ostia zu sehen, während in Ostia Objekte aus den Berliner Museen gezeigt wurden[457]. Eine weiterer Austausch besteht mit Olympia in Griechenland, welches durch seine Ausgrabungsgeschichte ursprünglich mit der Berliner Antikensammlung verbunden ist[458]. Auch Museen anderer Länder wie beispielsweise der Schweiz arbeiten seit einigen Jahren bezogen auf spezielle Ausstellungsprojekte mit den Museen der Herkunftsländer zusammen[459].

Der Vorschlag Griechenlands, dem *British Museum* als Tausch für die umstrittenen *Elgin Marbles* andere archäologische Fundstücke auszuleihen und dafür die weltberühmte Skulpturengruppe zu den Olympischen Spielen 2004 in Athen zu haben, wurde auch von Vertretern des *British Museum*, in dessen Besitz sich die Skulpturen befinden, als „bislang seriösestes Angebot Griechenlands“ bezeichnet[460]. Es wäre sehr zu begrüßen gewesen, hätte sich der Streit, ob es sich bei der Verbringung der *Marbles* durch *Lord Elgin* nach London „um eine notwendige Rettungsaktion unschätzbarer Kulturgüter oder um einen dreisten Kunstraub“[461] handelte, auf diese Weise beilegen lassen[462].

Die genannten begrüßenswerten Beispiele zeigen, wie weit die Gedanken der UNIDROIT-Konvention in der Haltung der Museumsdirektoren und -Mitarbeiter aufgenommen wurden und was mit nationaler und internationaler Zusammenarbeit bewirkt werden kann. Das Zusammenwirken der öffentlichen Sammlungen ist allerdings bei weitem nicht ausreichend, da der illegale Handel mit Kulturgütern vor allem auch die privaten Sammlungen speist. So befürwor-

---

scharfen Exportkontrollen für archäologische Objekte als im Ansatz chauvinistisch; diese Gesetze seien fast alle in Zeiten wieder erstarkten Nationalismus entstanden und seien konzipiert worden, um den Glauben an ausländischen Kulturimperialismus zu stärken. Ähnlich auch *George Ortiz*, der kritisierte, dass das dem Faschismus unter *Mussolini* entstammende Gesetz 1089 aus dem Jahr 1939 immer noch über den Export von Kultgütern aus Italien bestimme, *Ortiz*, Libre circulation, S. 155.

457 *Heilmeyer,* Museumskunde, Band 67, 1/2002, 65, 67.

458 Vergl. zum Ganzen *Heilmeyer,* Museumskunde, Band 67, 1/2002, 65, 67f.

459 *Szemethy*, Bewahren als Problem, S. 153ff.

460 „Streit um „Elgin Marbles“, neues Angebot aus Athen“, HB v. 21. 8. 2001, 35.

461 „Streit um „Elgin Marbles“, neues Angebot aus Athen“, HB v. 21. 8. 2001, 35. Zur bewegten Geschichte der Marbles s. oben § 1 II. 2.

462 *Shyllon*, Unif. L. Rev./Rev. dr. unif. 2000, 219, 230 macht den Vorschlag den Fall an ein Schiedsgericht zu überweisen, um damit eine „entweder-oder-Lösung“ zu vermeiden. So könnten die Skulpturen aufgeteilt, befristet vermietet oder Kopien angefertigt werden.

ten die Vertreter der nationalen Museen[463] und internationalen Zusammenschlüsse von Museen und Museumsmitarbeitern[464] die Ratifizierung der UNIDROIT-Konvention, um das kulturelle Erbe zu schützen und den illegalen Handel mit Kulturgütern zu bekämpfen.

2. Verhaltenskodizes anderer Verbände

Auch die Restauratoren[465], Kunst- und Antiquitätenhändler[466], Galeristen[467] und Kunstversteigerer[468] besitzen schriftlich fixierte Verhaltengrundsätze und

---

[463] So *Professor Dr. Wolf-Dieter Heilmeyer*, Direktor der Staatlichen Museen zu Berlin, Museumskunde, Band 67, 1/2002, 65, 68. Nach *Dr. Christian Kaufmann*, Konservator und Leiter der Ozeanien-Abteilung am Museum der Kulturen in Basel, UNIDROIT, S. 34 hilft die UNIDROIT-Konvention das für eine wirksame internationale Zusammenarbeit der Museen erforderliche Vertrauen zu stärken. Auch stellte die Konferenz der Direktoren der Staatlichen Museen zu Berlin Preußischer Kulturbesitz unter dem Vorsitz vom Generaldirektor *Prof. Dr. Wolf-Dieter Dube* am 27.11.1996 fest, dass sie dem Inhalt und dem Wortlaut der UNIDROIT-Konvention grundsätzlich zustimmen und das zuständige Ministerium auffordern, die Konvention so schnell wie möglich zu ratifizieren, *Conference of Directors of the State Museums of Berlin*, I.J.C.P., Vol. 6, No. 1, 1997, 137.

[464] So auch die Africom, ein Netzwerk von afrikanischen Museen und Museumsmitarbeitern innerhalb des ICOM, auf der Konferenz v. 22.–24.10.1997 in Genf, I.J.C.P., Vol. 7, No. 1, 1998, 266.

[465] Ehrenkodex für Restauratoren, abgedruckt in: Museumskunde, Band 67, 1/2002, 143–144. Zu den „Codes of ethics of the British, Canadian, Australian, and American professional conservation organizations“, *Sease*, I.J.C.P, Vol. 7, No. 1, 1998, 98–115 m.w.N. Diese *Codes* setzten sehr erfolgreich die Prinzipien fest, die die Arbeit der Konservatoren leiten sollen. Die aktuellen Fassungen passen sich den Entwicklungen des Berufstandes an, so wird Reversibilität nicht länger in den *Codes* erwähnt, während die präventive Konservation nunmehr die wichtigste Stellung einnimmt. *United Kingdom Institute for Conservation of Historic and Artistic Works, Code of Ethics and Rules of Practice,* I.J.C.P, Vol. 7, No. 1, 1998, 234–241.

[466] Anhang IV. 3. Auch die Verurteilung des New Yorker Antikenhändlers *Frederick Schultz* setzte eine klares Zeichen, dass der Handel mit Antiquitäten zweifelhafter Provenienz risikoreich ist. *Schultz* hatte durch die Fälschung von Inventarschildern und Papieren zum Nachweis einer gesicherten Provenienz und den Schmuggel von bedeutenden Antiken seinen gesamten Berufsstand, den er als vormaliger Präsident der „Nationalen Vereinigung der Händler antiker, orientalischer und primitiver Kunst“ und Gründungsmitglied der „Internationalen Vereinigung der Händler antiker Kunst“ repräsentierte, in Verruf gebracht, vergl. *Willeitner*, „Der Fluch des Pharaos. Bitterer Nachgeschmack: Die Machenschaften des New Yorker Antikenhändlers Frederick Schultz“, FAZ v. 10.8.2002, 41, 42. Zur Ethik der Kunsthändler s. auch *Marks,* I.J.C.P., Vol. 7, No. 1, 1998, 116–127, wonach eine befriedigende Lösung dadurch erreicht werden könne, dass die so genannten „Quellen-Länder“ für kulturelle Güter mit den Marktstaaten partnerschaftlich in einer offenen, freien und rationalen Koalition zusammen arbeiteten, während die einschränkenden Exportkontrollen aufgegeben werden sollten. Wobei *Marks* die Wichtigkeit der privaten und öffentlichen Sammlungen betont, a.a.O., 116.

[467] Code der Berufspflichten des Galeristen, in deutscher Fassung v. 18.3.1991 abgedruckt in: Museumskunde, Band 67, 1/2002, 146–148. Die F. E. A. G. A. hat einen „Code de Déontologie“ der Berufspflichten des Galeristen ausgearbeitet, an dessen Wesensgehalt sich nach § 2 Abs. 2 der Satzung des Bundesverbandes Deutscher Galerien e. V. (BVDG) auch die Mit-

Berufspflichten, die die Arbeit mit Kulturgütern ohne belegte Provenienz verbieten[469]. So enthält beispielsweise die dritte Allgemeine Verpflichtung des Restaurators das Verbot, Aufträge anzunehmen, die den historischen Bestand von Kunst- und Kulturgut gefährden oder verfälschen. Dadurch soll sichergestellt werden, dass kein seriöser Restaurator dabei behilflich ist, die Herkunft eines Kulturgutes zu verschleiern, um seinen Weiterverkauf zu ermöglichen.

Gleiches gilt auch für den Kunsthandel als Dreh- und Angelpunkt des Systems. So ist im 3. Punkt des deutschen Verhaltenskodex für den internationalen Handel mit Kunstwerken festgelegt, dass sich der deutsche Kunsthandel für die Rückführung gestohlener oder illegal ausgeführter Gegenstände in ihr Ursprungsland einsetzt. Daneben sieht auch der Verhaltenskodex für den internationalen Handel des Bundesverbandes Deutscher Kunstversteigerer vor, dass sich der deutsche Kunsthandel nicht am Import, Export oder Handel solcher Gegenstände beteiligt, bei denen hinreichender Grund zu der Annahme besteht, dass sie gestohlen oder illegal exportiert wurden. Verstöße gegen diese Verhaltenskodizes können zum Ausschluss aus dem jeweiligen Berufsverband führen[470].

Diese allgemein bekannten und vom seriösen Kunsthandel auch beachteten Regeln haben zur Folge, dass bekannte Objekte wie beispielsweise die „Saliera“, das goldene Salzfass des Florentiner Manieristen *Benvenuto Cellini*, das während der „Langen Nacht der Musik“ im Mai 2003 aus der Wiener Gemäldegalerie gestohlen wurde, im Kunsthandel unverkäuflich sind und nur in geheime Privatsammlungen eingehen können[471]. Ein Beispiel für die Effektivität solcher Kodizes trotz fehlender Sanktionsmöglichkeiten ist der besprochene Fall *Kingdom of Spain v. Christie, Manson & Woods, Ltd.*[472]. Hier argumentierte das Gericht mit den Grundsätzen des *Dealers Code of Practice* der englischen Kunst- und Anti-

---

glieder des BVDG halten wollen, weil diese Richtlinien der Wahrung der Einheitlichkeit und der Seriosität kunsthändlerischer Arbeit im nationalen und internationalen Bereich dienen.

468 Anhang IV. 4.

469 Dies entspricht den Forderungen von *Menz*, UNIDROIT, S. 54 wonach die Sammler und Händler denselben Ehrenkodex wie die Museen beachten sollten, wonach nach ethischen Kriterien zu sammeln und Werke zweifelhafter Herkunft zurück zu weisen seien.

470 Die freiwilligen Maßregelungen können daneben vor allem mahnende Dokumente sein, die ihre Mitglieder inspirieren, ihren Vorgaben zu folgen, um angemessene berufliche Anerkennung zu erhalten, *Sease*, I.J.C.P, Vol. 7, No. 1, 1998, 98, 112f.

471 Vergl. „Cellinis „Saliera“ in Wien gestohlen“, FAZ v. 13. 5. 2003, 37; „Ein Jahr ohne Saliera. Bitte keine Krümel!“ FAZ v. 15. 5. 2004, 51; interessant dazu auch *Dittmar*, „Herr X kauft frische Ware aus Bagdad. Die Plünderer der irakischen Museen sollen für den illegalen Kunstmarkt gearbeitet haben. Wer sind ihre Kunden?“, „DIE WELT“ v. 26. 4. 2003, 27, der die Vermutung äußert, dass irgendwo zwischen New York und Los Angeles kunstbesessene reiche Sammler auf aus den irakischen Museen gestohlene Kulturgüter warten.

472 S. oben § 1 II. 1.

quitätenhändler[473]. Der zweite Grundsatz dieses *Codes* setzt fest, dass die Mitglieder des Kunst- und Antiquitätenhandels des Vereinigten Königreichs ihr Bestes tun, keine Kunstwerke zu importieren, exportieren oder das Eigentum an ihnen zu übertragen, wenn der Verdacht besteht, dass diese unter der Verletzung von Ausfuhrverboten exportiert wurden[474]. In diesem Fall war die Klausel des *Codes* zwar nicht direkt anzuwenden, da das Auktionshaus nicht in den illegalen Export verwickelt war[475], diese freiwillige Maßregelung beeinflusste die Entscheidung des Gerichts jedoch insofern, als ein legitimes Interesse Spaniens an der Feststellung der Unrechtmäßigkeit des Exports auch im Hinblick auf den *Dealers Code of Practice* bejaht wurde[476]. Auch im Fall *Jeanneret v. Vichey*[477] kann die dort festgestellt Unveräußerlichkeit[478] des angeblich illegal ausgeführten *Matisse*-Gemäldes auf die im Kunsthandel geltende Praxis und damit auch auf den Einfluss der Kodizes der Berufsethik zurückgeführt werden[479].

Vor diesem Hintergrund ist im seriösen Kunsthandel nunmehr neben verschiedenen Qualitätsmerkmalen und der kunstgeschichtlichen Bedeutung der so genannte „Pedigree" von immenser Wichtigkeit für den Wert eines Kunstwerkes. Unter „Pedigree" ist die Herkunft und Geschichte des Werkes zu verstehen, anhand dessen im Idealfall die Besitzerkette bis zum Atelier des Künstlers zurückverfolgt werden kann[480]. Dass solche Merkmale den Wert eines Objektes deutlich beeinflussen, zeigt, welche wünschenswerte Wirkung freiwillige Verhaltensmaßregeln, die durch die Wertungen der UNIDROIT-Konvention deutlich geprägt sind, beispielsweise durch das Verbot des Handelns mit Kulturgütern ohne belegte Provenienz haben[481].

---

473 Abgedruckt im Rahmen der Entscheidung *Kingdom of Spain v. Christie Ltd.* (Ch.D.) 1 W.L.R. (1986), 1120, 1124f.

474 *Clause* 2b) des *Dealers Code of Practice*, s. vorherige FN *Clause* 4 des Codes verlangt sogar die Rückgabe an das Herkunftsland, gegen – im Falle des gutgläubigen Erwerbs – eine angemessene Entschädigung.

475 Vergl. die Ausführungen von Richter *Sir Nicolas Browne-Wilkinson V.-C., Kingdom of Spain v. Christie Ltd.* (Ch.D.) 1 W.L.R. (1986), 1120, 1125.

476 *Kingdom of Spain v. Christie, Manson & Woods, Ltd.* (Ch.D.) 1 W.L.R. (1986), 1120, 1132.

477 *Jeanneret v. Vichey*, 541 F. Supp., 80, S.D.N.Y. 1982, 12.1.1982, No. 77 Civ. 3401; *reserved and remanded* 693 F. 2nd, 259 (2nd Cir. 1982), Urt. v. 12.11.1982, No. 59, Docket 82-7203. S. dazu oben § 3 VIII. 1. b.

478 Die Klägerin und die drei Kunsthändler – darunter auch *Jan Tancock*, der derzeitige Vizedirektor von Sotheby's – bezogen sich in ihren Ausführungen ausschließlich auf das Erwerbsverhalten der Auktionshäuser und Kunsthändler, *Jeanneret v. Vichey*, 693 F. 2nd, 259 (2nd Cir. 1982), Urt. v. 12.11.1982, No. 59, Docket 82-7203, 263f.

479 *Müller-Katzenburg*, Internationale Standards, S. 212f., 217.

480 *Goepfert*, Kunsthandel, S. 22.

481 Vergl. beispielsweise Anhang IV. 3.

3. Zusammenfassung

"While acknowledging that it is often difficult to enforce these codes, the author suggests that they serve a valuable role both in educating the members of the various organizations and the public and in establishing goals for which these professionals aspire."[482]
Patrick J. O'Keefe

Die von den Museen, Kunst- und Antiquitätenhändlern sowie Restauratoren, Kunstversteigerern und Galeristen aufgestellten Ethischen Richtlinien und Verhaltenskodizes formulieren Regeln und Grundwerte, die auch für die übrige internationale Rechtspraxis im Kulturgüterverkehr richtungsweisend sind[483]. Die Freiwilligkeit solcher Verhaltenrichtlinien darf nicht als Gegensatz zum Recht verstanden werden[484]. So ist ein langfristiger Einfluss der Erwerbs- und Verhaltensregeln auch auf die normative Entwicklung des internationalen Kulturgüterschutzrechts wahrscheinlich[485]. Wie die Fälle *Kingdom of Spain v. Christie, Manson & Woods, Ltd.* und *Jeanneret v. Vichey* zeigen, können die freiwilligen Verhaltensrichtlinien der mit Kulturgütern befassten Berufszweige auch Auswirkung auf die einschlägige Rechtsprechung haben. Daneben dienen die Verhaltenskodizes und Ethischen Richtlinien als „Orientierungshilfe und Maßstab für die zielgerichtete Auslegung und Fortbildung des geltenden Rechts"[486], doch können sie insbesondere im Interesse der Rechtssicherheit und vor dem Hintergrund der Durchsetzungsfähigkeit international verbindliches Einheitsrecht nicht ersetzen. Hervorzuheben ist, dass die wichtigsten Verhaltensmaßregeln der mit Kulturgütern befassten Berufszweige auf die UNIDROIT-Konvention abgestimmt sind.

---

482 *O'Keefe*, I.J.C.P., Vol. 7, No. 1, 1998, 32.

483 *Müller-Katzenburg*, Internationale Standards, S. 218.

484 *Horn*, 44 RabelsZ (1980), 423, 424, 447. Internationale freiwillige Verhaltensrichtlinien werden damit als Weg zur rascheren Überwindung politischer Interessengegensätze und rechtlicher Regelungskonflikte gesehen.

485 Vergl. *Horn*, 44 RabelsZ (1980), 423, 454: „The codes and guidelines represent rules and values of international [...] cooperation and standards of business ethics which, although designed voluntary and legally not enforceable, constitute elements of an international *ordre public* (public policy) relevant in the formation and application of the law"; ähnlich *Müller-Katzenburg*, Internationale Standards, S. 218.

486 *Müller-Katzenburg*, Internationale Standards, S. 218.

§ 5 Zusammenfassung und Ergebnis

„Kulturgüterschutz hat keine eigene Funktion wie Religion, Recht, Politik oder Wirtschaft. Seine Aufgabe scheint vielmehr zu sein, die Entwicklung dieser Funktionssysteme – nein, nicht zu stoppen, aber – zu bremsen, zu verlangsamen. Kulturgüterschutz scheint das Gegenprinzip zur modernen Olympiade mit ihrem „schneller, höher, weiter" und darauf beschränkt zu sein, zu bewahren, zu erhalten und dazu beizutragen, dass nicht alles immer sachlicher und moderner, immer lichter, dichter und wärmer, immer zweckmäßiger, glatter und wasserabstoßender, immer umweltfreundlicher, menschlicher und sozialer wird. Und für diese Sisyphusarbeit hat die Gesellschaft den Kulturgüterschutz mit dem schlechtesten aller Argumente ausgestattet, mit der Berufung auf das abstrakte Gemeinwohl."[1]

Gerd Roellecke

„In einer erweiterten Perspektive fällt der Kulturgüterschutz mit Grundaufgaben der Geistes- und Sozialwissenschaften zusammen: dem Bewahren und Erinnern, wodurch Mensch und Gesellschaft in ihrer Geschichtlichkeit verstehbar werden."[2]
Stellungnahme der Schweizerischen Akademie der Geistes- und Sozialwissenschaften zur Ratifikation der UNIDROIT-Konvention durch die Schweiz

Ein wirksamer umfassender Kulturgüterschutz kann nur durch die internationale Zusammenarbeit sowohl der Staaten als auch aller fachlich damit befassten nationalen Einrichtungen und unterstützt durch eine spezifische Gesetzgebung auf nationaler und internationaler Ebene, geleistet werden[3]. Dass neben gesetzlichen Regelungen auch begleitende Maßnahmen notwendig und sinnvoll sind, zeigen die Erfahrungen mit der „Politik" der Museen und der verschiedenen mit Kulturgütern befassten Berufsgruppen. In diesem Bereich haben, – wie dargestellt – freiwillige Maßregelungen wie die Ethischen Richtlinien für Museen des ICOM oder der *Dealers Code of Practice* eine große Wirkung auf die Verkäuflichkeit illegal ausgeführter oder gestohlener Kulturgüter, da den Mitgliedern der einzelnen Organisationen deren Ankauf verboten ist[4]. Damit sind dem illegalen Handel mit Kulturgütern entscheidende Absatzmöglichkeiten verschlossen[5].

Dennoch ist, im Hinblick auf die zahlreichen privaten Sammler, eine privatrechtliche Regelung auf internationaler Ebene unumgänglich. Von entscheiden-

---

1 *Roellecke*, Mußgnug/Roellecke, S. 37.

2 Stellungnahme der Schweizerischen Akademie der Geistes- und Sozialwissenschaften zur Ratifikation der Unidroit-Konvention durch die Schweiz, UNIDROIT, S. 99.

3 Vergl. *Raschèr*, UNIDROIT, S. 21; *Schneider*, Unif. L. Rev./Rev. Dr. unif. 2001, 476, 564; *Pfaff-Czarnecka*, UNIDROIT, S. 95.

4 So Ziffer 3.2 der Ethischen Richtlinien für Museen des ICOM.

5 *Homberger*, UNIDROIT, S. 24.

der Bedeutung ist es, das bewusste Verschieben gestohlener Güter in „erwerbfreundliche“ Staaten zu unterbinden und damit den illegalen Kulturgütertransfer zu schwächen. Ebenso notwendig ist eine Vereinheitlichung und Verlängerung der Verjährungsfristen für die Geltendmachung von Ansprüchen auf die Herausgabe gestohlener Kulturgüter bzw. die Rückführung illegal exportierter Kulturgüter. Denn kurze Verjährungsfristen können ebenso wie die Möglichkeit des gutgläubigen Erwerbs gestohlener Gegenstände den illegalen Kulturgütertransfer begünstigen und haben beispielsweise die Schweiz zu einem Hauptumschlagsplatz des illegalen Kunsthandels gemacht[6].

Diesen Anforderungen wird die UNIDROIT-Konvention gerecht: Durch den Grundsatz der generellen Rückgabeverpflichtung gestohlener Kulturgüter können nationale Unterschiede in der gesetzlichen Regelung des gutgläubigen Erwerbes nicht mehr durch bewusstes Verschieben der Güter ausgenutzt werden. Die Verjährungsfristen für Ansprüche auf die Herausgabe gestohlener Kulturgüter und die Rückführung illegal exportierter Kulturgüter werden vereinheitlicht und insgesamt drastisch verlängert. Daneben werden durch die UNIDROIT-Konvention erhöhte Sorgfaltspflichten im Kulturgüterhandel statuiert, die zu einer größeren Umsicht im internationalen Umgang mit Kulturgütern führen können. Eine Ratifikation der UNIDROIT-Konvention ist somit im Interesse eines umfassenden und wirksamen Kulturgüterschutzes erforderlich, wobei jedoch eine Revision des Konventionstextes in einigen Punkten zu überdenken ist. Eine entscheidende Verbesserung wäre die Einrichtung eines internationalen Registers gestohlener Kulturgüter und die damit verbundene Einführung einer allgemeinen Meldepflicht für Diebstähle bedeutender Kulturgüter. Beide Vorschläge sollen im Folgenden kurz erläutert werden.

I. Vorschläge zur Ergänzung der UNIDROIT-Konvention

Die Einrichtung eines zentralen computergestützten Registers gestohlener oder sonst abhanden gekommener Kulturgüter bietet eine Möglichkeit, die Rückführung solcher Kulturgüter zu fördern und dabei einen Ausgleich von Eigentümer- und Verkehrsschutzinteressen vorzunehmen. Notwendig ist hier ein ak-

---

[6] *Raschèr*, Museumskunde, Band 67, 1/2002, 28; *Sitter-Liver*, UNIDROIT, S. 9; *Müller*, Informationstag, S. 82; *Homberger*, UNIDROIT, S. 23f. S. auch die Stellungnahme der Schweizerischen Akademie der Geistes- und Sozialwissenschaften zur Ratifikation der Unidroit-Konvention durch die Schweiz, UNIDROIT, S. 102. Dagegen *Menz*, UNIDROIT, S. 55 wonach das schweizerische Rechtssystem in keinem Fall den illegalen Kulturgüterhandel begünstige und die medienwirksame Behauptung, die Schweiz sei die Drehscheibe eines solchen Handels, nicht den Tatsachen entspreche.

tualisierbares Medium, das jederzeit verfügbar ist und rechtswirksam Informationen offeriert, womit sich das Internet auf Grund seiner internationalen Ausrichtung, flexiblen Aktualisierbarkeit, nahezu unbegrenzten Datenaufnahmekapazität, örtlich und zeitlich unabhängigen Frequentierungsmöglichkeit und Dokumentationsfunktion besonders anbietet. Die Eintragung in ein solches Register hat durch die – zumindest konkludente – Anspruchsanmeldung der verlustmeldenden Institutionen Rechtswirkung nach außen. Den Verkehrsschutz- bzw. Erwerberinteressen trägt ein solches Register dadurch Rechnung, dass der Nachweis, das entsprechende Register konsultiert zu haben, den Beweis, beim Kauf des Objektes die erhöhten Sorgfaltsanforderungen (*due diligence*) erfüllt zu haben, erleichtert[7].

Mit der Einrichtung eines internationalen Registers gestohlener Kulturgüter sollte die Statuierung einer allgemeinen Meldepflicht für gestohlene Objekte verbunden werden[8]. Eine solche Meldepflicht dient sowohl dem Interesse des bestohlenen Eigentümers als auch dem Erwerber. Ist über das betreffende Gut kein entsprechender Eintrag vorhanden und wurde dies vom Erwerber überprüft, kann dieser seine Gutgläubigkeit beweisen. Auch die Wiederbeschaffung eines gestohlenen Kulturgutes wird durch die Beweiskraft eines Eintrages sehr erleichtert[9], da so zufällige Beobachtungen und Vermutungen international schnell verifiziert werden könnten. Die Schaffung eines internationalen Registers gestohlener Kulturgüter würde somit nicht nur die Rückgabe solcher Objekte sehr erleichtern, sie würde auch Beweisschwierigkeiten verhindern und sogar den Kunsthandel stärken, da bei Bestehen einer allgemeinen Meldepflicht nicht registrierte Kulturgüter als frei handelbar angesehen werden könnten[10]. Eine Ausnahme wäre aber hinsichtlich Gütern aus archäologischen Ausgrabungen zu

---

7 Zum Ganzen *Franz*, KUR 1999, 345, 350.

8 *Müller-Katzenburg*, Internationale Standards, S. 353 spricht sich für einen weiteren Ausbau des *Art Loss Registers* und seine internationale Anerkennung aus. Ebenso fordert *Wiederkehr Schuler*, Kunstmarkt, S. 30 die Statuierung einer Meldepflicht für gestohlene Objekte in einem internationalen Register. Eine allgemeine Meldepflicht erhöht die Chancen auf eine Vollständigkeit des Registers und die Möglichkeit, mit seiner Hilfe den Diebstahl von Kulturgütern effizient zu bekämpfen, *Staechelin*, UNIDROIT, S. 68f.

9 *Raschèr*, Kulturgütertransfer, S. 89 betont die Wichtigkeit einer möglichst umfassenden Inventarisierung für die Ansprüche auf Rückführung widerrechtlich exportierter Kulturgüter nach Art. 5 UNIDROIT-Konvention, da es schwierig sein werde, die Rückführung eines Gutes zu erreichen, wenn ein Staat nicht in der Lage sei, zu beweisen, dass er vom Vorhandensein des Gutes Kenntnis hatte.

10 *Franz*, KUR 1999, 345, 347. Eine solche Regelung verhindert auch die von vielen Seiten befürchtete mit Inkrafttreten der UNIDROIT-Konvention verbundene Rechtsunsicherheit im Handel mit Kulturgütern (s. beispielsweise *Blome,* Table ronde, Diskussionsbeitrag: Der Standpunkt des Antikenmuseums, Basel, S. 75; *Menz*, UNIDROIT, S. 56; *Naumann*, Bewahren als Problem, S. 168; *Staechelin*, UNIDROIT, S. 79): ist kein Eintrag in der Internationalen Datenbank gestohlener Kulturgüter vorhanden, kann das Gut rechtswirksam erworben werden.

machen, die naturgemäß in keinem solchen Register aufgeführt sein können. So sprechen sich auch Gegner der UNIDROIT-Konvention vehement für die Einrichtung internationaler Computer-Datenbanken gestohlener Kulturgüter und eine damit verbundene Meldepflicht für den bestohlenen Eigentümer aus[11]. Entscheidend ist daher, dass ein solches Register alle Staaten erreicht, auch in wirtschaftlich schwächeren Regionen effektiv genutzt werden kann und die Existenz der einzigen und zentralen Datenbank allgemein bekannt gemacht wird.

Eine entsprechende Regelung, die der UNIDROIT-Konvention hinzugefügt werden sollte, könnte folgendermaßen aussehen:

Art. 4a

(1) Die Mitgliedstaaten richten eine Internationale Datenbank gestohlener Kulturgüter ein[12]. Es hat sich hierbei um ein computergestütztes Register zu handeln, das ständig aktualisiert wird und in jedem Vertragsstaat frei zugänglich ist[13].

(2) Die Internationale Datenbank gestohlener Kulturgüter wird von den Vertragsstaaten gemeinsam finanziert.[14]

Art. 4b

(1) Wird ein Kulturgut i.S.d. Konvention gestohlen, trifft den ursprünglichen Eigentümer die Pflicht, diesen Diebstahl unter genauer Bezeichnung des gestohlenen Objektes bei der zuständigen Polizeidienststelle des Landes zu melden, in dem sich das Kulturgut im Zeitpunkt des Diebstahls befunden hat. Die Polizeistelle gibt die Meldung an die Internationale Datenbank gestohlener Kulturgüter weiter.

(2) Die Meldung des Diebstahls hat innerhalb einer Frist von drei Monaten ab dem Bekanntwerden des Diebstahls zu erfolgen[15]. Diese Frist ist solange gehemmt, wie der Bestohlene aufgrund von höherer Gewalt nicht in der Lage ist, den Diebstahl zu melden[16]. Mit dieser Meldung erhält der Bestohlene ein unverjährbares Rückforderungsrecht.

---

[11] *Staechelin*, UNIDROIT, S. 67.

[12] Dieses Register sollte die Aufgaben und Daten aller bisher bestehenden Datenbanken dieser Art wie beispielsweise des *Art Loss Registers* übernehmen um Einheitlichkeit und Übersichtlichkeit zu gewährleisten. Ein Möglichkeit ist auch, das *Art Loss Register* weiter auszubauen. Entscheidend ist, dass es nur eine einzige zentrale Datenbank gestohlener Kulturgüter gibt, deren Eintragungen nur auf Grund der Meldung einer nationalen Polizeidienststelle vorgenommen werden. Die Eintragungen müssen jedoch für jeden potentiellen Käufer eines Kulturgutes frei abrufbar sein. Vergl. dazu *Franz*, KUR 1999, 345, 351.

[13] Vergl. dazu Art. 4 Abs. 4 schweizerisches KGTG.

[14] Vergl. dazu auch die Vorschläge von *Wiederkehr Schuler*, Kunstmarkt, S. 37. Die Finanzierung der Datenbank könnte in Form eines internationalen Fonds erfolgen.

[15] Diese relativ kurze Frist soll insbesondere der Praktikabilität dienen. So können Interessenten, die ein Objekt beispielsweise in dem Katalog eines Auktionshauses entdecken, zunächst das internationale Register gestohlener Kulturgüter konsultieren, findet sich zu diesem Zeitpunkt und auch kurz vor der Versteigerung kein Eintrag über das betreffende Objekt, kann bedenkenlos erworben werden. Die Auktionshäuser können ohne große Schwierigkeiten die Vorlauffristen der Kataloge dieser Frist anpassen.

[16] Die Fälle der Hemmung sind auf extreme Ausnahmefälle zu beschränken und höhere Ge-

(3) Ein in die Internationale Datenbank gestohlener Kulturgüter eingetragenes Kulturgut kann in keinem Mitgliedstaat ersessen oder gutgläubig erworben werden[17]. Die negative Auskunft der Internationalen Datenbank gestohlener Kulturgüter ist Bedingung der definitiven Rechtsgültigkeit des Erwerbes eines Kulturgutes i.S.d. Konvention.[18]

Möglichen Bedenken, dass dem ursprünglichem Eigentümer neben dem tatsächlichen Verlust des Objektes auch der irreversible Verlust seiner Rechte droht, wenn er nur passiv bleibt[19], ist entgegenzuhalten, dass der Eigentümer auch nach dem Versicherungsrecht die Obliegenheit hat, den Schaden unverzüglich zu melden[20]. Eine Aushöhlung der Rechte des schützenswerten ursprünglichen Eigentümers findet durch die Regelung des möglichen Art. 4b UNIDROIT-Konvention daher nicht statt, vielmehr wird ein sinnvoller und wünschenswerter Ausgleich zwischen Eigentümer- und Verkehrsschutzinteressen vorgenommen, indem sowohl dem Erwerber als auch dem Eigentümer gewisse Pflichten – die in beiden Fällen zumutbar sind – auferlegt werden. Eine Mehrbelastung trifft allerdings die nationalen Polizeidienststellen mit der Verpflichtung zur Weitergabe der Diebstahlsmeldung an die Internationale Datenbank gestohlener Kulturgüter, welche sich jedoch bei Verwendung des Internets und entsprechender standardisierter E-mail-Vorlagen in angemessenen Grenzen halten wird.

Neben der Einführung einer solchen Regelung sollte auch eine Einschränkung des Anwendungsbereiches der Konvention in Bezug auf die gestohlenen Kulturgüter überdacht werden. Sinnvoll könnten die Einfügung von Alters- oder Wertgrenzen oder das Erfordernis der besonderen Bedeutung des betreffenden Gutes

---

walt nur zu bejahen, wenn sich das Land, in welchem der Diebstahl verübt wurde, im Kriegszustand oder einer anderen inneren instabilen Lage befindet, vergl. *Wiederkehr Schuler*, Kunstmarkt, S. 37.

17 Vergl. dazu Art. 3 Abs. 2 lit. a. schweizerisches KGTG.

18 Vergl. dazu die Vorschläge von *Staechelin*, UNIDROIT, S. 67 und den „Statory Proposal Relating to the Recovery Of Stolen Cultural Objects" von 1998, s. *Franz*, KUR 1999, 345, 346f., diese Initiative führte jedoch wegen Bedenken tatsächlicher und juristischer Art nicht wie vorgesehen zur Verabschiedung eines Gesetzes.

19 Dies mag in gewissem Gegensatz zu den Rechtsordnungen stehen, die prinzipiell gerade nicht ein Unterlassen, sondern nur ein positives Handeln mit Rechtsfolgen belegen, *Franz*, KUR 1999, 345, 347; doch kennt auch das deutsche Recht so genannte Obliegenheiten (Verpflichtungen gegen sich selbst), vergl. dazu *Schulze*, Hk-BGB, Vor §§ 241–853 RN. 20; *Kramer*, MK, BGB, 2a, Einl. RN. 59ff.; *Grüneberg*, Bamberger/Roth, BGB, 1, § 241 RN. 25.

20 Vergl. beispielsweise Ziffer 22.1 Versicherungsbedingungen für die HUK-Hausratsversicherung (Stand: 2004): „Bei Eintritt eines Versicherungsfalles müssen sie [der Versicherungsnehmer] a) uns unverzüglich über den Versicherungsfall informieren; [...] d) der zuständigen Polizeidienststelle unverzüglich ein Verzeichnis abhanden gekommener Sachen einreichen und Schäden durch Einbruchdiebstahl, Vandalismus oder Raub sofort anzeigen[...]". Verletzt der Versicherungsnehmer diese Obliegenheiten, ist der Versicherer nach Maßgabe des Versicherungsvertragsgesetzes (§§ 3 Abs. 3, 62 Bas. 2 VVG) von der Entschädigungspflicht frei.

sein[21]. Dies würde ebenso wie die Berücksichtigung der Verkehrs- bzw. Erwerberinteressen durch die Meldepflicht zur Akzeptanz der UNIDROIT-Konvention beitragen[22], die unbedingt angestrebt werden sollte. Denn nur durch eine möglichst weltweite Geltung kann dem Interesse des Kulturgüterschutzes wirksam Rechnung getragen werden. Zur Erreichung dieses Zieles müssen unter Umständen gewisse Einschränkungen des Eigentümerschutzes und des Anwendungsbereiches der Konvention hingenommen werden.

II. Abschlussbemerkung

> *"Those who find ugly meanings in beautyful things are corrupt without being charming. This is a fault. Those who find beautyful meanings in beautyful things are the cultivated. For these there is hope."*[23] *Oscar Wilde*

Kulturelle Güter können große Schönheit besitzen, Identifikationsobjekte einzelner Volksgruppen oder Symbole einer ganzen Epoche sein, der Wissenschaft unersetzliche Kenntnisse liefern sowie Zeugnis der menschlichen Vergangenheit bis zu ihren Anfängen ablegen. Sie zu schützen und für kommende Generationen zu bewahren, liegt im Interesse der gesamten Menschheit. Entscheidende Bedeutung hat dabei die Bekämpfung des illegalen Kulturgüterhandels und die Verhinderung von Raubgrabungen. Doch ist in diesem Zusammenhang auch die immense Wichtigkeit des internationalen kulturellen Austausches zu bedenken.

Diese Ziele lassen sich zum einen durch eine ausgewogene internationale und nationale Gesetzgebung und zum anderen durch internationale Zusammenarbeit der mit Kulturgütern befassten Institutionen, sei es durch die Rückgabe vormals illegal exportierter Stücke oder den Austausch von Leihgaben, erreichen. Einen entscheidenden Beitrag kann hierbei die UNIDROIT-Konvention leisten, wenn sie weltweite Geltung erlangt. Es ist daher notwendig, dass sich alle Staaten zur Ratifikation der UNIDROIT-Konvention entschließen, damit diese ihr volles Potential entfalten kann. Hierzu sollten im Sinne einer Akzeptanzerhöhung Änderungen der Konvention nicht von vornherein ausgeschlossen werden.

---

[21] So wurde kritisiert, dass die UNIDROIT-Konvention „mindestens tausendmal" so viele Kulturobjekte einschlösse als die Kulturgüterrichtlinie der EU, *Staechelin*, UNIDROIT, S. 76. Doch auch die Alters- und Wertgrenzen der Kulturgüterrichtlinie bzw. Kulturgüterverordnung der EU sind verbesserungsfähig und sollten das Erfordernis eines besonderen Bedeutung stärker betonen. Die Autoren der UNIDROIT-Konvention hatten sich gegen eine Einführung von Wertgrenzen entschieden, da der Wert, der einem bestimmten Objekt gegeben wird, von Rechtsordnung zu Rechtsordnung variiert und in manchen Fällen die Festlegung eines Marktpreise unangemessen ist. Außerdem seien auch Eigentümer von weniger „wertvollen" Kulturgütern einem ebenso großen wenn nicht größeren Risiko des Diebstahls ausgesetzt, *Schneider*, Unif. L. Rev./Rev. Dr. unif. 2001, 476, 500.

[22] Vergl. dazu *Winter*, FS de Waart, 1998, S. 361.

[23] *Wilde*, The picture of Dorian Gray, The preface, S. 3.

Literaturverzeichnis

Adomeit, Klaus / *Frühbeck*, Guillermo: Einführung in das spanische Recht, Das Verfassungs-, Zivil-, Wirtschafts- und Arbeitsrecht des Königreichs Spanien, Schriftenreiche der Juristischen Schulung, Hrsg.: Hermann Weber, Band 119; 2. Auflage; München 2001 (zit.: *Adomeit/Frühbeck*, Einführung)

Akinscha, Konstantin / *Koslow*, Grigori / *Toussaint*, Clemens: Operation Beutekunst: Die Verlagerung deutscher Kulturgüter in die Sowjetunion nach 1945; zusammengestellt nach bisher unveröffentlichten Dokumenten aus Archiven der russischen Föderation; Wissenschaftliche Beibände zum Anzeiger des Germanischen Nationalmuseums, Band 12; Nürnberg 1995 (zit.: *Akinscha/Koslow/Toussaint*, Beutekunst)

Albura Wirz, Norma: Ecuador: das Kulturerbe und der Kommerz, in: Informationstag „Kulturgüter zwischen Markt und Museum", Bern, 2. 7. 1993, Schlussbericht, Hrsg.: Nationale Schweizerische UNESCO-Kommission, Sektion Kultur, in Zusammenarbeit mit der Erklärung von Bern und dem Verband der Museen der Schweiz; Bern 1993; S. 63–66 (zit.: *Albuja Wirz*, Informationstag)

Alford, Kenneth D.: The Spoils of World War II, The American Military's Role in the Stealing of Europes's Treasures; Toronto, New York 1994 (zit.: *Alford*, Spoils of World War II)

Alva Gonzáles, Marlene: New legal tools to curb the illicit traffic in pre-columbian antiquities, in: 12 Colum. J. Transnat. L. (1973), S. 316–341 (zit.: *Alva González*, 12 Colum. J. Transnat. L.)

Aly, Götz: Wohin mit der Beute? „Identität" ein verschwiemelter Kampfbegriff, in: Rasse und Klasse, Nachforschungen zum deutschen Wesen; Frankfurt am Main 2003 (zit.: *Aly*, Deutsches Wesen)

Armbrüster, Christian: Privatrechtliche Ansprüche auf Rückführung von Kulturgütern ins Ausland, in: NJW 2001, S. 3581–3587 (zit.: *Armbrüster*, NJW)

Bamberger, Heinz Georg / *Roth*, Herbert (Hrsg.): Kommentar zum Bürgerlichen Gesetzbuch Band 1, Gesamtverzeichnis, §§ 1–610; München 2003 (zit.: Bearbeiter, Bamberger/Roth, 1); Band 3, §§ 1297–2385, EGBGB, CISG, München 2003 (zit.: Bearbeiter, Bamberger/Roth, BGB, 3)

Bar, Christian von (Hrsg.): Sachenrecht in Europa, Systematische Einführungen und Gesetzestexte; Band 4: Belgien (bearbeitet von E. Beysen), Frankreich (bearbeitet von E. Beysen), Italien (bearbeitet von L. Plancker und K. Pfeiffer), Spanien (bearbeitet von E. Rodríguez Mariscal); Osnabrück 2001 (zit.: *von Bar*, Sachenrecht in Europa 4)

Bar, Christian von / *Mankowski*, Peter: Internationales Privatrecht, Band I, Allgemeine Lehren; 2. Auflage; München 2003 (zit.: *von Bar/Mankowski*, IPR I)

Basedow, Jürgen: Private Law Effects of Foreign Export Controls – An international Case Report, in: German Yearbook of International Law – Jahrbuch für Internationales Recht, Volume 27 (1984), S. 109–141 (zit.: *Basedow*, 27 GYIL)

Bator, Paul M.: The International Trade in Art; Chicago, London 1983 (zit.: *Bator*, Trade)

Bauer, Max W. / *Eccher*, Bernhard / *König*, Bernhard / *Kreuzer*, Josef / *Zanon*, Heinz (Hrsg.): Italienisches Zivilgesetzbuch – Codice civile, Zweisprachige Ausgabe; Übersetzung der Herausgeber; Bozen 1987 (zit.: *Bauer/Eccher/König/Kreuzer/Zanon*, Italienisches Zivilgesetzbuch)

Behrens, Antje: Kultur in der Europäischen Union – Die Kompetenz der Europäischen Union im kulturellen Bereich und deren Auswirkung auf die Zuständigkeiten in der Bundesrepublik Deutschland; Diss. Berlin 1999 (zit.: *Behrens*, Kultur)

Bell, Andrew P.: Modern Law of Personal Property in England and Irland; London, Edinburgh 1989 (zit.: *Bell*, Personal Property)

Bergé, Jean-Sylvestre: La Convention d'Unidroit sur les biens culturel: remarques sur la dynamique des sources en droit international, in: 127 J.D.I. (2000), S. 215–262 (zit.: *Bergé*, 127 J.D.I.)

Berndt, Joachim: Internationaler Kulturgüterschutz, Abwanderungsschutz, Regelungen im innerstaatlichen Recht, im Europa- und Völkerrecht; Diss. Münster, 1998; Völkerrecht/Europarecht/Staatsrecht, Band 22; Köln, Berlin, Bonn, München 1998 (zit.: *Berndt*, Internationaler Kulturgüterschutz)

Bernecker, Roland: Kulturgüterschutz durch die UNESCO: Die UNESCO-Konvention über Maßnahmen zum Verbot und zur Verhütung der unzulässigen Einfuhr, Ausfuhr und Übereignung von Kulturgut von 1970, in: Museumskunde Band 67, 1/2002, S. 19–24 (zit.: *Bernecker*, Museumskunde)

Bernhardt, Rudolf: Der Abschluß völkerrechtlicher Verträge im Bundesstaat, Eine Untersuchung zum deutschen und ausländischen Bundesstaatsrecht; Beiträge zum ausländischen öffentlichen Recht und Völkerrecht (Hrsg.: Hermann Mosler), Heft 32; Köln, Berlin 1957 (zit.: *Bernhardt*, Abschluß völkerrechtlicher Verträge)

Bernsdorff, Norbert / *Kleine-Tebbe*, Andreas: Kulturgutschutz in Deutschland, Ein Kommentar; Köln, Berlin, Bonn, München 1996 (zit.: *Bernsdorff/Kleine-Tebbe*, Kulturgutschutz)

Bieber, Roland: Die Abkommen von Schengen über den Abbau der Grenzkontrollen, in: NJW 1994, S. 294–297 (zit.: *Bieber*, NJW)

Bila, Jacqueline: Nationaler Kulturgüterschutz in der Europäischen Union; Diss. Bonn 1997 (zit.: *Bila*, Kulturgüterschutz)

Bleckmann, Albert: Begriff und Kriterien der innerstaatlichen Anwendbarkeit völkerrechtlicher Verträge, Versuch einer allgemeinen Theorie des self-executing treaty auf rechtsvergleichender Grundlage; Schriften zum Öffentlichen Recht, Band 123; Berlin 1970 (zit.: *Bleckmann*, Anwendbarkeit)

Bleckmann, Albert: Sittenwidrigkeit wegen Verstoßes gegen den ordre public international, in: 34 ZaöRV (1974), S. 112–132 (zit.: *Bleckmann*, 34 ZaöRV)

Bleckmann, Albert: Self-executing treaty provisions, in: Encyclopedia of Public International Law, Volume Four, Q–Z; Amsterdam, London, New York, Oxford, Paris, Shannon, Tokyo 2000; S. 374–377 (zit.: *Bleckmann*, Encyclopedia of Public International Law, IV)

Blome, Peter: Die Kunstmuseen und Unidroit, in: Unidroit: Recht und Ethik im Handel mit Kulturgut; Tagung der Schweizerischen Akademie der Geistes- und Sozialwissenschaften gemeinsam mit der schweizerischen Ethnologischen Gesellschaft; Bern, den 27.6.1998; Bern 1998; S. 83–84 (zit.: *Blome*, UNIDROIT)

Blunt, Anthony: Kunsttheorien in Italien 1450–1600, Übersetzung aus dem Englischen von Karl Schawelka; München 1984 (zit.: *Blunt*, Kunsttheorien)

Bluntschli, Johann Caspar: Das moderne Völkerrecht der civilisierten Staten als Rechtsbuch dargestellt; Dritte mit Rücksicht auf die neueren Ereignisse bis 1877 ergänzte Auflage; Nördlingen 1878 (zit.: *Bluntschli*, Völkerrecht)

Boguslavsky, Mark M.: Der Begriff des Kulturguts und seine rechtliche Relevanz, in: Rechtsfragen des internationalen Kulturgüterschutzes, Symposium vom 22.–23.6.1990 im Internationalen Wissenschaftsforum Heidelberg, hrsg. von Rudolf Dolzer, Erik Jayme und Reinhard Mußgnug; Heidelberger Forum, Band 87; Heidelberg 1994; S. 3–12 (zit.: *Boguslavsky*, Dolzer/Jayme/Mußgnug)

Bork, Reinhard: Allgemeiner Teil des Bürgerlichen Gesetzbuchs, Tübingen 2001 (zit.: *Bork*, BGB, AT)

Brinkman, Manus: Chaos oder Dogma? Auf dem Weg zu einem globalen Ethik-Begriff, in: Museumskunde Band 67, 2/2002, S. 52–57 (zit.: *Brinkmann*, Museumskunde)

Brugmann, Gerhard: Vorwort, in: Aktuelle Fragen des Kulturgüterschutzes – Beiträge zur Reform des deutschen Kulturgutschutzgesetzes 1955 und seiner Angleichung an den europäischen Kulturgüterschutz; herausgegeben von Reinhard Mußgnug und Gerd Roellecke im Auftrag der Deutschen Gesellschaft für Kulturgüterschutz; Motive – Texte – Materialien, Band 79; Heidelberg 1998; S. V–VII (zit.: *Brugmann*, Mußgnug/Roellecke)

Buchs, Gaby: Die unmittelbare Anwendbarkeit völkerrechtlicher Vertragsbestimmungen am Beispiel der Rechtsprechung der Gerichte Deutschlands, Österreichs, der Schweiz und der Vereinigten Staaten von Amerika; Diss. Mainz 1993; Nomos Universitätsschriften: Recht, Band 124; Baden-Baden 1993 (zit.: *Buchs*, Unmittelbare Anwendbarkeit)

Burchandi, Kristiane: Der deutsch-russische Streit um die kriegsbedingt verlagerten Kulturgüter, Vortrag gehalten am 8.2.2000 im Rahmen des Gesamtthemas „Welt – Recht – Zukunft"; Juristische Studiengesellschaft Hannover, Band 31; Baden-Baden 2000 (zit.: *Burchandi*, Deutsch-russischer Streit)

Burks, Sylvia K.: Kunstsammlungen zu Weimar v. Elicofon: Theft of Priceless Art Treasures Gives Rise to Protected International Legal Battle, in: 19 Tex. Int. L. J. (1984), S. 189–212 (zit.: *Burks*, 19 Tex. Int. L. J.)

Byrne-Sutton, Quentin: Le trafic international des biens culturels sous l'angle de leur revendication par l'Etat d'orignie, Aspects de droit international privé; Schweizer Studien zum internationalen Recht, Band 52; Zürich 1988 (zit.: *Byrne-Sutton*, Trafic)

Byrne-Sutton, Quentin: Resolution Methods for Art-Related Disputes, Art-Law Centre, Geneva (October 17, 1997), in: I.J.C.P., Vol. 5, No. 1, 1998, S. 249–257 (zit.: *Byrne-Sutton*, I.J.C.P., Vol. 5, No. 1)

Byrne-Sutton, Quentin / *Renold*, Marc-André (Hrsg.): La libre circulation des collections d'objets d'art – The free circulation of art collections, Actes d'une rencontre organisée le 14.9.1992 édités par Quentin Byrne-Sutton et Marc-André Renold; Etudes en droit de l'art, 3; Zürich 1993 (zit.: Bearbeiter, Libre circulation)

Cahn, Jean-David: Der seriöse Kunsthandel ist sich seiner Verantwortung bewusst, in: Bewahren als Problem, Schutz archäologischer Kulturgüter, Martin Flashar (Hrsg.); Rombach Wissenschaften – Reihe Studeo, hrsg. von Günter Schnitzler und Gottfried Schramm, Band 9; Freiburg im Breisgau 2000; S. 47–57 (zit.: *Cahn*, Bewahren als Problem)

Carducci, Guido: La restitution internationale des biens culturels et des objets d'art volés ou illicitement exportés, droit commun, Directive CEE, Conventions de l'Unesco et d'Unidroit, Préface de Paul Lagarde, Professeur à l'Université de Paris I; Paris 1997 (zit.: *Carducci*, Restitution)

Chamberlin, Russell: Loot! The Heritage of Plunder; London 1983 (zit.: *Chamberlin*, Loot)

Chatelain, Jean: Mittel zur Bekämpfung des Diebstahls von Kunstwerken und ihres unerlaubten Handels im Europa der Neun = Bericht Nr. EUR 6032 DE der Kommission der Europäischen Gemeinschaften; Schriftenreihe der Europäischen Wirtschaft, Hrsg.: Rudolf Regul und Christoph Sasse, Band 93; Baden-Baden 1978 (zit.: *Chatelain*, Mittel)

Chatwin, Bruce: Utz, Roman; New York 1989 (zit.: *Chatwin*, Utz)

Cian, Giorgio / *Trabucchi*, Alberto (Hrsg.): Commentario breve al Codice Civile, Complemento giurisprudenziale; 5. Auflage; Padua 2001 (zit.: *Cian/Trabucchi*, Codice Civile)

Cicero, Marcus Tullius: Sämtliche Reden; Eingeleitet, übersetzt und erläutert von Manfred Fuhrmann; Ausgabe in sieben Bänden, Band III: Gegen Caecilius, Erste Rede gegen Verres, Zweite Rede gegen Verres: Erstes und Zweites Buch; Zürich, Stuttgart 1971 (zit.: *Cicero*, Sämtliche Reden, III); Band IV: Zweite Rede gegen Verres: Drittes Buch, Viertes Buch, Fünftes Buch; Zürich, Stuttgart 1971 (zit.: *Cicero*, Sämtliche Reden, IV)

Clashfern, Lord Mackay of (Chief Editor): Halsbury's Laws of Englang; Forth Edition reissue; Volume 41; London 2000 (zit.: *Clashfern* (Hrsg.), Halsbury's Laws of England, Vol. 41)

Cobet, Justus: Heinrich Schliemann. Archäologe und Abenteurer; München 1997 (zit.: *Cobet*, Schliemann)

Coggins, Clemency Chase: A Proposal for Museum Acquisition Policies in the Future, in I.J.C.P., Vol. 7, No. 2, 1998, S. 434–437 (zit.: *Coggins*, I.J.C.P., Vol. 7, No. 2)

Creifelds, Carl (Begr.) / *Weber*, Klaus (Hrsg.): Rechtswörterbuch, 17. Auflage; München 2002 (zit.: Bearbeiter, Creifelds/Weber, Rechtswörterbuch)

Danwitz, Thomas von: Gemeinschaftlicher Kulturgüterschutz im europäischen Binnenmarkt – Zu den Vorgaben des europäischen Vertragsrecht für die Richtlinie 93/7/EWG über die Rückgabe von unrechtmäßig aus dem Hoheitsgebiet eines Mitgliedstaates verbrachten Kulturgütern – Rechtsgutachten erstattet dem Arbeitskreis deutscher Kunsthandelsverbände; März 1998; kein Verlag, vorhanden in der Bibliothek des LKA Hannover, Signatur HV111$050057L (zit.: *von Danwitz*, Rechtsgutachten)

Daulte, François / *Lalive*, Pierre / *Palmer*, Norman / *Siehr*, Kurt / *Byrne-Sutton*, Quentin / *Renold*, Marc-André (Hrsg.): La Convention d'Unidroit du 24. 6. 1995 sur les biens culturels volés ou illicitement exportés, Actes d'une table ronde organisée le 2.10.1995 édités par Chritine Breitler, Quentin Byrne-Sutton, Fabienne Geisinger-Mariéthoz, et Marc-André Renold; Etudes en droit de l'art / studies in art law, Band 9; Zürich 1997 (zit.: Autor, Table ronde)

Desch, Eberhard: Die UNIDROIT-Konvention über gestohlene und rechtswidrig ausgeführte Kulturgüter, in: Museumskunde Band 67, 1/2002, S. 25–27 (zit.: *Desch*, Museumskunde)

Dimacopoulous, Aggi / *Lapourtas*, Andreas: The Legal Protection of Archaeological Heritage in Greece in View of the European Union Legislation: A Review, in: I.J.C.P., Vol. 4, No. 2, 1995, S. 311–321 (zit.: *Dimacopoulous/Lapoutas*, I.J.C.P., Vol. 4, No. 2)

Doehring, Karl: Effectiveness, in: Encyclopedia of Public International Law, Volume Two, E-I; Amsterdam, Lausanne, New York, Oxford, Shannon, Tokyo 1995; S. 43–48 (zit.: *Doehring*, Encyclopedia of Public International Law, II)

Doehring, Karl: Völkerrecht: ein Lehrbuch; 2. Auflage; Heidelberg 2004 (zit.: *Doehring*, Völkerrecht)

Dolzer, Rudolf: Kulturgüter im Friedensvölkerrecht, in: Rechtsfragen des internationalen Kulturgüterschutzes, Symposium vom 22./23.6.1990 im Internationalen Wissenschaftsforum Heidelberg, hrsg. von Rudolf Dolzer, Erik Jayme und Reinhard Mußgnug, Heidelberger Forum Band 87; Heidelberg 1994; S. 149–159 (zit.: *Dolzer*, Dolzer/Jayme/Mußgnug, Frieden)

Dolzer, Rudolf: Die Deklaration des Kulturguts zum „common heritage of mankind", in: Rechtsfragen des internationalen Kulturgüterschutzes, Symposium vom 22.–23.6.1990 im Internationalen Wissenschaftsforum Heidelberg, hrsg. von Rudolf Dolzer, Erik Jayme und Reinhard Mußgnug; Heidelberger Forum, Band 87; Heidelberg 1994; S. 13–26 (zit.: *Dolzer*, Dolzer/Jayme/Mußgnug, Heritage)

Dörner, Heinrich / *Ebert*, Ina / *Eckert*, Jörn / *Hoeren*, Thomas / *Kemper*, Rainer / *Saenger*, Ingo / *Schulte-Nölke*, Hans / *Schulze*, Reiner / *Staudinger*, Ansgar: Bürgerliches Gesetzbuch, Handkommentar, Schriftleitung: Reiner Schulze; 3. Auflage; Baden-Baden 2003 (zit.: Bearbeiter, Hk-BGB)

Doyal, Stephanie: Implementing the UNIDROIT Convention on Cultural Property into Domestic Law: The Case of Italy, in: 39 Colum. J. Transnat. L. (2001), S. 657–700 (zit.: *Doyal*, 39 Colum. J. Transnat. L.)

Dreyer, Wolfgang: Der gutgläubige rechtsgeschäftliche Erwerb beweglicher Sachen im englischen Recht; Diss. Regenburg 1995 (zit.: *Dreyer*, Gutgläubiger Erwerb)

Drobnig, Ulrich: Amerikanische Gerichte zum internationalen Sachenrecht auf dem Hintergrund der Teilung Deutschlands, in: IPRax 1984, S. 61–65 (zit.: *Drobnig*, IPRax)

Dürrenmatt, Friedrich: Politik, Essays, Gedichte und Reden, Werkausgabe in dreißig Bänden, hrsg. in Zusammenarbeit mit dem Autor, Band 28; Zürich 1980 (zit.: *Dürrenmatt*, Politik)

Dušek, Sigrid: Schutz der archäologischen Denkmale in Thüringen, in: Bewahren als Problem, Schutz archäologischer Kulturgüter, Martin Flashar (Hrsg.); Rombach Wissenschaften – Reihe Studeo, hrsg. von Günter Schnitzler und Gottfried Schramm, Band 9; Freiburg im Breisgau 2000; S. 83–88 (zit.: *Dušek*, Bewahren als Problem)

Eberl, Wolfgang: Probleme und Auswirkungen der EG-Vorschriften zum Kulturgüterschutz, in: NVwZ 1994, S. 729–736 (zit.: *Eberl*, NVwZ)

Ede, James: Ethics, the Antiquities Trade, and Archaeology, in: I.J.C.P., Vol. 7, No. 1, 1998, S. 128–131 (zit.: *Ede*, I.J.C.P., Vol. 7, No. 1)

Engel, Christoph: Völkerrecht als Tatbestandsmerkmal deutscher Normen; Diss. Tübingen 1987; Tübinger Schriften zum internationalen und europäischen Recht, hrsg. von Thomas Oppermann, Band 19; Berlin 1989 (zit.: *Engel*, Tatbestandsmerkmal)

Engstler, Ludwig: Die territoriale Bindung von Kulturgütern im Rahmen des Völkerrechts; Schriftenreihe: Annales Universitatis Saraviensis, Rechts- und wirtschaftswissenschaftliche Abteilung, Heft 8; Köln, Berlin, Bonn, München 1964 (zit.: *Engstler*, Völkerrecht)

Erman, Walter: Bürgerliches Gesetzbuch, Handkommentar mit EGBGB, HausratsVO, LPartG, ProdHaftG, UKlaG, VAHRG und WEG, hrsg. von Harm Peter Westermann; I, §§ 1–811, UKlaG; 11. Auflage; Münster, Köln 2004 (zit.: Bearbeiter, Erman, BGB, I)

Ewald, Jürg: Argumente zur Podiumsdiskussion, in: Unidroit: Recht und Ethik im Handel mit Kulturgut; Tagung der Schweizerischen Akademie der Geistes- und Sozialwissenschaften gemeinsam mit der schweizerischen Ethnologischen Gesellschaft; Bern, den 27. 6. 1998; Bern 1998; S. 85–88 (zit.: *Ewald*, UNIDROIT)

Fechner, Frank: Rechtlicher Schutz archäologischen Kulturguts. Regelungen im innerstaatlichen Recht, im Europa- und Völkerrecht sowie Möglichkeiten zu ihrer Verbesserung, Tübinger Schriften zum internationalen und europäischen Recht, Band 25; Berlin 1991 (zit.: *Fechner*, Archäologisches Kulturgut)

Fechner, Frank: Tagungsbericht: Kunstwerke im Binnenmarkt, in: JZ 1994, S. 132–133 (zit.: *Fechner*, JZ)

Fechner, Frank: Prinzipien des Kulturgüterschutzes, eine Einführung, in: Prinzipien des Kulturgüterschutzes, Ansätze im deutschen, europäischen und internationalen Recht; Tübinger Schriften zum internationalen und europäischen Recht, Band 37, hrsg. von Frank Fechner, Thomas Oppermann und Lyndel V. Prott; Berlin 1996; S. 11–46 (zit.: *Fechner*, Fechner/Oppermann/Prott)

Fechner, Frank: The Fundamental Aims of Cultural Property Law, in: I.J.C.P., Vol. 7, No. 2, 1998, S. 376–394 (zit.: *Fechner*, I.J.C.P., Vol. 7, No. 2)

Fechner, Frank: Schutz archäologischer Fundzusammenhänge durch das Recht, in: Bewahren als Problem, Schutz archäologischer Kulturgüter, Martin Flashar (Hrsg.); Rombach Wissenschaften – Reihe Studeo, hrsg. von Günter Schnitzler und Gottfried Schramm, Band 9; Freiburg im Breisgau 2000; S. 113–119 (zit.: *Fechner*, Bewahren als Problem)

Ferid, Murad / *Sonnenberger*, Hans Jürgen: Das Französische Zivilrecht, Band 2, Schuldrecht: Die einzelnen Schuldverhältnisse, Sachenrecht; 2. Auflage; Heidelberg 1986 (zit.: *Ferid/Sonnenberger*, Französisches Zivilrecht, 2)

Fiedler, Wilfried: Zur Entwicklung des Völkergewohnheitsrechts im Bereich des internationalen Kulturgüterschutzes, in: „Staat und Völkerrechtsordnung" Festschrift für Karl Doehring; Beiträge zum ausländischen öffentlichen Recht und Völkerrecht, Band 98; Berlin, Heidelberg, New York, London, Paris, Tokio, Hongkong 1989; S. 199–218 (zit.: *Fiedler*, FS Doehring)

Fiedler, Wilfried (Hrsg.): Internationaler Kulturgüterschutz und deutsche Frage: völkerrechtliche Probleme der Auslagerung, Zerstreuung und Rückführung deutscher Kulturgüter nach dem zweiten Weltkrieg, Forschungsergebnisse der Studiengruppe für Politik und Völkerrecht / Kulturstiftung der Deutschen Vertriebenen, Wilfried Fiedler (Hrsg.), Band 7; Berlin 1991 (zit.: *Fiedler* (Hrsg.), Deutsche Frage)

Fiedler, Wilfried: Vom territorialen zum humanitären Kulturgüterschutz – Zur Entwicklung des Kulturgüterschutzes nach kriegerischen Konflikten, in: Prinzipien des Kulturgüterschutzes, Ansätze im deutschen, europäischen und internationalen Recht; Tübinger Schriften zum internationalen und europäischen Recht, Band 37, hrsg. von Frank Fechner, Thomas Oppermann und Lyndel V. Prott; Berlin 1996; S. 159–173 (zit.: *Fiedler*, Fechner/Oppermann/Prott)

Fiedler, Wilfried: Zwischen Kriegsbeute und internationaler Verantwortung – Kulturgüter im Internationalem Recht der Gegenwart. Plädoyer für eine zeitgemäße Praxis des Rechts, in: Neues Recht zum Schutz von Kulturgut, Internationaler Kulturgüterschutz, EG-Richtlinien, UNIDROIT-Konvention und Folgerecht; Schriftenreihe des Ludwig Boltzmann Institutes für Europarecht, Band 1; Wien 1997; S. 147–160 (zit.: *Fiedler*, Neues Recht)

Finkenauer, Thomas: Zum Begriff der Rechtsnachfolge in § 221 BGB, in: JZ 2000, S. 241–247 (zit.: *Finkenauer*, JZ)

Fitschen, Thomas: Internationaler Schutz des kulturellen Erbes der Welt, Erläuterungen zum Übereinkommen zum Schutz des Kultur- und Naturerbes der Welt vom 23. 11. 1972, in: Internationaler Kulturgüterschutz und deutsche Frage: völkerrechtliche Probleme der Auslagerung, Zerstreuung und Rückführung deutscher Kulturgüter nach dem zweiten Weltkrieg; Forschungsergebnisse der Studiengruppe für Politik und Völkerrecht / Kulturstiftung der Deutschen Vertriebenen, Band 7, Wilfried Fiedler (Hrsg.); Berlin 1991; S. 183–208 (zit.: *Fitschen*, Deutsche Frage)

Flashar, Martin: Einführung in: Bewahren als Problem, Schutz archäologischer Kulturgüter, Martin Flashar (Hrsg.), Rombach Wissenschaften – Reihe Studeo, hrsg. von Günter Schnitzler und Gottfried Schramm, Band 9; Freiburg im Breisgau 2000; S. 9–20 (zit.: *Flashar*, Bewahren als Problem)

Frank, Rainer: Der Anspruch Griechenlands auf die „Elgin Marples" im Britischen Museum in London, in: „Recht und Kunst" Symposium aus Anlass des 80. Geburtstages von Wolfram Müller-Freienfels, hrsg. von Rainer Frank; Freiburger Rechts- und Staatswissenschaftliche Abhandlungen, Band 61; Heidelberg 1996; S. 1–17 (zit.: *Frank*, FS Müller-Freienfels)

Franz, Michael: Datenbanken abhanden gekommener Kulturgüter am Beispiel der Koordinierungsstelle der Länder für die Rückführung von Kulturgütern, in: KUR 1999, S. 345–351 (zit.: *Franz*, KUR)

Freytag, Christiane: Cultural Heritage: Rückgabeansprüche von Ursprungsländern auf „ihr" Kulturgut, in: Prinzipien des Kulturgüterschutzes, Ansätze im deutschen, europäischen und internationalen Recht; Tübinger Schriften zum internationalen und europäischen Recht, Band 37, hrsg. von Frank Fechner, Thomas Oppermann und Lyndel V. Prott; Berlin 1996; S. 176–200 (zit.: *Freytag*, Fechner/Oppermann/Prott)

Frigo, Manlio: La Convenzione dell'Unidroit dui beni culturali rubati o illecitamente esportati, in: 32 Rivista di diritto internazionale e processuale (1996), S. 435–468 (zit.: *Frigo*, 32 Rivista di diritto internazionale e processuale)

Fuchs, Angelika: Kulturgüterschutz im Kulturgutsicherungsgesetz, in: IPRax 2000, S. 281–286 (zit.: *Fuchs*, IPRax)

Fuentes Camacho, Víctor: El trafíco ilícito internacional de bienes culturales, Prologo: Julio D. González Campos; Coleccion estudios internationales, Band I; Madrid 1993 (zit.: *Fuentes Camacho*, Trafíco)

Galgano, Franceso: Aspects juridiques du commerce de l'art en Italie, in: Internationals sales of works of art / La vente international d'œvres d'art, Geneva Workshop 11.–13. 4. 1985; Hrsg.: Pierre Lalive; Genf 1985; S. 122–129 (zit.: *Galgano*, International sales)

Galli, Paola: Cultural assets for sale. A Comment on the Italien Code for the cultural assets and landscape; URL: http://www.patrimoniosos.it/rsol.php?op=getintervento&id=52; abgerufen am 8. 5. 2005 (zit.: *Galli*, Cultural asstes)

Geckler, Alexander: Conference Reports: International Protection of Cultural Property – New Law for the Protection of Cultural Objects, Ludwig Boltzmann Institute for European Law, Vienna (December 5–6, 1996), in: I.J.C.P., Vol. 7, No. 1, 1998, S. 242–245 (zit.: *Geckler*, I.J.C.P., Vol. 7, No. 1)

Geimer, Reinhold: Internationales Zivilprozessrecht, 4. Auflage; Köln 2001 (zit.: *Geimer*, Int. Zivilprozessrecht)

Genius-Devime, Barbara: Bedeutung und Grenzen des Erbes der Menschheit im völkerrechtlichen Kulturgüterschutz; Diss. Saarbrücken 1996; Saarbrücker Studien zum Internationalen Recht, Band 3; Baden-Baden 1996 (zit.: *Genius-Devime*, Kulturerbe)

Geominy, Wilfred: Antikenmuseen in der Zwickmühle, in: Bewahren als Problem, Schutz archäologischer Kulturgüter, Martin Flashar (Hrsg.); Rombach Wissenschaften – Reihe Studeo, hrsg. von Günter Schnitzler und Gottfried Schramm, Band 9; Freiburg im Breisgau 2000; S. 91–100 (zit.: *Geominy*, Bewahren als Problem)

Gerstenblith, Patty: Editoral, in I.J.C.P, Vol. 6, No. 2, 1997, S. 195–197 (zit.: *Gerstenblith*, I.J.C.P., Vol. 6, No. 2)

Geyrhalter, Volker: Das Lösungsrecht des gutgläubigen Erwerbers – Ein „vergessener" Kompromiß und die Auswirkungen auf das heutige deutsche Recht unter besonderer Berücksichtigung des internationalen Sachenrechts; Diss. Regensburg 1995; Studien zum vergleichenden und internationalen Recht, Hrsg.: Bernd von Hoffmann und Erik Jayme, Band 34; Frankfurt am Main, Berlin, Bern, New York, Paris, Wien 1996 (zit.: *Geyrhalter*, Lösungsrecht)

Goepfert, Alexander: Haftungsprobleme im Kunst- und Auktionshandel; Diss. Köln 1989; Schriften zum bürgerlichen Recht, Band 149; Berlin 1991 (zit.: *Goepfert*, Kunsthandel)

Goethe, Johann Wolfgang von (Hrsg.): Propyläen – ein periodische Schrift, Zweiten Bandes Erstes Stück; Tübingen 1799 (zit.: *von Goethe* (Hrsg.), Propyläen, Zweiten Bandes Erstes Stück); Dritten Bandes Erstes Stück, Dritten Bandes Zweites Stück; Tübingen 1800 (zit.: *von Goethe* (Hrsg.), Propyläen, Dritten Bandes Zweites Stück)

Goethe, Johann Wolfgang von: Gedichte; Auswahl und Einleitung von Stefan Zweig, Reclam-Ausgabe; Stuttgart 1998 (zit.: *von Goethe*, Gedichte)

Goldmann, Klaus: The Treasure of the Berlin State Museums and Its Allied Capture: Remarks and Questions, in: I.J.C.P., Vol. 7, No. 2, S. 308–341 (zit.: *Goldmann*, I.J.C.P., Vol. 7, No. 2)

Goldrich, Ian M.: Balancing the need for repatriation of illegally removed cultural property with the interests of bona fide purchasers: applying the UNIDROIT Convention to the Case of the Gold Phiale, in: 23 Fordham Int'L.J. (2000), S. 118–164 (zit.: *Goldrich*, 23 Fordham Int'L.J.)

Gordon, John B.: The UNESCO Convention on the Illicit Movement of Art Treasures, in: 12 Harv. Int. L. J. (1971), S. 537–556 (zit.: *Gordon*, 12 Harv. Int. L. J.)

Graepler, Daniel: Der Milliardendeal mit geraubter Kunst, in: Bewahren als Problem, Schutz archäologischer Kulturgüter, Martin Flashar (Hrsg.); Rombach Wissenschaften – Reihe Studeo, hrsg. von Günter Schnitzler und Gottfried Schramm, Band 9; Freiburg im Breisgau 2000; S. 23–28 (zit.: *Graepler*, Bewahren als Problem)

Grotius, Hugo: De jure belli ac pacis, libri tres, Drei Bücher vom Recht des Krieges und des Friedens, Paris 1625, nebst einer Vorrede von Christian Thomasius zur ersten deutschen Ausgabe des Grotius vom Jahr 1707, neuer deutscher Text und Einleitung von Walter Schätzel; Die Klassiker des Völkerrechts in modernen deutschen Übersetzungen, Hrsg.: Walter Schätzel, Band I; Tübingen 1950 (zit.: *Grotius*, De jure belli)

Gschnitzer, Franz: Österreichisches Sachenrecht; 2. Auflage von Christoph Faistenberger, Heinz Barta, Gottfried Call und Bernhard Eccher; Wien, New York 1985 (zit.: *Gschnitzer*, Sachenrecht)

Guilbert, Louis / *Lagane*, René / *Niobey*, Georges (Hrsg.): Grand Larousse de la langue français en sept volumes, tome deuxième, Cir-Ery; Paris 1972 (zit.: Grand Larousse, II)

Haase, Günther: Kunstraub und Kunstschutz, Eine Dokumentation; Hamburg 1991 (zit.: *Haase*, Kunstraub)

Hailbronner, Kay: Frachtgut gesunkener Schiffe und Kulturgüterschutz vor deutschen Gerichten, in: JZ 2002, S. 957–963 (zit.: *Hailbronner*, JZ)

Hammer, Felix: Die geschichtliche Entwicklung des Denkmalrechts in Deutschland; Diss. Tübingen 1992/93; Tübingen 1995 (zit.: *Hammer*, Denkmalrecht)

Hammer, Felix: Zur Geschichte des rechtlichen Kulturgüter- und Denkmalschutzes, in: Prinzipien des Kulturgüterschutzes, Ansätze im deutschen, europäischen und internationalen Recht; Tübinger Schriften zum internationalen und europäischen Recht, Band 37, hrsg. von Frank Fechner, Thomas Oppermann und Lyndel V. Prott; Berlin 1996; S. 47–66 (zit.: *Hammer*, Fechner/Oppermann/Prott)

Hanisch, Hans: Aspects juridiques du commerce international de l'art en république fédérale d'Allemagne, in: Internationals sales of works of art / La vente international d'œvres d'art, Geneva Workshop 11.–13.4.1985; Hrsg.: Pierre Lalive; Genf 1985; S. 157–193 (zit.: *Hanisch*, International sales)

Hanisch, Hans: Internationalprivatrechtliche Fragen im Kunsthandel, in: Festschrift für Wolfram Müller-Freienfels, hrsg. von Albrecht Dieckmann, Rainer Frank, Hans Hanisch und Spiros Simitis; 1. Auflage; Baden-Baden 1986; S. 193–224 (zit.: *Hanisch*, FS Müller-Freienfels, 1986)

Hanisch, Hans: Der Fall des Liotard und die nationale Zuordnung eines Kunstwerkes, in: „Recht und Kunst" Symposium aus Anlass des 80. Geburtstages von Wolfram Müller-Freienfels, hrsg. von Rainer Frank; Freiburger Rechts- und Staatswissenschaftliche Abhandlungen, Band 61; Heidelberg 1996; S. 19–36 (zit.: *Hanisch*, FS Müller-Freienfels, 1996)

Hartwig, Matthias: Moskau locuta – causa non finita, Das Beutekunst-Gesetz vor dem Verfassungsgericht der Russischen Föderation / Die Entscheidung vom 6.4.1998, in: EuGRZ 1998, S. 369–373 (zit.: *Hartwig*, EuGRZ)

Hau, Wolfgang: Rechtshängigkeitssperre durch paralleles Scheidungsverfahren in Tennessee, in: IPRax 1995, S. 80–82 (zit.: *Hau*, IPRax)

Heidegger, Martin: Der Ursprung des Kunstwerkes; mit einer Einführung von Hans-Georg Gadamer, Reclam-Ausgabe; Stuttgart 1960 (zit.: *Heidegger*, Ursprung)

Heilmeyer, Wolf-Dieter: Die „Rutgers Resolutions" und internationale Leihgabenpolitik, in: Bewahren als Problem, Schutz archäologischer Kulturgüter, Martin Flashar (Hrsg.); Rombach Wissenschaften – Reihe Studeo, hrsg. von Günter Schnitzler und Gottfried Schramm, Band 9; Freiburg im Breisgau 2000; S. 101–104 (zit.: *Heilmeyer*, Bewahren als Problem)

Heilmeyer, Wolf-Dieter: Leihgaben-Austausch als Museumspolitik der Zukunft, in: Museumskunde, Band 67, 1/2002, S. 65–68 (zit.: *Heilmeyer*, Museumskunde)

Heinbuch, Holger: Aktuelle Rechtsfragen des Kunsthandels in der Bundesrepublik Deutschland, in: Internationals sales of works of art / La vente international d'œvres d'art, Geneva Workshop 11.–13.4.1985; Hrsg.: Pierre Lalive; Genf 1985; S. 195–218 (zit.: *Heinbuch*, International sales)

Henrich, Dieter / *Huber*, Peter: Einführung in das englische Privatrecht; 3. Auflage; Heidelberg 2003 (zit.: *Henrich*/*Huber*, Englisches Privatrecht)

Henze, Wolfgang: Unidroit: hehre Ziele, verfehlte Mittel, in: Unidroit: Recht und Ethik im Handel mit Kulturgut; Tagung der Schweizerischen Akademie der Geistes- und Sozialwissenschaften gemeinsam mit der schweizerischen Ethnologischen Gesellschaft; Bern, den 27.6.1998; Bern 1998; S. 37–43 (zit.: *Henze*, UNIDROIT)

Herdegen, Matthias: Der Kulturgüterschutz im Kriegsvölkerrecht, in: Rechtsfragen des internationalen Kulturgüterschutzes, Symposium vom 22.–23.6.1990 im Internationalen Wissenschaftsforum Heidelberg, hrsg. von Rudolf Dolzer, Erik Jayme und Reinhard Mußgnug; Heidelberger Forum, Band 87; Heidelberg 1994; S. 161–173 (zit.: *Herdegen*, Dolzer/Jayme/Mußgnug)

Herrmann, Joachim: Heinrich Schliemann – Wegbereiter einer neuen Wissenschaft; Berlin 1990 (zit.: *Herrmann*, Schliemann)

Heuer, Carl-Heinz: Die Kunstraubzüge der Nationalsozialisten und ihre Rückabwicklung, in: NJW 1999, S. 2558–2564 (zit.: *Heuer*, NJW)

Heydenreuter, Reinhard: Kunstraub, die Geschichte des Quedlinburger Stiftsschatzes; Esslingen, München 1993 (*Heydenreuter*, Kunstraub)

Hipp, Anette: Schutz von Kulturgütern in Deutschland; Diss. Heidelberg 1999/2000; Schriften zum Kulturgüterschutz, Hrsg.: Hans Baade, Wilfried Fiedler, Erik Jayme, Kurt Siehr; Berlin, New York 2000 (zit.: *Hipp*, Kulturgüterschutz)

Hoffmann, Bernd von: Internationales Privatrecht einschließlich der Grundzüge des Internationalen Zivilverfahrenrechts; 7. Auflage; München 2002 (zit.: *von Hoffmann*, IPR)

Homberger, Lorenz: Unidroit als kulturpolitische Leitplanke im Handel mit Kunst, in: Unidroit: Recht und Ethik im Handel mit Kulturgut; Tagung der Schweizerischen Akademie der Geistes- und Sozialwissenschaften gemeinsam mit der schweizerischen Ethnologischen Gesellschaft; Bern, den 27. 6. 1998; Bern 1998; S. 23–28 (zit.: *Homberger*, UNIDROIT)

Honsell, Heinrich / *Vogt*, Nedim Peter / *Geiser*, Thomas (Hrsg.): Kommentar zum Schweizerischen Privatrecht, Schweizerisches Zivilgesetzbuch II, Art. 457–977, Art. 1–61 SchlT ZGB; Basel, Frankfurt am Main 1998 (zit.: Bearbeiter, Honsell/Vogt/Geiser, ZGB II)

Horn, Norbert: Die Entwicklung des internationalen Wirtschaftsrechts durch Verhaltensrichtlinien – Neue Elemente eines internationalen ordre public, in: 44 RabelsZ (1980), S. 423–454 (zit.: *Horn*, 44 RabelsZ)

House of Commons: Report from the select committee of the House of Commons on the Earl of Elgin's collection of sculptured marbles; London 1816 (zit.: *House of Commons*, Elgin Marbles)

Hübner, Ulrich / *Constantinesco*, Vlad: Einführung in das französische Recht; Schriftenreiche der Juristischen Schulung, Hrsg.: Hermann Weber, Band 16; 4. Auflage; München 2001 (zit.: *Hübner/Constantinesco*, Einführung)

Hudson, Manley O. (Hrsg.): International Legislation – A Collection of the texts of multipartite international instruments of general interest; Volume VII: 1935–1937, Numbers 402–506; Washington 1941 (zit.: *Hudson*, Legislation)

Hugger, Heiner: Rückführung nationaler Kulturgüter und internationales Recht am Beispiel der Elgin Marbles, in: JuS 1992, S. 997–1004 (zit.: *Hugger*, JuS)

Ibán, Iván C.: Einführung in das spanische Recht, aus dem Spanischen übersetzt von Kerstin Brandt; Die Rechtsordnungen der europäischen Staaten, Hrsg.: Gerhard Robbers, Band 4 D; Baden-Baden 1995 (zit.: *Ibán*, Einführung)

International Association of Legal Science (*Editoral Committee*: *David*, R., *Egawa*, H., *Graveson*, R., *Knapp*, V., *Mehren*, A. T. von, *Noda*, Y., *Rozmaryn*, S., *Tschchikvadze*, V. M., *Valladão*, H., *Yntema*, H., *Zweigert*, K., *Drobnig*, U.): International Encyclopedia of Comparative Law, Volume III: Private International Law, Chief Editor: Kurt Lipstein; Chapter 21: Property; Gian C. Venturini; Tübingen, Mouton, The Hague, Paris 1976 (zit.: Bearbeiter, Int. Encyclopedia of Comparative Law, III)

Ipsen, Knut: Völkerrecht, ein Studienbuch; 5. Auflage; München 2004 (zit.: *Ipsen*, Völkerrecht)

Isler-Kerenyi, Cornelia: Einführung, in: Informationstag „Kulturgüter zwischen Markt und Museum", Bern 2. 7. 1993, Schlussbericht, Hrsg.: Nationale Schweizerische UNESCO-Kommission, Sektion Kultur, in Zusammenarbeit mit der Erklärung von Bern und dem Verband der Museen der Schweiz; Bern 1993; S. 6–10 (zit.: *Isler-Kerenyi*, Informationstag)

Jaeger, Andrea: Rechtsfragen des internationalen Kulturgüterschutzes, Rechtslage, Rechtspraxis, Rechtsfortentwicklung; Diss. Köln 1993; Schriftenreihe: Internationales Wirtschaftsrecht, Band 11; Köln, Berlin, Bonn, München 1993 (zit.: *Jaeger*, Rechtsfragen)

James, Henry: The letters of Henry James, selected and edited by Percy Lubbock, Volume II; London 1920 (zit.: *James*, Letters, II)

Jasper, Dieter: Forum shopping in England und Deutschland; Diss. Münster 1989; Schriften zum internationalen Recht, Band 46; Berlin 1990 (zit.: *Jasper*, Forum shopping)

Jayme, Erik: Internationaler Kulturgüterschutz: Lex originis oder lex rei sitae – Tagung in Heidelberg, in: IPRax 1990, S. 347–348 (zit.: *Jayme*, IPRax 1990)

Jayme, Erik: Schutz des Kulturerbes und Internationales Privatrecht – Gründungstagung der Griechisch-Deutschen Juristenvereinigung in Athen, in: IPRax 1991, S. 357–358 (zit.: *Jayme*, IPRax 1991)

Jayme, Erik: Die Nationalität des Kunstwerkes als Rechtsfrage, in: Internationaler Kulturgüterschutz, Wiener Symposium 18./19. 10. 1990, Hrsg.: Gerte Reichelt; Wien 1992; S. 7–29 (zit.: *Jayme*, Wiener Symposium)

Jayme, Erik: Neue Anknüpfungsmaximen für den Kulturgüterschutz im internationalen Privatrecht, in: Rechtsfragen des internationalen Kulturgüterschutzes, Symposium vom 22./23. 6. 1990 im Internationalen Wissenschaftsforum Heidelberg, hrsg. von Rudolf Dolzer, Erik Jayme und Reinhard Mußgnug, Heidelberger Forum Band 87; Heidelberg 1994; S. 35–52 (zit.: *Jayme*, Dolzer/Jayme/Mußgnug)

Jayme, Erik: Archäologie und Internationales Privatrecht – Tagung der Deutsch-Türkischen Juristenvereinigung in Pergamon, in: IPRax 1996, S. 66–67 (zit.: *Jayme*, IPRax 1996)

Jayme, Erik: Kulturgüterschutz in ausgewählten europäischen Ländern, in: ZVglRWiss 95 (1996), S. 158–169 (zit.: *Jayme*, ZVglRWiss)

Jayme, Erik: Rechtsbegriffe und Kunstgeschichte, in: Neues Recht zum Schutz von Kulturgut, Internationaler Kulturgüterschutz, EG-Richtlinien, UNIDROIT-Konvention und Folgerecht; Schriftenreihe des Ludwig Boltzmann Institutes für Europarecht, Band 1; Wien 1997; S. 11–27 (zit.: *Jayme*, Neues Recht)

Jayme, Erik: Gesammelte Schriften Band 1: Nationales Kunstwerk und Internationales Privatrecht, Vorträge – Aufsätze – Gutachten; Heidelberg 1999 (zit.: *Jayme*, Kunstwerk)

Jayme, Erik / *Kohler*, Christian: Europäisches Kollisionsrecht 1999 – Die Abendstunde der Staatsverträge, in: IPRax 1999, S. 401–413 (zit.: *Jayme/Kohler*, IPRax)

Jayme, Erik / *Geckler*, Alexander: Internationale Kunstausstellung: „Freies Geleit“ für Leihgaben, Tagung in Genf, in: IPRax 2000, S. 156–157 (zit.: *Jayme/Geckler*, IPRax)

Jefferson, M.: An Attempt to evade the lex situs role for stolen goods, in 96 L.Q.Rev. (1980), S. 508–511 (zit. *Jefferson*, 96 L.Q.Rev.)

Jenkins, Ian: The Elgin Marbles: Questions of Accuracy and Reliability, in: I.J.C.P., Vol. 10, No. 1, 2001, S. 55–69 (zit.: *Jenkins*, I.J.C.P., Vol. 10, No. 1)

Jolles, Alexander: Un regard critique sur la convention d'UNIDROIT, in: La Convention d'Unidroit du 24 Juin 1995 sur les biens culturels volés ou illicitement exportés; Actes d'une table ronde organisée le 2. 10. 1995 édités par Chritine Breitler, Quentin Byrne-Sutton, Fabienne Geisinger-Mariéthoz, et Marc-André Renold; Etudes en droit de l'art / studies in art law, Band 9; Zürich 1997; S. 53–62 (zit.: *Jolles*, Table ronde)

Juenger, Friedrich K.: Forum shopping, in: 46 RabelsZ (1982), S. 708–716 (zit.: *Juenger*, 46 RabelsZ)

Junker, Abbo: Internationales Privatrecht, München 1998 (zit.: *Junker*, IPR)

Junker, Abbo: Die IPR-Reform von 1999: Auswirkungen auf die Unternehmenspraxis, in: RIW 2000, S. 241–255 (zit.: *Junker*, RIW)

Kathmann, Dorothea: Praxisnahe Betrachtungen vor und nach der Schuldrechtsreform – Die Verjährung von Herausgabeansprüchen an abhanden gekommenen Kunst- und Kulturgütern nach dem Bürgerlichen Gesetzbuch, in: Museumskunde, Band 67, 1/2002, S. 41–44 (zit.: *Kathmann*, Museumskunde)

Kaufmann, Christian: Pro Unidroit – Überlegungen eines Ethnologen, in: Unidroit: Recht und Ethik im Handel mit Kulturgut; Tagung der Schweizerischen Akademie der Geistes- und Sozialwissenschaften gemeinsam mit der schweizerischen Ethnologischen Gesellschaft; Bern, den 27. 6. 1998; Bern 1998; S. 29–36 (zit.: *Kaufmann*, UNIDROIT)

Kegel, Gerhard / *Schurig*, Klaus: Internationales Privatrecht: Ein Studienbuch, 9. Auflage; München 2004 (zit.: *Kegel/Schurig*, IPR)

Kewenig, Wilhelm A.: Common heritage of mankind – politischer Slogan oder völkerrechtlicher Schlüsselbegriff, in: Staatsrecht – Völkerrecht – Europarecht, Festschrift für Hans-Jürgen Schlochauer zum 75. Geburtstag am 28. 3. 1981, Hrsg.: Ingo von Münch; Berlin, New York 1981; S. 385–406 (zit.: *Kewenig*, FS Schlochauer)

Kienle, Florian / *Weller*, Marc-Philippe: Die Vindikation gestohlener Kulturgüter im IPR, in: IPRax 2004, S. 290–294 (*Kienle/Weller*, IPRax)

Killelea, Kent L.: Property Law: International Stolen Art – Kunstsammlungen zu Weimar v. Elicofon, 678 F. 2nd 1150 (2nd Cir. 1982), in: 23 Harv. Int. L. J. (1983), S. 466–472 (zit.: *Killelea*, 23 Harv. Int. L. J.)

Kinderman, Spencer A.: The Unidroit Draft Convention on Cultural Objects: An Examination of the Need for a Uniform Legal Framework for Controlling the Illicit Movement of Cultural Property, in: Em. Int. J. R., Volume 7 (1993), No. 2, S. 457–584 (zit.: *Kinderman*, 7,2 Em. Int. L. R.)

Kindler, Peter: Einführung in das italienische Recht – Verfassungsrecht, Privatrecht und internationales Privatrecht; Schriftenreihe der Juristischen Schulung, Hrsg.: Hermann Weber, Heft 122; München 1993 (zit.: *Kindler*, Italienisches Recht)

Kleeberg, Rudolf / *Eberl*, Wolfgang: Kulturgüter in Privatbesitz, Handbuch für das Denkmal- und Steuerrecht; Heidelberg 1990 (zit.: *Kleeberg/Eberl*, Kulturgüter in Privatbesitz)

Knopp, Werner: Museumspolitik als Kulturgüterschutz, in: Aktuelle Fragen des Kulturgüterschutzes – Beiträge zur Reform des deutschen Kulturgutschutzgesetzes 1955 und seiner Angleichung an den europäischen Kulturgüterschutz; herausgegeben von Reinhard Mußgnug und Gerd Roellecke im Auftrag der Deutschen Gesellschaft für Kulturgüterschutz; Motive – Texte – Materialien, Band 79; Heidelberg 1998; S. 1–10 (zit.: *Knopp*, Mußgnug/Roellecke)

Knott, Hermann J.: Der Anspruch auf Herausgabe gestohlenen und illegal exportierten Kulturguts, Internationalprivatrechtliche und rechtsvergleichende Aspekte zum Herausgabeanspruch des privaten Eigentümers und des Herkunftsstaates; Diss. Köln 1989; Arbeiten zur Rechtsvergleichung, Band 147; Baden-Baden 1990 (zit.: *Knott*, Anspruch)

Koch, Harald / *Magnus*, Ulrich / *Winkler von Mohrenfels*, Peter: IPR und Rechtsvergleichung, Ein Studien- und Übungsbuch zum Internationalen Privat- und Zivilverfahrensrecht und zur Rechtsvergleichung, 2. Auflage; München 1996 (zit.: *Koch/Magnus/Winkler von Mohrenfels*, IPR)

Kohler, Josef: Das Recht an Denkmälern und Altertumsfunden, in: Deutsche Juristen-Zeitung 1904, S. 771–778 (zit.: *Kohler*, Deutsche Juristen-Zeitung)

Köhling, Lambert: Der Eigentumserwerb abhanden gekommener Kunstgegenstände im amerikanischen Recht; Diss. Münster 1999; Münsteraner Studien zur Rechtsvergleichung, Band 56; Münster, Hamburg. London, 1999 (zit.: *Köhling*, Eigentumserwerb)

Kohls, Frank: Kulturgüterschutz, Wirkungen von Verstößen gegen Ausfuhrverbote und Möglichkeiten der Rückführung illegal verbrachter Kulturgüter, eine vergleichende Untersuchung mit den Rechten Dänemarks, Norwegen und Schwedens; Diss. Freiburg 2000; Europäische Hochschulschriften, Reihe II Rechtswissenschaft, Band 3191; Frankfurt am Main, Berlin, Bern, Brüssel, New York, Oxford, Wien 2001 (zit.: *Kohls*, Kulturgüterschutz)

Koller, Alfred: Der gute und der böse Glaube im allgemeinen Schuldrecht, Auslegung und systematische Erfassung der Gutglaubensvorschriften im allgemeinen Teil des OR; Habil. Freiburg (Schweiz) 1985; Arbeiten aus dem iuristischen Seminar der Universität Freiburg Schweiz (Hrsg.: Peter Gauch), Band 70; Freiburg (Schweiz) 1985 (zit.: *Koller*, Guter Glaube)

Kono, Toshiyuki: Kulturgüterschutz im japanischen IPR unter besonderer Berücksichtigung des Gutglaubenserwerbs im japanischen Zivilrecht, in: Rechtsfragen des internationalen Kulturgüterschutzes, Symposium vom 22.–23. 6. 1990 im Internationalen Wissenschaftsforum Heidelberg, hrsg. von Rudolf Dolzer, Erik Jayme und Reinhard Mußgnug; Heidelberger Forum, Band 87; Heidelberg 1994; S. 105–122 (zit.: *Kono*, Dolzer/Jayme/Mußgnug)

Koziol, Helmut: Grundriss des bürgerlichen Rechts, Band I: Allgemeiner Teil, Sachenrecht, Familienrecht; 11. Auflage; Wien 2000 (zit.: *Koziol*, Grundriss ABGB, I)

Kreuzer, Christine: Die unmittelbare Anwendbarkeit völkerrechtlicher Verträge, in: JA 1998, S. 731–735 (zit.: *Kreuzer*, JA)

Krinzinger, Friedrich: Schutz von archäologischem Kulturgut – Betrachtungen zur Kontextarchäologie, in: Neues Recht zum Schutz von Kulturgut, Internationaler Kulturgüterschutz, EG-Richtlinien, UNIDROIT-Konvention und Folgerecht; Schriftenreihe des Ludwig Boltzmann Institutes für Europarecht, Band 1; Wien 1997; S. 45–54 (zit.: *Krinzinger*, Neues Recht)

Kropholler, Jan: Internationales Einheitsrecht, Allgemeine Lehren; Habil. München 1975; Beiträge zum ausländischen und internationalen Privatrecht, Band 39; Tübingen 1975 (zit.: *Kropholler*, Einheitsrecht)

Kropholler, Jan: Das Unbehagen am forum shopping, in: Festschrift für Karl Firsching zum 70. Geburtstag, hrsg. von Dieter Henrich und Bernd von Hoffmann; München 1985; S. 165–173 (zit.: *Kroholler*, FS Firsching)

Kropholler, Jan: Europäisches Zivilprozessrecht, Kommentar zu EuGVO und Lugano-Übereinkommen; Schriftenreihe Recht der Internationalen Wirtschaft Band 22; 7. Auflage; Heidelberg 2002 (zit.: *Kropholler*, EuGVVO)

Kropholler, Jan: Internationales Privatrecht, 5. Auflage; Tübingen 2004 (zit.: *Kropholler*, IPR)

Kühne, Hans-Heiner: Kriminalitätsbekämpfung durch innereuropäische Grenzkontrollen? Auswirkungen der Schengener Abkommen auf die innere Sicherheit; Schriften zum Europäischen Recht, Band 8; Berlin 1991 (zit.: *Kühne*, Kriminalitätsbekämpfung)

Kunkel, Wolfgang / *Wenger*, Leopold / *Jörs*, Paul (Begr.): Römisches Recht; in 4. Auflage bearbeitet von Heinrich Honsell, Theo Mayer-Maly, Walter Selb; Berlin, Heidelberg, New York, London, Paris, Tokio 1987 (zit.: Bearbeiter, Kunkel/Wenger/Jörs)

Kunz, Karl-Heinz: Internationales Privatrecht; 4. Auflage; Köln, Berlin, Bonn, München 1998 (zit.: *Kunz*, IPR)

Kyrieleis, Helmut: Die Position des Deutschen Archäologischen Instituts, in: Bewahren als Problem, Schutz archäologischer Kulturgüter, Martin Flashar (Hrsg.); Rombach Wissenschaften – Reihe Studeo, hrsg. von Günter Schnitzler und Gottfried Schramm, Band 9; Freiburg im Breisgau 2000; S. 163–166 (zit.: *Kyrieleis*, Bewahren als Problem)

Lalive, Pierre: La Convention d'UNIDROIT sur les biens culturels volés ou illicitement exportés (du 24. 6. 1995), in: SZIER 1997, S. 13–56 (zit.: *Lalive*, SZIER)

Larenz, Karl / *Wolf*, Manfred: Allgemeiner Teil des Bürgerlichen Rechts; 9. Auflage; München 2004 (zit.: *Larenz/Wolf*, BGB, AT)

Laufer, Eckart: Illegale Entnahme von Kulturgut und Handel, das Beispiel keltischer Oppida in Hessen: Heidetränk und Dünsberg, in: Museumskunde, Band 67, 1/2002, S. 57–61 (zit.: *Laufer*, Museumskunde)

Leenen, Detlef: Die Neugestaltung des Verjährungsrechts durch das Schuldrechtsmodernisierungsgesetz, in: DStR 2002, S. 34–43 (zit.: *Leenen*, DStR)

Leniaud, Jean-Michel: Les fondements et l'evolution de l'approche française de la protection du patrimoine culturel, in: La libre circulation des collections d'objets d'art – The free circulation of art collections, Actes d'une rencontre organisée le 14. 9. 1992 édités par Quentin Byrne-Sutton et Marc-André Renold; Etudes en droit de l'art, 3; Zürich 1993; S. 57–70 (zit.: *Leniaud*, Libre circulation)

Leppmann, Wolfgang: Winckelmann: ein Leben für Apoll; Berlin 1996 (zit.: *Leppmann*, Winckelmann)

Leyten, Harrie M.: African Museum Directors want Protection of their Cultural Heritage – Conference on Illicit Trade in Cultural Heritage, Amsterdam (22.–24. Oktober 1997), in: I.J.C.P., Vol. 7, No.1, 1998, S. 261–267 (zit.: *Leyten*, I.J.C.P., Vol. 7, No. 1)

Loosli, Mauro: Kulturgüterschutz in Italien. Rechtliche Grundlagen und Instrumente; Handel und Verkehr; Diss. Zürich 1996 (zit.: *Loosli*, Kulturgüterschutz in Italien)

Lüddeke, Barbara: Praktische Erfahrungen mit den Gesamtverzeichnissen national wertvollen Kulturguts und national wertvoller Archive, in Museumskunde, Band 67, 2/2002, S. 34–40 (zit.: *Lüddeke*, Museumskunde)

Magirius, Heinrich: Denkmalpflege in der DDR, in: Die Denkmalpflege, Deutscher Kunstverlag, Heft 2, 59. Jahrgang (2001), S. 125–140 (zit.: *Magirius*, Denkmalpflege 59)

Mangoldt, Hermann von / *Klein*, Friedrich / *Starck*, Christian (Hrsg.): Das Bonner Grundgesetz, Kommentar; Band 2: Artikel 20 bis 78; 4. Auflage; München 2000 (zit.: Bearbeiter, von Mangoldt/Klein/Starck, GG, 2)

Mann, Frederic: Anmerkung zum Urteil des BGH vom 22.6.1972 – II ZR 113/70, in: NJW 1972, S. 2179 (zit.: *Mann*, NJW)

Mansel, Heinz-Peter: DeWeerth v. Baldinger – Kollisionsrechtliches zum Erwerb gestohlener Kunstwerke, in: IPRax 1988, S. 268–271 (zit.: *Mansel*, IPRax)

Manssen, Gerrit: Der Hamburger Stadtsiegelfall – VG Köln, NJW 1991, 2584, in: JuS 1992, S. 745–748 (zit.: *Manssen*, JuS)

Markianos, Demetrios: Die res in transitu im deutschen internationalen Privatrecht, in: 23 RabelsZ (1958), S. 21–43 (zit.: *Markianos*, 23 RabelsZ)

Marks, Peter: The Ethics of Art Dealing, in: I.J.C.P., Vol. 7, No. 1, 1998, S. 116–127 (zit.: *Marks*, I.J.C.P., Vol. 7, No. 1)

Maurer, Christoph H. M.: Die Ausfuhr von Kulturgütern in der Europäischen Union; Diss. Heidelberg 1997; Frankfurt am Main 1997 (zit.: *Maurer*, Ausfuhr)

Maurice, Clare / *Turnor*, Richard: The export licensing rules in the United Kingdom and the Weaverley Criteria, in: La libre circulation des collections d'objets d'art – The free circulation of art collections, Actes d'une rencontre organisée le 14.9.1992 édités par Quentin Byrne-Sutton et Marc-André Renold; Etudes en droit de l'art, 3; Zürich 1993; S. 31–55 (zit.: *Maurice/Turnor*, Libre circulation)

Mayer-Maly, Theo: Die Zukunft der Schätze, in: JBl. 2000, S. 535–536 (zit.: *Mayer-Maly*, JBl.)

Meder, Stephan: Rechtsgeschichte, Eine Einführung; Köln, Weimar, Wien 2002 (zit.: Meder, Rechtsgeschichte)

Menz, Cäsar: Die Unidroit-Konvention aus der Sicht der Museen, in: Unidroit: Recht und Ethik im Handel mit Kulturgut; Tagung der Schweizerischen Akademie der Geistes- und Sozialwissenschaften gemeinsam mit der schweizerischen Ethnologischen Gesellschaft; Bern, den 27.6.1998; Bern 1998; S. 53–57 (zit.: *Menz*, UNIDROIT)

Merryman, John Henry: Two ways of thinking about Cultural Property, in: AJIL 80 (1986), S. 831–853 (zit.: *Merryman*, AJIL)

Merryman, John Henry: The public interest in Cultural Property, in: Cal. L. R. 77 (1989), S. 339–363 (zit.: *Merryman*, Cal. L. R.)

Merryman, John Henry: The Nation and the Object, in: I.J.C.P., Vol. 3, No. 1, 1994, S. 61–76 (zit.: *Merryman*, I.J.C.P., Vol. 3, No. 1)

Merryman, John Henry: The UNIDROIT Convention: Three Significant Depatures from the *urtext*, in: I.J.C.P., Vol. 5, No. 1, 1996, S. 11–18 (zit.: *Merryman*, I.J.C.P., Vol. 5, No. 1)

Merryman, John Henry: Note on *The Marquis de Somerules*, in: I.J.C.P., Vol. 5, No. 2, 1996, S. 321–329 (zit.: *Merryman*, I.J.C.P., Vol. 5, No. 2)

Merryman, John Henry / *Elsen*, Albert: Law, Ethics and the Visual Arts; 4. Auflage; London, Den Haag, New York 2002 (zit.: *Merryman/Elsen*, Law)

Meyer, Robert L.: Trauvaux Preparatoires for the UNESCO World Heritage Convention, in: 2 Earth Law Journal (1976), S. 45–81 (zit.: *Meyer*, 2 Earth Law Journal)

Meyer-Lindenberg, Hermann: Zum Begriff der Verträge, die sich auf Gegenstände der Bundesgesetzgebung beziehen (Art. 59 Abs. 2 Satz 1 GG), in: FS Hermann Jahrreiß zu seinem siebzigsten Geburtstag – 19. 8. 1964 – hrsg. von Karl Carstens und Hans Peters; Köln, Berlin, Bonn, München 1964 (zit.: *Meyer-Lindenberg*, FS Jahrreiß)

Mitglieder des Bundesgerichtshofes (Hrsg.): Das Bürgerliche Gesetzbuch mit besonderer Berücksichtigung der Rechtsprechung des Reichsgerichts und des Bundesgerichtshofes; Kommentar; Band I, §§ 1–240, bearbeitet von Kurt Herbert Johannsen, Wilhelm Kregel, Gerda Krüger-Nieland, Henning Piper, Erich Steffen; 12. Auflage; Berlin, New York 1982 (zit.: Bearbeiter, BGB – RGRK, 1)

Monaco, Ricardo: La contribution d'Unidroit à la protection internationale des biens culturels, in: Internationals sales of works of art / La vente international d'œvres d'art, Geneva Workshop 11.–13. 4. 1985; Hrsg.: Pierre Lalive; Genf 1985; S. 567–573 (zit.: *Monaco*, International sales)

Moosbrugger, André François: Unidroit aus der Sicht der Kantone, in: Unidroit: Recht und Ethik im Handel mit Kulturgut; Tagung der Schweizerischen Akademie der Geistes- und Sozialwissenschaften gemeinsam mit der schweizerischen Ethnologischen Gesellschaft; Bern, den 27. 6. 1998; Bern 1998; S. 59–61 (zit.: *Moosbrugger*, UNIDROIT)

Möseneder, Karl: Beiträge zu einer Geschichte des Streits um Bilder, Einführung, in: Streit um Bilder: von Byzanz bis Duchamp; Hrsg.: Karl Möseneder; Berlin 1997 (zit.: *Möseneder*, Streit um Bilder)

Mugdan, Benno: Die gesammten Materialien zum Bürgerlichen Gesetzbuch, vollständig in 5 Bänden, Band I: Die gesammten Materialien zum Einführungsgesetz und zum 1. Buche: Allgemeiner Theil; Berlin 1899 (zit.: *Mugdan*, Materialien zum BGB)

Müller, Anita: Bedrohte Erinnerung. Maßnahmen gegen den zerstörerischen Umgang mit Kulturgut, in: Informationstag „Kulturgüter zwischen Markt und Museum", Bern, 2. 7. 1993, Schlussbericht, Hrsg.: Nationale Schweizerische UNESCO-Kommission, Sektion Kultur, in Zusammenarbeit mit der Erklärung von Bern und dem Verband der Museen der Schweiz; Bern 1993; S. 81–86 (zit.: *Müller*, Informationstag)

Müller, Markus: Kulturgüterschutz: Mittel nationaler Repräsentation oder Wahrung des Gemeinsamen Erbes der Menschheit?, in: Prinzipien des Kulturgüterschutzes, Ansätze im deutschen, europäischen und internationalen Recht; Tübinger Schriften zum internationalen und europäischen Recht, Band 37, hrsg. von Frank Fechner, Thomas Oppermann und Lyndel V. Prott; Berlin 1996; S. 257–275 (zit.: *Müller*, Fechner/Oppermann/Prott)

Müller-Katzenburg, Astrid: Internationale Standards im Kulturgüterverkehr und ihre Bedeutung für das Sach- und Kollisionsrecht; Diss. Freiburg 1995; Schriften zum Internationalen Recht, Band 72; Berlin 1996 (zit.: *Müller-Katzenburg*, Internationale Standards)

Müller-Katzenburg, Astrid: Besitz- und Eigentumssituation bei gestohlenen und sonst abhanden gekommenen Kunstwerken, in: NJW 1999, S. 2551–2558 (zit.: *Müller-Katzenburg*, NJW)

Mußgnug, Reinhard: Wem gehört Nofretete? Anmerkungen zu dem deutsch-deutschen Streit um den ehemals preußischen Kulturbesitz; Vortrag gehalten vor der Berliner Juristischen Gesellschaft am 1. 12. 1976; Schriftenreihe der juristischen Gesellschaft e.V. Berlin, Band 52; Berlin, New York 1977 (zit.: *Mußgnug*, Nofretete)

Mußgnug, Reinhard: Das Kunstwerk im internationalen Recht, in: Kunst und Recht; Justiz und Recht, Schriften der Deutschen Richterakademie (Hrsg.), Band 2; Heidelberg 1985; S. 15–42 (zit.: *Mußgnug*, Kunstwerk)

Mußgnug, Reinhard: Der kriegsrechtliche Kulturgüterschutz, in: „Verfassung und Verwaltung“, Festschrift für Kurt G. A. Jeserich zum 90. Geburtstag, hrsg. von Helmut Neuhaus; Köln, Weimar, Wien 1994; S. 333–354 (zit.: *Mußgnug*, FS Jeserich)

Mußgnug, Reinhard: Überlegungen zur Umsetzung der neuen EG-Vorschriften über den Verkehr mit Kulturgütern, in: Recht zwischen Umbruch und Bewahrung, Völkerrecht, Europarecht, Staatsrecht; Festschrift für Rudolf Bernhard, hrsg. von Ulrich Beyerlin, Michael Bothe, Rainer Hofmann, Ernst-Ulrich Petersmann; Beiträge zum ausländischen öffentlichen Recht und Völkerrecht, Band 120; Berlin, Heidelberg, New York, London, Paris, Tokio, Hong Kong, Barcelona, Budapest 1995; S. 1225–1250 (zit.: *Mußgnug*, FS Bernhardt)

Mußgnug, Reinhard: Europäischer und nationaler Kulturgüterschutz, in: Aktuelle Fragen des Kulturgüterschutzes – Beiträge zur Reform des deutschen Kulturgutschutzgesetzes 1955 und seiner Angleichung an den europäischen Kulturgüterschutz; herausgegeben von Reinhard Mußgnug und Gerd Roellecke im Auftrag der Deutschen Gesellschaft für Kulturgüterschutz; Motive – Texte – Materialien, Band 79; Heidelberg 1998; S. 11–30 (zit.: *Mußgnug*, Mußgnug/Roellecke)

Mußgnug, Reinhard: Deutsches Kulturgutsicherungsgesetz ignoriert die EG-Richtlinien, in: Bewahren als Problem, Schutz archäologischer Kulturgüter, Martin Flashar (Hrsg.); Rombach Wissenschaften – Reihe Studeo, hrsg. von Günter Schnitzler und Gottfried Schramm, Band 9; Freiburg im Breisgau 2000; S. 121–125 (zit.: *Mußgnug*, Bewahren als Problem)

Mußgnug, Reinhard: Die deutsche Renitenz gegen das Kulturgutrecht der EG, in: EuR 35 (2000), S. 564–591 (zit.: *Mußgnug*, EuR 35)

Nagel, Heinrich (Begr.) / *Gottwald*, Peter: Internationales Zivilprozessrecht, 5. Auflage; Münster 2002 (zit.: *Nagel/Gottwald*, Int. Zivilprozessrecht)

Nationale Schweizerische UNESCO-Kommission, Sektion Kultur: Informationstag „Kulturgüter zwischen Markt und Museum“, Bern, 2. 7. 1993, Schlussbericht, Hrsg.: Nationale Schweizerische UNESCO-Kommission, Sektion Kultur, in Zusammenarbeit mit der Erklärung von Bern und dem Verband der Museen der Schweiz; Bern 1993 (zit.: Autor, Informationstag)

Naumann, Michael: Stellungnahme der Bundesregierung, in: Bewahren als Problem, Schutz archäologischer Kulturgüter, Martin Flashar (Hrsg.); Rombach Wissenschaften – Reihe Studeo, hrsg. von Günter Schnitzler und Gottfried Schramm, Band 9; Freiburg im Breisgau 2000; S. 167–169 (zit.: *Naumann*, Bewahren als Problem)

Nicholas, Lynn H.: World War II and the displacement of art and cultural property, in: The spoils of war: World War II and its aftermath: the loss, reappearance, and recovery of cultural property, Elizabeth Simson (Hrsg.); Papers of a symposium sponsored by the Bard Graduate Center for studies in the Docorative Arts, Jan. 1995, in New York; New York 1997; S. 39–45 (zit.: *Nicholas*, Spoils of war)

Nietzsche, Friedrich: Vom Nutzen und Nachteil der Historie für das Leben, Reclam-Ausgabe; Stuttgart 1951 (zit.: *Nietzsche*, Historie)

Nott, Susan M.: Title to illegally exported items of historic or artistic worth, in: 33 Int. Comp. L.Q. (1984), S. 203–207 (zit.: *Nott*, 33 Int. Comp. L.Q)

O'Keefe, Patrick J.: The heritage value of a private collection, in: La libre circulation des collections d'objets d'art – The free circulation of art collections, Actes d'une rencontre organisée le 14. 9. 1992 édités par Quentin Byrne-Sutton et Marc-André Renold; Etudes en droit de l'art, 3; Zürich 1993; S. 179–192 (zit.: *O'Keefe*, Libre circulation)

O'Keefe, Patrick J.: Codes of Ethics: Form and Function in Cultaral Heritage Management, in: I.J.C.P., Vol. 7, No. 1, 1998, S. 32–51 (zit.: *O'Keefe*, I.J.C.P., Vol. 7, No. 1)

O'Keefe, Patrick J.: Conference Reports: Thirtieth Anniversary of the UNESCO Convention on the Means of Prohibiting and Preventing the Illicit Import, Export and Transfer of Ownership of Cultural Property, Paris, France, November 15, 2000, in: I.J.C.P., Vol 10, No. 2, 2001, S. 326–330 (zit.: *O'Keefe*, I.J.C.P., Vol. 10, No. 2)

Oldenhage, Klaus: Archivgut als Gegenstand des Kulturgutschutzes, in: Aktuelle Fragen des Kulturgüterschutzes – Beiträge zur Reform des deutschen Kulturgutschutzgesetzes 1955 und seiner Angleichung an den europäischen Kulturgüterschutz; herausgegeben von Reinhard Mußgnug und Gerd Roellecke im Auftrag der Deutschen Gesellschaft für Kulturgüterschutz; Motive – Texte – Materialien, Band 79; Heidelberg 1998; S. 51–57 (zit.: *Oldenhage*, Mußgnug/Roellecke)

Ortiz, George: The Collector and the regulation of the Art Market, in: La libre circulation des collections d'objets d'art – The free circulation of art collections, Actes d'une rencontre organisée le 14. 9. 1992 édités par Quentin Byrne-Sutton et Marc-André Renold; Etudes en droit de l'art, 3; Zürich 1993; S. 147–158 (zit.: *Ortiz*, Libre circulation)

Palandt, Otto: Bürgerliches Gesetzbuch: mit Einführungsgesetz (Auszug), BGB-Informationspflichten-Verordnung, Unterlassungsklagengesetz, Produkthaftungsgesetz, Erbbaurechtsverordnung, Wohnungseigentumsgesetz, Hausratsverordnung, Lebenspartnerschaftsgesetz, Gewaltschutzgesetz (Auszug), 63. Auflage; München 2004 (zit.: Bearbeiter, Palandt, BGB)

Peya, Andreas: Die Ausfuhr von Kulturgütern im nationalen und Gemeinschaftsrecht; Diss. Münster 2001; Europäische Hochschulschriften, Reihe II Rechtswissenschaft, Band 3543; Frankfurt am Main, Berlin, Bern, Brüssel, New York, Oxford, Wien 2002 (zit.: *Peya*, Ausfuhr)

Pfaff-Czarnacka, Joanna: Zur Kultur des Kulturgütertransfers, in: Unidroit: Recht und Ethik im Handel mit Kulturgut; Tagung der Schweizerischen Akademie der Geistes- und Sozialwissenschaften gemeinsam mit der schweizerischen Ethnologischen Gesellschaft; Bern, den 27. 6. 1998; Bern 1998; S. 91–95 (zit.: *Pfaff-Czarnacka*, UNIDROIT)

Pfeiffer, Thomas: Internationale Zuständigkeit und prozessuale Gerechtigkeit – Die internationale Zuständigkeit im Zivilprozess zwischen effektivem Rechtsschutz und nationaler Zuständigkeitspolitik; Habil. Frankfurt am Main 1993; Juristische Abhandlungen, hrsg. von Wolfgang Naucke, Band XXVI; Frankfurt am Main 1995 (zit.: *Pfeiffer*, Int. Zuständigkeit)

Pfeiffer, Thomas: Der Stand des Internationalen Sachenrechts nach seiner Kodifikation, in: IPRax 2000, S. 270–281 (zit.: *Pfeiffer*, IPRax)

Pieroth, Bodo / *Hartmann*, Bernd J.: Rechtswegbeschränkungen zur Sicherung des Leihverkehrs mit ausländischen Kulturgütern, in: NJW 2000, S. 2129–2135 (zit.: *Pieroth/Hartmann*, NJW)

Pieroth, Bodo / *Kampmann*, Bernd: Außenhandelsbeschränkungen für Kunstgegenstände, in: NJW 1990, S. 1385–1390 (zit.: *Pieroth/Kampmann*, NJW)

Plambeck, Barbara: Die Verjährung der Vindikation; Diss. Hamburg 1996; Europäische Hochschulschriften, Reihe II Rechtswissenschaft, Bd. 2072; Frankfurt am Main, Berlin, Bern, New York, Paris, Wien 1997 (zit.: *Plambeck*, Verjährung)

Plehwe, Thomas von: Verjährung des dinglichen Herausgabeanspruchs und Ersitzung in Fällen abhanden gekommener Kulturgüter – Zur Notwendigkeit einer Reform, in: KUR 2001, S. 49–61 (zit.: *von Plehwe*, KUR)

Pommerehne, Werner W. / *Frey*, Bruno S.: Justifications for art trade restrictions: the economic perspective, in: La libre circulation des collections d'objets d'art – The free circulation of art collections, Actes d'une rencontre organisée le 14. 9. 1992 édités par Quentin Byrne-Sutton et Marc-André Renold; Etudes en droit de l'art, 3; Zürich 1993; S. 89–114 (zit.: *Pommerehne/Frey*, Libre circulation)

Portes, Elisabeth des: Museums and Ethics: Long History, New Developments, in: I.J.C.P., Vol. 7, No. 1, 1998, S. 141–148 (zit.: *des Portes*, I.J.C.P., Vol. 7, No. 1)

Posch, Martin: Der New-Yorker Dürer-Bilder-Prozeß, in: Informationen und Berichte, 2/83, Vereinigung der Juristen der Deutschen Demokratischen Republik, S. 8–15 (zit.: *Posch*, Informationen und Berichte)

Preuschen, Diethardt von: Kulturgutsicherungsgesetz und EG-Recht, in: EuZW 1999, S. 40–42 (zit.: *von Preuschen*, EuZW)

Prilusius, Jacobus: Leges seu statuta ac privilegia regnis poloniae, quae quidem statuta dividuntur in libros sex; Cracoviae 1553 (zit.: *Prilusius*, Leges)

Prott, Lyndel Vivian: Restitutionspolitik der UNESCO in Zusammenarbeit mit Museen, in: Internationaler Kulturgüterschutz, Wiener Symposium 18./19. 10. 1990, Hrsg.: Gerte Reichelt; Wien 1992; S. 157–162 (zit.: *Prott*, Wiener Symposium)

Prott, Lyndel Vivian: The Preliminary Draft UNIDROIT Convention on Stolen or Illigally Exported Cultural Objects, in: 41 Int. Comp. L.Q. (1992), S. 160–170 (zit.: *Prott*, 41 Int. Comp. L.Q.)

Prott, Lyndel Vivian: The International Legal Protection of the Cultural Heritage, in: Prinzipien des Kulturgüterschutzes, Ansätze im deutschen, europäischen und internationalen Recht; Tübinger Schriften zum internationalen und europäischen Recht, Band 37, hrsg. von Frank Fechner, Thomas Oppermann und Lyndel V. Prott; Berlin 1996; S. 295–307 (zit.: *Prott*, Fechner/Oppermann/Prott)

Prott, Lyndel Vivian: Kulturgüterschutz nach der UNIDROIT-Konvention und nach der UNESCO-Konvention, in: ZVglRWiss 95 (1996), S. 188–202 (zit.: *Prott*, ZVglR-Wiss)

Prott, Lyndel Vivian: Principles for the resolution of disputes concerning cultural heritage displaced during the Second World War, in: The spoils of war: World War II and its aftermath: the loss, reappearance, and recovery of cultural property, Elizabeth Simson (Hrsg.); Papers of a symposium sponsored by the Bard Graduate Center for studies in the Docorative Arts, Jan. 1995, in New York; New York 1997; S. 225–230 (zit.: *Prott*, Spoils of war)

Prott, Lyndel Vivian: Commentary on the UNIDROIT Convention on stolen and illegally exported cultural objects 1995; Leicester 1997 (zit.: *Prott*, UNIDROIT)

Prott, Lyndel Vivian / *O'Keefe*, Patrick J.: Law and the Cultural Heritage, Band 1: Discovery and Excavation; Oxford 1984 (zit.: *Prott/O'Keefe*, Discovery); Band 3, Movement; London, Edingburgh 1989 (zit.: *Prott/O'Keefe*, Movement)

Pruszyński, Jan P.: Polland: The war Losses, Cultural Heritage, and Cultural Legitimacy, in: The spoils of war: World War II and its aftermath: the loss, reappearance, and recovery of cultural property, Elizabeth Simpson (Hrsg.); Papers of a symposium sponsored by the Bard Graduate Center for studies in the Docorative Arts, Jan. 1995, in New York; New York 1997; S. 49–52 (zit.: *Pruszyński*, Spoils of war)

Quincy, Quatremère de: Ueber den nachtheiligen Einfluß der Versetzung der Monumente aus Italien auf Künste und Wissenschaften (1796); Mit einer Einführung von Édouard Pommier; Schriften der Winckelmann-Gesellschaft (Hrsg.: Max Kunze), Band XVI; Stendal 1998 (zit.: *de Quincy*, Einfluß)

Quincy, Quatremère de: Lettres éscrites de Londres a Rome et adressées a M. Canova; sur les marbres d'Elgin, ou les sculptures du temple de Minerva à Athènes; Rom 1818 (zit.: *de Quincy*, Lettres)

Raber, Hans Georg: Das kulturelle Erbe der Menschheit, Bestandsaufnahme und Perspektiven des internationalen Kulturgüterschutzes; Diss. Köln 1994 (zit.: *Raber*, Kulturelles Erbe)

Rabold, Britta: Die UN-Konvention zum Schutz von Kulturgut aus der Sicht der Archäologen, in: Museumskunde, Band 67, 1/2002, S. 48–52 (zit.: *Rabold*, Museumskunde)

Radbruch, Gustav: Rechtsphilosophie, Studienausgabe; herausgegeben von Ralf Dreier und Stanley L. Paulson, zum Teil Nachdruck der Ausgabe Leipzig, Quelle & Meyer, 1932; Heidelberg 2003 (zit.: Radbruch, Rechtsphilosophie)

Raidl, Anne: Grußadresse, in: Neues Recht zum Schutz von Kulturgut, Internationaler Kulturgüterschutz, EG-Richtlinien, UNIDROIT-Konvention und Folgerecht; Schriftenreihe des Ludwig Boltzmann Institutes für Europarecht, Band 1; Wien 1997; S. 3–5 (zit.: *Raidl*, Neues Recht)

Raschèr, Andrea F. G.: Grundlagen, Entstehung und Inhalt der UNIDROIT-Konvention, in: Unidroit: Recht und Ethik im Handel mit Kulturgut; Tagung der Schweizerischen Akademie der Geistes- und Sozialwissenschaften gemeinsam mit der schweizerischen Ethnologischen Gesellschaft; Bern, den 27.6.1998; Bern 1998; S. 13–21 (zit.: *Raschèr*, UNIDROIT)

Raschèr, Andrea F. G.: Kulturgütertransfer und Globalisierung, UNESCO-Konvention 1970, Unidroit-Konvention 1995, EG-Verordnung 3911/92, EG-Richtlinie 93/7, Schweizerisches Recht; Studien zum Kunstrecht, Band 12; Zürich 2000 (zit.: *Raschèr*, Kulturgütertransfer)

Raschèr, Andrea F. G.: Die Situation in der Schweiz – Zur Unidroit-Konvention über gestohlene und rechtswidrig ausgeführte Kulturgüter, in: Bewahren als Problem, Schutz archäologischer Kulturgüter, Martin Flashar (Hrsg.); Rombach Wissenschaften – Reihe Studeo, hrsg. von Günter Schnitzler und Gottfried Schramm, Band 9; Freiburg im Breisgau 2000; S. 129–140 (zit.: *Raschèr*, Bewahren als Problem)

Raschèr, Andrea F. G.: Von apulischen Vasen und Tomaten – das Schweizer Kulturgütertransfergesetz für einen besseren Schutz des kulturellen Erbes, in: Museumskunde, Band 67, 1/2002, S. 28–33 (zit.: *Raschèr*, Museumskunde)

Rauscher, Thomas: Internationales Privatrecht, mit internationalem und europäischem Verfahrensrecht, 2. Auflage; Heidelberg 2002 (zit.: *Rauscher*, IPR)

Read, Herbert: To hell with culture and Other Essays on Art and Society; London 1963 (zit.: *Read*, To hell with culture)

Rebmann, Kurt / *Säcker*, Jürgen / *Rixecker*, Roland (Hrsg.): Münchener Kommentar zum Bürgerlichen Gesetzbuch; Band 1: Allgemeiner Teil (§§ 1–240) ABG-Gesetz; Redakteur: Franz Jürgen Säcker; 4. Auflage; München 2001 (zit.: Bearbeiter, MK, BGB, 1); Band 2a: Schuldrecht Allgemeiner Teil, §§ 241–432; Redakteur: Wolfgang Krüger; 4. Auflage; München 2003 (zit.: Bearbeiter, MK, BGB, 2a); Band 6: Sachenrecht, §§ 854–1296, Wohnungseigentumsgesetz, Erbbaurechtsverordnung, Sachenrechtsbereinigungsgesetz, Schuldrechtsänderungsgesetz; Redakteur: Manfred Eberhard Rinne; 4. Auflage; München 2004 (zit.: Bearbeiter, MK, BGB, 6); Band 10: Einführungsgesetz zum Bürgerlichen Gesetzbuch (Art. 1–38), Internationales Privatrecht; Redakteur Hans Jürgen Sonnenberger; 3. Auflage; München 1998 (zit.: Bearbeiter, MK, BGB, 10)

Reichelt, Gerte: Kulturgüterschutz und Internationales Privatrecht, in: IPRax 1986, S. 73–75 (zit.: *Reichelt*, IPRax, 1986)

Reichelt, Gerte: Internationaler Kulturgüterschutz – Rechtliche und kulturpolitische Aspekte – Gemeinsame Vortragsgestaltung der Arbeitsstelle Schutz und Rückführung von Kulturgütern im geltenden Völkerrecht und des Europa-Instituts der Universität des Saarlandes in Saarbrücken, in: Vorträge, Reden und Berichte aus dem Europa-Institut, Nr. 143, Georg Ress, Michael Will (Hrsg.); Saarbrücken 1988 (zit.: *Reichelt*, Europa-Institut)

Reichelt, Gerte: Kulturgüterschutz und Internationales Verfahrensrecht, in: IPRax 1989, S. 254–255 (zit.: *Reichelt*, IPRax, 1989)

Reichelt, Gerte: Die Rolle von UNIDROIT für den Internationalen Kulturgüterschutz. Neue methodische Ansätze im „UNIDROIT-Entwurf 1990 über gestohlene und unerlaubt ausgeführte Kulturgüter“, in: Festschrift für Fritz Schwind zum 80. Geburtstag, hrsg. von Franz Matscher und Ignaz Seidl-Hohenveldern; Wien 1993; S. 205–214 (zit.: *Reichelt*, FS Schwind)

Reichelt, Gerte: Die Vereinheitlichung des privatrechtlichen Kulturgüterschutzes nach dem UNIDROIT-Vertragsentwurf 1990, in: Rechtsfragen des internationalen Kulturgüterschutzes, Symposium vom 22.–23. 6. 1990 im Internationalen Wissenschaftsforum Heidelberg, hrsg. von Rudolf Dolzer, Erik Jayme und Reinhard Mußgnug; Heidelberger Forum, Band 87; Heidelberg 1994; S. 67–81 (zit.: *Reichelt*, Dolzer/Jayme/Mußgnug)

Reichelt, Gerte: Die UNIDROIT-Konvention 1995 über gestohlene oder unerlaubt ausgeführte Kulturgüter – Grundzüge und Zielsetzungen, in: Neues Recht zum Schutz von Kulturgut, Internationaler Kulturgüterschutz, EG-Richtlinien, UNIDROIT-Konvention und Folgerecht; Schriftenreihe des Ludwig Boltzmann Institutes für Europarecht, Band 1; Wien 1997; S. 55–67 (zit.: *Reichelt*, Neues Recht)

Reichenau, Christoph: Unidroit – ein weiterer richtiger Schritt, in: Unidroit: Recht und Ethik im Handel mit Kulturgut; Tagung der Schweizerischen Akademie der Geistes- und Sozialwissenschaften gemeinsam mit der schweizerischen Ethnologischen Gesellschaft; Bern, den 27. 6. 1998; Bern 1998; S. 47–52 (zit.: *Reichenau*, UNIDROIT)

Reinsberg, Carola: Der Knabe aus dem Meer, in: Bewahren als Problem, Schutz archäologischer Kulturgüter, Martin Flashar (Hrsg.); Rombach Wissenschaften – Reihe Studeo, hrsg. von Günter Schnitzler und Gottfried Schramm, Band 9; Freiburg im Breisgau 2000; S. 29–40 (zit.: *Reinsberg*, Bewahren als Problem)

Renold, Marc-André: Les principales regles de la convention d'UNIDROIT sur les biens culturels volés ou illicitement exportés, in: La Convention d'Unidroit du 24. 6. 1995 sur les biens culturels volés ou illicitement exportés; Actes d'une table ronde organisée le 2. 10. 1995 édités par Chritine Breitler, Quentin Byrne-Sutton, Fabienne Geisinger-Mariéthoz, et Marc-André Renold; Etudes en droit de l'art / studies in art law, Band 9; Zürich 1997; S. 19–34 (zit.: *Renold*, Table ronde)

Richard, Dagmar / *Junker*, Abbo: Hans und Felicitas Tucher in New York – Deutsches Sachenrecht vor amerikanischen Gerichten, in: Jura 1985, S. 415–423 (zit.: *Richard/Junker*, Jura)

Rigaux, François: Bericht über die 65. Session in Basel vom 26. 8.–3. 9. 1991 des Institut de Droit Internationl, in: 56 RabelsZ (1992), S. 546–552 (zit.: *Rigaux*, 56 RabelsZ)

Ritter, Waldemar: Kulturerbe als Beute? Die Rückführung kriegsbedingt aus Deutschland verbrachter Kulturgüter – Notwendigkeit und Chancen für die Lösung eines historischen Problems; Wissenschaftliche Beibände zum Anzeiger der Germanischen Nationalmuseums, Band 13; Nürnberg 1997 (zit.: *Ritter*, Kulturerbe als Beute)

Rodinò, Walter: Grußadresse, in: Neues Recht zum Schutz von Kulturgut, Internationaler Kulturgüterschutz, EG-Richtlinien, UNIDROIT-Konvention und Folgerecht; Schriftenreihe des Ludwig Boltzmann Institutes für Europarecht, Band 1; Wien 1997; S. 6–9 (zit.: *Rodinò*, Neues Recht)

Roellecke, Gerd: Warum schützen wir Kulturgut?, in: Aktuelle Fragen des Kulturgüterschutzes – Beiträge zur Reform des deutschen Kulturgutschutzgesetzes 1955 und seiner Angleichung an den europäischen Kulturgüterschutz; herausgegeben von Reinhard Mußgnug und Gerd Roellecke im Auftrag der Deutschen Gesellschaft für Kulturgüterschutz; Motive – Texte – Materialien, Band 79; Heidelberg 1998; S. 31–49 (zit.: *Roellecke*, Mußgnug/Roellecke)

Rogers, William D.: The legal responce to illicit movement of cultural property, in: L. & Pol. in Int'l Bus. 5 (1973), S. 931–970 (zit.: *Rogers*, L. & Pol. In Int'l Bus)

Roš, Mirko: Die unmittelbare Anwendbarkeit der Europäischen Menschenrechtskonvention, Ein Beitrag zur Lehre der self-executing treaties; Diss. Zürich 1984; Schweizer Studien zum Internationalen Recht, Band 38; Zürich 1984 (zit.: *Roš*, EMRK)

Roth, Martin: Rechtsschutz für Kulturgut, Vorwort des Präsidenten des Deutschen Museumsbundes, in: Museumskunde, Band 67, 1/2002, S. 5–7 (zit.: *Roth*, Museumskunde)

Roth, Wulf-Hennig: Angleichung des IPR durch sekundäres Gemeinschaftsrecht, in: IPRax 1994, S. 165–174 (zit.: *Roth*, IPRax)

Rougemont, Denis de: Europa und seine Kultur; Schriftenreihe der deutschen Europa-Akademie, Heft 8; Amberg 1951 (zit.: *de Rougemont*, Europa)

Rudolf, Walter: Über den internationalen Schutz von Kulturgütern, in: „Staat- und Völkerrechtsordnung“ Festschrift für Karl Doehring; Beiträge zum ausländischen öffentlichen Recht und Völkerrecht, Band 98; Berlin, Heidelberg, New York, London, Paris, Tokio, Hongkong 1989; S. 853–871 (zit.: *Rudolf*, FS Doehring)

Rüthers, Bernd / *Stadler*, Astrid: Allgemeiner Teil des BGB, 13. Auflage; München 2003 (zit.: *Rüthers/Stadler*, BGB, AT)

Sachs, Michael: Grundgesetz, Kommentar; 3. Auflage; München 2003 (zit.: Bearbeiter, Sachs, GG)

Saherwala, Geraldine / *Goldmann*, Klaus / *Mahr*, Gustav: Heinrich Schliemanns „Sammlung Trojanischer Altertümer“, Beiträge zur Chronik einer großen Erwerbung der Berliner Museen, Berliner Beiträge zur Vor- und Frühgeschichte; N. F., Band 7; Berlin 1993 (zit.: *Saherwala/Goldmann/Mahr*, Schliemann)

Savigny, Friedrich Karl von: System des heutigen Römischen Rechts, Achter Band; Berlin 1849 (zit.: *von Savigny*, Römisches Recht, 8)

Schack, Haimo: Internationales Zivilverfahrensrecht, ein Studienbuch; 3. Auflage; München 2002 (zit.: *Schack*, Int. Zivilverfahrensrecht)

Schadow, Gottfried: Über einige in den Propyläen abgedruckte Sätze Goethe's, die Kunst in Berlin betreffend, Nachtrag zu Gottfried Schadow, Aufsätze und Briefe, zur hundertjährigen Feier seiner Geburt hrsg. von Julius Friedländer; Düsseldorf 1864 (zit.: *Schadow*, Kunst in Berlin)

Schiedermair, Hartmut: Kunst im Völkerrecht – Das Eigentum am Krönungsschatz des Heiligen Römischen Reiches, in: „Grundrechte, soziale Ordnung und Verfassungsgerichtsbarkeit“, Festschrift für Ernst Benda zum 70. Geburtstag, hrsg. von Eckart Klein; Heidelberg 1995; S. 235–263 (zit.: *Schiedermair*, FS Benda)

Schilken, Eberhard: Zivilprozessrecht, 4. Auflage; Köln, Berlin, Bonn, München 2002 (zit.: *Schilken*, ZPO)

Schiller, Friedrich: Gedichte; hrsg. von Norbert Oellers; Reclam Ausgabe; Stuttgart 1999 (zit.: *Schiller*, Gedichte)

Schlochauer, Hans-Jürgen: Die extraterritoriale Wirkung von Hoheitsakten nach dem Öffentlichen Recht der Bundesrepublik Deutschland und nach internationalem Recht; Frankfurt am Main 1962 (zit.: *Schlochauer*, Extraterritoriale Wirkung)

Schlosser, Peter: EU-Zivilprozessrecht, EuGVVO, EuEheVO, AVAG, HZÜ, EuZVO, HBÜ, EuBVO; 2. Auflage; München 2003 (zit.: *Schlosser*, EU-Zivilprozessrecht)

Schlosshauer-Selbach, Stefan: Internationales Privatrecht, Eine Einführung in die Grundlagen und das System der Fallbearbeitung; Heidelberg 1989 (zit.: *Schlosshauer-Selbach*, IPR)

Schlosshauer-Selbach, Stefan: Buchbesprechung: Erik Jayme „Nationales Kunstwerk und Internationales Privatrecht“, in: NJW 2001, S. 588 (zit.: *Schlosshauer-Selbach*, NJW)

Schmeinck, Sabine: Internationalprivatrechtliche Aspekte des Kulturgüterschutzes; Diss. Münster 1993; Münsterische Beiträge zur Rechtswissenschaft, Band 82; Berlin 1994 (zit.: *Schmeinck*, Aspekte)

Schmid, Karl Ernst: Kritische Einleitung in das gesammte Recht des französischen Reiches, I. Theil: Bürgerliches Recht; Kritische Einleitung in das bürgerliche Recht des französischen Reiches mit vergleichenden Blicken auf das römische, gemeine deutsche, sächsische, und vorzüglich das preussische Recht; I. Bandes 1. Abtheilung; Hildburghausen 1808 (zit.: *Schmid*, Kritische Einleitung I 1); I. Bandes 2. Abtheilung; Hildburghausen 1809 (zit.: *Schmid*, Kritische Einleitung I 2)

Schmidt, Karsten: Anmerkung zum Urteil des BGH vom 5.10.1989, IX ZR 265/88 (Köln), in: JuS 1990, S. 411–412 (zit.: *Schmidt*, JuS)

Schneider, Marina: UNIDROIT Convention on Stolen or Illegally Exported Cultural Objects: Explanatory Report / Convention d'UNIDROIT sur les biens culturels volés ou illicitement exportés: rapport explicatif, in: Unif. L. Rev./Rev. dr. unif. 2001, S. 476–565 (zit.: *Schneider*, Unif. L. Rev./Rev. dr. unif.)

Schoen, Susanne: Kulturgüterschutz bei – illegaler – Rückkehr kriegsbedingt verbrachter Kulturgüter aus Russland nach Deutschland, in: NJW 2001, S. 537–543 (zit.: *Schoen*, NJW)

Schorlemer, Sabine von: Internationaler Kulturgüterschutz: Ansätze zur Prävention im Frieden sowie im bewaffneten Konflikt; Diss. Hamburg 1991; Schriften zum Völkerrecht, Bd. 102; Berlin 1992 (zit.: *von Schorlemer*, Prävention)

Schorlemer, Sabine von: Stolen Art, in: German Yearbook of International Law – Jahrbuch für Internationales Recht, Volume 41 (1998); Berlin 1999, S. 317–343 (zit.: *von Schorlemer*, 41 GYIL)

Schulze, Dorothee: Die Restitution von Kunstwerken: zur völkerrechtlichen Dimension der Restitutionsresolutionen der Generalversammlung der Vereinten Nationen; Veröffentlichungen aus dem Überseemuseum Bremen, Reihe D, Band 12; Bremen 1983 (zit.: *Schulze*, Restitution)

Schwab, Karl Heinz / *Prütting*, Hanns: Sachenrecht, Ein Studienbuch; 31. Auflage des von Friedrich Lent begründeten Werkes; München 2003 (zit.: *Schwab/Prütting*, Sachenrecht)

Schwadorf-Ruckdeschel, Brigitte: Rechtsfragen des grenzüberschreitenden rechtsgeschäftlichen Erwerbs von Kulturgütern; Diss. Mannheim 1994; Europäische Hochschulschriften: Reihe 2, Rechtswissenschaft, Band 1828; Frankfurt am Main 1995 (zit.: *Schwadorf-Ruckdeschel*, Grenzüberschreitender Erwerb)

Schwarze, Jürgen: Der Schutz nationalen Kulturguts im europäischen Binnenmarkt, in: JZ 1994, S. 111–117 (zit.: *Schwarze*, JZ)

Sease, Catherine: Codes of Ethics for Conservation, in: I.J.C.P., Vol. 7, No. 1, 1998, S. 98–115 (zit.: *Sease*, I.J.C.P., Vol. 7, No. 1)

Seidl-Hohenveldern, Ignaz: Ausfuhr und Rückführung von Kulturgütern, in: „Im Dienst an der Gemeinschaft" Festschrift für Dietrich Schindler zum 65. Geburtstag, hrsg. von Walter Haller, Alfred Kölz, Georg Müller und Daniel Thürer; Basel, Frankfurt am Main 1989; S. 137–145 (zit.: *Seidl-Hohenveldern*, FS Schindler)

Seidl-Hohenveldern, Ignaz: Kunstraub im Krieg, in: „Von den Sumerern bis zur Gegenwart" Festschrift für Reinhold Trinkner zum 65. Geburtstag, hrsg. von Friedrich Graf von Westphalen und Otto Sandrock; Heidelberg 1995; S. S. 51–62 (zit.: *Seidl-Hohenveldern*, FS Trinkner)

Seidl-Hohenveldern, Ignaz: Völkerrechtswidrigkeit der Konfiskation eines Gemäldes aus der Sammlung des Fürsten von Liechtenstein als angeblich „deutsches“ Eigentum, in: IPRax 1996, S. 410–412 (zit.: *Seidl-Hohenveldern*, IPRax)

Seidl-Hohenveldern, Ignaz / *Stein*, Torsten: Völkerrecht; 10. Auflage; Köln, Berlin, Bonn, München 2000 (zit.: *Seidl-Hohenveldern/Stein*, Völkerrecht)

Shyllon, Folarin: The Recovery of Cultural Objects by African States through the UNESCO and UNIDROIT Conventions and the Role of Arbitration, in: Unif. L. Rev./Rev. dr. unif. 2000, 219–241 (zit.: *Shyllon*, Unif. L. Rev./Rev. dr. unif.)

Sidorsky, Emily: The 1995 UNIDROIT Convention on Stolen or Illegally Exported Cultural Objects: The role of International Arbitration, in: I.J.C.P., Vol. 5, No. 1, 1996, S. 19–72 (zit.: *Sidorsky*, I.J.C.P., Vol. 5, No. 1)

Siehr, Kurt: Kunstraub und nationales Recht, in: 77 SJZ (1981), S. 189–197 und 207–212 (zit.: *Siehr*, 77 SJZ)

Siehr, Kurt: Der gutgläubige Erwerb beweglicher Sachen – Neue Entwicklungen zu einem alten Problem, in: ZVglRWiss 80 (1981), S. 273–292 (zit.: *Siehr*, ZVglRWiss 80)

Siehr, Kurt: Das Lösungsrecht des gutgläubigen Käufers im Internationalen Privatrecht, in: ZVglRWiss 83 (1984), S. 100–118 (zit.: *Siehr*, ZVglRWiss 83)

Siehr, Kurt: „Forum Shopping“ im Internationalen Rechtsverkehr, in: 25 ZfRV (1984), S. 124–144 (zit.: *Siehr*, 25 ZfRV)

Siehr, Kurt: Nationaler und internationaler Kulturgüterschutz, in: Festschrift für Werner Lorenz zum siebzigsten Geburtstag, hrsg. von Bernhard Pfister und Michael R. Will; Tübingen 1991; S. 525–542 (zit.: *Siehr*, FS Lorenz)

Siehr, Kurt: Zivilrechtliche Fragen des Kulturgüterschutzes, in: Internationaler Kulturgüterschutz, Wiener Symposium 18./19. 10. 1990, Hrsg.: Gerte Reichelt; Wien 1992; S. 41–68 (zit.: *Siehr*, Wiener Symposium)

Siehr, Kurt: Handel mit Kulturgütern in der EWG, in: NJW 1993, S. 2206–2209 (zit.: *Siehr*, NJW)

Siehr, Kurt: Vereinheitlichung des Mobiliarsachenrechts in Europa, insbesondere im Hinblick auf Kulturgüter, in: 59 RabelsZ (1995), S. 454–468 (zit.: *Siehr*, 59 RabelsZ)

Siehr, Kurt: Editorial, in: I.J.C.P., Vol. 5, No. 1, 1996, S. 7–10 (zit.: *Siehr*, I.J.C.P., Vol. 5, No. 1)

Siehr, Kurt: Kulturgüterschutz innerhalb der Europäischen Union, in: ZVglRWiss 95 (1996), S. 170–187 (zit.: *Siehr*, ZVglRWiss 95)

Siehr, Kurt: Die Schweiz und der Kulturgüterschutz in Europa, in: Prinzipien des Kulturgüterschutzes, Ansätze im deutschen, europäischen und internationalen Recht; Tübinger Schriften zum internationalen und europäischen Recht, Band 37, hrsg. von Frank Fechner, Thomas Oppermann und Lyndel V. Prott; Berlin 1996; S. 145–158 (zit.: *Siehr*, Fechner/Oppermann/Prott)

Siehr, Kurt: Völkerrecht und Internationaler Kulturgüterschutz vor Gericht, in: „Recht und Kunst“ Symposium aus Anlass des 80. Geburtstages von Wolfram Müller-Freienfels, hrsg. von Rainer Frank; Freiburger Rechts- und Staatswissenschaftliche Abhandlungen, Band 61; Heidelberg 1996; S. 57–72 (zit.: *Siehr*, FS Müller-Freienfels)

Siehr, Kurt: Return of Cultural Treasures to Germany, in: I.J.C.P., Vol. 6, No. 1, 1997, S. 134 (zit.: *Siehr*, I.J.C.P., Vol. 6, No. 1)

Siehr, Kurt: Die EG-Richtlinie von 1993 über die Rückgabe von Kulturgütern und der Kunsthandel, in: Neues Recht zum Schutz von Kulturgut, Internationaler Kulturgüterschutz, EG-Richtlinien, UNIDROIT-Konvention und Folgerecht; Schriftenreihe des Ludwig Boltzmann Institutes für Europarecht, Band 1; Wien 1997; S. 29–43 (zit.: *Siehr*, Neues Recht)

Siehr, Kurt: The Protection of Cultural Property: the 1995 UNIDROIT Convention and the EEC Instruments of 1992/93 Compared, in: Unif. L. Rev./Rev. dr. unif. 1998, S. 671–683 (zit.: *Siehr*, Unif. L. Rev./Rev. dr. unif.)

Siehr, Kurt: Europäisches Recht des Kulturgüterschutzes und die Schweiz, Auswirkungen des Rechts unserer Nachbarstaaten auf die Schweiz, in: AJP 1999, S. 962–970 (zit.: *Siehr*, AJP)

Siehr, Kurt: Internationaler Handel mit archäologischen Kulturgütern, in: Bewahren als Problem, Schutz archäologischer Kulturgüter, Martin Flashar (Hrsg.); Rombach Wissenschaften – Reihe Studeo, hrsg. von Günter Schnitzler und Gottfried Schramm, Band 9; Freiburg im Breisgau 2000; S. 107–112 (zit.: *Siehr*, Bewahren als Problem)

Siehr, Kurt: Vereinheitlichung des Rechts der Kulturgüter in Europa?, in: Aufbruch nach Europa, 75 Jahre Max-Planck-Institut für Privatrecht, hrsg. von Jürgen Basedow, Ulrich Drobnig, Reinhard Ellger, Klaus J. Hopt, Hein Kötz, Reiner Kulms und Ernst-Joachim Mestmäcker; Tübingen 2001; S. 811–827 (zit.: *Siehr*, Aufbruch nach Europa)

Siehr, Kurt: Rechtsschutz für Kulturgut. Rechtsbehelfe bei internationalem Kunstraub und Kunstschmuggel, in: Museumskunde, Band 67, 1/2002, S. 12–18 (zit.: *Siehr*, Museumskunde)

Simpson, Elizabeth (Hrsg.): The spoils of war: World War II and its aftermath: the loss, reappearance, and recovery of cultural property; Papers of a symposium sponsored by the Bard Graduate Center for studies in the Docorative Arts, Jan. 1995, in New York; New York 1997 (zit.: Bearbeiter, Spoils of war)

Sitter-Liver, Beat: Wider das Recht des Stärkeren, ethische Überlegungen zum Umgang mit Kulturzeugen, in: Informationstag „Kulturgüter zwischen Markt und Museum", Bern, 2. 7. 1993, Schlussbericht, Hrsg.: Nationale Schweizerische UNESCO-Kommission, Sektion Kultur, in Zusammenarbeit mit der Erklärung von Bern und dem Verband der Museen der Schweiz; Bern 1993; S. 12–40 (zit.: *Sitter-Liver*, Informationstag)

Sitter-Liver, Beat: Warum und wie sich die Akademie für die Unidroit-Konvention verwendet, in: Unidroit: Recht und Ethik im Handel mit Kulturgut; Tagung der Schweizerischen Akademie der Geistes- und Sozialwissenschaften gemeinsam mit der schweizerischen Ethnologischen Gesellschaft; Bern, den 27. 6. 1998; Bern 1998; S. 5–10 (zit.: *Sitter-Liver*, UNIDROIT)

Soergel, Hans Theodor: Bürgerliches Gesetzbuch mit Einführungsgesetz und Nebengesetzen; Band 2: Allgemeiner Teil (§§ 104–240); 13. Auflage 1999; Stuttgart, Berlin, Köln 1999 (zit.: Bearbeiter, Soergel, BGB, 2); Band 10: Einführungsgesetz, Wissenschaftliche Redaktion: Gerhard Kegel; 12. Auflage 1996; Stuttgart, Berlin, Köln 1996 (zit.: Bearbeiter, Soergel, BGB, 10)

Spaun, Susanne: Der Herausgabeanspruch bei Diebstahl oder illegalem Export von Kulturgütern; Diss. Salzburg 2003; Salzburger Studien zum Europäischen Privatrecht, Band 16; Frankfurt am Main 2003 (zit.: *Spaun*, Herausgabeanspruch)

Spinellis, Evangelos: Das Vertrags- und Sachenrecht des internationalen Kunsthandels, zugleich ein Beitrag zur Bedeutung der Eingriffsnormen im heutigen internationalen Rechtsverkehr; Diss. Osnabrück 1999; Schriften zum Internationalen Privatrecht und zur Rechtsvergleichung, Band 10; Osnabrück 2000 (zit.: *Spinellis*, Vertrags- und Sachenrecht)

Squillante, Alphonse M. / *Fonseca*, John R.: Williston on Sales, fourth Edition, Volume 3; New York, San Francisco 1974 (zit.: *Squillante/Fonseca*, Williston on Sales, 3)

St. Clair, William: Lord Elgin & The Marbles, The controversial history of the Parthenon sculptures; 3. Auflage; Oxford, New York 1998 (zit.: *St. Clair*, Elgin Marbles)

Staechelin, Ruedi: Die Unidroit-Konvention: kulturell verheerend, mit Schweizer Recht unvereinbar, wirtschaftlich ein Eigentor, in: Unidroit: Recht und Ethik im Handel mit Kulturgut; Tagung der Schweizerischen Akademie der Geistes- und Sozialwissenschaften gemeinsam mit der schweizerischen Ethnologischen Gesellschaft; Bern, den 27. 6. 1998; Bern 1998; S. 63–81 (zit.: *Staechelin*, UNIDROIT)

Staudinger, Julius von: Kommentar zum Bürgerlichen Gesetzbuch mit Einführungsgesetz und Nebengesetzen; Buch 1, Allgemeiner Teil, §§ 164–240 (Allgemeiner Teil 5); Neubearbeitung 2004 von Karl-Heinz Gursky, Frank Peters, Tilman Repgen, Eberhard Schilken, Redakteur Norbert Habermann; Berlin 2004; Zweites Buch, Recht der Schuldverhältnisse, §§ 249–254; Dreizehnte Bearbeitung von Gottfried Schiemann; Berlin 1998; Drittes Buch, Sachenrecht, §§ 925–984; Anhang zu §§ 929ff.: Sonderformen der Übereignung, Dreizehnte Bearbeitung von Karl-Heinz Gursky, Axel Pfeiffer, Wolfgang Wiegand; Berlin 1995; Drittes Buch, Sachenrecht, §§ 985–1011, Neubearbeitung 1999 von Karl-Heinz Gursky; Berlin 1999; Band: Einführungsgesetz zum Bürgerlichen Gesetzbuche/IPR, Internationales Sachenrecht (vorgesehener 6. Abschnitt, Sachenrecht), Dreizehnte Bearbeitung von Hans Stoll; Berlin 1996 (zit.: Bearbeiter, Staudinger, BGB)

Stoll, Hans: Sachenrechtliche Fragen des Kulturgüterschutzes in Fällen mit Auslandberührung, in: Rechtsfragen des internationalen Kulturgüterschutzes, Symposium vom 22.–23. 6. 1990 im Internationalen Wissenschaftsforum Heidelberg, hrsg. von Rudolf Dolzer, Erik Jayme und Reinhard Mußgnug; Heidelberger Forum, Band 87; Heidelberg 1994; S. 53–66 (zit.: *Stoll*, Dolzer/Jayme/Mußgnug)

Stoll, Hans: Zur gesetzlichen Regelung des internationalen Sachenrechts in Artt. 43–46 EGBGB, in: IPRax 2000, 259–270 (zit.: *Stoll*, IPRax)

Streinz, Rudolf: Handbuch des Museumsrechts 4: Internationaler Schutz von Museumsgut; Opladen 1998 (zit.: *Streinz*, Museumsgut)

Stumpf, Eva: Kulturgüterschutz im internationalen Recht unter besonderer Berücksichtigung der deutsch-russischen Beziehungen; Diss. Würzburg 2003; Schriften zum Staats- und Völkerrecht, Hrsg.: Dieter Blumenwitz, Band 104; Frankfurt am Main, Berlin, Bern, Brüssel, New York, Oxford, Wien 2003 (zit.: *Stumpf*, Kulturgüterschutz)

Szemethy, Hubert D.: ‚Frischester Erdgeruch, garantierte zwei Jahrtausende an Alter …' Zu Raubgrabungen und Kulturgüterschutz in Österreich, in: Bewahren als Problem, Schutz archäologischer Kulturgüter, Martin Flashar (Hrsg.); Rombach Wissenschaften

– Reihe Studeo, hrsg. von Günter Schnitzler und Gottfried Schramm, Band 9; Freiburg im Breisgau 2000; S. 141–160 (zit.: *Szemethy*, Bewahren als Problem)

Theiner, Augustin: Codex diplomaticus dominii temporalis S. Sedis, Recueil de documents pour servir à l'histoire du gouvernement temporel des États du Saint-Siège extraits des archives du vatican; Tome troisième 1389–1793; Rome 1862 (zit.: *Theiner*, Codex diplomaticus)

Thorn, Karsten: Der Mobiliarerwerb vom Nichtberechtigten; Diss. Trier 1996; Arbeiten zur Rechtsvergleichung: Bd. 180; Baden-Baden 1996 (zit.: *Thorn*, Mobiliarerwerb)

Toman, Jiří: La protection des biens culturels en cas de conflit armé non international, in: „Im Dienst an der Gemeinschaft" Festschrift für Dietrich Schindler zum 65. Geburtstag, hrsg. von Walter Haller, Alfred Kölz, Georg Müller und Daniel Thürer; Basel, Frankfurt am Main 1989; S. 311–339 (zit.: *Toman*, FS Schindler)

Toman, Jiří: The Protection of Cultural Property in the event of armed Conflict – Commentary on the Convention for the Protection of Cultural Property in the Event of Armed Conflict and its Protocol, signed on May 14th 1954 in The Hague, and on other instruments of international law concerning such protection; Aldershot, Vermont 1996 (zit.: *Toman*, Armed Conflict)

Treue, Wilhelm: Kunstraub; Über die Schicksale von Kunstwerken in Krieg, Revolution und Frieden; Düsseldorf 1957 (zit.: *Treue*, Kunstraub)

Turner, Stefan: Die Zuordnung beweglicher Kulturgüter im Völkerrecht, in: Internationaler Kulturgüterschutz und deutsche Frage: völkerrechtliche Probleme der Auslagerung, Zerstreuung und Rückführung deutscher Kulturgüter nach dem zweiten Weltkrieg; Forschungsergebnisse der Studiengruppe für Politik und Völkerrecht / Kulturstiftung der Deutschen Vertriebenen; Band 7, Wilfried Fiedler (Hrsg.); Berlin 1991; S. 19–108 (zit.: *Turner*, Deutsche Frage, Zuordnung)

Turner, Stefan: Das internationale Kulturgüterrecht und die Zerstreuung des deutschen Kulturbesitzes nach dem Zweiten Weltkrieg, in: Internationaler Kulturgüterschutz und deutsche Frage: völkerrechtliche Probleme der Auslagerung, Zerstreuung und Rückführung deutscher Kulturgüter nach dem zweiten Weltkrieg; Forschungsergebnisse der Studiengruppe für Politik und Völkerrecht / Kulturstiftung der Deutschen Vertriebenen; Band 7, Wilfried Fiedler (Hrsg.); Berlin 1991; S. 109–182 (zit.: *Turner*, Deutsche Frage, Zerstreuung)

Turner, Stefan: Das Restitutionsrecht des Staates nach illegaler Ausfuhr von Kulturgütern, Eigentumsordnung und völkerrechtliche Zuordnung; Diss. Saarbrücken 2001; Schriften zum Kulturgüterschutz, Hrsg.: Wilfried Fiedler, Erik Jayme, Kurt Siehr; Berlin, New York 2001 (zit.: *Turner*, Restitution)

Uhl, Antje-Katrin: Der Handel mit Kunstwerken im europäischen Binnenmarkt, freier Warenverkehr versus nationaler Kulturgutschutz; Diss. Tübingen 1992; Tübinger Schriften zum internationalen und europäischen Recht; Band 29; Berlin 1993 (zit.: *Uhl*, Handel)

Ulmer, Eugen: Die Immaterialgüterrechte im internationalen Privatrecht, rechtsvergleichende Untersuchung mit Vorschlägen für die Vereinheitlichung in der Europäischen Wirtschaftsgemeinschaft; Schriftenreihe zum gewerblichen Rechtsschutz, Band 38; Köln, Berlin, Bonn, München 1975 (zit.: *Ulmer*, Immaterialgüterrechte)

Vasak, Karel: Was bedeutet die Aussage, ein Staatsvertrag sei „self-executing"? Zum Erkenntnis des Verfassungsgerichtshofs vom 27. 6. 1960, B 469/59, in: JBl. 1961, S. 621–622 (zit.: *Vasak*, JBl.)

Vattel, Emer de: Le droit des gens ou Princibles de la loi naturelle appliqués à la conduit et aux affaires des nations et des souverains = Das Völkerrecht oder Grundsätze des Naturrechts, angewandt auf das Verhalten und die Angelegenheiten der Staaten und Staatsoberhäupter; 1758; Die Klassiker des Völkerrechts in modernen deutschen Übersetzungen, Hrsg.: Walter Schätzel, Band III; deutsche Übersetzung: Wilhelm Euler; Tübingen 1959 (zit.: *de Vattel*, Droit des gens)

Vrellis, Spyridon: UNIDROIT-Konvention 1995 über gestohlene oder unerlaubt ausgeführte Kulturgüter, in Neues Recht zum Schutz von Kulturgut, Internationaler Kulturgüterschutz, EG-Richtlinien, UNIDROIT-Konvention und Folgerecht; Schriftenreihe des Ludwig Boltzmann Institutes für Europarecht, Band 1; Wien 1997; S. 69–93 (zit.: *Vrellis*, Neues Recht)

Wahl, Rainer: Kunstraub als Ausdruck von Staatsideologie, in: „Recht und Kunst" Symposium aus Anlass des 80. Geburtstages von Wolfram Müller-Freienfels, hrsg. von Rainer Frank; Freiburger Rechts- und Staatswissenschaftliche Abhandlungen, Band 61; Heidelberg 1996; S. 105–135 (zit.: *Wahl*, FS Müller-Freienfels)

Walter, Bernhard: Rückführung von Kulturgut im internationalen Recht; Diss. Tübingen 1987/88; Veröffentlichungen aus dem Übersee-Museum Bremen, Reihe D, Band 14; Bremen 1988 (zit.: *Walter*, Rückführung)

Weber, Marc: Unveräußerliches Kulturgut im nationalen und internationalen Rechtsverkehr; Diss. Zürich 2001; Schriften zum Kulturgüterschutz, Hrsg.: Wilfried Fiedler, Erik Jayme, Kurt Siehr; Berlin, New York 2002 (zit.: *Weber*, Unveräußerliches Kulturgut)

Weidner, Amalia: Kulturgüter als res extra commercium im internationalen Sachenrecht; Diss. Regensburg 2000; Schriften zum Kulturgüterschutz, Hrsg.: Wilfried Fiedler, Erik Jayme, Kurt Siehr; Berlin, New York 2001 (zit.: *Weidner*, Res extra commercium)

Welck, Karin von: Rechtsschutz für Kulturgut – eine überfällige Diskussion, in: Museumskunde, Band 67, 1/2002, S. 8–11 (zit.: *von Welck*, Museumskunde)

Wiederkehr Schuler, Elsbeth: Kulturgüterschutz – Freier Kunstmarkt, Zwei internationale Konventionen: Unidroit und UNESCO 70; Zürich 2000 (zit.: *Wiederkehr Schuler*, Kunstmarkt)

Wilde, Oscar: The picture of Dorian Gray; edited with an Introduction and Notes by Robert Mighall; London 2000 (zit.: *Wilde*, The picture of Dorian Gray)

Wilderotter, Hans / *Eichhorst*, Anne / *Scherrers*, Maria / *Kroll*, Stephanie / *Göritz*, Antje / *Burkert*, Jeanette / *Kube*, Robert: „Projekt: Museumsethik" Projektarbeit am Studiengang Museumskunde der Fachhochschule für Technik und Wissenschaft in Berlin, in: Museumskunde, Band 67, 2/2002, S. 8–11 (zit.: Projekt Museumsethik, Museumskunde)

Williams, Sharon W.: The international and national Protection of movable cultural property; A Comparative Study; New York 1978 (zit.: *Williams*, Property)

Winghart, Stefan: Archäologische Denkmalpflege, Sondengänger und Kunsthandel, zur Situation in Bayern, in: Bewahren als Problem, Schutz archäologischer Kulturgüter, Martin Flashar (Hrsg.); Rombach Wissenschaften – Reihe Studeo, hrsg. von Günter Schnitzler und Gottfried Schramm, Band 9; Freiburg im Breisgau 2000; S. 69–81 (zit.: *Winghart*, Bewahren als Problem)

Winkler, Günther: Zur Frage der unmittelbaren Anwendbarkeit von Staatsverträgen, in: JBl. 1961, S. 8–15 (zit.: *Winkler*, JBl.)

Winter, Jan A.: The application of the Unidroit Convention on Stolen or Illegally Exported Cultural Objects in Relations between Member States of the European Union, in „Reflections on International Law from the Low Countries in Honour of Paul de Waart", hrsg. Von Erik Denters und Nico Schrijver; Den Haag, Boston, London 1998; S. 347–372 (zit.: *Winter*, FS de Waart)

Wolf, Manfred: Sachenrecht; 19. Auflage; München 2003 (zit.: *Wolf*, Sachenrecht)

Wussow, A. von: Die Erhaltung der Denkmäler in den Kulturstaaten der Gegenwart, im Auftrag des Herrn Ministers der geistlichen, Unterrichts- und Medizinal-Angelegenheiten; Anlagenband; Berlin 1885 (zit.: *von Wussow*, Erhaltung)

Wyss, Martin Philipp: Kultur als eine Dimension der Völkerrechtsordnung, vom Kulturgüterschutz zur internationalen kulturellen Kooperation; Diss. Zürich 1992 (zit.: *Wyss*, Dimension der Völkerrechtsordnung)

Zschiedrich, Klaus / *Hoffmann*, Eva: Völkerrechtlicher Schutz der Kulturgüter vor Wegnahme und illegaler Verbringung ins Ausland, in: NJ 1984, S. 86–88, 91 (zit.: *Zschiedrich/Hoffmann*, NJ)

Zuleeg, Manfred: Abschluß und Rechtswirkung völkerrechtlicher Verträge in der Bundesrepublik Deutschland, in: JA 1983, S. 1–6 (zit.: *Zuleeg*, JA)

Zweigert, Konrad / *Kötz*, Hein: Einführung in die Rechtsvergleichung auf dem Gebiete des Privatrechts, 3. Auflage; Tübingen 1996 (zit.: *Zweigert/Kötz*, Rechtsvergleichung)

Zweigert, Konrad: Rechtsvergleichend-Kritisches zum gutgläubigen Mobiliarerwerb, in: 23 RabelsZ (1958), S. 1–20 (zit.: *Zweigert*, 23 RabelsZ)

Anhang

Texte zum internationalen und nationalen Kulturgüterschutz

I. Völkerrechtliche Verträge

1. UNIDROIT-Konvention über gestohlene oder rechtswidrig ausgeführte Kulturgüter vom 24. 6. 1995
2. Übereinkommen über Maßnahmen zum Verbot und zur Verhütung der unzulässigen Einfuhr, Ausfuhr und Übereignung von Kulturgut vom 14. 11. 1970 (UNESCO-Konvention 1970)

II. EG-Vorschriften

1. Verordnung (EWG) Nr. 3911/92 des Rates vom 9. 12. 1992 über die Ausfuhr von Kulturgütern mit Verordnung (EG) Nr. 2469/96 des Rates vom 16. Dezember 1996 zur Änderung des Anhangs der Verordnung (EWG) Nr. 3911/92 über die Ausfuhr von Kulturgütern
2. Richtlinie Nr. 93/7/EWG des Rates über die Rückgabe von unrechtmäßig aus dem Hoheitsgebiet eines Mitgliedstaates verbrachten Kulturgütern vom 15. 3. 1993 mit Richtlinie 2001/38/EG des Europäischen Parlaments und des Rates vom 5. 6. 2001 zur Änderung der Richtlinie 93/7/EWG des Rates über die Rückgabe von unrechtmäßig aus dem Hoheitsgebiet eines Mitgliedstaats verbrachten Kulturgütern (Währungsumstellung auf den Euro)

III. Deutsche Vorschriften

1. Gesetz zum Schutz deutschen Kulturgutes gegen Abwanderung vom 6. 8. 1955
2. Gesetz zur Umsetzung der Richtlinie 93/7/EWG des Rates über die Rückgabe von unrechtmäßig aus dem Hoheitsgebiet verbrachten Kulturgütern und zur Änderung des Gesetzes zum Schutz deutschen Kulturguts gegen Abwanderung (Kulturgutsicherungsgesetz – KultgutSiG)

IV. Verhaltenkodizes

1. ICOM Ethische Richtlinien für Museen
2. Berliner Erklärung über Leihgaben und Neuerwerbungen von archäologischen Objekten durch Museen
3. Verhaltenskodex für den internationalen Handel mit Kunstwerken des Deutschen Kunst- und Antiquitätenhandels
4. Verhaltensgrundsätze des Bundesverbandes Deutscher Kunstversteigerer e. V.

I. Völkerrechtliche Verträge

1. UNIDROIT-Konvention über gestohlene oder rechtswidrig ausgeführte Kulturgüter vom 24. 6. 1995[1]

DIE VERTRAGSPARTEIEN DIESES ÜBEREINKOMMENS

ZUSAMMENGETRETEN auf Einladung der Regierung der Italienischen Republik vom 7. bis zum 24. Juni im Rom zu einer Diplomatischen Konferenz zur Annahme des Entwurfes des UNIDROIT-Übereinkommens über die zwischenstaatliche Rückführung gestohlener und rechtswidrig ausgeführter Kulturgüter;

ÜBERZEUGT von der grundlegenden Bedeutung des Schutzes des Kulturerbes sowie des Kulturaustausches zur Förderung des Verständnisses zwischen den Völkern sowie der Verbreitung der Kultur zum Wohle der Menschheit und dem Fortschritt der Zivilisation;

TIEF BESORGT über den rechtswidrigen Verkehr mit Kulturgütern und den unersetzbaren Schaden, den dieser Verkehr häufig sowohl für die Güter selbst als auch das kulturelle Erbe der nationalen, Stammes-, Eingeborenen- oder anderen Gemeinschaften sowie das gemeinsame Erbe aller Völker zur Folge hat und insbesondere in dem Bedauern über die Plünderung archäologischer Stätten sowie den Verlust unersetzbarer archäologischer, geschichtlicher und wissenschaftlicher Informationen, die sich daraus ergeben;

ENTSCHLOSSEN, durch die Aufstellung eines Mindestmaßes an gemeinsamen Rechtsvorschriften unter den Vertragsstaaten zum Zwecke der Rückgabe und der Rückführung von Kulturgütern einen wirksamen Beitrag bei der Bekämpfung des rechtswidrigen Handels mit Kulturgütern zu leisten, mit dem Ziel, die Bewahrung und den Schutz des Kulturerbes im Interesse aller zu fördern;

UNTER HINWEIS darauf, dass es Ziel dieses Übereinkommens ist, die Rückgabe und Rückführung von Kulturgütern zu erleichtern und dass dazu die Durchführung von Maßnahmen wie der Entschädigung, die in einigen Staaten zur Sicherstellung der Rückgabe oder Rückführung erforderlich ist, nicht dazu führt, dass derartige Maßnahmen in anderen Staaten getroffen werden sollten;

---

[1] Original Englisch und Französisch, Englischer Text beispielsweise abgedruckt in ZVglRWiss 95 (1996), 203–213; französischer Originaltext z. B. in SZIER 1997, 57–66; deutscher Text entnommen: Anhang zu *Reichelt* (Hrsg.), Neues Recht, S. 162–174, nichtamtliche Übersetzung (Beilage zur Eröffnung der schweizerischen Vernehmlassung v. 29. 2. 1996); welche Staaten der UNIDROIT-Konvention über gestohlene und widerrechtliche ausgeführte Kulturgüter v. 24. 6. 1995 beigetreten sind, sie gezeichnet oder ratifiziert haben ist aus dem Status Report am Ende des Anhangs I. 1. ersichtlich.

IN BEKRÄFTIGUNG, dass die Annahme der Bestimmungen dieses Übereinkommens für die Zukunft in keinem Falle der Billigung oder Legitimation eines vor dem Inkrafttreten des Übereinkommens erfolgten rechtswidrigen Handels darstellt;

IN DEM BEWUSSTSEIN, dass dieses Übereinkommen allein das Problem des rechtswidrigen Handels nicht lösen wird, jedoch einen Prozess in Gang setzen wird, der die Stärkung der internationalen Zusammenarbeit sowie die Aufrechterhaltung einer eigenen Rolle für den legalen Handel sowie für zwischenstaatliche Übereinkünfte im Bereich des kulturellen Austausches zum Ziel hat;

IN DER ERKENNTNIS, dass die Durchführung dieses Übereinkommens mit anderen wirksamen Maßnahmen zugunsten des Schutzes von Kulturgütern einhergehen sollte, sowie der Aufstellung und Verwendung von Registern, dem materiellen Schutz archäologischer Stätten sowie technischer Zusammenarbeit;

IN WÜRDIGUNG der Arbeit verschiedener Organisationen zum Schutze der Kulturgüter, namentlich des UNESCO-Übereinkommens von 1970 über den rechtswidrigen Handel und die Erarbeitung von Verhaltenkodizes im privaten Bereich

HABEN die nachstehenden Bestimmungen angenommen:

KAPITEL I – ANWENDUNGSBEREICH UND BEGRIFFSBESTIMMUNG

Artikel 1
Dieses Übereinkommen findet Anwendung auf Ansprüche internationaler Art betreffend

a. die Rückgabe von gestohlenen Kulturgütern;
b. die Rückführung von Kulturgütern, die aus dem Hoheitsgebiet eines Vertragsstaates unter Verletzung der Rechtsvorschriften, welche die Ausfuhr von Kulturgütern im Hinblick auf den Schutz seines kulturellen Erbes regeln (nachstehend als „rechtswidrig ausgeführte Kulturgüter" bezeichnet), entfernt wurden.

Artikel 2
Im Sinne dieses Übereinkommens gilt als Kulturgut ein aus religiösen oder weltlichen Gründen für Archäologie, Vorgeschichte, Geschichte, Literatur, Kunst oder Wissenschaft bedeutungsvolles Gut, das einer der in der Anlage zu diesem Übereinkommen aufgeführten Kategorien angehört.

KAPITEL II – RÜCKGABE GESTOHLENER KULTURGÜTER

Artikel 3
(1) Der Besitzer eines gestohlenen Kulturgutes hat dieses zurückzugeben.
(2) Im Sinne dieses Übereinkommens gilt ein rechtswidrig ausgegrabenes oder rechtmäßig ausgegrabenes, jedoch rechtswidrig einbehaltenes Kulturgut als ge-

stohlen, wenn dies mit den Rechtsvorschriften des Staates, in dem die Ausgrabungen stattgefunden haben, vereinbar ist.
(3) Jeder Anspruch auf Rückgabe muss innerhalb einer Frist von drei Jahren ab dem Zeitpunkt geltend gemacht werden, an welchem dem Anspruchsberechtigten die Belegenheit des Gutes und die Identität seines Besitzers bekannt war und in jedem Fall innerhalb einer Frist von fünfzig Jahren ab dem Diebstahl.
(4) Ein Anspruch aus Rückgabe eines Kulturgutes, das Bestandteil eines identifizierten Denkmals oder einer identifizierten archäologischen Stätte ist oder einer öffentlichen Sammlung angehört, unterliegt jedoch keiner anderen Verjährungsfrist als der Frist von drei Jahren ab dem Zeitpunkt, an welchem dem Anspruchsberechtigten die Belegenheit des Guts und die Identität seines Besitzers bekannt war.
(5) Unbeschadet der Bestimmungen des vorstehenden Absatzes kann jeder Vertragsstaat erklären, dass eine Klage innerhalb einer Frist von 75 Jahren oder einer längeren in seinen Rechtsvorschriften vorgesehenen Frist verjährt. Eine Klage auf Rückgabe eines aus einem Denkmal, einer archäologischen Stätte oder einer öffentlichen Sammlung entfernten Kulturgutes, die in einem anderen Vertragsstaat, der eine solche Erklärung abgibt, erhoben wurde, verjährt ebenfalls in derselben Frist
(6) Die im vorstehenden Absatz genannte Erklärung wird zum Zeitpunkt der Unterzeichnung, der Ratifikation, Annahme, Genehmigung oder des Beitritts abgegeben.
(7) Als öffentliche Sammlung im Sinne dieses Übereinkommens ist jede Sammlung inventarisierter oder anderweitig identifizierter Kulturgüter zu verstehen, die:
a. einem Vertragsstaat;
b. einer regionalen oder lokalen Bibliothek eines Vertragsstaates;
c. einer in einem Vertragsstaat belegenen religiösen Einrichtung, oder
d. einer Einrichtung, die hauptsächlich zu kulturellen, pädagogischen oder wissenschaftlichen Zwecken in einem Vertragsstaat gegründet wurde und deren öffentliches Interesse in diesem Staat anerkannt ist,

gehören.
(8) Ferner unterliegt eine Klage auf Rückgabe eines sakralen oder eines für eine Gemeinschaft bedeutungsvollen Kulturgutes, das einer Eingeborenen- oder Stammesgemeinschaft in einem Vertragsstaat gehört und von ihr als Teil eines traditionellen oder rituellen Brauchs verwendet wird, der Verjährungsfrist, die auf öffentliche Sammlungen Anwendung findet.

Artikel 4
(1) Der Besitzer eines gestohlenen Kulturgutes, der zu seiner Rückgabe verpflichtet ist, hat bei der Rückgabe Anspruch auf die Zahlung einer angemessenen Entschädigung, sofern der Besitzer weder wusste, noch vernünftigerweise hätte wissen müssen, dass das Gut gestohlen war, und nachweisen kann, bei dem Erwerb des Gutes mit gebührender Sorgfalt gehandelt zu haben.

(2) Unbeschadet des im vorstehenden Absatz aufgeführten Rechts des Besitzers auf Entschädigung werden angemessene Bemühungen unternommen, damit derjenige, der das Kulturgut an den Besitzer übereignet hat, oder jeder andere frühere Übereigner die Entschädigung zahlt, wenn dies den Rechtsvorschriften des Staates entspricht, in dem der Anspruch geltend gemacht wird.
(3) Die Zahlung der Entschädigung durch den Anspruchsberechtigten an den Besitzer lässt, wenn eine solche verlangt wird, das Recht des Anspruchsberechtigten unberührt, die Erstattung von einer anderen Person zu fordern.
(4) Zur Prüfung der Frage, ob der Besitzer mit gebührender Sorgfalt gehandelt hat, werden alle für den Erwerb erheblichen Umstände berücksichtigt, namentlich die Eigenschaften der Parteien und das gezahlte Entgelt sowie die Tatsache, ob der Besitzer in einem vernünftigerweise zugänglichen Verzeichnis gestohlener Kulturgüter nachgeschlagen hat, sowie sonstige diesbezügliche Auskünfte und Unterlagen, die er vernünftigerweise hätte erlangen können, und ob er Organisationen zu Rate gezogen hat, zu denen er Zugang haben konnte, und ob er jeden anderen Schritt unternommen hat, den eine vernünftige Person unter denselben Umständen unternommen hätte.
(5) Der Besitzer darf nicht besser gestellt sein als die Person, von der er das Kulturgut durch Erbschaft oder auf sonstige unentgeltliche Weise erworben hat.

KAPITEL III – RÜCKFÜHRUNG RECHTSWIDRIG AUSGEFÜHRTER KULTURGÜTER

Artikel 5

(1) Ein Vertragsstaat kann ein Gericht oder eine andere zuständige Behörde eines anderen Vertragsstaates um die Anordnung der Rückführung eines rechtswidrig aus dem Hoheitsgebiet des ersuchenden Staates ausgeführten Kulturguts ersuchen.
(2) Ein Kulturgut, das vorübergehend aus dem Hoheitsgebiet des ersuchenden Staates, namentlich zu Ausstellungs-, Forschungs- oder Restaurierungszwecken, auf Grund einer die Ausfuhr von Kulturgütern regelnden Rechtsvorschrift zum Schutz seines kulturellen Vermögens erteilten Genehmigung ausgeführt und nicht gemäß den Bedingungen dieser Genehmigung zurückgeführt wurde, gilt als rechtswidrig ausgeführt.
(3) Das Gericht oder jede andere zuständige Behörde des ersuchten Staates ordnet die Rückführung eines rechtswidrig ausgeführten Kulturgutes an, wenn der ersuchende Staat nachweist, dass die Entfernung des Gutes aus seinem Hoheitsgebiet eines oder mehrere der nachstehenden Interessen wesentlich beeinträchtigt:

a. die materielle Erhaltung des Gutes oder seiner Umgebung;
b. die Unversehrtheit eines komplexen Gutes;
c. die Erhaltung von Informationen, z. B. wissenschaftlicher oder historischer Art;

d. den traditionellen oder rituellen Gebrauch des Gutes durch eine Eingeborenen- oder Stammesgemeinschaft,

oder nachweist, dass das Gut für den ersuchenden Staat von wesentlicher kultureller Bedeutung ist.

(4) Jeder nach Absatz 1 dieses Artikels gestellte Antrag muss mit Informationen sachlicher oder rechtlicher Art versehen sein, die dem Gericht oder einer anderen zuständigen Behörde des ersuchten Staates bei der Feststellung dienlich sind, ob die in den Absätzen 1 und 3 genannten Voraussetzungen erfüllt sind.

(5) Jeder Antrag auf Rückführung ist innerhalb einer Frist von drei Jahren ab dem Zeitpunkt zu stellen, an welchem dem ersuchenden Staat die Belegenheit des Guts und die Identität des Besitzers bekannt war, und in jedem Fall innerhalb einer Frist von fünfzig Jahren ab der Ausfuhr oder dem Zeitpunkt, an dem das Gut auf Grund der in Absatz 2 dieses Artikels genannten Genehmigung hätte zurückgeführt werden müssen.

Artikel 6

(1) Der Besitzer eines Kulturgutes, der das Gut nach dessen rechtswidriger Ausfuhr erworben hat, hat zum Zeitpunkt seiner Rückführung Anspruch auf die Zahlung einer angemessenen Entschädigung durch den ersuchenden Staat, unter dem Vorbehalt, dass ihm bei seinem Erwerb nicht bekannt war oder vernünftigerweise hätte bekannt sein müssen, dass das Gut rechtswidrig ausgeführt worden war.

(2) Zur Feststellung, ob dem Besitzer bekannt war oder vernünftigerweise hätte bekannt sein müssen, dass das Gut rechtswidrig ausgeführt wurde, wird den Umständen des Erwerbs, namentlich dem Fehlen einer gemäß den Rechtsvorschriften des ersuchenden Staates erforderlichen Ausfuhrbescheinigung Rechnung getragen.

(3) Anstelle einer Entschädigung und im Einvernehmen mit dem ersuchenden Staat kann sich der Besitzer, der das Kulturgut in das Hoheitsgebiet des ersuchenden Staates rückzuführen hat, dafür entscheiden:

a. Eigentümer des Gutes zu bleiben oder
b. das Eigentum an eine im ersuchenden Staat ansässige Person seiner Wahl, welche die notwendigen Garantien bietet, gegen Entgelt oder unentgeltlich zu übertragen.

(4) Die gemäß den Bestimmungen dieses Artikels bei der Rückführung des Gutes entstehenden Kosten obliegen dem ersuchenden Staat, unbeschadet des Rechts dieses Staates, die Kosten von einer anderen Person beizutreiben.

(5) Der Besitzer soll nicht günstiger gestellt werden als die Person, von der er das Gut durch Erbschaft oder auf andere unentgeltliche Weise erworben hat.

Artikel 7

(1) Die Bestimmungen dieses Kapitels finden keine Anwendung, wenn

a. die Ausfuhr eines Kulturgutes im Zeitpunkt des Ersuchens um Rückführung nicht mehr rechtswidrig ist, oder

b. das Gut zu Lebzeiten seines Urhebers oder innerhalb eines Zeitraumes von fünfzig Jahren nach dem Tod des Urhebers ausgeführt wurde.

(2) Die Bestimmungen dieses Kapitels finden unbeschadet der Bestimmungen von Buchstabe b. des vorstehenden Absatzes Anwendung, wenn das Kulturgut von einem Angehörigen einer Eingeborenen- oder Stammesgemeinschaft zu einem traditionellen oder rituellen Gebrauch durch diese Gemeinschaft geschaffen wurde und das Gut an diese Gemeinschaft zurückzuführen ist.

KAPITEL IV – ALLGEMEINE BESTIMMUNGEN

Artikel 8

(1) Eine auf den Kapiteln II oder III beruhende Klage oder ein Anspruch kann vor den Gerichten oder anderen zuständigen Behörden des Vertragsstaates erhoben oder geltend gemacht werden, in dem sich das Kulturgut befindet, sowie vor den Gerichten oder anderen zuständigen Behörden, die den Rechtsstreit auf Grund der in den Vertragsstaaten in Kraft befindlichen Vorschriften entscheiden können.

(2) Die Parteien können vereinbaren, ihren Streit einem Gericht oder einer anderen zuständigen Behörde oder einem Schiedsgericht zu übertragen.

(3) Auf vorläufige, einschließlich schützende, Maßnahmen nach dem Recht des Vertragsstaates, in dem sich das Gut befindet, kann selbst dann zurückgegriffen werden, wenn die Klage oder der Anspruch auf Rückgabe oder Rückführung des Gutes vor den Gerichten oder zuständigen Behörden eines anderen Vertragsstaates erhoben wird.

Artikel 9

(1) Dieses Übereinkommen hindert einen Vertragsstaat nicht daran, alle Vorschriften anzuwenden, die für die Rückgabe oder Rückführung gestohlener oder rechtswidrig ausgeführter Kulturgüter günstiger sind als in diesem Übereinkommen vorgesehen.

(2) Dieser Artikel darf nicht so ausgelegt werden, dass er eine Verpflichtung schafft, eine Entscheidung des Gerichts oder jeder anderen zuständigen Behörde eines anderen Vertragsstaates, der von den Bestimmungen dieses Übereinkommens abweicht, anzuerkennen oder ihr Vollstreckbarkeit zu verleihen.

Artikel 10

(1) Die Bestimmungen von Kapitel II finden Anwendung auf ein Kulturgut, das gestohlen wurde, nachdem dieses Übereinkommen in Bezug auf den Staat, in dem die Klage erhoben wird, in Kraft getreten ist, unter dem Vorbehalt, dass

a. das Gut im Hoheitsgebiet eines Vertragsstaates gestohlen wurde, nachdem dieses Übereinkommen in Bezug auf diesen Staat in Kraft getreten ist, oder
b. das Gut sich in einem Vertragsstaat befindet, nachdem dieses Übereinkommen in Bezug auf diesen Staat in Kraft getreten ist.

(2) Die Bestimmungen von Kapitel III finden nur auf ein Kulturgut Anwendung, das rechtswidrig ausgeführt wurde, nachdem dieses Übereinkommen in Bezug auf den ersuchenden Staat wie auch den Staat, in welchem der Anspruch geltend gemacht wurde, in Kraft getreten ist.
(3) Dieses Übereinkommen rechtfertigt in keiner Weise weder ein wie auch immer geartetes rechtswidriges Geschäft, das vor dem Inkrafttreten des Übereinkommens erfolgt oder auf Grund der Absätze 1 und 2 dieses Artikels nicht in dessen Anwendungsbereich fällt, noch beschränkt es das Recht eines Staates oder jeder anderen Person, außerhalb des Rahmens dieses Übereinkommens eine Klage auf Rückgabe oder Rückführung eines vor dem Inkrafttreten des Übereinkommens gestohlenen oder rechtswidrig ausgeführten Kulturgutes zu erheben.

KAPITEL V – SCHLUSSBESTIMMUNGEN

Artikel 11
(1) Dieses Übereinkommen liegt an der Abschlusssitzung der Diplomatischen Konferenz zur Annahme des Entwurfes des UNIDROIT-Übereinkommens über die zwischenstaatliche Rückführung gestohlener oder rechtswidrig ausgeführter Kulturgüter zur Unterzeichnung auf und bleibt bis zum 30. 6. 1996 für alle Staaten in Rom zur Unterzeichnung offen.
(2) Dieses Übereinkommen bedarf der Ratifikation, Annahme oder Genehmigung durch die Staaten, die es unterzeichnet haben.
(3) Dieses Übereinkommen steht allen Staaten, die nicht Unterzeichnerstaaten sind, von dem Tag an zum Beitritt offen, an dem es zur Unterzeichnung aufgelegt wird.
(4) Ratifikation, Annahme, Genehmigung oder Beitritt erfolgen durch Hinterlegung einer förmlichen diesbezüglichen Urkunde beim Verwalter.

Artikel 12
(1) Dieses Übereinkommen tritt am ersten Tag des sechsten auf den Tag der Hinterlegung der fünften Ratifikations-, Annahme-, Genehmigungs- oder Beitrittsurkunde folgenden Monats in Kraft.
(2) Für jeden Staat, der das Übereinkommen nach Hinterlegung der fünften Ratifikations-, Annahme-, Genehmigungs- oder Beitrittsurkunde ratifiziert, annimmt, genehmigt oder ihm beitritt, tritt es bezüglich dieses Staates am ersten Tag des sechsten auf den Tag der Hinterlegung der Ratifikations-, Annahme-, Genehmigungs- oder Beitrittsurkunde folgenden Monats in Kraft.

Artikel 13
(1) Dieses Übereinkommen berührt keine internationalen Übereinkünfte, an welche die Vertragsstaaten rechtmäßig gebunden sind und welche Bestimmungen über Gegenstände enthalten, die dieses Übereinkommen regelt, sofern nicht die betroffenen Staaten eine gegenteilige Erklärung abgeben.

(2) Jeder Vertragsstaat kann mit einem oder mehreren Vertragsstaaten Vereinbarungen zur Förderung der Anwendung dieses Übereinkommens in ihren gegenseitigen Beziehungen schließen. Staaten, die solche Vereinbarungen abgeschlossen haben, übermitteln dem Verwahrer dieses Übereinkommens eine Abschrift.
(3) Die Vertragsstaaten, die Mitglieder von Organisationen zur wirtschaftlichen Integration oder von regionalen Körperschaften sind, können in ihren wechselseitigen Beziehungen erklären, dass sie die internen Satzungen dieser Organisationen oder Körperschaften anwenden und in diesen Beziehungen folglich die Bestimmungen dieses Übereinkommens nicht anwenden, deren Anwendungsbereich mit jenen Satzungen übereinstimmt.

Artikel 14
(1) Ein Vertragsstaat, der zwei oder mehr Gebietseinheiten umfasst, in denen auf die in diesem Übereinkommen geregelten Gegenstände unterschiedliche Rechtsordnungen angewendet werden oder nicht, kann bei der Unterzeichnung oder der Hinterlegung der Ratifikations-, Annahme-, Genehmigungs- oder Beitrittsurkunde erklären, dass dieses Übereinkommen sich auf alle seine Gebietseinheiten oder nur auf eine oder mehrere derselben erstreckt, und er kann seine Erklärung jederzeit durch eine neue Erklärung ersetzen.
(2) Diese Erklärungen sind dem Verwahrer zu notifizieren und haben ausdrücklich anzugeben, auf welche Gebietseinheiten sich das Übereinkommen erstreckt.
(3) Erstreckt sich das Übereinkommen auf Grund einer Erklärung nach diesem Artikel auf eine oder mehrere, jedoch nicht auf alle Gebietseinheiten eines Vertragsstaates, so ist
a. eine Verweisung auf das Gebiet eine Vertragsstaates in Artikel 1 als Verweisung auf das Gebiet einer Gebietseinheit dieses Staates zu verstehen;
b. eine Verweisung auf ein Gericht oder eine andere zuständige Behörde des Vertragsstaates oder des ersuchenden Staates als Verweisung auf das Gericht oder die andere zuständige Behörde einer Gebietseinheit dieses Staates zu verstehen;
c. eine Verweisung auf den Vertragsstaat, in dem sich das Kulturgut befindet, in Artikel 8 Absatz 1 als Verweisung auf die Gebietseinheit dieses Staates, in der sich das Kulturgut befindet, zu verstehen;
d. eine Verweisung auf das Recht des Vertragsstaates, in dem sich das Kulturgut befindet, in Artikel 8 Absatz 3 als Verweisung auf das Recht der Gebietseinheit dieses Staates, in der sich das Kulturgut befindet, zu verstehen;
e. eine Verweisung auf einen Vertragsstaat in Artikel 9 als Verweisung auf eine Gebietseinheit dieses Staates zu verstehen.
(4) Gibt ein Vertragsstaat keine Erklärung nach Absatz 1 dieses Artikels ab, erstreckt sich dieses Übereinkommen auf alle Gebietseinheiten dieses Staates.

Artikel 15
(1) Erklärungen, die nach diesem Übereinkommen bei der Unterzeichnung abgegeben werden, bedürfen der Bestätigung bei der Ratifikation, Annahme oder Genehmigung.
(2) Erklärungen und Bestätigungen von Erklärungen sind schriftlich abzugeben und dem Verwahrer förmlich zu notifizieren.
(3) Die Erklärungen werden gleichzeitig mit dem Inkrafttreten dieses Übereinkommens für den betreffenden Staat wirksam. Eine Erklärung, die dem Verwahrer nach diesem Inkrafttreten förmlich notifiziert wird, tritt jedoch am ersten Tag des sechsten auf den Tag ihrer Hinterlegung beim Verwahrer folgenden Monats in Kraft.
(4) Ein Staat, der eine Erklärung nach diesem Übereinkommen abgibt, kann sie jederzeit durch eine an den Verwahrer gerichtete förmliche und schriftliche Notifikation zurücknehmen. Eine solche Rücknahme wird am ersten Tag des sechsten auf den Tag der Hinterlegung der Notifikation folgenden Monats wirksam.

Artikel 16
(1) Ein Vertragsstaat hat bei der Unterzeichnung, Ratifikation, Annahme, Genehmigung oder dem Beitritt zu erklären, dass die von einem Staat gemäß Artikel 8 eingereichten Klagen oder geltend gemachten Ansprüche auf Rückgabe oder Rückführung von Kulturgütern ihm in Form eines oder mehrerer der nach genannten Verfahren unterbreitet werden:
a. unmittelbar vor den Gerichten oder den anderen zuständigen Behörden des erklärenden Staats;
b. über eine oder mehrere von diesem Staat zwecks Entgegennahme und Weiterleitung solcher Klagen oder Ansprüche an die Gerichte oder die anderen zuständigen Behörden dieses Staates bezeichneten Behörden;
c. auf diplomatischem oder konsularischem Weg.
(2) Ein Vertragsstaat kann ebenfalls die Gerichte oder anderen zur Anordnung der Rückführung oder Rückgabe von Kulturgütern entsprechend den Bestimmungen der Kapitel II und III zuständigen Behörden bezeichnen.
(3) Eine Erklärung nach Absatz 1 und 2 dieses Artikels kann jederzeit durch eine neue Erklärung abgeändert werden.
(4) Die Bestimmungen der Absätze 1 und 3 dieses Artikels berühren nicht die Bestimmungen von zwei- oder mehrseitigen Verträgen über Rechtshilfe in Zivil- und Handelssachen, die zwischen Vertragsstaaten gegebenenfalls bestehen.

Artikel 17
Ein Vertragsstaat übergibt dem Verwahrer innerhalb einer Frist von sechs Monaten nach Hinterlegung seiner Ratifikations-, Annahme-, Genehmigungs- oder Beitrittsurkunde eine in einer der amtlichen Sprachen des Übereinkommens abgefasste Mitteilung betreffend die Rechtsvorschriften über die Ausfuhr von

Kulturgütern. Nötigenfalls wird diese Mitteilung in regelmäßigen Abständen auf den neuesten Stand gebracht.

Artikel 18

Vorbehalte sind nur zulässig, soweit sie in diesem Übereinkommen ausdrücklich zugelassen sind.

Artikel 19

(1) Dieses Übereinkommen kann von jeder Vertragspartei jederzeit nach dem Tag, an dem es für diesen Staat in Kraft tritt, durch Hinterlegung einer diesbezüglichen Urkunde beim Verwahrer gekündigt werden.

(2) Eine Kündigung wird am ersten Tag des sechsten auf den Tag der Hinterlegung der Kündigungsurkunde beim Verwahrer folgenden Monats wirksam. Ist in der Kündigungsurkunde eine längere Kündigungsfrist angegeben, wird die Kündigung nach Ablauf dieser längeren Frist nach Hinterlegung der Kündigungsurkunde beim Verwahrer wirksam.

(3) Ungeachtet einer solchen Kündigung ist dieses Übereinkommen auf alle Klagen oder Ansprüche auf Rückgabe oder Rückführung eines Kulturguts anwendbar, die vor dem Zeitpunkt eingereicht werden, zu dem diese Kündigung wirksam wird.

Artikel 20

Der Präsident des Internationalen Instituts für die Vereinheitlichung des Privatrechts (UNIDROIT) kann in regelmäßigen Abständen oder auf Antrag von fünf Vertragsstaaten einen besonderen Ausschuss zwecks Prüfung der praktischen Anwendung dieses Übereinkommens schaffen.

Artikel 21

(1) Dieses Übereinkommen wird bei der Regierung der Italienischen Republik hinterlegt.

(2) Die Regierung der Italienischen Republik:

a. unterrichtet alle Staaten, die dieses Übereinkommen unterzeichnet haben oder ihm beigetreten sind, und den Präsidenten des Internationalen Instituts für die Vereinheitlichung des Privatrechts (UNIDROIT) von:
   (i) jeder neuen Unterzeichnung oder Hinterlegung einer Ratifikations-, Annahme-, Genehmigungs- oder Beitrittsurkunde sowie dem Zeitpunkt dieser Unterzeichnung oder dieser Hinterlegung;
   (ii) jeder nach den Bestimmungen dieses Übereinkommens abgegebenen Erklärung;
   (iii) der Rücknahme von Erklärungen;
   (iv) dem Zeitpunkt des Inkrafttretens dieses Übereinkommens;
   (v) den in Artikel 13 bezeichneten Vereinbarungen;

(vi) der Hinterlegung einer Kündigungsurkunde zu diesem Übereinkommen sowie dem Zeitpunkt der Hinterlegung und des Wirksamwerdens der Kündigung

b. übermittelt allen Unterzeichnerstaaten und allen beitretenden Staaten sowie dem Präsidenten des Internationalen Instituts für die Vereinheitlichung des Privatrechts (UNIDROIT) beglaubigte Abschriften dieses Übereinkommens;

c. erfüllt alle Aufgaben, die gewöhnlich den Verwahrern obliegen.

ZU URKUND DESSEN haben die unterzeichneten, gehörig befugten Bevollmächtigten dieses Übereinkommen unterschrieben.

GESCHEHEN zu Rom am 24. 6. 1995 in einer Urschrift in englischer und französischer Sprache, wobei jeder Wortlaut gleichermaßen verbindlich ist.

ANLAGE

a. Seltene Sammlungen und Exemplare der Zoologie, Botanik, Mineralogie und Anatomie sowie Gegenstände von paläontologischem Interesse;
b. Gut von geschichtlichem Wert, einschließlich der Geschichte von Wissenschaft und Technik, der Militär- und Gesellschaftsgeschichte sowie des Lebens nationaler Führer, Denker, Wissenschaftler und Künstler und der Ereignisse von nationaler Bedeutung;
c. Ergebnisse archäologischer Ausgrabungen (sowohl vorschriftsmäßiger als auch unerlaubter) oder archäologischer Entdeckungen;
d. Teile künstlerischer oder geschichtlicher Denkmäler oder archäologischer Lagerstätten, die zerstückelt sind;
e. Antiquitäten, die mehr als hundert Jahre alt sind, wie beispielsweise Inschriften, Münzen und gravierte Siegel;
f. Gegenstände von ethnologischem Interesse;
g. Gut von künstlerischem Interesse wie
   (i) Bilder, Gemälde und Zeichnungen, die ausschließlich von Hand auf irgendeinen Träger und in irgendeinem Material angefertigt sind (ausgenommen industrielle Entwürfe und handbemalte Manufakturen);
   (ii) Originalarbeiten der Bildhauerkunst und der Skulptur in irgendeinem Material;
   (iii) Originalgravuren, -drucke und -lithographien;
   (iv) Originale von künstlerischen Zusammenstellungen und Montagen in irgendeinem Material;
h. seltene Manuskripte und Inkunabeln, alte Bücher, Dokumente und Publikationen von besonderem Interesse (historisch, künstlerisch, wissenschaftlich, literarisch usw.), einzeln oder in Sammlungen;
i. Briefmarken, Steuermarken und ähnliches, einzeln und in Sammlungen;
j. Archive einschließlich Phono-, Foto- und Filmarchive;
k. Möbelstücke, die mehr als hundert Jahre alt sind, und alte Musikinstrumente.

Internationales Institut für die Vereinheitlichung des Privatrechts (UNIDROIT)

Status Report[2]
der UNIDROIT-Konvention vom 24. 6. 1995 über gestohlene oder rechtswidrig ausgeführte Kulturgüter

Die folgenden Staaten haben die Konvention gezeichnet:

Burkina Faso	24. 6. 1995
Kambodscha	24. 6. 1995
Elfenbeinküste	24. 6. 1995
Kroatien	24. 6. 1995
Frankreich	24. 6. 1995
Guinea	24. 6. 1995
Ungarn	24. 6. 1995
Italien	24. 6. 1995
Lithuania	24. 6. 1995
Zambia	24. 6. 1995
Georgien	27. 6. 1995
Finnland	1. 12. 1995
Portugal	23. 9. 1996
Paraguay	13. 6. 1996
Schweiz	26. 6. 1996
Rumänien	27. 6. 1996
Pakistan	27. 6. 1996
Niederlande	28. 6. 1996
Peru	28. 6. 1996
Bolivien	29. 6. 1996
Senegal	29. 6. 1996
Russische Föderation	29. 6. 1996

Die folgenden Staaten haben die Konvention ratifiziert:

Litauen	4. 5. 1997
Paraguay	27. 5. 1997
Rumänien	21. 1. 1998
Peru	5. 3. 1998
Ungarn	8. 5. 1998
Bolivien	13. 5. 1999

---

2 Quelle: Homepage des International Institute for the Unification of Private Law (UNIDROIT), Statusliste unter http://www.unidroit.org/english/implement/i-95.htm; abgerufen am 25. 7. 2005.

Finnland	14. 6. 1999
Italien	11. 10. 1999
Kroatien	20. 9. 2000
Kambodscha	11. 7. 2002
Portugal	19. 7. 2002

Die folgenden Staaten sind der Konvention beigetreten:

China	7. 5. 1997
Ecuador	26. 11. 1997
Brazilien	23. 3. 1999
El Salvador	16. 7. 1999
Argentinien	3. 8. 2001
Norwegen	28. 9. 2001
Spanien	21. 5. 2002
Aserbaidschan	6. 6. 2003
Slowakei	16. 6. 2003
Guatemala	3. 9. 2003
Zypern	2. 3. 2004
Slowenien	8. 4. 2004
Cabun	12. 5. 2004
Iran	22. 6. 2005

Die Konvention ist am 1. 7. 1998 in Kraft getreten zwischen China, Ecuador, Litauen, Paraguay und Rumänien, am 1. 9. 1998 für Peru, am 1. 11. 1998 für Ungarn, am 1. 9. 1999 für Brasilien, am 1. 10. 1999 für Bolivien, am 1. 12. 1999 für Finnland, am 1. 1. 2000 für El Salvador, am l. 4. 2000 für Italien, am 1. 3. 2001 für Kroatien, am 1. 2. 2002 für Argentinien, am 1. 3. 2002 für Norwegen, am 1. 11. 2002 für Spanien, am 1. 1. 2003 für Kambodscha und für Portugal, am 1. 12. 2003 für Aserbaidschan und die Slowakei, am 1. 3. 2004 für Guatemala, am 1. 9. 2004 für Zypern, am 1. 10. 2004 für Slowenien und am 1. 11. 2004 für Cabun in Kraft getreten. Die Konvention wird am 1. 12. 2005 für den Iran in Kraft treten.

2. Übereinkommen über Maßnahmen zum Verbot und zur Verhütung der unzulässigen Einfuhr, Ausfuhr und Übereignung von Kulturgut vom 14. 11. 1970 (UNESCO-Konvention von 1970)[1]

DIE GENERALKONFERENZ DER ORGANISATION DER VEREINTEN NATIONEN FÜR ERZIEHUNG, WISSENSCHAFT UND KULUTR, die vom 12.10. bis 14.11.1970 in Paris ihre 16. Tagung abhielt,

IM HINBLICK AUF die Bedeutung der Bestimmungen der von der Generalkonferenz auf ihrer 14. Tagung angenommenen Erklärung über die Grundsätze der internationalen kulturellen Zusammenarbeit,

IN DER ERWÄGUNG, dass der Austausch von Kulturgut unter den Nationen zu wissenschaftlichen, kulturellen und erzieherischen Zwecken die Kenntnisse über die Zivilisation des Menschen vertieft, das kulturelle Leben aller Völker bereichert und die gegenseitige Achtung und das Verständnis unter den Nationen fördert,

IN DER ERWÄGUNG, dass das Kulturgut zu den wesentlichen Elementen menschlicher Zivilisation und Kultur gehört, und dass sein wahrer Wert nur im Zusammenhang mit möglichst weitreichenden Kenntnissen über seinen Ursprung, seine Geschichte und seinen traditionellen Hintergrund erfasst werden kann,

IN DER ERWÄGUNG, dass es jedem Staat obliegt, das in seinem Hoheitsgebiet befindliche Kulturgut vor den Gefahren des Diebstahls, der unerlaubten Ausgrabung und der unzulässigen Ausfuhr zu schützen,

IN DER ERWÄGUNG, dass zur Abwendung dieser Gefahren sich jeder Staat notwendigerweise in zunehmenden Maße der moralischen Verpflichtung bewusst werden muss, sein kulturelles Erbe und das aller Nationen zu achten,

IN DER ERWÄGUNG, dass Museen, Bibliotheken und Archive als kulturelle Einrichtungen dafür Sorge zu tragen haben, dass ihre Bestände nach weltweit anerkannten moralischen Grundsätzen angelegt werden,

IN DER ERWÄGUNG, dass der Schutz des kulturellen Erbes nur wirkungsvoll sein kann, wenn er sowohl auf nationaler als auch internationaler Ebene durch enge Zusammenarbeit der Staaten gestaltet wird,

IN DER ERWÄGUNG, dass die Generalkonferenz der UNESCO zu diesem Zweck im Jahre 1964 eine Empfehlung angenommen hat, angesichts weiterer

---

[1] Nichtamtliche Übersetzung: Deutscher Bundestag, Drucksache VI-3511; Original Englisch, Spanisch, Französisch und Russisch, abrufbar unter: http://portal.unesco.org/en/ev.php-URL_ID=13039&URL_DO=DO_TOPIC&URL_SECTION=201.html.

Vorschläge über Maßnahmen zum Verbot und zur Verhütung der unzulässigen Einfuhr, Ausfuhr und Übereignung von Kulturgut, die als Punkt 19 auf der Tagesordnung der Tagung stehen,

EINGEDENK des auf ihrer 15. Tagung gefassten Beschlusses, dieses Thema zum Inhalt eines internationalen Übereinkommens zu machen,

NIMMT dieses Übereinkommen am 14.11.1970 an.

Artikel 1
Im Sinne dieses Übereinkommens gilt als Kulturgut das von jedem Staat aus religiösen oder weltlichen Gründen als für Archäologie, Vorgeschichte, Geschichte, Literatur, Kunst oder Wissenschaft besonders bedeutungsvoll bezeichnete Gut, das folgenden Kategorien angehört:

a. Seltene Sammlungen und Exemplare der Zoologie, Botanik, Mineralogie und Anatomie sowie Gegenstände von paläontologischem Interesse;
b. Gut von geschichtlichem Wert, einschließlich der Geschichte von Wissenschaft und Technik, der Militär- und Gesellschaftsgeschichte sowie des Lebens nationaler Führer, Denker, Wissenschaftler und Künstler und der Ereignisse von nationaler Bedeutung;
c. Ergebnisse archäologischer Ausgrabungen (sowohl vorschriftsmäßiger als auch unerlaubter) oder archäologischer Entdeckungen;
d. Teile künstlerischer oder geschichtlicher Denkmäler oder archäologischer Lagerstätten, die zerstückelt sind;
e. Antiquitäten, die mehr als hundert Jahre alt sind, wie beispielsweise Inschriften, Münzen und gravierte Siegel;
f. Gegenstände von ethnologischem Interesse;
g. Gut von künstlerischem Interesse wie
   (i) Bilder, Gemälde und Zeichnungen, die ausschließlich von Hand auf irgendeinem Träger und in irgendeinem Material angefertigt sind (ausgenommen industrielle Entwürfe und handbemalte Manufakturwaren);
   (ii) Originalarbeiten der Bildhauerkunst und der Skulptur in irgendeinem Material;
   (iii) Originalgravuren, -drucke und lithographien;
   (iv) Originale von künstlerischen Zusammenstellungen und Montagen in irgendeinem Material;
h. seltene Manuskripte und Inkunabeln, alte Bücher, Dokumente und Publikationen von besonderem Interesse (historisch, künstlerisch, wissenschaftlich, literarisch usw.), einzeln oder in Sammlungen;
i. Briefmarken, Steuermarken und ähnliches, einzeln oder in Sammlungen;
j. Archive einschließlich Phono-, Foto- und Filmarchive;
k. Möbelstücke, die mehr als hundert Jahre alt sind, und alte Musikinstrumente.

Artikel 2
(1) Die Vertragsstaaten dieses Übereinkommens erkennen an, dass die unzulässige Ausfuhr und Übertragung von Kulturgut eine der Hauptursachen für die Verarmung der Ursprungsländer an kulturellem Erbe darstellen, und dass die internationale Zusammenarbeit eines der wirksamsten Mittel zum Schutz des Kulturgutes jeden Landes gegen alle sich daraus ergebenden Gefahren ist.
(2) Zu diesem Zweck verpflichten sich die Vertragsstaaten, mit den ihnen zur Verfügung stehenden Mitteln diese Praktiken zu bekämpfen, insbesondere ihre Ursachen zu beseitigen, ihre Anwendung zu beenden und die erforderlichen Entschädigungen durchzuführen.

Artikel 3
Die Einfuhr, Ausfuhr und Übereignung von Kulturgut gelten als unzulässig, wenn sie im Widerspruch zu den Bestimmungen stehen, die von den Vertragsstaaten in diesem Übereinkommen angenommen worden sind.

Artikel 4
Die Vertragsstaaten dieses Übereinkommens erkennen an, dass im Sinne dieses Übereinkommens das zu folgenden Kategorien gehörende Gut Teil des kulturellen Erbes jeden Staates ist:
a. Kulturgut, dass durch die individuelle oder kollektive Schöpferkraft von Angehörigen des betreffenden Staates entstanden ist, und für den betreffenden Staat bedeutsames Kulturgut, das in seinem Hoheitsgebiet von dort ansässigen Ausländern oder Staatenlosen geschaffen wurde;
b. im Staatsgebiet gefundenes Kulturgut;
c. durch archäologische, ethnologische oder naturwissenschaftliche Aufträge mit Billigung der zuständigen Behörden des Ursprungslandes erworbenes Kulturgut;
d. Kulturgut, das auf Grund freier Vereinbarung ausgetauscht worden ist;
e. Kulturgut, das als Geschenk entgegengenommen wurde oder rechtmäßig mit Billigung der zuständigen Behörden des Ursprungslandes käuflich erworben wurde.

Artikel 5
Zum Schutz ihres Kulturgutes vor unzulässiger Einfuhr, Ausfuhr und Übereignung verpflichten sich die Vertragsstaaten dieses Übereinkommens, in der in jedem Land geeignetsten Weise in ihren Hoheitsgebieten eine oder mehrere Dienststellen einzusetzen, soweit solche nicht bereits vorhanden sind, die das kulturelle Erbe schützen und mit qualifiziertem und zahlenmäßig ausreichendem Personal ausgestattet sind, das in der Lage ist, folgende Aufgaben wirksam zu erfüllen:
a. Mitwirkung an der Ausarbeitung von Gesetzesentwürfen und sonstigen Rechtsvorschriften zum Schutz des kulturellen Erbes und insbesondere zur

Verhütung der unzulässigen Einfuhr, Ausfuhr und Übereignung bedeutsamen Kulturgutes;

b. Aufstellung und Führung eines Verzeichnisses des bedeutenden öffentlichen und privaten Kulturgutes auf der Grundlage eines staatlichen Inventars des zu schützenden Gutes, dessen Ausfuhr für den Staat einen merklichen Verlust an seinem kulturellen Erbe darstellen würde;

c. Förderung des Ausbaus oder der Errichtung wissenschaftlicher und technischer Einrichtungen (Museen, Bibliotheken, Archive, Laboratorien, Werkstätten usw.), die zur Erhaltung und Ausstellung von Kulturgut notwendig sind;

d. Überwachung archäologischer Ausgrabungen, Gewährleistung der Konservierung bestimmten Kulturgutes „in situ“ und Schutz bestimmter Gebiete, die zukünftigen archäologischen Forschungszwecken vorbehalten sind;

e. Aufstellung von Vorschriften zugunsten der betroffenen Personen (Kuratoren, Sammler, Antiquitätenhändler usw.) entsprechend den ethischen Grundsätzen dieses Übereinkommens und Überwachung der Einhaltung dieser Vorschriften;

f. Durchführung von Bildungsmaßnahmen, um die Achtung vor dem kulturellen Erbe aller Staaten zu wecken und zu entfalten und Verbreitung der Kenntnisse über die Bestimmungen dieses Übereinkommens;

g. Vorsorge für eine ausreichende Bekanntmachung in der Öffentlichkeit über das Verschwinden von Kulturgut.

Artikel 6

Die Vertragsstaaten dieses Übereinkommens übernehmen folgende Verpflichtungen:

a. Sie führen eine geeignete Bescheinigung ein, in welcher der ausführende Staat bescheinigt, dass die Ausfuhr des fraglichen Kulturgutes genehmigt ist. Jedes vorschriftsmäßig ausgeführte Kulturgut muss von einer solchen Bescheinigung begleitet sein;

b. sie verbieten die Ausfuhr von Kulturgut aus ihrem Hoheitsgebiet, sofern die oben genannte Ausfuhrbescheinigung nicht vorliegt;

c. sie veröffentlichen dieses Verbot auf geeignete Weise; insbesondere bringen sie es den Personen zur Kenntnis, die für die Ausfuhr oder Einfuhr von Kulturgut in Frage kommen.

Artikel 7

Die Vertragsstaaten dieses Übereinkommens übernehmen folgende Verpflichtungen:

a. Sie ergreifen im Rahmen der innerstaatlichen Rechtsvorschriften die erforderlichen Maßnahmen, um Museen und ähnliche Einrichtungen in ihrem Hoheitsgebiet am Erwerb von Kulturgut zu hindern, das aus einem anderen Vertragsstaat stammt und nach Inkrafttreten dieses Übereinkommens widerrechtlich aus dem betreffenden Staat ausgeführt worden ist. Soweit möglich teilen sie einem Ursprungsstaat, der Vertragspartei dieses Übereinkommens ist, mit, wenn Kulturgut angeboten wird, das nach dem Inkrafttreten dieses Übereinkommens für beide Staaten widerrechtlich aus jenem Staat entfernt worden ist;

b. (i) sie verbieten die Einfuhr von Kulturgut, das nach Inkrafttreten dieses Übereinkommens für die betreffenden Staaten aus einem Museum oder einem religiösen oder weltlichen Bauwerk oder einer ähnlichen Einrichtung in einem anderen Vertragsstaat dieses Übereinkommens entwendet worden ist, sofern nachgewiesen werden kann, dass dieses Gut zum Inventar jener Einrichtung gehört;

(ii) auf Ersuchen des Ursprungsstaates, der Vertragspartei dieses Übereinkommens ist, ergreifen sie geeignete Möglichkeiten zur Wiedererlangung und Rückgabe von Kulturgut, das nach Inkrafttreten dieses Übereinkommens für beide betreffenden Staaten eingeführt wurde, sofern der ersuchende Staat einem gutgläubigen Erwerber oder einer Person mit einem Rechtsanspruch an dem Gut eine angemessene Entschädigung zahlt. Gesuche um Wiedererlangung und Rückgabe sind auf diplomatischem Wege zu übermitteln. Der ersuchende Staat stellt auf seine Kosten die Unterlagen und Nachweise zur Verfügung, die zur Feststellung seines Anspruchs auf Wiedererlangung und Rückgabe erforderlich sind. Die Vertragsstaaten erheben auf das nach diesem Artikel zurückzugebende Gut weder Zölle noch sonstige Abgaben. Alle Kosten im Zusammenhang mit der Rückgabe und Zustellung des Kulturgutes werden von dem ersuchenden Staat getragen.

Artikel 8

Die Vertragsstaaten dieses Übereinkommens verpflichten sich, gegen jeden, der für einen Verstoß gegen die in Artikel 6 Buchstabe b und Artikel 7 Buchstabe b genannten Verbote verantwortlich ist, Kriminal- oder Ordnungsstrafen zu verhängen.

Artikel 9

Jeder Vertragsstaat dieses Übereinkommens dessen kulturelles Erbe durch archäologische oder ethnologische Ausbeutung gefährdet ist, kann sich an andere betroffene Vertragsstaaten wenden. Die Vertragsstaaten dieses Übereinkommens verpflichten sich, in diesen Fällen an gemeinsamen internationalen Aktionen teilzunehmen mit dem Ziel, erforderliche konkrete Maßnahmen festzulegen und durchzuführen, einschließlich der Überwachung der Ausfuhr, der Einfuhr und des internationalen Handels mit den fraglichen Gütern. Bis zu einer Vereinbarung ergreift jeder betroffene Staat im Rahmen seiner Möglichkeiten einstweilige Maßnahmen, um zu verhindern, dass dem kulturellen Erbe des ersuchenden Staates unersetzlicher Schaden zugefügt wird.

Artikel 10
Die Vertragsstaaten dieses Übereinkommens übernehmen folgende Verpflichtungen:

a. durch Erziehung, Information und aufmerksame Beobachtung schränken sie den Verkehr mit Kulturgut, das aus einem Vertragsstaat dieses Übereinkommens entfernt worden ist, ein und verpflichten im Rahmen der in jedem Land gegebenen Möglichkeiten die Antiquitätenhändler unter Androhung von Kriminal- oder Ordnungsstrafen, Verzeichnisse zu führen, aus denen der Ursprung jedes einzelnen Kulturgutes, die Namen und Anschriften der Lieferanten, die Beschreibung und der Preis für jeden verkauften Gegenstand hervor gehen; ferner haben sie den Käufer eines Kulturgutes über das für den Gegenstand möglicherweise bestehende Ausfuhrverbot zu unterrichten;
b. durch erzieherische Maßnahmen bemühen sie sich, in der Öffentlichkeit das Verständnis für den Wert des Kulturgutes sowie die Gefahren zu wecken und zu entwickeln, die durch den Diebstahl, unerlaubte Ausgrabungen und zulässige Ausfuhr für das kulturelle Erbe entstehen.

Artikel 11
Die erzwungene Ausfuhr und Übereignung von Kulturgut, die sich mittelbar oder unmittelbar aus der Besetzung eines Landes durch eine fremde Macht ergeben, gelten als unzulässig.

Artikel 12
Die Vertragsstaaten dieses Übereinkommens achten das kulturelle Erbe in den Hoheitsgebieten, für deren internationale Beziehungen sie verantwortlich sind; sie ergreifen alle geeigneten Maßnahmen, um die unzulässige Einfuhr, Ausfuhr und Übereignung von Kulturgut in diesen Hoheitsgebieten zu verbieten und zu verhüten.

Artikel 13
Die Vertragsstaaten dieses Übereinkommens übernehmen ferner im Rahmen ihrer innerstaatlichen Rechtsordnung folgende Verpflichtungen:

a. Sie verhüten mit allen geeigneten Mitteln Übereignungen von Kulturgut, durch die eine unzulässige Einfuhr oder Ausfuhr desselben begünstigt werden könnte;
b. sie tragen für eine Zusammenarbeit zwischen ihren zuständigen Dienststellen Sorge, damit die schnellstmögliche Rückgabe eines unzulässig ausgeführten Kulturgutes an den rechtmäßigen Eigentümer erleichtert wird;
c. sie lassen Verfahren zur Wiedererlangung verlorengegangenen oder gestohlenen Kulturgutes zu, die vom rechtmäßigen Eigentümer oder in dessen Namen angestrengt werden;
d. sie erkennen das unantastbare Recht jedes Vertragsstaates dieses Übereinkommens an, bestimmtes Kulturgut als unveräußerlich einzustufen und zu

erklären, das schon deshalb ipso facto nicht ausgeführt werden darf, und sie helfen dem betreffenden Staat, das Gut zurück zu bekommen, falls es ausgeführt worden ist.

Artikel 14
Zur Verhütung der unzulässigen Ausfuhr und zur Einhaltung der aus der Anwendung dieses Übereinkommens entstehenden Verpflichtungen wird jeder Vertragsstaat dieses Übereinkommens im Rahmen seiner Möglichkeiten seine Dienststellen, die mit dem Schutz seines kulturellen Erbes betraut sind, mit ausreichenden Mitteln ausstatten und, soweit erforderlich, zu diesem Zweck einen Fonds zu schaffen.

Artikel 15
Dieses Übereinkommen hindert die Vertragsparteien nicht, untereinander Sonderabkommen zu schließen oder bereits geschlossene Abkommen weiter anzuwenden, welche die Rückgabe von Kulturgut zum Inhalt haben, das aus irgendwelchen Gründen vor Inkrafttreten dieses Übereinkommens für die betreffenden Staaten aus dem Ursprungsland entfernt worden ist.

Artikel 16
In ihren regelmäßigen Berichten an die Generalkonferenz der Organisation der Vereinigten Nationen für Erziehung, Wissenschaft und Kultur, welche die Vertragsstaaten zu den von der Generalkonferenz festzulegenden Zeitpunkten und in der von ihr anzugebenden Weise vorlegen, geben sie Auskunft über die von ihnen erlassenen Rechts- und Verwaltungsvorschriften sowie über die von ihnen zur Durchführung dieses Übereinkommens ergriffenen Maßnahmen, und sie schildern ihre aus diesem Gebiet gewonnenen Erfahrungen.

Artikel 17
(1) Die Vertragsstaaten dieses Übereinkommens können die technische Hilfe der Organisation der Vereinten Nationen für Erziehung, Wissenschaft und Kultur in Anspruch nehmen, insbesondere in folgenden Belangen:
a. Information und Erziehung;
b. Beratung und Sachverständigengutachten;
c. Zusammenarbeit und gute Dienste.
(2) Die Organisation der Vereinten Nationen für Erziehung, Wissenschaft und Kultur kann von sich aus über Fragen im Zusammenhang mit dem unzulässigen Verkehr von Kulturgut Untersuchungen durchführen und Abhandlungen veröffentlichen.
(3) Zu diesem Zweck kann sich die Organisation der Vereinten Nationen für Erziehung, Wissenschaft und Kultur mit der Bitte um Zusammenarbeit auch an jede sachverständige nichtstaatliche Organisation wenden.

(4) Die Organisation der Vereinten Nationen für Erziehung, Wissenschaft und Kultur kann von sich aus den Vertragsstaaten dieses Übereinkommens Vorschläge für die Durchführung des Übereinkommens unterbreiten.
(5) Auf Ersuchen von wenigstens zwei Vertragsstaaten dieses Übereinkommens, zwischen denen eine Streitigkeit über die Durchführung des Übereinkommens entstanden ist, kann die UNESCO zur Schlichtung ihre guten Dienste anbieten.

Artikel 18
Dieses Übereinkommen ist in englischer, französischer, russischer und spanischer Sprache abgefasst, wobei jeder Wortlaut gleichermaßen verbindlich ist.

Artikel 19
(1) Dieses Übereinkommen bedarf der Ratifikation oder Annahme durch die Mitgliedstaaten der Organisation der Vereinten Nationen für Erziehung, Wissenschaft und Kultur nach Maßgabe ihrer verfassungsrechtlichen Verfahren.
(2) Die Ratifikations- oder Annahmeurkunden sind beim Generaldirektor der Organisation der Vereinten Nationen für Erziehung, Wissenschaft und Kultur zu hinterlegen.

Artikel 20
(1) Dieses Übereinkommen liegt für alle Staaten, die nicht Mitglieder der Organisation der Vereinten Nationen für Erziehung, Wissenschaft und Kultur sind, zum Beitritt auf; sie können über den Exekutivrat der Organisation beitreten.
(2) Der Beitritt erfolgt durch Hinterlegung einer Beitrittsurkunde beim Generaldirektor der Organisation der Vereinten Nationen für Erziehung, Wissenschaft und Kultur.

Artikel 21
Dieses Übereinkommen tritt drei Monate nach Hinterlegung der dritten Ratifikations-, Annahme- oder Beitrittsurkunde für diejenigen Staaten in Kraft, die bis zu diesem Zeitpunkt ihre Urkunden hinterlegt haben. Für jeden weiteren Staat tritt es drei Monate nach Hinterlegung seiner Ratifikations-, Annahme- oder Beitrittsurkunde in Kraft.

Artikel 22
Die Vertragsstaaten dieses Übereinkommens erkennen an, dass das Übereinkommen nicht nur in ihren Mutterländern anzuwenden ist, sondern ebenso in allen Hoheitsgebieten, für deren internationale Beziehungen sie verantwortlich sind; sie verpflichten sich, nötigenfalls die Regierungen oder sonstigen zuständigen Behörden jener Hoheitsgebiete vor oder bei der Ratifizierung, der Annahme oder dem Beitritt zu konsultieren, damit die Anwendung des Übereinkommens in diesen Gebieten gewährleistet ist, und dem Generaldirektor der Organisation der Vereinten Nationen für Erziehung, Wissenschaft und Kultur die Hoheits-

gebiete zu notifizieren, in denen das Übereinkommen Anwendung findet; die Notifikation wird drei Monate nach ihrem Eingang wirksam.

Artikel 23
(1) Jeder Vertragsstaat dieses Übereinkommens kann das Übereinkommen für sich selbst oder für ein Hoheitsgebiet, für dessen internationale Beziehungen er verantwortlich ist, kündigen.
(2) Die Kündigung wird durch eine schriftliche, beim Generaldirektor der Organisation der Vereinten Nationen für Erziehung, Wissenschaft und Kultur zu hinterlegende Urkunde notifiziert.
(3) Die Kündigung wird zwölf Monate nach Eingang der Kündigungsurkunde wirksam.

Artikel 24
Der Generaldirektor der Organisation der Vereinten Nationen für Erziehung, Wissenschaft und Kultur teilt den Mitgliedstaaten der Organisation, den in Artikel 20 erwähnten Staaten, die nicht Mitglieder der Organisation sind, sowie den Vereinten Nationen die Hinterlegung aller in den Artikeln 19 und 20 genannten Ratifikations-, Annahme- und Beitrittsurkunden mit, desgleichen die in den Artikeln 22 und 23 bezeichneten Notifikationen und Kündigungen.

Artikel 25
(1) Dieses Übereinkommen kann durch die Generalkonferenz der Organisation der Vereinten Nationen für Erziehung, Wissenschaft und Kultur revidiert werden. Die Revision bindet jedoch nur die Staaten, die Vertragsparteien des Revisionsübereinkommens werden.
(2) Nimmt die Generalkonferenz ein neues Übereinkommen an, durch das dieses Übereinkommen ganz oder teilweise revidiert wird, so liegt dieses Übereinkommen, sofern das neue Übereinkommen nichts anderes bestimmt, mit dem Inkrafttreten des neuen Revisionsübereinkommens nicht länger zur Ratifizierung, Annahme oder zum Beitritt auf.

Artikel 26
In Übereinstimmung mit Artikel 102 der Charta der Vereinten Nationen wird dieses Übereinkommen auf Ersuchen des Generaldirektors der Organisation der Vereinten Nationen für Erziehung, Wissenschaft und Kultur beim Sekretariat der Vereinten Nationen registriert.

GESCHEHEN zu Paris am 17.11.1970 in zwei Originalausfertigungen, welche die Unterschrift des Präsidenten der 16. Tagung der Generalkonferenz und des Generaldirektors der Organisation der Vereinten Nationen für Erziehung, Wissenschaft und Kultur tragen; diese Originalfassungen werden im Archiv der Organisation der Vereinten Nationen für Erziehung, Wissenschaft und Kultur

hinterlegt, und allen in den Artikeln 19 und 20 erwähnten Staaten sowie den Vereinten Nationen werden beglaubigte Abschriften übermittelt.
Dieses ist der verbindliche Wortlaut des Übereinkommens, das von der Organisation der Vereinten Nationen für Erziehung, Wissenschaft und Kultur auf ihrer in Paris abgehaltenen und am 14.11.1970 für beendet erklärten 16. Tagung ordnungsgemäß angenommen wurde.

ZU URKUND DESSEN haben wir am 17.11.1970 das Übereinkommen mit unseren Unterschriften versehen.

Der Präsident der Generalkonferenz *Attilio Dell'Oro Maini*

Der Generaldirektor *René Maheu*

II. EG-Vorschriften

1. Verordnung (EWG) Nr. 3911/92 des Rates vom 9.12.1992 über die Ausfuhr von Kulturgütern[1]

DER RAT DER EUROPÄISCHEN GEMEINSCHAFTEN –

GESTÜTZT auf den Vertrag zur Gründung der Europäischen Wirtschaftsgemeinschaft, insbesondere auf Artikel 113,

AUF VORSCHLAG der Kommission[2],

NACH STELLUNGNAHME des Europäischen Parlaments[3],

NACH STELLUNGNAHME des Wirtschafts- und Sozialausschusses[4],

IN ERWÄGUNG der nachstehenden Gründe:

IM HINBLICK auf die Verwirklichung des Binnenmarktes müssen im Warenverkehr mit Drittländern Vorschriften erlassen werden, die den Schutz von Kulturgütern gewährleisten.
Entsprechend den vom Rat auf seiner Tagung vom 19.11.1990 festgelegten Schlussfolgerungen erscheint es angezeigt, insbesondere Maßnahmen vorzusehen, welche eine einheitliche Kontrolle der Ausfuhr von Kulturgütern an den Außengrenzen der Gemeinschaft sicherstellen.
Eine derartige Regelung sollte darin bestehen, dass vor der Ausfuhr der unter diese Verordnung fallenden Kulturgüter eine von den zuständigen Mitgliedstaaten ausgestellte Ausfuhrgenehmigung vorzulegen ist. Dies setzt eine genaue Festlegung des sachlichen Anwendungsbereichs dieser Maßnahmen einschließlich ihrer Durchführungsmodalitäten voraus. Die Durchführung der Regelung sollte so einfach und wirksam wie möglich gestaltet werden. Um die Kommission bei der Ausübung der ihr durch diese Verordnung übertragenen Befugnisse zu unterstützen, ist ein Ausschuss einzusetzen.
Angesichts der eingehenden Erfahrungen der Behörden der Mitgliedstaaten bei der Anwendung der Verordnung (EWG) Nr. 1468/81 des Rates vom 19. Mai 1981 betreffend die gegenseitige Unterstützung der Verwaltungsbehörden der Mitgliedstaaten und die Zusammenarbeit dieser Behörden mit der Kommission, um die ordnungsgemäße Anwendung der Zoll- und der Agrarregelung zu gewähr-

---

[1] Quelle: ABl. 1992 Nr. L 395, 1.

[2] ABl. Nr. C 53 v. 28. 2. 1992, 8.

[3] ABl. Nr. C 176 v. 13. 7. 1992, 31.

[4] ABl. Nr. C 223 v. 31. 8. 1992, 10.

leisten[5], sollte jene Verordnung auch auf diesen Sachbereich Anwendung finden. Mit dem Anhang dieser Verordnung sollen die Kategorien von Kulturgütern eindeutig festgelegt werden, die im Handel mit Drittländern eines besonderen Schutzes bedürfen; den Mitgliedstaaten bleibt es jedoch unbenommen, festzulegen, welche Gegenstände als nationales Kulturgut im Sinne des Art. 36 des Vertrages einzustufen sind –

HAT folgende Verordnung erlassen:

Artikel 1
Unbeschadet der Befugnisse der Mitgliedstaaten nach Art. 36 des Vertrages gelten als „Kulturgüter" im Sinne dieser Verordnung die im Anhang aufgeführten Güter.

TITEL 1. AUSFUHRGENEHMIGUNG

Artikel 2
(1) Die Ausfuhr von Kulturgütern aus dem Zollgebiet der Gemeinschaft darf nur erfolgen, wenn eine Ausfuhrgenehmigung vorliegt.
(2) Die Ausfuhrgenehmigung wird auf Antrag des Beteiligten erteilt
- von einer zuständigen Behörde des Mitgliedstaats, in dessen Hoheitsgebiet sich das betreffende Kulturgut am 1. 1. 1993 rechtmäßig und endgültig befunden hat,
- oder, nach dem genannten Datum, von einer zuständigen Behörde des Mitgliedstaats, in dessen Hoheitsgebiet sich nach rechtmäßiger und endgültiger Verbringung aus einem anderen Mitgliedstaat oder nach Einfuhr aus einem Drittland oder der Wiedereinfuhr aus einem Drittland nach rechtmäßiger Verbringung aus einem Mitgliedstaat in dieses Land befindet.

Unbeschadet des Absatzes 4 darf jedoch der nach den beiden Gedankenstrichen des Unterabsatzes 1 zuständige Mitgliedstaat keine Ausfuhrgenehmigungen für die im Anhang unter dem ersten und zweiten Gedankenstrich der Kategorie A 1 aufgeführten Kulturgüter verlangen, wenn diese von archäologisch oder wissenschaftlich beschränktem Wert sind, vorausgesetzt, dass sie nicht unmittelbar aus Grabungen, archäologischen Funden und archäologischen Stätten in einem Mitgliedstaat stammen und der Handel mit ihnen rechtmäßig ist.
Die Ausfuhrgenehmigung kann im Hinblick auf die Ziele dieser Verordnung dann verweigert werden, wenn die betreffenden Kulturgüter unter eine Rechtsvorschrift zum Schutz nationalen Kulturguts von künstlerischem oder archäologischem Wert in dem betreffenden Mitgliedstaat fallen.

---

[5] ABl. Nr. L 144 v. 2. 6. 1981, 1. Verordnung geändert durch die Verordnung (EWG) Nr. 945/87 (ABl. Nr. L 90 v. 2. 4. 1987, 3).

Erforderlichenfalls tritt die unter dem zweiten Gedankenstrich des Unterabsatzes 1 genannte Behörde mit den zuständigen Behörden des Mitgliedstaats, aus dem das betreffende Kulturgut stammt, in Verbindung, insbesondere mit den nach der Richtlinie 93/7/EWG des Rates vom 15. 3. 1993 über die Rückgabe von unrechtmäßig aus dem Hoheitsgebiet eines Mitgliedstaats verbrachten Kulturgütern[6] zuständigen Behörden.
(3) Die Ausfuhrgenehmigung gilt in der gesamten Gemeinschaft.
(4) Unbeschadet dieses Artikels unterliegt die direkte Ausfuhr von nationalem Kulturgut von künstlerischem, geschichtlichem oder archäologischem Wert, das kein Kulturgut im Sinne dieser Verordnung ist, aus dem Zollgebiet der Gemeinschaft den innerstaatlichen Rechtsvorschriften des Ausfuhrmitgliedstaats.

Artikel 3
(1) Die Mitgliedstaaten übermitteln der Kommission ein Verzeichnis der Behörden, die für die Erteilung der Ausfuhrgenehmigungen für Kulturgüter zuständig sind.
(2) Die Kommission veröffentlicht das Verzeichnis dieser Behörden sowie sämtliche Änderungen des Verzeichnisses im Amtsblatt der Europäischen Gemeinschaften, Reihe C.

Artikel 4
Die Ausfuhrgenehmigung ist der für die Annahme der Zollerklärung zuständigen Zollstelle bei der Erfüllung der Ausfuhrzollförmlichkeiten als Beleg für die Zollerklärung vorzulegen.

Artikel 5
(1) Die Mitgliedstaaten können die Zahl der Zollstellen beschränken, die für die Erfüllung der Ausfuhrzollförmlichkeiten für Kulturgüter zuständig sind.
(2) Machen die Mitgliedstaaten von der Möglichkeit nach Absatz 1 Gebrauch, so teilen sie der Kommission die ermächtigten Zollstellen mit. Die Kommission veröffentlicht diese Mitteilungen im Amtsblatt der Europäischen Gemeinschaften, Reihe C.

TITEL 2. ZUSAMMENARBEIT DER VERWALTUNGEN

Artikel 6
Zur Durchführung dieser Verordnung gelten die Vorschriften der Verordnung (EWG) Nr. 1468/81, insbesondere die Vorschriften über die Vertraulichkeit der Auskünfte, entsprechend.

---

[6] ABl. Nr. 74 v. 27. 3. 1993, 74ff.; auch abgedruckt als Anhang II. 2.

Über die in Absatz 1 vorgesehene Zusammenarbeit hinaus treffen die Mitgliedstaaten im Rahmen ihrer gegenseitigen Beziehungen alle zweckdienlichen Vorkehrungen für eine Zusammenarbeit zwischen den Zollverwaltungen und den zuständigen Behörden nach Artikel 4 der Richtlinie 93/7/EWG.

TITEL 3. ALLGEMEINE SCHLUSSBESTIMMUNGEN

Artikel 7
Die zur Durchführung dieser Verordnung erforderlichen Vorschriften, insbesondere die Vorschriften über den zu verwendenden Vordruck (z. B. das Muster und die technischen Einzelheiten) werden nach dem Verfahren des Artikels 8 Absatz 2 erlassen.

Artikel 8
(1) Die Kommission wird von einem Ausschuss unterstützt, der sich aus Vertretern der Mitgliedstaaten zusammensetzt und in dem der Vertreter der Kommission den Vorsitz führt.
Der Ausschuss prüft alle die Durchführung dieser Verordnung betreffenden Fragen, die ihm der Vorsitzende von sich aus oder auf Antrag eines Vertreters eines Mitgliedstaats unterbreitet.
(2) Der Vertreter der Kommission unterbreitet dem Ausschuss einen Entwurf der zu treffenden Maßnahmen. Der Ausschuss gibt – gegebenenfalls auf Grund einer Abstimmung – seine Stellungsnahme zu diesem Entwurf innerhalb einer Frist ab, die der Vorsitzende unter Berücksichtigung der Dringlichkeit der betreffenden Frage festsetzen kann.
Die Stellungnahme wird in das Protokoll des Ausschusses aufgenommen; darüber hinaus hat jeder Mitgliedstaat das Recht zu verlangen, dass sein Standpunkt im Protokoll festgehalten wird.
Die Kommission berücksichtigt soweit wie möglich die Stellungnahme des Ausschusses. Sie unterrichtet den Ausschuss darüber, inwieweit sie seine Stellungnahme berücksichtigt hat.

Artikel 9
Jeder Mitgliedstaat legt fest, wie Verstöße gegen die Bestimmungen dieser Verordnung zu ahnden sind. Die Sanktionen müssen hinreichend Gewähr für die Einhaltung dieser Bestimmungen bieten.

Artikel 10
Die Mitgliedstaaten unterrichten die Kommission über die zur Durchführung dieser Verordnung getroffenen Maßnahmen.
Die Kommission teilt diese Informationen den anderen Mitgliedstaaten mit.
Die Kommission legt dem Europäischen Parlament, dem Rat und dem Wirtschafts- und Sozialausschuss alle drei Jahre einen Bericht über die Durchführung dieser Verordnung vor.

Der Rat überprüft nach einem Anwendungszeitraum von drei Jahren die Wirksamkeit dieser Verordnung und nimmt auf Vorschlag der Kommission die erforderlichen Anpassungen vor.
In jedem Fall überprüft der Rat auf Vorschläge der Kommission alle drei Jahre die im Anhang genannten Beträge und bringt sie gegebenenfalls entsprechend den wirtschaftlichen und monetären Daten in der Gemeinschaft auf den neuesten Stand.

Artikel 11
Diese Verordnung tritt am dritten Tag nach der Veröffentlichung der Richtlinie 93/7/EWG im Amtsblatt der Europäischen Gemeinschaften in Kraft.
Diese Verordnung ist in allen ihren Teilen verbindlich und gilt unmittelbar in jedem Mitgliedstaat.

GESCHEHEN zu Brüssel am 9. Dezember 1992.

IM NAMEN DES RATES

Der Präsident
W. Waldegrave

Anhang

Kategorien von Kulturgütern nach Artikel 1

A.

1. Mehr als 100 Jahre alte archäologische Gegenstände aus
   - Grabungen und archäologischen Funden zu Lande oder unter Wasser
   - archäologischen Stätten
   - archäologischen Sammlungen
2. Bestandteile von Kunst- und Baudenkmälern oder religiösen Denkmälern, die aus deren Aufteilung stammen und älter sind als 100 Jahre
3. Bilder und Gemälde, die vollständig von Hand auf und aus allen Stoffen hergestellt sind[7]
4. Mosaike, die nicht unter die Kategorien 1 oder 2 fallen, und Zeichnungen, die vollständig von Hand auf und aus allen Stoffen hergestellt sind[8]
5. Original-Radierungen, -Stiche, -Serigraphien, und -Lithographien und lithographische Matrizen sowie Original-Plakate[9]

---

[7] Die älter sind als 50 Jahre und nicht ihren Urhebern gehören.

[8] s. vorherige FN.

[9] s. vorherige FN.

6. Nicht unter die Kategorie 1 fallende Originalerzeugnisse der Bildhauerkunst und Kopien, die auf dieselbe Weise wie das Original hergestellt sind[10]
7. Photographien, Filme und dazugehörige Negative[11]
8. Wiegendrucke und Handschriften, einschließlich Landkarten und Partituren, als Einzelstücke oder Sammlung[12]
9. Bücher, die älter sind als 200 Jahre
10. Gedruckte Landkarten, die älter sind als 200 Jahre
11. Archive aller Art, mit Archivalien, die älter sind als 50 Jahre, auf allen Trägern
12. a) Sammlungen[13] und Einzelexemplare aus zoologischen, botanischen, mineralogischen oder anatomischen Sammlungen
    b) Sammlungen[14] von historischem, paläontologischem, ethnographischem oder numismatischem Wert
13. Verkehrsmittel, die älter sind als 75 Jahre
14. Sonstige Antiquitäten, die nicht unter die Kategorie A 1 bis A 13 fallen
    a. zwischen 50 und 100 Jahre alte Antiquitäten
       - Spielzeug, Spiele
       - Gegenstände aus Glas
       - Goldschmiedearbeiten
       - Möbel und Einrichtungsgegenstände
       - optische, photographische und kinemato-graphische Instrumente
       - Musikinstrumente
       - Uhrmacherwaren
       - Holzwaren
       - keramische Waren
       - Tapisserien
       - Teppiche
       - Tapeten
       - Waffen
    b. über 100 Jahre alte Antiquitäten

---

[10] s. vorherige FN.

[11] s. vorherige FN.

[12] s. vorherige FN.

[13] Im Sinne des Urteils des Gerichtshofs in der Rechtssache 252/84: „Sammelstücke im Sinne der Tarifnummer 99. 05 des GZT sind Gegenstände, die geeignet sind, in eine Sammlung aufgenommen zu werden, das heißt Gegenstände, die verhältnismäßig selten sind, normalerweise nicht ihrem ursprünglichen Verwendungszweck gemäß benutzt werden, Gegenstand eines Spezialhandels außerhalb des üblichen Handels mit ähnlichen Gebrauchsgegenständen sind und einen hohen Wert haben.“.

[14] siehe vorherige FN.

Die Kulturgüter, die unter die Kategorien A. 1 bis 14 fallen, werden von der vorliegenden Verordnung nur erfasst, wenn ihr Wert mindestens den in Teil B. aufgeführten Wertgruppen entspricht.

B. Wertgruppen, die bestimmten in Teil A genannten Kategorien entsprechen (in ECU)

Wert: 0 (Null)
- 1 (archäologische Gegenstände)
- 2 (Aufteilung von Denkmälern)
- 8 (Wiegendrucke und Handschriften)
- 11 (Archive)

15 000
- 4 (Mosaike)
- 5 (Radierungen)
- 7 (Photographien)
- 10 (gedruckte Landkarten)

50 000
- 6 (Bildhauerkunst)
- 9 (Bücher)
- 12 (Sammlungen)
- 13 (Verkehrsmittel)
- 14 (Sonstige Gegenstände)

150 000
- 3 (Bilder)

Die Erfüllung der Voraussetzungen im Hinblick auf den finanziellen Wert ist bei Einreichung des Antrages auf Erteilung einer Ausfuhrgenehmigung zu beurteilen. Der finanzielle Wert ist der Wert des Kulturgutes in dem in Artikel 2 Absatz 2 der Verordnung genannten Mitgliedstaat.

Zeitpunkt für die Umrechnung der in diesem Anhang in Ecu ausgedrückten Werte in Landeswährung ist der 1. 1. 1993.

Verordnung (EG) Nr. 2469/96 des Rates

vom 16. Dezember 1996 zur Änderung des Anhangs der Verordnung (EWG) Nr. 3911/92 über die Ausfuhr von Kulturgütern

DER RAT DER EUROPÄISCHEN UNION –

GESTÜTZT auf den Vertrag zur Gründung der Europäischen Gemeinschaft, insbesondere auf Artikel 113,

AUF VORSCHLAG der Kommission[15]

NACH STELLUNGNAHME des Europäischen Parlaments[16],

NACH STELLUNGNAHME des Wirtschafts- und Sozialausschusses[17],

IN ERWÄGUNG nachstehender Gründe:

Aquarelle, Gouachen und Pastelle werden in der Gemeinschaft auf Grund unterschiedlicher Kunstauffassungen teils den Gemälden und teils den Zeichnungen zugeordnet. Der Anhang der Verordnung (EWG) Nr. 3911/92[12] unterscheidet zwischen Zeichnungen, die vollständig von Hand auf und aus allen Stoffen hergestellt sind (Kategorie 4), sowie Bildern und Gemälden, die vollständig von Hand auf und aus allen Stoffen hergestellt sind (Kategorie 3). Da für jede Kategorie ein anderer Höchstbetrag gilt, könnte die unterschiedliche Behandlung von Aquarellen, Gouachen und Pastellen durch die verschiedenen Mitgliedstaaten zu erheblichen Verzerrungen im Binnenmarkt führen. Zur Durchführung der Verordnung ist folglich zu entscheiden, in welche Kategorie Aquarelle, Gouachen und Pastelle gehören, damit in der ganzen Gemeinschaft die gleichen Höchstbeträge angewandt werden.

Die für Aquarelle, Gouachen und Pastelle erzielten Preise liegen erfahrungsgemäß oberhalb des Preisbereichs für Zeichnungen und deutlich unterhalb der Preisklassen von Tempera- und Ölgemälden. Deshalb ist es zweckmäßig, für Aquarelle, Gouachen und Pastelle eine eigene Kategorie mit einem Höchstbetrag von 30 000 ECU einzuführen, womit die Ausfuhr von bedeutenderen Werken, genehmigungspflichtig gemacht wird, ohne dass ein überflüssiger Verwaltungsaufwand für die Genehmigungsbehörden entsteht –

HAT folgende Verordnung erlassen:

Artikel 1
Der Anhang der Verordnung (EWG) Nr. 3911/92 wird wie folgt geändert:
1. in Abschnitt A
   a. erhält die Nummer 3 folgende Fassung: „3. Bilder und Gemälde, die nicht unter die Kategorien 3a oder 4 fallen, aus jeglichem Material und auf jeglichem Träger vollständig von Hand hergestellt[19].“
   b. wird folgende Nummer eingefügt: „3a. Aquarelle, Gouachen und Pastelle, auf jeglichem Träger vollständig von Hand hergestellt[20].“

---

15 ABl. Nr. C 6 v. 11. 1. 1996, 14.

16 ABl. Nr. C 166 v. 10. 6. 1996, 39.

17 ABl. Nr. C 97 v. 1. 4. 1996, 28.

18 ABl. Nr. L 395 v. 31. 12. 1992, 1.

19 ABl. Nr. C 6 v. 11. 1. 1996, 14.

20 ABl. Nr. C 6 v. 11. 1. 1996, 14.

c. erhält Nr. 4 folgende Fassung: „4. Mosaike, die nicht unter die Kategorien 1 oder 2 fallen, aus jeglichem Material vollständig von Hand hergestellt, und Zeichnungen, aus jeglichem Material und auf jeglichem Träger vollständig von Hand hergestellt[21]."

2. In Abschnitt B wird folgende Kategorie eingefügt:
30 000 (ÖS 412. 749,–)
– 3a (Aquarelle, Gouachen und Pastelle)".

Artikel 2
Diese Verordnung tritt am dritten Tag nach ihrer Veröffentlichung im Amtsblatt der Europäischen Gemeinschaften in Kraft. Sie wird sechs Monate nach dem Tag ihrer Veröffentlichung anwendbar.

Diese Verordnung ist in allen ihren Teilen verbindlich und gilt unmittelbar in jedem Mitgliedstaat.

GESCHEHEN zu Brüssel am 16. Dezember 1996.

IM NAMEN DES RATES

Der Präsident
D. Higgins

---

[21] Die älter sind als 50 Jahre und nicht ihren Urhebern gehören.

2. Richtlinie 93/7/EWG des Rates über die Rückgabe von unrechtmäßig aus dem Hoheitsgebiet eines Mitgliedstaates verbrachten Kulturgütern vom 15. 3. 1993[1]

DER RAT DER EUROPÄISCHEN GEMEINSCHAFTEN –

GESTÜTZT auf den Vertrag zur Gründung der Europäischen Wirtschaftsgemeinschaft, insbesondere auf Artikel 100a,

AUF VORSCHLAG der Kommission[2],

IN ZUSAMMENARBEIT mit dem Europäischen Parlament[3],

NACH STELLUNGNAHME des Wirtschafts- und Sozialausschusses[4],

IN ERWÄGUNG nachstehender Gründe:

Laut Artikel 8a des Vertrages wird bis zum 1. 1. 1993 der Binnenmarkt errichtet, der einen Raum ohne Binnengrenzen umfasst, in dem der freie Verkehr von Waren, Personen, Dienstleistungen und Kapital gemäß den Bestimmungen des Vertrages gewährleistet ist.
Auf Grund und im Rahmen von Artikel 36 des Vertrages werden die Mitgliedstaaten auch nach 1992 das Recht haben, ihre nationalen Kulturgüter zu bestimmen und die notwendigen Maßnahmen zu deren Schutz in diesem Raum ohne Binnengrenzen zu treffen.
Deshalb muss eine Rückgaberegelung eingeführt werden, die es den Mitgliedstaaten ermöglicht, die Rückkehr von Kulturgütern in ihr Hoheitsgebiet zu erreichen, wenn diese im Sinne von Artikel 36 des Vertrages als nationales Kulturgut eingestuft und in Verletzung der oben genannten einzelstaatlichen Vorschriften oder der Verordnung (EWG) Nr. 3911/92 des Rates vom 9. Dezember 1992 über die Ausfuhr von Kulturgütern[5] aus ihrem Hoheitsgebiet verbracht wurden. Die Durchführung dieser Rückgaberegelung sollte so einfach und wirksam wie möglich sein. Um die Zusammenarbeit bei der Rückgabe zu erleichtern, sollte der Anwendungsbereich dieser Regelung auf Gegenstände beschränkt werden, die gemeinsamen Kategorien von Kulturgütern angehören. Der Anhang dieser Richtlinie bezweckt dementsprechend nicht, die Gegenstände zu definieren, die im Sinne von Artikel 36 des Vertrages als „nationales Kulturgut" anzusehen sind, sondern lediglich Kategorien von Gegenständen zu bestimmen, die als Kulturgüter eingestuft zu werden geeignet sind und somit Gegenstand eines Rückgabeverfahrens im Sinne dieser Richtlinie sein können.

---

1 Quelle: ABl. 1993 Nr. L 74, 74.

2 ABl. Nr. C 53 v. 28. 2. 1992, 11, und ABl. Nr. C 172 v. 8. 7. 1992, 7.

3 ABl. Nr. C 176 v. 13. 7. 1992, 129 und ABl. Nr. C 72 v. 15. 3. 1993.

4 ABl. Nr. C 223 v. 31. 8. 1992, 10.

5 ABl. Nr. L 395 v. 31. 12. 1992, 1.

Diese Richtlinie sollte auch Kulturgüter erfassen, die als nationales Kulturgut eingestuft wurden und zu öffentlichen Sammlungen gehören oder im Bestandsverzeichnis kirchlicher Einrichtungen aufgeführt sind, jedoch nicht unter die gemeinsamen Kategorien von Kulturgütern fallen.
Es empfiehlt sich, dass die Mitgliedstaaten auf Verwaltungsebene in Fragen ihres nationalen Kulturgutes zusammenarbeiten, und zwar in enger Verbindung mit ihrer Zusammenarbeit in Bezug auf gestohlene Kunstwerke, wobei insbesondere verloren gegangene, gestohlene oder unrechtmäßig verbrachte Kunstgegenstände, die Teil des nationalen Kulturgutes und der öffentlichen Sammlungen der Mitgliedstaaten sind, bei Interpol und anderen qualifizierten Stellen, die gleichartige Listen erstellen, einzutragen sind.
Die Einführung des Rückgabeverfahrens mit dieser Richtlinie stellt einen ersten Schritt auf dem Wege zu einer Zusammenarbeit zwischen den Mitgliedstaaten auf dem Gebiet des Schutzes der Kulturgüter im Rahmen des Binnenmarktes dar. Ziel ist eine gegenseitige Anerkennung der einschlägigen einzelstaatlichen Rechtsvorschriften. Zu diesem Zweck ist u. a. vorzusehen, dass die Kommission von einem beratenden Ausschuss unterstützt wird.
Die Verordnung (EWG) Nr. 3911/93 führt zusammen mit dieser Richtlinie eine Gemeinschaftsregelung zum Schutz der Kulturgüter der Mitgliedstaaten ein.
Der Zeitpunkt, zu dem die Mitgliedstaaten dieser Richtlinie nachzukommen haben, sollte möglichst nahe bei dem Zeitpunkt des Inkrafttretens der Verordnung (EWG) Nr. 3911/92 liegen. Einige Mitgliedstaaten werden wegen der Eigenart ihres Rechtssystems und des Umfangs der zur Umsetzung dieser Richtlinie erforderlichen Änderungen ihrer Rechtsvorschriften einen längeren Zeitraum benötigen –

HAT folgende Richtlinie erlassen:

Artikel 1

Im Sinne dieser Richtlinie gilt als

1. „Kulturgut“:
   ein Gegenstand,
   - der vor oder nach der unrechtmäßigen Verbringung aus dem Hoheitsgebiet eines Mitgliedstaats nach den einzelstaatlichen Rechtsvorschriften oder Verwaltungsverfahren im Sinne des Artikels 36 des Vertrages als „nationales Kulturgut von künstlerischem, geschichtlichem oder archäologischem Wert“ eingestuft wurde

   und
   - unter eine der im Anhang genannten Kategorien fällt, oder, wenn dies nicht der Fall ist,
   - zu öffentlichen Sammlungen gehört, die im Bestandsverzeichnis von Museen, von Archiven oder erhaltenswürdigen Beständen von Bibliotheken aufgeführt sind.

Für die Zwecke dieser Richtlinie gelten als „öffentliche Sammlungen" diejenigen Sammlungen, die im Eigentum eines Mitgliedstaates, einer lokalen oder einer regionalen Behörde innerhalb eines Mitgliedstaats oder einer im Hoheitsgebiet eines Mitgliedstaats gelegenen Einrichtung stehen, die nach der Rechtsordnung dieses Mitgliedstaats als öffentlich gilt, wobei dieser Mitgliedstaat oder eine lokale oder regionale Behörde entweder Eigentümer dieser Einrichtung ist oder sie zu einem beträchtlichen Teil finanziert;

- im Bestandsverzeichnis kirchlicher Einrichtungen aufgeführt ist;

2. „unrechtmäßig aus dem Hoheitsgebiet eines Mitgliedstaates verbracht":
   - jede Verbringung aus dem Hoheitsgebiet eines Mitgliedstaats entgegen dessen Rechtsvorschriften für den Schutz nationaler Kulturgüter oder entgegen der Verordnung (EWG) Nr. 3911/92 sowie
   - jede nicht erfolgte Rückkehr nach Ablauf der Frist für eine vorübergehende rechtmäßige Verbringung bzw. jeder Verstoß gegen eine andere Bedingung für diese vorübergehende Verbringung;
3. „ersuchender Mitgliedstaat": der Mitgliedstaat, aus dessen Hoheitsgebiet das Kulturgut unrechtmäßig verbracht wurde;
4. „ersuchter Mitgliedstaat": der Mitgliedstaat, in dessen Hoheitsgebiet sich ein Kulturgut befindet, das unrechtmäßig aus dem Hoheitsgebiet eines anderen Mitgliedstaats verbracht wurde;
5. „Rückgabe": die materielle Rückkehr des Kulturguts in das Hoheitsgebiet des ersuchenden Mitgliedstaats;
6. „Eigentümer": die Person, die die tatsächliche Sachherrschaft über das Kulturgut für sich selbst ausübt;
7. „Besitzer": die Person, die die tatsächliche Sachherrschaft über das Kulturgut für andere ausübt.

Artikel 2
Die unrechtmäßig aus dem Hoheitsgebiet eines Mitgliedstaates verbrachten Kulturgüter werden nach den in dieser Richtlinie vorgesehenen Verfahren und Bedingungen zurückgegeben.

Artikel 3
Jeder Mitgliedstaat benennt eine oder mehrere zentrale Stellen, die die in dieser Richtlinie vorgesehenen Aufgaben wahrnehmen.
Die Mitgliedstaaten haben der Kommission die zentralen Stellen mitzuteilen, die sie gemäß diesem Artikel benennen.
Die Kommission veröffentlicht die Liste dieser zentralen Stellen sowie spätere Änderungen im Amtsblatt der Europäischen Gemeinschaften, Reihe C.

Artikel 4
Die zentralen Stellen der Mitgliedstaaten arbeiten zusammen und fördern eine Abstimmung zwischen den zuständigen Behörden der Mitgliedstaaten. Diese erfüllen insbesondere folgende Aufgaben:

1. auf Antrag des ersuchenden Mitgliedstaats Nachforschungen nach einem bestimmten Kulturgut, das unrechtmäßig aus seinem Hoheitsgebiet verbracht wurde, und nach der Identität seines Eigentümers und/oder Besitzers. Diesem Antrag sind alle erforderlichen Angaben, insbesondere über den tatsächlichen oder vermutlichen Ort der Belegenheit des Kulturgutes, zur Erleichterung der Nachforschungen beizufügen;
2. Unterrichtung der betroffenen Mitgliedstaaten im Fall des Auffindens eines Kulturgutes in ihrem Hoheitsgebiet, wenn begründeter Anlass für die Vermutung besteht, dass das Kulturgut unrechtmäßig aus dem Hoheitsgebiet eines anderen Mitgliedstaats verbracht wurde;
3. Erleichterung der Überprüfung durch die zuständigen Behörden des ersuchenden Mitgliedstaats, ob der betreffende Gegenstand ein Kulturgut darstellt, sofern die Überprüfung innerhalb von 2 Monaten nach Unterrichtung gemäß Nummer 2 erfolgt. Wird diese Überprüfung nicht innerhalb der festgelegten Frist durchgeführt, so sind die Nummern 4 und 5 nicht mehr anwendbar;
4. in Zusammenarbeit mit dem betroffenen Mitgliedstaat erforderlichenfalls Erlass der notwendigen Maßnahmen für die physische Erhaltung des Kulturguts;
5. Erlass der erforderlichen vorläufigen Maßnahmen, um zu verhindern, dass das Kulturgut dem Rückgabeverfahren entzogen wird;
6. Wahrnehmung der Rolle eines Vermittlers zwischen dem Eigentümer und/oder Besitzer und dem ersuchenden Mitgliedstaat in der Frage der Rückgabe. In diesem Sinne können die zuständigen Behörden des ersuchten Mitgliedstaats unbeschadet des Artikels 5 zunächst die Einleitung eines Schiedsverfahrens gemäß den innerstaatlichen Rechtsvorschriften des ersuchten Mitgliedstaats erleichtern, sofern der ersuchende Staat sowie der Eigentümer oder Besitzer ihre förmliche Zustimmung erteilen.

Artikel 5

Der ersuchende Mitgliedstaat kann gegen den Eigentümer und ersatzweise gegen den Besitzer bei dem zuständigen Gericht des ersuchenden Mitgliedstaats Klage auf Rückgabe eines Kulturguts erheben, das sein Hoheitsgebiet unrechtmäßig verlassen hat.

Die Klage auf Rückgabe ist nur dann zulässig, wenn der Klageschrift folgendes beigefügt ist:

- ein Dokument mit der Beschreibung des Gutes, das Gegenstand der Klage ist, und der Erklärung, dass es sich dabei um ein Kulturgut handelt;
- eine Erklärung der zuständigen Stellen des ersuchenden Mitgliedstaats, wonach das Kulturgut unrechtmäßig aus seinem Hoheitsgebiet verbracht wurde.

Artikel 6

Die zentrale Stelle des ersuchenden Mitgliedstaats setzt die zentrale Stelle des ersuchten Mitgliedstaats unverzüglich von der Erhebung der Rückgabeklage in Kenntnis.

Die zentrale Stelle des ersuchten Mitgliedstaats unterrichtet unverzüglich die zentrale Stelle der anderen Mitgliedstaaten.

Artikel 7

(1) Die Mitgliedstaaten sehen in ihren Rechtsvorschriften vor, dass der Rückgabeanspruch gemäß dieser Richtlinie ein Jahr nach dem Zeitpunkt erlischt, zu dem der ersuchende Mitgliedstaat von dem Ort der Belegenheit des Kulturguts und der Identität seines Eigentümers oder Besitzers Kenntnis erhält.

In jedem Fall erlischt der Rückgabeanspruch 30 Jahre nach dem Zeitpunkt, zu dem das Kulturgut unrechtmäßig aus dem Hoheitsgebiet des ersuchenden Mitgliedstaats verbracht wurde. Handelt es sich jedoch um Kulturgüter, die zu öffentlichen Sammlungen gemäß Artikel 1 Nummer 1 gehören, sowie um kirchliche Güter in den Mitgliedstaaten, in denen sie nach den innerstaatlichen Rechtsvorschriften besonderen Schutzregelungen unterliegen, so erlischt der Rückgabeanspruch nach 75 Jahren; hiervon ausgenommen sind die Mitgliedstaaten, in denen der Rückgabeanspruch unverjährbar ist, sowie bilaterale Abkommen zwischen Mitgliedstaaten, in denen eine Verjährungsfrist von über 75 Jahren festgelegt ist.

(2) Die Rückgabeklage ist unzulässig, wenn das Verbringen aus dem Hoheitsgebiet des ersuchenden Mitgliedstaats zu dem Zeitpunkt, zu dem die Klage erhoben wird, nicht mehr unrechtmäßig ist.

Artikel 8

Vorbehaltlich der Artikel 7 und 13 wird die Rückgabe des Kulturguts von dem zuständigen Gericht angeordnet, wenn erwiesen ist, dass es sich dabei um ein Kulturgut im Sinne des Artikels 1 Nummer 1 handelt und die Verbringung aus dem Hoheitsgebiet unrechtmäßig war.

Artikel 9

Wird die Rückgabe angeordnet, so gewährt das zuständige Gericht des ersuchten Mitgliedstaats dem Eigentümer in der Höhe, die es im jeweiligen Fall als angemessen erachtet, eine Entschädigung, sofern es davon überzeugt ist, dass der Eigentümer beim Erwerb mit der erforderlichen Sorgfalt vorgegangen ist.

Die Beweislast bestimmt sich nach dem Recht des ersuchten Mitgliedstaats.

Im Fall der Schenkung oder Erbschaft darf die Rechtsstellung des Eigentümers nicht günstiger sein als die des Schenkers oder Erblassers. Der ersuchende Mitgliedstaat hat die Entschädigung bei der Rückgabe zu zahlen.

Artikel 10
Die Ausgaben, die sich aus dem Vollzug der Entscheidung ergeben, mit der die Rückgabe des Kulturguts angeordnet wird, gehen zu Lasten des ersuchenden Mitgliedstaats. Gleiches gilt für die Kosten der Maßnahmen gemäß Artikel 4 Nummer 4.

Artikel 11
Die Zahlung der angemessenen Entschädigung gemäß Artikel 9 und der Ausgaben gemäß Artikel 10 steht dem Recht des ersuchenden Mitgliedstaats nicht entgegen, die Erstattung dieser Beträge von den Personen zu fordern, die für die unrechtmäßige Verbringung des Kulturguts aus seinem Hoheitsgebiet verantwortlich sind.

Artikel 12
Die Frage des Eigentums an dem Kulturgut nach erfolgter Rückgabe bestimmt sich nach dem Recht des ersuchenden Mitgliedstaats.

Artikel 13
Diese Richtlinie gilt nur in Fällen, in denen Kulturgüter ab dem 1.1.1993 unrechtmäßig aus dem Hoheitsgebiet eines Mitgliedstaats verbracht werden.

Artikel 14
(1) Jeder Mitgliedstaat kann seine Verpflichtung zur Rückgabe auf andere als die im Anhang aufgeführten Kategorien von Kulturgütern ausdehnen.
(2) Jeder Mitgliedstaat kann die in dieser Richtlinie vorgesehene Regelung auf Anträge auf Rückgabe von Kulturgütern anwenden, die vor dem 1.1.1993 unrechtmäßig aus dem Hoheitsgebiet anderer Mitgliedstaaten verbracht wurden.

Artikel 15
Diese Richtlinie steht zivil- oder strafrechtlichen Maßnahmen nicht entgegen, die dem ersuchenden Mitgliedstaat und/oder dem Eigentümer eines entwendeten Kulturguts auf Grund der nationalen Rechtsvorschriften der Mitgliedstaaten zur Verfügung stehen.

Artikel 16
(1) Die Mitgliedstaaten übermitteln der Kommission alle drei Jahre und erstmals im Februar 1996 einen Bericht über die Durchführung dieser Richtlinie.
(2) Die Kommission übermittelt dem Europäischen Parlament, dem Rat und dem Wirtschafts- und Sozialausschuss alle drei Jahre einen Bericht mit der Bewertung der Durchführung dieser Richtlinie.
(3) Der Rat überprüft nach einem Anwendungszeitraum von drei Jahren die Wirksamkeit dieser Richtlinie und nimmt auf Vorschlag der Kommission die erforderlichen Anpassungen vor.

(4) In jedem Fall überprüft der Rat auf Vorschlag der Kommission alle drei Jahre die im Anhang genannten Beträge und bringt sie gegebenenfalls entsprechend den wirtschaftlichen und monetären Daten in der Gemeinschaft auf den neuesten Stand.

Artikel 17
Die Kommission wird von dem mit Artikel 8 der Verordnung (EWG) Nr. 3911/92 eingesetzten Ausschuss unterstützt.
Der Ausschuss prüft alle Fragen im Zusammenhang mit der Anwendung des Anhanges dieser Richtlinie, die ihm der Vorsitzende entweder aus eigener Initiative oder auf Antrag des Vertreters eines Mitgliedstaats unterbreitet.

Artikel 18
Die Mitgliedstaaten erlassen die erforderlichen Rechts- und Verwaltungsvorschriften, um dieser Richtlinie binnen neun Monaten nach ihrer Annahme nachzukommen; für das Königreich Belgien, die Bundesrepublik Deutschland und das Königreich der Niederlande beträgt diese Frist zwölf Monate. Die Mitgliedstaaten setzen die Kommission unverzüglich davon in Kenntnis.
Wenn die Mitgliedstaaten Vorschriften nach Absatz 1 erlassen, nehmen sie in diesen Vorschriften selbst oder durch einen Hinweis bei der amtlichen Veröffentlichung auf diese Richtlinie Bezug. Die Mitgliedstaaten regeln die Einzelheiten dieser Bezugnahme.

Artikel 19
Diese Richtlinie ist an die Mitgliedstaaten gerichtet.

GESCHEHEN zu Brüssel am 15. 3. 1993.

IM NAMEN DES RATES

Der Präsident
M. Jelved

Anhang

Kategorien nach Artikel 1 Nummer 1 zweiter Gedankenstrich, denen als „Kulturgut" im Sinne von Artikel 36 des Vertrages eingestufte Gegenstände für eine Rückgabe gemäß dieser Richtlinie angehören müssen.

A.
1. Mehr als 100 Jahre alte archäologische Gegenstände aus
   - Grabungen und archäologischen Funden zu Lande oder unter Wasser
   - archäologischen Stätten
   - archäologischen Sammlungen

2. Bestandteile von Kunst- und Baudenkmälern oder religiösen Denkmälern, die aus deren Aufteilung stammen und älter sind als 100 Jahre
3. Bilder und Gemälde, die nicht unter die Kategorien 3a oder 4 fallen, aus jeglichem Material und auf jeglichem Träger vollständig von Hand hergestellt[6]

3a. Aquarelle, Gouachen und Pastelle, auf jeglichem Träger vollständig von Hand hergestellt[7]

4. Mosaike, die nicht unter die Kategorien 1 oder 2 fallen, aus jeglichem Material vollständig von Hand hergestellt, und Zeichnungen, aus jeglichem Material und auf jeglichem Träger vollständig von Hand hergestellt[8]
5. Original-Radierungen, -Stiche, -Serigraphien, und -Lithographien und lithographische Matrizen sowie Original-Plakate[9]
6. Nicht unter die Kategorie 1 fallende Originalerzeugnisse der Bildhauerkunst und Kopien, die auf dieselbe Weise wie das Original hergestellt sind[10]
7. Photographien, Filme und dazugehörige Negative[11]
8. Wiegendrucke und Handschriften, einschließlich Landkarten und Partituren, als Einzelstücke oder Sammlung[12]
9. Bücher, die älter sind als 200 Jahre
10. Gedruckte Landkarten, die älter sind als 200 Jahre
11. Archive aller Art, mit Archivalien, die älter sind als 50 Jahre, auf allen Trägern
12. a) Sammlungen[13] und Einzelexemplare aus zoologischen, botanischen, mineralogischen oder anatomischen Sammlungen
    b) Sammlungen[14] von historischem, paläontologischem, ethnographischem oder numismatischem Wert
13. Verkehrsmittel, die älter sind als 75 Jahre
14. Sonstige, nicht unter den Kategorien 1 bis 13 genannte Antiquitäten, die älter sind als 50 Jahre.

---

[6] Älter als 50 Jahre und nicht ihren Urhebern gehörend.

[7] s. vorherige FN.

[8] s. vorherige FN.

[9] s. vorherige FN.

[10] s. vorherige FN.

[11] s. vorherige FN.

[12] s. vorherige FN.

[13] Im Sinne des Urteils des Gerichtshofs in der Rechtssache 252/84: „Sammelstücke im Sinne der Tarifnummer 99. 05 des GZT sind Gegenstände, die geeignet sind, in eine Sammlung aufgenommen zu werden, das heißt Gegenstände, die verhältnismäßig selten sind, normalerweise nicht ihrem ursprünglichen Verwendungszweck gemäß benutzt werden, Gegenstand eines Spezialhandels außerhalb des üblichen Handels mit ähnlichen Gebrauchsgegenständen sind und einen hohen Wert haben.“.

[14] siehe vorherige FN.

Die Kulturgüter, die unter die Kategorien A. 1 bis 14 fallen, werden von dieser Richtlinie nur erfasst, wenn ihr Wert mindestens den in Teil B aufgeführten Wertgruppen entspricht.

B. Wertgruppen, die bestimmten in Teil A genannten Kategorien entsprechen (in ECU)

Wert: 0 (Null)
- 1 (archäologische Gegenstände)
- 2 (Aufteilung von Denkmälern)
- 8 (Wiegendrucke und Handschriften)
- 11 (Archive)

15 000
- 4 (Mosaike)
- 5 (Radierungen)
- 7 (Photographien)
- 10 (gedruckte Landkarten)

30 000
- 3a (Aquarelle, Gouachen und Pastelle)

50 000
- 6 (Bildhauerkunst)
- 9 (Bücher)
- 12 (Sammlungen)
- 13 (Verkehrsmittel)
- 14 (Sonstige Gegenstände)

150 000
- 3 (Bilder)

Die Erfüllung der Voraussetzungen im Hinblick auf den finanziellen Wert ist bei Einreichung des Antrages auf Erteilung einer Ausfuhrgenehmigung zu beurteilen. Der finanzielle Wert ist der Wert des Kulturgutes in dem in Artikel 2 Absatz 2 der Verordnung genannten Mitgliedstaat.

Zeitpunkt für die Umrechnung der in diesem Anhang in Ecu ausgedrückten Werte in Landeswährung ist der 1. 1. 1993.

Richtlinie 2001/38/EG des Europäischen Parlaments und des Rates

vom 5. 6. 2001 zur Änderung der Richtlinie 93/7/EWG des Rates über die Rückgabe von unrechtmäßig aus dem Hoheitsgebiet eines Mitgliedstaats verbrachten Kulturgütern (Währungsumstellung auf Euro)

DAS EUROPÄISCHE PARLAMENT UND DER RAT DER EUROPÄISCHEN UNION –

GESTÜTZT auf den Vertrag zur Gründung der Europäischen Gemeinschaft, insbesondere auf Artikel 95,

AUF VORSCHLAG der Kommission[15],

NACH STELLUNGNAHME des Wirtschafts- und Sozialausschusses, nach Stellungnahme des Ausschusses der Regionen,

GEMÄSS dem Verfahren des Artikels 251 des Vertrages[16], in Erwägung nachstehender Gründe:

(1) Die Errichtung der Wirtschafts- und Währungsunion und die Umstellung auf den Euro haben Auswirkungen auf die Bestimmung im letzten Absatz der Rubrik B des Anhangs der Richtlinie 93/7/EWG des Rates[17], in der die Wertgruppen für die Kulturgüter, die unter die genannte Richtlinie fallen, in ECU angegeben sind. Gemäß dieser Bestimmung ist der Zeitpunkt für die Umrechnung dieser Werte in Landeswährungen der 1. 1. 1993.
(2) Nach der Verordnung (EG) Nr. 110397des Rates vom 17. 6. 1997 über bestimmte Vorschriften im Zusammenhang mit der Einführung des Euro[18] ist ab dem 1. 1. 1999 auf die ECU in Rechtsinstrumenten als eine Bezugnahme auf den Euro entsprechend dem Umrechnungskurs 1:1 anzusehen. Sofern keine Änderung der Richtlinie 93/7/EWG und damit des festen Umrechnungskurses vom 1. 1. 1993 vorgenommen wird, wenden die Mitgliedstaaten, in denen der Euro die Währung ist, weiterhin jeweils unterschiedliche Beträge an, die auf den Umrechnungskursen von 1993 und nicht auf den unwiderruflich festgelegten Euro-Umrechnungskursen vom 1. 1. 1999 basieren; an dieser Situation wird sich nichts ändern, solange die betreffende Umrechnungsregelung in der genannten Richtlinie beibehalten wird.
(3) Die Bestimmung im letzten Absatz der Rubrik B des Anhangs der Richtlinie 93/7/EWG sollte daher so geändert werden, dass ab dem 1. 1. 2002 die Mitgliedstaaten, in denen der Euro die Währung ist, direkt die im Gemeinschaftsrecht vorgesehenen Wertgruppen in Euro anwenden. Für die übrigen Mitgliedstaaten, die weiterhin diese Schwellenwerte in Landeswährung umrechnen, sollte zu einem geeigneten Zeitpunkt vor dem 1. 1. 2002 ein Umrechnungskurs festgelegt und vorgesehen werden, dass diese Mitgliedstaaten den Umrechnungskurs auto-

---

15 ABl. C 120 E v. 24. 4. 2001, 182.

16 Stellungnahme des Europäischen Parlaments v. 14. 2. 2001 und Beschl. des Rates v. 14. 5. 2001.

17 ABl. L 74 v. 27. 3. 1993, 74. Richtlinie geändert durch die Richtlinie 96/100/EG des Europäischen Parlaments und des Rates (ABl. L 60 v. 1. 3. 1997, 59).

18 ABl. L 162 v. 19. 6. 1997, 1.

matisch und regelmäßig anpassen, um die Wechselkursschwankungen zwischen der jeweiligen Landeswährung und dem Euro auszugleichen.
(4) Es hat sich gezeigt, dass die Wertgruppe 0 (Null) in der Rubrik B des Anhangs der Richtlinie 93/7/EWG, die als finanzieller Mindestwert für bestimmte Kategorien von Kulturgütern gilt, zu Auslegungen führen konnte, die sich nachteilig auf die effektive Anwendung der Richtlinie auswirken. Diese Wertgruppe 0 bedeutet, dass Kulturgüter, die zu diesen Kategorien gehören, unabhängig von ihrem Wert als Kulturgüter im Sinne der genannten Richtlinie anzusehen sind, auch wenn dieser Wert gering oder null ist. Einige Behörden haben jedoch diese Wertgruppe O dahingehend interpretiert, dass das betreffende Kulturgut keinen Wert besitzt und diese Kategorien von Kulturgütern nicht den Schutz der Richtlinie besitzen.
(5) Um jegliche Zweifel in dieser Hinsicht zu vermeiden, sollte die Ziffer „0“ durch einen eindeutigeren Ausdruck ersetzt werden, der keine Zweifel an der Schutzwürdigkeit der betreffenden Kulturgüter zulässt.

HABEN folgende Richtlinie erlassen:

Artikel 1
Im Anhang der Richtlinie 93/7/EWG wird die Rubrik B wie folgt geändert:
Die Überschrift „WERT: 0 (Null“) erhält folgende Fassung:

> „WERT: Wertunabhängig

Der letzte Absatz über die Umrechnung der in ECU ausgedrückten Werte in Landeswährungen erhält folgende Fassung:

> „Für die Mitgliedstaaten, in denen der Euro die Währung ist, werden die in diesem Anhang aufgeführten und in Euro ausgedrückten Wertgruppen in die jeweilige Landeswährung umgerechnet und in dieser Währung ausgedrückt, und zwar zu dem Umrechnungskurs vom 31. Dezember 2001, der im Amtsblatt der Europäischen Gemeinschaften veröffentlich wird. Diese Beträge in der jeweiligen Landeswährung werden mit Wirkung vom 31. Dezember 2001 alle 2 Jahre überprüft. Die Berechnung stützt sich auf das Mittel der Tageswerte dieser Währungen, ausgedrückt in Euro, während der 24 Monate, die am letzten Tag des Monats August enden, der der Überprüfung mit Wirkung vom 31. Dezember vorausgeht. Diese Berechnungsmethode wird auf Vorschlag der Kommission vom Beratenden Ausschuss für Kulturgüter grundsätzlich 2 Jahre nach der ersten Anwendung überprüft. Bei jeder Überprüfung werden die in Euro ausgedrückten Wertgruppen und die entsprechenden Beträge in Landeswährung regelmäßig in den ersten Tagen des Monats November, der dem Zeitpunkt vorausgeht, zu dem die Überprüfung wirksam wird, im Amtsblatt der Europäischen Gemeinschaften veröffentlicht.“

Artikel 2
Die Mitgliedstaaten setzten die Rechts- und Verwaltungsvorschriften in Kraft, die erforderlich sind, um dieser Richtlinie spätestens am 31.12.2001 nachzukommen. Sie setzen die Kommission unverzüglich davon in Kenntnis.
Wenn die Mitgliedstaaten derartige Vorschriften erlassen, nehmen sie in den Vorschriften selbst oder durch einen Hinweis bei der amtlichen Veröffentlichung auf diese Richtlinie Bezug. Die Mitgliedstaaten regeln Einzelheiten dieser Bezugnahme.

Artikel 3
Diese Richtlinie tritt am zwanzigsten Tag nach ihrer Veröffentlichung im Amtsblatt der Europäischen Gemeinschaften in Kraft.

Artikel 4
Diese Richtlinie ist an alle Mitgliedstaaten gerichtet.

Geschehen zu Luxemburg am 5. 6. 2001.

IM NAMEN DES EUROPÄISCHEN PARLAMENTS

Umsetzung der Richtlinie und zu beachtende nationale Vorschriften zum Kulturgüterschutz:

Belgien: *Loi du 28. octubre 1996 relative à la restitution de biens culturels ayant quitté illicitement le territoire de certains Etats étrangers: Monitor belge 1996 N. 245, 31865.* Verordnung vom 11. 7. 2002 der Französischen Gemeinschaft über den Schutz von Kulturgütern, Verordnung vom 24. 1. 2003 der Flämischen Gesellschaft über den Schutz des mobilen Kulturguts von außergewöhnlichem Interesse (Informationen: www.vlaanderen.be/cultuur).

Dänemark: *Lov nr. 1104 af 22. 12. 1993 om tilbagelevering af kulturgoder, som ulovligt er fjernet fra EU-medlemsland område m.v.: Lovtidende A 1993, 6135ff.; Karnovs Lovsamling, Bd. 4, 13. A. 1993, 4637ff. Lov nr. 332 af 4. 6. 1986 om sikring af kulturvaerdier* (Informationen: www.kulturvaerdier.dk).

Deutschland: Gesetz vom 15. 10. 1998 zur Umsetzung der Richtlinie 93/7/EWG der Europäischen Gemeinschaft über die Rückgabe von unrechtmäßig aus dem Hoheitsgebiet eines Mitgliedstaates verbrachten Kulturgütern und zur Änderung des Gesetzes zum Schutz deutschen Kulturguts gegen Abwanderung: BGBl. 1998, Teil I, 3162ff.; Anhang III. 2.

Finnland: *Lag Nr. 1276 v. 16. 12. 1994 om återlämnande av kulturföremål som olagligt förts bort från en stat inom Europeiska samarbetsområdet: Finlands lag 1994, 3733. Laki 1999/115 ja Asetus 1999/189 kultuuriesineiden maastaviennin rajoittamisesta* (Informationen: www.nba.fi, www.finlex.fi).

Frankreich: *Loi no. 95-877 du 3. 8. 1995 portant transposition de la directive 93/7 du 15. 3. 1993 du Conseil des Communautés européennes relative à la restitution des biens culturels ayant quitté illicitement le territoire d'un Etat membre: Journal officiel 4. 8. 1995; Rev. crit. 86 (1997) 354. Loi no. 92 1477 du 31. 12. 1992 relatives à la protection du patrimoine national, Décrets d'application no. 93-124, no. 95-24, no. 97-286 et 2001-894 et Loi no. 94-679 du 8. 8. 1994* (Informationen: www.legifrance.gouv.fr., www.cerfa.gouv.fr).

Griechenland: Präsidialverordnung Nr. 133/98 vom 15. 9. 1998: *Koinodiktion 1998, 355.* Gesetz 3028/2002 zum Schutz von Antiquitäten und Kulturgütern im Allgemeinen.

Großbritannien: *The Return of Cultural Objects Regulations 1994: Statutory Instruments 1994 No. 501. Import, Export and Customs Powers (Defence) Act 1939 and Export of Goods (Control) Order 1992* (Informationen: www.culture.gov.uk).

Irland: *European Communities (Return of Cultural Objects) Regulations, 1994: Statutory Instruments 1994 No. 182, National Monuments Act, 1930 and National Cultural Institutions Act, 1997, Documents and Pictures (Regulation of Export) Act, 1945* (Informationen: www.gov.ie, www.arts-sport-tourism.gov.ie).

Italien: *Legge 30. 3. 1998 n. 88, Norme sulla circolazione dei beni culturali: Gazzetta ufficiale n. 84 del 10. 4. 1998; Rivista di diritto internazionale privato e processuale 34 (1998) 486. Décreto Legislativo 29. 10. 1999 no. 490* (Informationen: www.beniculturali.it, Link: Regulation, Link: Norme statali, Decreto Legislativo 490/99).

Luxemburg: *Loi du 9. 1. 1998 portant transposition de la directive 93/7/CEE du 15. 3. 1993 relative à la restitution des biens culturels ayant quitté illicitement le territoire d'un Etat membre de l'Union européene: Mémorial 1998 A 136. Loi du 21. 3. 1966 et 18. 7. 1983 relatives à la protection du patrimoine culturel des biens.*

Niederlande: *Wet van 9. 3. 1995 tot wijziging van enoge wetten in verband met de verplichting tot teruggave van cultuurgoederen die op onrechtsmatige wije buiten het grondgebied van een lid-staat van de Europese Unie of van een andere staat die patij is bij de Overeenkomst betreffende de Europese Economische Ruimte zijn gebracht en in verband met de uitvoer van cultuurgoederen (Implementatiewet bescherming cultuurgoederen tegen illegale uitvoer): Staatsblad van het Koninkrijk der Nederlanden 1995 Nr. 145,* mit Ergänzung des *Wetboek van Burgerlijke Rechtsverordering* um die Art. 1008–1011. *Wetgeving van 1. 2. 1984 en Decreet van 13. 3. 1985 beteffende het Nationaal Culturel Patrimonium* (Informationen: www.cultins.minocw.nl).

Österreich: Bundesgesetz Nr. 67 vom 15. 5. 1998 zum Umsetzung der Richtlinie 93/7/EWG über die Rückgabe von unrechtmäßig aus dem Hoheitsgebiet eines

Mitgliedstaates der Europäischen Gemeinschaft verbrachten Kulturgütern: BGBl. für die Republik Österreich 1998 I, 685. Denkmalschutzgesetz-DMSG (Informationen: www.bda.at).

Portugal: Keine spezielle Umsetzung, weil angeblich das bisher geltende Recht bereits richtlinienkonform sei. Vergl. Ermächtigung der Revision der Gesetze in: *Lei no. 90-C/95 v. 1. 9. 1995, Diàrio da República 1995 I série A, J. 5508-(5). Lei no. 107/2201 do 8. 9* (Informationen: www.parlamento.pt, www.ipmuseus.pt).

Schweden: *Lag av den 15. 12. 1994 on ändering i lagen (1988:950) om kulturminnen m.m.: Svensk förtfattningssamling (SFS) 1994: 1523. Förordning (1998: 1188) om kulturminnen* (Informationen: www.raa.se).

Spanien: *Ley 36/1994 de 23. 12. 1994, de incorporación al ordenamiento juridico español de la Directiva 93/7/CEE del Consejo, de 15. 3., relativa a la restitución de bienes culturales que hayan salido de forma ilegal del territorio de un Estado miembro de la Unión Europea: Boletin oficial del Estado 24. 12. 1994, no. 307, 38672;* geändert durch *Ley 18/1998 de 15. 6. 1998: Boletin oficial del Estado 16. 6. 1998, no. 143, 19799. Ley 16/1985 del Patrimonio Histórico Español, Decreto Real n 1111 de 10. 1. 1986 et Decreto no. 1631/1992* (Informationen: www.mcu.es)[19].

[19] Zitiert nach: http://europa.eu.int/comm/internal_market/de/goods/dir937.htm, Stand: September 2003, abgerufen am 21. 1. 2005, und *Siehr*, AJP 1999, 962, 963 FN 14.

III. Deutsche Vorschriften

1. Gesetz zum Schutz deutschen Kulturgutes gegen Abwanderung vom 6. 8. 1955[1]

ERSTER ABSCHNITT. KUNSTWERKE UND ANDERES KULTURGUT (AUSSER ARCHIVGUT)

§ 1
(Eintragung in das Verzeichnis national wertvollen Kulturgutes, genehmigungsbedürftige Ausfuhr)

(1) Kunstwerke und anderes Kulturgut – einschließlich Bibliotheksgut-, deren Abwanderung aus dem Geltungsbereich dieses Gesetzes einen wesentlichen Verlust für den deutschen Kulturbesitz bedeuten würde, werden in dem Land, in dem sie sich bei Inkrafttreten dieses Gesetzes befinden, in ein „Verzeichnis national wertvollen Kulturgutes" eingetragen. Das Verzeichnis wird bei Bedarf ergänzt.
(2) Bei Ortswechsel eingetragenen Kulturgutes innerhalb des Geltungsbereiches dieses Gesetzes von einem Lande in ein anderes Land behält die Eintragung ihre Wirkung.
(3) Die eingetragenen Gegenstände werden nach besonderer gesetzlicher Regelung bei der Heranziehung zu Steuern und zum Lastenausgleich begünstigt.
(4) Die Ausfuhr eingetragenen Kulturgutes bedarf der Genehmigung. Diese kann an Bedingungen geknüpft werden. Die Genehmigung zur Ausfuhr ist zu versagen, wenn bei Abwägung der Umstände des Einzelfalles wesentliche Belange des deutschen Kulturbesitzes überwiegen. Der Ausfuhr steht das sonstige Verbringen aus dem Geltungsbereich dieses Gesetzes gleich.

§ 2
(Zuständigkeit der obersten Landesbehörden, Verfahren)

(1) Über die Eintragung des Kulturgutes in das Verzeichnis entscheidet die oberste Landesbehörde.
(2) Vor der Entscheidung hat die oberste Landesbehörde einen von ihr zu berufenden Sachverständigen-Ausschuss zu hören. Er besteht aus fünf Sachverständigen. Einer von ihnen ist auf Vorschlag des Bundesministers des Innern zu berufen. Bei der Berufung der Sachverständigen sind die Kreise der Fachleute

[1] In der Fassung v. 8. 7. 1999 (Neubekanntmachung des Gesetzes zum Schutz deutschen Kulturgutes gegen Abwanderung v. 6. 8. 1955 in der seit 22. 10. 1998 geltenden Fassung), BGBl. I, 1754, zuletzt geändert durch Art. 71 Siebente Zuständigkeitsanpassungs-Verordnung v. 29. 10. 2001 (BGBl. I, 2785); aktuelle Fassung abgedruckt in Sartorius I Nr. 510.

aus den öffentlichen Verwaltungen, der Hochschullehrer, der privaten Sammler, des Kunsthandels und Antiquariates zu berücksichtigen.

§ 3
(Eintragung auf Antrag, von Amts wegen)

(1) Die Eintragung kann auf Antrag oder von Amts wegen erfolgen. Die Landesregierung regelt das Antragsrecht durch Rechtsverordnung. Sie kann diese Befugnis auf die zuständige oberste Landesbehörde übertragen.
(2) Zur Wahrung eines gemeindeutschen Interesses kann der Bundesminister des Innern die Eintragung in das Verzeichnis beantragen.

§ 4
(Einleitung der Eintragung, Rechtsfolgen, öffentliche Bekanntmachung)

(1) Ist die Eintragung eines Kulturgutes eingeleitet, so ist seine Ausfuhr untersagt, bis die Entscheidung über die Eintragung unanfechtbar geworden ist.
(2) Die Einleitung der Eintragung eines Gegenstandes in das „Verzeichnis national wertvollen Kulturgutes" ist öffentlich bekannt zumachen.

§ 5
(Genehmigung der Ausfuhr, Anhörung von Sachverständigen)

(1) Über die Genehmigung zur Ausfuhr (§ 1 Abs. 4) von eingetragenem Kulturgut entscheidet der Bundesminister des Innern.
(2) Vor der Entscheidung hat der Bundesminister des Innern einen von ihm zu berufenden Sachverständigen-Ausschuss zu hören. Er besteht aus fünf Sachverständigen. Einer von ihnen wird auf Vorschlag des Bundesrates und zwei weitere Sachverständige auf Vorschlag des Landes berufen, in dessen Verzeichnis das Kulturgut eingetragen ist. Bei der Berufung der Sachverständigen sind die Kreise der Fachleute aus den öffentlichen Verwaltungen, der Hochschullehrer, der privaten Sammler, des Kunsthandels und Antiquariates zu berücksichtigen.

§ 6
(Mitteilung jeder Eintragung, Gesamtverzeichnis national wertvollen Kulturgutes)

(1) Jede Eintragung und ihre Veränderung ist den Beteiligten und dem Bundesminister des Innern mitzuteilen und von den obersten Landesbehörden nach dem jeweiligen Landesrecht sowie im Bundesanzeiger bekannt zumachen. Dabei sollen Eigentümer und Standort des eingetragenen Kulturgutes nicht erwähnt werden.
(2) Der Bundesminister des Innern führt ein aus den Verzeichnissen der einzelnen Länder gebildetes „Gesamtverzeichnis national wertvollen Kulturgutes".

§ 7
(Löschung der Eintragung)

(1) Sind seit Bekanntmachung der Eintragung im Bundesanzeiger mehr als fünf Jahre vergangen und haben sich die Umstände wesentlich verändert, so kann der Eigentümer bei der obersten Landesbehörde die Löschung beantragen.
(2) Die Löschung ist in gleicher Weise wie die Eintragung gemäß § 6 bekannt zu machen sowie den Beteiligten und dem Bundesminister des Innern mitzuteilen.

§ 8
(Versagung der Ausfuhr, finanzieller Ausgleich)

Wird die Genehmigung zur Ausfuhr rechtskräftig versagt und ist der Eigentümer des geschützten Kulturgutes infolge einer wirtschaftlichen Notlage zum Verkauf gezwungen, so hat die oberste Landesbehörde des Landes, in dem sich das Kulturgut befindet, im Benehmen mit dem Bundesminister des Innern auf einen billigen Ausgleich unter Berücksichtigung der dem § 1 Abs. 3 entsprechenden Steuervorteile hinzuwirken.

§ 9
(Mitteilung über Verbringung, Verlust oder Beschädigung)

(1) Wird ein eingetragenes Kulturgut im Inland an einen anderen Ort gebracht oder gerät es in Verlust oder ist es beschädigt worden, so hat der Besitzer unverzüglich der obersten Landesbehörde Mitteilung zu machen, die dem Bundesminister des Innern davon Kenntnis gibt. Zur Mitteilung sind im Falle des Besitzwechsels der bisherige und der neue Besitzer verpflichtet.
(2) Sind Eigentümer und Besitzer des Kulturgutes nicht personengleich, so ist auch der Eigentümer zur Mitteilung verpflichtet.
(3) Wird ein eingetragenes Kulturgut nicht nur vorübergehend in ein anderes Land verbracht, so geht es in das Verzeichnis dieses Landes über.

ZWEITER ABSCHNITT. ARCHIVGUT

§ 10
(Eintragung in Verzeichnis national wertvoller Archive, genehmigungsbedürftige Ausfuhr)

(1) Archive, archivalische Sammlungen, Nachlässe und Briefsammlungen mit wesentlicher Bedeutung für die deutsche politische, Kultur- und Wirtschaftsgeschichte werden in dem Land, in dem sie sich bei Inkrafttreten dieses Gesetzes befinden, in ein „Verzeichnis national wertvoller Archive“ eingetragen. Die Ausfuhr von Archivgut dieser eingetragenen Archive bedarf der Genehmigung. Das Verzeichnis wird nach Bedarf ergänzt.

(2) Archivgut im Sinne dieses Gesetzes sind außer Schriftstücken aller Art auch Karten, Pläne, Siegel, Bild-, Film- und Tonmaterial.
(3) § 1 Abs. 2 bis 4 gilt entsprechend.

§ 11
(Zuständigkeit der obersten Landesbehörden, Verfahren)

(1) Über die Eintragung des Archivgutes in das Verzeichnis (§ 10 Abs. 1) entscheidet die oberste Landesbehörde.
(2) § 2 Abs. 2, §§ 3 und 4 gelten entsprechend.
(3) Bei Archivgut, das sich auf die Geschichte der Bundesrepublik Deutschland, der zonalen Verwaltungsorgane, des Deutschen Reiches, Preußens, des Norddeutschen Bundes und des Deutschen Bundes bezieht, ist vor der Entscheidung auch das Bundesarchiv zu hören.

§ 12
(Genehmigung der Ausfuhr)

(1) Über die Genehmigung zur Ausfuhr (§ 10 Abs. 1) eines in ein Verzeichnis eingetragenen Archivgutes entscheidet der Bundesminister des Innern.
(2) § 5 Abs. 2 gilt entsprechend.

§ 13
(Mitteilung jeder Eintragung)

(1) Jede Eintragung und ihre Veränderung ist den Eigentümern und Besitzern der eingetragenen Archivbestände sowie dem Bundesminister des Innern und der zuständigen staatlichen Archivverwaltung mitzuteilen. Ist das Bundesarchiv gehört worden, so ist auch ihm die Entscheidung mitzuteilen.
(2) § 6 Abs. 2 gilt entsprechend.

§ 14
(Mitteilung über Verhandlungen bezüglich der Ausfuhr)

(1) Wer Verhandlungen über die Ausfuhr von geschütztem Archivgut (§ 10) aus dem Geltungsbereich des Gesetzes führt oder vermittelt, hat dies dem Bundesminister des Innern unverzüglich mitzuteilen. Das gleiche gilt für den, der vor Inkrafttreten dieses Gesetzes einen Vertrag über die Ausfuhr von geschütztem Archivgut aus dem Geltungsbereich des Gesetzes geschlossen, aber noch nicht erfüllt hat.
(2) § 9 gilt entsprechend.

§ 15
(Internationale Verträge)

Verpflichtungen auf Grund bestehender internationaler Verträge bleiben durch dieses Gesetz unberührt.

DRITTER ABSCHNITT. STRAF- UND BUSSGELDVORSCHRIFTEN

§ 16
(Strafvorschriften)

(1) Wer
- a) ohne Genehmigung ein eingetragenes Kulturgut oder Archivgut oder
- b) entgegen dem vorläufigen Ausfuhrverbot (§§ 4 und 11) ein Kulturgut oder Archivgut, dessen Eintragung eingeleitet ist,

ausführt oder sonst aus dem Geltungsbereich dieses Gesetzes verbringt, wird mit Freiheitsstrafe bis zu drei Jahren oder mit Geldstrafe bestraft.
(2) Der Versuch ist strafbar.
(3) Kulturgut oder Archivgut, auf das sich die Straftat bezieht, kann eingezogen werden. Die Einziehung erfolgt zugunsten des Landes, in dem das Kulturgut oder Archivgut durch die Eintragung in das Verzeichnis geschützt ist oder seine Eintragung eingeleitet war. § 74a des Strafgesetzbuches ist anzuwenden.

§ 17
(Ordnungswidrigkeiten)

Ordnungswidrig handelt, wer seine Mitteilungspflicht nach den §§ 9 oder 14 verletzt. Die Ordnungswidrigkeit kann mit einer Geldbuße geahndet werden.

VIERTER ABSCHNITT. ERGÄNZUNGS- UND SCHLUSSVORSCHRIFTEN

§ 18
(Kulturgut im öffentlichen Eigentum)

Dieses Gesetz findet auf das im öffentlichen Eigentum befindliche national wertvolle Kulturgut und Archivgut keine Anwendung, soweit zu dessen Veräußerung nur oberste Bundes- oder Landesbehörden befugt sind oder nach besonderen gesetzlichen Vorschriften die Genehmigung einer aufsichtsführenden Stelle der öffentlichen Verwaltung erforderlich ist.

§ 19
(Kulturgut im Eigentum der Kirchen)

(1) Dieses Gesetz findet keine Anwendung auf Kulturgut und Archivgut, das im Eigentum der Kirchen oder einer anderen als Körperschaft des öffentlichen Rechtes anerkannten Religionsgesellschaft sowie deren kirchlich beaufsichtigten Einrichtungen und Organisationen steht, soweit durch eigene öffentlich-rechtliche Vorschriften die Veräußerung wertvollen Kultur- und Archivgutes von der Genehmigung einer aufsichtsführenden kirchlichen Stelle oder auf Grund gesetzlicher Vorschriften von der Genehmigung einer staatlichen Stelle abhängig

gemacht worden ist. Jedoch muss vor der Entscheidung über die Veräußerungsgenehmigung eine sachverständige Stelle unter den Gesichtspunkten dieses Gesetzes gehört werden.
(2) Die Kirchen und die als Körperschaften des öffentlichen Rechts anerkannten Religionsgemeinschaften können in ihrem Eigentum stehende Kunstwerke und anderes Kulturgut im Sinne dieses Gesetzes zur Aufnahme in das „Verzeichnis national wertvollen Kulturgutes" anmelden. Über die Aufnahme entscheidet die oberste Landesbehörde nach diesem Gesetz.

§ 20
(Rechtsverbindliche Rückgabezusage bei ausgeliehenem ausländischem Kulturgut)

(1) Soll ausländisches Kulturgut vorübergehend zu einer Ausstellung im Bundesgebiet ausgeliehen werden, so kann die zuständige oberste Landesbehörde im Einvernehmen mit der Zentralstelle des Bundes dem Verleiher die Rückgabe zum festgesetzten Zeitpunkt rechtsverbindlich zusagen. Bei Ausstellungen, die vom Bund oder einer bundesunmittelbaren juristischen Person getragen werden, entscheidet die zuständige Behörde über die Erteilung der Zusage.
(2) Die Zusage ist vor der Einfuhr des Kulturgutes schriftlich und unter Gebrauch der Worte „Rechtsverbindliche Rückgabezusage" zu erteilen. Sie kann nicht zurückgenommen oder widerrufen werden.
(3) Die Zusage bewirkt, dass dem Rückgabeanspruch des Verleihers keine Rechte entgegengehalten werden können, die Dritte an dem Kulturgut geltend machen.
(4) Bis zur Rückgabe an den Verleiher sind gerichtliche Klagen auf Herausgabe, Arrestverfügungen, Pfändungen und Beschlagnahmen unzulässig.

§ 21
(Rechtsverordnungen)

Der Bundesminister des Innern wird ermächtigt, mit Zustimmung des Bundesrates Rechtsverordnungen zur Durchführung des § 2 Abs. 2, der §§ 4, 5, 6, 9 Abs. 3, des § 11 Abs. 2, des § 12 Abs. 2, des § 13 Abs. 2 und des § 22 Abs. 4 zu erlassen.

§ 22
(Übergangsbestimmungen)

(1) (weggefallen)
(2) (weggefallen)
(3) Die Ausfuhr der Kunstwerke, die auf Grund der Verordnung der Reichsregierung vom 11.12.1919 in das Verzeichnis der national wertvollen Kunstwerke eingetragen waren und bisher noch nicht in ein Landesverzeichnis neu aufgenommen worden sind, bleibt genehmigungspflichtig, bis über ihre Übernahme in die nach diesem Gesetz auszustellenden Verzeichnisse entschieden worden ist.

(4) Die in den Ländern nach dem 8. Mai 1945 neu aufgestellten Verzeichnisse national wertvoller Kunstwerke bleiben in Kraft, bis sie durch die nach den Bestimmungen dieses Gesetzes aufzustellenden Verzeichnisse ersetzt sind. Die Eigentümer der betroffenen Kunstwerke können binnen sechs Monaten nach dem Inkrafttreten dieses Gesetzes einen Antrag auf Nachprüfung der Eintragung bei der obersten Landesbehörde stellen. § 2 gilt in diesem Nachprüfungsverfahren entsprechend.
(5) Die Ausfuhr des nach dem Gesetz zum Schutz des Kulturgutes der Deutschen Demokratischen Republik – Kulturgutschutzgesetz – vom 3. 7. 1980 (GBl. I Nr. 23, 191) registrierten Kulturguts bleibt genehmigungspflichtig, bis über seine Eintragung in das nach diesem Gesetz zu führende „Verzeichnis national wertvollen Kulturguts und national wertvoller Archive" entschieden worden ist. Absatz 4 Satz 2 und 3 gilt entsprechend.

§ 23

(weggefallen)

§ 24
(Inkrafttreten)

(weggefallen)

2. Kulturgüterrückgabegesetz – Gesetz zur Umsetzung der Richtlinie 93/7/EWG des Rates über die Rückgabe von unrechtmäßig aus dem Hoheitsgebiet eines Mitgliedstaates verbrachten Kulturgütern und zur Änderung des Gesetzes zum Schutz deutschen Kulturgutes gegen Abwanderung[1]

Der Bundestag hat mit Zustimmung des Bundesrates folgendes Gesetz beschlossen:

Artikel 1[2]
Gesetz zur Umsetzung der Richtlinie 93/7/EWG des Rates über die Rückgabe von unrechtmäßig aus dem Hoheitsgebiet eines Mitgliedstaates verbrachten Kulturgütern (Kulturgüterrückgabegesetz)

ABSCHNITT 1 – GELTENDMACHUNG DES ÖFFENTLICH-RECHTLICHEN RÜCKGABEANSPRUCHS FÜR DEUTSCHES NATIONAL WERTVOLLES KULTURGUT.

§ 1
Geschütze Gegenstände

Kulturgut im Sinne dieses Abschnitts sind alle Gegenstände, die nach dem Gesetz zum Schutz deutschen Kulturgutes gegen Abwanderung durch Eintragung in das „Verzeichnis national wertvollen Kulturguts" oder in das „Verzeichnis national wertvoller Archive" geschützt sind oder für die das Eintragungsverfahren eingeleitet oder die Einleitung des Verfahrens öffentlich bekannt gemacht worden ist.

---

1 Quelle: BGBl. 1998 I, 3162 ff. Dieses Gesetz dient:
– der Umsetzung der Richtlinie 93/7/EWG des Rates v. 15. 3. 1993 über die Rückgabe von unrechtmäßig aus dem Hoheitsgebiet eines Mitgliedstaates verbrachten Kulturgütern und
– der Richtlinie 96/100/EG des Europäischen Parlaments und des Rates v. 17. 2. 1997 zur Änderung des Anhangs der Richtlinie 93/7/EWG des Rates v. 15. 3. 1993 über die Rückgabe von unrechtmäßig aus dem Hoheitsgebiet eines Mitgliedstaates verbrachten Kulturgüter
– der Anpassung des Gesetzes zum Schutz deutschen Kulturguts gegen Abwanderung an die Erfordernisse der Umsetzung der obengenannten Richtlinien und
– der Sicherung des Leihverkehrs mit ausländischen Kulturgütern.

2 Artikel 2 beinhaltet die Änderungen des Gesetzes zum Schutz deutschen Kulturgutes gegen Abwanderung, von dessen Abdruck wurde abgesehenen, da sich das KultSchG in der aktuellen Fassung als Anhang III. 1. vor diesem Gesetz findet.

§ 2
Rückgabeanspruch

Die Länder machen den Rückgabeanspruch auf Kulturgut, das unrechtmäßig in das Hoheitsgebiet eines anderen Mitgliedstaates der Europäischen Union verbracht wurde, im Benehmen mit der Zentralstelle des Bundes im jeweiligen Mitgliedstaat der Europäischen Union im Rahmen der dort geltenden Vorschriften außergerichtlich und gerichtlich geltend.

§ 3
Zentralstelle
Zentralstelle des Bundes im Sinne dieses Gesetzes ist das Bundesministerium des Innern. Die Länder benennen ihre Zentralstellen.

§ 4
Eigentum

(1) Das Eigentum an Kulturgut, das nach den Bestimmungen dieses Gesetzes auf Verlangen in das Bundesgebiet zurückgegeben wird, richtet sich nach den deutschen Sachvorschriften.
(2) Bürgerlich-rechtliche Ansprüche und Rechte auf das Kulturgut werden durch Rückgabeansprüche im Sinne des § 5 dieses Gesetzes nicht berührt.

ABSCHNITT II – RÜCKGABEANSPRÜCHE ANDERER MITGLIEDSTAATEN

§ 5
Voraussetzungen der Rückgabepflicht

(1) Ein unrechtmäßig nach dem 31. 12. 1992 aus dem Hoheitsgebiet eines anderen Mitgliedstaates der Europäischen Union in das Bundesgebiet verbrachter Gegenstand ist diesem Mitgliedstaat auf sein Ersuchen zurückzugeben, wenn dieser Gegenstand

1. vor der Verbringung von dem ersuchenden Mitgliedstaat durch Rechtsvorschrift oder Verwaltungsakt als nationales Kulturgut von künstlerischem, geschichtlichem oder archäologischem Wert im Sine des Artikels 36 des Vertrages zur Gründung der Europäischen Gemeinschaft öffentlich eingestuft wurde oder seine Einstufung als nationales Kulturgut eingeleitet und die Einleitung des Verfahrens öffentlich bekannt gemacht wurde und
2. entweder
   a. unter eine der im Anhang der Richtlinie 93/7/EWG des Rates vom 15. 3. 1993 über die Rückgabe von unrechtmäßig aus dem Hoheitsgebiet eines Mitgliedstaates verbrachten Kulturgütern genannten Kategorien fällt

oder

b. als Teil einer öffentlichen Sammlung in ein Bestandsverzeichnis eines Museums, eines Archivs, einer kirchlichen Einrichtung oder in das Bestandsverzeichnis der erhaltungswürdigen Bestände einer Bibliothek eingetragen ist und die Sammlung selbst oder die Einrichtung, zu der sie gehört, nach der für sie gültigen Rechtsordnung einer öffentlichen Einrichtung gleichsteht.

(2) Vom Besitzer oder Dritten auf Grund rechtsgeschäftlicher Verfügung oder Verfügung im Wege der Zwangsvollstreckung oder Arrestvollziehung erworbene Rechte stehen der Rückgabepflicht nicht entgegen.
(3) Kulturgut ist unrechtmäßig aus einem anderen Mitgliedstaat verbracht worden, wenn bei seiner Ausfuhr gegen die dort gültigen Rechtsvorschriften für den Schutz nationaler Kulturgüter oder gegen Rechtsvorschriften der Europäischen Gemeinschaft über die Ausfuhr von Kulturgütern verstoßen worden ist.
(4) Als unrechtmäßig verbracht gilt auch jede nicht erfolgte Rückkehr nach Ablauf der Frist für eine vorübergehende rechtmäßige Verbringung und jeder Verstoß gegen eine andere Bedingung für diese vorübergehende Verbringung.
(5) Die Kosten der Rückgabe und der zur Sicherung und Erhaltung des betroffenen Kulturgutes erforderlichen Maßnahmen trägt der ersuchende Mitgliedstaat.

§ 6
Rückgabegläubiger, Rückgabeschuldner

(1) Der Rückgabeanspruch steht dem Mitgliedstaat zu, aus dessen Hoheitsgebiet das Kulturgut unrechtmäßig in das Bundesgebiet verbracht worden ist.
(2) Rückgabeschuldner ist, wer für sich selbst oder für einen anderen die tatsächliche Sachherrschaft über das Kulturgut ausübt.

§ 7
Durchführung und Sicherung der Rückgabe

(1) Die zur Ermittlung des rückgabepflichtigen Kulturgutes, seiner Sicherung und seiner Rückgabe erforderlichen Maßnahmen fallen in die Zuständigkeit der Länder.
(2) Erhalten die für die Rückgabe des Kulturgutes zuständigen Behörden Kenntnis von Kulturgut, bei dem der dringende Verdacht besteht, dass es unrechtmäßig aus einem anderen Mitgliedstaat in das Bundesgebiet verbracht worden und an diesen zurückzugeben ist, so ordnen sie seine Anhaltung an oder veranlassen deren Anordnung durch die dafür zuständige Behörde. Die Anhaltung ist unverzüglich der Zentralstelle des Bundes zu melden.
(3) Das angehaltene Kulturgut darf nicht ausgeführt und nur mit schriftlicher Zustimmung der zuständigen Zentralstelle des Landes an andere Personen oder Einrichtungen weiter gegeben werden.

(4) Die Anhaltung ist aufzuheben, wenn keiner der von der Zentralstelle des Bundes zu unterrichtenden Mitgliedstaaten fristgemäß um die Rückgabe des angehaltenen Kulturgutes ersucht. Das Rückgabeersuchen ist innerhalb von zwei Monaten bei der Zentralstelle des Bundes zu stellen. Die Frist beginnt mit dem Eingang der Mitteilung über die Anhaltung bei der zuständigen Behörde des Mitgliedstaates, aus dessen Hoheitsgebiet das Kulturgut unrechtmäßig verbracht worden ist. Der Rückgabeanspruch ist glaubhaft zu machen.
(5) Das angehaltene Kulturgut ist nach Maßgabe landesrechtlicher Vorschriften sicherzustellen, sofern zu befürchten ist, dass seine Rückgabe an den ersuchenden Mitgliedstaat verhindert werden soll oder dass es Schaden erleidet.

§ 8
Eigentum an zurückgegebenem Kulturgut

Das Eigentum an Kulturgut bestimmt sich nach erfolgter Rückgabe nach den Sachvorschriften des ersuchenden Mitgliedstaats.

§ 9
Entschädigung

(1) Der Rückgabeschuldner ist zur Rückgabe nur Zug um Zug gegen eine angemessene Entschädigung verpflichtet, wenn nicht der ersuchende Mitgliedstaat nachweist, dass diesem bei Erwerb des Kulturgutes die unrechtmäßige Verbringung aus dem Hoheitsgebiet des ersuchenden Mitgliedstaats bekannt oder infolge grober Fahrlässigkeit unbekannt war. Bei der Bemessung der Entschädigungshöhe ist die Entziehung der Nutzung des Kulturgutes unter gerechter Abwägung der Interessen der Allgemeinheit und des Rückgabeschuldners zu berücksichtigen. Für entgangenen Gewinn und für sonstige Vermögensnachteile, die nicht in unmittelbarem Zusammenhang mit dem Entzug der Nutzung stehen, ist dem Rückgabeschuldner eine Entschädigung zu zahlen, wenn und insoweit dies zur Abwendung oder zum Ausgleich einer unbilligen Härte geboten erscheint.
(2) Die Entschädigung ist von dem ersuchenden Mitgliedstaat zu entrichten.
(3) Sichert der ersuchende Mitgliedstaat schriftlich zu, dass die Rechte des Rückgabeschuldners an dem Kulturgut durch die Rückgabe nicht berührt werden, so hat er diesem nur die Kosten zu erstatten, die ihm daraus entstanden sind, dass er darauf vertraut hat, das Kulturgut im Bundesgebiet belassen zu dürfen.
(4) Ist das zurückgegebene Kulturgut dem Rückgabeschuldner geschenkt, vererbt oder vermacht worden, so fallen ihm die Sorgfaltspflichtverletzungen des Schenkers oder Erblassers zur Last.

§ 10
Verjährung und Erlöschen des Rückgabeanspruchs

(1) Der Rückgabeanspruch des ersuchenden Mitgliedstaats verjährt in einem Jahr von dem Zeitpunkt an, in dem dessen Behörden von dem Ort der Belegenheit und der Person des Rückgabeschuldners Kenntnis erlangen. Die Vorschriften des Bürgerlichen Gesetzbuches über die Unterbrechung und Hemmung der Verjährung sind entsprechend anzuwenden. Der Rückgabeanspruch erlischt jedoch spätestens 30 Jahre nach dem Zeitpunkt, in dem das Kulturgut unrechtmäßig aus dem ersuchenden Mitgliedstaat ausgeführt worden ist.
(2) Bei Kulturgut, das Teil einer öffentlichen Sammlung oder kirchlichen Einrichtung des ersuchenden Mitgliedstaats im Sinne des § 5 Abs. 1 Nr. 2 Buchstabe b ist, erlischt der Rückgabeanspruch nach 75 Jahren. Der Rückgabeanspruch erlischt jedoch nicht, wenn und soweit er auch nach dem Recht des um die Rückgabe ersuchenden Mitgliedstaats keiner Verjährung und keinem durch Zeitablauf bedingten Erlöschen unterliegt.
(3) Erteilt die zuständige Behörde des ersuchenden Mitgliedstaats für unrechtmäßig ausgeführtes Kulturgut nachträglich eine Ausfuhrgenehmigung, so kann seine Rückgabe nicht mehr gefordert werden. Das gleiche gilt, wenn die Ausfuhr auf Grund einer nach ihr in Kraft getretenen Rechtsänderung Rechtmäßigkeit erlangt.

§ 11
Aufgaben der Zentralstellen der Länder

Die Aufgaben, die im Zusammenhang mit der Rückführung rechtswidrig in das Bundesgebiet verbrachten Kulturgutes der anderen Mitgliedstaaten stehen, werden von den Zentralstellen der Länder wahrgenommen. Diese sind insbesondere zuständig für

1. die von dem ersuchenden Mitgliedstaat beantragten Nachforschungen nach einem bestimmten Kulturgut, das unrechtmäßig aus seinem Hoheitsgebiet verbracht wurde und nach der Identität seines Eigentümers oder Besitzers. Dem Antrag sind zur Erleichterung der Nachforschungen alle erforderlichen Angaben beizufügen, insbesondere über die Veröffentlichung als national wertvolles Kulturgut und den tatsächlichen oder vermutlichen Ort der Belegenheit des Kulturgutes;
2. die Unterrichtung der betroffenen Mitgliedstaaten im Fall des Auffindens eines Kulturgutes, wenn begründeter Anlass für die Vermutung besteht, dass das Kulturgut unrechtmäßig aus dem Hoheitsgebiet eines anderen Mitgliedstaates verbracht wurde;
3. die Erleichterung der Überprüfung durch die zuständigen Behörden des ersuchenden Mitgliedstaates, ob der betreffende Gegenstand ein Kulturgut darstellt, sofern die Überprüfung innerhalb von zwei Monaten nach der Unterrichtung nach Nummer 2 erfolgt. Wird diese Überprüfung nicht innerhalb

der festgelegten Frist durchgeführt, so entfallen die Verpflichtungen nach den Nummern 4 und 5;

4. die Durchführung und erforderlichenfalls die Anordnung der notwendigen Maßnahmen für die physische Erhaltung des Kulturgutes in Zusammenarbeit mit dem betroffenen Mitgliedstaat;
5. den Erlass der erforderlichen vorläufigen Maßnahmen, um zu verhindern, dass das Kulturgut dem Rückgabeverfahren entzogen wird;
6. Die Wahrnehmung der Rolle eines Vermittlers zwischen dem Eigentümer oder Besitzer und dem ersuchenden Mitgliedstaat in der Frage der Rückgabe. Das Landesrecht kann vorsehen, dass unabhängig von der Erhebung einer Klage, der Rückgabeanspruch zunächst im Schiedsverfahren geklärt wird, sofern zwischen Rückgabegläubiger und Rückgabeschuldner hierüber Einvernehmen besteht.

§ 12
Rückgabeklage des ersuchenden Mitgliedstaats

(1) Unabhängig von der Möglichkeit, eine gütliche Einigung über die Rückgabe anzustreben, kann der ersuchende Mitgliedstaat den Rückgabeschuldner auf dem verwaltungsrechtlichen Rechtsweg auf Rückgabe verklagen.
(2) Drei Monate nach Eingang des Rückgabeersuchens bei der zuständigen Zentralstelle kann Klage erhoben werden. Ihr sind eine Beschreibung des streitbefangenen Gegenstandes und die zum Nachweis der Voraussetzungen erforderlichen Urkunden und Erklärungen beizufügen.
(3) Die Beweislast für das Bestehen des Rückgabeanspruchs, den Entschädigungsanspruch des Rückgabeschuldners und die für die Höhe der Entschädigung maßgeblichen Umstände bemisst sich nach deutschem Recht.
(4) Gibt das Gericht der Klage statt, so entscheidet es zugleich über die dem Beklagten zu gewährende Entschädigung.
(5) § 5 Abs. 5 bleibt unberührt.
(6) Dem Berechtigten steht es frei, unbeschadet des Vorgehens des Mitgliedstaats seine Recht gegen den Besitzer im ordentlichen Rechtsweg durchzusetzen.

§ 13
Strafvorschriften

Mit Freiheitsstrafe bis zu drei Jahren oder mit Geldstrafe wird bestraft, wer nationales Kulturgut eines Mitgliedstaats der Europäischen Union, das öffentlich als nationales Kulturgut eingestuft wurde oder dessen Einstufung als nationales Kulturgut eingeleitet und die Einleitung des Verfahrens öffentlich bekannt gemacht wurde, der zuständigen Stelle vorenthält, es beschädigt oder zerstört, nachdem die zuständige Stelle den Gegenstand nach § 7 Abs. 2 dieses Gesetzes angehalten hat, wenn die Tat nicht in anderen Vorschriften mit schwererer Strafe bedroht ist.

Das vorstehende Gesetz wird hiermit ausgefertigt und im Bundesgesetzblatt verkündet.

Berlin, den 15.10.1998

Der Bundespräsident
Roman Herzog

Der Bundeskanzler
Dr. Helmut Kohl

Der Bundesminister des Inneren
Kanther

Der Bundesminister der Justiz
Schmidt-Jortzig

Der Bundesminister für Wirtschaft
Rexrodt

IV. Verhaltenskodizes

1. ICOM Ethische Richtlinien für Museen[1]

1. Einleitung

Die „Ethischen Richtlinien für Museen von ICOM" (*ICOM Code of Ethics for Museums*) dienen der beruflichen Selbstkontrolle. Sie legen einen Mindeststandard an Verhaltensnormen fest, den alle Museumsmitarbeiterinnen und -mitarbeiter weltweit sinnvollerweise anstreben sollen. Gleichzeitig sagen sie klar aus, was die Öffentlichkeit berechtigterweise vom Museumsberuf erwarten darf. Zwar kann der Kodex keine Priorität vor der Gesetzgebung haben, aber wo nationale Gesetze zu den betreffenden Themen unklar formuliert oder nicht vorhanden sind, kann er quasi deren Rolle übernehmen.

Ebenso wie Gesetze werden ethische Normen von gesellschaftlichen Veränderungen und Weiterentwicklungen in der fachlichen Praxis beeinflusst. Dies ist bei Museen besonders stark ausgeprägt, denn ihr gesellschaftlicher Beitrag beschränkt sich nicht mehr nur auf Wissenschaft und Bildung, sondern erstreckt sich mittlerweile auch auf die Bereiche Freizeit, Tourismus und die Förderung kultureller Identität. Außerdem haben manche Länder in den letzten zwei Jahrzehnten tief greifende Veränderungen erlebt, was die Verlagerung öffentlicher Dienstleistungen in private und kommerzielle Bereiche sowie die Entstehung spezieller Organisationen zur Wahrnehmung musealer Aufgaben betrifft. Derartige Veränderungen können äußerst schädliche Auswirkungen auf einen Berufsstand haben. Alle, die sich mit der Sammlung und Interpretation des natürlichen und kulturellen Erbes befassen, sollen in dieser überarbeiteten Fassung der „ethischen Richtlinien für Museen von ICOM" eine gemeinsame Grundlage für ihren Berufsstand sehen. Mit der ICOM-Mitgliedschaft werden diese Normen anerkannt.

Mittlerweile wurden alle Abschnitte des Regelwerks unter Berücksichtigung gegenwärtiger Museumspraxis vom ICOM-Ethikausschuss (*ICOM Ethics Committee*) sorgfältig überprüft und entsprechend bearbeitet. Gleichzeitig präsen-

---

[1] Der ICOM-Kodex wurde am 4.11.1986 auf der 15. ICOM-Vollversammlung in Buenos Aires, Argentinien, einstimmig angenommen. Am 6.7.2001 auf der 20. Vollversammlung des internationalen Museumsrates ICOM in Barcelona, Spanien, wurde er fortgeschrieben und in einer neuen Fassung verabschiedet. ICOM-Deutschland hat zusammen mit ICOM-Österreich und ICOM-Schweiz im Mai 2003 eine deutsche Übersetzung herausgegeben. Die autorisierte Übersetzung stammt von *Frank Süßdorf* und ist unter www.icom-deutschland.de/kodex.htm abrufbar. Die englische Originalfassung findet sich unter: http://icom.museum/ethics_rev_engl.html, die französische, spanische und finnische Fassung ist dort ebenfalls abrufbar; abgedruckt ist die englische Fassung in: Museumskunde, Band 67, 2/2002, 41–51.

tiert es sich weniger präskriptiv als zuvor. Das ist der erste Schritt auf dem Weg zu einer umfassenderen Überprüfung, vorgesehen für das Jahr 2004, mit dem Ziel, die Prinzipien der Berufspraxis um Richtlinien zu deren Einhaltung zu erweitern. Die gegenwärtige Arbeit wäre ohne die volle Unterstützung des ICOM-Präsidenten und Generalsekretärs und die große Anzahl konstruktiver Beiträge aus den Reihen der Ausschüsse und der ICOM-Mitglieder während der einjährigen Konsultationsphase nicht möglich gewesen. Die Hauptarbeit fiel hier den Mitgliedern des Ethikausschusses zu, die sich zu diesem Zweck dreimal trafen und auf elektronischem Wege an drei weiteren Konferenzen teilnahmen.

1970 gab ICOM seine „ethics of Acquisition" heraus. Der erste vollständige „Code of Professional Ethics" wurde 1986 veröffentlicht, und die vorliegende Fassung wurde am 6. 7. 2001 auf der 20. ICOM-Vollversammlung im spanischen Barcelona einstimmig angenommen. Wie schon seine Vorgänger gibt der gegenwärtige Kodex einen globalen Mindeststandard vor, den die nationalen Fachverbände entsprechend ihren besonderen Erfordernissen ausgestalten können. ICOM unterstützt die Entwicklung solch nationaler Richtlinien und würde sich sehr über Exemplare davon freuen. Diese sollten an folgende Adresse geschickt werden:
Secrétaire général de l'ICOM, Maison de l'UNESCO, 1 rue Miollis, 75732 Paris Cedex 15, Frankreich, E-Mail: secretariat@icom.museum

Geoffrey Lewis
Vorsitzender des ICOM-Ethikausschusses

Der ICOM-Ethikausschuss für den Zeitraum 2000–2003

Vorsitz: Geoffrey Lewis (Großbritannien)

Mitglieder: Gary Edson (USA); Per Kåks (Sweden); Byung-mo Kim (Korea); Jean-Yves Marin (Frankreich); Bernice Murphy (Australien); Tereza Scheiner (Brasilien); Shaje'a Tshiluila (Demokratische Republik Kongo); Michel Van-Praët (Frankreich).

ETHISCHE RICHTLINIEN FÜR INSTITUTIONEN

Dieser Abschnitt setzt voraus, dass es sich bei der Institution um ein Museum im Dienste der Öffentlichkeit handelt, wie es in den ICOM-Statuten definiert ist. Für Einrichtungen, die zwar selbst keine Museen sind, jedoch für Museen arbeiten, gelten die folgenden Ausführungen gleichermaßen.

2. GRUNDPRINZIPIEN DES MUSEUMSBETRIEBES

2.1 Mindeststandards für Museen

Der Museumsträger hat die ethische Pflicht, alle Teilbereiche des Museums, seine Sammlungen und seine Dienstleistungen zu sichern und auszubauen. Insbesondere ist er dafür verantwortlich, dass die dem Museum anvertrauten Sammlungen angemessen untergebracht, bewahrt und dokumentiert werden. Die Mindeststandards für Finanzierung, Räumlichkeiten, Personal und Dienstleistungen von Museen können in manchen Staaten durch Gesetze oder andere staatliche Vorschriften geregelt sein. In anderen Ländern wiederum mögen bestimmte Akkreditierungs-, Registrierungs- oder ähnliche Einstufungsverfahren die Einhaltung der Mindeststandards gewährleisten. Wo auf lokaler Ebene keine entsprechenden Standards festgelegt sind, können das nationale ICOM-Komitee, das zuständige internationale ICOM-Komitee oder das ICOM-Sekretariat weiterhelfen.

2.2 Satzung

Jedes Museum sollte über eine schriftliche Satzung oder ein anderes Dokument verfügen, in dem sein rechtlicher Status, sein Auftrag, seine auf Dauerhaftigkeit angelegte Natur und seine Gemeinnützigkeit in Übereinstimmung mit lokalen Gesetzen klar dargelegt sind. Der Träger eines Museums sollte eine deutliche Erklärung über die Ziele und Vorgehensweisen des Museums und seine eigene Rolle und Zusammensetzung ausarbeiten und veröffentlichen.

2.3 Finanzen

Der Träger ist für alle finanziellen Angelegenheiten des Museums und den Schutz seiner Ressourcen, der Sammlungen und zugehörigen Dokumente, der Räumlichkeiten, Einrichtungen und der Ausstattung sowie für Vermögen und das Personal verantwortlich. Er muss die Zielrichtung und die damit verbundene Politik der Einrichtung entwickeln und festlegen sowie sicherstellen, dass alle Mittel richtig und effektiv für Museumszwecke verwendet werden. Ausreichende regelmäßige Gelder aus öffentlichen oder privaten Quellen müssen für Durchführung und Weiterentwicklung der Museumsarbeit zur Verfügung stehen. Geeignete Methoden der Buchführung, die mit nationalem Recht in Einklang stehen und professionellen Standards genügen, müssen eingeführt und aufrechterhalten werden. Die Sammlungen werden für die Öffentlichkeit treuhänderisch verwaltet und dürfen daher nicht wie Aktivvermögen behandelt werden.

2.4 Räumlichkeiten

Der Träger ist verpflichtet, für eine sichere Aufbewahrung der Sammlungen zu sorgen und ein entsprechendes Umfeld zu schaffen. Gebäude und Einrichtungen müssen geeignet sein, dem Museum die Erfüllung seiner grundlegenden Aufgaben zu ermöglichen: Sammeln, Forschen, Lagern, Bewahren, Vermitteln und Ausstellen. Alle Auflagen des Gesetzgebers bezüglich Gesundheit, Sicherheit und Zugänglichkeit sind umzusetzen. Dabei sollte auch Rücksicht auf die speziellen Bedürfnisse behinderter Menschen genommen werden. Adäquate Vorkehrungen zum Schutz gegen Gefahren wie Diebstahl, Feuer, Wasser, Vandalismus und natürlichen Verfall sollten vorhanden sein. Zu ergreifende Notfallmaßnahmen sind klar festzulegen.

2.5 Personal

Der Träger hat die Verpflichtung sicherzustellen, dass das Museumspersonal und seine fachliche Kompetenz ausreichen, um die Aufgaben der Einrichtung zu erfüllen. Die Anzahl der Beschäftigten und ihr Status (fest oder zeitlich befristet angestellt) hängen von der Größe des Museums, der Art seiner Sammlungen und seinen Aufgaben ab. Es sind angemessene Vorkehrungen bezüglich der Pflege der Sammlungen, des Zugangs und der Dienstleistungen für die Öffentlichkeit, der Forschung und der Sicherheit zu treffen.
Eine besonders wichtige Aufgabe hat der Träger in Bezug auf die Ernennung der Museumsdirektorin oder -leiterin, bzw. des Museumsdirektors oder -leiters. Die zur effektiven Ausübung dieser Tätigkeit erforderlichen Kenntnisse und Fähigkeiten sind dabei zu berücksichtigen. Die Museumsdirektorin oder der Museumsdirektor sollte dem für die Verwaltung der Sammlungen zuständigen Träger unmittelbar verantwortlich sein und sich direkt an ihn wenden können.
Der Träger hat sicherzustellen, dass die Vorgehensweise bei der Ernennung, Beförderung, Entlassung oder Rückstufung einer Mitarbeiterin oder eines Mitarbeiters mit rechtlichen Vereinbarungen oder Statuten und der Museumspolitik im Einklang steht. Auch wenn die Handlungsvollmacht in solchen Fällen an die Museumsleitung übertragen wurde, sollte der Träger gewährleisten, dass solche personellen Veränderungen professionell und ethisch einwandfrei durchgeführt werden und im Interesse des Museums sind.
Museumsmitarbeiterinnen und -mitarbeiter benötigen zur Erfüllung ihrer Aufgaben im Museumsbetrieb und bei der Pflege des kulturellen Erbes eine angemessene und ständige akademische, technische und fachliche Weiterbildung. Der Träger soll die Notwendigkeit und den Wert von qualifiziertem und ausgebildetem Personal anerkennen und entsprechende Möglichkeiten zur Weiterbildung bereitstellen, um Fachwissen und Kompetenz der Belegschaft zu erhalten.
Ein Träger darf niemals von einer Mitarbeiterin oder einem Mitarbeiter des Museums Handlungen verlangen, die als Verletzung der „Ethischen Richtlinien für Museen von ICOM", nationaler Gesetze oder nationaler oder fachspezifischer Richtlinien angesehen werden könnten.

2.6 Museumsfreunde und Förderer

Für ihren Ausbau und ihre Entwicklung sind Museen auf gesellschaftliche Unterstützung angewiesen. Viele Museen haben Freundeskreise und andere Förderer. Es liegt in der Verantwortung der betreffenden Einrichtung, für solche Gruppen günstige Voraussetzungen zu schaffen, ihren Beitrag anzuerkennen, ihre Tätigkeit zu unterstützen und eine harmonische Beziehung zwischen ihnen und dem Museumspersonal zu fördern.

2.7 Die bildungspolitische und gesellschaftliche Funktion des Museums
Ein Museum ist eine Einrichtung im Dienste der Gesellschaft und ihrer Entwicklung und üblicherweise der Öffentlichkeit zugänglich (obwohl der Zugang im Falle von bestimmten spezialisierten Museen eingeschränkt sein kann).
Das Museum hat die wichtige Aufgabe, seine bildungspolitische Funktion weiterzuentwickeln und ein immer breiteres Publikum aus allen Bereichen der Gesellschaft, der örtlichen Gemeinschaft oder der Zielgruppe, für die es jeweils eingerichtet ist, anzuziehen. Es sollte diesen Menschen Möglichkeiten bieten, sich im Museum zu engagieren und seine Ziele und Aktivitäten zu unterstützen. Für die gesellschaftliche Funktion des Museums ist die Interaktion mit den Bevölkerungsteilen, die sein potentielles Publikum bilden, äußerst wichtig. Für diese Aufgaben kann spezialisiertes Personal erforderlich sein.

2.8 Öffentlicher Zugang
Ausstellungsräume und andere Museumseinrichtungen sollten der Öffentlichkeit zu angemessenen, regelmäßigen Zeiten zugänglich sein und ihre Inhalte verständlich vermitteln. In vernünftigem Rahmen sollte das Museum der Öffentlichkeit nach Terminabsprache oder mittels anderer Vereinbarungen auch Kontakt zum Personal und Zutritt zu nicht ausgestellten Sammlungen erlauben. Als Bewahrer von authentischen Zeugnissen haben Museen eine besondere Verantwortung, ihre Sammlungen der Wissenschaft so frei wie möglich zugänglich zu machen. Der Zugang zu erbetenen Informationen über die Sammlungen sollte, vorbehaltlich Einschränkungen aus Gründen der Vertraulichkeit und Sicherheit (siehe 7.3), gewährt werden.

2.9 Dauer- und Sonderausstellungen und andere Veranstaltungen
Die wichtigste Aufgabe des Museums ist es, seine Sammlungen für die Zukunft zu bewahren und sie mit Hilfe von Forschung, Bildungsarbeit, Dauer- und Sonderausstellungen sowie Sonderveranstaltungen für die Entwicklung und Verbreitung von Wissen zu nutzen. Diese Aktivitäten sollten mit der erklärten Politik und dem Bildungsauftrag des Museums in Einklang stehen und dürfen weder die Qualität, noch die notwendige Pflege der Sammlungen in Mitleidenschaft ziehen. Museen müssen sich bewusst sein, dass die Präsentation von Ausstellungsstücken ohne Herkunftsnachweis als Duldung von illegalem Handel mit Kulturgütern gedeutet werden kann. Das Museum sollte bemüht sein, die in seinem Namen veröffentlichten Informationen auf ihren Wahrheitsgehalt, ihre Redlichkeit, ihre Objektivität und ihre wissenschaftliche Fundiertheit zu überprüfen.

2.10 Externe Finanzierung und Unterstützung
Museen dürfen sich um finanzielle und anderweitige Unterstützung aus öffentlichen und privaten Quellen bemühen und sie annehmen. Klare Regeln sind nötig, um die Beziehungen zwischen dem Museum und seinen Geldgebern genau zu definieren. Es ist besonders wichtig, dass weder die Werte und Ziele des Museums in Mitleidenschaft gezogen werden, noch die Interessen irgendeiner Personengruppe, die mit einem derart finanzierten Ereignis in Verbindung steht.

2.11 Gewinnorientierte Aktivitäten
Viele Museen verfügen über Besuchereinrichtungen wie Läden und Restaurants, durch die sie Einkünfte erwirtschaften. In manchen Fällen existieren im Zusammenhang mit kommerziellen Aktivitäten und Werbung noch andere Möglichkeiten zur Erzielung von Einkünften. Zur Regelung solcher Angelegenheiten soll der Träger bezüglich der Museumsziele und der Nutzung von Sammlungen klar definierte Richtlinien erlassen, die Qualität und Pflege der Sammlungen und der Institution sicherstellen und zwischen erkenntnisorientierten und gewinnorientierten Aktivitäten deutlich unterscheiden. Das Erwirtschaften von Einkünften bringt dem Museum zwar finanziellen Nutzen, muss jedoch mit seinem Status der Gemeinnützigkeit im Einklang stehen. Alle Aktivitäten dieser Art sollten darauf ausgerichtet sein, das Verständnis für das Museum und seine Sammlungen zu verbessern.
Wo ehrenamtliche Gruppen oder kommerzielle Organisationen an der Erwirtschaftung von Einkünften beteiligt sind, muss deren Beziehung zum Museum und die Stellung der betreffenden Aktivitäten im Museumskontext klar definiert sein. Werbekampagnen und Produkte, die mit ihnen im Zusammenhang stehen, sollten vereinbarten Standards entsprechen. Werden aus welchem Grund auch immer Nachbildungen, Reproduktionen oder Kopien von Gegenständen aus der Sammlung eines Museums angefertigt, so müssen sie die Echtheit des Originals respektieren und immer als Faksimile gekennzeichnet sein. Alle zum Kauf angebotenen Gegenstände müssen mit nationalen und lokalen Gesetzen im Einklang stehen.

2.12 Rechtliche Pflichten
Jeder Träger muss sicherstellen, dass das Museum seinen rechtlichen Verpflichtungen in vollem Umfang nachkommt, sei es in Bezug auf internationale, nationale, regionale oder lokale Bestimmungen oder auf Vertragspflichten. Der Träger muss auch rechtsverbindliche Abkommen und Bedingungen jeglicher Art einhalten, die mit dem Museum, seinen Sammlungen und seiner Funktion in Verbindung stehen.

3. *ERWERBUNGEN FÜR MUSEUMSSAMMLUNGEN*

3.1 Sammlungen

Jeder Museumsträger sollte eine eigene Sammlungspolitik festlegen und sie in schriftlicher Form zugänglich machen. Dabei werden Fragen behandelt, die für Pflege und Nutzung der bestehenden öffentlichen Sammlungen des Museums von Bedeutung sind. Das Regelwerk benennt klar die Sammlungsbereiche und enthält Richtlinien für deren Bewahrung. Es umfasst auch Anweisungen über Bedingungen und Einschränkungen beim Neuerwerb (siehe 3.5) und dem Erwerb von Materialien, die nicht in angemessener Weise katalogisiert, konserviert, gelagert oder ausgestellt werden können. Die Sammlungspolitik sollte mindestens alle fünf Jahre überprüft werden.
Alle angeschafften Objekte müssen mit den in der Sammlungspolitik definierten Zielen vereinbar sein und in Hinblick auf ihren dauerhaften Besitz keinesfalls zur späteren Veräußerung ausgewählt werden. Die Anschaffung von Objekten oder Exemplaren außerhalb der festgelegten Richtlinien sollte nur in Ausnahmefällen und nur nach gründlicher Prüfung durch den Träger des Museums erfolgen. Dazu sind Fachmeinungen einzuholen, und es ist zu berücksichtigen, was für das betreffende Objekt oder Exemplar am besten ist. Außerdem sind das nationale, kulturelle oder natürliche Erbe sowie die Interessen anderer Museen zu berücksichtigen. Aber selbst unter diesen Umständen dürfen keinerlei Objekte ohne gültigen Rechtstitel erworben werden. Neuerwerbungen sollten regelmäßig bekannt gemacht werden.

3.2 Unrechtmäßiger Erwerb

Der illegale Handel mit Objekten und Exemplaren fördert die Zerstörung von historischen Stätten, ethnischen Kulturen und natürlichen Lebensräumen und begünstigt Diebstahl auf lokaler, nationaler und internationaler Ebene. Er gefährdet den Bestand bedrohter Pflanzen- und Tierarten, verstößt gegen die „UNO-Konvention über die biologische Vielfalt“ (*UN Convention on Biological Diversity*) von 1992 und steht im Widerspruch zur allgemein gültigen Haltung gegenüber nationalem und internationalem Erbe. Museen sollten anerkennen, dass die illegale Bedienung von Marktinteressen zur Zerstörung von menschlichen Lebensräumen und der Umwelt sowie zu Wissensverlust führt. Museumsmitarbeiterinnen und -mitarbeiter müssen den Standpunkt vertreten, dass es höchst unethisch ist, Schwarzhandel direkt oder indirekt zu unterstützen.
Ein Museum soll Objekte oder Exemplare nur dann kaufen, leihen oder als Geschenk bzw. Legat annehmen, wenn der Träger und die verantwortliche Person im Museum überzeugt sind, dass ein gültiger Rechtstitel erlangt werden kann. Es müssen alle notwendigen Anstrengungen unternommen werden, um sicherzustellen, dass eine mögliche Neuerwerbung nicht etwa im Ursprungsland oder irgendeinem anderen Land (einschließlich des eigenen), in dem es sich legal befunden haben mag, auf illegale Weise erworben oder exportiert wurde. Bevor

ein Erwerb in Erwägung gezogen wird, sollte alles daran gesetzt werden, die vollständige Provenienz des betreffenden Objekts zu ermitteln – von seiner Entdeckung oder Entstehung an.
Zusätzlich zu den oben beschriebenen Schutzmaßnahmen darf ein Museum keine Stücke akzeptieren, bei denen berechtigter Grund zu der Annahme besteht, dass ihre Entdeckung mit der ungenehmigten, unwissenschaftlichen oder absichtlichen Zerstörung oder Beschädigung historischer Denkmäler einherging. Dies gilt auch für archäologische und geologische Stätten sowie natürliche Lebensräume und für Funde, die dem Grundeigentümer oder den zuständigen Behörden verheimlicht wurden. Außerdem dürfen Museen weder auf direktem noch indirektem Wege biologische oder geologische Materialien erwerben, die unter Verstoß gegen lokale, regionale, nationale und internationale Artenschutz- oder Naturschutzgesetze oder -abkommen gesammelt, verkauft oder auf andere Weise weitergegeben wurden.
Fehlt bei einem gewünschten Erwerb der Herkunftsnachweis, kann ein Konflikt entstehen. Auch in solchen Fällen muss die Möglichkeit, einen Rechtstitel auf den Gegenstand zu erlangen, eine vorrangige Rolle spielen. Ausnahmsweise kann ein Stück ohne Herkunftsnachweis von derart überragender wissenschaftlicher Bedeutung sein, dass eine Bewahrung im öffentlichen Interesse liegt. Auf Grund der anzunehmenden internationalen Tragweite einer solchen Entscheidung sollte sie in die Hände von Autoritäten aus dem betreffenden Fachgebiet gelegt und nicht von nationalen oder institutionellen Erwägungen beeinflusst werden. Sie hat ausschließlich klar definierten wissenschaftlichen Interessen zu dienen.

3.3 Feldstudien und Aufsammlungen

Museen sollten bei den Bemühungen, der Zerstörung natürlicher, archäologischer, ethnographischer, historischer und künstlerischer Ressourcen weltweit Einhalt zu gebieten, eine führende Rolle spielen. Sie sollen Richtlinien entwickeln, die es ihnen ermöglichen, ihre Sammlungsaktivitäten im Einklang mit nationalen und internationalen Gesetzen und Abkommen durchzuführen und sicherstellen, dass sich ihre Vorgehensweise mit dem Geist und den Absichten nationaler und internationaler Bemühungen deckt, das kulturelle und natürliche Erbe zu schützen und zu fördern.
Feldforschungen, Aufsammlungen und Ausgrabungen dürfen nur in Übereinstimmung mit den Gesetzen und Bestimmungen des Gastlandes durchgeführt werden. Vor der Planung von Feldstudien und Aufsammlungen müssen Untersuchungen vorgenommen und bekannt gemacht werden. Zuständige Behörden und interessierte Museen im Gastland oder der Region sind zu konsultieren. Diese Konsultationen dienen der Überprüfung, ob die geplanten Aktivitäten legal und aus akademisch-wissenschaftlicher Sicht gerechtfertigt sind. Dabei sollte auch vereinbart werden, dass den zuständigen Behörden des Gastlandes die erlangten Informationen und Forschungsergebnisse mitgeteilt werden.

Bei der Durchführung jedes Feldforschungsprogramms muss sichergestellt sein, dass alle an der Sammlung von Exemplaren und Daten Beteiligten legal und verantwortlich handeln und dass sie unethisches, illegales und zerstörerisches Vorgehen mit allen zur Verfügung stehenden Mitteln zu verhindern suchen. Wenn es bei der Arbeit im Gelände um ein bestehendes Gemeinwesen oder dessen Erbe geht, sollten Erwerbungen nur im gegenseitigen Einverständnis erfolgen und weder Eigentümerin oder Eigentümer noch Gewährsleute ausgenützt werden. Es ist überaus wichtig und erfordert größtes Fingerspitzengefühl, den Wertvorstellungen und Bedürfnissen der beteiligten Gemeinschaft mit Respekt zu begegnen.

3.4 Zusammenarbeit von Museen in Fragen der Sammlungspolitik
Jedes Museum erkennt die Notwendigkeit zur Zusammenarbeit und Absprache mit anderen Museen ähnlicher Ausrichtung an und handelt dementsprechend. Bei möglichen Interessenkonflikten in Bezug auf Erwerbungen, Ausrichtung oder Schwerpunktsetzung sind mit den anderen betroffenen Einrichtungen Absprachen zu treffen. Jedes Museum soll die Sammelgebiete anderer Museen respektieren.

3.5 An Bedingungen geknüpfte Erwerbungen
Spenden, Legate und Leihgaben sollten nur angenommen werden, wenn sie der erklärten Sammlungs- und Ausstellungspolitik des Museums entsprechen. Mit speziellen Bedingungen verknüpfte Angebote sind abzulehnen, wenn diese den langfristigen Interessen des Museums oder denen seiner Besucherinnen und Besucher entgegenstehen.

3.6 Leihgaben von Museen an Museen
Leihgaben und die Organisation oder Übernahme von Leihausstellungen können wichtige Faktoren für die Verbesserung von Attraktivität und Qualität eines Museums und seiner Dienstleistungen sein. Da sich die Leihgaben vorübergehend in ihrer Obhut befinden, müssen Museen die Gegenstände schützen und, sobald diese nicht mehr für den ursprünglichen Zweck benötigt werden, ihre Rückgabe sicherstellen. Diese Prinzipien gelten auch für Material, das dem Museum zur Begutachtung überlassen wird, und für Gegenstände, die für die ständige Sammlung bestimmt sind. Klare Richtlinien sind notwendig, um den Umgang mit allen vorübergehend im Museum untergebrachten Materialien zu regeln.
Leihgaben dürfen nicht angenommen oder ausgestellt werden, wenn ihre Herkunft nicht dokumentiert ist (siehe 3.1–3.3) oder wenn sie keinen pädagogischen, wissenschaftlichen oder akademischen Zweck erfüllen, der mit den Zielen des Museums vereinbar wäre (siehe 3.4–3.5). Das Museum muss sicherstellen, dass es die völlige Verfügungsgewalt über die Verwendung und Interpretation ausgeliehener Materialien behält, so wie dies auch für ständige Sammlungen gilt (siehe 2.9). Jeglicher Interessenkonflikt ist zu vermeiden, insbesondere wenn die

verleihende Seite die Ausstellung auch finanziert (siehe 2.10) oder mit dem ausstellenden Museum verbunden ist.
Ein Museum sollte Objekte aus seinen Sammlungen nur zum Zweck von Wissenschaft, Forschung oder Lehre verleihen, nicht an Privatpersonen.

3.7 Interessenkonflikte
Sammlungspolitik oder museumsinterne Vorschriften sollten Bestimmungen enthalten, die verhindern, dass eine in der Politik oder Leitung des betreffenden Museums engagierte Person beispielsweise ein Mitglied des Vorstands, der Trägerschaft oder des Personals mit dem Museum um Objekte in Konkurrenz treten oder vertrauliche Informationen zum eigenen Vorteil nutzen kann. Im Falle eines Interessenkonflikts zwischen dem Museum und einer Einzelperson muss das Museumsinteresse den Vorrang haben. Besondere Vorsicht ist auch geboten, wenn Mitglieder der Trägerschaft, des Personals oder deren Familienangehörige oder engere Bekannte Gegenstände zum Kauf oder als abzugsfähige Spenden anbieten.

4. AUSSONDERUNGEN AUS SAMMLUNGEN

4.1 Dauerhafter Charakter von Sammlungen
Eine Hauptaufgabe für fast jede Art von Museum besteht darin, Objekte zu erwerben und für die Nachwelt zu erhalten. Somit sprechen gute Gründe gegen die Aussonderung von Objekten oder Exemplaren, die zum Eigentum eines Museums gehören. Jegliche Form der Aussonderung, ob durch Spende, Tauschgeschäft, Verkauf oder Vernichtung, erfordert ein hohes Maß an professioneller Urteilsfähigkeit, weshalb sie vom Träger erst nach genauer Prüfung und eingehender juristischer Beratung genehmigt werden sollte.
Für bestimmte Museen, z. B. „living“ oder „working museums“ (Werkstattmuseen), sowie für einige Museen mit Ausbildungsfunktion, können besondere Erwägungen gelten. Für Museen und andere Einrichtungen, die Tiere oder Pflanzen ausstellen, wie botanische und zoologische Gärten und Aquarien, ist es möglicherweise notwendig, zumindest einen Teil ihrer Sammlungen als austauschbar oder erneuerbar betrachten zu dürfen. In anderen Fällen können destruktive Analyseverfahren, die der Wissensbereicherung dienen, zum teilweisen Verlust eines Exemplars oder Objekts führen. Es besteht eine ethische Verpflichtung, sicherzustellen, dass derlei Aktivitäten dem Fortbestand der untersuchten, ausgestellten oder benützten Materialien auf lange Sicht nicht schaden und dass ein detaillierter Bericht über all diese Vorgänge permanenter Bestandteil der Sammlungsaufzeichnungen wird.

4.2 Gesetzlich oder anderweitig geregelte Aussonderungsbefugnisse
Die Gesetze zum Schutz und dauerhaftem Erhalt von Museumssammlungen und die Befugnisse von Museen, Gegenstände aus ihrem Bestand auszusondern,

unterscheiden sich von Museum zu Museum. Während manche Einrichtungen nur die Aussonderung von Stücken erlauben, die durch natürlichen Verfall oder unbeabsichtigte Fehlbehandlung stark beschädigt wurden, gibt es in anderen Museen überhaupt keine Einschränkungen für Aussonderungen.
Ein Museum, das zu Aussonderungen rechtlich befugt ist oder das Objekte erworben hat, die besonderen Aussonderungsbedingungen unterliegen, muss gesetzliche und andere Vorschriften voll und ganz erfüllen. Aber auch dort, wo das Recht Aussonderungen erlaubt, dürfen Museen nicht völlig autonom Stücke aussondern, die mit finanzieller Unterstützung einer externen Quelle erworben wurden (z. B. aus öffentlichen oder privaten Zuschüssen, Spenden eines Museumsfreundeskreises oder eines privaten Förderers). Derartige Aussonderungen erfordern normalerweise die Zustimmung aller Parteien, die am ursprünglichen Kauf beteiligt waren.
War der ursprüngliche Erwerb obligatorischen Beschränkungen unterworfen, so müssen diese eingehalten werden, es sei denn, es kann klar bewiesen werden, dass das Festhalten an diesen Vorgaben unmöglich oder dem Wohl der Einrichtung in hohem Maße abträglich ist. Aber selbst unter diesen Umständen kann das Museum nur unter Einhaltung des Rechtsweges von den Beschränkungen entbunden werden.

4.3 Aussonderungsrichtlinien und Verfahren
Ist ein Museum rechtlich befugt, Objekte auszusondern, sollte eine Entscheidung über Verkauf oder anderweitige Aussonderung von Materialien aus den Sammlungen erst nach reiflicher Überlegung getroffen werden (siehe 4.1). Bevor ein Verkauf auf öffentlichen Auktionen oder auf anderem Wege erwogen wird, sollten die Stücke zunächst anderen Museen zum Tausch, zum Kauf oder als Schenkung angeboten werden.
Die Entscheidung zur Aussonderung von Museumsobjekten oder -exemplaren durch Tausch bzw. Verkauf oder zur Vernichtung liegt in der Verantwortung des Museumsträgers. Dabei hat dieser in Abstimmung mit der Direktorin oder dem Direktor und der Kuratorin oder dem Kurator der Sammlung zu handeln. Die Art der Aussonderung sollte die ethische und rechtliche Verantwortung des Museums, den Charakter seiner Sammlungen (erneuerbar oder nicht erneuerbar) und die Verpflichtung widerspiegeln, die es der Öffentlichkeit gegenüber mit der Bewahrung seiner Sammlungen übernommen hat. Über sämtliche Entscheidungen dieser Art und die betreffenden Gegenstände ist genauestens Buch zu führen, und es sind geeignete Vorkehrungen für Erhalt und Übertragung der den Gegenstand betreffenden Dokumente, einschließlich photographischer oder mit anderen technischen Mitteln angefertigter Dokumentationen zu treffen, so weit dies praktikabel ist.
Museumspersonal und Mitgliedern der Trägerschaft bzw. deren Familienangehörigen oder dem engeren Umfeld darf der Kauf von ausgesonderten Objekten einer Sammlung unter keinen Umständen gestattet werden. Gleichfalls dür-

fen sich diese Personen keine Gegenstände aus den Sammlungen des Museums für eine Privatsammlung oder zum persönlichen Gebrauch aneignen, auch nicht vorübergehend.
Gelder oder Ersatzleistungen, die durch Aussonderung und Veräußerung von Objekten oder Exemplaren aus einer Museumssammlung erlangt wurden, sind ausschließlich zum Nutzen der Sammlung – im Normalfall für Neuerwerbungen zu verwenden.

4.4 Rückgabe und Rücknahme von Kulturgütern
Die „UNESCO-Konvention über Maßnahmen zum Verbot und zur Verhinderung der unrechtmäßigen Einfuhr, Ausfuhr und Übereignung von Kulturgut" (*UNESCO Convention on the Means of Prohibiting and Preventing the Illicit Import, Export and Transfer of Ownership of Cultural Property*) von 1970 und die „UNIDROIT-Konvention über gestohlene und illegal ausgeführte Kulturgüter" (*UNIDROIT Convention on Stolen and Illegally Exported Cultural Objects*) von 1995 geben Richtlinien vor, nach denen Museen bei der Rückgabe und Rücknahme von Kulturgütern handeln sollten. Wenn ein Herkunftsland oder -volk die Rückgabe eines Objekts oder Exemplars erbittet und sich belegen lässt, dass der Gegenstand unter Verletzung der Prinzipien dieser Konventionen exportiert oder auf anderem Wege übereignet wurde und eigentlich zum kulturellen oder natürlichen Erbe dieses Landes oder Volkes gehört, sollte das betreffende Museum umgehend geeignete Schritte einleiten und bei der Rückgabe helfen, sofern es rechtlich dazu befugt ist.
Bei der Beantwortung von Anfragen bezüglich der Rückgabe von Kulturgütern an ihre Herkunftsländer oder -völker sollten Museen bereit sein, auf der Basis wissenschaftlicher und professioneller Prinzipien in einen unvoreingenommenen Dialog zu treten. Diese Vorgehensweise ist möglichen Maßnahmen auf politischer oder Regierungsebene vorzuziehen. Zusätzlich sollten Möglichkeiten für den Aufbau von bilateralen oder multilateralen Partnerschaften mit Museen in Ländern erkundet werden, die einen bedeutenden Teil ihres kulturellen oder natürlichen Erbes verloren haben.
Museen haben außerdem die Bedingungen der „Haager Konvention zum Schutz von Kulturgut bei bewaffneten Konflikten" (*Convention for the Protection of Cultural Property in the Event of Armed Conflict*, erstes Protokoll 1954 und zweites Protokoll 1999) vollständig anzuerkennen. Zur Unterstützung dieser Konvention sollten Museen sich weigern, Kulturgüter besetzter Länder zu erwerben oder in Besitz zu nehmen.

VERHALTEN DER MUSEUMSMITARBEITERINNEN UND -MITARBEITER

Dieser Abschnitt geht davon aus, dass die Museumsmitarbeiterin oder der Museumsmitarbeiter in einem Museum angestellt ist. Für Personen, die bei einem Spezialunternehmen beschäftigt oder als selbstständige Dienstleister für das Museum tätig sind, gelten die folgenden Absätze gleichermaßen.

5. GRUNDPRINZIPIEN

5.1 Ethische Pflichten von Museumsmitarbeiterinnen und -mitarbeitern
In einem Museum, ob privat oder öffentlich finanziert, beschäftigt zu sein, ist eine verantwortungsvolle gesellschaftliche Aufgabe. Daher müssen Museumsangestellte integer sein, gemäß strengsten ethischen Prinzipien handeln und bei all ihren Tätigkeiten ein hohes Maß an Objektivität walten lassen.
Museumsmitarbeiterinnen und -mitarbeiter sollten sich von zwei wichtigen Prinzipien leiten lassen. Das erste besagt, dass Museen der Öffentlichkeit verpflichtet sind und dass sich ihr Wert für die Gesellschaft unmittelbar aus der Qualität der von ihnen geleisteten Dienste ergibt. Das zweite Prinzip geht davon aus, dass für den Museumsberuf intellektuelle und fachliche Kompetenz allein nicht ausreichen, sondern dass die Berufsausübung außerdem ein hohes Maß an ethischem Bewusstsein erfordert.
Die Leitung und das übrige Personal sind ihrem Museum zu professioneller und akademischer Loyalität in Übereinstimmung mit der empfohlenen Museumspolitik verpflichtet. Sie sollten sich an die Vorgaben der „Ethischen Richtlinien für Museen von ICOM“ halten und auch alle anderen, für die Museumsarbeit relevanten, ethischen Regeln und Prinzipien kennen. Die Direktion des Museums sollte beim Träger darauf dringen, dass diese Normen befolgt werden.

5.2 Persönliches Verhalten
Loyalität gegenüber Kolleginnen und Kollegen und dem eigenen Museum ist unbedingt erforderlich und muss auf dem Respekt vor den grundlegenden ethischen Prinzipien des Berufsstandes basieren.
Bewerberinnen und Bewerber um einen Posten haben offen und vertrauensvoll alle für die Beurteilung ihrer Bewerbung relevanten Informationen anzugeben. Für den Fall ihrer Anstellung müssen sie sich bewusst sein, dass Museumsarbeit normalerweise eine Vollzeitbeschäftigung ist. Auch wenn der Arbeitsvertrag Nebentätigkeiten oder Geschäftsbeteiligungen in anderen Branchen erlaubt, sollten weder Direktorin oder Direktor noch leitende Museumsmitarbeiterinnen und -mitarbeiter zusätzliche bezahlte Tätigkeiten oder Aufträge annehmen, die den Interessen des Museums zuwiderlaufen. Wenn Museumsmitarbeiterinnen und -mitarbeiter bezahlte oder unbezahlte Aufgaben jedweder Art übernehmen, sollten sie sich bewusst sein, dass damit ihre persönlichen ethischen Grundsätze oder die ihrer Institution verletzt werden könnten.

5.3 Privatinteressen
Zwar steht den Angehörigen jedes Berufsstandes ein gewisses Maß an persönlicher Unabhängigkeit zu, Museumsmitarbeiterinnen und -mitarbeiter müssen jedoch wissen, dass trotz aller Erklärungen und Beteuerungen kein Privatgeschäft oder berufliches Engagement ihrerseits völlig von ihrer Einrichtung oder Organisation getrennt werden kann. Jegliche museumsbezogene Tätigkeit Ein-

zelner kann auf ihre eigene Institution als Ganzes zurückfallen. Mitarbeiterinnen und Mitarbeiter dürfen sich nicht nur von persönlichen Interessen und Motivationen leiten lassen; sie müssen auch darauf achten, auf welche Weise ihr Handeln von Außenstehenden wahrgenommen wird.
Museumsmitarbeiterinnen und -mitarbeiter sowie ihnen nahestehende Personen dürfen keine Geschenke, Gefälligkeiten, Darlehen oder andere persönliche Vorteile akzeptieren, die ihnen im Zusammenhang mit ihren Museumsaufgaben angeboten werden (siehe 8.5). Gelegentlich kann es die berufliche Höflichkeit erfordern, Geschenke zu überreichen und anzunehmen. Ein solcher Austausch sollte immer im Namen der betreffenden Einrichtung und nicht der oder des Einzelnen erfolgen.

6. VERANTWORTLICHKEIT GEGENÜBER SAMMLUNGEN

6.1 Erwerbungen für Museumssammlungen
Museumsleitung und Personal unternehmen alles, um sicherzustellen, dass der Träger eine schriftlich fixierte Sammlungspolitik für das Museum festlegt und später in regelmäßigen Abständen prüft und überarbeitet. Diese vom Träger formell bestimmten und überarbeiteten Richtlinien bilden die Grundlage für alle fachlichen Entscheidungen und Empfehlungen bezüglich Erwerbungen.

6.2 Pflege der Sammlungen
Es ist eine grundlegende berufliche Verpflichtung, sich um die Sammlungen zu kümmern. Daher gehört es zu den wichtigsten Aufgaben, sicherzustellen, dass alle Stücke, die vorübergehend oder dauerhaft in das Museum aufgenommen werden, gültig und vollständig dokumentiert sind, um ihre Herkunft und ihren Zustand belegen zu können und ihre Identifikation und Behandlung zu erleichtern. Sämtliche in die Obhut des Museums gegebenen Gegenstände sollten angemessen untergebracht und gepflegt werden. Dabei sind die besonderen Anforderungen zu berücksichtigen, die sich daraus ergeben könnten, dass Objekte mit einem bestehenden Gemeinwesen in Verbindung stehen.
Besondere Aufmerksamkeit ist der Entwicklung von Maßnahmen zu schenken, die die Sammlungen gegen Naturkatastrophen und von Menschen verursachte Schäden schützen, sowie den Mitteln, die nötig sind, um bestmögliche Sicherheitsmaßnahmen zum Schutz gegen Diebstahl aus Vitrinen, Ausstellungs-, Arbeits- oder Lagerräumen, gegen versehentliche Beschädigung bei der Handhabung von Objekten und gegen Beschädigung oder Diebstahl während des Transports zu gewährleisten. Wo es national oder lokal üblich ist, die Dienste von kommerziellen Versicherungsunternehmen in Anspruch zu nehmen, hat sich das Museumspersonal zu vergewissern, dass die Risikoabdeckung ausreicht. Dies gilt insbesondere bei Transitgütern, Leihgaben oder anderen Gegenständen, die dem Museum nicht gehören und nur für bestimmte Zeit in seine Obhut gegeben wurden.

Museumsmitarbeiterinnen und -mitarbeiter sollten wichtige fachliche Verantwortlichkeiten, wie die Pflege der Sammlungen und ihre Konservierung, nicht an Personen delegieren, denen die notwendigen Kenntnisse und Fähigkeiten oder die ausreichende Anleitung fehlen. Wenn zu irgendeiner Zeit die Fachkenntnisse im eigenen Museum nicht ausreichen, besteht auch die Verpflichtung, Berufskolleginnen und -kollegen innerhalb oder außerhalb des Museums zu konsultieren, um die Unversehrtheit von Sammlungsstücken zu gewährleisten.

6.3 Konservierung der Sammlung

Eine grundlegende Verpflichtung aller Museumsmitarbeiterinnen und -mitarbeiter besteht darin, für die angemessene Pflege und Konservierung von Sammlungen und Einzelstücken zu sorgen, für die ihre Institution verantwortlich ist. Sie müssen in der Absicht handeln, die Sammlungen unter Berücksichtigung des aktuellen Wissenstands und der zur Verfügung stehenden Mittel so gut und sicher wie möglich zu erhalten, um sie an künftige Generationen weitergeben zu können.

Die Anerkennung der kulturellen und physischen Integrität und Authentizität einzelner Objekte, Exemplare oder Sammlungen und die Achtung vor ihnen bilden die Grundlage jeglicher Konservierungsarbeit. Im Falle von religiösen Werken schließt dies den Respekt vor den Traditionen und Kulturen der Gemeinschaften ein, die die Gegenstände einst in Gebrauch hatten (siehe 6.6). Daher ist es notwendig, bei jedem Objekt oder Exemplar seine Zusammensetzung, seinen Zustand und mögliche Beschädigungen zu dokumentieren.

Alle Museumsmitarbeiterinnen und -mitarbeiter, die mit Objekten und Exemplaren zu tun haben, sind für Bereitstellung und Erhaltung von Rahmenbedingungen mitverantwortlich, die den Sammlungen ausreichend Schutz bieten, sei es während der Lagerung, der Präsentation oder des Transports. Eine solche vorbeugende Konservierung ist ein wichtiger Faktor für das Risikomanagement des Museums.

Der Zustand eines Objekts oder Exemplars kann ein Eingreifen durch Konservierung und den Einsatz einer qualifizierten Fachkraft erforderlich machen. Dies kann Restaurierung oder Reparatur einschließen; das eigentliche Ziel sollte aber sein, den Zustand des Objekts oder Exemplars zu stabilisieren. In Zoos und Aquarien können erhaltende Maßnahmen eine Bereicherung der Umwelt oder des Verhaltensrepertoires einschließen. Alle Konservierungstechniken sollten dokumentiert werden und reversibel sein. Alle hinzugefügten Materialien sowie physikalische und genetische Veränderungen sollten vom ursprünglichen Objekt oder Exemplar deutlich zu unterscheiden sein.

6.4 Dokumentation der Sammlung

Die Erfassung und Dokumentation der Sammlungen nach entsprechenden Standards ist eine grundlegende berufliche Verpflichtung. Besonders wichtig ist es, dass die Dokumente eine umfassende Beschreibung aller Gegenstände beinhalten und über ihre Herkunft und ihren Ursprung sowie die Bedingungen Auskunft geben, unter denen sie in die Sammlung des Museums aufgenommen wurden. Die Sammlungsdaten sollten erhalten und ergänzt werden, so lange irgendein Stück Teil der Sammlung ist. Sie sind sicher zu verwahren und so zu katalogisieren, dass sie dem Personal und anderen Berechtigten zugänglich sind (siehe 2.7). Wenn Sammlungsdaten im Internet verfügbar sind oder auf anderem Wege veröffentlicht werden, ist genau zu kontrollieren, dass keine sensiblen persönlichen Daten oder anderen vertraulichen Informationen preisgegeben werden.

6.5 Das Wohl lebender Tiere
Wenn Museen oder verwandte Einrichtungen zu Ausstellungs- oder Forschungszwecken lebende Tiere halten, müssen deren Gesundheit und Wohlergehen ein grundlegender ethischer Faktor sein. Es ist unbedingt notwendig, dass die Tiere und ihre Lebensbedingungen regelmäßig von einer Tierärztin, einem Tierarzt oder anderen gleichermaßen qualifizierten Personen kontrolliert werden. Das Museum sollte von einer tiermedizinischen Autorität anerkannte Sicherheitsvorschriften zum Schutz von Personal und Publikum ausarbeiten und umsetzen.

6.6 Sterbliche Überreste und Gegenstände von religiöser Bedeutung
Sammlungen, die sterbliche Überreste oder Gegenstände von religiöser Bedeutung enthalten, sind sicher unterzubringen und mit Respekt zu behandeln. Ihnen muss die gleiche Sorgfalt wie nicht öffentlichen Sammlungen in wissenschaftlichen Einrichtungen entgegengebracht werden. Auf Anfrage sollten sie zu begründeten Studienzwecken verfügbar sein. Wissenschaftliche Untersuchungen an solchen Objekten und ihre Unterbringung, Pflege und Nutzung (Ausstellung, Nachbildung und Veröffentlichung) müssen unter Einhaltung professioneller Standards erfolgen und den Interessen und Glaubensgrundsätzen der gesellschaftlichen, ethnischen oder religiösen Gruppen, denen die Objekte entstammen, Rechnung tragen. Werden sensible Objekte in interpretierendem Kontext ausgestellt, so muss dies mit viel Taktgefühl und Achtung vor den Gefühlen und der Menschenwürde aller Völker geschehen.
Wünschen nach der Entfernung von sterblichen Überresten oder Gegenständen von religiöser Bedeutung aus dem öffentlichen Ausstellungsbereich muss umgehend und mit Respekt und Sensibilität begegnet werden. Auf Anfragen bezüglich der Rückgabe solcher Gegenstände ist entsprechend zu reagieren. Museen sollten für die Beantwortung solcher Anfragen klare Richtlinien definieren (siehe 4.4).

6.7 Privatsammlungen
Erwirbt, sammelt und besitzt eine Museumsmitarbeiterin oder ein Museumsmitarbeiter Objekte zur Bestückung einer Privatsammlung, so widerspricht dies an sich nicht den Richtlinien und kann als eine sinnvolle Methode angesehen wer-

den, Fachwissen und Urteilsfähigkeit zu verbessern. Allerdings sollten einzelne Museumsmitarbeiterinnen und -mitarbeiter nicht mit ihrer Einrichtung in Konkurrenz treten, weder beim Erwerb von Objekten noch mit einer privaten Sammeltätigkeit. In einigen Ländern und vielen Einzelmuseen ist Museumsmitarbeiterinnen und -mitarbeitern der Besitz von Privatsammlungen nicht gestattet; solche Regeln sind zu respektieren. Wo keine Einschränkungen dieser Art existieren, sollten Museumsmitarbeiterinnen und -mitarbeiter dem Träger auf Anfrage eine Beschreibung ihrer Sammlung zukommen lassen und eine Erklärung über das Ausmaß ihrer Sammeltätigkeit abgeben. Zwischen der Mitarbeiterin oder dem Mitarbeiter und dem Träger muss eine Übereinkunft bezüglich der Privatsammlung getroffen und diese minutiös eingehalten werden (siehe 8.4).

7. VERANTWORTUNG GEGENÜBER DER ÖFFENTLICHKEIT

7.1 Die Wahrung professioneller Standards

Museumsmitarbeiterinnen und -mitarbeiter müssen anerkannte Standards und Gesetze beachten und Würde und Ehre ihres Berufsstandes wahren. Sie sollten die Gesellschaft vor illegalem oder unethischem Verhalten schützen. Jede Möglichkeit ist wahrzunehmen, die Öffentlichkeit über Ziel, Zweck und Anspruch ihres Berufsstandes zu informieren und aufzuklären, um mehr Verständnis für den gesellschaftlichen Beitrag von Museen zu erreichen.

7.2 Das Verhältnis zur Öffentlichkeit

Museumsmitarbeiterinnen und -mitarbeiter sollten mit der Öffentlichkeit immer höflich und korrekt umgehen und sämtliche Korrespondenz und Anfragen umgehend beantworten. Vorbehaltlich Einschränkungen aus Gründen der Vertraulichkeit sollten Museumsmitarbeiterinnen und -mitarbeiter ihr Wissen der Öffentlichkeit und anderen Fachleuten zur Verfügung stellen und den kontrollierten, aber vollen Zugang zu erbetenen Gegenständen oder Dokumenten in ihrer Obhut ermöglichen, auch wenn es sich um ihr eigenes Forschungs- oder Spezialgebiet handelt.

7.3 Vertraulichkeit

Vertrauliche Informationen, die Museumsmitarbeiterinnen und -mitarbeiter im Laufe ihrer Arbeit erlangen – einschließlich der Herkunft von Objekten des Museums sowie Leihgaben (siehe 3.6) und Informationen über die Sicherheitsvorkehrungen des Museums, privater Sammlungen oder anderer Örtlichkeiten, die sie im Rahmen ihrer offiziellen Tätigkeit besucht haben –, dürfen nicht preisgegeben werden (siehe 2.8).
Informationen über Gegenstände, die dem Museum zur Identifizierung übergeben werden, sind vertraulich. Wenn diese Informationen der Erweiterung fachlicher Kenntnisse dienen können, sollte der Eigentümerin oder dem Eigentümer deutlich gemacht werden, dass ihre Weitergabe wünschenswert wäre (siehe 8.3).

Ohne deren oder dessen ausdrückliche Zustimmung dürfen diese Informationen jedoch nicht veröffentlicht oder an andere Institutionen oder Personen weitergegeben werden.
Vertraulichkeit wird durch die rechtliche Verpflichtung eingeschränkt, der Polizei oder anderen Behörden bei der Untersuchung möglicherweise gestohlener, illegal erworbener oder unrechtmäßig übereigneter Gegenstände behilflich zu sein.

8. VERANTWORTLICHKEIT GEGENÜBER KOLLEGINNEN UND KOLLEGEN UND DEM BERUFSTAND

8.1 Verantwortlichkeit

Museumsmitarbeiterinnen und -mitarbeiter sind verpflichtet, die Verhaltensregeln der Institution, bei der sie beschäftigt sind, zu befolgen und ihre Entscheidungen zu akzeptieren. Sie dürfen zu Recht widersprechen, wenn sie Vorschläge oder Praktiken als schädlich für ein Museum, das Museumswesen allgemein oder ihren Berufsstand oder dessen Richtlinien einstufen. Derlei Differenzen sollten auf sachliche Weise ausgetragen werden.

8.2 Berufliche Beziehungen

Museumsmitarbeiterinnen und -mitarbeiter haben die Pflicht, ihr Wissen und ihre Erfahrung mit Kolleginnen und Kollegen, Forschenden und Studierenden ihrer Fachrichtungen zu teilen. Sie sollten die, von denen sie ihr Wissen erlangt haben, respektieren und anerkennen und neue Methoden und Erfahrungen, die anderen nutzen könnten, weitergeben, ohne an den eigenen Vorteil zu denken.
Die Ausbildung von Personal für die spezialisierten Tätigkeiten, die die Museumsarbeit mit sich bringt, ist äußerst wichtig für die Entwicklung des Berufsstandes, und alle sollen, wenn nötig, Verantwortung für die Ausbildung von Kolleginnen und Kollegen übernehmen. Museumsmitarbeiterinnen und -mitarbeiter, die für jüngere Angestellte, Auszubildende, Studierende, Assistentinnen und Assistenten verantwortlich sind, die sich in einer Berufsausbildung oder einem Praktikum befinden, sollten ihre Erfahrung und ihr Wissen mit ihnen teilen und sie kollegial und mit Respekt behandeln.
Bei der Vergabe ehrenamtlicher Arbeiten kommt es ebenfalls auf eine konstruktive Beziehung zwischen Museumsmitarbeiterinnen und -mitarbeitern und freiwilligen Helferinnen und Helfern an. Um ein fruchtbares und harmonisches Arbeitsklima zu schaffen, soll das qualifizierte Museumspersonal den Freiwilligen positive Aufmerksamkeit schenken. Ehrenamtliche Mitarbeiterinnen und Mitarbeiter sollten mit den vorliegenden Richtlinien vollständig vertraut sein und sie bei ihren Museums- und Privataktivitäten berücksichtigen (siehe 2.6).
Museumsmitarbeiterinnen und -mitarbeiter pflegen innerhalb und außerhalb des Museums, in dem sie beschäftigt sind, berufliche Beziehungen mit vielen verschiedenen Menschen, Fachleuten und Ehrenamtlichen. Man erwartet von ihnen, dass sie sich in diesen Beziehungen höflich und unvoreingenommen ver-

halten und dass sie anderen ihre professionellen Dienste wirkungsvoll und auf hohem Niveau zur Verfügung stellen.

8.3 Forschung
Forschung, die der Erstellung von Herkunftsnachweisen, der Interpretation, der Publikation oder anderen nützlichen Zwecken dient, ist zu fördern. Der Grad der Forschungstätigkeit kann zwar von Museum zu Museum variieren, sie sollte jedoch immer im Zusammenhang mit den Zielen der Institution stehen und bestehender rechtlicher, ethischer und akademischer Praxis entsprechen, einschließlich der Bedingungen, die durch nationale und internationale Urheberrechtsgesetze vorgegeben sind. Die Nennung geistiger Quellen in jeglicher Form (gedruckt, gesendet, gesprochen, dargestellt oder auf anderen traditionellen oder modernen Kommunikationswegen übermittelt) ist eine ethische Verpflichtung. Forschungsergebnisse sind der Öffentlichkeit und Fachleuten mitzuteilen.
Wenn Museumsmitarbeiterinnen und -mitarbeiter Materialien zum Zweck der Präsentation oder der Dokumentation von Forschungsergebnissen im Rahmen ihrer Berufstätigkeit vorbereiten, behält das Museum alle Rechte an ihrer Arbeit, wenn nichts Gegenteiliges vereinbart wurde.

8.4 Handel
Museumsmitarbeiterinnen und -mitarbeiter dürfen sich weder direkt noch indirekt am Handel (gewinn orientiertem Kauf oder Verkauf) mit Natur- oder Kulturgütern beteiligen, denn dies kann zu ernsthaften Problemen führen, selbst wenn das Risiko eines Interessenkonflikts mit dem eigenen Museum nicht besteht. Daher können derlei Tätigkeiten keinesfalls gestattet werden (siehe Paragraph 7 Absatz 5 der ICOM-Statuten).

8.5 Andere potenzielle Interessenkonflikte
Im Allgemeinen sollten Museumsmitarbeiterinnen und -mitarbeiter jegliche Handlungen vermeiden, die als Interessenkonflikt ausgelegt werden könnten. Auf Grund ihrer Kenntnisse, Erfahrungen und Kontakte bieten sich Museumsmitarbeiterinnen und -mitarbeitern häufig berufliche Chancen wie Beraterstellen, Lehr-, Schreib- und Rundfunktätigkeiten oder Anfragen nach Schätzungen auf privater Basis. Sogar dort, wo nationale Gesetze und Arbeitsverträge solche Aktivitäten erlauben, können sie sich in den Augen der Kolleginnen und Kollegen, des Arbeitgebers oder der Öffentlichkeit als Interessenkonflikt darstellen. Alle rechtlichen und arbeitsvertraglichen Bedingungen müssen genauestens eingehalten werden. Wenn ein potenzieller Konflikt auftritt, muss die Angelegenheit umgehend einer oder einem Vorgesetzten oder dem Träger des Museums mitgeteilt werden. Es sind Schritte einzuleiten, die die Situation bereinigen.
Größte Sorgfalt muss darauf verwendet werden, dass fremde Interessen in keiner Weise mit der Erfüllung offizieller Pflichten und Aufgaben kollidieren (siehe 3.7 und 5.2).

8.6 Echtheitsnachweise und Schätzungen (Begutachtungen)
Es ist für den Museumsgedanken von grundlegender Bedeutung, Berufskolleginnen und -kollegen und die Öffentlichkeit am eigenen Wissen und der eigenen Berufserfahrung teilhaben zu lassen. Dies sollte daher auf höchstem wissenschaftlichem Niveau erfolgen (siehe 7.2). Allerdings können bei Echtheitsbestätigungen und Schätzungen oder bei der Begutachtung von Objekten Interessenkonflikte entstehen. Gutachten über den finanziellen Wert von Objekten sollten nur nach vorheriger Erlaubnis erstellt werden und auch nur auf offizielle Anfrage von anderen Museen oder von Gerichten, Regierungsbehörden oder anderen vertrauenswürdigen öffentlichen Stellen. In Fällen, in denen das eigene Museum finanziell oder juristisch vom Ergebnis profitieren könnte, muss die Begutachtung von unabhängiger Seite erfolgen.
Museumsmitarbeiterinnen und -mitarbeiter sollten niemals Gegenstände identifizieren oder deren Echtheit bestätigen, wenn sie annehmen oder den Verdacht haben, dass diese illegal erworben, übereignet, importiert oder exportiert wurden. Sie sollten in keiner Weise etwas unternehmen, was sie dem Verdacht aussetzen könnte, solche Aktivitäten direkt oder indirekt zu fördern. Besteht der Verdacht gesetzwidrigen Verhaltens, sind die zuständigen Behörden zu informieren.

8.7 Berufswidriges Verhalten
Alle Museumsmitarbeiterinnen und -mitarbeiter sollten mit nationalen und lokalen Gesetzen und ihren Arbeitsverträgen vertraut sein. Sie müssen jegliche Situationen vermeiden, in denen ihr Verhalten als korrupt oder unangemessen ausgelegt werden könnte. Museumsmitarbeiterinnen und -mitarbeiter dürfen nie Geschenke, Gefälligkeiten oder andere Dankesbezeugungen von Händlern, Auktionatoren oder anderen Personen zum Anlass nehmen, einen Kauf oder Verkauf einzuleiten oder offizielle Maßnahmen zu ergreifen oder zu unterlassen.
Um jeglichen Korruptionsverdacht zu vermeiden, sollten Museumsmitarbeiterinnen und -mitarbeiter Dritten gegenüber keine bestimmten Händler, Auktionatoren oder Sachverständigen empfehlen. Auch sollten Museumsmitarbeiterinnen und -mitarbeiter keinerlei Sonderpreise oder Rabatte für Privateinkäufe von Personen annehmen, mit denen sie oder das Museum, in dem sie beschäftigt sind, in Geschäftsbeziehungen stehen.

9. DIE ANWENDUNG DER ETHISCHEN RICHTLINIEN FÜR MUSEEN VON ICOM

9.1 Der Rang der „Ethischen Richtlinien für Museen von ICOM“
Diese Richtlinien sind die Erklärung der Berufsethik, auf die in den Paragraphen 2 (2), 9 [1 (d)], 14 [17 (b)], 15 [7 (c)], 17 [12 (e)] und 18 [7 (d)] der ICOM-Statuten Bezug genommen wird. Die Mitgliedschaft bei ICOM und die Zahlung der jährlichen Beiträge an ICOM gelten als Anerkennung der „Ethischen Richtlinien für Museen von ICOM“.

9.2 Die Verwendung des Namens und des Logos von ICOM

Die Mitgliedschaft bei ICOM als einer Berufsorganisation verschafft Einzelpersonen und Institutionen viele Vorteile. Diese Sonderstellung darf durch die Verwendung der Worte „Internationaler Museumsrat", „International Council of Museums", „ICOM" oder des Logos der Organisation nicht dazu missbraucht werden, ein kommerzielles Produkt oder eine kommerzielle Tätigkeit zu bewerben oder aufzuwerten.

2. Berliner Erklärung über Leihgaben und Neuerwerbungen von archäologischen Objekten durch Museen[1]

A. PRÄAMBEL

1. Der geschichtliche Zeugniswert eines Sammlungsobjektes kunst- und kulturgeschichtlicher Museen ist dem materiellen, ästhetischen oder anderem Wert gleich, unter dem es zeitweise vorwiegend betrachtet worden ist.

2. Der geschichtliche Zeugniswert eines solchen Sammlungsobjektes ist durch Faktoren festgelegt wie: seine Entstehung, seine Funktion, seine Funktionszusammenhänge (Kontext), die Auflösung derselben, und ob dies aufgezeichnet ist oder nicht, im extremen Fall seine teilweise Zerstörung, dann seine Entdeckung als Sammelobjekt und seine Aufbewahrung in Museen und anderen Sammlungen.

3. Die wichtigste Methode, einen archäologischen Gegenstand nach seinem geschichtlichen Zeugniswert von der Entstehung bis zur Zerstörung zu befragen, ist die Ausgrabung; der wichtigste Arbeitsbereich, einen archäologischen Gegenstand seit seiner Entdeckung als Sammelobjekt zu befragen, ist das Archiv.

4. Auch alle neueren Eingriffe in den Zustand eines archäologischen Gegenstandes, besonders Restaurierungen, Aufstellungen und Ortsveränderungen müssen dokumentiert werden. Vernachlässigung oder Verlust dieser Angaben mindert den historischen Zeugniswert des Gegenstandes.

B. NEUERWERBUNGEN

1. Wie die Bestände der Museen in den antikenreichen Ländern durch Ausgrabungen vermehrt werden, verdanken die übrigen Antikensammlungen der Welt ihr inneres Leben, Neuaufstellungen und wissenschaftliche Neuorientierung den Sonderausstellungen, Leihgaben und Neuerwerbungen.

---

[1] Am 21. und 22. 10. 1987 haben *N. Asgari* aus Istanbul, *B. Cook* aus London, *W.-D. Heilmeyer* aus Berlin, *E. Herscher* aus Washington, *H. P. Isler* aus Zürich, *J. S. Karig* aus Berlin und *K. Lebessi* aus Athen in Berlin über die Probleme von Kunstexport, Neuerwerbungen und Leihgaben diskutiert und eine Erklärung zu dieser Problematik entworfen. Bei einem *Roundtable*-Gespräch am 27. 7. 1988 am Rande des 13. Internationalen Kongresses für Klassische Archäologie in Berlin haben *N. Asgari, B. Cook, W.-D. Heilmeyer, H. P. Isler* und *J. S. Karig* zusammen mit *P. Guzzo* aus Tarent, *V. Karageorghis* aus Nikosia, *S. Miller* aus Berkeley, *A. Pasquier* aus Paris und *P. Zapheiropoulou* aus Athen die Erklärung unter großer Anteilnahme des Publikums erneut besprochen. Es wurde beschlossen, einige Änderungen einzufügen und die Erklärung dann zur Veröffentlichung freizugeben. In deutscher Fassung ist sie abgedruckt in ZVglRWiss 95 (1996), 124–126.

2. Auch bei neu im Handel auftauchenden Antiken und bei den Neuerwerbungen der Museen sollte deren geschichtlicher Zeugniswert im Ganzen übersehbar sein; dazu gehört die Dokumentation ihrer Auffindung (Ausgrabung) und ihrer späteren Aufbewahrung.

3. Vernichtung oder Verschleierung der Angaben über Auffindung und Aufbewahrung archäologischer Gegenstände ist wissenschaftlich unerträglich; diese Angaben nur auf Grund stilistischer oder anderer Kriterien zu rekonstruieren, kann den dadurch auftretenden Verlust an historischem Zeugniswert niemals aufwiegen.

4. Um den Verlust dieser Angaben sowie der möglichen Zerstörung archäologischer Stätten durch unerlaubte Ausgrabungen keinen Vorschub zu leisten, müssen neu auftauchende Antiken auf die Geschichte ihrer Entdeckung und der darauf folgenden Aufbewahrung überprüft werden. Die Museen müssen sich vergewissern, keine Gegenstände durch Neuerwerb, Geschenk oder als Leihgaben aus dem Handel zu erhalten, der die Gesetze der Herkunftsländer verletzt und deswegen die Herkunftsangaben unterlassen hat. Alle Archäologen sollten vermeiden, einen solchen Handel durch Gutachten oder andere Auskünfte gegenüber Händlern oder Privatsammlern zu unterstützen. Die dafür Verantwortlichen sind aufgefordert, die Übertretung der Gesetze durch unerlaubte Ausgrabungen mit ausreichenden Strafen zu ahnden.

C. INTERNATIONALER KULTURAUSTAUSCH

1. Unter den oben genannten Voraussetzungen ist der internationale Austausch von Leihgaben unter strikter Beachtung der restauratorischen Erfordernisse zu fördern:
   a. für kurzfristige Ausstellungen, die der Rekonstruktion der historischen Bedingungen von Kunstwerken und kunst- und kulturgeschichtlichen Objektbereichen dienen;
   b. für langfristige Ausstellungen in Museen, die internationalem Standard entsprechen.

2. Diese Art der Kulturhilfe muss auf der Grundlage wissenschaftlicher Kontrollierbarkeit und Gegenseitigkeit praktiziert werden. Die Gegenseitigkeit umfasst jede Art des kulturellen Austauschs, auch wissenschaftliche und praktische Leistungen. Ein Austausch von Leihgaben sollte in angemessener Zeit publiziert werden.

3. Die in den Museen Verantwortlichen, die Verwaltungen, die örtlichen Autoritäten und die Regierungen werden aufgefordert, einen derartigen Kulturaustausch in jeder ihnen möglichen Weise zu fördern und die Richtlinien für Neuerwerbungen und Leihgaben zu publizieren.

3. Verhaltenskodex für den internationalen Handel mit Kunstwerken des Bundesverbandes des Deutschen Kunst und Antiquitätenhandels (BDKA)[1]

Angesichts der weltweiten Besorgnis über den Handelsverkehr mit gestohlenen Antiquitäten und Kunstwerken und der illegalen Ausfuhr solcher Objekte sowie angesichts des Verbotes des Handels mit Objekten aus artengeschützten Materialien unterwirft sich der von den unterzeichneten Verbänden repräsentierte deutsche Kunsthandel folgenden Verhaltensnormen:

1. Der deutsche Kunsthandel wird sich nicht am Import, Export oder Handel solcher Gegenstände beteiligen, bei denen hinreichender Grund zu der Annahme besteht, dass
   a. der Verkäufer nach geltendem Recht nicht zur Verfügung über den Gegenstand berechtigt ist, insbesondere der Gegenstand mittels Diebstahls oder in anderer Weise unrechtmäßig erworben wurde,
   b. ein importierter Gegenstand in seinem Herkunftsland unter Verstoß gegen das dort geltende Recht erworben wurde,
   c. ein importierter Gegenstand in seinem Herkunftsland ohne die erforderliche Erlaubnis ausgegraben oder aus Ausgrabungsstätten erworben wurde.

2. Der deutsche Kunsthandel verpflichtet sich darüber hinaus, kein Objekt auszustellen, zu beschreiben, zu begutachten, zu bewerten oder aufzubewahren in der Absicht, seinen unrechtmäßigen Handel oder Export nicht nur nicht zu verhindern, sondern sogar zu begünstigen.

3. Im Rahmen der gegebenen rechtlichen Möglichkeiten wird sich der deutsche Kunsthandel ferner für die Rückführung gestohlener oder illegal ausgeführter Gegenstände in ihr Ursprungsland einsetzen, sofern der Nachweis unrechtmäßiger Ausfuhr aus diesem Land erbracht worden ist, die Rückführung innerhalb angemessener Zeit verlangt und im Falle eines rechtmäßigen Erwerbs eine angemessene Entschädigung gewährt wird.

4. Der deutsche Kunsthandel befürwortet die Ziele der Artenschutzgesetze. Er wird sich auch künftig nicht am Handel mit artgeschützten Materialien beteiligen, die nach Verabschiedung des Washingtoner Artenschutzabkommens (CITES) hergestellt sind. Er wird seiner Deklarationspflicht nach den geltenden Artenschutz-Bestimmungen gewissenhaft nachkommen.

5. Der deutsche Kunsthandel wird auch sonst nichts unternehmen, was geeignet ist, den illegalen Handel oder Export von Kunstgegenständen zu fördern, vielmehr an dessen Hinderung nach Kräften mitwirken.

---

[1] Verabschiedet auf der Jahreshauptversammlung des Bundesverbandes des Deutschen Kunst- und Antiquitätenhandels (BDKA) 1986, modifiziert 1991; abgedruckt in Museumskunde, Band 67, 1/2002, 145.

6. Verstöße gegen diesen Verhaltenskodex werden von den unterzeichneten Verbänden mit den ihnen zur Verfügung stehenden Mitteln ohne Ansehen der Person verfolgt.

7. Dieser Verhaltenskodex betrifft alle Gegenstände, die üblicherweise Gegenstände des Kunst- und Antiquitätenhandels sind. Die unterzeichneten Verbände werden ihre Mitglieder auf die Einhaltung dieses Kodex verpflichten.

4. Verhaltensgrundsätze des Bundesverbandes Deutscher Kunstversteigerer e.V. (BDK)[1]

Die im Bundesverband Deutscher Kunstversteigerer e.V. (BDK) zusammengeschlossenen Firmen verpflichten sich:

1. Als Mittler zwischen Auftraggebern und Erwerbern unter Beachtung der für Versteigerer geltenden Rechtsvorschriften die Interessen beider Partner ausgewogen wahrzunehmen.
2. Soweit sie die eigene Haftung für Mängel versteigerter Sachen ausschließen, durch Vertragsgestaltung eine „Haftungsbrücke" zwischen Erwerber und Einlieferer herzustellen.
3. Die zwischen den Organisationen der Kunstversteigerer und des Kunsthandels vereinbarte Auslegung zur „Üblichkeit" der Versteigerung von Eigenware zu beachten.
4. Im Wettbewerbsverhalten die Regeln der Lauterkeit und Fairness einzuhalten und in ihrer Werbung irreführende oder anreißerische Aussagen zu vermeiden.
5. In ihren Ergebnislisten nur solche Ergebnisse aufzuführen, die zum Zeitpunkt der Veröffentlichung der Liste tatsächlich erzielt worden sind, und dabei klarzustellen, wie sich die als Ergebnis genannten Preise zusammensetzen.
6. Den Verhaltenskodex für den internationalen Handel mit Kunstwerken einzuhalten.

Die Mitglieder des BDK erkennen diese Verhaltensgrundsätze als verbindlich an. Nachgewiesene schwere Verletzungen einzelner Bestimmungen gelten als Verstöße gegen einen Verbandsbeschluss i.S.d. § 2, Ziff. 7 der Satzung und können den Ausschluss aus dem Verband nach sich ziehen.

Verhaltenskodex für den internationalen Handel mit Kunstwerken

Angesichts der weltweiten Besorgnis über den Handelsverkehr mit gestohlenen Antiquitäten und Kunstwerken und der illegalen Ausfuhr solcher Objekte sowie angesichts des Verbots des Handels mit Objekten aus artengeschützten Materialien unterwirft sich der von den unterzeichneten Verbänden repräsentierte deutsche Kunsthandel folgenden Verhaltensnormen:

Der deutsche Kunsthandel wird sich nicht am Import, Export oder Handel solcher Gegenstände beteiligen, bei denen hinreichender Grund zu der Annahme besteht, dass

[1] Abgedruckt in Museumskunde, Band 67, 1/2002, 149.

a. der Verkäufer nach geltendem deutschen Recht nicht zur Verfügung über den Gegenstand berechtigt ist, insbesondere der Gegenstand mittels Diebstahls oder in anderer Weise unrechtmäßig erworben wurde.
b. ein importierter Gegenstand in seinem Herkunftsland unter Verstoß gegen das geltende Recht erworben oder exportiert wurde,
c. ein importierter Gegenstand ohne die erforderliche Erlaubnis ausgegraben oder aus Ausgrabungsstätten erworben wurde.

Im Rahmen der gegebenen rechtlichen Möglichkeiten wird sich der deutsche Kunsthandel ferner für die Rückführung gestohlener oder illegal ausgeführter Gegenstände in ihr Ursprungsland einsetzen, sofern der Nachweis unrechtmäßiger Ausfuhr aus diesem Land erbracht worden ist, die Rückführung innerhalb angemessener Zeit verlangt wird und im Falle eines rechtmäßigen Erwerbs eine angemessene Entschädigung gewährt wird.

Der deutsche Kunsthandel befürwortet die Ziele der Artenschutzgesetze. Er wird sich auch zukünftig nicht am Handel mit Gegenständen aus artengeschützten Materialien beteiligen, die nach Verabschiedung des Washingtoner Artenschutzabkommens (CITES) hergestellt sind. Er wird seiner Deklarationspflicht nach den geltenden Artenschutz-Bestimmungen gewissenhaft nachkommen.

Der deutsche Kunsthandel wird auch sonst nichts unternehmen, was geeignet ist, den illegalen Handel oder Export von Kunstgegenständen zu fördern, vielmehr an dessen Verhinderung nach Kräften mitwirken.

Dieser Verhaltenskodex betrifft alle Gegenstände, die üblicherweise Gegenstand des Kunst- und Antiquitätenhandels sind. Die unterzeichneten Verbände werden ihre Mitglieder auf die Einhaltung dieses Kodex verpflichten.

Der Bundesverband Deutscher Kunstversteigerer erklärt den „Verhaltenskodex für den internationalen Handel mit Kunstwerken" als verbindlich für seine Mitglieder. Schwere und nachhaltige Verletzungen der Bestimmungen des Kodex sind als Verstöße gegen einen Verbandbeschluss im Sinne § 2 Ziff. 7 der Verbandssatzung zu bewerten und können zum Ausschluss aus dem Verband führen[2].

---

2 Es gibt ferner den „Code der Berufspflichten für Galeristen", der von der F.E.A.G.A. ausgearbeitet wurde und an dessen Wesengehalt sich nach § 2 Abs. 2 der Satzung des Bundesverbandes Deutscher Galerien e.V. (BVDG) auch die Mitglieder des BVDG halten wollen, weil diese Richtlinien der Wahrung der Einheitlichkeit und der Seriosität kunsthändlerischer Arbeit im nationalen und internationalen Bereich dienen. Dieser Code ist abgedruckt in Museumskunde, Band 67, 1/2002, 146–148. Ebenfalls in Museumskunde, Band 67, 1/2002 findet sich auf den Seiten 143–144 der Ehrenkodex für Restauratoren, der seine Grundlage jedoch im ICOM Code of Ethics for Museums hat und von dessen Abdruck an dieser Stelle daher abgesehen wurde. Der *Code of Ethics for Museums* der *American Association of Museums* ist abgedruckt in *Merryman/Elsen*, Law, S. 1296ff.

Stichwortverzeichnis

Absolute Verjährungsfrist 159
actor sequitur forum rei-Prinzip 168
Allbeteiligungsklausel 31, 33
allgemeine Meldepflicht für Kulturgüterdiebstähle 114, 195, 288 f.
Allgemeines Gesetzbuch für die Preußischen Staaten Siehe ALR
allseitige Kollisionsnorm 51
ALR 39, 120 f., 230
Angemessenheit der Entschädigung 151
Art Loss Register 19, 130, 188, 233, 290
Art. 25 GG 103
Art. 59 Abs. 2 GG 103 f.
Attorney General of New Zealand v. Ortiz **7**, 107
Ausgleichsanspruch des Besitzers **149**
Autocephalous Greek-Orthodox Church of Cyprus v. Goldberg & Feldman Fine Arts Inc. 157, 187, **260**
automatischer Eigentumserwerb 8, 197, 215, 221

Baldin-Sammlung 16, 22
Beutekunst 16, 27, 177, 251
Beuterecht **22 ff.**, 27
Bibliotheca Palatina 176 f.
Binnenmarkt 48
Bluntschli, Johann Caspar 28
Bonaparte, Napoleon 13, 21, 24 f., 27 f., 176

Canova, Antonio 21, 26, 39
Cellini, Benvenuto 284
Chatelain, Jean 46, 80
Cicero 24
City of Gotha v. Sotheby's 229, 233
clause de déconnexion *Siehe* Entkoppelungsklausel
Codex Maximilianeus Bavaricus Civilis 39
Codice Urbani 212 ff.
Convention on Cultural Property Implementation Act 63
Costa/E.N.E.L. 100
Cour d'appel de Montpellier 140, 262
Cour Permanente de Justice Internationale Entscheidung zur Zuständigkeit der Danziger Gerichte 99
Cultural Property Arbitration Center 170

De Weerth v. Baldinger 158
Dealers Code of Practice 10, 284
Defrenne-Urteil 100
demand and refusal rule 161, 245
Denkmalschutz **38 ff.**
Direkte Anwendbarkeit **97 ff.**
discovery rule 160, 260
dolo facit, qui petit, quod statim rediturus est-*Einwendung* 124
dominium sine re 231
due diligence **152**, 218 f., 289
Durchbrechung des Territorialitätsgrundsatzes 137, 146, 185
Dürer, Albrecht 236
Dürrenmatt, Friedrich 199

Ecuador v. Danusso 107
Einheitsrahmenrecht 271
Einsatzstab Reichsleiter Rosenberg 32
Elgin Marbles **13 ff.**, 61, 282
Ensembleschutz 70
Entkoppelungsklausel 95, **147**, 178, 205 f., 217
Entschädigung des gutgläubigen Erwerbers 51, 105, 120
Entscheidungsdivergenz 168
Ernst v. Ernst 263
Ersitzung 209 f., 216, 234 ff.
Erwerb vom Nichtberechtigten 86, 89, 117 ff., 162, 201, 208, 215, 220 f., 225
Ethische Richtlinien für Museen 64, **274 ff.**, 287
Europäisches Abkommen zum Schutz des architektonischen Erbes Europas 46
Europäisches Übereinkommen über Straftaten gegen Kulturgut 82
Europäisches Übereinkommen zum Schutz des archäologischen Erbes 46
Europarat 45 f.

Export of Goods (Control) Order 1981 198

Fahne des Friedens 34
favor legis nationalis 108, **171**
favor legis rei sitae 108, **170**
Federal Republic of Germany v. Elicofon 236 ff.
forum shopping **166 ff.**, 173, 189
freies Geleit für Kulturgüter 250 ff.
Freskenfall *Siehe* Cour d'appel de Montpellier
Friedensvölkerrecht 37
Fundzusammenhang 128 ff.

gebührende Sorgfalt **154 ff.**, 218
Gegenstand der Bundesgesetzgebung *Siehe* Art. 59 Abs. 2 GG
generelle Rückgabeverpflichtung 104, **115 ff.**, 132
Gesamtverzeichnis national wertvollen Kulturguts 248, **251 ff.**
Gesamtverzeichnis national wertvoller Archive 251
Gesetz zum Schutz deutschen Kulturgutes gegen Abwanderung 43, **247 ff.**
Gesetz zur Modernisierung des Schuldrechts 228 f.
Goethe, Johann Wolfgang von 1, 70, 76, 126
Goya y Lucientes, Francisco de 9
Grotius, Hugo 25

Haager Landkriegsordnung 29 ff.
Hamburger Stadtsiegel 225
Heidegger, Martin 111
Hemmung der Verjährung 229 ff.
Himmelsscheibe von Nebra 200
Huaqueros 127

Identität **43**, 78
Import, Export and Customs Powers (Defense) Act 198
International Foundation for Art Research 19 f., 188, 261
Internationales Institut für die Vereinheitlichung des Privatrechts 59, **87 f.**
Internationaler Museumsrat 59, 191, **275 ff.**
internationales Einheitsrecht 17, 85, 88, 168, 189, **270 ff.**, 286
internationales Register gestohlener Kulturgüter 288 ff.
Inventarisierung 62, 82, 112, 126, 130, 213
ius post bellum 37

James, Henry 1
Jeanneret v. Vichey **142 ff.**, 145, 231 f., 265, 285, 286

King of Italy v. Cosimo de Medici Tornaquinci 7
Kingdom of Spain v. Christie, Manson & Woods, Ltd. **9 f.**, 221, 231, 284 f., 386
Kirchenstaat 38
Klassifizierung 52 f., 64, 252, 256
Kontinuitätspflege 39
Konvention über strafrechtliche Vergehen an Kulturgut 46
Konvention von Malta 126, 211
Koordinierungsstelle der Länder für die Rückführung von Kulturgütern 253
Krakauer Symposium über das kulturelle Erbe 6
Kriegsvölkerrecht 5, **21 ff.**
kultureller Internationalismus 36, 68, **77 f.**
kultureller Nationalismus 68, **76 ff.**, 281
Kulturerbe, Definition 70
Kulturgut, Definition 17 ff., **111 ff.**
Kulturgüterrückgabegesetz 12, 53, 224, 250, **253 ff.**
Kulturgütertransfergesetz 119, **202 ff.**
kulturpolitische Eingriffsnorm 107
Kunstraubzüge 22 ff., 31 f.
Kunstsammlungen zu Weimar v. Elicofon 161, 225 f., **235 ff.**, 268, 269
Kunstwerk, Definition 17

L. 1089/1939 212
L. 213/99 216 ff.
lex originis **264 ff.**, 269
lex rei sitae 51, 83 f., 122, 243 ff., **257 ff.**, 260 ff., 269 f., 272 f.
Ley del Patrimonio Histórico Español 221
Lieber-Code 28 f.
Liste des Welterbes 71
Loi sur les monuments historiques 222
loi uniforme d'acquisition de bonne foi des choses mobiliers *Siehe* LUAB

Lord Byron 14
Lösungsrecht 105 f., 120 f., 264
LUAB 86, 89, 123

Marktprivileg 120
Matisse, Henri 142
Museumspolitik des Leihgabenaustausches 280 ff.

nation-oriented policy *Siehe* kultureller Nationalismus
Naturerbe, Definition 71
nemo dat-Grundsatz 118, 197
Nigeria-Fall **11 f.**, 62, 74 f., 107
Nofretete 13

O'Keefe v. Snyder 160 f.
object-oriented policy *Siehe* kultureller Internationalismus
ordre public 75, 107, 139
Organisation der Vereinten Nationen für Erziehung, Wissenschaft und Kultur *Siehe* UNESCO

Pergamon-Altar 15
Plünderung 30
Poussin, Nicolas 143
Prägungstheorie 84
Projet d'une déclaration internationale concernant les lois et coutumes de la guerre von 1874 29
projet de loi n 2879 224
Przyluskis, Jacques 25

Quincy, Quatremère de 14, 21, 27, 36, 131

Radbrusch'sche Formel 32
Raubgrabungen 126 ff., 136
Relative Verjährungsfrist 158
res extra commercium 6, 38, 65, 83, 113, 118, 182, 196, 231
res nullius 23
Restitutionspolitik 15
Richtlinie 93/7/EWG 12, **50 ff.**, 147 ff.
Roerich, Nicholas 33 f.
Roerich-Pakt *Siehe* Washingtoner Vertrag vom 15.4.1935

Rote Liste der bedrohten Kulturdenkmäler 71
Rückwirkung 63, 96, 135, **174 ff.**

Sacco di Roma 24
sale in market overt 197 f.
Saliera *Siehe* Cellini, Benvenuto
Savigny, Friedrich Carl von 257
Schatz des Priamos 15, 135
Schatzregale 134
Schengener Übereinkommen 48
Schiedsverfahren 169
Schiele, Egon 281
Schiller, Friedrich 25
Schliemann, Heinrich 29, 131, 135
self-executing *Siehe* Direkte Anwendbarkeit
Situs-Regel *Siehe* lex rei sitae
Sorgfaltspflichten 52, 105 f., 121, 188, 203
Sozialbindung des Eigentums 249
standing 239
Statutenwechsel 83
Stiftskirche-Domgemeinde Quedlinburg v. Meador 158

Territorialitätsprinzip 6 f.
The Marquis de Somerueles 27 f.
Tombaroli 127

Umkehr der Beweislast 106, 152, 186
UNESCO **55 ff.**, 86, 88
UNESCO-Konvention von 1954 19, **34 ff.**, 72
UNESCO-Konvention von 1970 10, 19, **57 ff.**, 81, 95, 107, 110, 112
UNIDROIT Grundstatut 87
United States v. Herce 158
United States v. Hollinshead 43, 268
United States v. McClain 268

Vattel, Emer de 23
Verhaltenskodizes 64 f., 74, 157, **274 ff.**, 283 ff.
Verjährungsfristen
  Deutschland 161, 227 ff.
  Frankreich 162, 223
  Großbritannien 163, 199

Italien 216
Schweiz 162, 201, 203 f.
Spanien 162
UNIDROIT-Konvention 158, 184
USA 160 f.
Verordnung (EWG) Nr. 3911/92 **48 ff.**
Verordnung über die Ausfuhr von Kunstwerken vom 11.12.1919 41
Vorfrage 267

Washingtoner Vertrag vom 15.4.1935 **33 f.**
Weimarer Verfassung *Siehe* WRV
Welterbekomitee 71
Welterbekonvention **68 ff.**
Weltkulturerbe 22
Wertgrenzen 49, 52, 147, 183, 291
wesentliche kulturelle Bedeutung 141, 183, 192
Wiener Übereinkommen vom 23.5.1969 über das Recht der Verträge 63, 175
Wilde, Oscar 17, 292
Winkworth v. Christie's 93, **121 ff.**, 199, 264, 266, 270
WRV 40, 247, 252

Zufallsfunde 134 f.
Zurückbehaltungsrecht 151, 218

Bei Fragen zur Produktsicherheit wenden Sie sich bitte an:
If you have any questions regarding product safety,
please contact:

Walter de Gruyter GmbH
Genthiner Straße 13
10785 Berlin
productsafety@degruyterbrill.com